August von Berlepsch

Die Biene und die Bienenzucht in honigarmen Gegenden

August von Berlepsch

Die Biene und die Bienenzucht in honigarmen Gegenden

ISBN/EAN: 9783743324190

Manufactured in Europe, USA, Canada, Australia, Japa

Cover: Foto ©Lupo / pixelio.de

Manufactured and distributed by brebook publishing software (www.brebook.com)

August von Berlepsch

Die Biene und die Bienenzucht in honigarmen Gegenden

Die Biene und die Bienenzucht

in honigarmen Gegenden

nach dem gegenwärtigen Standpunct der Theorie und Praxis

von

August Baron von Berlepsch.

Mühlhausen in Thüringen
im Verlag der Friedrich Heinrichshofenschen Buchhandlung.
1860.
(Baar und netto 3½ Thlr.)

Ich behalte mir das Recht der Uebersetzung meines Werkes in fremde Sprachen vor, erkläre mich aber schon an dieser Stelle event. gern bereit, für jede zu veranstaltende Uebersetzung den deutschen Text in derjenigen Gestalt liefern zu wollen, wie ihn der jeweilige Standpunct der immischen Theorie und Praxis und das Bedürfniß der resp. fremden Nation erheischen würde. Ich sage: „wie das Bedürfniß der resp. fremden Nation erheischen würde"; denn mein Werk ist specifisch für Deutschland mit speciellster Berücksichtigung der zu Eichstädt erscheinenden Bienenzeitung und nur für Leser derselben gearbeitet, müßte also, sollte es den Verhältnissen einer fremden Nation gehörig entsprechen, in vielen Puncten, wenigstens der Form nach, geändert werden.

von Berlepsch.

Herrn Georg Kleine

prot. Pfarrer zu Lüethorst bei Einbeck in Hannover

nach Dzierzon dem größten Imker der Jetztzeit

in aufrichtigster Liebe und Verehrung

gewidmet

vom Verfasser.

Vorrede.

1. Wohl nur in äußerst seltenen Fällen ist ein Schriftsteller einerseits so günstig anderseits so ungünstig, wie ich, gestellt: so günstig, weil die strebsamen Bienenzüchter aller Lande und Zonen, wo nur die deutsche Zunge redet, seit Jahren ein ausführliches Werk über imnische Theorie und Praxis mit Ungeduld von mir erwarten, ich daher der raschesten und weitesten Verbreitung meines Werkes gewiß bin, so ungünstig, weil es schier unmöglich ist, so exorbitanten Erwartungen, wie die Meisten von einem Werke von mir hegen, zu entsprechen, ich daher sicher voraussehe, sehr Vielen nicht genügt zu haben.

Ich habe geleistet, so viel ich konnte; mehr konnte ich nicht.

2. Ueber die Form, die ich dem Werke geben sollte, war ich lange zweifelhaft. Anfänglich wollte ich dasselbe ganz aus mir selbst heraus, ohne auf andere Förderer der Imkerei Rücksicht zu nehmen, bearbeiten, gleichsam wie aus einem Gusse fertigen, bald aber erkannte ich, daß dieß einseitig und anmaßlich erscheinen und in materieller Hinsicht beeinträchtigend wenn auch in formeller Hinsicht fördernd ausfallen müßte. Schließlich entschied ich mich für das gerade Gegentheil, d. h. ich setzte mir vor, meine Person möglichst in den Hintergrund zu stellen und Andere, wo nur irgend möglich, statt meiner, reden zu lassen, gleichsam ein opus familiare, ein fleißiges getreues geschicktes Excerpt aus der Bienenzeitung zu liefern, in welchem ein Jeglicher sehen sollte, was er zum Aufbau der Theorie und Praxis beigetragen hatte. Hierdurch wurde aber die Arbeit für mich sehr bedeutend schwieriger und zeitraubender, weil ich die fünfzehn Quartbände Bienenzeitung und viele andere Schriften aufmerksam durchlesen, Vieles excerpiren, genaue Citate beisetzen u. s. w. mußte.

Sollte hie und da ein Citat fehlen und Etwas, das einem Andern gehört, als mir gehörig dastehen, so habe ich mich nicht mit fremden Federn schmücken wollen, sondern es muß dieß meinem Mithridatesgedächtnisse zu Gute gehalten werden, welches, da ich nur wenig productiv, nur ein klarer positiver Kopf bin, von Reminiscenzen aller Art vollgepfropft ist; auch muß berücksichtiget werden, daß, wie oben gesagt, anfänglich das Werk nach einem ganz anderen Plane angelegt war und ich später nach Aenderung des Planes nicht mehr allenthalben die resp. Stellen auffinden und citiren konnte.

Bei den Entlehnungen selbst mußte ich fast immer an der Form ändern, weil solche für ein Lehrbuch Inur selten paßte; oft auch war ich genöthiget, materielle Kleinigkeiten wegzulassen oder hinzuzuthun. Trotzdem habe ich allorts die fremde Person schlechthin als Autor genannt, um mit thunlichster Kürze davon zu kommen.

3. Viele haben jedenfalls ein weit kürzeres Buch erwartet, weil sie meinen, die gegebene Masse sei für die Anfänger zu groß. Bei einem nur kurzen Buche aber hätte ich Vieles theils ohne Beweis hinstellen theils ganz übergehen müssen; wodurch die Anfänger, für welche hauptsächlich das Werk bestimmt ist, zu Schaden gekommen sein würden, weil gerade die Anfänger ein möglichst ausführliches Werk, das sie so leicht bei keiner Frage im Stiche läßt, haben müssen. Für Meister, wie Dzierzon, Kleine, Dönhoff, Vogel, Graf Stosch, Klein (Tambuchshof), Bernz, Günther, Scholz, Huke, Eberhardt (Mühlhausen), Hübler, Mehring, Kalb, Lorenz jun. (Erfurt) u. s. w., braucht überhaupt kein Lehrbuch geschrieben zu werden.

Besonders werden „die Herren Practici *par force*," die die Praxis mit dem Potagelöffel verspeist zu haben sich brüsten, meist aber keinen Theelöffel voll Honig ernten, die weite und gründliche Darstellung der Theorie als unpractisch bemäkeln, maßen diesen Herren, was sie nicht greifen und brevi manu ins Maul stecken können, unnütze „unpractische" Theorie ist. Ich verweise auf den Spruch unter meinem Bilde und wiederhole, was ich deßfalls in der Bienenzeitung 1856 Seite 10 sagte: Ein gründliches umfassendes Werk über die Naturgeschichte der Bienen und des Biens thut vor Allem Noth, viel mehr als über die Praxis. Denn die Praxis ergibt sich für jeden Denkenden aus der Theorie ganz von selbst, und Flachköpfen hilft selbst die ausführlichste practische Darstellung nur wenig, weil man unmöglich alle Fälle vorhersehen kann und der Ochse sofort am Berge steht, wenn ein eintretender Fall nicht im Buche steht. Anders mit der Theorie. Ist diese richtig und erschöpfend dargestellt, so hat jeder angehende Bienenfreund die **vollständigen Mittel**, für jeden Fall das practisch Richtige zu finden, da die **Praxis durchaus nichts weiter ist als die angewandte Theorie**.

4. Streng systematisch ist mein Werk nicht, weil ein Bienenwerk sich streng systematisch nur herstellen läßt, wenn die Theorie allein für sich als ein zusammenhängendes Ganzes abgehandelt und in der gleichfalls separat abzuhandelnden Praxis sich stets auf erstere bezogen wird. Das würde aber offenbar die Uebersicht erschweren und unvermeidlich zu nutzlosen Wiederholungen führen.

5. Bei der Beschreibung der verschiedenen Stockformen habe ich nur da über das „Wie" der Anfertigung gesprochen, wo aus immisch-theoretischen Gründen anders, als die Techniker zu arbeiten gewohnt sind, gearbeitet werden muß. In diesen Fällen muß der Schreiner, der z. B. eine Rähmchenbeute (s. Seite 233) herstellen soll, Winke erhalten, da ein Schränkchen für Bienen anders als ein Schränkchen für Kaffeetassen gearbeitet werden muß; was der Schreiner, der gewöhnlich von der Imkerkunst Nichts versteht, von selbst nicht wissen kann. Im Uebrigen das „Wie" der Anfertigung zu beschreiben, ist für den Bienenstockfabrikanten, weil er eben deßfallsiger Techniker ist, überflüssig, und geschieht eine Beschreibung in der Absicht, um die Imker zum **Selbstverfertigen** ihrer Bienenwohnungen anzuleiten, so ist es in der That lächerlich. Denn wer als Richtschreiner z. B. eine Rähmchenbeute fertigen kann, für den ist die Beschreibung überflüssig, und wer es nicht kann, d. h. wer mit Hobel, Säge u. s. w. nicht umzugehen versteht, wird es **durch eine Beschreibung** nimmermehr lernen. Wenn daher z. B. Dzierzon und Scholz sich ihre Beuten selbst verfertigen, so beweist das weiter Nichts, als daß sie ebenso gute Schreinermeister als Pfarrherren gegeben haben würden.

6. Die Besprechung verschiedener Stockformen (s. § XXVIII S. 284—304) war absolut nothwendig und ich konnte mich nicht allein auf den Stock mit beweglichen Waben beschränken, sondern mußte auch gebührende Rücksicht auf die gangbarsten Stöcke unbeweglicher Waben nehmen, als da sind: stehende und liegende Klotzbeuten, untheilbare und theilbare gewöhnliche Lagerstöcke, Stülper, Christ'sche Magazine u. s. w. In dieser Beziehung ist die neueste Literatur zu einseitig. Denn ist auch der Stock mit beweglichen Waben der beste, so haben

doch viele, sehr viele Imker auch andere Stöcke und auch mit anderen Stöcken läßt sich ganz wohl imkern und Honig und Wachs gewinnen. Dabei könnte es auffallen, daß ich des Nutt'schen Lüfters mit keiner Silbe gedacht habe. Dieß geschah aber, weil „der auf den ersten Blick absurd erscheinende Nutt'sche Lüfter" (Barth Bztg. 1845 S. 29) bereits in der Rumpelkammer residirt, keine practische Bedeutung mehr hat.

Ich will durchaus andere Stöcke als die mit beweglichen Waben nicht empfehlen, weil ich sehr wohl weiß, daß nur der vollkommenste Stock die vollkommenste Imkerei ermöglichet. Denn daß man mit dem Stocke unbeweglichen Baues unter gleichen Verhältnissen dem Stocke beweglichen Baues nicht gleichkommen kann, liegt ebenso auf der Hand, als daß unter den Stöcken beweglichen Baues ein sehr großer Unterschied stattfindet. So sagt z. B. Wernz (Bztg. 1860 S. 110), daß bei ihm eine Beute meiner Construction (f. Seite 232—242) im Durchschnitt viermal so viel Ertrag als ein gewöhnlicher Strohkorb und zweimal so viel als ein Dzierzon'scher Zwitterstock (f. S. 260—283) geliefert hätte. — Ich wollte, ich wiederhole es, durch Besprechung auch anderer Stöcke nur den bestehenden Verhältnissen Rechnung tragen.

Der Stock mit beweglichen Waben, man sage was man wolle, wird stets der Stock der intelligenten Imker bleiben, daher niemals allgemein werden, sonst müßte man alle Menschen intelligent machen wollen. Wer aber dieß versuchen wollte, bewiese, daß er keine Menschenkenntniß besäße, selbst nicht intelligent wäre und den göttlichen Schöpfer, der die Intelligenz mit so ungleichem Maße austheilt, zu corrigiren sich unterfinge. Aber man verwechsele Intelligenz ja nicht mit angelerntem, selbst gelehrtem Wissen, Weltpolitur u. f. w.; denn gar oft ist ein Bauer im Drillichkittel intelligenter als ein gelehrter Professor oder besporuter Baron. Intelligenz, hier im Sinne von Verstandesschärfe, kann man nur von seiner Frau Mutter ererben, nimmer erwerben.

7. Die im Werke vorkommenden Gewichtsangaben sind noch die des alten rheinischen Pfundes zu 32 Loth, weil zu jener Zeit, als ich meine Versuche machte, das Zollpfund noch nicht existirte, und jetzt eine Reduction auf dasselbe zu vielen großen Brüchen geführt haben würde.

8. Sehr oft habe ich im Werke eines Imkers Namens Jacob Schulze gedacht. Dieser Mann war ein gewöhnlicher Bauer zu Langula bei Mühlhausen in Thüringen (gest. 12. Dez. 1854 im 67. Jahre), hatte von seinem Vater fast

Nichts ererbt, war aber durch die Bienenzucht, die er seit seinem 13. Lebensjahre immer größer und größer und bald gewerbemäßig betrieben, ziemlich wohlhabend geworden. S. Bztg. 1855 S. 12. Er, begabt mit scharfem Verstande und feinem Beobachtungssinne, war mein ältester Bienenfreund (seit 1822) und erster Lehrer in der Bienenzucht, hatte geleistet, was mit gewöhnlichen Strohkörben zu leisten war, erklärte aber in seiner kernigen Ausdrucksweise, als er zum ersten Male einen Dzierzonstock sah, alle anderen Stöcke gegen diesen für „Dreck" (s. Huke Bztg. 1854 S. 189).

Ich glaube eine Pflicht fast kindlicher Pietät zu erfüllen, wenn ich das Andenken dieses großen Bienenkenners und großen Menschen unter kleinen Verhältnissen erhalte und ehre. Denn wie sein Geist, so war auch sein Herz groß. Fern von jeder niedrigen Erwerbsucht, ohne eine Spur von Geiz, mitleidig und mildthätig, stets lebensfroh und zufrieden, unverbrüchlich treu und bieder, ohne Lug und Trug, gerade heraus gegen Hoch und Niedrig, von ächtem alten Schrot und Korn, war er, obwohl dem Stande nach ein Bauer, doch ein Edelmann im vollsten und wahrsten Sinne des Worts, den ich im Leben jederzeit als mir ebenbürtig anerkannt und behandelt habe.

9. Eine zweite Person, von der ich nothwendig in der Vorrede, und zwar etwas weitläufiger, sprechen muß, ist Johann Dzierzon, römisch-katholischer Pfarrer zu Carlsmarkt bei Brieg in Schlesien, das größte Bienengenie, das dermalen lebt und je gelebt hat, und dem gegenüber wir allzumal Schüler und Stümper sind. Denn er, ein Mann von außergewöhnlichem Verstande und bewunderungswürdiger Beobachtungs- und Erfindungsgabe, hat die wahrhaft riesigen Fortschritte, die wir in der immischen Theorie und Praxis in dem letzten Decennio gemacht, allein ermöglichet; ohne ihn wären wir heute wahrscheinlich noch da, wo Jacob Schulze stand, als er den ersten Stock mit beweglichen Waben sah und die erste Kunde von dessen Erfinder, Dzierzon, erhielt. Denn Alles, was Andere Gutes leisteten, war nur ein Weiterführen seiner allwärts gegebenen Anfänge.

Aber nach ächter Genieart hat er Alles brockenweise hingeworfen, wie es ihm in der Ueberfülle seiner Productivität so gerade zuströmte. Fast nirgends ist in seinen leicht und trefflich stilisirten Schriften und einzelnen Artikeln der Bienenzeitung ein wohl durchdachter Plan, eine geordnete Darstellung, zu erkennen, sondern meist geht Alles ziemlich bunt durcheinander, und man muß die einzelnen

Perlen aus oft dicken Muscheln (f. von Siebold Parth. S. 62 Anmerk. Zeile 3 v. u.) mühsam herausschälen. Für den Anfänger sind daher seine Schriften wenig oder gar nicht brauchbar; nur wer schon ziemlich Bienenkenner ist, begreift den unerschöpflichen Reichthum und die Genialität seiner Ideeen und kann durch ihn bald selbst auf die höchste Warte gelangen.

Durch sein flüchtiges Arbeiten kam es aber auch, daß er acht Jahre, von 1845—1853, in besonderen Schriften und in zahllosen Artikeln der Bienenzeitung vergeblich um Anerkennung seiner neuen und wahren Theorie rang, bis endlich ich dieselbe in den so berühmt gewordenen apistischen Briefen (f. von Siebold Parth. S. 57 f. nebst Anmerk.) scharf und wissenschaftlich entwickelte und so, vereint mit dem mich tapfer unterstützenden Kleine, ihm den Sieg schnell, ja fast mit einem Schlage, errang. S. Kleine Bztg. 1854 S. 4.

Am Liebsten polemisirt er, neckt und höhnt aber in seiner leichten Art mehr als daß er schlagend und streng wissenschaftlich widerlegt; wobei er in seinen Witzen unübertrefflich ist. Mit Schlußfolgerungen nimmt er es, wenn er durch einen logischen Hocuspocus den Gegner desto lächerlicher zu machen gedenkt, nicht genau, und hält ihm der Gegner die Uebereiltheit und Unfolgerichtigkeit seiner Argumentation vor, so macht er, flugs replicirend, allerlei Winkelzüge, verstrickt sich aber, wenn ihm ein eingeschulter Logiker gegenüber steht, immer mehr und scheut endlich, nur um Nichts concediren zu müssen, nur um à tout prix Recht zu behalten, die abscheulichsten Sinnverdrehungen und plumpsten Sophismen nicht. Stets schweift er dann weit vom Thema ab, verrückt mit schlauester Absichtlichkeit das punctum controversiae, ignorirt die Hauptpuncte (das ist sein Hauptstrategem), hängt sich dagegen aber, wie Kletten, an Nebendinge, macht, ehe man sich's versieht, mit der ernstesten Miene einen schlau angelegten versteckten Trugschluß und geht, auf diesem fußend, mit folgerichtigster Logik weiter, den Gegner höhnend und scheinbar vernichtend. Er ist nämlich menschenkundig genug, um zu wissen, daß die große Menge in Nichts weniger geschickt ist als im Auffinden von Trugschlüssen, daß sie aber Witze belacht und für den Witzling portirt wird. Damit will er erreichen und erreicht er leider oft, daß die Menge ihm Recht, seinem Gegner Unrecht gibt.

Um ihn zu widerlegen, gibt es nur ein Mittel, nämlich daß man nach Weise der altscholastischen Disputirkunst seine Argumente streng logisch präcisirt (was er selbst niemals thut), einzeln hinstellt und unmittelbar hinterdrein einzeln niederwirft. Nur durch diese Methode, vor der sich jedes wissenschaftliche Knie beugen muß und die der simpelste Verstand versteht, kann man den Luftspringer stets an der Rockschlippe festhalten und auch weniger wissenschaftlich geschulten Lesern klare Einsicht in sein Treiben ermöglichen.

Besonders gegen mich hat er in den letzten Jahren alle Minen seiner Sophistik springen lassen, weil ich an den italienischen Bienen die vielen Vorzüge, die er ihnen nachrühmt, nicht finden wollte, ihn dadurch aber an einer höchst empfindlichen Stelle berührte. Er bot deshalb aus leicht zu errathenden Gründen Alles auf, meine Auctorität bei den deutschen Imkern abzuschwächen, damit man glauben sollte, mein Urtheil über die italienischen Bienen sei ein verkehrtes, diese Race sei wirklich unübertrefflich in jeder Hinsicht und man müsse deshalb durch ihre schleunigste, kinderleicht zu bewirkende Verbreitung die „wüthigen faulen häßlichen feigen linkischen frostigen und wenig fruchtbaren" heimischen Bienen ausrotten. Den Culminationspunct erreichte er in seinem Artikel in Nr. 5 der Bztg. 1858. Dieses elende Machwerk enthält Satz für Satz die sichtbarlichst absichtlichsten Verdrehungen und Sinnfälschungen, um sich aus der Schlinge, die ich ihm fest um den Hals geschlungen hatte, loszuwinden und, wie gesagt, um mich bei den Lesern der Bienenzeitung zu discreditiren.

Dieß Alles hält mich jedoch nicht ab, ihn als den größten Bienenkenner aller Zeiten laut anzuerkennen und all sein Treffliches in meinem Werke mitzutheilen.

10. Daß ich mich der Bienenzeitung so eng anschloß, wird sicher Jeder gut heißen, der da weiß, was die Bienenzeitung geleistet hat. Durchweg konnte ich dieselbe nur bis einschließlich Nr. 2 Jahrgang 1860 benutzen, vom Weiteren nur hie und da Gebrauch machen, da der Druck meines Werkes schon Ende Januar d. J. begann.

11. Unendliche Mühe machte mir die Herstellung der Zeichnungen zu den Holzschnitten, weil ich selbst Nichts zeichnen konnte und der Zeichner von der Imkerei Nichts verstand, daher die Verständigung zwischen mir und ihm überaus schwierig war. Ich muß deshalb um Entschuldigung bitten, wenn an zwei Figuren kleine Ungenauigkeiten sich vorfinden. An Figur 23 (S. 244) nämlich stehen die Nägel unten statt oben auf den Jalousieen und an Figur 53 (S. 300) fehlt im Deckel der Stöpsel. Dagegen wird Jeder der Sauberkeit der Holzschnitte,

ausgeführt durch Herrn Gravenr A. Curth hier, seine Anerkennung nicht versagen wollen. Sicher sind in keinem Bienenbuche schönere Holzschnitte zu sehen.

12. Meine Thüringer Bienenfreunde wollten durchaus, daß mein Bildniß vorgedruckt würde und ließen sich durch meinen Einwand, daß mir dieß als Eitelkeit ausgelegt werden könnte, nicht abweisen. Endlich willfahrte ich in Erwägung, daß mich wohl Niemand für so einfältig halten dürfte, mit meiner höchst unscheinbaren Gestalt und Larve coquettiren zu wollen.

Ich bin auf dem Bilde gut getroffen, nur sehe ich lange nicht so griesgrämisch, sondern viel freundlicher aus, weil ich ein unverwüstlich heiter-joviales Männchen bin, das nur dann ernst wird, wenn Ernst nöthig ist.

13. Daß die Pavillons meiner Construction immer weitere Verbreitung finden, freut mich sehr. So ist ganz neuerdings wieder ein sehr schöner vier und vierzig fächeriger, in Form eines Sechseckes, vom Kunst- und Handelsgärtner Christoph Lorenz zu Erfurt erbaut worden, und ich würde, hätte ich diesen sinnreich construirten Bau früher gekannt, einen Grundriß und ein Bild desselben in den § XXVI aufgenommen haben.

14. Soll mein Werk bald, wenigstens relativ, vollkommen und ein allgemein nützliches Lehrbuch für sogenannte honigarme Gegenden werden, so müssen mich nothwendig alle Bienenzüchter (Meister, Gesellen und Lehrjungen), denen das Werk in die Hände kommt, unterstützen, d. h.

a. sie müssen, wo irgend sie die kleinste Unrichtigkeit entdeckt zu haben glauben, darüber in der Bienenzeitung sprechen oder unverzüglich brieflich direct mit mir communiciren, und

b. müssen mich darauf aufmerksam machen, wenn ihrer Ansicht nach Dieses oder Jenes im Werke α. entweder zu kurz oder zu weitschichtig oder β. gar nicht abgehandelt ist. Besonders müssen Anfänger Fragen, Wünsche u. s. w. an mich stellen. Denn man ahnt oft gar nicht, wo den Anfänger der Schuh drückt und findet erst durch vorgelegte Fragen Gelegenheit, über dem Anfänger zu wissen nöthige Puncte sich auszulassen oder seine früheren Auslassungen mundgerechter zu machen.

Speciell wünschte ich von dem Lehrer Vogel zu Lehmannshöfel bei Cüstrin und dem Grafen Stosch zu Manze eine Beurtheilung, d. h. eine rectificirende Critik, meines Werkes Paragraph für Paragraph, Seite für Seite, weil diese beiden Personen unter den Mitarbeitern der Bienenzeitung die mir geistverwandtesten sind. Sie allein dogmatisiren und polemisiren genau wie ich, d. h. in altscholastischer Weise, und sind dabei unerschütterlich objectiv, d. h. es ist ihnen die Person völlig gleichgiltig und sie freuen sich, gleich mir, wenn sie Etwas retractiren können, weil sie dann wissen, daß sie klüger geworden sind.

Gewissenhaft würde ich für eine zweite Auflage Alles benutzen und jedesmal den Namen des Besserers an der betreffenden Stelle nennen.

Wollte man Abhandlungen über einzelne Puncte des Werkes mir direct einsenden und mir gestatten, meine Bemerkungen beizuschreiben und dann der Redaction der Bienenzeitung zum Abdruck einzusenden, so würde dieß zweifellos anßerordentlich zur Belebung der Bienenzeitung beitragen.

Alle event. Zuschriften bitte ich nach Gotha adressiren zu wollen, wo Vorkehr getroffen ist, daß solche, ich mag mich befinden wo immer es sei, ohne Verzug an mich befördert werden.

15. Von gröberen Druckfehlern sind mir folgende bemerklich geworden: Seite 56 Zeile 14 von oben diesen statt diesem, Seite 227 Zeile 5 von oben beistimmte statt bestimmte und Seite 336 Zeile 13 von unten Worte statt Worten.

16. Schließlich fühle ich mich im Herzen verpflichtet, meinem Günther hiermit öffentlich zu danken für die ebenso beharrliche als geschickte Hilfe, die er mir, über ein Decennium hindurch, bei meinen immischen wissenschaftlichen Versuchen und practischen Vornehmungen leistete. Ohne Beihilfe dieses höchst intelligenten jungen Mannes, den von Siebold (Parth. S. 111 Anmerk. 1) einen zweiten Burnens nennt, wäre mir gar Manches auszuführen geradezu unmöglich gewesen, da bei vielen Beobachtungen u. s. w. absolut zwei Personen nöthig waren.

Gotha am Pfingstmorgen 1860.

August Baron von Berlepsch.

§ 1.
Verſchiedenheit der Weſen im Bienenvolke.

Das Bienenvolk beſteht aus dreierlei weſentlich verſchiedenen Bienen: der Königin, den Arbeitsbienen und den Drohnen.

1. Vergleicht man eine Königin, eine Arbeitsbiene und eine Drohne, ſo wird man die weſentlich verſchiedene Körpergeſtalt dieſer drei Thiere ſofort wahrnehmen. Die Königin iſt z. B. in die Augen fallend länger und glätter als die Arbeitsbiene, die Drohne dicker als beide und kürzer als die Königin; die Königin hat einen krummen, ziemlich dicken, die Arbeitsbiene einen geraden, feinen, die Drohne gar keinen Stachel u. ſ. w. Nun ſieht man aber unter den Arbeitsbienen hin und wieder, theils mehr theils weniger, Individuen, die ſich durch ſchwärzere Farbe und einen unbehaarteren Körper von der großen Maſſe unterſcheiden und auch unter ſich nicht ganz gleich ſind. Denn die meiſten haben nur ein ſchwärzliches Colorit, während andere wenigere rußglanzſchwarz, ja mitunter ſogar rabenſchwarz erſcheinen. Die erſteren erkennt man leicht an ihrer Schwerfälligkeit als die alten, die am meiſten und unter den ſchwierigſten Verhältniſſen, z. B. in der ſcharfblätterigen Kornblume oder dem Augentroſt im tiefen Getreide, gearbeitet und, wie Frank (Bztg. 1848. S. 189.) ſo treffend ſagt, ihren Rock bereits abgetragen haben. Auffallender ſind die letzteren, die rußglanz- und rabenſchwarzen, welche nichts weniger als ſchwerfällig, ſondern ſehr flüchtig und meiſt mit ganz unverſehrten Flügeln verſehen ſind, dabei aber völlig haarlos erſcheinen, während die alten faſt immer noch mehr oder weniger Haarbekleidung ſehen laſſen. Die rußglanz- und rabenſchwarzen halten nun ſeit Matuſchka viele Bienenzüchter für das vierte weſentlich verſchiedene Glied des Bienenſtaates, behaupten, daß dieſe Neger niemals auf Tracht ausflögen, ſich behender und gelenker erwieſen, dabei jedoch die Hinterleiber mehr nachſchleppen ließen, ferner daß ſie einen ſchlankeren, vom Vorderleib ſchärfer und weiter abſtehenden Hinterleib, einen kürzeren Stachel, den ſie niemals gebrauchten, einen viel kürzeren Rüſſel, an dem dritten Fußpaare keine Körbchen oder nur kaum merkliche Umriſſe und zur Zeit, wo in den Stöcken Drohneneier gelegt würden, einen mit Eiern beſetzten kleinen Eierſtock beſäßen. Man nannte ſie Drohnenmütterchen und ließ ſie die Eier zu den Drohnen legen; was weder die Königin noch die übrigen Arbeitsbienen jemals vermögen ſollten. S. Matuſchka Beiträge zur Kenntniß der Bienen. Züllichau, 1804, Bd. 1. S. 212 ff. 221 ff. Magerſtedt Practiſcher Bienenvater, 3. Aufl. S. 295—302.

§ I. Verschiedenheit der Wesen im Bienenvolke.

Die Falschheit dieser Behauptung erhellt allein schon daraus, daß die Königin erwiesenermaßen auch die Eier zu den Drohnen legt (§ VII, 1.) und daß diese schwarzen Bienen nicht in allen Stöcken vorkommen. Auch hatte bereits im Jahre 1813 Fräulein Jurine solche Bienen anatomisch-mikroskopisch untersucht und gefunden, daß sie Eierlegerinnen nicht waren und sich von den übrigen Arbeitern, außer der Farbe und dem Fehlen der Haare, in Nichts unterschieden. S. Huber in Huber-Kleine Heft I. S. 111 ff. Da jedoch diese Irrlehre bis auf die allerneueste Zeit auf das Hartnäckigste vertheidiget wurde, so hielt ich es zur völligen endgültigen Widerlegung derselben für nöthig, daß solche Bienen zur Zeit der schärfsten Drohneneierlage von einem anerkannt sachkundigen Anatomen untersucht würden, um vor Allem festzustellen, ob sie entwickelte und mit Eiern besetzte Eierstöcke besäßen. Als daher Professor Leuckart im Mai 1855 bei mir in Seebach mikroskopische Untersuchungen an den Bienen anstellte, fing ich am 30. b. zwei rußglanzschwarze und zwei rabenschwarze Bienen an den Fluglöchern solcher Stöcke, in welchen eben viele Drohneneier gelegt wurden, ab und ließ sie anatomisch-mikroskopisch untersuchen. Leuckart berichtet über den Befund also: Die schwarzen Arbeiter verhalten sich nicht im Geringsten anders, wie die übrigen Arbeiter. Ich fand durch von Berlepsch Gelegenheit, vier dieser Schwarzen zu untersuchen und habe mich dabei auf das Bestimmteste überzeugt, daß die inneren Organe, weit davon entfernt, eine Entwickelung zu besitzen, die unsere Geschöpfe zum Eierlegen befähigte, im höchsten Grade verschrumpft waren, wie bei alten Arbeitern. Auch die Bildung der äußeren Organe war die gewöhnliche, so daß die Schwarzen unmöglich als verschieden von den gewöhnlichen Arbeitern betrachtet werden können. Leuckart Bztg. 1855. S. 203.

2. Sind also diese Neger von den gewöhnlichen Arbeitern wesentlich nicht verschieden, so fragt es sich doch, wodurch sie ihr schwarzes Colorit erhalten. Das kann durch verschiedene Ursachen geschehen, scheint jedoch hauptsächlich in drei Dingen seinen Grund zu haben.

a. In dem öfteren Beschmiertwerden mit Honig oder flüssigem Zucker. Solche Bienen werden dann von andern abgeleckt, gezupft und gerupft, verlieren so ihre Haare und erscheinen glänzend schwarz. Daher sind es meist Raubbienen, die sich durch glänzend schwarze Farbe kenntlich machen und zwar um so auffallender, je länger sie bereits die Räuberei getrieben haben. S. Dzierzon Bfreund S. 69.

b. In Angst und Brodem. In dieser Beziehung habe ich durch Zufall eine höchst interessante Wahrnehmung gemacht, die ich hier um so mehr mittheilen will, da sie auf das ganze Verhalten dieser Bienen ein helles Licht wirft.

Am 19. Mai 1852 faßte ich einen starken Schwarm in einen etwa 2000 Cubikzoll inneren Raum haltenden Glasstock, der nur im Standbrette ein Flugloch hatte. Kaum war der Schwarm eingebracht und auf einen Stuhl gestellt, als ich abgerufen wurde und erst nach zwei Stunden wieder zu den Bienen zurückkehren konnte. Bei der Rückkehr sah ich schon von der Ferne, daß der ganze Stock außen dicht und dick voll Bienen hing, und ahnete sogleich, daß ein zweiter Schwarm dazu geflogen sei. So war es auch in der That. Innerlich war eine große Hitze, gut $2/3$ der inneren Bienen war bereits erstickt, wie in Wasser gebadet, weil das Flugloch wegen der Masse der Bienen und der Aufregung nicht saltsame Lufterneuerung zuließ und sich bald durch todte Bienen ganz verstopfte, und der Honig tropfte aus dem Flugloche und zwischen dem Standbrette und Stocke hervor; wie dies stets der Fall ist bei erstickten Bienen, die volle Honigmagen haben. Da noch Bienen genug lebten und ich unter den erstickten die Köni-

§ 1. Verschiedenheit der Wesen im Bienenvolke.

ginnen nicht fand, brachte ich den Stock wieder in Ordnung und stellte ihn ins Bienenhaus. Wie erstaunt war ich aber, als ich am andern Morgen die glänzend rußschwarzen Bienen hundertweise sah, und mich bald überzeugte, daß diese schwarzen Bienen Matuschka's, Magerstedt's und Anderer Drohnenmütterchen waren.

a. Der Kopf schien mehr von der Brust, diese mehr vom Hinterleibe geschieden, weil man wegen der fehlenden Haare die Einschnitte mehr sehen konnte.

β. Ihre Leiber schienen dünner und schlanker, ihre Körbchen kleiner und flacher, weil ihnen die Haare fehlten.

γ. Sie schienen gelenker und behender, weil man wegen der fehlenden Haare jede Bewegung der einzelnen Körpertheile genauer sehen konnte.

δ. Die meisten schleppten ihre Hinterleiber mehr nach, weil sie bei ihrer Abbrühung wahrscheinlich auch an Muskelkraft verloren hatten.

ε. Sie trugen keine Höschen, höchstens nur kaum merkliche Anfänge; zeigten überhaupt wenig Lust, auf die Weide zu fliegen. Denn selbst zur besten Zeit des Tages und bei üppigster Tracht hatten von 20 ankommenden, die ich untersuchte, kaum zwei ihre Blasen gefüllt, meist jedoch nicht mit Blüthensaft, sondern mit fertigem Honig: ein Beweis, daß sie genascht hatten und daß sie zum Einsammeln nicht mehr wohl geeignet waren.

ζ. Allenthalben suchten sie in fremde Stöcke einzuwischen, weil sie nach Bienennatur bei schöner Witterung Honig sammeln wollten, aber ihrer Körperbeschaffenheit wegen aus den Blüthen nicht wohl können mochten. Sie flogen, sobald Bienen nach ihnen faßten, ängstlich ab, reichten auch wohl schmeichelnd ihren Rüssel dar, ganz so, wie alle Näscher thun.

η. Wenn sie in fremde Stöcke eindringen wollten, aber nicht recht trauten, hielten sie im Schwirren ihre Hinterfüße seitwärts gestreckt, wie dieß unter gleichen Umständen jede Biene thut.

θ. Mitunter gelang es ihnen, in fremde Stöcke einzudringen, öfters auch nicht; mitunter wurden sie gepackt, erstochen oder flügellahm gebissen, wie dieß überhaupt bei fremden Bienen der Fall ist.

ι. Nach und nach wurde ihre Zahl immer kleiner und Mitte August waren sie verschwunden. S. von Berlepsch Bztg. 1853 S. 31—34. Einen ganz ähnlichen Fall, wo ein Schwarm durch Brodem und Hitze theils erstickte, theils negerfarbig wurde und blieb, erzählt Oettl im Raus 3. Auflage S. 54. Kleine bestreitet zwar, daß die Biene schwitze, aber gewiß mit Unrecht. Zähne sagt: Ich habe Bienen von Schweiß, d. h. selbsterzeugter Nässe, nach dem Wiedererwachen aus einer Bovistbetäubung triefen gesehn. Bztg. 1847 S. 136. Ebenso schon Huber, welcher 250 Arbeitsbienen und 150 Drohnen in eine verkorkte Flasche sperrte und solche nach einer Viertelstunde „stark schwitzend" fand. Huber-Kleine Heft 4 S. 165.

Offenbar wird in solchen Fällen durch Abbrühung die schwarze Hornhaut glänzender und fallen die Haare aus.

c. Durch öfteres Kriechen in enge Ritzen; wobei sie sich die Haare abreiben. Dönhoff sagt: Schließt man ein Volk bei heißem Wetter in einen Dzierzonstock ein und lehnt die Thüre an, daß Ritzen zwischen Kasten und Thüre bleiben, so hat man nach einigen Tagen die glänzend pechschwarzen Neger in großer Anzahl. Die Bienen drängen sich nämlich unaufhörlich in die Ritzen mit der Absicht, zum Stocke hinauszubringen, und werden durch Abreiben der Haare so glänzend pechschwarz, wie man sie bei Räubern nicht sieht. Bztg. 1856 S. 196. Der Verlust der Haare wird in diesem Falle um so früher eintreten, als die Bienen bei ihren Versuchen, durch die Ritzen auszuschlüpfen, in Angst und Folge dessen in Schweiß gerathen müssen.

Diese schwarzen Bienen werden aber nicht schwarz, weil durch Beschmieren mit Honig, durch Schweiß u. s. w. die Hornhaut sich schwarz färbte, sondern sie stellen sich dem Auge nur schwarz und schwärzer als andere Bienen dar, weil die graulichen Haare verloren gehen, die durch ihren dichten Ueberzug die an sich pechschwarzen oberen Ringe des Bienenkörpers mehr graulich als schwarz erscheinen lassen. Denn würde z. B. durch Brodem die Hornhaut dieser Bienen erst schwarz, so müßten auch die unteren Bauchringe schwarz werden, während doch diese Bienen stets nur auf den oberen (Rücken-) Ringen schwarz sind, auf den unteren (Bauch-) Ringen dagegen wie gewöhnliche Bienen aussehen. Zieht man mit einer Pincette zwei Ringe auseinander und betrachtet den vorderen Theil des Ringes, der unter dem folgenden Ringe steckt, und den hinteren Theil des Ringes, welche beide Theile unbehaart sind, und schabt man mit einem scharfen Messer die behaarten Theile der Ringe ab, so werden die Ringe glänzend pechschwarz, die ganze Biene wird glänzend pechschwarz. Man sieht daher, daß auch die Ringe der gewöhnlichen Biene schon so schwarz sind, daß sie nicht schwärzer werden könnten, und daß nur das Fehlen oder Vorhandensein des graulichen Haarüberzuges die Biene bald glänzend schwarz bald mehr grauschwärzlich erscheinen läßt. Dönhoff Bztg. 1857 S. 178. Sehr treffend sagt Brüning: Schwarze Bienen unterscheiden sich von andern wie gerupfte Vögel von befiederten. Bztg. 1846 S. 109.

3. Von Geburt an andersfarbig als gewöhnlich aussehende Bienenwesen. Sind also, wie im Vorstehenden gezeigt wurde, diejenigen schwarzen Bienen, die ich, Dzierzon, Leuckart, Dönhoff und Andere beobachteten und untersuchten, nichts als haarlose, ich möchte sagen, nackte Bienen, so scheinen doch hin und wieder auch Bienen vorzukommen, die, ohne die Haare verloren zu haben, schwarz aussehen, deren Haare mithin, statt graulich, schwarz gefärbt sind. Denn Kleine sagt: Es gibt unter den Bienen in der flugbarsten Zeit immer Vereinzelte, gelegentlich wohl in größerer Anzahl, die, auch ohne gerupft zu sein, in Schwarz einhergehen. Sie sind völlig behaart und kommen ebenso gewiß schwarz schon aus der Zelle, wie die weißen weiß und die röthlichen röthlich daraus hervorgehen. Bztg. 1854 S. 11 f. und in Huber-Kleine Heft 1 S. 115 Anmerk. Kleine sah nämlich eine schmutzig weiße, Dzierzon eine schneeweiße Arbeitsbiene und der alte Jacob Schulze hatte einst ein Volk, dessen sämmtliche Glieder auffallend röthlich waren. S. Kleine a. a. O. Dzierzon Bztg. 1850. S. 9 und von Berlepsch Bztg. 1855 S. 79. Diese schwarze Haarfarbe aber, sagt Kleine weiter, ist eine rein zufällige, die keinerlei charakteristischen Unterschied begründet. Denn wie viele solcher behaarter schwarzer Bienen ich auch mikroskopisch untersuchte, bei keiner einzigen habe ich irgend eine Abweichung wahrgenommen, die mir auch entfernt nur eine Berechtigung gegeben hätte, sie als charakteristisch von den übrigen Arbeitsbienen verschiedene Individuen anzusehen S. Huber-Kleine a. a. O. Sie sind lediglich Abweichungen von der gewöhnlichen Farbe, wie sie noch häufiger bei den Königinnen und Drohnen vorkommen. Unter den Königinnen gibt es nicht selten solche, welche bald mehr bald weniger gelblich oder röthlich geringelt, bald fast bald ganz schwarz sind. Ebenso sieht man unter den Drohnen sehr oft und in größerer Menge solche, die, den italienischen ähnlich, auf den Rückenringen braune Ränder zeigen. In den Sommern 1854 u 1855 brachte eine Walze des Lehrers Göbecke zu Nägelstedt bei Langensalza nur weiße Drohnen mit feuerrothen Augen zu Tausenden hervor, von welchen der

§ L. Verschiedenheit der Wesen im Bienenvolke. 5

Göbecke am 4. Juli 1854 auf dem Vereinstage des Thüringer Imkerwandervereins eine ganze Schachtel voll zur allgemeinen Verwunderung vorzeigte. S. von Berlepsch Bztg. 1855 S. 79. Aehnlich hatte Klose einen Stock, der in den Jahren 1852 u. 1853 unter den gewöhnlichen schwarzen Drohnen etwa ein Drittel lichte, fuchsfarbige erzeugte, von welchen er eine Partie auf der Wiener Versammlung vorzeigte. S. Klose Bztg. 1854 S. 56. Ferner sendete Zacke zwei Drohnen, die weiße Augen hatten, sonst aber ganz normal gefärbt waren, an Küchenmeister. S. Küchenmeister Bztg. 1858 S. 169. — Solche Farbenspiele kommen in der ganzen Natur vor und obwohl für die meisten Thiergruppen durchgreifende Färbungen bestehen, so werden doch bei aller Stetigkeit vereinzelte Abweichungen überall getroffen werden, ohne daß es uns beikommen kann, darin gleich charakteristische Unterschiede erkennen zu wollen. S. Huber-Kleine a. a. O. Namentlich tritt die weiße Hautfarbe mit rothen Augen als sogenannter Kakerlak allenthalben auf, und ich will nur an die weißen rothäugigen Mäuse u. Ratten neben den Kakerlaken unter den Menschen erinnern.

4. Aber nicht blos in der Farbe kommen Abweichungen vor, sondern auch in der Größe. Ich will hier zuerst von dem häufigen Größeunterschiede unter den Drohnen, dann von dem seltnern unter den Arbeitsbienen und zuletzt von dem unter den Königinnen sprechen, weil die verschiedene Größe bei den Drohnen und Arbeitsbienen mehr auf bestimmten Regeln als bei den Königinnen ruht.

a. Größeunterschied unter den Drohnen. Die Drohnen kann man förmlich in große, mittlere und kleine eintheilen.

α. Große Drohnen sind diejenigen, die in Drohnenzellen erbrütet werden und die gewöhnlichen und regelmäßigen sind.

β. Mittlere Drohnen sind diejenigen, welche aus sog. Buckelbrut hervorgehen, d. h. in hoch überwölbten Arbeiterzellen erbrütet werden. Diese Drohnen sind, wenn auch nicht immer, so doch gewöhnlich ebenso lang wie die in Drohnenzellen erbrüteten, nur schmächtiger. Die Länge wird deshalb nicht oder nur wenig beeinträchtigt, weil die mit Drohnennymphen besetzten Arbeiterzellen weit höher als Drohnenzellen bei der Bedeckelung überwölbt werden; wodurch die Drohnen Platz erhalten, ihre regelmäßige Länge zu erreichen. Schmächtiger aber werden sie, weil die engen Zellen dem Körper seitwärts nicht Raum gestatten, um sich zur regelmäßigen Dicke entwickeln zu können. Dort jedoch, wo die Buckelbrut nur einzeln und zerstreut steht, kommen die Drohnen oft auch in regelmäßiger Dicke hervor, weil die Nymphen während des Wachsthums die Wände der Zellen stark nach auswärts dehnen, so daß sie zur Ausbildung ihres Körpers den gehörigen Raum gewinnen.

γ. Kleine Drohnen sind diejenigen, welche nicht länger als Arbeitsbienen und nur etwas dicker sind. Ihre Entstehung ist mir nur durch die Annahme erklärlich, daß hin und wieder die Arbeitsbienen sich bei Bedeckelung von Drohnennymphen, die in Arbeiterzellen stehen, irren, indem sie die Nymphen nicht für Drohnen, sondern für Arbeitsbienen halten und deshalb flach statt gewölbt bedeckeln. Wenigstens ist die Wölbung kaum merklich und scheint erst durch den Druck zu entstehen, den der runde gegen den Zellendeckel prall anliegende Kopf der Drohne ausübt. Diese flache Bedeckelung der Zellen ist aber auch der Grund, weshalb sie so klein bleiben und nicht länger als Arbeitsbienen werden. Etwas dicker jedoch werden sie, weil sie die Zelle dichter als die Arbeitsbienen ausfüllen, auch wohl etwas seitwärts ausdehnen mögen. Hin und wieder fand ich sie, vollkommen ausgebildet und reif, todt in den Zellen, wahrscheinlich deshalb abgestorben, weil sie mit dem Kopfe zu nah am Deckel anlagen und

§ 1. Verschiedenheit der Wesen im Bienenvolke.

so keinen Platz hatten, um denselben durchbeißen zu können. Ich fand sie meist im Frühjahr, seltener im Sommer; theils steckten sie einzeln, theils zu zwei bis fünf nebeneinander in den Zellen und ich merkte erst, daß in den Zellen kleine Drohnen und keine Arbeitsbienen sich befanden, wenn eben eine auskriechen wollte und ich, aufmerksam gemacht, die Nachbarzellen öffnete. S. von Berlepsch Btzg. 1854 S. 43 f. Ganz dieselben Beobachtungen hatte schon Spitzner gemacht. S. dessen kritische Geschichte u. s. w. Bd. I. S. 114 — 120. 125 f. Korbbienenzucht u. s. w. 3. Aufl. S. 60. Vergl. auch Stern im Monatsblatt u. s. w. 1841 S. 87. f. — Nur einmal sah ich diese Wesen in Massen, im Sommer 1856, wo an einem mächtigen Fache einer Zwölfbeute beim Vorspiel eine solche Menge dieser Miniaturdrohnen sich zeigte, daß ich der Fälle gedachte, die ich früher in Bienenschriften gelesen hatte. Mehrere Bienenschriftsteller, z. B. Spitzner krit. Geschichte u. s. w. Bd. II S. 120, erzählen nämlich, daß einzelne Stöcke nur solche Dröhnchen und zwar in außerordentlicher Menge erzeugt hätten. Sofort untersuchte ich das Beutenfach innerlich, fand mindestens 5—6 Tausend solcher Dröhnchen und, abgesehen von den Eiern und der noch offenen Brut, mindestens doppelt so viele bedeckelte, mit solchen Wesen besetzte Zellen. Auch nicht eine Arbeitsbiene (früher hatte die Königin bestimmt auch Arbeitsbienen erzeugt) lief mehr aus den Zellen und die Brut stand so regelmäßig und dicht geschlossen, wie die Arbeiterbrut in einem Stocke nur stehen kann, der eine so recht rüstige, so recht fruchtbare Königin besitzt. Ich mußte genau hinsehen, um die Drohnenbrut an der etwas höheren Wölbung der Zellendeckel von Arbeiterbrut unterscheiden zu können. Die Königin spazirte ganz gravitätisch auf einer Wabe umher, war groß, rüstig und im höchsten Grade mit Eiern geschwängert; denn sie ließ mehrere Eier fallen, während ich sie auf der Wabe an der Sonne betrachtete.

Auch diesen Fall vermag ich durchaus nicht anders zu erklären, als daß die höchst fruchtbare Königin plötzlich und auf einmal durch irgend einen unbekannten Zufall die Fähigkeit verlor, Eier zu Arbeitsbienen zu legen, und daß die Arbeitsbienen, gewohnt, täglich eine Menge Arbeiterzellen zu bedeckeln, auch später diese Gewohnheit fortführten und mit Drohnennymphen besetzte Zellen flach bedeckelten.

b. Größeunterschied unter den Arbeitsbienen. Die Arbeitsbienen sind viel seltener unter sich an Größe verschieden als die Königinnen und Drohnen. Der gewöhnlichste Fall ist, daß sie etwas kleiner sind, wenn sie aus Zellen hervorgehen, in welchen schon zu oft gebrütet wurde und welche deshalb durch die vielen übereinandergehäuften Seidenhemdchen, mit welchen jede Made bei ihrer Einspinnung die Zelle inwendig austapezirt, enger geworden sind. Mitunter kommen jedoch ganz winzig kleine Exemplare zum Vorschein. Ich sah solche Miniaturarbeiter immer nur sehr einzeln und überhaupt nur sehr selten; Andere jedoch sahen sie in größerer Zahl.

2. Lubinecki: Im August 1856 zeigten sich auf meinem Stande einige Tausend Arbeitsbienen von der Größe der kleinsten jungen Stubenfliegen. Vier dieser kleinen winzigten Geschöpfe mochten noch nicht eine gewöhnliche Arbeitsbiene geben. Es war spaßig, diese Bienencolibris unter den großen Bienen mit gleichem Eifer sich herumtummeln zu sehen. Wenn so ein Ding mit seinen kleinen Höschen vom Felde kam und geschäftig in den Stock einlief oder gegen einen gewaltigen fremden Näscher im trotzigen Muthe sich bäumte, konnte man sich wegen der wahrhaft drolligen Geberden des Lachens nicht enthalten. Dabei verstanden sie ganz gut zu stechen. Bei näherer Untersuchung fand ich, daß diese Wesen aus verengten Zellen einer abgerissenen Bruttafel,

§ I. Verschiedenheit der Wesen im Bienenvolke. 7

welche sich im Sinken zwischen zwei andern Tafeln nach unten und nach der einen Kante stark zusammengedrückt hatte, hervorgegangen waren. Bztg. 1857 S. 140.

h. Glas: Ich hatte im Jahre 1858 eine kleine, schlankleibige italienische Königin, die in gewöhnlichen Arbeiterzellen lauter Miniaturbienchen erzeugte. Es war reizend, dieses Miniaturvölkchen fliegen und arbeiten zu sehen. Bztg. 1858 S. 279. Wäre ich Glas gewesen, so hätte ich eine Tafel mit Arbeiterbrut aus diesem Volke genommen, Bienen dazu gebracht und eine Königin erbrüten lassen. Wäre die junge Königin auch ein Miniaturexemplar geworden, so hätte ich die alte Königin schon zur Drohneneierlage bewegen wollen. Und wären dann auch die Drohnen winzig ausgefallen, so hätte ich wahrscheinlich dieses Naturspiel fixirt und zur Race erhoben.

c. Größenunterschied unter den Königinnen. Auch unter den Königinnen kommen neben gewöhnlichen sehr oft größere, ja wahre Riesinnen und wieder kleinere und sehr kleine vor; mitunter solche, die nicht größer als eine Arbeitsbiene sind und nur an dem glatteren Körper, namentlich den lichteren Füßen, unterschieden werden können. Redaction der Bztg. 1854 S. 52. Liebe Bztg. 1857 S. 83. Die Königinnen gehen auch über die gewöhnliche Größe hinaus, nicht so die Arbeitsbienen und Drohnen, welche nur unter die gewöhnliche Größe herabgehen. Bei den nicht regelmäßig großen Arbeitsbienen (wenn man von dem bisher ganz einzig dastehenden Glas'schen Falle absieht) und Drohnen ist es die kleinere Zelle, welche keine gehörige Größenausbildung gestattet; nicht so bei den Königinnen. Denn eine Königin füllt ihre Zelle niemals so dicht aus wie eine Arbeitsbiene oder Drohne, und die oft sehr verschiedene Größe der Wiselzellen kann den Größenunterschied auch nicht bewirken, da ich öfters sehr große Königinnen in kleinen Wiegen und sehr kleine Königinnen in großen Wiegen erzogen habe. Ich kann daher bei den Königinnen den Grund der Größenunterschiede nur in der größeren oder kleineren Menge von Futter, welches die Made vor der Verpuppung gefressen, suchen. Diese Vermuthung gewinnt sehr an Wahrscheinlichkeit durch einen Versuch Dönhoffs. Derselbe sagt: Ich nahm aus einer noch offenen Wiselwiege die Made heraus, entfernte mit einem Pinselchen allen Futterbrei, legte eine andere im fünften Tage ihres Lebens stehende königliche Made, die wohl noch 18 Stunden gefressen haben würde, in die futterleere Wiege und verklebte die Oeffnung derselben mit einem dünnen Wachsblättchen. Es ging ein reizendes Prinzeßchen, etwas größer als eine Arbeitsbiene hervor. Es ist daher mehr als wahrscheinlich, daß die Entstehung der kleinen Königinnen darin ihren Grund hat, daß die Maden im letzten Lebensalter wenig fressen, vielleicht, weil sie aus Frühreife keine Lust zum Fressen haben, und daß manche Königinnen dadurch auffallend groß werden, weil sie besonders viel fressen und sich ihre Reife verspätet. Bztg. 1859. S. 9.

§ II.
Geschlechtigkeit der dreierlei Bienenwesen.

Vorbemerkung. Die Bearbeitung dieses Paragraphen ist von dem berühmten Physiologen und Zootomen. Professor Rudolf Leuckart zu Gießen gütigst ausgeführt worden, was meinem Werke zum nicht geringen Schmucke dient.   von Berlepsch.

Ueber das Geschlecht der im Bienenstaate zusammenlebenden dreierlei Individuen ist bekanntlich viel und mit Leidenschaftlichkeit gestritten worden. Noch vor wenigen Jahren konnte man darüber in der Bienenzeitung und andern apistischen Schriften die verschiedensten Ansichten hören; heute ist dieser Streit geschlichtet und die Frage nach dem Geschlechte der Bienen dahin entschieden, daß

1. **Königin und Drohnen die einzigen ausgebildeten Geschlechtsthiere sind,**
     a. die erstere weiblichen Geschlechts,
     b. die andern männlichen Geschlechts,

2. **die Arbeiter in geschlechtlicher Hinsicht unvollständig entwickelte Thiere und zwar unvollständig entwickelte Weibchen darstellen.**

Wenn die Bienenzüchter von den Ergebnissen der naturhistorischen Forschung mehr Notiz genommen hätten, so würden sich diese Ansichten schon seit langer Zeit Bahn gebrochen haben. Schon vor fast zweihundert Jahren (1672) ist durch den berühmten holländischen Naturforscher Schwammerdamm sowohl die weibliche Natur der Königin als auch die Mannheit der Drohnen zur Genüge bewiesen, und sind dessen Angaben später von zahlreichen Forschern, unter denen ich von Neueren hier nur von Siebold (Bztg. 1854 S. 228 ff.) nennen will, bestätigt. Die Erkenntniß von der wahren Natur der Arbeiter ist eine jüngere. Allerdings wußte schon Schwammerdamm, daß die Arbeiter geschlechtlich unentwickelt seien (er nannte sie geradezu „natürliche Verschnittene"), allein er war mehr geneigt, sie für verkümmerte Männchen, als unentwickelte Weibchen zu halten. Hätte man die weibliche Natur der Arbeiter früher gekannt, dann wäre die wichtige und interessante Beobachtung Schirachs (1767) von der Erziehung einer Königin aus einer Arbeitermade gewiß nicht so lange und so vielfach angezweifelt worden. Die Entdeckung von der wahren Natur der Arbeiter, die wir den 1813 vorgenommenen anatomischen Untersuchungen des Fräulein Jurine (S. Huber-Kleine Heft I. S. 113) verdanken, hat uns erst hinterher den Schlüssel für das Verständniß dieser merkwürdigen Thatsache gegeben.

§ II. Geschlechtigkeit der dreierlei Bienenwesen.

Am häufigsten ist von den Bienenzüchtern, und bis auf die neueste Zeit, die Mannheit der Drohnen in Abrede gestellt worden. Die Drohnen sollten Alles Andere sein, nur keine Männchen. Dem Laien in den Naturwissenschaften schien es ganz unglaublich, daß das männliche Geschlecht, das bei dem Menschen und den höhern Thieren das herrschende und gebietende ist, in dem Bienenstaate nun mit einem Male eine so untergeordnete Rolle spielen sollte. Die Bienenzüchter wußten nicht, daß die Männchen bei andern niederen Thieren noch weit mehr in den Hintergrund treten, als bei den Bienen. Es giebt nicht blos zahlreiche Thiere, deren Männchen nach Art der Drohnen nur zu gewissen Zeiten gefunden werden, während die Weibchen vielleicht Jahrelang leben, wir kennen auch solche, bei denen das Männchen kaum mehr als eine individuell belebte Begattungsmaschine darstellt. So wissen wir z. B. von den Räderthieren, (Rotiferen), daß die Männchen ausschließlich dem Minnedienste leben; sie werden geschlechtsreif geboren, begatten sich und sterben. Die Abwesenheit von Mund und Darmkanal macht ihnen eine Nahrungsaufnahme unmöglich und beschränkt das Leben auf die allerkürzeste Zeit. In andern Fällen, bei gewissen Schmarotzerkrebsen (Lernaeaden) steht das Männchen um viele tausendmal an Größe hinter dem Weibchen zurück. Es lebt auf dem Körper der Weibchen, dem bloßen Auge fast unsichtbar, während jenes vielleicht mehrere Zolle mißt.

Durch solche Thatsachen verliert die untergeordnete Stellung der Drohnen im Haushalte der Bienen das Fremdartige, fast Naturwidrige, was sie auf den ersten Blick, den Verhältnissen des höheren thierischen Lebens gegenüber, darbietet.

Die Frage nach dem Geschlechte der Bienen kann ein Mal auf empirischem Wege, durch Beobachtung der Lebensgeschichte, und zweitens durch anatomische resp. mikroskopische Untersuchung entschieden werden

Ein empirischer Beweis für die weibliche Natur der Arbeiter ist es z. B. wenn wir sehen, daß eine Arbeitermade unter gewissen Umständen (durch reichliche Fütterung mit Speisebrei und Vergrößerung der Zelle) zu einer Königin wird. Ebenso wird die Mannheit der Drohnen durch die Erfahrung bewiesen, daß keine Königin zur Zeit des Drohnenmangels fruchtbar wird. Doch alle derartige Beweise bewegen sich auf Umwegen und lassen die mannichfachsten Verirrungen zu. So werden z. B. in seltenen Fällen Königinnen zu einer Zeit fruchtbar, wo man keine Drohnen mehr bemerkt. S. Geh Bztg. 1858 S. 190. Rothe Bztg. 1859 S. 171. Denn hin und wieder leben einzelne Drohnen bis in den Winter hinein und hin und wieder finden sich im Februar und März schon einzelne Drohnen. Wie leicht also kann man sich hier täuschen! Waren es doch auch empirische Gründe, mit denen die Bienenzüchter jene wunderlichen Ansichten über die Geschlechtsverhältnisse unserer Thiere zu verfechten suchten, auf die wir Eingangs dieses Paragraphen hindeuteten.

Unter solchen Umständen können wir nur den directen Untersuchungen des Anatomen eine entscheidende Beweiskraft beilegen. Und diese haben in dem oben schon hervorgehobenen Sinne entschieden.

Aber die Frage, um die es sich hier handelt, ist eine so wichtige und von so fundamentaler Bedeutung, daß der Bienenzüchter nicht ohne Weiteres dem Anatomen nachbeten darf. Er muß in den Stand gesetzt werden, die Einzelheiten, auf die der Anatom seine Behauptungen stützt, zu prüfen und selbstständig über die Zulässigkeit dieser Behauptungen zu urtheilen.

Hören wir also, was der Anatom zur Rechtfertigung oder richtiger zum Beweise seiner Behauptungen anführt.

§ II. Geschlechtigkeit der dreierlei Bienenwesen.

1. Die Drohnen sind Männchen.

a. In der gesammten thierischen Schöpfung hat das männliche Individuum die Aufgabe, in seinen Geschlechtsorganen und zwar zunächst den Geschlechtsdrüsen, den sogen. Hoden, eine Substanz zu bereiten, den Samen (sperma), der auf die von den Weibchen in den Eierstöcken oder Ovarien gebildeten Eier eine befruchtende Einwirkung ausübt. Die Entwickelung dieses Samens ist das durchgreifendste und wichtigste Kennzeichen des männlichen Geschlechts. Wo wir bei irgend einem Thiere Samen entstehen sehen, da haben wir es unter allen Umständen mit einem Männchen zu thun, mag die übrige Organisation sonst noch so abweichend sein.

Aber woran erkennt man denn den Samen? Der Laie weiß von dem thierischen Samen höchstens so viel, daß derselbe eine dickliche Flüssigkeit von weißlicher Farbe ist. Der Naturforscher aber erkennt in dieser Flüssigkeit mit Hülfe des Mikroskopes eine Unsumme von Körperchen, die trotz ihrer Kleinheit eine so eigenthümliche Form besitzen, daß es unmöglich ist, dieselben mit irgend anderen Bestandtheilen des thierischen Körpers zu verwechseln. In der Regel sind diese Samenkörperchen von fadenförmiger Gestalt, oft einfache Haare, oft mit einem kugligen, cylindrischen, löffelartigen sogenannten Kopfe, und dabei so charakteristisch gebildet, daß es auch bei Unkenntniß des Ursprungs in vielen Fällen gelingt, das Thier, oder doch wenigstens die Thiergruppe zu bestimmen, von welcher der Same abstammt.

Dazu kommt, daß diese Samenfäden im ausgebildeten, befruchtungsfähigen Zustande eine freie und scheinbar selbstständige Bewegung besitzen, die sonst den thierischen Gewebstheilen abgeht und oftmals so auffallend an die Bewegungen gewisser mikroskopischer Organismen erinnert, daß man sie selber lange Zeit hindurch gleichfalls für Thiere (Samenthierchen, spermatozoa) hat halten können.

Man darf jedoch nicht glauben, daß diese Samenkörperchen von Anfang an und jeder Zeit in den Geschlechtsdrüsen der männlichen Thiere vorkämen. Sie entwickeln sich erst mit der Geschlechtsreife und auch dann nur zur Zeit der Brunst, aber bei allen Thieren auf eine wesentlich übereinstimmende Weise. Der Hoden der nicht reifen oder nicht brünstigen Thiere enthält statt der späteren Samenkörperchen eine dichte gedrängte Masse kleiner heller Bläschen, die bei Annäherung der Brunstzeit allmälig sich vergrößern, im Innern eine Anzahl sog. Tochterblasen entwickeln und diese dann schließlich in die charakteristischen Samenelemente auswachsen lassen. Nicht selten sieht man die Fäden der einzelnen Mutterbläschen noch längere Zeit zu einem Bündel vereinigt, bevor sie auseinander fallen.

Solche Körperchen nun sind es, die auf die eben geschilderte Weise auch in den Geschlechtsdrüsen der Drohnen ihren Ursprung nehmen. Wie die Samenkörperchen der Insekten überhaupt, haben dieselben eine dünne und einfache Fadenform von verhältnißmäßig beträchtlicher Länge und eine ziemlich lebhafte schlängelnde Bewegung, die an dicht gedrängten Massen fast das Bild eines wogenden Kornfeldes darbietet. Von Siebold und ich haben, als wir im Sommer 1855 in Seebach waren, diese Samenfäden aus den Geschlechtsorganen der Drohnen dem Herrn von Berlepsch, dessen Bienenmeister Günther und anderen Personen zu wiederholten Malen unter dem Mikroskope gezeigt. Auch hat Franz Hofmann, einer der wenigen Bienenzüchter, welche mit dem Mikroskope arbeiten können, die Samenfäden aufgefunden und deren Bewegungen in der Bztg. 1855 S. 212 recht artig beschrieben.

Die Entwickelung dieser Samenfäden geschieht übrigens bei den Drohnen nur ein Mal während des Lebens und zwar in der letzten Zeit des Puppenschlafes. Bei dem

§ II. Geschlechtigkeit der dreierlei Bienenwesen. 11

Auslaufen aus den Zellen sind die Samenelemente bereits in bewegliche und befruchtungsfähige Fäden verwandelt, die den Hoden allmälig verlassen und sich an bestimmten Stellen des Samenleiters, den sog. Samenblasen, in größerer Menge zur Ueberführung in die weiblichen Organe ansammeln.

Daher erklärt es sich denn auch, weshalb die Hoden der ausgebildeten Drohnen im Vergleich mit den Eierstöcken der Königin so klein und verkümmert aussehen. Sie schrumpfen nach dem Austritte der Samenfäden allmälig zu zweien platten nierenförmigen Körperchen zusammen, die an den obern Seiten der Eingeweide dicht unter den äußeren Körperbedeckungen gefunden werden und aus einem häutigen, von zahlreichen Luftgefäßen durchsetzten Gewebe bestehen.

Will man die Hoden der Drohnen in ihrer vollen Entwickelung beobachten, so wähle man, wie bemerkt, die letzte Zeit des Puppenschlafes. Um diese Zeit bilden dieselben nach meinen schon anderweitig (Bztg. 1855 S. 201) bekannt gemachten Beobachtungen ein Paar sehr ansehnliche bohnenförmige Körper, die in der Mittellinie des Rückens oberhalb der Eingeweide auf einander stoßen und ganz nach Art der Eierstöcke, denen sie auch in Größe nur wenig nachgeben, aus zahlreichen kleinen Röhrchen bestehen (Fig. I a), die an dem obern Ende des Samenleiters ausstrahlen und zu einem festen Packen unter sich verbunden sind. Solcher Röhrchen zählte ich jederseits etwa 200—230. Und jedes derselben war bald mit zahllosen beweglichen Fäden bald auch, je nach der Zeit der Untersuchung, mit Entwickelungsbläschen angefüllt.

b. Aber nicht blos die Anwesenheit und Entwickelung der Samenfäden ist es, die unsere Drohnen als männliche Thiere erkennen läßt. Auch die anatomische Bildung des Geschlechtsapparates spricht dafür in so augenscheinlicher Weise, daß die älteren Naturforscher (Schwammerdamm, Réaumur u. A.), trotz ihrer Unkenntniß der Samenfäden, keinen Augenblick an der männlichen Natur unserer Thiere zweifeln konnten. Wie bei den Menschen und den höheren Thieren überhaupt, so giebt es nämlich auch bei den Insekten in der Entwickelung der Geschlechtsorgane gewisse charakteristische Züge, an denen die männliche oder weibliche Natur auf das Bestimmteste erkannt wird.

Bevor wir jedoch diese specifischen Eigenthümlichkeiten schildern, mag hier angeführt sein, daß die Geschlechtsorgane der Bienen, wie überhaupt der Insecten, in den allgemeinsten Verhältnissen ihrer Anlage bei männlichen und weiblichen Thieren übereinstimmen. In beiden Fällen findet man (vergl. Fig. 1 und 2) in Verbindung mit den dem Rücken zugekehrten Geschlechtsdrüsen einen Y förmigen Leitungsapparat, der mit seinem unpaaren Schenkel in der Hinterleibsspitze, dicht unterhalb des Afters, ausmündet, während die beiden vorderen Schenkel die Seitentheile des Verdauungsapparates umfassen und zu den Geschlechtsdrüsen emporsteigen.

Trotz dieser gemeinschaftlichen Anlage sind nun aber die männlichen und weiblichen Organe, wie gesagt, in unverkennbarer Weise von einander geschieden.

Als charakteristisch für die männliche Bildung ist zunächst und vorzugsweise die Anwesenheit eines Penis hervorzuheben, der bei der Begattung in die weiblichen Theile eingeführt wird und zur Uebertragung des Samens dient. Unter diesem Penis darf man sich jedoch nicht etwa ein besonderes, von den übrigen Geschlechtsorganen abgetrenntes Gebilde vorstellen. Der Penis der Insecten ist nichts als der hintere Abschnitt des unpaaren Samenleiters, der durch Entwickelung von hornigen, in Form und Bildung außerordentlich wechselnden Einlagerungen und anderen Besonderheiten zur Begattung geschickt wird. Zu diesem Penis kommen sehr allgemein bei den männlichen Insecten noch ein Paar schlauchartige Anhangsdrüsen, die neben den paarigen Samenleitern in das obere Ende des unpaaren Ausführungsganges einmünden und in frühe-

12 § 11. Geschlechtigkeit der dreierlei Bienenwesen.

rer Zeit gewöhnlich als Samenbläschen gedeutet wurden. Diese Anhangsdrüsen liefern eine weißliche Absonderung, die die Samenfäden zu einem Samenpfropfe oder einer Samenpatrone (Spermatophore) umhüllt und verkittet, zu einer Masse, die dann statt einer Flüssigkeit bei der Begattung in die weiblichen Organe eingebracht wird.

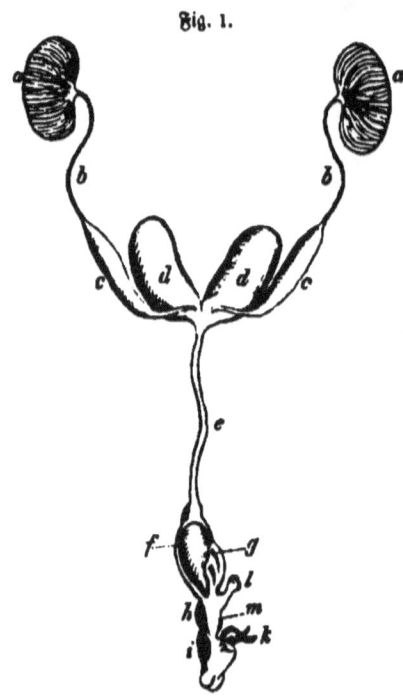

Fig. 1.

Werfen wir hiernach einen Blick auf die beistehende Fig. 1., die eine, wie ich hoffen darf, naturgetreue Abbildung von den Geschlechtsorganen der Drohnen bietet, dann finden wir alle die eben hervorgehobenen Merkmale des männlichen Geschlechts. In d sehen wir die beiden, bei der Biene nur kurzen und gedrungenen Anhangsschläuche, die in das obere Ende des unpaaren Samenganges (e) einmünden, während der untere Abschnitt dieses Ganges (von f an) in einen Penis umgewandelt ist. Die paarigen Samenleiter (b, b) zeigen in ihrer unteren Hälfte eine cylindrische Erweiterung (c, c), in welcher der Samen nach dem Austritte aus den Hoden (a, a) eine Zeitlang verweilt, bevor er noch weiter herabsteigt, und dann im Anfangstheile des Penis mit dem Secrete der Anhangsdrüsen zur Bildung einer sog. Spermatophore zusammentritt. In unserer Abbildung ist eine solche Spermatophore eingetragen; sie ist der mit f bezeichnete birnförmige Körper, der den Anfangstheil des Penis zwiebelartig auftreibt.

Wenn wir, wie es denn doch am Ende das Natürlichste ist, den ganzen bei der Begattung zunächst betheiligten Abschnitt des Geschlechtsapparates als Penis bezeichnen wollen, dann können wir diesen Namen nur in dem oben hervorgehobenen Sinne gebrauchen. Der Penis der Drohne ist dann ein hohler mit verschiedenen Horngebilden im Innern ausgestatteter Canal, der eine directe Fortsetzung oder vielmehr richtiger einen integrirenden, nur in besonderer Weise entwickelten Theil des Leitungsapparates darstellt. (Von Siebold gebraucht die Bezeichnung „Ruthe" in einem anderen Sinne und benennt damit nur einen Theil der im Innern gelegenen Horngebilde, derselben, die Fig. 1, g abgebildet sind. S. v. Siebold Bzlg. 1854. S. 228.) Bei der Begattung wird dieser schlauchförmige Penis wie ein Handschuhfinger umgestülpt, so daß er dann als äußerer Anhang auf der Geschlechtsöffnung aufsitzt und die frühere Innenfläche mit ihren Horngebilden jetzt die äußere geworden ist.

Wäre der Penis bei der Drohne ein einfacher Cylinder, so würde er im umgestülpten Zustande genau dieselben Verhältnisse darbieten, wie wir sie etwa bei einem Mastdarmvorfalle beobachten. Der umgestülpte Theil des Darms bildet dabei bekanntlich eine Scheide, die ein zweites, nicht umgestülptes Darmstück im Innern einschließt. Die

§ II. Geschlechtigkeit der dreierlei Bienenwesen.

Endöffnung dieser Scheibe führt in den Innenraum des eingeschlossenen Darmstücks, das an den Rändern der Oeffnung ohne Weiteres in die Wand der Scheibe umbiegt. Wie die ursprüngliche Afteröffnung, so stellt — um bei unserem Vergleiche zu bleiben — diese Endöffnung überhaupt nichts Anderes dar, als einen Querschnitt des Darms, der jetzt nur nicht mehr mit dem Ende zusammenfällt, sondern einer höher gelegenen Stelle entspricht. Je mehr der Vorfall wächst, je länger die sich umstülpende Scheibe wird, desto mehr entfernt sich die Stelle dieses Querschnitts von dem Ende des Darmes, desto mehr rückt dieselbe nach oben.

Im Wesentlichen entsprechen die Verhältnisse des umgestülpten Penis nun in der That der hier gegebenen und von einer nicht eben seltenen Krankheit entlehnten Schilderung. Bei einem Drucke, den wir in der Richtung nach hinten auf den Leib der Drohne einwirken lassen, sehen wir, wie der Penis sich immer mehr und mehr umstülpt und in eine Scheide verwandelt, die nach vollendeter Umstülpung den obern dünnen und unveränderten (d. h. nicht in den Penis umgewandelten) Theil des unpaaren Samenganges in sich einschließt. Anfänglich ist diese Umstülpung nur auf die zunächst der Geschlechtsöffnung anliegenden Theile des Penis, also auf dessen hinteres Endstück, beschränkt; bei anhaltendem Drucke wird die Umstülpung aber immer länger, sie geht immer mehr auf die vorderen Partieen des Penis über, und schließlich ist der Penis in ganzer Ausdehnung (so zu sagen) vorgefallen. Mag der Penis nun vollständig oder unvollständig (wie z. B. in Fig 2, wo der obere Theil des Penis mit der Spermatophore noch in der Ruhelage ist und durch den umgestülpten, scheideartigen Theil des Penis hindurch schimmert) umgestülpt sein, immer zeigt derselbe an seinem Ende eine — irriger Weise von Kleine (Huber-Kleine Heft I. S. 50 u. 134) geläugnete — Oeffnung, die in den noch nicht umgestülpten Theil resp. bei vollständiger Umstülpung, den sich überhaupt nicht umstülpenden dünnen Samengang hineinführt. Kleine ist der Ansicht, daß der Penis der Drohne ein selbstständiges Gebilde darstelle, dessen Innenraum von dem Samenkanale abgetrennt sei, jedoch kann man mit Hülfe des Mikroskopes die Continuität beider Kanäle auf das Bestimmteste nachweisen. Für einen directen Zusammenhang spricht auch die Lage der Spermatophore, die nicht etwa dem Ende des Samenganges, sondern dem Anfangstheile des Penis entspricht.

Wenn diese Verhältnisse auf den ersten Blick bei unsern Drohnen nicht so einfach zu sein scheinen, so rührt das daher, weil der Penis derselben kein gleichmäßig gebildetes Rohr ist, wie etwa der vorfallende Mastdarm, sondern eine mehrfache Gliederung zeigt und in seinen einzelnen Theilchen verschieden entwickelt ist.

Am besten, glaube ich, unterscheiden wir an dem Penis der Drohne drei Abschnitte, ein Endstück, ein Mittelstück und einen oberen Theil, die Peniszwiebel. Der erste Abschnitt ist derjenige, der sich am frühesten, der letzte derjenige, der sich am spätesten umstülpt.

Das Endstück des Penis, das man auf unserer Abbildung (Fig. 1) leicht auffindet, ist von allen das weiteste. Es stellt im zurückgezogenen Zustande ein fast kugel- oder trommelförmiges Gebilde dar, das durch die Geschlechtsöffnung nach außen führt und von zwei einander gegenüberliegenden Stellen, die der Bauch- und Rückenfläche entsprechen, einen bräunlichen, ziemlich ausgedehnten Flecken erkennen läßt. Bei mikroskopischer Untersuchung erkennt man in dem einen dieser beiden Flecken, der am Bauche liegt (Fig. 1, i), einen dichten Besatz von steifen, bräunlichen Haaren, die auf der Innenfläche aufsitzen und mit ihren Spitzen nach hinten stehen. Im umgestülpten Zustande, wenn die Innenwand nach Außen gekehrt ist, erscheint die Richtung dieser Haare natürlich die entgegengesetzte. Die Spitzen derselben sind dann dem Kopfe der

14 § II. Geschlechtigkeit der dreierlei Bienenwesen.

Drohne zugewendet; sie werden also bei dem Versuche, den in die weibliche Scheide eingebrachten Penis zurückzuziehen, sich aufrichten und einen bedeutenden Widerstand leisten.

Der Rückenflecken verdankt seine Färbung keinem Haarbesatze, sondern einer eigenthümlichen schuppenförmigen Zeichnung, die gleichfalls der Innenfläche angehört und nach der Umstülpung des Penis, wenn diese nach Außen sieht, die Zahl und Ausdehnung der Widerstandspuncte beim Zurückziehen vergrößert. Dicht an diesen Rückenflecken sieht man an dem Endstücke des Penis zwei gleichfalls bräunliche zipfelförmige Blindschläuche abgehen (Fig. 1, k), die sich bei der Begattung ebenfalls umstülpen und dann die bekannten zwei, nach dem Rücken zu emporgerichteten Hörnchen darstellen, die dem Begattungsorgane unserer Drohnen ein so sonderbares Aussehen geben. (In Fig. 2, die einen halb aufgestülpten Penis darstellt, ist nur eines dieser Hörnchen, in k, gezeichnet. Das andere ist, um die Deutlichkeit des Bildes nicht zu beeinträchtigen, hinweggeblieben.) Die gelbe Farbe dieser Hörnchen beruht auf einer ganz ähnlichen Schuppung, wie wir sie an den Rückenflecken oben hervorgehoben haben.

Auf dieses Endstück des Penis folgt ein scharf abgesetzter dünnerer Theil, das Mittelstück (Ruthenkanal, von Siebold), das bei stärkerem Drucke zwischen den eben erwähnten Hörnchen in Form eines aufwärts gekrümmten schlanken Zapfens (Fig. 2) aus den Begattungsorganen hervorspringt. Auch in diesem Mittelstücke finden wir an Bauch- und Rückenseite eine auffallende bräunliche Zeichnung, an der Bauchseite 4, 5 oder 6 kurze, hinter einander angebrachte Querbögen (Fig. 1, k) an der Rückenseite, weit hinten, wo das Mittelstück durch eine tiefe Einschnürung von dem Endstück getrennt ist, einen einfachen Flecken von fast hufeisenförmiger Bildung. Diese Zeichnung rührt in beiden Fällen von demselben dichten Besatze steifer Borsten her, dessen wir oben bei Gelegenheit des Bauchfleckens in dem Endstücke gedacht haben, und gilt Alles, was wir damals von der Bedeutung dieser Borsten gesagt haben, auch für den gegenwärtigen Fall.

Eine weitere Auszeichnung dieses Mittelstückes besteht in einem kleinen kolbenförmigen Blindschlauche (Fig. 1, l), der dem oberen, etwas dickeren Ende und zwar wiederum der Rückenfläche aufsitzt und bei vollständiger Umstülpung des Mittelstücks gleichfalls nach außen hervortritt. Der freie Rand dieses Blindschlauches ist in der Ruhe vielfach gekerbt und gefaltet.

Was nun den Anfangstheil des Penis betrifft, die Peniszwiebel, wie ich eben diesen Abschnitt genannt habe (Linse, Huber), so erscheint dieser im leeren Zustande (d. h. bei Abwesenheit einer Spermatophore) als eine kleine birn- oder herzförmige Anschwellung, die an der Rückenseite ein stärkeres Paar großer brauner Hornschuppen einschließt. Die Anwesenheit einer Spermatophore (Fig. 1, f) ändert die Form dieser Zwiebel in mehrfacher Beziehung, doch nur für die Dauer ihrer Anwesenheit, indem die ursprüngliche Form nach Entfernung der Spermatophore rasch zurückkehrt.

Bei erster Untersuchung scheint es, als wenn die Zahl der oben erwähnten Hornschuppen vier betrage, und in der That spricht auch von Siebold von vier derartigen Gebilden (Fig. 1, g). Bei näherer Untersuchung überzeugt man sich jedoch leicht von der Zweizahl derselben. Die scheinbar größere Zahl rührt daher, daß der innere, scharf geschnittene Rand der beiden Schuppen durch stärkere Verhornung und Besitz einer eignen nach hinten gerichteten Spitze vor der übrigen Fläche sich auszeichnet und deßhalb leicht für ein besonderes Hornstück gehalten wird. Die Spitze ist an der Wand der Peniszwiebel, der die Schuppen aufsitzen, abgehoben und ragt frei in den Innenraum derselben hinein; sie bildet also bei gänzlicher Umstülpung des Penis einen starken,

§ II. Geschlechtigkeit der dreierlei Bienenwesen.

gleichfalls nach dem Kopfe der Drohne zu gerichteten Dorn, der in ähnlicher Weise, wie die Borsten der übrigen Abschnitte des Penis, das Zurückziehen des Begattungsapparates aus der weiblichen Scheide in hohem Grade erschweren wird. Gleiches gilt übrigens auch von den Seitentheilen der Hornschuppen, indem der hintere Rand auch hier in Form eines freien und überdieß noch mehrfach gezeichneten Vorsprungs entwickelt ist.

Bei einer solchen Bildung ist es an sich klar, daß die Verhängung zwischen Drohne und Königin eine ungemein feste, bis zum Abreißen des Penis führende ist; worüber im § IV. 1 und 2 ausführlich gehandelt werden wird.

Die Kräfte, die das Umstülpen des Penis bewirken, sind sehr einfach. Sie bestehen aus einem Drucke, den die Drohne durch kräftige Zusammenziehung der Bauchwand in derselben Weise, wie die Hand des Bühnenzüchters, auf den frei in der Leibeshöhle gelegenen und nur am Rande der Geschlechtsöffnung befestigten Ruthenschlauch ausübt. Denken wir uns einen Sack, der sich an seinem hinteren Ende in einen dünnen nach innen eingestülpten Blindschlauch fortsetzt, mit Wasser gefüllt, und lassen wir auf diesen Sack sodann einen Seitendruck einwirken, so wird jener Blindschlauch sich nach außen umstülpen müssen. Genau so sind die Verhältnisse bei unseren Drohnen. Die Leibeswand derselben ist ein mit Blut und Eingeweiden gefüllter Sack, dessen hinteres Ende sich in den nach Innen eingestülpten Ruthenschlauch fortsetzt. Sobald diese Leibeswand sich zusammenzieht, springt der Penis durch Umstülpung vor, erst nur mit seinem Endstücke, dann, bei Fortsetzung und Steigerung des Druckes, immer mehr und mehr, bis schließlich auch die Peniszwiebel hervortritt und die darein eingeschlossene Spermatophore frei wird.

Je vollständiger in unserem Beispiele die Füllung des Sackes ist, je praller die Wandungen erscheinen, desto leichter und vollständiger wird der eingestülpte Anhang nach Außen hervortreten. Uebertragen wir dieß auf die Drohne, so erkennen wir, daß der Penis um so leichter und vollständiger sich umstülpen wird, je voller die Eingeweide sind. Unter den Eingeweiden der Bienen sind nun aber einige, deren Füllung je nach den Umständen sehr verschiedene Grade darbietet. Das sind die in Form von baumartig verästelten Röhren den Leib durchziehenden, gelegentlich auch beutelförmig, zu größeren oder kleineren Säcken sich erweiternden Lungen, die sog. Luftgefäße oder Tracheen. Unsere Behauptung gilt besonders von den anhängenden Erweiterungen, die während der Ruhe zusammenfallen und fast leer sind, während der Vorbereitungen zum Fluge und während des Fluges selbst aber stark gefüllt werden. Die Füllung dieser Beutel muß natürlich — den gleichzeitigen Schluß der Athemlöcher vorausgesetzt — den Effect eines Druckes der Bauchwandungen bedeutend erhöhen: wir erkennen jetzt mit einem Male den Grund jener merkwürdigen Thatsache, daß die Begattung zwischen Königin und Drohne ausschließlich während des Fluges vor sich geht. In der Ruhe, bei zusammengefallenen Luftlöchern, reicht der Druck, über den eine Drohne zu verfügen hat, zu einer vollständigen Umstülpung des Begattungsorganes, die zu einer Uebertragung der Spermatophore in die weiblichen Organe nothwendig ist, nicht aus.

Man hat allerdings gegen diese, schon bei einer früheren Gelegenheit (Bztg. 1855 S. 201) von mir aufgestellte Ansicht eingeworfen, daß die Drohnen beim Abreißen des Kopfes auch in der Ruhe ihren Penis umstülpen. Die Thatsache ist richtig und auch physiologisch leicht zu begreifen. Beim Abreißen des Kopfes geschieht eine gewaltige Einwirkung auf das Nervensystem und diese hat eine convulsivische plötzliche Zusammenziehung der Körperwände und damit eine Umstülpung des Penis zur Folge. Aber dieses Umstülpen ist keinesweges ein vollständiges, sondern — soweit meine Erfahrun-

§ II. Geschlechtigkeit der dreierlei Bienenwesen.

gen reichen — stets nur ein theilweises. Es werden dabei nur die letzten Abschnitte des Penis, das Endstück mit seinen Hörnchen, höchstens auch, wie das in Fig. 2. von uns dargestellt ist, noch ein Theil des Mittelstückes ausgetrieben, während die Peniszwiebel im Innern zurückbleibt. Soll diese gleichfalls nach Außen treten und die eingeschlossene Spermatophore frei geben, dann bedarf es eben jener physikalisch günstigen Umstände, wie sie im Normal-Zustande nur während des Fluges vorkommen.

Uebrigens darf man nicht glauben, daß die Drohne, die den Begattungsact zu vollziehen im Begriffe steht, nun etwa erst den Penis umstülpe und diesen dann in die weiblichen Organe einführe. Der Vorgang ist bestimmt ein anderer, wie schon daraus hervorgeht, daß der umgestülpte Penis mit seinen vielfachen und zum Theil so unregelmäßigen Hervorragungen trotz der Weite der weiblichen Geschlechtsöffnung unmöglich in letztere eingebracht werden kann. Offenbar geschieht die Umstülpung und Einschiebung des Gliedes gleichzeitig. Die Drohne wird ihre Hinterleibspitze der weiblichen Geschlechtsöffnung näheren, sie vielleicht sogar in dieselbe einschieben und dann im Innern der Scheide die Umstülpung vor sich gehen lassen. Dabei finden denn auch die nach einander hervortretenden Abschnitte des Penis zugleich die beste Gelegenheit, sich in einer den räumlichen Verhältnissen der Scheide entsprechenden Weise zurechtzulegen.

Der umgestülpte Penis hat bekanntlich ein sehr bedeutendes Volumen; er ist beträchtlich umfangreicher, als im zurückgezogenen Zustande. Es kommt das daher, weil der umgestülpte Penis mit der sonst frei in der Leibeshöhle enthaltenen Blutflüssigkeit gefüllt ist, und die früher zusammengefallenen Wandungen unter dem Andrange dieser Flüssigkeit sich aufblähen. Diese Füllung bedingt einen gewissen Grad von Steifigkeit, sie bewirkt es aber auch, daß sich erst jetzt die Form des Penis gehörig entfaltet. Wo im zurückgezogenen und zusammengefallenen Zustande die Wand vielleicht durch Schlaffheit sich auszeichnete, da sehen wir jetzt nach der Umstülpung einen mehr oder weniger ansehnlichen buckelförmigen Vorsprung u. s. w.

Doch es würde zu weit führen, wollte ich die Form des ausgestülpten Penis in allen ihren Einzelheiten beschreiben. Ich begnüge mich unsere Leser auf die beistehende Fig. 2 hinzuweisen, die eine Abbildung des halb ausgestülpten Penis gibt und sich durch die gleiche Bezifferung leicht auf unsere Fig 1 zurückführen läßt. Ueberdieß sind ja auch die wichtigsten und auffallendsten Formverhältnisse des umgestülpten Penis in der voranstehenden Beschreibung von mir berücksichtigt.

Bei der Umstülpung des Penis würde an den innern männlichen Organen begreiflicher Weise eine starke Zerrung eintreten, wenn dieser Umstand in der Organisation unserer Drohnen nicht besonders vorgesehen wäre. Der unpaare Samengang, der zunächst von dieser Zerrung betroffen werden würde, ist nicht blos durch bedeutende Länge und schlingen- oder ∽förmige Lage, die ohne Schwierigkeit in Streckung übergeht, ausgezeichnet, sondern weiter auch mit einer solchen Dehnbarkeit und Elasticität begabt, daß er sich ohne Gefahr fast um das Doppelte seiner ursprünglichen Länge ausziehen läßt. Beim Abreißen des Begattungsorganes wird aber auch dieser Samengang durchrissen, bald höher, bald auch tiefer unten. Im ersten Falle erscheint der mit den Begattungsorganen zusammenhängende Ueberrest desselben als ein längerer „weißer Faden," der aus

§ II. Geschlechtigkeit der dreierlei Bienenwesen.

der weiblichen Geschlechtsöffnung hervorragt und einen Theil des sog. „Begattungszeichens" der von dem Hochzeitsfluge befruchtet zurückkehrenden Königin ausmacht. S. auf S. 29 einen beßfalsigen Sectionsbefund von Siebold s.

c. Was hier von dem Geschlechte der Drohnen gesagt ist, gilt nicht blos für die gewöhnlichen Drohnen, die von einer befruchteten Königin abstammen und in Drohnenzellen sich entwickeln, sondern in gleicher Weise von allen Drohnen ohne Unterschied des Ursprungs. Die von unbefruchteten sog. drohnenbrütigen Königinnen abstammenden Drohnen erkannte ich ebenso als vollkommen entwickelte, befruchtungsfähige Männchen (Bztg. 1855 S. 127), wie die in Arbeiterzellen erbrüteten kleinen Drohnen (ebendaselbst S. 202), und selbst bei einer in einer Wieselwiege entwickelten Drohne, die ich von Kleine erhalten hatte, ließen sich Samenfäden und Penis mit aller Bestimmtheit nachweisen. Ganz ebenso verhalten sich ferner auch diejenigen Drohnen, die aus von Arbeitsbienen gelegten Eiern hervorgehen. Vogel (Bztg. 1855 S. 95) stellte eine Tafel mit Drohnenbrut, von welcher er bestimmt wußte, daß sie von einer italienischen Arbeitsbiene herrührte, (er hatte diese Biene in einem weisellosen Stocke legen sehen) einem deutschen weisellosen Volke auf einem über eine halbe Stunde entfernten Stand ein. Die italienischen Drohnen liefen aus und zwei junge deutsche Königinnen dieses Standes erzeugten darauf, nachdem sie zur Zeit dieses Drohnenfluges fruchtbar geworden waren, theils deutsche theils auch italienische Arbeitsbienen. Da sonstige italienische Drohnen fehlten, mußte hier eine Verhängung mit den männlichen Abkömmlingen jener Arbeitsbiene stattgefunden haben. Daß das möglich ist, haben auch directe Untersuchungen gezeigt. Von Siebold fand während seiner Anwesenheit in Seebach bei Herrn von Berlepsch in den Geschlechtsorganen solcher Drohnen die gewöhnlichen beweglichen Samenfäden, und ebenso sah ich es bei derartigen, von Dönhoff mir zugesendeten Individuen. Der Grund dieser Erscheinung ergibt sich aus § VIII.

2. **Die Königin ist ein Weibchen und zwar das einzige vollkommene Weibchen im Bienenvolke.**

a. Der Beweis von der weiblichen Natur der Königin ist bei weitem leichter zu führen, als der Beweis von der Mannheit der Drohnen. Die Eier, die statt der Samenfäden in den Geschlechtsdrüsen der Königin gebildet werden, sind den Bienenzüchtern allgemein bekannt und schließen durch die Eigenthümlichkeit ihrer Schicksale, d. h. die im Innern derselben vor sich gehende Entwickelung eines neuen Thieres, jede Möglichkeit eines Irrthums aus. Auch haben aufmerksame Bienenzüchter zu unzähligen Malen Königinnen Eier in Arbeiter- und in Drohnenzellen, aus denen später Arbeiter und Drohnen sich entwickelten, absetzen gesehen, so daß dieser Punct thatsächlich über jeden Zweifel erhaben ist.

Durch die Section gewinnt man Resultate, die mit diesen Erfahrungen völlig übereinstimmen. Man findet dicht unter der Rückendecke, an derselben Stelle, die bei den Drohnen von den beiden Hoden eingenommen ist, ein Paar sehr ansehnliche herzförmige Körper, die einen großen Theil der Leibeshöhle ausfüllen und ganz nach Art der Hoden aus einer beträchtlichen Menge (160—180) zarter, von Luftgefäßen umsponnener und zusammengehaltener Röhrchen bestehen (Fig. 3, a). Diese Körper sind die Eierstöcke. Zur Zeit der stärksten Tracht enthält jedes der einzelnen Eierstocksröhrchen in seinem unteren, dem Leitungsapparate zugekehrten Ende 1—2 reife Eier, auf die nach oben vielleicht ein Dutzend mehr oder weniger vollständig entwickelte Eikeime folgen (Leuckart Bztg. 1857 Nr. 1 Fig. 1), so daß wir die Gesamtzahl der Eianlagen in beiden Eierstöcken immerhin mindestens auf 4000 veranschlagen dürfen. Zur Zeit der Winterruhe ist das anders. Da sinkt die Zahl der Einlagen nach meinen Beobachtungen auf etwa die Hälfte oder noch mehr, und reife Eier werden dann in der Regel gar nicht vorgefunden (Ebendas. Fig. 2).

Die erste Bildung dieser Eier erfolgt in einer späteren Zeit, als bei den Drohnen die Entwickelung der Samenelemente. Bei königlichen Puppen, die dicht vor dem Auslaufen standen und mehrfach von mir untersucht wurden, war noch keine Einlage vorhanden. Der Inhalt der Eiröhren bestand bei diesen Thieren aus kleinen hellen Bläschen, ganz wie die Bläschen, die in den Hodenröhrchen dem Auftreten der Samenfäden vorausgehen. Die Eiröhren dieser unreifen Königinnen waren dann auch viel kürzer und dünner, als später, wie denn auch sonst die Entwickelung der Eiröhren mit der Zahl der eingeschlossenen Eikeime in geradem Verhältnisse stehet.

Die ersten Keime der Eier nehmen beständig in dem zugespitzten oberen Ende der Röhren, dem sog. Keimfache, ihren Ursprung. Hier entsteht eine Anzahl größerer heller Bläschen, die sich in eine Längsreihe hinter einander ordnen und mit einem Hofe umgeben, der immer mehr wächst und immer mehr sich trübt, je mehr die Bläschen in der Röhre nach abwärts rücken. Aus dem Hofe entwickelt sich auf diese Weise allmälig der Dotter, der dann im unteren Ende der Eiröhren von einer festen äußeren Hülle, der sog. Eihülle (Chorion), umschlossen wird und damit die Entwickelungsgeschichte des Eies beendigt.

Sobald die Eikeime eine nur einigermaßen ansehnliche Größe erreichen, bedingen sie an den früherhin ganz glatten Eiröhren eine Anschwellung, die mit fortschreitendem Wachsthum immer dicker wird. Aber auch die zwischen je zwei Eikeimen liegenden Bläschen wachsen allmälig und bilden dann gleichfalls eine Anschwellung an der Eiröhre, so daß diese demnach bei der legereifen Königin eine perlschnurförmige Bildung besitzt (Leuckart a. a. O. Fig. 2 u. 4). Man muß sich jedoch hüten, jede einzelne Anschwellung etwa als Ei oder Eikeim in Rechnung zu bringen. Wie eben hervorgehoben worden, ist ein solches immer nur in jeder zweiten Anschwellung enthalten.

b. Wie sich das männliche Geschlecht der Drohnen nicht blos in dem Inhalte der Keimdrüsen kundgibt, sondern auch in der Bildung der Leitungswege, so auch das weibliche Geschlecht der Königin. Die Bienenkönigin zeigt in dieser Hinsicht genau dieselben Verhältnisse, die wir bei den Insectenweibchen im Allgemeinen antreffen. Statt des Penis besitzen letztere ganz allgemein am hinteren Ende des unpaaren Ausführungscanales eine für die Aufnahme der Ruthe passend eingerichtete Scheibe, an der auf der Rückenfläche hoch oben, wo sie in den engern Eiergang übergeht, noch ein kleines gestieltes Bläschen anhängt, das sog. *Receptaculum seminis*, das dazu bestimmt ist, den bei dem Begattungsacte in die weiblichen Organe eingeführten Samen aufzunehmen und später auf die zu befruchtenden Eier, die den stielförmigen Ausführungsgang passiren, abzusetzen.

§ II. Geschlechtigkeit der dreierlei Bienenwesen.   19

Auf unserer Abbildung der königlichen Geschlechtsorgane
Fig. 3

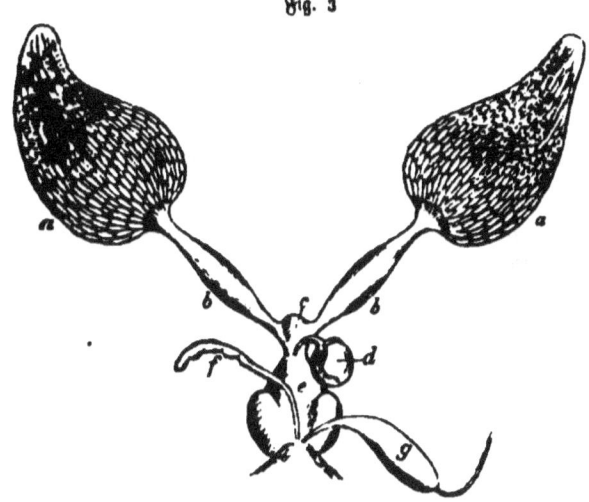

ist die Scheide mit e und die Samentasche mit d bezeichnet. In b sieht man die den paarigen Samenleitern entsprechenden paarigen Eileiter und in c den kurzen und birnförmigen unpaaren Eiergang, zwei Gebilde, die sich — abgesehen von anderen Eigenthümlichkeiten — in Uebereinstimmung mit dem größeren Querschnitte des Eies durch eine viel größere Weite vor den analogen Theilen der männlichen Organe auszeichnen.

Die Scheide, die von den früheren Beobachtern nur sehr unvollständig erkannt worden, bildet, wie das bei der Beschaffenheit des Penis der Drohne kaum anders zu erwarten ist, ein sehr ansehnliches und weites Organ von kegelförmiger Gestalt, dessen hintere Seitentheile sich zu zweien rundlichen Nebensäcken entwickelt haben. Ich möchte fast vermuthen, daß diese Nebensäcke zur Aufnahme der oben bei dem aufgestülpten Penis beschriebenen und (Fig. 2, k) abgebildeten Hörnchen bestimmt sind, muß aber sonst die gegenseitigen Beziehungen der zweierlei Begattungsorgane unentschieden lassen, da mir leider bisher noch keine Gelegenheit zur Zergliederung einer mit dem Begattungszeichen versehenen Königin geworden ist.

Die dem Scheidengrunde anhängende Samentasche besitzt bei der Bienenkönigin eine ungewöhnliche Größe, so daß sie schon mit unbewaffnetem Auge leicht erkannt wird. Sie reicht nach meinen Berechnungen für vielleicht 25 Millionen Samenfäden aus.

Schwammerdamm, der dieses Gebilde bereits kannte und genau beschrieben hat, hielt es für eine Schleimdrüse, die den klebrigen Ueberzug um die Eier bereite, mit denen letztere auf dem Boden der Zelle festgeleimt würden. Die wichtige Bedeutung derselben blieb ihm unbekannt. Es war den Untersuchungen eines französischen Zoologen Audouin vorbehalten, das Bläschen als Samenbehälter zu erkennen und damit den Schlüssel für das Verständniß der Jansch a- (er war der erste) Huberschen Beobachtung zu finden, daß eine einmalige Begattung genüge, die Bienenkönigin für die

§ II. Geschlechtigkeit der dreierlei Bienenwesen.

Dauer ihres ganzen Lebens zu befruchten (Annales des scienc. natur. 1824 tom. II. pag. 281). Die Entdeckung Audouin's ist von späteren Anatomen, namentlich von von Siebold, mehrfach bestätiget, und ist auch in der That mit Hilfe des Mikroskops leicht zu constatiren, wie sich bei meiner Anwesenheit in Seebach auch von Berlepsch und Günther überzeugen konnten. Natürlich gilt das nur für befruchtete Königinnen. Im jungfräulichen Zustande ist die Samentasche mit einer hellen Flüssigkeit gefüllt, in der keine Samenfäden zu entdecken sind.

Die Oberfläche der Samenblase ist mit einem netzförmigen Geflechte weiter Luftgefäße umsponnen, die der Wand derselben eine große Elasticität geben und sie (auch bei Samenmangel) vor dem Zusammenfallen bewahren. Außerdem aber findet man in der Wand ein zartes Muskelgewebe, das bei der Zusammenziehung auf den Inhalt drückt und denselben in kleinen Portionen austreibt. Auch der Ausführungsgang der Samenblase läßt ringförmig verlaufende Muskelfasern erkennen, besonders am oberen Ende, wo diese Fasern eine förmliche, wenn auch nur schwache Anschwellung bilden.

An der Verbindungsstelle von Samenblase und Ausführungsgang münden noch zwei dünne Drüsenschläuche, die in unregelmäßigen Krümmungen auf der Oberfläche der ersten hinkriechen und zum Theil gleichfalls auf unserer Abbildung zu sehen sind.

Die weibliche Geschlechtsöffnung erscheint als eine Querspalte, die an dem ganzen hinteren Rande der letzten schaufelförmig entwickelten Bauchschiene hinzieht. Die Bauchwand der Scheide ist mit der Innenfläche dieser Schiene fest verwachsen. Da letztere zugleich einen hohen Grad von Beweglichkeit besitzt und um ihren vorderen Rand sich dreht, wie die Thür um die Angel, so folgt daraus für die Geschlechtsöffnung selbst die Möglichkeit, je nach der Stellung der Schiene, bald als enge Spalte, bald auch als weit klaffender Eingang zu erscheinen.

Die Rückenwand der Scheide grenzt nach hinten an den hornigen Stachelapparat, der zwischen Geschlechtsöffnung und After liegt und eigentlich als die äußerste Spitze des Hinterleibes betrachtet werden muß, obwohl er für gewöhnlich nicht nach außen hervorragt, sondern in die Scheide zurückgezogen ist.

Eine specielle Beschreibung dieses Stachelapparates will ich hier unterlassen, ich will nur hervorheben, daß wir einen solchen unter den Insecten wiederum nur bei weiblichen Individuen finden und seine Anwesenheit bei der Bienenkönigin deßhalb denn auch als weiteren Beweis für die weibliche Natur derselben betrachten dürfen.

Der Stachelapparat dient der Bienenkönigin und den verwandten Insecten wohl zunächst nur als Waffe. Er eignet sich dazu um so mehr, als er mit einer Drüse in Verbindung steht, die ein scharf ätzendes Secret bereitet, das durch den hohlen Stachel in die von diesem gestochene Wunde übertritt. Diese Drüse wird bei der Königin aus zweien langen Fäden gebildet, die in vielfachen Schlängelungen zwischen Scheide und Mastdarm sich hinziehen, später zu einem gemeinschaftlichen Gange zusammentreten und am Ende in einen ansehnlichen retortenförmig gekrümmten Behälter, die Giftblase (Fig. 3, g), einmünden. Der Hals dieser Giftblase, die eine sehr derbe Musculatur hat, inserirt sich auf der Grenze von Scheide und Stachelapparat, oder, wenn man lieber will, an der Wurzel des letzteren. Daneben findet man einen zuerst von von Siebold beschriebenen schlauchförmigen Anhang (Fig. 3, f), der eine ölige, ätherisch riechende Flüssigkeit in sich einschließt. Von Siebold glaubte, daß diese Flüssigkeit dazu diene, den schon oben einmal erwähnten klebrigen Ueberzug zu liefern. Da dieser nun aber nach meinen Beobachtungen schon bei reifen Eierstockseiern vorhanden ist, muß die Function wohl eine andere sein. Meiner Meinung nach bildet das ölige Absonde-

§ II. Geschlechtigkeit der dreierlei Bienenwesen. 21

rungsproduct des Anhangsschlauches eine Art Schmiere, die an die hornigen, zum Theil auf künstlichen Falzen an einander hingleitenden Theile des Stachelapparates tritt und diese geschmeidig macht. Eine Bestätigung meiner Vermuthung finde ich in dem Umstande, daß man bei Bienenstichen in dem Gesichte eine sehr deutliche Geruchswahrnehmung empfindet, die von dem Inhalte des Schlauches herrührt und auf eine stärkere Entleerung bei dem Gebrauche des Stachels zurückschließen läßt.

Uebrigens scheint es kaum, daß die Bedeutung des Stachels allein auf Schutz und Angriff beschränkt sei. Auch beim Eierlegen dürfte derselbe eine gewisse Rolle spielen. Allerdings wird er nach den Beobachtungen Dönhoff's und von Berlepsch's beim Eierlegen nicht nach außen vorgestoßen, aber trotzdem ist ein bestimmter Einfluß auf das Ablegen der Eier immerhin glaublich, selbst wenn derselbe nur darin sich aussprechen sollte, daß das unterhalb des nach abwärts gekrümmten oder concaven Stachels hingleitende Ei durch diese Form beim Hervortreten eine entsprechende Bewegungsrichtung bekäme.

Manche Bienenzüchter sprechen bei der Königin auch von einer Legröhre. Was bei anderen weiblichen Insecten als Legröhre fungirt, ist genau dasselbe, was bei der Bienenkönigin und Verwandten zu einem Stachelapparat entwickelt ist. Eine andere Legröhre besitzen unsere Bienen nicht und der Stachelapparat dürfte diese Benennung wohl kaum verdienen. Von manchen Bienenzüchtern ist der bei einem Drucke auf den Hinterleib nicht selten kegelförmig hervortretende After als Legröhre betrachtet worden; natürlich mit Unrecht.

b. Daß die Königin das einzige vollkommene Weibchen im Stocke ist, erhellt daraus, daß, sobald die Königin aus einem Stocke entfernt ist, niemals mehr ein Ei gelegt wird, aus dem sich eine Königin oder eine Arbeitsbiene entwickeln kann. S. § VII, 1. Werden in einem Stocke ohne Königin früher oder später Eier von Arbeitsbienen gelegt, so entwickeln sich stets nur Drohnen. S. § XI. Da also die Königin allein alle drei verschiedene Wesen, Königinnen, Arbeitsbienen und Drohnen, fortzupflanzen im Stande ist, so ist sie das einzige vollkommene Weibchen im Bienenstaate.

c. In äußerst seltenen Fällen werden im Frühjahr, Herbst und Winter ausnahmsweise zwei fruchtbare Königinnen in einem Stocke gefunden, was daher kommt, daß die abzuschaffende alte Königin noch lebt, wenn die junge die Zelle verläßt und von den an sie gewöhnten Bienen beschützt wird, oder daß man bei der Herbstvereinigung zwei Königinnen in einen Stock bringt, deren jede von ihren Bienen vertheidigt wird. S. Gundelach Nachtrag u. f. w. S. 34 ff. Dzierzon Bztg. 1849 S. 137. 1845 S. 121. 1851 S. 139 u. Bfreund S. 181. Calaminus Bztg. 1855 S. 254 f. Nach und nach werden sich beide aneinander gewöhnen, wie ich als Knabe ein Rothkehlchen hatte, das mit der Katze von einem Teller fraß. Einmal aber fand von Berlepsch, wie er mir brieflich mittheilte, auch im Sommer zwei höchst fruchtbare Königinnen in einem Stocke, nämlich im Juli 1856. Die eine residirte im Brutraum, die andere im Honigraum, während die Bienen nur ein Flugloch unmittelbar auf dem Boden der Beute hatten. Dieser Fall ist jedoch nicht besonders auffallend. Denn offenbar hatte sich die ursprünglich eine Königin durch den engen in den Honigraum führenden Ritz hindurchgedrängt und sich nicht zurückgefunden, während die Bienen unten die Königin vermißten und eine junge unten nachzogen, beide Königinnen aber nicht zusammenkamen.

3. Die Arbeitsbienen sind unentwickelte Weibchen.

a. Die weibliche Natur der Arbeitsbienen geht mit Evidenz schon aus der Bildung der äußeren Geschlechtsorgane hervor. Keine Spur von Penis, wie wir ihn als charakteristisch für das männliche Geschlecht gefunden haben, wohl aber eine quere, von dem Rande des letzten klappenförmig entwickelten Bauchsegments begrenzte Querspalte, die sich nur durch Kleinheit und Enge von der Schamspalte der Königin unterscheidet. Im Innern des zunächst an diese Querspalte sich anschließenden Hohlraumes liegt ein Stachelapparat, wie bei der Königin — und das nicht blos bei einem oder dem anderen Individuum, sondern bei allen. Oder wollte Dr. Magerstedt, der die Arbeitsbienen noch heute zum größten Theil männlichen Geschlechts sein läßt, etwa behaupten, daß es Arbeiter gäbe, die nicht stächen und nicht stechen könnten! Den übrigen Bienenzüchtern sind Arbeitsbienen ohne Stachel nicht bekannt und der Stachel allein ist schon für das Geschlecht entscheidend.

Uebrigens will ich nicht verschweigen, daß der Stachelapparat der Arbeitsbienen mancherlei Abweichungen von dem der Königin darbietet. Aber diese Abweichungen sind sehr untergeordneter Art. Sie beziehen sich fast ausschließlich auf Größe und Form. Der Stachel der Königin ist nach unten gekrümmt, wie wir oben vermutheten, um dem austretenden Ei eine bestimmte Richtung zu geben, bei den Arbeitsbienen, die ihren Stachel fast ausschließlich als Waffe gebrauchen, ist derselbe gerade und dadurch, wie durch größere Anzahl der Widerhaken weit mehr geschickt, in diesem Sinne zu agiren.

Giftblase und Schmierdrüse, die nach meinen Untersuchungen bei den Arbeitern (Fig. 4. g u. f) eben so vorkommen, wie bei der Königin, sind bedeutend kleiner, als wir sie oben gefunden haben, und die Giftdrüse ist meist in ganzer Länge einfach.

b. Obwohl die Arbeiter somit in der äußeren Bildung der Geschlechtsorgane die unverkennbarsten Attribute des weiblichen Geschlechts besitzen, unterscheiden sie sich doch dadurch sehr auffallend von der Königin, daß sie — wenigstens in der Regel — steril sind. Doch diese Thatsache erklärt sich, wenn wir die Bildung der inneren Geschlechtsorgane berücksichtigen.

Die Präparation der inneren Geschlechtsorgane der Arbeitsbienen ist eine recht schwierige Aufgabe, weshalb denn auch die älteren Anatomen, Schwammerdamm und Réaumur, die gänzliche Abwesenheit derartiger Gebilde behaupteten. Seit den Beobachtungen von Fräulein Jurine (S. Huber — Kleine u. s. w. Heft I S. 113) und Ratzeburg (Nova Act. Acad. Caes. Leopold. tom. XVI pars 2 pag. 613) ist der Irrthum dieser Ansicht bekannt. Wir wissen seit dieser Zeit, daß innere Geschlechtsorgane bei den Arbeitsbienen nicht blos existiren, sondern auch in ihren Hauptzügen die Bildung der Königin erkennen lassen.

§ II. Geschlechtigkeit der dreierlei Bienenwesen. 23

Fig. 4.

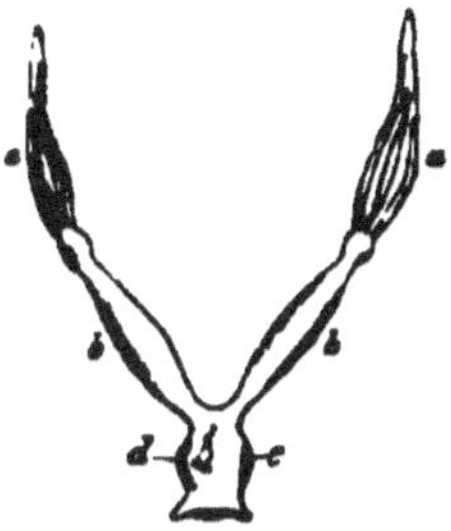

Bei einer Vergleichung der von uns in Fig. 4 gegebenen Abbildung mit Fig. 3, die die Geschlechtsorgane der Königin darstellt, wird das hinreichend deutlich. In a haben wir die Eierstöcke der Arbeitsbienen, in b den paarigen Eileiter, in c die Scheibe mit dem unpaaren Eiergange und in d erkennt man sogar ein Receptaculum. Aber alle diese Organe sind nicht blos ungleich kleiner; es sind auch gerade diejenigen Theile, die bei den Geschlechtsfunctionen der Königin zunächst in Betracht kommen, in hohem Grade verkümmert. Der Eierstock besteht nur aus wenigen, mit 5 oder 6 — ich sah Schwankungen von 2 bis 12 — Röhren und diese Röhren sind im Normalzustande ohne Eier und Eianlagen, schlanke dünne Kanälchen, deren Inhalt, wie bei der Königin vor Entwickelung der Eier, zur Zeit des Puppenschlafes, aus kleinen und blassen Bläschen besteht. Daher kommt es denn auch, daß der Querschnitt des Eierstocks nur wenig größer ist, als der Querschnitt des paarigen Eileiters.

Ebenso ist die Scheibe nur ein enges, wenngleich gegen die übrigen Abschnitte immerhin etwas erweitertes Gebilde, das der Nebentaschen entbehrt und sich nicht einmal deutlich von dem darüber gelegenen unpaaren Eiergang absetzt. Ganz unmöglich, daß der männliche Penis, auch wenn er die äußere Oeffnung passiren könnte, in dieser Scheibe ein Unterkommen finden würde.

Auch die Samentasche ist im höchsten Grade verkümmert und unfähig, Samen in sich aufzunehmen. Mit bloßem Auge kaum sichtbar, ein kleines, nach hinten gerichtetes Kölbchen, erscheint sie nach meinen Untersuchungen überhaupt nur als Analogon des Samenganges. Die eigentliche Samenblase ist so gut wie vollständig geschwunden, wie schon daraus mit Bestimmtheit hervorgeht, daß die im Rudimente meist noch vorhandenen Anhangsdrüschen in das hintere kolbige Ende einmünden, wie bei der Königin in die kolbige Muskelauftreibung am Ende des Samenganges (Leuckart in Moleschotts Untersuchungen a. a. O. S. 422).

Die oben hervorgehobene Schwierigkeit der Präparation dieser Organe beruht nicht bloß in der Kleinheit und der zarten Beschaffenheit der einzelnen Theile, sondern auch in der Befestigung durch zahlreiche Luftgefäße. Im Puppenzustande, wo diese Luftgefäße ihre volle Entwickelung noch nicht erreicht haben, und selbst noch in der ersten Zeit des späteren Lebens, läßt sich die Präparation viel leichter vornehmen; auch scheint die relative Größe dann etwas beträchtlicher zu sein. Daß daraus aber, wie ich früher vermuthete (Bztg. 1855 S. 202), ein mit dem Alter allmälig zunehmendes Schrumpfen folge, muß ich jetzt bezweifeln. Jedenfalls ist mir später, als ich im Präpariren der betreffenden Organe eine größere Gewandtheit gewonnen hatte, das Auffinden derselben kaum jemals, auch nicht bei den ältesten und am meisten abgenutzten Exemplaren, mißglückt.

Fig. 5.

c. Unter gewissen Umständen gewinnen einzelne Arbeitsbienen, wie das im § XI sehr detaillirt exponirt werden wird, die Fähigkeit einer Eiproduction. In beistehender Fig. 5 sind die Genitalien einer solchen Biene abgebildet. Man überzeugt sich leicht, daß diese Eierlegerinnen nur durch die Bildung des Ovariums von den gewöhnlichen sterilen Arbeitsbienen unterschieden sind. Aber die Unterschiede in Bildung des Ovariums sind nicht größer, als die Unterschiede in der Bildung des Ovariums bei den eben aus der Zelle hervorgeschlüpften und den legereifen Königinnen. Sie beruhen ganz einfach auf der Entwickelung von Eikeimen und Eiern in den einzelnen Röhren, die genau in der oben bei der Königin geschilderten Weise vor sich geht. Die Eiröhren nehmen dabei die bekannte rosenkranzförmige Bildung an (Leuckart, Bztg. 1857 Nr. 1 Fig. 4) und werden gleichzeitig auch etwas länger, ohne jedoch jemals die Länge der königlichen Eiröhren zu erreichen. Die Zahl der Eianlagen beträgt auch im günstigsten Falle nur etwa die Hälfte der bei der Königin in den einzelnen Röhren vorkommenden. In der Regel sind die Röhren dieser Eierlegerinnen auch nur sehr ungleich und unvollständig mit Eiern besetzt. Man findet Individuen, bei denen sogar nur einzelne Eiröhren einen derartigen Inhalt erkennen lassen und auch diesen vielleicht nur an gewissen Stellen; ein Umstand, der es zur Genüge erklärt, wenn wir sehen, daß derartige Thiere viel unregelmäßiger, als eine Königin, ihre Eier absetzen.

Rudolf Leuckart.

§ III.
Befruchtung der Königin.

Bei der Befruchtung der Königin wird die Samentasche derselben mit dem Samen der Drohne gefüllt. Der Same bleibt dort aufbewahrt und befruchtet das einzelne Ei in dem Momente, wo es beim Absetzen an der Mündung der Samentasche vorbeigleitet.

Damit die Anfänger diesen wichtigen Satz und überhaupt die Befruchtung der Bienenkönigin und das damit unzertrennlich Zusammenhängende gehörig zu verstehen im Stande sind, ist es unerläßlich, Einiges über die geschlechtliche Zeugung der Thiere, d. h. über das Entstehen lebendiger Wesen durch Begatten eines Männchens und Weibchens, überhaupt vorauszuschicken. Keine Lehre in der Naturwissenschaft hat in neuester Zeit solche Riesenfortschritte gemacht als die Lehre von der Zeugung, und wir haben heute in den meisten Puncten, die vor wenigen Jahren noch als kaum je lösbare Räthsel erschienen, mathematische Gewißheit.

1. Es ist mathematisch gewiß, daß die Eier an den Eierstöcken der Weibchen unabhängig von der Begattung entstehen, d. h. daß zur Entwickelung der Eier am Eierstocke der Weibchen es nicht nöthig ist, daß sie von einem Männchen begattet werden, sondern daß die Entwickelung der Eier am Eierstocke und die Ablösung von demselben beginnt, sobald die Geschlechtsreife der Weibchen und sonstige erforderliche Verhältnisse, z. B. die geeignete Jahreszeit, eingetreten sind. Ich erinnere hier nur an das bekannte Eierlegen der Hofhühner auch da, wo kein Hahn vorhanden ist. S. Leuckart in Wagners Handwörterbuch der Physiologie, Band IV. S. 868 ff. Von Siebold Parthenogenesis u. s. w. S. 69.

2. Es steht mathematisch fest, daß alle Weibchen, die, um lebendige Wesen erzeugen zu können, von einem Männchen befruchtet werden müssen, Eier entwickeln, oder, mit andern Worten ausgedrückt, es steht fest, daß, wo zur Hervorbringung lebendiger Wesen die Mitwirkung eines Männchens nöthig ist, sich in den Körpern der Weibchen Eier bilden. Ich sage „wo die Mitwirkung eines Männchens nöthig ist;" denn es gibt in der Natur auch noch eine andere Entstehungsart lebendiger Wesen außer aus Eiern, und bei dieser Entstehungsart, der ungeschlechtlichen Zeugung, wirkt niemals ein Männchen mit. Dieser Grundsatz der Eibildung beim Weibchen gilt bei der Fliege nicht weniger als beim Elephanten.

Die Eier der Weibchen werden nun theils im mütterlichen Körper theils außerhalb desselben ausgebrütet. Das Menschenweib und alle Säugethierweibchen brüten ihre Eier im Körper aus und behalten die ausgeschlossene Brut so lange bei sich, bis

§ III. Befruchtung der Königin.

sie solche als ausgebildete Wesen lebendig gebären; die Vögel setzen ihre Eier ab und brüten sie erst außerhalb des Körpers aus; ebenso die Insekten, nur daß diese fast immer dem Vogel Strauß nachahmen und ihre Eier nicht selbst ausbrüten, sondern durch die Sonne und Wärme ausbrüten lassen.

3. Es ist Regel (die Ausnahme siehe § VIII), daß das Ei, wenn es sich zum lebendigen Wesen entwickeln soll, durch männlichen Samen befruchtet sein muß. Wir wissen jetzt ganz genau, auf welche Weise die Befruchtung des Eies vor sich geht, auf welche Weise der männliche Samen auf das Ei befruchtend einwirkt. Damit dies jedoch dem Anfänger gehörig verständlich werde, wolle er sich aus S. 10 daran erinnern, daß der männliche Samen aller Thiere aus zahllosen, in einer Flüssigkeit schwimmenden und beweglichen Fäden besteht und daß die Bienenkönigin, wie alle Insekten, nach ihrer Befruchtung (b. i. erfolgreichen Begattung) diese beweglichen Samenfäden in einer sog. Samentasche oder Samenblase in ihrem Leibe trägt. Um nun ein Ei zu befruchten, ist es nöthig, daß ein oder mehrere männliche Samenfäden in den Dotter gelangen, sich hier auflösen und mit den Bestandtheilen des Eies vermischen. S. Meißner in Köllikers und von Siebolds Zeitschrift für wissenschaftliche Zoologie 1854 Band VI. S. 272. Leuckart in J. Müllers Archiv für Anatomie und Physiologie 1855 S. 90—265. Bei manchen Thiergattungen durchbohren die männlichen Samenfäden unmittelbar die Eihäute, bei den allermeisten aber haben die Eier an irgend einer Stelle eine kleine, nur mit dem Mikroskope sichtbare Oeffnung, Mikropyle genannt, die durch die Eihäute bis auf den Dotter sich erstreckt. Diese Mikropyle findet sich an den Eiern aller bisher deßfalls untersuchten Insekten; bei den Eiern der Bienenkönigin, die bekanntlich etwas gebogen länglich sind, an dem oberen Pole b. h. an demjenigen Ende des Eies, welches beim Absetzen zuletzt die Mutterscheide verläßt. S. Leuckart Bzlg. 1855 S. 204. Kommt nun der männliche Samen mit dem Ei in Berührung, so schlüpfen durch die Mikropyle oft mehr oft weniger Samenfäden, oft nur ein einziger, in das Innere des Eies hinein. S. von Siebold Parthenogenesis u. s. w. S. 104. Natürlich kann dies nur geschehen, so lange die Samenfäden beweglich sind; und sie sind eben beweglich (um nicht zu sagen lebendig), damit sie in das Innere des Eies eindringen können.

4. Bei vielen Thieren muß für jede Geburt wenigstens eine geschlechtliche Vermischung des Männchens und Weibchens vorhergegangen sein, oder mit anderen Worten, bei vielen Thieren wirkt bei dem Weibchen eingeflößte Samen nur für eine Geburt. Eine Kuh, die geboren hat, gebiert nicht wieder, wenn sie nach der Geburt nicht von neuem von einem Bullen gesprungen wird. Bei den Hühnern hingegen reicht eine Begattung hin, die in den nächsten 2—3 Wochen zu legenden Eier zu befruchten, während die Weibchen anderer Thiere, z. B. vieler Insekten, überhaupt nur einmal während des ganzen Lebens befruchtet werden. In diesen Fällen wird dem Weibchen nur einmal männlicher Samen eingeflößt und doch haben dieselben dann die Fähigkeit für das ganze oft mehrere Jahre, wie bei der Bienenkönigin, dauernde Leben befruchtete Eier abzusetzen. Solche Weibchen, unter welche auch die Bienenkönigin gehört, haben nämlich, wie schon wiederholt gesagt wurde, in ihrem Körper einen sog. Samenbehälter (Samentasche, Samenblase), in welche bei der einmaligen Befruchtung der Samen eingelassen und dort aufbewahrt wird. S. von Siebold in Müllers Archiv u. s. w. 1837 S. 392 Tafel XX. Fig. 1—7; in Germars Zeitschrift für Entomologie 1843 Band IV. S. 371. 374. Wiegmanns Archiv u. s. w. Band I. S. 107. Bzlg. 1854 S. 230. Parthenogenesis u. s. w. S. 5.

§ III. Befruchtung der Königin.

5. Die Samentaschen der Insekten sind sehr verschieden gestaltet; bei der Bienenkönigin ist die Tasche rund, von der Größe eines Rübsamenkornes und, wie oben schon erwähnt wurde, mit einem stielförmigen Canale versehen, durch den der Samen aufgenommen und späterhin in kleinen Portionen wieder abgegeben wird (Fig. 3, d). Ist die Königin noch unbefruchtet, so ist die Samentasche stets mehr oder weniger mit wasserheller Feuchtigkeit gefüllt, die unter dem Mikroskope keine Spur eines Samenfadens zeigt und von den beiden Anhangsdrüsen der Samentasche oder zugleich zum Theil von den Drüsenzellen der innern Wandungen der Samentasche herrührt und wahrscheinlich dazu dient, den in die Samentasche übergeführten Samen frisch und die Samenfäden beweglich und somit befruchtungsfähig zu erhalten. S. von Siebold Parthenogenesis u. f. w. S. 70 Anmerk. 2. und Leuckart in Moleschotts Untersuchungen u. f. w. 1858 Band IV. S. 883. Ist hingegen die Königin befruchtet, so ist die Samentasche mit einer milchweißen Masse strotzend gefüllt, die unter dem Mikroskope Millionen beweglicher Fäden, ganz wie bei den Drohnen auf S. 10 beschrieben ist, enthält. — Wie bei der Bienenkönigin, so ist bei allen unbefruchteten Insektenweibchen die Samentasche leer von Samen, bei allen befruchteten mit Samen gefüllt. Mit bloßen Augen kann man die Samentaschen unbefruchteter und befruchteter Königinnen sofort unterscheiden, und nur in den wenigen seltnen Fällen, wo die Quantität des eingeschlossenen Samens eine nur geringe ist, könnte man sich täuschen.

6. Die Samentasche der Bienenkönigin mündet, wie gleichfalls schon auf S. 19 gesagt ist, da, wo die beiden Eileiter der beiden Eierstöcke sich in einen Eileiter vereinigen, ein, und hier ist die Stelle, wo jedes einzelne von den Eierstöcken herabgleitende Ei befruchtet wird. Indem das Ei bei der Mündung der Samentasche ankommt, wird es durch von dort herausbringende Samenfäden befruchtet, welche sich an das obere Ende des Eies, wo sich die Mikropyle befindet, anhängen und durch diese in den Dotter hineinschlüpfen. Das Austreten der Samenfäden aus der Samentasche geschieht wahrscheinlich in Folge einer Zusammenziehung der Wandungen, die eine musculöse Beschaffenheit haben. S. von Siebold Parth. u. f. w. S. 102. Leuckart Bztg. 1855 S. 203 und in Moleschotts Untersuchungen u. f. w. 1858 Band IV. S. 393 ff.

Aus dem vorstehend Gesagten erhellt, wie falsch es war, wenn die Bienenzüchter bis jüngst glaubten, der Eierstock der Königin werde befruchtet. Bei keinem Weibchen der Schöpfung wird der Eierstock befruchtet, sondern stets nur das einzelne Ei. Und wie können hunderttausende von Eiern befruchtet werden, die zur Zeit, wo die Begattung der Königin mit der Drohne Statt hat, im Entferntesten noch nicht vorgebildet sind, noch nicht existiren! S. Dzierzon Bztg. 1853 S. 96.

§ IV.
Weise der Befruchtung der Königin.

Ist im vorgehenden Paragraph gezeigt worden, wo der männliche Same im Körper der Königin aufbewahrt wird und wie die **Befruchtung** der Eier geschieht, so ist jetzt die **Art und Weise, auf welche die Begattung** zwischen Königin und Drohne vollzogen wird, zu erörtern. Leider ist hier nicht Alles mit Gewißheit anzugeben, da, wie der nächste Paragraph darthun wird, die Begattung nur außerhalb des Stockes hoch in der Luft erfolgt und deshalb noch niemals von eines Menschen Auge geschaut worden ist.

1. Wahrscheinlich besteigt die Königin den Rücken der Drohne; denn das männliche Glied springt nach oben gerichtet hervor, so daß eine Vereinigung der männlichen und weiblichen Geschlechtstheile nur denkbar erscheint, wenn die Königin der Drohne aufsitzt. Auch ist die Drohne als das körperlich kräftigere Individuum vollkommen geeignet, die Königin im Fluge während der Vorbereitungen zur Begattung zu tragen. Dabei wird die Königin, indem sie der Drohne aufsitzt und sich mit den Füßen drückend an die Seiten derselben anklammert, viel zur Ermöglichung des Hervorstülpens des Begattungsapparates der Drohne beitragen. Besonders werden die Hinterfüße der Königin eine Hauptrolle spielen; denn Dzierzon beobachtete, daß eine mit verletztem Hinterfuße, alles Ausfliegens ungeachtet, unfruchtbar blieb. S. Dzierzon Bztg. 1845 S. 120. Um dies näher zu prüfen, schnitt ich einer jungen Königin die Hinterfüße theilweise ab. Ich sah sie wiederholt ausfliegen, sie blieb aber unfruchtbar. Mit dem Vollzug der Begattung erfolgt zweifellos der augenblickliche Tod der Drohne, denn jede Drohne, der man durch Druck, selbst noch so sanften, das Geschlechtsglied hervorstülpt, ist sofort todt. Ist die Drohne todt, so erfolgt wahrscheinlich alsbald das Herabfallen des verhängten Paares aus der oberen Luftregion, da die Königin schwerlich die Drohne wird tragen können. Aber im Fallen selbst wird sich die Königin ihres Galans leichter oder schwerer entledigen. S. Kleine Bztg. 1855 S. 267. Ich vermuthe, daß die Königin die Hinterfüße von beiden Seiten an die Drohne zwängen, die Drohne so von der Scheibe zurückdrücken und das Wiederauslassen des Gliedes aus der Scheibe bewirken wird. Mitunter muß jedoch die Verhängung so fest sein, daß sich das Pärchen in der Luft nicht zu lösen vermag; denn es sind in seltenen Fällen verhängte Pärchen auf der Erde gefunden worden, z. B. von Ehrich, der das verhängte Pärchen mit einer Nadel durchstach und aufbewahrte; von Pösl, welcher die Königin löste und ihrem Stocke zurückgab, und Saint-Jean-Chrysostomus, Trap-

§ IV. Weise der Befruchtung der Königin.

pift zu Mallerie in Frankreich, welcher 1846 ein verhängtes todtes Paar fand. S. Pöfl Bienenzucht Ausgabe von 1807 S. 29 f. Busch Honigbiene S. 70. Kleine Bztg. 1856 S. 38. Pichhardt Bztg. 1845 S. 38. Ueberhaupt glaube ich, daß das Herabstürzen auf die Erde in allen denjenigen Fällen vorkommen wird, wo der Geschlechtsapparat abreißt, in der Scheide stecken bleibt und mit zum Stocke zurückgebracht wird. Hier wird die Verhängung der besonderen Festigkeit wegen wahrscheinlich längere Zeit zur Lösung erfordern und erst auf der Erde geschehen können. Daß man aber so äußerst selten ein verhängtes Paar gefunden, beweist gegen diese Vermuthung nichts, da die Paarung höchst wahrscheinlich in größerer Entfernung vom Stocke (S. § V., 6 — 9) vor sich geht. Stürzt dann das Paar im Felde in das Getreide oder sonst wohin herab, wer will es finden?

2. Ich habe gesagt, daß das Geschlechtsglied der Drohne mitunter abreiße, in der Scheide der Königin stecken bleibe und von dieser mit zum Stocke gebracht werde. Obwohl dieß nun schon Huber (S. Huber-Kleine Heft I. S. 34 35. 47.) nachgewiesen hatte und obwohl das „Zurückbleiben abgerissener Theile der männlichen Geschlechtswerkzeuge im Innern der weiblichen Scheide nach vollzogener Begattung ein Ereigniß ist, welches bei verschiedenen Insekten, namentlich Käfern, nicht selten vorkommt" (von Siebold Parthenogenesis S. 67), so sträubten sich doch fast alle Bienenzüchter ganz gewaltig dagegen und meinten, es sei doch gar zu grausam vom Schöpfer, wenn er also mit der Drohne verführe. Um dieser und anderen Einwendungen mit einem Schlage ein Ende zu machen, fing ich am 23. Juli 1853 eine vom Begattungsausfluge heimkehrende Königin, deren Scheide mit einer weißen Masse wie ausgefüllt war und wo offenbar eine ganz vollkommene Abreißung des gesammten Begattungsapparates der Drohne stattgefunden hatte. Ich sendete sie in verdünntem Weingeist an von Siebold, welcher folgenden Sectionsbefund veröffentlichte: Die mir überschickte Bienenkönigin fiel mir auf den ersten Blick dadurch auf, daß bei ihr der Eingang zu den Geschlechtstheilen weit offen stand und aus demselben bestimmt geformte Theile hervorragten, von denen sich besonders zwei gelbgefärbte in die Höhe ragende und zugespitzte Hörnchen bemerklich machten. Durch sanftes Rütteln mit der Pincette überzeugte ich mich bald, daß jene Theile nicht von innen hervorgestülpte oder ausgetretene Eingeweide der Königin sein konnten, sondern fremde von Außen in die geöffnete Scheide eingedrungene Körper waren; denn sie fielen nach mehrmaligem vorsichtig von mir vorgenommenen Rütteln vollständig von der Mündung der Scheide ab. Als ich diese Theile mit dem Mikroskope untersuchte, überzeugte ich mich auf das Bestimmteste, daß dieselben von einer männlichen Biene (Drohne) herrührten und aus nichts anderem als aus den abgerissenen Begattungswerkzeugen derselben bestanden. Die beiden gelben Hörnchen waren unverkennbar jene beiden zugespitzten Schläuche, welche bei dem Drucke auf den Hinterleib einer Drohne so leicht hervorspringen. Zwischen den beiden Hörnchen befand sich ein dunkelbrauner Körper, der in die Mündung der weiblichen Geschlechtsöffnung hineinragte und von mir als die Ruthe (Begattungsglied, Penis) erkannt wurde. Es geht also aus diesem Befunde hervor, daß ich eine weibliche Biene (Königin) vor mir hatte, welcher nach gepflogener Begattung die abgerissenen Begattungsorgane der männlichen Biene zwischen ihrem Scheideeingange stecken geblieben waren. E. von Siebold Bztg. 1854 S. 230 ff.

Hiermit war jeder Widerspruch niedergeschlagen und es konnte die Möglichkeit und Wirklichkeit des Abreißens des Drohnengliedes nicht weiter geleugnet werden. Uebri-

§ IV. Weise der Befruchtung der Königin.

gens hatten schon vorher Dzierzon, Kleine, ich und Andere das Drohnenglied aus der Scheide der Königin öfters gezogen. S. Dzierzon Bztg. 1845 S. 120. 1854 S. 234. Vogel 1858 S. 17. Einmal fand ich eine Königin, die sich des Gliedes gar nicht hatte entledigen können; es steckte nämlich verwelkt in der Scheide, und als ich die Königin an den Flügeln hielt und mein Bienenmeister Günther das etwas vorstehende Glied mit den Fingernägeln hervorzog, ließ die Königin sofort ein Ei fallen.

Das ausnahmsweise Abreißen des Gliedes, ja des gesammten Begattungsapparates, wie im von Siebold'schen Falle, kann aus verschiedenen Ursachen eintreten, z. B. wenn das Glied besonders tief eingelassen oder im Verhältniß zur Scheide der Königin besonders groß war. Und sind nicht gerade die Königinnen an Größe sehr verschieden? Muß es nicht mancher sogar schwer werden, zum Begattungsact zu gelangen, da erfahrungsmäßig die besonders kleinen Königinnen am spätesten fruchtbar werden, die meisten Ausflüge, weil wahrscheinlich die Begattung mehrmals vergeblich versucht wird, halten müssen.

3. Steht also fest, daß das Drohnenglied mitunter und zwar ziemlich häufig in der Scheide der Königin zurückbleibt, so entsteht die höchst interessante Frage, auf welche Weise die Drohne das Glied verliert. Denn das Glied sitzt so fest am Leibe der Drohne, daß es die Königin ganz unmöglich durch Ziehen zum Abreißen bringen kann; auch ist es so consistent, daß es der Königin ebenso unmöglich ist, daselbe mit der Scheide abzukneipen. Dzierzon meint, die Königin werde das Glied nach und nach abdrehen, wie sie den Stachel, wenn sie eine Nebenbuhlerin erlegt hat, durch langsames sich Drehen wiederherausziehe. S. Dzierzon Bztg. 1853 S. 96 und 1856 S. 242. Mir scheint dies unwahrscheinlich. Denn wollte die mit der todten Drohne verhängte Königin sich drehen, so würde sie sicherlich die ganze Drohne mitdrehen, das so fest ansitzende und consistente Glied aber nicht zum Abreißen vom Drohnenkörper bringen. Viel besser gefällt mir die Vermuthung Dönhoffs, der die Königin das Glied abbeißen läßt. S. Dönhoff Bztg. 1856 S. 173. Wenigstens kann ihr die Fähigkeit dazu nicht abgesprochen werden, da sie den Hinterleib so zu biegen vermag, daß sie das Ende desselben an die Kiefern bringt (was sie z. B. thut, wenn man sie am Bruststücke oder an den Flügeln hält), und in den Beißzangen eine solche Schärfe und Kraft besitzt, daß ihr das Abbeißen des Gliedes eine Leichtigkeit sein müßte. Beißt sie doch den viel festeren Cocon ihres Zellendeckels in unglaublicher Schnelligkeit durch.

4. Aber auch in den Fällen, wo die befruchtete Königin das Begattungsglied der Drohne nicht in der Scheide zurückbehält, bleibt außer dem Samen stets noch etwas in der Scheide stecken. Denn bald bemerkt man ein fadenartiges weißes Körperchen etwas hervorhängen, bald klafft die Scheide weit auf, und man sieht, wenn man die Königin an den Flügeln erfaßt und genau betrachtet, daß weiter hinten in der Scheide etwas steckt, das eben das Aufklaffen verursacht. Ich habe mehrere solche Königinnen geopfert und eine schlohweiße zusammenhaltende Masse, gleich wie im Körper der Drohne, in der Scheide gefunden. Diese Masse ist aber durchaus nicht der Same, der viel heller aussieht, und ich halte sie für eine Stopfmasse, dazu dienend, das Zurückfließen des Samens aus der Scheide zu verhindern und demselben Zeit zu lassen, in die Samentasche einzudringen, ähnlich wie der Rammler des Meerschweinchens die Scheide des eben begatteten Weibchens mit einem Klebstoffe verstopft, damit der Same nicht herausfließen kann. Denn das Ergießen des Drohnensamens in die Samentasche der Königin kann so schnell nicht geschehen, da die Oeffnung der Tasche, durch welche allein der Same in dieselbe gelangen kann, sehr klein ist, es daher geradezu unmöglich

§ IV. Weise der Befruchtung der Königin. 31

kein dürfte, daß der Same im Moment der Begattung in die Samentasche gelangt. Der Same wird gemach hineingelangen, die Samenfäden werden sich gemach hineinschlängeln, und die Stopfmasse wird so lange zwischen Same und Scheibeöffnung sitzen bleiben, bis die Samentasche gehörig gefüllt ist. Leuckart beschreibt den Hergang der Füllung der Samentasche also: Der Same, welcher bei der Begattung in die Königin übertragen wird, gelangt nun aber nicht sogleich in die Samentasche, sondern anfangs erst in die Scheibe. Erst von da wird er durch den Samengang in die Samentasche übertragen. Diese Uebertragung geschieht vorzugsweise dadurch, daß das Secret der männlichen Anhangsdrüsen, welches mit dem Samen zusammen die sog. Spermatophore (mit Samen gefüllten Schlauch), und besonders denjenigen Theil derselben bildet, der nach geschehener Begattung der weiblichen Geschlechtsöffnung zugekehrt ist, allmälig erhärtet und sich dabei immer mehr zusammenzieht. Der Druck, der durch diese Zusammenziehung entsteht, und bei der Lage der Spermatophore hauptsächlich nach vorn wirkt, treibt nun den Samen gegen den Grund der Scheibe und die hier befindliche Oeffnung des Samenganges. S. Leuckart in Moleschotts Untersuchungen u. s. w. 1858 S. 397 f.

5. Dieser weißen Masse entledigt sich die Königin dadurch, daß sie die Scheide wiederholt aufklappt und wieder schließt, wahrscheinlich um die Masse zusammenzudrücken, ihr Volumen kleiner zu machen und so zum Ausstoßen zu bringen. Erscheint die Masse endlich an der Mündung der Scheibe, so klammert sich die Königin mit den Vorderfüßen an die Zellen an und zieht sie mit den Hinterfüßen heraus, oder streift sie, unruhig auf den Waben umherlaufend, auf den Zellenrändern ab; auch ziehen sie hin und wieder die Arbeitsbienen (Vogel sah dieß fünfmal; S. Bzgl. 1857 S. 279) hervor. Dieß Alles habe ich, namentlich bei meiner großen italienischen Weiselfabrik 1854 und 1855 öfters gesehen. Steckt der ganze Geschlechtsapparat der Drohne in der Scheide und will sich die Königin dessen entledigen „so klammert sie sich gleichfalls mit den Vorderfüßen an die Zellenränder, streckt die Hinterfüße aus, legt sie der Länge nach an ihren Hinterleib, scheint diesen zu drücken und zu reiben, indem sie mit denselben von oben nach unten an ihren Seiten herabfährt; endlich bringt sie die Fußhäkchen in die Oeffnung der Scheibe, ergreift den Geschlechtsapparat und zieht ihn heraus." Dieß ist die Beschreibung Hubers (S. Huber Kleine Hefte I S. 47), welcher eine solche Königin auf ein Wabenstück unter ein Glas setzte; und ich kann versichern, daß sie vollkommen richtig ist, da ich das Hubersche Experiment nachmachte.

6. In der Bienenzeitung 1853 S. 108 erzählt ein Ungenannter, Herr R. S. in R. folgendes: „Ein gewisser U., Tagelöhner in R., welcher ein sehr guter Bienenkenner und selbst Bienenvater war, hat vor ohngefähr 40 Jahren bei folgender Gelegenheit den Begattungsact mit eigenen Augen an einem Nachmittage zwischen 2 und 3 Uhr beobachtet. Dieser wahrhaft verständige und aufmerksame Beobachter deckte bei einem Nachbar eine hohe Scheuer mit Stroh, indem während seiner Beschäftigung eine Königin, auf einer Drohne sitzend, unter starken Surren ganz in seiner Nähe auf den Forst niederfiel. In diesem Augenblicke rief er mir zu, weil er mich in einer Laube unweit des Bienenhauses in meinem Garten gesehen hatte, daß ich an das Bienenhaus treten und beobachten möchte, bei welchem Stocke eine Königin einfliegen würde. Zwar trat ich sogleich an das Bienenhaus, wurde aber den Einflug der Königin nicht gewahr. Der alte U. sah, daß die Königin sich nicht ohne Schwierigkeit von der Drohne loswand und nach einiger Ruhe, wobei sie sich, wie der Mann berichtete, mehrmals umsah, pfeilschnell hoch in die Luft flog. Die Drohne sei wie im Todeszustande heruntergefallen. Dieser Mann, welcher die Stelle genau in's Auge gefaßt hatte, wo die

§ IV. Weise der Befruchtung der Königin.

Drohne von der Scheuer heruntergefallen war, flieg sogleich hernieder und war so glücklich, sie zu finden. Zwar lebte sie noch, als er sie zu mir herüber brachte, verendete aber wenige Augenblicke darauf. Am Hinterleibe hing ein kurzer weißer schleimiger Faden heraus, und bei genauer Untersuchung ergab sich, daß das männliche Glied abgerissen war."

Hier haben wir also einen Fall, wo wirklich der Begattungsact gesehen worden ist — wollt' ich sagen, wo ein Herr R. S. in R. sich den Spaß macht, den Bienenzüchtern eine Nase aufzudrehen. Der Herr R. S. ist offenbar ein junger Dzierzonianer und schlauer Fuchs, der das Geschichtchen recht harmlos und so erzählt, daß man es fast glauben möchte. Nur einiges verräth offenbar die Windbeutelei. Auf einem Scheuerforst wird gewiß kein verhängtes Paar liegen bleiben und sich lösen, sondern sofort herunterpurzeln, da auf dem schmalen, stets gewölbten und glatten Forst eine Ruhestätte nicht gefunden werden kann. Nach dem Bericht aber soll das geschehen sein und soll erst nach der nicht ohne Schwierigkeit erfolgten Lösung, wobei die Drohne den Penis verloren, die Drohne herabgefallen sein. Völlig unglaublich! Am deutlichsten jedoch erhellt die Unwahrheit des Berichtes daraus, daß die Drohne, selbst nach verlorenem Penis, noch gelebt haben soll, nachdem der alte U. von der hohen Scheuer herabgestiegen, die Drohne gesucht und in den Nachbargarten des Herrn R. S. gebracht hatte. Das mußte doch wenigstens fünf Minuten gedauert haben. Aber nur einem völlig Bienenunkundigen könnte man weiß machen, daß eine Drohne, der der Penis abriß, nach 5 Minuten noch gelebt habe. Denn jede Drohne, der man durch noch so sanften und allmäligen Druck den Geschlechtsapparat hervorspringen läßt, ist sofort wie vom Schlage getroffen und rührt sich nach wenigen Secunden nicht mehr. Und hier soll sie, selbst nachdem der Penis abgerissen war, nach längerer Zeit noch gelebt haben! — Man liest deutlich zwischen den Zeilen, wie sich Herr R. S. die Sache fingirt hat: nämlich, daß er beide, Königin und Drohne, ganz lebendig und unversehrt auf dem Forste ankommen, sich dort beiderseitig festsetzen, dann lösen und nun erst die durch Abreißung des Penis tödlich verwundete Drohne herabfallen läßt. Denn hätte er gewußt, daß die Drohne schon regungslos auf dem Forste hätte ankommen müssen, so würde er bedacht haben, daß diese durch ihre Schwere die Königin sofort mit sich zum Herabrollen gebracht haben würde und daß von einer Lösung, die die Königin allein vollbringen muß, auf dem Forste gar nicht die Rede sein konnte.

Der Bericht des Herrn R. S. ist nichts als ein Versuch, durch ein ersonnenes Geschichtchen die ganz richtige Dzierzonsche Lehre von dem Begattetwerden außerhalb des Stockes hoch in der Luft, welches zuerst Janscha (S. dessen vollständige Lehre von der Bienenzucht, Prag 1777 S. 51) entdeckte, und dem Abreißen des Penis der Drohne, was zuerst Huber (S. oben) entdeckte, zu bekräftigen, gerade so wie im vorigen Jahrhundert, wo man die Begattung im Stocke vor sich gehen ließ, Herr von Lüttichau den Begattungsact, als von ihm dreimal im Stocke beobachtet, genau beschrieb. S. von Lüttichau freundschaftliche Beantwortung zweier Sendschreiben, die Verbesserung der Bienenzucht betreffend, Dresden 1773 S. 38 f., wobei er ein Paar in flagranti mit einer Nadel durchstochen und in Weingeist aufbewahrt haben wollte. S. von Lüttichau catechetischer Unterricht für Bienenfreunde, Dresden 1782 Vorrede S. XVII. Die von Lüttichau'sche Lüge deckte jedoch ein Herr D. aus B. (Kreiscommissar von Thiemen auf Blankensee soll es nach Heydenreich gewesen sein) durch schlagende Thatsachen auf. S. D. aus B. im Wittenberg'schen Wochenblatte 1783 S. 113;

§ IV. Weise der Befruchtung der Königin. 33

Heydenreich Erfahrungen und Meinungen u. f. w. S. 185 ff. und Spitzner kritische Geschichte u. f. w. Band I S. 77—91.

In demselben Jahrgang der Bztg. 1853 erzählt auf S. 174 f. Herr Immendorf, Salinenbeamter zu Königsborn bei Unna in Westfalen, Folgendes: Es war in der Mitte des Junimonats 1853, als ich am Vormittage gegen 11 Uhr etwa 5 Schritte vor meiner Bienenhütte auf einem Salatbeete nicht weit von einander zu gleicher Zeit zwei junge schlanke Königinnen, jede mit einer Drohne zusammenhängend, fand. Jedes Paar, faß auf einem Salatblatte, nicht etwa die Drohne über oder unter der Königin, sondern beide nur mit den Hinterleibern aneinanderhängend, wie man solches häufig bei Maikäferpärchen findet, nachdem sie den Begattungsact vollzogen haben. Beide Pärchen hatten sichtlich das Bestreben, sich zu trennen, und bildeten, indem sie sich mit den **Füßen festhielten und voranarbeiteten, zu einander bald eine gerade Linie, bald einen spitzen oder stumpfen Winkel**. Ich beobachtete diesen Vorgang etwa 5 Minuten lang, als ich abgerufen wurde. Bei meiner erst nach mehreren Stunden erfolgten Rückkehr fand ich beide Pärchen nicht mehr vor."

Dieser Mystification merkt man auf den ersten Blick an, daß der Herr Immendorf noch ein Neuling in der Imkerei ist und deshalb gar nichts Arges ahnt, wenn er die allerunglaublichsten Dinge und handgreiflichsten Absurditäten erzählt. Gleich zwei Paare sollen es gewesen sein und beide sollen auf Salatblättern gesessen haben! Lächerlich über lächerlich! Man erkennt deutlich, daß er an den Tod der Drohne durch Verhängung gar nicht denkt. Denn er läßt die Drohne wacker mit zur Lösung helfen, läßt sie sich schmiegen und biegen, mit den **Füßen festhalten und voranarbeiten**. Dies sieht er fünf Minuten lang, aber nach mehreren Stunden fand er „beide Pärchen nicht mehr vor". Nicht wahr, Herr Immendorf, mittlerweile hatten sich die Pärchen gelöst und die Königinnen und Drohnen waren munter nach ihren Stöcken zurückgeflogen?

Dank den Fortschritten der Wissenschaft, daß wir solche Lügen sofort aufzudecken vermögen. Ich sage „Lügen", denn hier kann von keiner entschuldbaren Selbsttäuschung, von keinem verzeihbaren Irrthume die Rede sein, sondern hier liegt sonnenklar die Absicht vor, die Bienenzüchter mit Unwahrheit zu berichten, um sich wichtig zu machen und sich einen Namen zu verschaffen. Ja, Herostratus verschaffte sich auch einen Namen! Ich aber habe dieser lächerlichen Jämmerlichkeiten, die ich schon in der Bztg. 1858 S. 85 f. an den Pranger stellte, hier nochmals detaillirt gedacht, um eitele alberne Menschen von etwaigen ferneren Versuchen, die Bienenwissenschaft durch ersonnene Geschichtchen zu bereichern resp. zu verwirren, abzuschrecken. Wir hatten einen von Lüttichau, was brauchten wir noch einen Immendorf!

§ V.
Ort der Befruchtung der Königin.

Die Königin wird außerhalb des Stockes hoch in der Luft befruchtet.

1. Eine Drohne läßt sich, so lange sie nicht krank oder flügellahm ist, niemals auf dem Erdboden oder einer festen Stelle, z. B. einem Zweige, einem Dache nieder, sondern schweift bei ihren Ausflügen stets in den Lufträumen und zwar in den höheren umher. Ebenso sieht man die Königin bei ihren Befruchtungsausflügen sich stets bald hoch in die Luft erheben. Beides deutet darauf hin, daß die Königin nicht nur im Fluge, sondern auch **hoch in der Luft** befruchtet werde; wahrscheinlich vom Schöpfer so eingerichtet, um dem verhängten Paare während des Herabstürzens Zeit zur Lösung zu lassen.

2. Leuckart hat auf S. 15 den anatomischen Nachweis geliefert, daß zu der Begattung die vollständige Hervorstülpung des Ruthencanals der Drohne erforderlich ist und daß diese vollständige Hervorstülpung nur im Fluge zu ermöglichen sein dürfte.

3. Eine Königin, welche wegen Flügellähme oder unflugbarer Witterung den Stock nicht verlassen kann, legt niemals auch nur ein einziges weibliches, also befruchtetes Ei und wenn sie noch so lange von Tausenden von Drohnen umgeben ist. Untersucht man die Samentasche einer solchen Königin, so wird man niemals auch nur eine Spur männlichen Samens darin finden.

4. Vielmal sah ich Königinnen mit geschlossener Scheide ausfliegen, aber mit aufgesperrter, in der nicht selten der abgerissene Penis noch steckte, heimkehren. Ich will nur zwei Fälle erwähnen.

a. Am 23. Juli 1853 erschien 3 Uhr 50 Minuten eine Königin vor dem Flugloche und ich überzeugte mich genau, daß die Scheide geschlossen war. 4 Uhr 19 Minuten, also nach 29 Minuten Abwesenheit, kam sie zurück, den ganzen Begattungsapparat der Drohne in der Scheide steckend habend. S. von Berlepsch Bztg. 1853 S. 120. Dieß ist die auf S. 29 erwähnte, durch von Siebold untersuchte Königin.

b. Am 8. Juli 1856 flog gegen 3 Uhr eine schöne schlanke italienische Königin, deren Scheide völlig geschlossen war, aus. Als sie nach etwa 15 Minuten noch nicht zurück war, gab ich das Beobachten auf, weil die Bienen gar zu arg stachen. Gegen Abend zeigte sich das Volk weisellos, und ich überzeugte mich durch Untersuchung, daß die Königin verloren gegangen war. Am 9. früh gegen 9 Uhr wollte ich dem weisellosen, stark tobenden Völkchen eine Weiselwiege einfügen, als auf einmal die Königin, ganz beschmutzt und den gesammten Drohnengeschlechtsapparat in der Scheide nach

§ V. Ort der Befruchtung der Königin.

sich schleppend, anflog. Jedenfalls war sie also mit der Drohne zur Erde gestürzt, hatte dort den Gewitterplatzregen vom 8. ausgehalten, war erstarrt, durch die warme Sonne am 9. aber wieder erwacht. S. von Berlepsch Bztg. 1856 S. 231.

5. In früheren Jahren stellte ich oft Völkchen mit Weiselzellen ganz isolirt, 15—30 Minuten von jedem Bienenstande entfernt, auf, nachdem ich solche zuvor betäubt und sämmtliche Drohnen entfernt hatte. Die Königinnen wurden fruchtbar.

6. Im Sommer 1854 hatte ich auf einer $\frac{1}{2}$ Stunde von jedem Bienenstande entfernt liegenden Mühle eine Menge Ablegerchen mit italienischen Weiselwiegen aufgestellt, um die Königinnen desto sicherer ächt befruchtet zu erhalten. In allen Ablegerchen war gewiß nicht eine einzige heimische Drohne, wohl aber sehr viele italienische. Trotzdem wurden viele, selbst ganz goldgelbe Königinnen Bastardinnen, d. h. sie erzeugten, weil von heimischen Drohnen befruchtet, theils heimische (schwärzliche) theils italienische (bunte) Bienen. Ebenso stellte im Sommer 1856 Hofmann zu Robach 7 mit italienischen Weiselwiegen versehene Völkchen bei einem ganz isolirten Forsthause auf und gab jedem Völkchen etwa 40 italienische Drohnen, nachdem er sich zuvor genau überzeugt hatte, daß keine heimische Drohnen sich vorfanden. Alle Königinnen erzeugten, fruchtbar geworden, theils heimische theils italienische Bienen. S. von Berlepsch a. a. O.

7. 1854 befanden sich in der Gegend um Seebach nur auf der unter 6 erwähnten Mühle italienische Drohnen und doch fing eine heimische Königin des Schmiedemeisters Rordmann zu Höngeda, welches Dorf in gerader Richtung mindestens eine Stunde von jener Mühle entfernt ist, an, heimische und italienische Bienen zu erzeugen. Mithin war diese Königin von einem italienischen Männchen befruchtet worden. 1855 und 1856 gab es in dortiger Gegend nur in Seebach und Mühlhausen italienische Männchen, und doch erzeugte 1855 eine heimische Mutter des Tischlers Stollberg zu Oberdorla, 1$\frac{1}{2}$ Stunde von Seebach und 1$\frac{1}{4}$ Stunde von Mühlhausen entfernt, heimische und italienische Bienen. Ja, 1856 wurde sogar bei dem Oeconom Adam Rasemann zu Kammerforst eine heimische Königin von einer italienischen Drohne befruchtet. Kammerforst liegt aber mindestens eine deutsche Meile von Seebach und Mühlhausen entfernt. S. von Berlepsch a. a. O. — In der Bienenzeitung sind ähnliche Fälle mitgetheilt, z. B. von Kleine Bztg. 1858 S. 206.

8. Die unter 6 und 7 erwähnten Fälle zeigen aber auch, daß die Befruchtung oft in großer Entfernung vom Stocke vor sich geht. Freilich ließe sich einwenden, daß nur die Drohnen, nicht auch die Königinnen so weit ausschweiften, und in den meisten Fällen wird dieß auch wohl richtig sein. Denn ich habe mehrere Male Stöcke weit versetzt, so daß nicht eine Arbeitsbiene, wohl aber, theils mehr theils weniger, Drohnen auf die alte Stelle zurückkamen; ja Brüning versetzte Stöcke eine volle Stunde weit und es kamen dennoch Drohnen zurück. S. Brüning Bztg. 1846 S. 78. Doch ist mir auch ein Fall vorgekommen, wo die Königin, die $\frac{1}{2}$ Stunde mit ihrem Stocke versetzt war, auf die alte Stelle zurückkam. Im Sommer 1856 brachte ich unter mehreren auch ein Stöckchen auf eine $\frac{1}{2}$ Stunde von Seebach entfernte Mühle, dessen junge Königin schon mehrere Male ausgeflogen war. An einem schönen Nachmittage kam sie auf der alten Stelle in Seebach wieder an; wo ich sie in einen Weiselkäfig sperrte und Abends dem zurückgeholten tobenden Völkchen wiedergab. Ich glaube bemerkt zu haben, daß an sehr heißen Tagen, wenn sich zugleich auch kein Lüftchen regt und der Himmel ganz klar ist, die Drohnen außerordentlich weit ausschweifen. S. von Berlepsch Bztg. 1854 S. 255.

§ V. Oī der Befruchtung der Königin.

9. Wie aber, frage ich diejenigen Bienenzüchter, welche wie z. B. Greffler Klein zu Esch (Bztg. 1856 S. 167 ff. und 175 f.), noch immer die Befruchtung innerhalb des Stockes vor sich gehen lassen, sind diese Fälle zu erklären? Sie müßten denn behaupten wollen, Drohnen und Königinnen statteten sich stundenweite Liebesvisiten in ihren Wohnungen ab; was doch absurdek denn absurd wäre. Und wenn die Befruchtung im Stocke vor sich ginge so müßten doch die Dzierzonianer bei ihren tausendmaligen Untersuchungen der Stöcke einmal ein Pärchen in flagranti getroffen haben. Uebrigens, sagt von Siebold, ist es nichts Auffallendes, daß bei den Bienen die Begattung in der freien Luft vor sich geht, da man so viele Insekten frei in der Luft umherfliegend das Begattungsgeschäft abmachen sieht. S. Parthenogenesis u. s. w. S. 63. Kommen aber nicht Ausnahmen vor, d. h. kommen aber nicht, wenn auch die Begattung resp. Befruchtung außerhalb des Stockes die Regel ist, Fälle vor, wo die Königin, z. B. weil sie aus irgend einem Grunde nicht ausfliegen kann, ausnahmsweise im Stocke befruchtet wird? Mehrere Bienenzüchter haben dies behauptet und solche Ausnahmen in besonderen Schriften und in der Bienenzeitung berichtet. Alle aber tragen so handgreiflich das Gepräge der Mangelhaftigkeit der Beobachtung und der Fehlerhaftigkeit der Schlußfolgerung an sich, daß darüber nicht discutirt zu werden braucht.

10. Weil die Königin aber nur außerhalb des Stockes begattungs- resp. befruchtungsfähig ist, so muß jede Königin, um das männliche und auch das weibliche Geschlecht fortpflanzen zu können, wenigstens einmal ausgeflogen gewesen sein. Ich sage „wenigstens einmal," denn bei dem ersten Ausfluge wird von hundert Königinnen gewiß noch nicht eine fruchtbar, da der erste Ausflug augenfällig der Königin hauptsächlichst dazu dient, sich ihren Stock gehörig zu betrachten und zu merken. Sie fliegt deshalb beim ersten Ausflug niemals sogleich vom Flugloche aus ab, sondern kriecht erst vor demselben oder am Stocke eine Weile umher, kehrt auch wohl wieder ein, um bald wieder herauszukommen. Fliegt sie endlich ab, so wendet sie sich schon einige Fuß vom Stocke um, nähert sich ihm oft wieder, und begibt sich dann, den Kopf dem Stocke zugekehrt und diesen betrachtend, in horizontalen Kreisen, die sie nach und nach immer größer beschreibt, in die Luft, bis daß sie dem Auge entschwindet. Fast immer kehrt sie beim ersten Ausfluge schon nach einigen Minuten zurück und fliegt ebenso behutsam an, wie sie abflog. Beim zweiten Ausfluge, der oft nach wenigen Minuten erfolgt, ist sie immer noch sehr vorsichtig und erst bei den späteren Ausflügen fliegt sie rasch ab und und kehrt rasch ein. Fast immer, das erste Mal nur immer, fliegt sie aus, wenn die Bienen im stärksten Vorspiel sind. Das Vorspiel der Bienen erweckt zwar nicht erst den Trieb zur Begattung, sondern ist nur die Veranlassung für die Königin, gleichfalls auszufliegen. So wie der Koth in den Eingeweiden der Bienen schon da ist, die Bienen aber erst beim allgemeinen Vorspiel Veranlassung nehmen, sich desselben zu entledigen, so ist auch der Begattungstrieb der begattungsreifen Königin schon da, aber ihr nachzugehen findet sie erst Gelegenheit und Veranlassung beim allgemeinen Vorspiel, weil sie dann instinctmäßig versichert ist, daß es jetzt passende Zeit zum Ausfliegen ist und daß sich Drohnen in der Luft befinden. S. Dzierzon Bztg. 1854 S. 88. Spätere Ausflüge geschehen jedoch auch öfters, ohne daß die Bienen vorspielen.

Während des Ausfluges der Königin sieht man den Bienen die Besorgniß förmlich an; es scheint, als wüßten sie, daß es sich jetzt um Sein oder Nichtsein ihres Staates handele, und fast zu keiner Zeit wird man leichter gestochen, weil die Bienen Alles argwöhnisch, als könne es ihrer Königin gefährlich werden, zu betrachten scheinen.

§ V. Ort der Befruchtung der Königin. 37

Stets geschehen die Ausflüge in den schönsten Stunden des Tages, gewöhnlich zwischen 12½ — 4 Uhr, selten später und noch seltener früher. Während des Abfluges selbst kümmern sich die Bienen nicht um die Königin (belecken sie nicht, füttern sie nicht u. s. w.) und die Königin nicht um die Bienen. Auch die Drohnen verhalten sich, wie immer, passiv. Die Dauer der Abwesenheit ist sehr verschieden, von 1 bis etwa 45 Minuten. Bei den meisten Ausflügen bleibt jedoch die Königin zwischen 2 — 10 Minuten aus. und wenn man nach 15 Minuten eine Königin noch nicht hat zurückkehren gesehen, so kann man mit ziemlicher Bestimmtheit, ist sie nicht verloren gegangen, annehmen, daß die Befruchtung erfolgt ist. Dann kommt sie fast jedesmal mit abgerissenem Drohnengliede in der Scheide zurück, weil wahrscheinlich die Verhängung eine besonders feste war, das Paar zur Erde stürzte und sich dort erst nach einer Weile zu lösen vermochte. Die Befruchtungsausflüge beginnt die Königin etwa vom dritten Tage an, nachdem sie die Wiege verlassen hat. Sitzen jedoch noch andere Königinnen quakend in den Wiegen oder sind auch nur besetzte Weiselwiegen im Stocke, so fliegt die Königin nicht früher aus, als bis sie nach Beseitigung der Nebenbuhlerinnen oder Wiegen zur Alleinherrschaft gelangt ist; daher in einem Stocke, der geschwärmt hat, nicht früher, bis er nicht das Schwärmen gänzlich aufgegeben und die überflüssigen Königinnen beseitiget hat.

Oft geschieht die Befruchtung sehr bald oft sehr spät. Die Witterung ist hier das hauptsächlich Entscheidende, untergeordneter die größere oder kleinere Menge in der Luft vorhandener Drohnen. Am schnellsten werden die Königinnen fruchtbar bei heißem windstillen Wetter und hellem Himmel, am spätesten bei Wind und trübem Himmel. Müssen sie die Ausflüge zu lange vergeblich machen, so stellen sie solche endlich ein und legen entweder nur Drohneneier (S. § VIII) oder bleiben ganz unfruchtbar.

11. Wie lange aber fliegt eine Königin aus? Jedenfalls werden die Ausflüge, vorausgesetzt, daß die Witterung solche gestattet, so lange fortgesetzt, als die Königin brünstig (begattungslustig) ist, und dieß wird je nach Individualität und Verhältnissen bald länger bald kürzer währen. Gegen Mitte Februar 1857 hatte zu Seebach eine junge Königin in einem Stocke, dessen Altmutter gestorben war, die Wiege verlassen. Am 6. Mai, also noch mindestens 2½ Monaten, sah ich sie noch ausfliegen, und wer wüßte, wie lange sie noch ihre Ausflüge fortgesetzt haben würde, wenn ich sie nicht abgefangen und todtgedrückt hätte, weil ich glaubte, sie sei als nun zu alt nicht mehr befruchtungsfähig. (Drohnen-) Eier hatte sie natürlich noch nicht gelegt. Dagegen zeigten sich im Frühjahr 1859 zu Tambuchshof, wo es bis Mitte Juni wohl nicht 20 Drohnen gab, zwei Königinnen etwa nach 6 Wochen Eier legend, aber aus allen Eiern entwickelten sich später nur Drohnen. Diese Königinnen hatten also spätestens nach 6 Wochen ihre Begattungsausflüge eingestellt. Gleich mir sah Dzierzon eine Königin am 3. November 1859 noch ausfliegen, die gegen den 20. August geboren, mithin gegen 2½ Monate alt war. Andererseits aber fand er, was ich nie zu beobachten Gelegenheit hatte, zwei kaum eine Woche alte Königinnen schon drohnenbrütig. S. Dzierzon Bztg. 1859 S. 274 ff.

12) Wie lange bleibt eine Königin befruchtungsfähig? Die Bienenschriftsteller nehmen, auf fünf sehr exacte Versuche Hubers gestützt, den 21. Tag als das Endziel an. Dieser Forscher sah nämlich 5 zwischen 22 und 36 Tage alte Königinnen ausfliegen und mit dem Begattungszeichen heimkehren. Alle begannen 2 Tage nach der Begattung Eier zu legen, aus allen Eiern entwickelten sich aber zu seiner größten Ueberraschung nur Drohnen. S. Huber in Huber-Kleine Heft L S. 55, 57, 59, 69 f.

§ V. Ort der Befruchtung der Königin.

Hieraus schlossen die neuern Bienenzüchter, z. B. Dönhoff (Bztg. 1856 S. 220), daß diese 5 Königinnen wohl begattet, nicht aber befruchtet worden seien, mithin eine Befruchtung einer über 21 Tage alten Königin nicht mehr stattfinden könne. Ich kann jedoch auf das Bestimmteste versichern, einige Mal Königinnen beobachtet zu haben, die nach 30 und mehr Tagen begattet wurden und sich hierauf als normal fruchtbar erwiesen. So z. B. verließ am 20. Juni 1856 eine italienische Königin die Wiege, und erst am 23. Juli also nach 34 Tagen, sah ich sie zufällig mit dem Begattungszeichen zurückkommen. Sie legte bald Eier, aus denen sich Arbeitsbienen und keine Drohnen entwickelten. S. von Berlepsch Bztg. 1856 S. 220. Vergl auch Suba Bztg. 1850 S. 107.

Dzierzon sah am 25. und 26. September 1856 vier Königinnen, die um den 20. August geboren, also über 5 Wochen alt waren, mit dem Begattungszeichen heimkehren und schließt aus dieser Beobachtung mit Gewißheit, um die Huber-Dönhoff'sche Meinung zu widerlegen, daß diese vier Königinnen auch befruchtet worden seien, d. h. durch die Begattung die Fähigkeit erlangt hätten, auch weibliche Eier zu legen. Dzierzon Bztg. 1859 S. 274 ff. Diese Beobachtung beweist nichts gegen Huber und Dönhoff; denn Dzierzon constatirte ja nicht, daß die qu. Königinnen auch weibliche Eier legten. Daß über 21 Tage alte Königinnen Eier legen- und begattet werden können, läugnen Huber und Dönhoff nicht, sondern nur, daß sie befruchtet werden können. Zwischen Begattung und Begattungsfähigkeit und Befruchtung und Befruchtungsfähigkeit aber ist in Wirklichkeit oft ein Unterschied wie zwischen dem Knacken einer tauben und einer vollen Nuß. S. Redaktion der Bztg. 1854 S. 78 Anmerk. 8. Möglich, daß die vier Dzierzon'schen Königinnen nicht blos begattet sondern auch befruchtet wurden, nicht aber gewiß. Ebenso falsch aus demselben Grunde ist Dzierzons weiterer Schluß, daß selbst die bereits 2½ Monate alte Königin, weil sie ausgeflogen, auch befruchtungsfähig gewesen sei. Sie konnte möglicher Weise auch nur begattungslustig und begattungsfähig gewesen sein.

Die Befruchtungsfähigkeit wird der Zeit nach bei den einzelnen Individuen verschieden sein, wie ja auch z. B. die eine menschliche Jungfer erst im 60. Jahre, die andere schon im 40. die Conceptionsfähigkeit verliert. Dzierzon sagt, um die Sache zu erklären, folgendes: Daß manche Königin so früh, manche so spät die Befruchtungsfähigkeit verliert, dafür ist jedenfalls das verschiedene Verhalten der Arbeiterinnen bestimmend und entscheidend. Wollen die Arbeitsbienen Brut haben, bereiten sie Brutfutter und füttern sie damit die Königin stark und anhaltend, so werden die Eikeime im Eierstock geweckt und entwickeln sich rasch zur Reife, wogegen im Zustande der Ruhe, da die Bienen dann nur Honig zu genießen pflegen, nur der nothwendigste Lebens- und Athmungsproceß unterhalten wird, jede Weiterentwickelung und Ausbildung aber ruht, oder nur sehr langsam fortschreitet. Dzierzon Bztg. a. a. O Diese Erklärung genügt nicht; denn dann müßten im Frühjahr, wo die Bienen am sehnsüchtigsten nach Brut sind, alle junge Königinnen sehr bald drohnenbrütig werden, wenn sie zur Begattung nicht gelangen können. Dagegen spricht aber die bestimmteste Erfahrung; denn wie oft sieht man zu jener Zeit, wo es entweder gar keine oder nur wenige Drohnen gibt, Königinnen, trotz aller Ausflüge, sehr lange ganz unfruchtbar!

§ VI.
Einmaligkeit der Befruchtung der Königin.

Die Befruchtung der Königin geschieht nur einmal für ihr ganzes Leben, und, eierlegend geworden, verläßt sie, außer beim Schwärmen, niemals ihren Stock wieder.

1. Hat man die Königin mit dem Begattungszeichen heimkehren gesehen und hat sie Eier zu legen begonnen, so verläßt sie nie mehr den Stock, außer beim Schwärmen. Eine fernere Begattung findet bei ihr niemals mehr statt. Nichts ist leichter, als sich davon Gewißheit zu verschaffen. Sobald eine Königin sich fruchtbar zeigt, kann man ihr die Flügel verschneiden, sie wird im vierten, ja, wenn sie es erlebt, auch im fünften Jahre ihres Lebens noch fruchtbar sein, und wenn eine zufällig die Fruchtbarkeit verliert, erlangt sie dieselbe niemals wieder. S. Dzierzon Bfreund S. 37. Uebrigens ist die einmalige Befruchtung der Königin für ihr ganzes Leben nicht auffallend, da auch andere Insecten, z. B. die Hornissen, nur einmal befruchtet werden und doch mehrere Jahre leben und fruchtbar sind. Dabei ist die bei der einmaligen Befruchtung aufgenommene Samenmasse so groß, daß sie für die ganze Lebensdauer der Königin überhinreichend ist. Leuckart sagt: Berechnet man den Rauminhalt der Samentasche, so wie den eines Samenfadens, so findet man, daß die Samentasche mindestens 25 Millionen Samenfäden zu fassen im Stande ist. Nimmt man aber auch nur die Hälfte dieser Menge oder noch weniger, und berücksichtiget dann weiter, daß bei der Befruchtung der einzelnen Eier immer nur wenige Fäden, oft nur ein einziger, verbraucht werden, so wird man leicht begreifen, daß der Inhalt der Samentasche in der Regel für das ganze Leben der Königin völlig ausreicht, es müßte denn vielleicht, wie mitunter vorkommt, eine nur unvollständige Füllung der Samentasche bei der Begattung stattgefunden haben. Leuckart in Moleschotts Untersuchungen u. s. w. 1858 S. 390. 396. — Daß die Königin nur einmal für ihr ganzes Leben befruchtet wird und außer beim Schwärmen niemals ihren Stock wieder verläßt, entdeckte zuerst Janscha, weiland Professor der Imkerei unter Maria Theresia. S. dessen vollständige Lehre der Bienenzucht. Prag 1777. S. 8.

In seltenen Fällen mag die einmalige Begattung die Befruchtung (Füllung der Samentasche) gar nicht oder nicht vollständig zu Stande bringen; denn Dzierzon, ich und Andere, z. B. Vogel (Bztg 1858 S. 19), sahen einige Male Königinnen wieder ausfliegen, die wir mit dem sicheren Zeichen geschehener Begattung hatten heimkehren gesehen. Gütler aber sah, was schon Huber (Huber-Kleine Heft L S. 46) zweimal gesehen hatte, am 7. Sept. 1856 eine Königin mit dicht ausgestopfter Scheide heim-

40　§ VI. Einmaligkeit der Befruchtung der Königin.

kehren, am 8. abermals ausfliegen und abermals mit dem unverkennbarsten Begattungszeichen rückkehren. S. Gütler Bztg. 1857 S. 11. Und weshalb sollte auch die Befruchtung jedesmal bei der ersten Begattung gelingen? Kann nicht mitunter etwas vor der Mündung der Samentasche sitzen, so daß die Samenfäden nicht einschlüpfen können und der Same wieder aus der Scheide ausfließt? Kann nicht auch der Same mancher Drohne untauglich sein?

2. Fängt man eine Königin im Frühjahr nach dem allgemeinen Reinigungsausfluge aus ihrem Stocke aus und läßt sie fliegen, so trifft sie ihren Stock nicht wieder, wogegen eine junge, die eben erst ihre Befruchtungsausflüge hielt oder hält, pfeilschnell auf ihren Stock losschießt, wenn man sie ausfängt und fliegen läßt.

3. Wenn die Witterung im Frühjahre den ersten allgemeinen Reinigungsausflug zu machen gestattet, ist die Königin meist schon im stärkeren Eierlegen begriffen und ihr Leib bereits so angeschwollen, daß ihre verhältnißmäßig kurzen Flügel diesen gar nicht zu tragen vermögen. Sie ist zu schwer, um fliegen zu können, und erst nach längerer Vorbereitung, indem sie die Thätigkeit ihres Eierstockes sehr beschränkt, was vor dem Schwarmauszug geschieht, gewinnt sie die Leichtigkeit ihres Körpers wieder, um mit dem Vorschwarm abfliegen zu können. Müßte sie aber so unerwartet einen kurzen freundlichen Sonnenblick zum Reinigungsausfluge im Februar oder März benutzen, wie dieß die Arbeitsbienen thun müssen, so würde sie fast jedesmal auf den Boden fallen und auf demselben bald erstarrt liegen bleiben. Und bedürfte sie nach dem Winter, in welchem sie, weil sie keine Eier legt, nur wenig genießt, eines Reinigungsausfluges, so würde sie im Sommer, da sie in einigen Tagen mehr verzehren mag als im ganzen Winter, die Ausflüge wenigstens allwöchentlich machen müssen, wie wir die Brutbienen so häufig vorspielen und sich reinigen sehen. Was würde aber daraus folgen? Man dürfte einen Stock niemals verstellen, auch wenn die Königin fruchtbar geworden ist, weil sonst die Königin beim nächsten Ausfluge verloren gehen würde. Denn verstellt man einen Stock mit einer jungen noch unfruchtbaren Königin, die schon einen oder mehrere Befruchtungsausflüge gemacht hat, so ist diese beim nächsten Ausfluge sicher verloren, indem sie auf die frühere Stelle, die sie sich betrachtet und gemerkt hat, begibt und auf den dort aufgestellten oder einen nachbarlichen Stock fliegt und umgebracht wird. Dzierzon Bfreund S. 39 f. Die Königin braucht aber auch gar nicht zur Reinigung auszufliegen, weil ihr Auswurf in einem Tropfen einer hellen gelblichen Flüssigkeit besteht, die sie zeitweise von sich spritzt und die die nächste dazukommende Arbeitsbiene begierig aufsaugt. Ich habe dieß öfters gesehen, auch bei Königinnen, die ich außerhalb des Stockes hatte. Dzierzon, der dieß Aufsaugen Seitens der Arbeitsbienen auch, wahrscheinlich aber nur im Stocke, gesehen hat, meint, die Arbeitsbienen saugten der Reinlichkeit wegen den flüssigen königlichen Auswurf, wie jede andere Flüssigkeit, im Stocke auf, um ihn beim nächsten Ausfluge von sich zu spritzen. Wäre dieß richtig, so würden die Bienen den Auswurf, den die Königin außerhalb des Stockes, wenn man sie z. B. auf einem Tische herumkriechen läßt, von sich gibt, gewiß nicht aufsaugen; was sie aber, wie ich mehrmals gesehen, thun. Es scheint daher der Auswurf der Königin noch unverbauete, den Arbeitsbienen noch brauchbare Nahrungstheile zu enthalten. Gundelach sah, daß bei einem abgetriebenen Schwarme eine junge Drohne hervorkam, welche einen Tropfen grauweißlicher Excremente von sich gab, der alsbald von einer in der Nähe befindlichen Biene ebenso begierig rein aufgeleckt wurde, als wenn es der schönste Honig gewesen wäre. Ebenso sah Gundelach wiederholt die Kanarienvögel die Excremente ihrer Jungen, so lange sie noch klein waren, verzehren. Die Wachs-

§ VI. Einmaligkeit der Befruchtung der Königin.

motten kann man mit einem Stück Wachswabe in einem Glase mehrere Jahre sich fortpflanzen sehen, auch wenn die Wabe längst aufgezehrt ist. Die nachfolgenden Generationen ernähren sich von den Excrementen der Vorfahren, wobei die Excremente immer schwärzer werden. Aus allen diesen erhellt, daß bei der ersten Verdauung nicht aller Nahrungsstoff ausgesogen wird, sondern noch eine große Menge sich in den Excrementen befindet. S. Gundelach Bztg. 1855 S. 29.

Daß die Königin aber nur flüssige Excremente von sich giebt, darüber braucht man sich nicht zu wundern, wenn man bedenkt, daß sie niemals, wie die Arbeitsbienen, Pollen, sondern nur Futtersaft und Honig genießt, deshalb consistente Excremente gar nicht wohl erzeugen könnte. Dieses flüssigen Auswurfes wegen, dessen sich die Königin naturgemäß im Stocke entlediget, geht sie auch niemals an der Ruhr zu Grunde. Ist ein Volk bis auf wenige Köpfe an der Ruhr gestorben, sind diese wenigen bereits ruhrkrank, die Königin findet man stets munter und gesund unter ihnen. S. von Ehrenfels Bienenzucht u. s. w. S. 82. Jähne Monatsblatt 1841 S. 4. Dzierzon Bztg. 1853 S. 78.

4. Nun behaupten aber viele Bienenzüchter, z. B. Busch (Bztg. 1850 S. 164), Reinigungsausflüge im Frühjahr beobachtet zu haben. Diese Herren täuschten sich und machten Trugschlüsse.

a. Findet man nach einem Vorspiel irgendwo eine Königin mit einem Klümpchen Bienen, so ist sofort der Schluß gemacht, sie sei der Reinigung wegen ausgeflogen (Schmarje Bztg. 1852 S. 199), da doch in diesem Falle offenbar ein gänzliches Ausschwärmen stattgefunden hat, wenn auch ein Theil des Volkes zurückgeblieben oder zurückgekehrt ist.

b. Zeigen sich Stöcke nach einem Vorspiel weisellos, so wird ebenfalls sofort geschlossen, die Königin sei beim Reinigungsausfluge verloren gegangen (Raben Bztg. 1849 S. 74), während der Verlust der Königin, wenn er nicht schon früher erfolgt und jetzt erst bemerkt worden ist, auf diese Weise herbeigeführt wurde, daß auf vollgepfropften und mehrstöckigen Ständen in dem schrecklichen beim Vorspiel entstehenden Wirrwarr die Bienen massenhaft auf fremde Stöcke fallen und die Königin als eine fremde erfassen und abstechen; was jetzt um so leichter und schneller geschieht, als der Bienenhaufen nicht geschlossen ist und die meisten Bienen außerhalb des Stockes sich befinden. S. Dzierzon Freund S. 40.

c. Sieht man im Frühjahr beim Reinigungsausfluge oder sonst bald eine Königin ausfliegen, auch wohl wieder heimkehren, so wird als gewiß angenommen, daß die alte Königin einen Reinigungsausflug hielt, während die alte gestorben war und nun eine junge bereits nachgezogene einen, wenn auch vergeblichen, Befruchtungs-, nicht aber die alte einen Reinigungsausflug unternahm.

d. Sollte eine fruchtbare Königin bei einem starken Vorspiel einmal ausfliegen, so täuscht sie sich, indem sie glaubt, das ganze Volk schwärme heraus und sie müsse folgen. Dann wird sie aber in ihren Stock, steht er nicht isolirt, nur äußerst selten zurückgelangen, sondern verloren gehen.

e. Auch können fremde Bienen die Königin verfolgen, diese gerade an's Flugloch kommen und Rettung im Freien suchen; wo sie aber auch meist verloren gehen wird.

5. Alle Fälle, und es sind deren eine ziemliche Anzahl, welche bis jetzt für das jeweilige Ausfliegen fruchtbarer eierlegender Königinnen vorgebracht sind, involviren keine zwingende Nothwendigkeit, und auf alle beßfallsige Angaben von Bienenzüchtern, die mit Stöcken ohne bewegliche Waben imkern, gebe ich von vornherein wenig oder gar nichts, weil der Stock mit nicht beweglichen Waben im Innern gründ-

§ VI. Einmaligkeit der Befruchtung der Königin.

lich nicht zu untersuchen ist und man so Täuschungen und in Folge davon Trugschlüssen aller Art ausgesetzt bleibt. So lange nicht ein besonnener Dzierzonianer versichert, daß er eine fruchtbare Königin habe ausfliegen und wieder heimkehren gesehen, daß der Stock Eier gehabt, sich wirklich nur eine Königin im Stocke befunden habe, glaube wer da will an ausnahmsweise Ausflüge der bereits eierlegend gewordenen Königin; ich nicht. Seit 1852 sind immer wohl die Hälfte meiner Königinnen flugunfähig, weil ich vielen gelegentlich mit einem Stickscheerchen die Flügel verstutzte, um beim Zusammenfallen mehrerer Schwärme wo möglich jede Königin benutzen zu können. Wäre es daher wahr, daß nur von zehn Königinnen eine im Frühjahr oder sonst einen Reinigungsausflug hielte, so müßte ich es längst wahrgenommen und Königinnen auf meinen breiten Sandplätzen vor den Pavillons herumkriechend gefunden haben. Doch, was sage ich, sah ich doch selbst am 3. April 1854 eine ganz gewiß normal fruchtbare und eierlegende Königin ausfliegen und heimkehren! Der Fall ist folgender. An jenem Tage stand ich mit Günther neben einer stark vorspielenden Einbeute, welche ganz isolirt hinter einer Scheune stand, als auf einmal die Königin vor dem Fugloche erschien und rasch abflog. Nach dem Abfluge wurde das Vorspiel der Bienen immer stärker und wir glaubten nichts gewisser, als die Königin sei eine junge unbefruchtete, die ihren Hochzeitsausflug halte. Nach etwa 3 Minuten kam sie retour und spazierte spornstreichs in das Flugloch ein. Nun untersuchten wir die Beute, fanden Brut aller Stadien nebst hunderten von Eiern und die Königin unruhig auf den Waben umherlaufend. Schon wollten wir die Königin tödten, um uns durch Untersuchung der Samentasche evident zu überzeugen, ob sie befruchtet sei, als mir einfiel, daß wir durch Abwarten, ob die Eierlage fortdauern werde oder nicht, zu demselben sicheren Resultate gelangen müßten. Am folgenden Tage spielte die Beute wieder äußerst stark vor, die Königin erschien wieder vor dem Flugloche, flog ab, das ganze Volk stürzte ihr nach und wir sollen heute noch erfahren, wo die Reise hinging. Offenbar wollte also die Königin schon Tags zuvor mit dem ganzen Volke ausziehen, kehrte aber, da ihr das Volk nicht folgte, wieder heim. Dieser höchst merkwürdige Fall zeigt, wie leicht man sich täuschen und in Erscheinungen einen Reinigungsausflug einer fruchtbaren Königin sehen kann, wo der Grund des Ausfliegens ein ganz anderer ist. — Einen ähnlichen Fall erlebte auch Vogel (Bztg. 1858 S. 19).

6. Eine fruchtbare Königin hält also niemals Reinigungsausflüge; ebenso wenig aber Belustigungsausflüge, wie Viele, z. B. Raben (Bztg. 1849 S. 74) und Schmarje (Bztg. 1852 S. 199), behaupten. Letzterer sagt: die Königin allein sollte verurtheilt sein, lebenslänglich in ihrer dunkeln Wohnung eingekerkert zu sein, sollte im wonnigen Sonnenschein sich nicht erquicken, in den linden Lüften sich nicht tummeln dürfen? Widerspräche eine solche Annahme nicht offenbar der unendlichen alle Creaturen gleichmäßig umfassenden Vaterliebe des Schöpfers? Dagegen Dzierzon: Schöne Lust und Wonne für die im Dunkeln zu leben bestimmte Eule, wenn man sie an einem sonnigen Tage aus ihrem finsteren Verstecke hervorjagt und sie im wonnigen Sonnenschein sich erquicken und in linden Lüften sich tummeln läßt, während die Tageshelle sie blendet und die kleinen Tagesvögel sie verfolgen und kreischend ihren Spott mit ihr treiben! Was für ein Geschöpf Wonne ist, kann für das andere die größte Qual sein. Das Gefühl der Wonne entsteht, wenn ein Geschöpf in dem vom Schöpfer ihm angewiesenen Elemente sich bewegen und ungehindert der ihm zugewiesenen Thätigkeit obliegen kann. In der Mitte ihres Volkes, das ihr allzeit treu, hold und gewärtig ist, zu verweilen, sich liebkosen zu lassen, die Zahl der Staatsangehörigen zu vermehren, dieß ist der

§ VI. Einmaligkeit der Befruchtung der Königin. 43

Königin Luft und Wonne und nur der stark erwachende Begattungstrieb und das Ausziehen des ganzen Schwarmes ist im Stande, sie zum Ausflug zu bewegen, obschon sie es selbst dann nur mit sichtbarlichem Widerstreben thut. Die Königin Belustigungsausflüge an den schönsten Tagen halten zu lassen, heißt ihre Bestimmung und Natur gänzlich verkennen. Denn gerade an solchen Tagen ist sie am eifrigsten besorgt, die Brutzellen mit Eiern zu besetzen. Sie ist dann wegen der Schwere ihres Körpers am wenigsten zum Fliegen aufgelegt, meist nicht einmal dazu befähigt. Sie müßte, um sich wie zum Schwärmen flugleicht zu machen, einige Zeit vorher die Thätigkeit ihres Eierstockes bedeutend schwächen, und ebenso lange würde es wiederum dauern, bis sie mit dem Legen wieder in gehörigen Gang komme; was diejenigen nicht erwägen, die sie Ausflüge, sei es der Reinigung, sei es der Belustigung halber, machen lassen. S. Dzierzon Bztg. 1853 S. 78.

Ein Analogon für die stete Detention im Stocke liefern die Termiten, die in ihren Nestern für das befruchtete Weibchen eine besondere Zelle haben, deren Zugänge so eng sind, daß das Weibchen die Zelle nie wieder verlassen kann. S. Kleine Bztg. 1854 S. 53.

§ VII.
Alleinigkeit der Eierlage durch die Königin.

Die Königin legt alle Eier, die im Bienenstocke gelegt werden. Diese sind theils männlich theils weiblich; aus ersteren entstehen Drohnen, aus letzteren Arbeitsbienen, wenn sie in kleine sechseckige, Königinnen aber wenn sie in große eichelförmige herabhängende Zellen gelegt werden.

1. Daß die Königin im Normalzustande des Stockes die einzige Eierlegerin ist, davon kann man sich sehr leicht überzeugen. Man braucht sie nur aus dem Stocke zu entfernen oder in demselben in einem Weiselkäfig gefangen zu halten, um sofort jeder Eierlage ein Ende zu machen. Es ist daher die Behauptung, die bis auf die neueste Zeit so hartnäckig vertheidigt wurde, die Königin lege nur weibliche Eier, d. h. nur Eier zu ihres Gleichen und zu Arbeiterinnen, wogegen die männlichen Eier oder die Eier zu den Drohnen von sog. Drohnenmütterchen gelegt würden, evident falsch. Dieser Irrthum entstand, theils weil man nicht zu begreifen vermochte, wie die Königin, wenn sie auch die Eier zu den Drohnen legen sollte, „ohne beständige Einwirkung göttlicher Allmacht" (Matuschka Beiträge u. s. w. Band II. S. 45) die richtigen Zellen treffen könnte, theils und hauptsächlich weil man von der Ausnahme auf die Regel, vom krankhaften Zustande auf den gesunden schloß. Man sah nämlich, daß sehr oft in Stöcken, in denen sich bestimmt keine Königin befand, Eier gelegt wurden, aus denen sich ausnahmslos nur Drohnen entwickelten (§ XI), und schloß, da in diesen Stöcken die Drohneneierlegerinnen sich offenbar unter den Arbeiterinnen befinden mußten, daß auch in Stöcken mit gesunden fruchtbaren Königinnen die Drohneneier nicht von der Königin, sondern von Individuen unter den Arbeiterinnen gelegt würden. Jetzt weiß man aber bestimmt, daß jene Arbeiterinnen nur Ausnahmen sind (§ XI, 1) und fast immer nur in solchen Stöcken sich befinden, die schon längere Zeit weisellos sind und keine Mittel mehr besitzen, sich eine junge Königin nachzuziehen. S. § XI, 1, e. Es wäre doch auch sonderbar und in der Natur ohne Beispiel, wenn zwei verschiedene Arten von Weibchen, die von den Arbeiterinnen nicht zu unterscheidenden Drohnenmütter und die viel stärkeren Königinnen, gemeinschaftliche Männchen hätten, wenn dasselbe männliche Glied den Geschlechtstheilen zweier an Größe so verschiedenen Weibchen gleich proportionirt wäre und wenn bei dem einen Weibchen dasselbe Männchen die Befähigung zur Fortpflanzung des männlichen, bei dem anderen die Befähigung zur Fortpflanzung des weiblichen Geschlechts hätte. S. Dzierzon Bztg. 1851 S. 100.

§ VII. Alleinigkeit der Eierlage durch die Königin.

Dzierzon (Bztg. 1846 S. 6 u. 1847 S. 50), Ich, Kleine, Oettl, Scholtz (Bztg. 1848 S. 133) und Andere sahen wiederholt die normal fruchtbare Königin Drohnenzellen mit Eiern besetzen, aus denen Drohnen hervorgingen, so daß über die Sache auch nicht der mindeste Zweifel mehr obwalten kann. Ich will jedoch noch einen recht schlagenden Beweis folgen lassen.

Im Herbste 1853 erhielt ich von Dzierzon zwei fruchtbare italienische Königinnen. Beide brachte ich, ohne auch nur eine einzige italienische Arbeiterin beizugeben, in Stöcke mit einheimischen Bienen, die ich zuvor entweiselt hatte. Im Jahre 1854 hatten diese Stöcke, weil es mir damals auf massenhafte Drohnenzeugung Behufs ächter Befruchtung italienischer Königinnen ankam, wohl 10000 italienische Drohnen, aber auch nicht eine einzige deutsche. Ebenso brachte Kleine (Bztg. 1854 S. 159) eine italienische Königin und auch nicht eine italienische Arbeiterin in einen rein deutschen Stock und alle Drohnen gingen italienisch hervor.

2. Die Eier sind männliche und weibliche, weil es im Bienenstocke nur Männchen (Drohnen) und Weibchen, theils ein vollkommenes (Königin) theils viele unentwickelte (Arbeiterinnen) gibt. Deshalb ist es aber auch gar nicht zu verwundern, daß das weibliche Ei, je nachdem es in einer Arbeiter- oder einer Königszelle liegt, sich zu einer Arbeiterin oder einer Königin ausbildet, weil die Arbeiterin, könnte man sagen, nur eine unausgebildete Königin, die Königin nur eine vollständig ausgebildete Arbeiterin ist, beide also eines und desselben weiblichen Geschlechtes sind. Hieraus erhellt ganz von selbst, daß es zur Entstehung einer Königin völlig gleichgiltig sein muß, ob das weibliche Ei in eine königliche Zelle oder in eine Arbeiterzelle gelegt wird, wenn die Arbeiterzelle nach Absetzung des Eies nur erweitert und in eine königliche umgeformt und die ausgeschlossene Made königlich gespeist und sonst behandelt wird.

3. Auffallender dagegen muß es erscheinen, daß nicht blos aus jedem Ei, das in einer Arbeiterzelle liegt, eine Königin erbrütet werden kann, sondern daß dieß noch möglich ist, wenn das Ei in der Arbeiterzelle bereits Made geworden ist, ja sogar dann noch, wenn die Made in der engen Zelle bereits so alt geworden und so weit gewachsen ist, daß sie die Zelle fast ganz erfüllt und dem Bedeckeln nahe ist, wie Dzierzon (s. dessen Nachtrag u. s. w. S. 2) zuerst entdeckte. Mir sind solche Fälle, namentlich bei meiner großen italienischen Weiselfabrik in den Jahren 1854 u. 1855 eine Menge vorgekommen. Damals stellte ich nämlich, auf Dzierzons Entdeckung fußend, oft italienische Brutwaben, von denen ich bereits bedeckelte Weiselzellen ausgeschnitten hatte und welche nur noch dem Bedeckeln nahe Maden enthielten, nochmals zur Erbrütung von Königinnen ein, weil es mir oft an anderweiten italienischen Brutwaben gebrach. Immer errichteten die Bienen noch Weiselzellen und immer gingen ganz vollkommene Königinnen hervor. Das Verfahren bei so alten, die Zelle fast erfüllenden Maden ist folgendes. Die Bienen brechen die kleine Zelle bis auf die Made ab und bauen dann kleinere oder größere Dütchen darüber. Diese meist kleinen Dütchen stehen theils nach unten, theils seitwärts, theils gerade aus, ja sogar, aber selten, nach oben. Ehe die Bienen diese Dütchen schließen, bringen sie nicht unbeträchtliches Futter hinein; die Made hebt sich etwas, schützt sich so vor dem Ersaufen im Futtersaft und erhält zugleich dadurch Raum zu ihrer königlichen Entwickelung. Der Hinterleib der nachherigen Nymphe bleibt größtentheils in der sechseckigen kleinen Arbeitergrundzelle, hat aber dennoch Raum genug zur normalen Ausbildung, da der Hinterleib einer jungen Königin nicht dicker ist als der einer Arbeitsbiene. S. von Berlepsch Bztg. 1854 S. 8 u. 1856 S. 21. Freilich nehmen die Bienen so alte Maden nur, wenn sie jüngere

§ VII. Alleinigkeit der Eierlage durch die Königin.

nicht haben. Der Grund aber, weßhalb eine bereits so weit in einer kleinen Arbeiterzelle erwachsene Made noch fähig ist, Königin zu werden, liegt nach Leuckart (Bztg. 1855 S. 210) darin, daß erst vom sechsten Tage an die Geschlechtstheile in der Made sich zu entwickeln beginnen.

4. Die Dauer der Entwickelung vom Momente des gelegten Eies an bis zum Ausschlüpfen des Insectes aus der Zelle ist bei der Königin, Arbeitsbiene und Drohne verschieden. Gehörige Bebrütung der Eier und der bedeckelten Nymphen und gehörige Fütterung und Erwärmung der offnen Maden vorausgesetzt, bedarf die Königin vom Momente des gelegten Eies an bis zum Ausschlüpfen als Insect 16—17, die Arbeitsbiene 19—21, die Drohne 24—26 Tage. Genauer läßt sich für keins der drei Wesen die Zeit bestimmen, weil die frühere oder spätere Entwickelung von der Wärme und der Nahrung abhängt. Wenn die Wärme im Brutneste recht groß ist und die Maden reichlich und ohne längere Unterbrechung gefüttert werden, entwickeln sie sich schneller, langsamer dagegen, wenn die Wärme nur gering ist und das Futter knapper und namentlich mit längeren Unterbrechungen gereicht wird. Man kann jedoch die Zeitdauer, innerhalb welcher die drei Wesen sich in der Regel ausbilden, für die Königin auf 17, die Arbeitsbiene auf 20 und die Drohne auf 24 Tage angeben.

Das Ei entwickelt sich in der Regel binnen 3 Tagen zur Made. Darüber sind alle Bienenforscher einig. Wie lange aber die Maden unbedeckelt bleiben, darüber herrscht Meinungsverschiedenheit, und viele Forscher, z. B. auch Dzierzon, sprechen sich darüber gar nicht aus. Nach Huber ist in der Regel die Königin 5 Tage offene Made, 8 Tage bedeckelte Nymphe, die Arbeitsbiene 5 Tage offene Made, 12 Tage bedeckelte Nymphe, die Drohne 6½ Tage offene Made und 14½ Tage bedeckelte Nymphe. S. Huber-Kleine u. s. w. Heft II. S. 165 f. Nach Gundelach ist die Königin 8 Tage offene Made, 7 Tage bedeckelte Nymphe, die Arbeitsbiene 6 Tage offene Made, 13 Tage bedeckelte Nymphe, die Drohne 6 Tage offene Made und 15 Tage bedeckelte Nymphe. S. dessen Naturgeschichte u. s. w. S. 68 und Nachtrag u. s. w. S. 23 u. 27.

Damit stimmen meine Beobachtungen nicht völlig überein. Als Regel hat sich bei meinen vielfältigen Beobachtungen und Versuchen folgendes herausgestellt: die Königin 5½ Tage offene Made, 8½ Tage bedeckelte Nymphe, die Arbeitsbiene 6 Tage offene Made, 11 Tage bedeckelte Nymphe, die Drohne 6 Tage offene Made und 15 Tage bedeckelte Nymphe. Ich habe noch im Sommer 1859 bei Klein auf dem Tambuchshofe eine deßfallsige genaue Beobachtung gemacht. Am 25. Juni früh 9 Uhr sah ich eine Königin auf der letzten, dem Fenster zugewendeten Wabe ganz gemüthlich Bienen- und Drohnenzellen mit Eiern besetzen. Am 28. früh 5 Uhr waren fast alle Eier schon Maden und 10 Uhr, wo ich wieder nachsah, fand ich auch nicht ein Ei mehr. Am 4. Juli Mittags 12 Uhr standen nur noch 5 Zellen unbedeckelt. 3 Uhr waren auch diese geschlossen. Gegen 2 Uhr des 14. fraßen sich schon einige Arbeitsbienen durch, am Morgen des 15. waren alle Arbeiterzellen leer. Am 19. früh begannen die ersten Drohnen auszuschlüpfen und gegen Abend hatten alle die Zellen verlassen. Der Stock war aber sehr volkreich, die Witterung heiß und die Tracht während der ganzen Zeit vortrefflich.

Niemals habe ich eine Königin vor dem 16., eine Arbeitsbiene vor dem 19. und eine Drohne vor dem 24. Tage, von dem Momente des gelegten Eies an gerechnet, ausschlüpfen gesehen, wohl aber unter besonderen Umständen weit später. Stellte ich im Sommer eine Bruttafel eines mittelmäßig starken Stockes weit vom Brutneste auf, so daß sie nur wenig von den Bienen belagert wurde, so habe ich gesehen, daß einzelne Bienen noch am 24., ja einmal sogar am 26. Tage auskrochen.

§ VII. Alleinigkeit der Eierlage durch die Königin. 47

ebenso kamen Königinnen, wenn ich die Weiselwiegen ganz hinten gegen das Fenster eingefügt hatte, manchmal, wenn sie nicht abstarben, erst am 20. bis 22. Tag hervor. Drohnen sah ich noch am 28. Tage die Zellen verlassen. Uebrigens bedürfen die Drohnen zu ihrer Ausbrütung mehr Wärme als die Arbeitsbienen; denn in mehreren Fällen, wo ich kaum erst bedeckelte Waben mit Arbeiter- und Drohnenbrut weit vom Brutneste entfernt hatte, starben die Drohnen ab, während die Arbeitsbienen ganz munter auskrochen.

Alle drei Wesen öffnen ihre Zellen selbst, indem sie die Deckel mit ihren Beißzangen von innen heraus aufnagen. Nur die Königszellen scheinen hin und wieder von den Arbeitsbienen, wenn diese ein besonderes Verlangen nach einer Königin haben, geöffnet zu werden. Denn ich fand mehrere Male Königinnen auf den Waben umherkriechen, die noch so zart und matt waren, daß sie sich schwerlich selbst aus den Zellen gebissen haben konnten. Gewöhnlich aber schlüpfen die Königinnen ganz flügge und anscheinend ausgewachsen aus, nicht so die Arbeitsbienen und Drohnen. Diese gehen weißlichgrau aus den Zellen hervor, nicht ganz ausgewachsen und vermögen gegen 2 Tage nicht zu fliegen. In dieser Zeit wachsen sie zu ihrer eigentlichen Größe heran und färben sich dunkeler. S. Adalbert Braun Bztg. 1852 S. 82.

5. Wenn die Königin Eier absetzen will, steckt sie zuvor den Kopf in jede Zelle, um sich zu überzeugen, ob dieselbe auch leer und gehörig gereiniget (polirt) sei. Findet sie dieß, so tritt sie etwas vorwärts, reckt den ganzen Körper auf ihren langen Storchhinterbeinen (die eben deßhalb so lang sein mögen) von der Zelle ab nach vorwärts, dabei sich hebend, um Raum zu gewinnen, den Hinterleib in die Zelle einlaßen zu können. Sie sitzt nun förmlich in der Zelle, mit dem Oberkörper herausguckend und mit den Füßen an den nächsten Zellenrändern sich haltend. In dieser Stellung verweilt sie etwa 8—10 Secunden, und das Ei ist gelegt. Oft wird sie während des Legeactes von den Arbeitsbienen gefüttert, beleckt u. s. w., immer aber wird ihr, wo sie erscheint, sofort Platz gemacht. Sie legt nicht blos in schon fertige, sondern sehr oft auch in solche Zellen, welche noch im Baue begriffen, halb und weniger vollendet sind, ja Weiselzellen besetzt sie niemals erst nach der Vollendung, sondern stets, wenn sie kaum etwas über ein Drittel ihrer Länge erreicht haben. Die Königin würde auch den tieferen Boden der fertigen Weiselzelle mit ihrem Hinterleibe gar nicht erreichen und so das Ei mit der unteren Spitze nicht auf den Boden ankleben können. Aus demselben Grunde dienen auch die Weiselzellen nur einmal zur Brut, während die Arbeiter- und Drohnenzellen jahrelang dazu benutzt werden. Ist die Königin ausgekrochen, so wird die Wiege bald früher bald später von den Bienen abgetragen. Die Weiselwiege wird aber selbst dann, wenn das Ei bereits darin steht, nicht sofort vollendet, sondern immer nach und nach in dem Verhältnisse, in welchem die Made wächst, verlängert und erst dann vollendet, wenn die Made ausgewachsen ist. Geschlossen wird sie, gleich den Arbeiter- und Drohnenzellen, sobald die Made im Begriff steht, sich einzuspinnen.

6. Das Bienenei ist weißlich, länglich, etwas halbmondförmig gekrümmt und hat zwei Häute, eine innere sog. Dotterhaut, und eine äußere, die Eischale oder das Chorion. Beide Häute sind äußerst dünn und zart, auch die äußere, die sonst, namentlich bei Eiern, die frei abgesetzt werden, eine beträchtliche Dicke und Festigkeit hat. Beim Absetzen klebt die Königin das Ei mit demjenigen Ende, das zuletzt geboren wird, also mit dem der Mikropyle entgegengesetzten, auf den Boden der Zelle fest, so daß das Ei in der Zelle mit der Mikropyle nach oben steht und nicht liegt. Das Ei erhält deßhalb während seines letzten Aufenthaltes im Eierstocke einen äußeren Ueberzug von eiweißartiger Beschaffenheit, der freilich am oberen Ende nur verschwindend dünn ist, sich

§ VII. Alleinigkeit der Eierlage durch die Königin.

aber nach unten zu allmälig verdickt und am abgeplatteten unteren Ende zu einer ganz ansehnlichen Entwickelung Behufs Festklebung des Eies gelangt. Und um diese Festklebung desto leichter zu ermöglichen, ist eben das untere Ende abgeplattet und nicht rund oder spitz. S. Leuckart Bztg. 1855 S. 204.

7. Je mehr das Ei reist, desto mehr verändert es seine aufrechte Stellung, senkt sich nach dem Boden, gelangt endlich auf dem Boden an, läßt an einer Seite die Eischale längs bersten und die auskriechende Made nimmt eine gekrümmte Lage auf dem Zellenboden ein. Sie liegt aber nicht still, sondern dreht sich fortwährend in Zirkelbewegung und macht in etwa 2 Stunden einen Kreislauf. Dieß beobachtete ich dadurch, daß ich eine Nadel dem Kopfe der Made gegenüber steckte. Bald war der Kopf über die Nadel hinaus, in etwa zwei Stunden aber wieder bei der Nadel angekommen. S. Dönhoff Bztg. 1854 S. 186. Oettl Klaus 3. Aufl. S. 51 f. Füllt die Made nach etwa 5—6 Tagen den Boden völlig aus, so hebt sie sich mit dem Kopfe aufwärts, dreht sich dann kopfüber in der Zelle und tapeziert diese mit einem äußerst feinen Cocon aus. Sie frißt nun nicht mehr und die Zelle wird von den Arbeitsbienen bedeckelt.

§ VIII.
Geschlechtliche Vorbildung der Eier der Königin.

Alle Eier an beiden Eierstöcken der Königin enthalten den männlichen Keim in sich und entwickeln sich, wenn sie ohne durch männlichen Samen befruchtet worden zu sein, gelegt werden, zu Männchen, zu Weibchen hingegen, wenn sie durch männlichen Samen befruchtet wurden.

Seit unvordenklichen Zeiten haben die Naturforscher den Satz, daß kein Ei eines Weibchens, ohne durch den Samen eines Männchens befruchtet worden zu sein, sich zum lebendigen Wesen entwickeln könne, als ganz allgemein und ausnahmslos giltig festgehalten, und wenn im Laufe der Zeiten vereinzelte Stimmen laut wurden, es hätten sich in diesem oder jenem Falle unbefruchtete Eier zu lebendigen Wesen entwickelt, so nahmen die fachgelehrten Naturforscher entweder gar keine Notiz davon, oder suchten die beßfallsigen Angaben durch den Einwand, es sei ungenügend beobachtet worden, abzuweisen. Als jedoch in der neuesten Zeit von einigen Seidenzüchtern, an deren Wahrheitsliebe und Beobachtungsgabe nicht gezweifelt werden konnte, auf's Bestimmteste behauptet wurde, es wären in mehreren Fällen aus unbefruchteten Eiern der Seidenspinnerweibchen Räupchen und später Schmetterlinge entstanden, wurden die Naturforscher aufmerksamer und richteten auf diese Angaben wenigstens in etwas ihre Aufmerksamkeit, zumal gleichzeitig sich Stimmen vernehmen ließen, daß auch bei andern niederen Thiergattungen sich unbefruchtete Eier zu lebendigen Wesen ausgebildet hätten.

Das Verdienst, unter den gelehrten Naturforschern als der erste ausgedehnte Forschungen in dieser Hinsicht gemacht zu haben, gebührt C. Th. E. von Siebold, obwohl Leuckart zuvor schon einen Fall wirklicher Entwickelung unbefruchteter Eier zu lebendigen Wesen so ziemlich nachwies. S. Leuckart in Wagners Handwörterbuch der Physiologie Bd. IV. S. 959. Kurz nachher stellte von Siebold nicht nur evident fest, daß in einigen Fällen aus einem Theile der von einem unbefruchteten Seidenspinnerweibchen abgesetzten Eier lebendige Räupchen, die sich später, Schmetterlinge geworden, theils als Männchen theils als Weibchen erwiesen, hervorgegangen waren, sondern auch, daß bei mehreren Schmetterlingsarten (psyche bilex, solenobia triquetrella und sol. lichenella) die Weibchen regelmäßig im unbefruchteten Zustande Eier absetzten und daß diese Eier nicht blos theilweise und mitunter, sondern sämmtlich und regelmäßig und zwar ausnahmslos zu Weibchen sich entwickelten. S. von Siebold Parthenogenesis u. s. w. S. 120—136. 31—48.

Hiermit hatte von Siebold den wissenschaftlichen Beweis geführt, daß Ausnahmen von dem allgemeinen Naturgesetz vorkommen, d. h. daß Fälle vorkommen, in welchen sich unbefruchtete Eier zu lebendigen Wesen entwickeln. Später hat auch Leuckart mehrere Ausnahmen nachgewiesen. S: Leuckart in Molefchotts Untersuchungen u s. w. 1858 Bd. IV. S. 363 f. u. S. 433, wo er sagt: Es unterliegt keinem Zweifel, daß die Parthenogenesis unter den Insecten eine sehr viel weitere Verbreitung hat, als wir bis jetzt wissen und ahnen können. Vgl. auch Kleine Bztg. 1854 S. 183 und Dönhoff Bztg. 1858 S. 9.

Diese Ausnahme findet nun auch bei den Bienen statt, nur mit dem Unterschiede, daß bei den Bienen alle Eier, die unbefruchtet bleiben, ausnahmslos zu Männchen, die befruchtet werden, ausnahmslos zu Weibchen sich entwickeln, und daß die Befruchtung des Eies das weibliche Geschlecht bewirkt. Es ist daher bei den Bienen nicht blos jedes Ei an sich, d. h. ohne Befruchtung, entwickelungsfähig, sondern es ist auch in jedem Ei das männliche Geschlecht vorgebildet, das — o Wunder über Wunder! — durch Befruchtung in's weibliche umgewandelt wird.

Dieser Satz darf jedoch nicht so verstanden werden, als ob sich jedes unbefruchtet abgesetzte Ei unter allen Umständen zum lebendigen Männchen entwickeln müsse. Denn manches unbefruchtet abgesetzte Ei kann aus diesem oder jenem Grunde, z. B. weil es in der Zelle nicht bebrütet wurde, unentwickelt bleiben. Wenn daher hin und wieder ein unbefruchtetes Ei sich nicht entwickelt, so darf dieß so wenig auffallen, als wenn sich einzelne befruchtete Eier nicht entwickeln. Manches Ei kann durch Nebenumstände unentwickelt bleiben, entwickelt es sich aber, was die Regel ist, so entwickelt es sich, wenn es unbefruchtet bleibt, ausnahmslos zum Männchen, wenn es befruchtet wird, ausnahmslos zum Weibchen. S. von Berlepsch Bztg. 1855 S. 74.

Noch ist kein Analogon dieser wunderbaren Erscheinung in der Thierwelt bestimmt nachgewiesen, doch hat es Leuckart bereits wahrscheinlich gemacht, daß auch bei den Hornissen, Wespen, Hummeln (s. Huber-Kleine u. s. w. Heft I. S. 119 f.) und Ameisen dasselbe Verhältniß statt habe. S. Leuckart in Molefchotts Untersuchungen u. s. w. 1858 Bd. IV. S. 427 ff.

Dzierzon stellte zuerst (Bztg. 1845 S. 113) diese Lehre als Hypothese auf, gab sich aber nach Genicart wenig Mühe, seine Vermuthung, für welche eine Menge Erscheinungen im Leben der Bienen sprachen, streng wissenschaftlich zu beweisen. Desto mehr ich, sein Schüler; und ich muß für mich das Verdienst in Anspruch nehmen, es gewesen zu sein, der den endlichen, durch von Siebold wissenschaftlich geführten Beweis vermittelte. Ohne mich wäre die Sache wahrscheinlich heute noch Hypothese; wie dieses mein Verdienst auch von Siebold und Leuckart öffentlich anerkannt haben. Ersterer sagt (Parthenogenesis S. 57): Ein Hauptverdienst um die Anerkennung der Dzierzonschen Theorie hat sich von Berlepsch erworben; Letzterer (Molefchotts Untersuchungen u. s. w. 1858 Bd. IV. S. 355): die Zukunft dieser (Dzierzonschen damaligen) Hypothese war erst da gesichert, als von Berlepsch offen zu ihr überging.

Ich bitte die Leser, alle ihre Aufmerksamkeit auf diesen Punct zu richten; denn er ist der wichtigste im ganzen Buche. Mit ihm ist Alles, ohne ihn fast Nichts im Bienenstocke zu verstehen, und in der Praxis wird der, der diesen Satz nicht begriffen hat, immer im Finstern tappen und oft empfindlichen Schaden erleiden.

§ VIII. Geschlechtliche Vorbildung der Eier der Königin. 51

1. Um den Beweis dieser Lehre zu führen, muß vor Allem untersucht werden, ob in der Wirklichkeit Königinnen vorkommen, welche eine nicht mit Samen gefüllte Samentasche besitzen, also unbefruchtet sind, trotzdem aber Eier legen, aus denen sich regelmäßig lebendige Wesen und zwar ausnahmslos nur Männchen entwickeln. Ist dieß bewiesen, so steht fest, daß die Eier männlich vorgebildet sind und sich ohne Befruchtung entwickeln. Und solche Königinnen kommen bestimmt vor; mir bis jetzt etwa zwölf. Ich will, um nicht zu weitschweifig zu werden, nur einiger erwähnen.

a. Im Sommer 1854 purzelte die Königin eines Nachschwarmes gleich vom Flugloche aus flügellahm auf den Sand, und ich beschloß, da sie auffallend groß und sonst besonders schön gebildet war, mit ihr einen Versuch zu machen. Ich brachte sie zum Schwarm, fing solchen in eine Beute ein und stellte diese allein, weit von allen übrigen entfernt, im Garten auf. Nach etwa fünf Wochen hatte das Volk männliche Brut in Arbeiterzellen. Ich ließ das Volk gewähren, bis daß eine Partie Männchen wirklich ausgelaufen war, dann übersiedelte ich die Königin mit einem Theil der Bienen in ein gläsernes Beobachtungsstöckchen, das ich mit einer Wabe ausstaffirt hatte, und beobachtete, bis daß ich die Königin Eier absetzen sah. Dieß mußte ich sehen, um völlig gewiß zu sein, daß die männliche Brut auch von der Königin und nicht etwa von einer eierlegenden Arbeitsbiene herrührte. Bei der Section fand ich den Hinterleib der Königin stark mit Eiern geschwängert und die Samentasche mit wasserfarbiger Flüssigkeit gefüllt, aber ohne jede Spur von Samen. S. von Berlepsch Bztg. 1855 S. 75. Ebenso berichtet Vogel (Bztg. 1858 S. 16 f) von fünf Königinnen, die Eier legten, aus denen sich Drohnen entwickelten, deren Samentaschen aber bei der Untersuchung sich völlig samenleer fanden, und Leuckart (Moleschotts Untersuchungen u. s. w. 1858 Bd. IV. S. 384) untersuchte im September 1856 eine von Geburt aus flügellahme, nur Männchen erzeugende Königin mikroskopisch, fand die Samentasche leer von Samen, die Königin also evident unbefruchtet.

b. Ende September 1854, nachdem längst keine Drohne mehr existirte, nahm ich einem sehr starken deutschen Volke die fruchtbare Königin und ließ es eine junge aus einer eingefügten italienischen Weiselzelle erbrüten. Sie flog bis tief in den October aus. Am 2. März 1855 waren in dem Stocke etwa 1500 Arbeiterzellen mit Drohnenbrut besetzt und gegen 100 italienische Drohnen liefen bereits im Stocke umher. Ich sendete diese Königin lebendig in Begleitung von Arbeitsbienen und von ihr erzeugten Drohnen an Leuckart, welcher über den Befund also berichtet: die Königin wog 0,14 Gramme. Fast die Hälfte des Gewichtes kam auf die beiden Eierstöcke, die sogleich nach der Eröffnung des Hinterleibes in's Auge fielen. Die Eikeime in den Röhren, deren jeder Eierstock mindestens 150 enthielt, waren, wie beständig, von sehr ungleicher Entwickelung, zum Theil auch vollkommen legereif. Die Eier dieser Königin entwickelten sich ausschließlich zu Männchen; woraus von Berlepsch schloß, daß sie unbefruchtet geblieben sei. Und so war es auch. Denn in der Samentasche befand sich keine Spur eines Samenfadens, sondern eine helle körner- und zellenlose Flüssigkeit, wie bei allen jungfräulichen Königinnen. Es kann deshalb unmöglich länger beanstandet werden, daß die Bienenkönigin, wenn auch unbefruchtet, im Stande ist, Eier zu legen, die sich entwickeln, aber beständig und unter allen Umständen zu Männchen. S. Leuckart Bztg. 1855 S. 127 f. und in Moleschotts Untersuchungen u. s. w. 1858 Bd. IV. S. 365 f. u. 381 ff.

Somit war zum ersten Male der directe (wissenschaftliche) Beweis für die wirkliche Existenz einer Entwickelung unbefruchteter Bieneneier zu lebendigen und zwar befruchtungsfähigen Wesen geliefert, da die von dieser Königin erzeugten Drohnen

§ VIII. Geschlechtliche Vorbildung der Eier der Königin.

vollkommen normal gebildet waren und in den Hoden bewegliche Samenfäden besaßen. S. Leuckart a. a. O.

Ebenso winterte Vogel im Herbste 1856 eine Königin ein, von welcher er gewiß wußte, daß sie niemals ausgeflogen gewesen war. Trotzdem aber legte sie bereits Mitte März 1857 Eier, aus denen sich ausnahmslos nur Drohnen entwickelten. Leuckart erhielt bei der Section dieser ihm eingesendeten Königin ganz genau dasselbe Resultat wie bei der meinigen. S. Leuckart in Moleschotts Untersuchungen u. s. w. 1858 Bd. IV. S. 383.

2. Kehrhahn sendete am 30. Juni 1857 eine Königin an Leuckart, die, Ende Juli 1854 befruchtet, bis in den Herbst 1856 eine ungewöhnliche Fruchtbarkeit entwickelt und namentlich weibliche Eier zu hundert Tausenden gelegt hatte, die aber vom Frühjahr 1857 bis zur Versendung nur noch männliche Eier und auch nicht ein einziges weibliches mehr legte. Leuckart fand in der Samentasche „trotz allen Suchens und Spähens auch nicht einen einzigen Samenfaden. Der ganze Inhalt der Samentasche war also in drei Sommern verbraucht," so daß die Königin kein Ei mehr befruchten konnte, alle also blieben, was sie am Eierstock waren, nämlich männlich. S. Leuckart in Moleschotts Untersuchungen u. s. w. 1858 Band IV. S. 390.

3. Zwei nur Männchen erzeugende Königinnen sendete ich an Dr. Barth zu Eichstädt, welcher sie unter dem berühmten dortigen Herzoglich Leuchtenberg'schen Instrumente untersuchte, aber gar keine Samentaschen fand. Wo aber keine Samentasche vorhanden ist, da kann von einer Befruchtung der Eier nicht die Rede sein. S. von Berlepsch Bztg. 1852 S. 204 f. u. 1853 S. 97 f.

4. Die von den Arbeitsbienen ausnahmsweise gelegten Eier entwickeln sich zu lebendigen Wesen und zwar gleichfalls ausnahmslos nur zu Männchen, und doch sind die Arbeitsbienen erwiesener Maßen gar nicht befruchtungsfähig. S. Leuckart S. 23, und von Siebold Bztg. 1854 S. 231. Vergl. auch § XI, 2.

5. Wenn die Eier, um sich zu Männchen zu entwickeln, einer Befruchtung bedürften, so würden gewiß auch Königinnen vorkommen, die taube, sich gar nicht entwickelnde Eier legten. Solche Königinnen kennt man aber bis jetzt nicht; denn sobald eine Königin legt, entwickeln sich auch die Eier, wenn sie bebrütet werden, zu Männchen, weil, wie Dzierzon (Bztg. 1851 S. 139) sehr treffend sagt, beim Bienenei taub und männlich gleichbedeutend ist. Nun will aber Hufe eine Königin gehabt haben, deren Eier, selbst wenn er eierbesetzte Tafeln entweiselten Stöcken einhing, sich nicht entwickelten. S. Leuckart in Moleschotts Untersuchungen u. s. w. 1858 Bd IV, S. 388. Ich habe den qu. Hufe'schen Stock nebst Königin und Eiern in Kettbach selbst gesehen und mich überzeugt, daß der ganz gewöhnliche Fall vorlag, wo das zusammengeschmolzene Volk die Eier nicht mehr bebrütete, die Königin auch, als Hufe mit den Stock auseinander nahm, gar nicht mehr legte. Die Eier waren bereits gelb und zusammengeschrumpft und konnten sich daher weder im Mutter- noch in einem anderen Stocke entwickeln. Als Beweis der Richtigkeit meines Referates beziehe ich mich auf Günther, welcher bei mir war, als ich Freund Hufe, der auch, wie eine unbefruchtete Königin, nur Männchen erzeugt — er hat sechs Jungen — besuchte. Uebrigens will ich die Möglichkeit des Vorkommens einer Königin, die nur taube Eier legt, nicht absolut bestreiten, sondern nur bestreiten, daß bis jetzt ein derartiger Fall nachgewiesen ist.

6. Warum gibt es keine Königin, die nur das weibliche Geschlecht erzeugen kann? Warum kann jede Königin, die Weibchen erzeugt, auch Männchen erzeugen?

§ VIII. Geschlechtliche Vorbildung der Eier der Königin.

Warum gibt es aber so viele Königinnen, die nur Männchen hervorzubringen vermögen? Darum, weil die Bieneneier zu ihrer Entwickelung einer Befruchtung nicht bedürfen und männlich vorgebildet sind.

7. Es steht thatsächlich fest, daß es die befruchtete Königin in ihrer Gewalt hat, ein männliches oder weibliches Ei zu legen. S. § IX. Wie aber wäre diese Fähigkeit, wenn sie das männliche Ei ebenso wie das weibliche befruchten müßte, zu erklären? Man hat gesagt, die Königin besitze nicht die Fähigkeit, das Geschlecht des Eies zu bestimmen, sondern könne das Geschlecht nur unterscheiden, indem sie, je nach den zu besetzenden männlichen oder weiblichen Zellen, die männlichen Eier aus dem einen, die weiblichen aus dem andern Eierstocke herabgleiten ließe. Falsch! Denn wie könnte dann eine Königin, welche nur Männchen zu erzeugen vermag, männliche Eier in weibliche Zellen legen und Buckelbrut erzeugen, da sie doch wissen müßte, daß die Eier als männliche in männliche oder Drohnenzellen gehörten! Die Königin will, weil jedes Volk zuerst Arbeiterinnen hervorzubringen strebt, die Eier befruchten, vermag es aber nicht, weil ihre Samentasche entweder gar keinen oder nur Samen mit unbeweglich gewordenen Fäden enthält oder am Ausführungsgange verstopft ist. S. Dzierzon Bztg. 1853 S. 159.

8. Es ist Thatsache, daß die Königinnen, wenn ihre Fruchtbarkeit auf die Neige geht, mehr oder weniger männliche Eier in weibliche Zellen legen, ja sogar bei äußerst fruchtbaren Königinnen kommt es gar nicht so selten vor, daß einzelne Männchen mitten zwischen Arbeiterinnen auslaufen. Wie wäre dieß ohne obigen Satz erklärbar, da doch auch hier die Königinnen offenbar keine männliche, sondern weibliche Eier legen wollen? Mit obigem Satze aber erklärt sich die Sache sehr einfach so, daß bei einer Königin, wo die Fruchtbarkeit bereits im Erlöschen ist, nicht jedes Ei mehr befruchtet werden kann, weil die Samentasche nicht mehr gehörig mit Samen gefüllt ist, bei einer Königin aber, die noch in der Vollkraft ihrer Fruchtbarkeit steht, hin und wieder ein Ei, das befruchtet werden soll, in der Eile des Eierlegens unbefruchtet bei der Samentasche vorbeigleitet, ein Samenfaden sich nicht anhängt, oder wieder verloren geht, ehe er sich durch die Mikropyle in den Dotter bohren kann. Und warum befinden sich nicht auch umgekehrt in den Drohnenzellen hin und wieder einzelne Arbeiternymphen? S. von Berlepsch Bztg. 1855 S. 77.

9. Bedarf das männliche Ei der Befruchtung nicht, so müssen von Geburt aus ächt italienische Königinnen stets ächt italienische Männchen, von Geburt aus ächt deutsche Königinnen stets ächt deutsche Männchen erzeugen, auch wenn sie von Männchen der anderen Race befruchtet worden sind. Und so ist es auch in der Wirklichkeit. Ich will jedoch von den italienischen von deutschen Männchen befruchteten Königinnen schweigen, weil man sich bei diesen zu leicht täuschen und eine Königin für von Geburt aus ächt italienisch halten kann, in der schon deutsches Blut steckt. Die deutschen von italienischen Männchen befruchteten Königinnen aber geben einen ganz sicheren untrüglichen Beweis. Von etwa zwanzig deutschen Königinnen, die bisher auf meinem Stande von italienischen Männchen befruchtet wurden und deshalb bald mehr bald weniger bunte Arbeiterinnen unter den schwarzen erzeugten, war unter allen Männchen auch nicht ein einziges zu entdecken, das italienisch oder auch nur ähnlich gewesen wäre; alle waren rein deutsch.

10. Im Mai 1854 fing ich eine vorjährige fruchtbare Königin aus, um sie Behufs Anfertigung eines gemischten Ablegers einstweilen in einen Weiselkäfig zu sperren. Als ich das in einem Falze laufende Kläppchen zuschieben wollte, quetschte ich die Königin am Ende des Hinterleibes so bedeutend, daß sie den ganzen Hinterleib, wie eine gesto-

§ VIII. Geschlechtliche Vorbildung der Eier der Königin.

chene Biene, zusammenzog und nachschleppen ließ. Ich hielt sie anfänglich für verloren, gab sie jedoch, als sie nach einer Stunde noch lebte und wieder gestreckt und ruhig dasaß, ihrem Volke zurück. Sie legte nach wie vor Tausende von Eiern in Arbeiterzellen, aber aus allen entwickelten sich von nun an nur Männchen. Wahrscheinlich wurden Organe, die beim Schließen und Oeffnen der Mündung der Samentasche thätig sind, gelähmt und gesteift, oder es wurde, wie von Siebold (Parthenogenesis u. s. w. S. 86) meint, die Samentasche an ihrer Einmündungsstelle von dem Eileiter abgerissen, wodurch die auf diese Weise verletzte Königin nicht mehr im Stande war, ihre Eier beim Legen zu befruchten und also nur unbefruchtete, mithin männliche Eier legen konnte. S. von Berlepsch Bzlg. 1855 S. 78. Auf Grund dieser meiner zufälligen Wahrnehmung suchte Dönhoff zwei fruchtbare Königinnen der Fähigkeit, weibliche Eier zu legen, dadurch zu berauben, daß er mit einer Pincette die letzten beiden oberen Hinterleibsringe der Königinnen mehrere Male kräftig zusammendrückte, so daß Alles, was zwischen diesen Ringen lag und nicht ausweichen konnte, gequetscht werden mußte. Beide Königinnen legten fort, alle Eier entwickelten sich aber von nun an nur zu Männchen. Eine dieser Königinnen untersuchte Leuckart mikroskopisch, doch konnte er eine Zerreißung nirgends wahrnehmen und vermuthete, gleich mir, eine Lähmung von Organen, die mit der Samentasche in Verbindung stehen S. Leuckart Bzlg. 1857 S. 220 ff. und in Moleschotts Untersuchungen u. s. w. 1858 Bd. IV. S. 405—408. Vergl. auch Dönhoff Bzlg. 1859 S. 18.

11. Im Sommer 1854 dachte ich: Wenn die Eier bei der Königin sich ohne Befruchtung zu Männchen, mit Befruchtung zu Weibchen entwickeln, so muß jede Königin, die beide Geschlechter zu erzeugen im Stande ist, von dem Augenblicke an aufhören, auch weibliche Eier zu legen und muß anfangen, nur noch männliche hervorzubringen, wo es gelänge, die Samenfäden in der Samentasche, ohne die Königin selbst zu tödten, unbeweglich zu machen. Während ich über die Ausführung dieses Projectes nachsann, las ich in J. Müllers Physiologie des Menschen u. s. w. Bd. II. S. 636, daß hohe und niedere Temperaturgrade die Bewegung der Samenfäden aufhören lassen, und schloß daraus, daß, da das Element der Biene Wärme ist, niedere Temperatur die Samenfäden unbeweglich machen müßten. Ich nahm daher Ende Juli 1854 drei sehr fruchtbare Königinnen, sperrte jede in einen Weiselkäfig, ging nach Mühlhausen und stellte die Käfige in den Eiskeller des mir befreundeten Gastwirths Burckhard. Dort ließ ich sie etwa 36 Stunden stehen. Die Königinnen waren natürlich völlig erstarrt, förmlich weiß bebustet, und als ich mit ihnen nach Seebach zurückkam, ließ ich sie von der eben aufgehenden Sonne erwärmen. Lange regte sich keine; endlich gegen 7 Uhr bemerkte ich an einer Bewegungen der Füße. Ich brachte ihr nun mittels eines feinen Hölzchens etwas Honig an den Rüssel und nach noch 10—12 Minuten war sie ins Leben zurückgekehrt, während die andern beiden todt blieben. Die Wiederbelebte gab ich ihrem Volke zurück. Sie legte, gleich der gequetschten, nach wie vor Tausende von Eiern in Arbeiterzellen, aber aus allen entwickelten sich nur Männchen. Als ich später die Samentasche untersuchte, fand ich den Samen in's Gelbliche spielend und flüssiger als gewöhnlich. Offenbar waren hier die Samenfäden durch die Kälte unbeweglich geworden und zerfallen, so daß die Königin kein Ei mehr befruchten konnte. S. von Berlepsch Bzlg. 1855 S. 80 f. Ebenso kamen Dzierzon drei Königinnen vor, welche, nachdem sie längere Zeit im Zustande der Erstarrung zugebracht hatten, nur männliche Eier abzusetzen vermochten, während sie vorher, nach beiden Richtungen hin vollkommen fruchtbar, auch weibliche Eier gelegt hatten. S. Dzierzon Bzlg. 1854 S. 252 und Bfreund. S. 178. Eine fünfte solche Königin, die, zuvor normal frucht-

§ VIII. Geschlechtliche Vorbildung der Eier der Königin.

bar, nach dem Wiedererwachen aus längerer Erstarrung nur noch Männchen erzeugen konnte, hatte Liebe. Er sendete sie an Küchenmeister uub dieser fand bei mikroskopischer Untersuchung die Samenfäden unbeweglich. S. Liebe und Küchenmeister Bztg. 1858 S. 131 f.

Aus vorstehenden Beobachtungen, Versuchen und zufälligen Vorkommenheiten ziehe ich folgende Schlußfolgerung: Sintemalen es feststeht, daß jedes Ei einzeln aus der Samentasche durch Samen befruchtet werden muß, aber erstens Königinnen und eierlegende Arbeitsbienen sich finden, die, obwohl sie entweder eine samenleere oder gar keine Samentasche besitzen, dennoch Eier legen, aus denen sich regelmäßig Männchen, niemals aber auch Weibchen entwickeln, zweitens Königinnen vorkommen, die durch Druck, Gefrieren oder sonstige Veranlassungen die Fähigkeit, weibliche Eier zu legen, sofort völlig verlieren und nur noch Eier zu Männchen absetzen, drittens keine Königin vorkommt, die taube Eier legt, viertens jede Königin, die Weibchen erzeugt, auch Männchen hervorzubringen im Stande ist, nicht wenige Königinnen aber nur Männchen erzeugen können, fünftens die Fähigkeit der regelrecht fruchtbaren Königin, Weibchen oder Männchen nach Belieben zu erzeugen, nur durch die Annahme des Unbefruchtbleibens der männlichen Eier erklärbar ist, sechstens manche Königinnen lauter Männchen erzeugen, während sie offenbar Weibchen erzeugen wollen und endlich siebentens deutsche von italienischen Männchen befruchtete Königinnen gemischte Weibchen, aber nur rein deutsche Männchen erzeugen, — **so steht es erfahrungsmäßig fest, daß alle Eier an den Eierstöcken der Königin an sich männlich sind und zu Männchen sich entwickeln, wenn sie unbefruchtet in die Zellen gelangen, in weibliche dagegen sich verwandeln, wenn sie befruchtet werden.**

Ziemlich soweit war ich schon 1855 (S. von Berlepsch Bztg. 1855 S. 73—82), noch aber fehlte der streng wissenschaftliche Beweis, noch war es nöthig, mit dem Mikroskope festzustellen, a) daß alle Eier, die eine Königin absetzt, der Form nach gleich und hauptsächlich, daß die Eier zu beiden Geschlechtern mit der Mikropyle versehen seien und b) daß frisch abgesetzte weibliche Eier Samenfäden auf der Mikropyle oder im Innern zeigen, die männlichen aber nicht.

Es war eine besondere Gunst der Vorsehung, daß zwei der bedeutendsten jetzt lebenden Naturkundigen, die schon oft erwähnten weltberühmten Physiologen und Zootomen, Carl Theodor Ernst von Siebold, Professor zu München, und Rudolf Leuckart, Professor zu Gießen, sich für meine Strebungen auf's Lebhafteste interessirten, zu mir nach Seebach mit ihren Mikroskopen kamen und mir die Ehre erwiesen, an ihren Experimenten und Forschungen als Handlanger und Darreicher des desfalls nöthigen Materials aus meinen großen Bienenanlagen Theil nehmen zu dürfen. Leuckart, welcher sich zuerst zu mir bemühte, konnte nur feststellen, daß sowohl die weiblichen als auch die männlichen Eier mit der Mikropyle versehen uud überhaupt ununterscheidbar sind, wogegen es ihm nicht gelang, den Punkt b zu entscheiden. Denn er konnte nur in zwei Fällen mit Sicherheit die Anwesenheit von Samenfäden auf weiblichen Eiern entdecken. Er kam deshalb, wie sich bald zeigen wird, zu keinem sicheren Resultate, weil er die Samenfäden nur außerhalb, d. h. auf und nicht in den Eiern suchte. S. Leuckart in Molleschotts Untersuchungen u. s. w. 1858 Bd. IV. S. 360. Bei den Bieneneiern haben aber die Samenfäden nicht erst, wie sonst so häufig bei Insekteneiern, eine dicke Eiweisschicht zu durchdringen, bevor sie das Chorion (äußere Eihaut, im Gegensatz zu der inneren, den Dotter umschließenden, der Dotterhaut) erreichen, sondern werden fast unmittelbar auf den Mikropylapparat abgesetzt und bringen somit auch in kürzester Frist durch die Mikropyle hindurch. S. Leuckart Bztg. 1855 S. 204—206.

§ VIII. Geschlechtliche Vorbildung der Eier der Königin.

Glücklicher war von Siebold, welcher mich im August 1855 beehrte, indem er nicht nur Leuckarts Beobachtungen über den Punkt a (S. von Siebolds Parthenogenesis u. f. w. S. 106 und 109) bestätigen, sondern auch die Anwesenheit der Samenfäden in den weiblichen Eiern, die Abwesenheit derselben in den männlichen Eiern feststellen und so das wissenschaftliche Problem endgiltig lösen konnte. Von Siebold verdankt, wie er Parthenogenesis S. 118 sagt, die glücklichen Resultate seiner Untersuchungen allein einer besonderen Untersuchungsmethode der mikroskopisch im allerhöchsten Grade schwierig zu präparirenden Bieneneier, auf die er, nach mehrtägiger mühsamster Arbeit fast schon verzweifelnd, verfiel. Er zerdrückte nämlich die Eier mit einem sehr dünnen Glasdeckblättchen ganz sanft und zugleich so, daß dieselben am untern, dem Mikrophlapparate entgegengesetzten Pole (Ende) langsam zerrissen und der Dotter an dieser Stelle allmälig hervorfloß; wodurch am obern Pole des Mikrophlapparates ein heller leerer Raum zwischen den Eihäuten und dem nach unten zurückweichenden Dotter entstand. Auf diesem leeren Raum, den er während des Ausfließens des Dotters unter dem Mikroskope langsam entstehen sah, richtete er ganz besonders seine Aufmerksamkeit und fand bei vierzig weiblichen Eiern, wo das Präparat gelang, (denn mitunter mißlang es natürlich auch) dreißigmal einen bis vier Samenfäden. Bei drei Eiern war noch ein Faden beweglich. Dagegen fand er bei vier und zwanzig glücklich präparirten männlichen Eiern weder äußerlich noch innerlich auch nur einen einzigen Samenfaden. Mehr männliche Eier waren wegen der vorgerückten Jahreszeit nicht zu beschaffen, sie waren aber eben so alt, wie ein Theil der weiblichen und rührten von der Königin, von welcher der qu. Theil weiblicher Eier gelegt war, her. S. von Siebold Parthenogenesis u. f. w. S. 112—120; wo über diese, die Lehre von der Zeugung in ihren Grundfesten erschütternde, alle Physiologen der Welt allarmirende Entdeckung sehr ausführlich berichtet ist. Später hat auch Leuckart die von Siebold'sche Entdeckung vollkommen bestätigt und vielfach Samenfäden im Innern der weiblichen, nicht aber auch im Innern der männlichen Eier gefunden. S. Leuckart in Moleschotts Untersuchungen u. f. w. 1858 Bd. IV. S. 361.

Am Schlusse dieses wichtigsten Paragraphen füge ich noch an, daß, entwickelten sich nicht die Eier ohne Befruchtung zu Männchen, mit Befruchtung zu Weibchen, „der ganze komplicirte Bienenhaushalt, wie er von der Natur vorgeschrieben ist, gar nicht bestehen könnte," wie von Siebold Parthenogenesis S. 137 so überaus wahr und treffend sagt.

§ IX.
Willkürlichkeit der Königin in der männlichen und weiblichen Eierlage.

Die Königin besitzt die Fähigkeit, männliche und weibliche Eier nach Belieben zu legen, so wie die Zellen sie erfordern, auf denen sie sich eben befindet und welche sie mit Eiern besetzen will.

Daß dieß thatsächlich so ist, steht evident fest, da die fruchtbare Königin Drohnenzellen mit männlichen, Arbeiter- und Weiselzellen mit weiblichen Eiern besetzt. Ich selbst habe dreimal gesehen, daß die Königin abwechselnd ohne alle Unterbrechung bald Drohnen- bald Arbeiterzellen mit Eiern versah; einmal am 18. Mai 1852, wo eine Königin **fünfmal** die Zellen wechselte, d. h. beim Legen fünfmal von Drohnen- auf Arbeiterzellen und umgekehrt überging (s. von Berlepsch Bztg. 1853 S. 36), das andere Mal am 6. Juni 1857, wo die Wechselung **dreimal** stattfand, und das dritte Mal am 25. Juni 1859, wo die Zellen gleichfalls **dreimal** gewechselt wurden. Und hätte der Schöpfer einmal angeordnet, daß die Zellen zur Erbrütung der Männchen von denen zur Erbrütung der Weibchen (Königinnen, Arbeiterinnen) **durch Weite und Tiefe unterschieden sind, Männchen auch nur unter gewissen Umständen und zu gewissen Zeiten erzeugt werden**, so mußte, sollte nicht eine gräuliche, den Bienenstaat rasch auflösende Unordnung eintreten, der Königin die Fähigkeit verliehen werden, männliche und weibliche Eier nach Belieben und Bedürfniß zu legen. S. Dzierzon Bfreund S. 34. Denn was sollte daraus werden, wenn die Königin bald hier ein weibliches Ei in eine Drohnen-, bald dort ein männliches in eine Arbeiter- oder Weiselzelle im bunten wirren Gemisch legte! Die Drohnen in den Arbeiterzellen würden, wie wir dieß ja in kranken Stöcken oft wahrzunehmen Gelegenheit haben, die engen Zellen auseinander treiben, dadurch viele nachbarliche Larven in der Entwickelung hemmen, die ganzen Tafeln verunstalten u. s. w. Und welches Drohnengewimmel müßte zu jeder Zeit, wo gebrütet wird, im Stocke vorhanden sein: mit einem Worte, der Bien könnte nicht bestehen. Die Weibchen anderer Thiere bedürfen der Fähigkeit der willkürlichen Geschlechtsbestimmung bei der Eierlage nicht; denn sie haben nicht nöthig, die männlichen und weiblichen Eier in Zellen von verschiedener Größe und Tiefe abzusetzen, sondern legen sie in dasselbe Nest oder in Häufchen, unbekümmert, ob Männchen oder Weibchen daraus entstehen. Die Bienenkönigin aber muß sich nach den Zellen und den Verhältnissen des Stockes richten, muß den Umständen Rechnung tragen und hat also auch die Fähigkeit der will-

58 § IX. Willkürlichkeit der Königin in der männlichen und weiblichen Eierlage.

kürlichen Geschlechtsbestimmung der zu legenden Eier nöthig. S. Dzierzon Theorie und Praxis, 3. Aufl. S. 103; Bzlg. 1854 S. 30. Bedingt und ermöglicht aber ist diese Fähigkeit der Königin durch die Vorkehrung des Schöpfers, daß alle Eier an sich entwickelungsfähige männliche sind und nur durch Befruchtung in weibliche verwandelt werden. S. § VIII Es braucht daher die Königin, um die verschiedenen Zellen stets mit den richtigen Eiern zu besetzen, nur besondere Muskeln zu besitzen, mittels welcher sie den Samen in der Samentasche zurückzuhalten oder aus derselben zu entleeren vermag, etwa wie wir auf die Muskeln der Harnblase einen willkürlichen Einfluß üben, um den Harn zurückzuhalten oder ausfließen zu lassen. Und das Vorhandensein solcher Muskeln hat Leuckart in Moleschotts Untersuchungen u. s. w. 1858 S. 409 ff. nachgewiesen. Vergl. auch von Siebold Parthenogenesis u. s. w. S. 81 f.

Auf die Frage aber, sagt von Siebold, wie eine Königin wissen könne, wann sie ein männliches oder ein weibliches Ei zu legen habe, wird zu antworten sein, daß der Instinct es einer Königin sagen wird und zwar in dem Augenblicke, während dessen sie ihren Hinterleib in eine weite Drohnenzelle oder eine enge Arbeiterzelle zum Eierlegen hineinschiebt. Den Unterschied der weiten und engen Zelle wird die Königin gewiß mit ihrem Hinterleibe herausfühlen und sie wird auch durch dieses Gefühl wissen, daß sie in einer engen Zelle das abzusetzende Ei befruchten müsse, während sie in einer weiten Zelle das Ei unbefruchtet abzulegen habe. Auch durch die eigenthümliche Beschaffenheit einer Weiselwiege wird die Königin instinctmäßig zum Befruchten des hier abzusetzenden Eies aufgefordert werden. Von Siebold Parthenogenesis u. s. w. S. 81.

Ich kann diesem von Sieboldschen Erklärungsversuche nicht beistimmen, weil ich überzeugt bin, daß die Königin die verschiedenen Zellen, sobald sie solche betritt, sogleich erkennt und, ehe sie den Hinterleib in eine Zelle zum Legen einschiebt, schon weiß, ob sie ein weibliches oder männliches Ei zu legen, also ob sie das Ei zu befruchten oder unbefruchtet zu belassen habe. Denn bei den hundert Malen, wo ich Königinnen Eier absetzen sah, habe ich nicht selten wahrgenommen, daß sie, wenn sie in Zeiten, wo keine Drohnen erbrütet werden, auf Drohnenzellen stießen, diese nicht beachteten, über sie wegschritten und erst bei der nächsten Arbeiterzelle wieder zu legen begannen. Würde aber die Königin erst durch Einsenkung des Hinterleibes in die Zelle diese erkennen, so dürfte sie wohl auch zu jeder Zeit Eier in Drohnenzellen absetzen, indem es dann wohl kaum noch in ihrer Gewalt stehen möchte, das im Eileiter herabrückende Ei aufzuhalten, gewiß aber würde sie zu jeder Zeit des Jahres, wenn sie beim Eierlegen auf Drohnenzellen käme, wenigstens in jede Zelle den Hinterleib, auch wenn sie das Ei zurückzuhalten vermöchte, einschieben; was sie aber thatsächlich nicht thut. Ich glaube daher, daß die Königin durch den Instinct die verschiedenen Zellen schon von außen erkennt, vielleicht durch ihre Fußkrallen oder Fühlhörner unterscheidet und, wenn sie den Hinterleib einsenkt, schon weiß, ob sie das Ei zu befruchten habe oder nicht. Ja, sie muß die Zellen schon von außen erkennen, denn in Zeiten, wo keine Drohnen erbrütet werden, steckt sie nicht einmal den Kopf in die Drohnenzellen, was sie doch bei jeder Zelle, die sie mit einem Ei besetzen will, thut.

Nun wollen aber die Meisten „von einem Belieben, einer Willkür, einem Wissen" bei der Königin durchaus nichts wissen und wollen die einmal nicht wegzuläugnende Thatsache, daß von einer gesunden fruchtbaren Königin die verschiedenen

§ IX. Willkürlichkeit der Königin in der männlichen und weiblichen Eierlage. 59

Zellen mit den richtigen Eiern besetzt werden, rein mechanisch erklären. Bis jetzt sind vier solche Erklärungsversuche gemacht worden.

1. Viele behaupten, daß der Druck, den die enge Arbeiterzelle auf den Hinterleib der Königin ausübe, das im Eileiter herabgleitende Ei der Mündungsstelle der Samentasche so nahe bringe, daß Samenfäden aus derselben hervorschlüpfen und an das Ei sich anhängen könnten, wogegen die weite Drohnenzelle den Hinterleib der Königin nicht presse und so das Ei von der Samentaschenmündungsstelle entfernt und unbefruchtet vorbeigehen lasse.

Diese Erklärung ist durchaus unhaltbar, denn

a. sind ganz neugebaute Arbeiterzellen völlig so weit wie recht alte Drohnenzellen, in welchen schon vielmals gebrütet wurde, und doch entstehen erfahrungsmäßig in ersteren weibliche, in letzteren männliche Bienen.

b. Sind viele Königinnen von auffallend schlanker Taille, einzelne mitunter so klein, daß man sie kaum von einer Arbeitsbiene unterscheiden kann, ohne deshalb vorwiegend zur Drohneneierlage zu inclinieren; was doch der Fall sein müßte, wenn die enge Zelle durch Druck die Befruchtung des Eies vermittelte. Viele dünnleibige Königinnen setzten bei mir ihre Eier in derselben Regelmäßigkeit, ohne daß auch nur ein Buckel zwischen der Arbeiterbrut aufgetaucht wäre, ab, wie diejenigen, welche sich vom schwersten Kaliber erwiesen. S. Kleine Bztg. 1858. S. 217.

c. Legt eine Königin auch in kaum begonnene Zellen, bei denen also das Durchmesserverhältniß zur Dicke des Leibes der Königin ohne allen Einfluß bleiben muß, und doch gehen aus Drohnenzellen Drohnen, aus Arbeiterzellen Arbeiter hervor. S. Kleine a. a. O.

d. Legt die Königin, wenn ihr durchaus keine Drohnenzellen zu Gebote stehen und das Volk Drohnen haben will, männliche Eier in Arbeiterzellen, aus denen sich Männchen entwickeln. S. von Berlepsch Bztg. 1853 S. 36 und Franz Hofmann ebendas. 1859 S. 241.

e. Müßten in die Weiselwiegen, welche zur Zeit, wo sie von der Königin mit Eiern besetzt werden, noch viel weiter als Drohnenzellen sind, männliche unbefruchtete Eier kommen.

f. Müßte eine Königin, wenn sie die Zellen nicht zu unterscheiden und deshalb nicht nach Willkür weibliche und männliche Eier zu legen vermöchte, auch im winzigsten Völkchen, wenn sie auf Drohnenzellen stieße, Drohneneier legen; was sie aber erfahrungsmäßig nicht thut.

g. Müßte aus demselben Grunde eine eben fruchtbar gewordene Königin auch Drohnenzellen, welche man ihr in's Brutnest stellte, oder welche sich etwa dort befänden, mit Eiern besetzen; was sie aber erfahrungsmäßig nicht thut.

h. Müßte die Königin, wenn sie nur eine Eierlegemaschine wäre, zu jeder Zeit des Jahres, wo überhaupt Eier gelegt werden, auch die Drohnenzellen mit Eiern besetzen; was sie aber zu gewissen Zeiten, namentlich im ersten Frühjahr und Spätsommer, nicht thut. Wie oft habe ich um diese Zeit Waben, die einen in der Mitte herunterlaufenden Streifen Drohnenwachs, an beiden Seiten mit Arbeiterzellen eingefaßt, besahen, in Händen gehabt, deren sämmtliche Arbeiterzellen brutbesetzt, sämmtliche Drohnenzellen brutleer waren: doch ein augenfälliger Beweis, daß die Königin diese Zellen als Drohnenzellen erkannte und deshalb unbesetzt ließ. S. Kleine a. a. O.

i. Müßte eine fruchtbare Königin, wenn sie mit ihrem Volke in einen Bau von lauter Drohnenwachs gebracht würde, die Drohnenzellen gleich Arbeiterzellen mit Eiern be-

60 § IX. Willkürlichkeit der Königin in der männlichen und weiblichen Eierlage.

setzen und sich am Eierlegen nicht beirren lassen. Sie läßt sich aber ganz gewaltig beirren, setzt längere Zeit gar keine Eier in die Zellen, sondern läßt dieselben fallen, oder sucht mit dem ganzen Volke das Weite. Legt sie aber endlich doch in Drohnenzellen, was geschieht da? Gewöhnliche Arbeitsbienen gehen hervor. Also muß es die Königin unbedingt, abgesehen von der Beschaffenheit der Zelle, „in ihrem Belieben, in ihrer Willkür" haben, ob sie ein Ei befruchten will oder nicht. Gundelach brachte ein Völkchen mit einer fruchtbaren Königin in ein schmales Glasstöckchen, das nur eine große Drohnenwabe enthielt. Fünf Tage besetzte die Königin keine Zelle, wohl aber vom sechsten an, und aus allen Zellen, wie schon die flache Bedeckelung ahnen ließ, gingen gewöhnliche, d. h. nicht größere Arbeitsbienen hervor. S. Gundelach Nachtrag u. s. w. S. 22 f. Vgl. auch Huber-Kleine Heft II. S. 174 f. — Diesen interessanten Versuch machte ich zweimal, nur in größeren Stöcken, nach, beide Male aber zog mir das Volk bald aus, ohne daß die Königin auch nur ein einziges Ei abgesetzt gehabt hätte. Als ich jedoch im Mai 1854 eine italienische Königin mit aller Gewalt zur Drohneneierlage dadurch zwingen wollte, daß ich zwischen die brutbesetzten Arbeiterwaben einer mächtigen Beute zwei leere Drohnenwaben einhing und die Königin mit einer Partie Arbeitsbienen auf diese brachte, ihr aber durch hüben und drüben vorgestellte Drahtgitter die Möglichkeit benahm, von den Drohnenwaben wegzukommen, legte sie endlich wirklich Eier in die Drohnenzellen, aus denen allen, ganz wie bei Gundelach, gewöhnliche Arbeiterinnen hervorgingen.

2. Etwas anders versuchte der Medicinalrath Dr. Küchenmeister die Sache rein mechanisch zu erklären, indem er meinte, durch die enge oder weite Zelle werde die Mündung der ziemlich frei im Hinterleibe der Königin flottirenden Samentasche bald so gestellt, daß das abgehende Ei befruchtet werde, bald so, daß es unbefruchtet bleibe. S. Küchenmeister in Moleschotts Untersuchungen u. s. w. 1858 Bd. III. S. 233— 267 und Bztg. 1859 S. 100. Auf diese Hypothese braucht jedoch nicht weiter eingegangen zu werden, da sie gleichfalls auf dem Größenunterschied der Zellen beruht, mithin durch die unter 1, a—i vorgebrachten Gründe von selbst widerlegt ist. Vergl. auch Leuckart ebend. 1858 Band IV. S. 410—414 und Kleine Bztg. 1858 S. 215—219, wo die Küchenmeister'sche Hypothese recht gut abgewiesen ist.

3. Eine anderweite sehr scharf durchdachte Hypothese stellte Busch auf, indem er sagte: Die Drohnenzellen sind drei Linien tiefer als die Arbeiterzellen, mithin muß die Königin, wenn sie ein Ei auf dem Boden einer Drohnenzelle anheften will, ihren Leib drei Linien länger dehnen, als wenn sie in eine Arbeiterzelle legt. Nichts ist daher natürlicher als die Annahme, daß durch die zur Anheftung des Eies auf dem Boden der tieferen Drohnenzellen nothwendige größere Dehnung und dadurch herbeigeführte Verlängerung des Hinterleibes auch eine größere Dehnung des elastischen Samenausführungscanales, in welchen die Samentasche mündet, herbeigeführt werden muß und daß dadurch die Mündung derselben fester verschlossen wird, als wenn jene Anspannung beim Besetzen erst angefangener Arbeiter- oder Weiselzellen gar nicht oder beim Besetzen fertiger Arbeiterzellen doch in geringerem Grade stattfindet. Zu nicht ganz fertigen Drohnenzellen aber legt die Königin niemals, Drohnenzellen besetzt sie nur, wenn sie fix und fertig sind, also ihre normale Tiefe erlangt haben. Die Verschließung des Samenausführungscanales kann man sich leicht veranschaulichen, wenn man in ein Stückchen Leder oder gummi elasticum in seinem nicht ausgespannten Zustande ein kleines rundes Loch macht. Faßt man dann ein solches Stückchen an beiden Enden und dehnt es durch Ziehen aus, so schließt sich das Loch, öffnet sich aber sofort wieder, sobald man das Ziehen aufgibt. Nun ist nach

§ XI. Willkürlichkeit der Königin in der männlichen und weiblichen Eierlage.   61

Leuckarts und von Siebolds Untersuchungen der Ausführungsgang der Samentasche und dessen Umgebung von musculöser Beschaffenheit, so daß die Annahme gewiß gerechtfertiget erscheint, daß durch die Anspannung und Dehnung des Leibes diese Muskeln unwillkürlich in Bewegung gesetzt werden und die Verschließung des Samenausführungscanales bewirken, wenn die Königin eine Drohnenzelle mit einem Ei besetzt. Mit dieser Hypothese erklären sich alle Erscheinungen, und man hat nicht nöthig, der Königin ein Wissen und Ueberlegen zuzuschreiben. Busch Bztg. 1857 S. 164 ff.

Busch hatte diese Hypothese vor der Veröffentlichung in der Bienenzeitung Leuckart mitgetheilt, und dieser schrieb mir am 8. Juni 1857 unter Andern Folgendes: „Ich muß gestehen, daß mich diese Hypothese außerordentlich anspricht, denn sie erklärt Alles, und vom anatomischen Standpuncte aus steht ihr nichts entgegen, vielmehr wird sie von hieraus bedeutend unterstützt." Sofort ging ich in meine Pavillons, schnitt aus mehreren Colonieen noch im Bau begriffene, schon Zelle für Zelle mit Eiern besetzte Drohnenwaben aus und sendete solche an Leuckart, um diesem den Ocularbeweis zu liefern, daß die Königin auch in kaum angefangene Drohnenzellen, ganz wie in kaum angefangene Arbeiterzellen, Eier absetze. Hiermit war natürlich das Fundament, auf welchem die Busch'sche Hypothese ruhte, umgestoßen, und die Hypothese selbst als absolut unhaltbar erwiesen. S. von Berlepsch Bztg. 1857 S. 166 f. — Uebrigens stehen auch die unter 4, a—d aufgeführten Argumente der Busch'schen Hypothese entgegen.

4. Auch Leuckart bestreitet, daß die Königin wisse, wann und ob sie ihre Eier zu befruchten habe oder nicht; er sagt: die Thatsache, daß die Drohnenzellen mit unbefruchteten, die übrigen Zellen aber mit befruchteten Eiern besetzt werden, erscheint mir vielmehr als ein specieller Fall jener wunderbaren Harmonie zwischen Leistung und Umständen, die, wenn auch in verschiedenen bald mehr bald minder auffallenden Zügen, das Leben eines jeden Geschöpfes durchzieht. Diese harmonische Verknüpfung geschieht nicht zufällig, sondern überall nach bestimmten physiologischen Gesetzen; sie geschieht nicht freiwillig, nach vorausgegangener Erkenntniß der Sachlage, sondern nothwendig, sobald gewisse Verhältnisse obwalten. Damit ist aber noch nicht gesagt, daß diese Nothwendigkeit in allen Fällen eine äußere sei — sie kann ebenso gut auch in der inneren Einrichtung der thierischen Maschine ihre Begründung finden. Daß die Bienenkönigin ihre Eier bald befruchtet, bald auch nicht, daß sie mit andern Worten die Muskeln ihres Befruchtungsapparates bald in dieser bald in jener Weise in Thätigkeit setzt, scheint mir nichts als eine sogenannte Reflexthätigkeit zu sein, die je nach den äußeren Verhältnissen, hier also je nach dem Eindrucke, den die mit Eiern zu besetzenden Zellen auf die Gefühlsnerven erregen, in verschiedener Weise durch die motorischen Nerven vermittelt wird, ohne daß das betreffende Individuum der äußeren Sachlage sich bewußt wird und ihre Thätigkeiten willkürlich beherrscht. Leuckart in Moleschotts Untersuchungen u. f. w. 1858 Band IV. S. 414.

Auch diese Hypothese ist durchaus unhaltbar, denn
a. wie kann es aus der Reflexthätigkeit erklärt werden, daß die Königin zu gewisser Zeit mit der Drohneneierlage beginnt und zu gewisser Zeit wieder aufhört zu gewissen Zeiten also nur weibliche Eier legt?
b. Wie aus der Reflexthätigkeit, daß sie, von nur wenigen Bienen umgeben, niemals, außer im Vorgefühle ihres baldigen Todes (§ XVI, 4), Drohneneier legt? S. Kleine Bztg. 1858 S. 219 u. 277.

62 § IX. Willkürlichkeit der Königin in der männlichen und weiblichen Eierlage.

c. Wie aus der Reflexthätigkeit, daß die eben erst fruchtbar gewordene Königin die Drohnenzellen übergeht und unbesetzt läßt?

d. Wie aus der Reflexthätigkeit, daß eine Königin, der nur Drohnenzellen zur Disposition stehen, anfänglich gar nicht legt, dann aber befruchtete weibliche Eier absetzt? Kleine sagt: Den Regulator dieser Thätigkeit sucht der aufmerksame Beobachter der Bienen im Instinkte, in einer der Thierseele angebornen Vorstellung, wodurch das Thier in seinen oft sehr complicirten Lebensstellungen nothwendig und sicher geleitet wird. Ein klares bewußtes Wissen, daß sie hier männliche dort weibliche Eier absetze, wird er der Königin mit dem Instinkte nicht beilegen, aber annehmen wird er, daß, da für Erziehung der verschiedenen Individuen im Bienenstaate auch verschiedene Wiegen vorausbestimmt sind, die Mutter Natur der Königin eine Vorstellung auf den Lebensweg muß mitgegeben haben, wodurch sie befähigt wird, dieselben zu unterscheiden und mit den rechten Eiern besetzen zu können. Lege ich daher der Königin auch kein bewußtes Wissen bei, so schreibe ich ihr doch eine Beherrschung ihrer Thätigkeiten zu, die ich insofern als willkürliche bezeichnen mag, als sie lediglich von der angeborenen Vorstellung der äußeren Sachlage, der sie sich zu fügen hat, geregelt wird. Die Königin muß eine Vorstellung haben, wann sie mit der Drohneneierlage zu beginnen, wann sie damit aufzuhören hat; muß eine Vorstellung haben, ob die äußere Sachlage eine derartige ist, daß der Einschlag der Drohnenbrut zweckmäßig oder verderblich sei. Sie besetzt, wie gesagt, zu gewissen Zeiten und in kleinen Völkern gar keine Drohnenzellen. Warum das, wenn sie eine blos eierlegende Maschine ist und von der äußeren Sachlage keine angeborene Vorstellung empfangen hat? Ist etwa die Reflexthätigkeit ein ausreichender Erklärungsgrund? Müßte sie, auf diese allein beschränkt, nicht froh sein, wenn sie sich nur ihrer Eier entledigen könnte, gleichviel in welche Zellen, ob befruchtet oder unbefruchtet? Kleine Bzlg. 1858 S. 218 f. und 277. Müßte nicht, füge ich hinzu, die Königin, wo ihr nur Drohnenzellen zu Gebote stehen, wenn der Reflex sie bestimmte, gleichfalls flottweg unbefruchtete Eier legen? Sie legt aber anfänglich gar nicht, dann aber befruchtete Eier, und zeigt dadurch wahrlich mehr eine bewunderungswürdige Thätigkeit geistiger Reflexion als materiell-körperlichen Reflexes. Denn beweist sie dadurch nicht offenbar, daß sie weiß, wie hier ein Legen von männlichen unbefruchteten Eiern dem Bienenstaate verderblich sein würde, und zeigt sie nicht weiter, indem sie die endlich nothgedrungen in Drohnenzellen gelegten Eier befruchtet, daß sie weiß, was sie zu thun hat, um das Bestehen des Bienenstaates zu sichern? Wahrlich, daß sie dieß weiß, ist so gewiß als daß nach Adam Riese zweimal zwei vier ist. Wie sie freilich dies weiß, weiß nicht ich, sondern allein der, der sie und Alles geschaffen hat.

Die modischen Versuche der Wissenschaft, die Thiere alles Geistes zu entkleiden und zu willenlos getriebenen Maschinen, wie Wollspindeln einer Manchester Krämerseele herabzudrücken, dünkt mich eine selbstige Verblendung des Menschengeistes, der, in Hegelscher Selbstvergötterung, allen Geist im All sich anmaßt und weder fühlt noch sieht, daß der mittheilungsselige lebendige Gott am Schöpfungsmorgen nicht blos Adam, sondern Allem, das da lebet auf Erden, Odem aus sich gnädig eingeblasen hat, damit jeglich Lebendiges göttliches Ebenbild sei in seiner Sphäre. Das ist weder Pantheismus noch Materialismus, sondern es ist der ächte Christianismus der unbedingten Dependenz und Unterschiedenheit der Geschaffenen vom Schaffer, die sich aber in und mit dem Schaffer fühlen und darob auch für den Geist nachstehender untergeordneter Wesen Verständniß und Herz haben. Die Thiere sollen keine Maschi-

§ IX. **Willkürlichkeit der Königin in der männlichen und weiblichen Eierlage.**

nen werden, weil sie keine sind. Sie haben auch einen Verstand, einen Willen, einen thierischen Verstand, einen thierischen Willen, den man meinetwegen Instinkt oder sonst wie benennen mag. Sehe ich nun mit Augen, wie die Königin in männliche Zellen männliche, in weibliche weibliche Eier legt, oder die männlichen Zellen zu einer Zeit und unter Verhältnissen, wo Männchen im Bienenstaate unnüßlich sind, übergeht, oder gar bei lauter Drohnenzellen die Eier befruchtet, so nenne ich diese Fähigkeit der Königin, weil ich in meiner menschlichen Beschränktheit einen besseren Ausdruck nicht weiß, „Wissen, Willkür, Belieben," ohne damit Ihro immischen Majestät gerade besondere Tiefe im Philosophiren beilegen zu wollen, preise aber in fröhlicher Demuth Gott ob seiner Herrlichkeit, die er auch in der kleinen Biene uns so schön geoffenbaret hat

§ X.
Fruchtbarkeit der Königin.

1. Die Königin beginnt in der Regel etwa drei Tage nach der Begattung die Eierlage.

a. Sieht man im Sommer eine Königin von einem Hochzeitsausfluge mit dem Begattungszeichen heimkehren, so wird man, wenn man nach etwa 65—70 Stunden die Waben untersucht, fast immer Eier in den Zellen finden. Manchmal fand ich nach kaum fünfzig Stunden schon Eier, manchmal, aber selten, auch erst nach vier bis fünf Tagen. Wird eine Königin erst spät im Jahre, vielleicht im September, befruchtet, so beginnt sie ihre Eierlage meist erst im nächsten Frühjahr, weil die Arbeiterinnen, die Herrscher im Bienenstaate, in so später Jahreszeit keine Brut mehr haben wollen.

b. Die ersten Eier stehen in Arbeiterzellen und sind weibliche, weil jede Königin, wenn sie die Eierlage nach der Befruchtung beginnt oder im Frühjahr wieder aufnimmt, vor allen dahin strebt, Arbeiter zu erzeugen. Erst wenn das Volk stark wird und entfernt an das Schwärmen denkt oder seine Königin wechseln will, legt die Königin auch Eier in Drohnen- und später in Weiselzellen.

Nun kommt aber es doch hin und wieder vor, daß junge Königinnen, welche eben zu legen beginnen und alte, welche im Frühjahr die Eierlage wieder aufnehmen, männliche Eier, oft in ziemlicher Anzahl, zwischen weibliche Eier, oder auch nur männliche Eier in Arbeiterzellen anfänglich eine kurze Zeit absetzen, ohne daß sie sich später, wo sich diese Drohneneierlage verliert, als schabhaft erweisen. Diese feststehende Thatsache erklärt Leuckart also: Die Samentasche der Königin ist vor der Begattung nicht etwa leer und zusammengefallen, sondern mit einer Flüssigkeit gefüllt, in die der männliche Same durch den Samengang einbringt. Da das Eindringen unter beständigem Drucke und mit einer gewissen Kraft geschieht, so ist die unmittelbare Folge davon, daß sich die Samenfäden vorzugsweise in dem blinden, der Eintrittsöffnung gegenüber liegenden Ende der Samentasche ansammeln. Ist nun die Samenmasse vollständig eingeführt und der Ueberrest der Spermatophore mitsammt dem Penis aus der Scheide entfernt, so wird begreiflich zunächst eine Zusammenziehung der durch den eingetriebenen Samen übermäßig ausgedehnten (elastischen) Samentasche eintreten. Beschränkt sich diese Zusammenziehung nur auf die Spannkraft der Samentasche, so wird genau so viel Flüssigkeit aus derselben ausgetrieben, als früher an Samen eingeführt wurde. Diese ausgetriebene Flüssigkeit fließt zunächst aus dem untern mit dem

§ X. Fruchtbarkeit der Königin. 65

Samengange in Verbindung stehenden Raume ab; sie ist also kein Same, sondern ein größerer oder geringerer Theil der schon früher vorhandenen Flüssigkeit. Von der Menge dieser ausgetriebenen Flüssigkeit, oder, was nach der vorhergehenden Bemerkung genau dasselbe sagt, von der Menge des eingeführten Samens wird es nun abhängen, ob die Samenfäden jetzt dem Samengange so weit angenähert sind, daß die zum Zweck der Eibefruchtung von der Königin vorzunehmende Zusammenziehung der Samenblase eine Anzahl derselben austreibt oder nicht. Im letzteren Falle wird statt der Samenfäden eine körnerlose helle Masse entleert, die natürlich zur Befruchtung unfähig ist; die Eier bleiben unbefruchtet und entwickeln sich deshalb zu Drohnen. Das dauert so lange, bis die Vertheilung der Samenfäden eine gleichmäßigere geworden oder bis die immer fortdauernde Absonderung jener hellen Flüssigkeit die Samenfäden aus dem Grunde der Samentasche dem Samengange genugsam angenähert hat. Ist eine sehr reichliche Menge von Samen aufgenommen, so wird diese Erscheinung der Drohnenbrütigkeit schwerlich vorkommen und da in der Regel große Samenmassen aufgenommen werden, so erklärt sich das seltene Vorkommen dieser vorübergehenden Drohnenbrütigkeit von selbst. Tritt sie aber bei älteren Königinnen, wenn diese im Frühjahr ihre Eierlage wieder aufnehmen, ein, so ist es offenbar in diesem Falle nur die übermäßige Ansammlung der in die Samentasche abgeschiedenen körnerlosen hellen Flüssigkeit, durch welche die Befruchtung der Eier eine Zeitlang gehindert wird. Leuckart in Moleschotts Untersuchungen u. s. w. 1858 Bd. IV. S. 399—401. Vergl. auch Kleine Bztg. 1858 S. 232 f.

Diese Erklärung ist mir sehr einleuchtend; denn weshalb findet sich diese Erscheinung nur bei solchen gesunden Königinnen, die entweder erst zu legen beginnen oder die lange unterbrochene Eierlage wieder aufnehmen? Kam mir diese Erscheinung zu anderen Zeiten vor, so war sie stets ein sicheres Zeichen der im Erlöschen begriffenen Fruchtbarkeit der Königin.

Eine andere Erklärung dieser Erscheinung gibt Dzierzon, indem er sagt: Anfänglich mag der Same noch nicht die zur Bewirkung der Fruchtbarkeit nöthige Reife haben. Denn nach den mikroskopischen Untersuchungen Küchenmeisters (Bztg. 1858 S. 14) stellen sich die Samenfäden in den Hoden der Drohne anders als in der Samentasche der Königin dar, in welcher sie ein dickeres deutlicheres Kopfende haben. Es ist also leicht möglich, daß der aufgenommene Samenstoff erst eine bestimmte Zeit in der Samentasche der Königin braucht, bis er fähig ist, die Eier der Königin zu befruchten. Bztg. 1858 S. 44.

Abgesehen davon, daß auf diese Weise die Erscheinung, wo im Frühjahre beim Beginn der Eierlage männliche Eier zwischen weibliche abgesetzt werden, nicht erklärt wird, und daß das Ausstoßen unreifen Samens von einem Männchen höchst unwahrscheinlich ist, haben von Siebold und Leuckart bei mir wohl ein dutzendmal Samen aus den Hoden der Drohnen und Samen aus der Samentasche der Königinnen unter dem Mikroskope vergleichend betrachtet, einen Unterschied aber so wenig wie ich, dem sie diese Präparate zu zeigen die Güte hatten, gefunden. Leuckart sagt in Moleschotts Untersuchungen u. s. w 1858 Bd. IV. S. 401 f., wo er die Küchenmeister'sche Behauptung gründlich widerlegt, unter andern: Ich habe manch liebes Mal die Samenfäden der Drohnen und der Königin unter dem Mikroskope gehabt, aber niemals an benselben eine Verschiedenheit bemerkt.

c. Auf S. 25 unter 1. wurde gesagt, es sei Regel, daß, wie bei den Weibchen im Allgemeinen so im Besonderen bei den Insectenweibchen, die Eier, wenn die Ge-

v. Berlepsch. die Biene u. die Bienenzucht. 5

§ X. Fruchtbarkeit der Königin.

schlechtsreife der Weibchen eingetreten sei, sich am Eierstocke unabhängig von der Begattung entwickelten und ablösten. Bei der Bienenkönigin ist dies offenbar anders; bei der Bienenkönigin ist es offenbar die Regel, daß die Eier sich erst entwickeln, nachdem die Begattung vorausgegangen ist. Denn die meisten Königinnen, die nicht zur Begattung gelangen, sieht man gar keine Eier legen, ja nicht einmal Eier an den Eierstöcken entwickeln. Dönhoff secirte 48 Stunden nach der Begattung eine Königin und fand die Eiröhren schon mit zahlreichen Keimfächern versehen, wogegen er bei zwei anderen unbegatteten Königinnen, die mit der begatteten gleiches Alter hatten und in demselben Stocke erbrütet worden waren, keine Spur einer Eianlage fand. S. Dönhoff Bztg. 1856 S. 195. Der Grund dieser Ausnahme bei der Bienenkönigin ist leicht erklärlich. Entwickelten sich nämlich bei dem Bienenweibchen die Eier unabhängig von der Begattung zu einer bestimmten Zeit, so würden viele Königinnen niemals im Stande sein, vollkommen fruchtbare Mütter und Geschlechtserhalterinnen der Völker zu werden. Denn da die Eier am Eierstocke des Bienenweibchens sich als keimfähige männliche entwickeln, die Begattung der Königin aber sehr oft durch kühles windiges Wetter lange, nicht selten 2—3 Wochen und länger verzögert wird, so würden solche Königinnen, entwickelten sich die Eier, wie bei den andern Weibchen, zu einer bestimmten Zeit unabhängig von der Begattung, zu legen beginnen, wegen Schwere des Leibes nicht mehr ausfliegen können und so nichts als Männchen, wodurch der Bienenstaat ruinirt werden würde, erzeugen.

Hiernach scheint es klar zu sein, warum man die bei weitem meisten Königinnen, die nicht befruchtet wurden, nicht eierlegend antrifft. Und doch glaube ich, daß fast alle unbefruchtet gebliebene Königinnen Eier absetzen würden, wenn man ihnen nur die gehörige Zeit ließe. Denn von sieben Königinnen, die ich bis jetzt unbefruchtet durchwinterte, begannen sechs im nächsten Frühjahr Drohneneier zu legen. Im Sommer entfernt man begattungsunfähige Weibchen dem Dzierzonstock zu rasch, und in wie vielen drohnenbrütigen Strohkörben, die als weisellos betrachtet und abgeschwefelt werden, mag die Drohnenbrut von einer unbefruchtet gebliebenen Königin herrühren! Die Königin legt überhaupt zu keiner Zeit früher als bis die Arbeitsbienen, die Herrscher im democratischen Bienenstaate, Eier haben wollen und deshalb die Königin durch reichlichere Fütterung mit stickstoffhaltigem Futtersaft, Hervorbringung größerer Wärme im Brutneste, Polirung der Zellen u. s. w. zur Eierlage veranlassen. Die Arbeitsbienen werden daher eine Königin, die nicht befruchtet ist, instinctmäßig lange nicht zur Eierlage reizen, sie namentlich nicht reichlicher füttern, weil sie immer noch eine Befruchtung hoffen, es aber endlich doch thun, zumal im Frühjahr, wo die Jahreszeit zum Brutansatz, der ja in allen Stöcken durch den Herbst und Winter ruht, neuen Trieb und Ansporn giebt. S. Dzierzon Bztg. 1855 S. 140. Rothe Bztg. 1857. S. 179. Vogel Bztg. 1858 S. 16 f.

Solche unbefruchtet gebliebene Königinnen oder solche, die später durch irgend eine Veranlassung die Fähigkeit plötzlich verlieren, die abzusetzenden Eier zu befruchten, setzen ihre Eier, trotzdem es männliche, nur Drohnen entwickelnde sind, fast nie in Drohnenzellen, sondern fast stets in Arbeiterzellen ab: ein Beweis, daß sie die Eier befruchten wollen, aber nicht können. Auch sind die unbefruchtet gebliebenen, wenn sie endlich drohneneierlegend geworden sind, sehr selten so fruchtbar als befruchtete, d. h. sie legen nur sehr selten so viele Eier als befruchtete unter gleichen

§ X. Fruchtbarkeit der Königin.

Verhältnissen. Mir kamen unter gewiß dreißig nur zwei vor, welche ziemlich so stark wie befruchtete legten. Auch blieben manche ganz unfruchtbar. Beides darf nicht befremden. Denn durch die widernatürliche Verzögerung der Thätigwerbung des Eierstockes kann die Fruchtbarkeit abgeschwächt werden, durch das Unterbleiben der naturgemäßen Befruchtung der Eierstock ganz unthätig oder gleichfalls nur abgeschwächt werden; wie wir ja selbst im höchst entwickelten Geschöpfe, dem Menschen, ein Analogon haben. Heirathen ältere Mädchen noch, so gebären sie in der Regel nur wenig oder auch gar nicht. Die Geschlechtswerkzeuge aller Geschöpfe, namentlich der Weibchen, müssen zu einer bestimmten Zeit in Thätigkeit kommen, sonst ist ihre Thätigkeit abgeschwächt oder ganz erloschen. S. von Berlepsch Bztg. 1857 S. 179.

2. Die Fruchtbarkeit der Königin ist nach Zeit, Umständen und Individuum verschieden.

Daß die Fruchtbarkeit der Königin an sich und unter Umständen eine sehr verschiedene ist, wird keinem aufmerksamen Beobachter entgehen, und es fragt sich daher nur a. wie hoch kann die Fruchtbarkeit einer Königin sich steigern d. h. wie viel Eier kann sie möglicher Weise in einem bestimmten Zeitraume, z. B. in einem Tage legen, b. woburch steigt, c. woburch sinkt die Fruchtbarkeit und d. woburch hört sie endlich ganz auf?

Dabei ist die erwiesene Thatsache vorauszubemerken, daß die gesunde Königin es in ihrer Gewalt hat, viele, wenige oder gar keine Eier zu legen. Denn heute legt z. B. eine Königin in einem winzigen Völkchen 20—30 Eier, in ein mächtiges Volk übergesiedelt nach einigen Tagen vielleicht täglich 2000 und im Herbst kein einziges mehr. Diese Steigerung, Abspannung und gänzliche Ruhe des Eierstockes kann nur von der größeren oder geringeren Menge Nahrung abhängen, die die Königin genießt. Da aber allenthalben im Bienenstaate die Arbeiter die Herren und Lenker sind, so werden, wie schon unter 1. c. angedeutet wurde, es auch hier diese sein, welche, vom Instincte getrieben, die Königin, wenn sie viele Brut haben wollen, reichlich, wenn sie wenige haben wollen, mäßig, wenn sie gar keine haben wollen, so füttern, daß sie zur Ernährung ihres Leibes genug, nichts aber zur Eiproduction übrig hat.

a. Wie hoch kann die Eierlage steigen?

Was die größt mögliche Eierlage anlangt, so genügt es, gewöhnliche Strohkörbe zu den verschiedenen Zeiten des Jahres aufzukippen und in das Gebäude zu sehen, um sich zu überzeugen, daß im Mai und Juni bei schönem, namentlich feuchtwarmen, nicht gar zu honigreichen Wetter (Dönhoff Bztg. 1859 S. 150 f.) die Königin die größte Eierlage entwickelt und daß die tägliche Eierlage eine sehr bedeutende ist. Wie viel aber vermag unter den günstigsten Verhältnissen eine besonders fruchtbare Königin in einem Tage zu legen? Dzierzon sagt, bis 3000; denn er habe „unter besonders günstigen Umständen" in großen mächtigen Beuten 60,000 Zellen mit Brut besetzt gefunden. S. Dzierzon Bztg. 1854 S. 24 ff.

Ich habe verschiedene beßfallsige Versuche gemacht, von denen ich vier mittheilen will.

a. Im Jahre 1846 legte eine Königin eines außerordentlich starken Schwarmes, den ich in eine beboute Wohnung brachte, zur Zeit der Rapsblüthe bei schönster Witterung in 72 Stunden 4813 Eier, also, wenn sie stets gleichmäßig gelegt hätte, täglich 1604 Eier. Dieser Versuch ist jedoch insofern nicht maßgebend, als die Königin, ehe sie mit dem Vorschwarm abzieht, ihre Eierlage bedeutend beschränkt, theils um flugfähig zu werden, theils weil es ihr an leeren Zellen gebricht, und daß sie deshalb, in eine neue Wohnung gebracht, erst einige Zeit gebraucht, um ihren Eierstock wieder zur stärkst möglichen Thätigkeit anzufachen.

β. Am 28. Juni 1853 zählte ich unter Beihilfe Günthers die sämmtliche Brut einer großen Beute. Es fanden sich 38,619 Zellen mit Brut besetzt, so daß, wenn man 20 Tage als Durchschnittszeit der Entwicklung einer Biene annimmt, die Königin im Durchschnitte täglich 1931 Eier gelegt haben mußte. Aber auch dieser Fall ist von keinem Belang, weil die Bienen in den letzten drei Wochen das Wachsgebäude erst hatten aufführen müssen, mithin die Königin schwerlich immer so viele leere Zellen fand, als sie hätte besetzen können.

Ich erwähne diese beiden Fälle nur deshalb, um Anfänger, die etwa solche Versuche nachmachen wollen, gegen Fehlschlüsse zu schützen.

γ. Im Juni 1856 hatte eine Beute eine auffallende Masse Brut, so daß ich mich abermals zu einem Versuche entschloß. Ich zählte zwar die einzelnen besetzten Brutzellen nicht, sondern rechnete nach Quadratzollen, indem ein Quadratzoll Wabe etwa 50 Zellen auf beiden Seiten enthält. Auf diese Weise konnte ich feststellen, daß mindestens 48,000 Zellen mit Brut besetzt waren. Auf den Tag entfallen also im Durchschnitt 2,400 Eier.

δ. Kurz nachher hing ich einem sehr mächtigen Volke, das eine ganz besonders fruchtbare Königin hatte und die ich auffallend geschwind (in der Minute 6—7) Eier absetzen sah, eine leere fußlange Wabe mit ganz neu erbauten Zellen zwischen die Brut und setzte die Königin behutsam auf die Wabe. Ehe ich jedoch die hintere Brutwabe vor die eingehängte leere stellte, wartete ich, bis daß die Königin Eier in die leere Wabe abzusetzen begann und ich durch ihr Benehmen sicher war, daß sie sich nicht weiter stören lassen würde. Nach genau 24 Stunden standen 3021 Eier in der Wabe. Das war ein entscheidender Versuch. Nun berechnete ich die Brut der ganzen Beute nach Quadratzollen und überzeugte mich, daß mindestens 57,000 Zellen brutbesetzt waren, so daß die Königin seit 20 Tagen durchschnittlich nahe an 3000 Eier gelegt haben mußte. Man braucht sich nicht zu wundern; denn wenn eine Königin in einer Minute 6 Eier legt, so legt sie in einer Stunde 360, also in etwas über acht Stunden 3000 Eier, so daß sie in 24 Stunden noch über 15 Stunden ausruhen kann. S. Dzierzon Bztg. 1853 S. 79.

Eine solche enorme Eierlage gehört aber gewiß zu den Seltenheiten und durchschnittlich wird eine Königin selbst im größten Beutenstocke während der besten Zeit nicht mehr als täglich etwa 1200 Eier legen, denn zwischen dem, was eine besonders fruchtbare Königin unter besonders günstigen Umständen zuweilen vermag, und dem, was eine gewöhnlich fruchtbare Königin gewöhnlich und in der Regel thut, ist ein himmelweiter Unterschied. Und wie oft findet die Königin nicht Zellen genug! Viele Stöcke sind von unten bis oben mit Honig und Brut gefüllt, so daß oft auch nicht eine Zelle mehr leer vorhanden ist. Hier kann die Königin doch offenbar nur diejenigen Zellen wieder mit Eiern besetzen, aus denen junge Bienen ausgelaufen sind. Aber wenn die Witterung nur einigermaßen honigreich ist, gießen die Arbeitsbienen viele brutleer gewordene Zellen voll Honig, so daß die Königin nur wenige Eier absetzen kann. Ich wiederhole, durchschnittlich schlage ich selbst zur besten Zeit die tägliche Eierlage des größten Beutenstockes auf höchstens 1200 Stück Eier an. In den meisten Stöcken wird der Durchschnitt noch viel geringer sein.

b. Wodurch wird die stärkere Eierlage bedingt?

§ X. Fruchtbarkeit der Königin.

α. Durch individuelle Rüstigkeit der Königin selbst. Denn daß unter den Königinnen, auch wenn sie gleich jung und wenn alle sonstige Umstände die gleichen sind, doch sehr bedeutende Unterschiede in der Fruchtbarkeit vorkommen, kann keinem auch nur einigermaßen aufmerksamen Practiker entgehen. Im April oft zwei Stöcke gleicher Qualität mit gleich alten Königinnen gleich volkreich, im Mai einer noch nicht viel volkreicher, der andere schwarmgerecht!

Das merkwürdigste Beispiel von Fruchtbarkeit einer Königin, das ich erlebte, ist folgendes. Im Sommer 1853 fand ich zwischen Seebach und Niederdorla an einem Weidenbaume einen winzig kleinen Nachschwarm. Ich brachte denselben in eine bebaute Beute und staunte schon im ersten Sommer über die unermeßliche Fruchtbarkeit der Königin, noch mehr aber, als ich die Königin zum ersten Male sah. Sie war eine wahre Riesin und auffallend licht geringelt. In den Sommern 1854, 1855, 1856 und 1857 entwickelte sie dieselbe fabelhafte Fruchtbarkeit; ihre Beute war stets die bei weitem volkreichste, und sie war es, die, obwohl schon vier Sommer eierlegend, jene 3021 Eier in 24 Stunden absetzte. 1857 im fünften Sommer schwärmte sie am 13. Juni mit über 7 Pf. Bienen aus, bei der Einwinterung aber fand ich sie nicht mehr, sondern eine nachgezogene weit kleinere. Nach einer mäßigen Berechnung hat diese Königin in ihrem Leben mindestens 1,300,000 Eier gelegt.

β. Durch Unversehrtheit ihrer Glieder, besonders der Füße, die ihr bei Anfällen häufig gelähmt und verletzt, wenn auch nur der kleinen Häkchen oder Krallen beraubt werden, so daß ihr Gang schwerfällig und nicht mehr so sicher ist. Aus Furcht herunter zu fallen, scheut sie sich dann bis an die unteren Spitzen der Tafeln zu steigen und die Brutzellen daselbst mit Eiern zu besetzen. Ueberhaupt geht dann das Eierlegen langsamer. S. Dzierzon Theorie und Praxis 3. Aufl. S. 111.

γ. Durch Nahrung, Witterung und Jahreszeit. In unserem Klima, wo im Mai und Juni die ganze Natur im Blüthengewande prangt, ist auch die Fruchtbarkeit der Königin am stärksten. Um diese Zeit sind bei warmer, namentlich feucht-warmer, nicht gar zu honigreicher Witterung die Stöcke mit gesunden Königinnen förmlich gestopft voll Brut. Daß aber Nahrung und Witterung nicht allein zur stärkst möglichen Eierlage veranlassen, sondern daß auch die Jahreszeit das ihrige beiträgt, geht daraus hervor, daß im Juli, selbst wenn die reichste, den Mai und Juni noch überbietende Nahrung und die herrlichste Witterung vorhanden sind, doch der Brutansatz nicht in der Masse als im Mai bis gegen Johanni statt findet.

δ. Durch das Alter der Königin. Alte Königinnen sind in der Regel nicht mehr so fruchtbar als junge. Ich sage „in der Regel", denn Ausnahmen sind nur allzu häufig. S. Z. und § XLIII., B. 1. c.

ε. Durch Form und Größe der Wohnung. Die Brut ist am zahlreichsten in runden und dann in quadratförmigen Stöcken, weil bei diesen Formen alle Theile der Wohnung fast gleichmäßig erwärmt sind; sie ist schwächer in Stöcken, die bedeutend tiefer als breit, schwächer in Lagern als Ständern, weil der hintere Raum beim Lager kühler ist und deshalb das Brutnest auf einen kleinen Raum beschränkt bleibt. Natürlich ist auch die Brut bei gleicher Form der Stöcke zahlreicher in größeren als in kleineren.

ζ. Durch Wärme und Honigreichthum zu einer Zeit, wo die Natur keinen Honig liefert. Warme Wohnungen und bedeutende Honigvorräthe, wenn's auch an Pollen und Wasser nicht fehlt, wirken, namentlich im Frühjahr, gewaltig auf den Brutansatz.

η. **Durch Volksstärke.** Die Königin eines starken Volkes wird mehr Brut ansetzen, als die eines schwachen, auch früher mit dem Brutansatz beginnen, weil ein gewisser Wärmegrad nothwendig ist, den ein großes Volk früher und weiter nach allen Dimensionen des Gebäudes hin erzeugt. Und fehlt es an Arbeitern, welche die Zellen bauen, reinigen, belagern und erwärmen, die Eier bebrüten, die Jungen füttern und bedeckeln, so kann die fruchtbarste Königin ihre Fruchtbarkeit nicht entwickeln. S. Dzierzon Bztg. 1847 S. 37.

θ. **Durch die Beschaffenheit der Waben.** Stöcke mit jungem, von Drohnenwaben freien Bau setzen mehr Brut an als solche mit zu alten oder solche, die oft 1/3 und mehr Drohnenwaben haben, wie dies zwar in keinem Bienenvolke im Naturzustande vorkommt, wohl aber etwas ganz gewöhnliches ist bei der schlechtesten und widernatürlichsten aller, der rein magazinmäßigen Methode.

ι. **Durch die Menge der leeren Zellen.** Natürlich; denn gebricht es der Königin an leeren Zellen, so kann sie ihre Fruchtbarkeit nicht gehörig entwickeln. Dieser Zellenmangel tritt bei uns jedesmal kurz vor Abgang des Vorschwarmes ein und daraus erklärt es sich, warum die alten, den Erstschwarm begleitenden Königinnen, wenn sie nur gesunde Flügel haben, recht gut fliegen können, während fruchtbare Treiblingsköniginnen fast nie zu fliegen vermögen. Erstere haben in der letzten Zeit vor Abgang des Schwarmes nicht die gehörige Menge disponibler Zellen, während letzteren in der Regel noch genugsamer Platz zur starken Eierlage zu Gebote steht. Erstere sehen daher auch meist viel schlanker aus. S. von Berlepsch Bztg. 1853 S. 177 f. Huber-Kleine Heft II. S. 180. In Gegenden, z. B. dem Banate und dem Lüneburgischen (Lahmeyer Bztg. 1845 S. 106), wo auch Stöcke, die noch nicht vollgebaut haben, schwärmen, wird die Königin, um fliegen zu können, in den letzten Tagen vor dem Schwarmabzuge ihren Eierstock freiwillig weniger thätig sein lassen. S. Dönhoff Bztg. 1858 S. 205.

κ. Ein Ungenannter sagt: das Maß der Fruchtbarkeit der Königin hängt von den Drohnen ab; diese sind im Mai, Juni und Juli am kräftigsten. Königinnen vor und in der ersten Hälfte des Mai, im August und September befruchtet, sind schwächliche für das Brutlager. Bztg. 1854 S. 16. Ich habe dies nicht bestätigt gefunden.

c. **Wodurch sinkt die Fruchtbarkeit der Königin?** Diese Frage ist größtentheils schon im Vorhergehenden indirect mitbeantwortet und ich will nur noch Einiges hier anführen.

α. Im August nimmt bei uns die Brut schon sehr bedeutend ab. Nicht geschwärmte Mutterstöcke und früh gefallene Erstschwärme haben oft schon nach Mitte September keine Zelle Brut mehr. Anfangs October fand ich nur selten noch etwas Brut und von Mitte Oktober bis Weihnachten niemals, außer wenn ich etwa in dieser Zeit stark mit flüssigem Honig gefüttert hatte; was natürlich für den Naturzustand nichts beweist und die Regel ebensowenig umstößt, als ein im Treibhause im Winter blühender Baum die Regel, daß im Winter die Bäume unbelaubt sind und erst im Frühjahr grünen und blühen. S. Dzierzon Bztg. 1853 S. 17. Auch öftere Beunruhigung, welche die Thätigkeit der Bienen erhöht, kann Brutansatz zu ungewöhnlicher Zeit veranlassen, wenn nicht Kälte herrscht oder der Stock gegen solche geschützt steht. Es ist daher nicht weiter zu verwundern, wenn F. Hoffmann am 1. Januar in einem Stocke, welcher in einer Hauskammer stand, Brut aller Stadien fand. S. Hoffmann Bztg. 1851 S. 71. Auch Dzierzon fand in dem milden Dezember 1856 in zwei Stöcken Brut. S. Bztg. 1857 S. 109.

β. Sehr starke Stöcke haben in recht gelinden Wintern, oder wenn sie frostfrei durchwintert werden, zuweilen schon gegen Neujahr einige Brut. gegen ²/₃ Januar fast regelmäßig. Schwache Stöcke beginnen mit der Brut viel später; manche erst gegen Mitte März und noch später.

d. **Woburch hört die Fruchtbarkeit der Königin ganz auf?**
Bei vorgerücktem Alter der Königin wird die Brut immer weniger und namentlich sieht sie nicht mehr geschlossen. Endlich hört sie ganz auf, weil der Eierstock keine Eier mehr producirt. Aber es kann auch ein mechanisches Hinderniß eintreten, z. B. zu starke Kothanhäufung im Mastdarm, so daß dieser bis in die Basis des Hinterleibes hineinreicht; wo dann die am Eierstock gebildeten Eier nicht abgehen können. S. Leuckart in Moleschotts Untersuchungen u. s. w. 1858. Bd. IV S. 387.

Der Fall, wo die Königin wegen Altersschwäche keine Eier mehr legen kann, wird jedoch selten vorkommen, weil die Königin in der Regel früher abgängig wird, als ihre Eierlage völlig erschöpft ist. S. §. XVI. 4.

§ XI.
Eierlegende Arbeitsbienen.

1. Es kommen mitunter auch Arbeitsbienen als Abnormitäten vor, die Eier zu legen im Stande sind, aus denen sich aber ausnahmslos nur Drohnen entwickeln.

a. Die Thatsache, daß hin und wieder einzelne Arbeitsbienen vorkommen, die Eier absetzen, ist seit Jahrhunderten über allen Zweifel gestellt. Denn in weisellosen Stöcken fand man zu unzähligen Malen Drohnenbrut, die, da eine Königin nicht vorhanden war und die Drohnen Männchen sind, nur von Arbeitsbienen herrühren konnte. Viele der älteren Bienenzüchter haben solche Stöcke abgeschwefelt, jede einzelne Biene betrachtet und sich auf's Bestimmteste überzeugt, daß eine Königin nicht vorhanden war. Huber war der erste, der Arbeitsbienen bei der Eierlage abfing und durch Fräulein Jurine anatomisch feststellen ließ, daß sie Eier bei sich hatten. S. 24. Uebrigens darf diese Erscheinung nicht befremden, da Königin und Arbeitsbiene aus demselben weiblichen Ei entstehen und die Königin, wie schon anderwärts gesagt, nichts ist als eine weiter entwickelte und zur vollständigen Ausbildung der Weiblichkeit gelangte Arbeitsbiene und die Arbeitsbiene nur ein Wesen ist, das zur völligen Entwickelung der Weiblichkeit nicht gelangte. Es ist daher nichts erklärlicher, als daß hin und wieder die Weiblichkeit bei einer Arbeitsbiene etwas weiter als in der Regel vorschreitet, sie so der Königin näher bringt und zum Eierlegen befähiget.

b. Auffallend und unerklärlich bis auf die neueste Zeit hingegen mußte es sein, daß die Eier der Arbeitsbienen sich sämmtlich stets nur zu Drohnen entwickelten und daß eine Arbeitsbiene niemals im Stande war, auch nur ein einziges Ei, aus welchem eine Arbeitsbiene, geschweige eine Königin, sich entwickeln konnte, hervorzubringen. Jetzt ist dieses Räthsel völlig gelöst, seitdem wir bestimmt wissen, daß die eierlegenden Arbeitsbienen nicht befruchtet sind und daß alle im Bienenstocke gelegten Eier, mögen sie von einer Königin oder einer Arbeitsbiene herrühren, sich zu Männchen entwickeln, wenn sie nicht befruchtet werden. S. 49—56.

c. Daß diese Eierlegerinnen Regelwidrigkeiten, nur Ausnahmen von der Regel sind, erhellt daraus, daß sie nur zufällig hie und da auftreten, fast immer nur in weisellosen Stöcken, nur äußerst selten in gesunden sich befinden. Sie sind also keine nothwendigen Glieder des Bienenvolkes, in welchem die Königin in der Regel die alleinige Eierlegerin ist.

§ XI. Eierlegende Arbeitsbienen.   73

d. Oft ist es bestimmt nur eine Biene, die im weisellosen Stocke legt. S. von Berlepsch Bjtg. 1852 S. 60, wo ich einen in dieser Hinsicht ganz entscheidenden Fall mittheile, und Vogel Bjtg. 1855 S. 94 f. Oft sind es aber auch mehrere. S. Huber Bjtg. 1853 S. 68 und Franz Hoffmann ebendas. S. 132. Im Herbste 1854 hatte ich ein kleines, gewiß nicht 300 Bienen mehr enthaltendes Völkchen, aus welchem ich drei Eierlegerinnen abfing, in welchem aber gewiß 20 Bienen legten; und schon Huber secirte zwölf eierlegende Bienen aus einem Volke. S. Huber-Kleine Heft 1, S. 91—93.

Je schwächer ein Bienenvolk ist, wenn es sich zuletzt in die wenigen vorhandenen Glieder gleichsam aufgelöst hat, desto geneigter scheinen die Bienen zu sein, Eier zu legen, als betrachteten sie sich jetzt nicht mehr als **Glieder eines großen Ganzen**, sondern als **selbstständige Wesen**, die sich auch selbstständig, wie andere einzelne Thiere, fortpflanzen müßten. S. Dzierzon Bfreund S. 62.

Diese Vermuthung Dzierzons ist höchst wahrscheinlich; denn Dönhoff stellte fest, daß in zwei weisellosen Stöckchen wahrscheinlich alle Bienen Eier legten. Er sendete aus jedem Stöckchen zwölf Bienen an Leuckart und dieser fand in den Eierstöcken aller 24 Bienen Eier, darunter in denen von 20 Bienen legreife Eier. Bei einem dritten weisellosen Volke, aus welchem Dönhoff selbst viele Bienen anatomisch-mikroskopisch untersuchte, hatten die meisten Bienen Eier in den Eierstöcken. Bjtg. 1857 S. 229.

So lange ein weiselloses Volk noch stark ist, so lange noch eine gewisse Ordnung herrscht, wird es wohl immer nur eine Biene sein, die, als Königin fungirend, legt. Denn wenn ich ein starkes weiselloses Volk, in welchem Eier gelegt wurden, in mehrere Stöckchen zertheilte, so dauerte die Eierlage stets nur in einem Stöckchen fort. In den Jahren 1852—1856 habe ich gewiß 16—20 starke weisellose Stöcke, in denen Eier gelegt wurden, in zwei, drei und vier Stöckchen zertheilt, und immer fand ich nur in einem Stöckchen die Eierlage fortgesetzt, wogegen ich, wenn ich bereits lange Zeit weisellose und zusammengeschmolzene Völkchen theilte, fast immer in allen Theilen auch ferner Eier fand.

e. Sie treten hauptsächlich in Stöcken, die schon längere Zeit, 4—5 Wochen, weisellos sind, keine Mittel zur Nachzielehung einer Königin mehr besitzen, und dem Untergange bereits entgegen gehen, auf; am allerhäufigsten in weisellos gewordenen geschwärmten Mutterstöcken und weisellos gewordenen Nachschwärmen. Aber auch im Frühjahr kommen sie in weisellos eingewinterten oder im Winter weisellos gewordenen Stöcken, wenn auch seltener, da die meisten dieser Stöcke brutlos blieben, vor.

f. So lange ein Stock, wenn auch weisellos, noch die Mittel besitzt, sich eine junge Königin zu erbrüten, kommen sie selten vor. Ich habe jedoch in den Sommern 1854, 1855 und 1856 bei meiner großen italienischen Weiselfabrik, wo ich immer 40—50 kleine Brutablegerchen stehen hatte, öfters Eier angetroffen, ehe die junge Königin ausgelaufen war. Dasselbe beobachtete ich auch zu anderen Zeiten hin und wieder.

g. Noch seltener kommen sie neben einer, wenn auch noch **unbefruchteten** Königin vor. Doch auch hier habe ich sie in etwa 18—20 Fällen angetroffen, unter welchen ein Fall höchst merkwürdig war.

Am 14. Juni 1856 untersuchte ich eine Beute, der ich früher eine Weiselwiege eingefügt hatte, um zu sehen, ob die junge Königin fruchtbar sei. Da ich auf zwei Tafeln Eier und kleine Maden in Arbeiterzellen (Drohnenzellen hatte die Beute nicht) ganz regelmäßig, Zelle für Zelle, abgesetzt fand, mußte ich glauben, die Königin sei befruchtet. Wie erstaunte ich aber, als ich nach mehreren Tagen zufällig die Königin aus-

74   § XI. Eierlegende Arbeitsbienen.

fliegen sah. Die Befruchtung derselben zog sich in die Länge, während die Eierlage im Stocke ununterbrochen fortging, und bereits schon dem Ausschlüpfen nahe Drohnen in den Zellen standen, als ich am 29. Juni die Königin mit dem abgerissenen Drohnengliede auf einer Wabe sah. Ich nahm jetzt die Tafeln mit der Drohnenbrut weg und von nun an wurde kein einziges Drohnenei mehr gelegt. Höchst wahrscheinlich wurde also die Aftereierlegerin beseitiget, als die Königin fruchtbar geworden war.

h. Am allerseltensten aber kommen sie gewiß neben einer fruchtbaren Königin vor; was man daraus ersieht, daß, sobald die fruchtbare Königin ausgeschwärmt ist oder man sie dem Stocke genommen hat, sofort jede Eierlage aufhört. Unter den hundert und aberhundert Stöcken, die ich in den ersten Tagen nach Abgang der fruchtbaren Mutter untersucht habe, habe ich auch nicht einen einzigen gefunden, in dem die Drohneneierlage fortgebauert hätte, wenn ich auch einmal schon am achten und einmal am neunten Tage nachher Drohneneier fand. S. von Berlepsch Bztg. 1854 S. 34 Schiller jedoch berichtet, daß er am 22. Mai einem Stocke eine fruchtbare Königin genommen und schon am 26. ej., also nach vier Tagen, frische Eier gefunden habe. Dzierzon aber hat einen Fall festgestellt, wo neben einer fruchtbaren Königin eine Arbeitsbiene eierlegend auftrat. In seinem aus Italien stammenden Muttervolke nämlich, dem er heimische Brutafeln eingestellt hatte, fand er bei einer Untersuchung außer vielen ächt italienischen auch mehrere gewöhnliche schwarze Drohnen. Diese mußten nothwendig von einer deutschen Arbeitsbiene herrühren und konnten sich nicht in den Stock verirrt haben, da sie theilweise so jung waren, daß sie noch nicht fliegen konnten. S. Dzierzon Bfreund S. 62. Wenn aber Dönhoff (Bztg. 1857 S. 230) einem weisellosen Stocke mit eierlegenden Arbeitsbienen eine fruchtbare Königin gab und die Arbeitsbienen, troß der Eierlage der Königin, längere Zeit zu legen fortfuhren (vergl. auch 4. e), so beweist dieser Fall nicht direct, da die eierlegenden Arbeitsbienen schon existirten, als die fruchtbare Königin gegeben wurde, also neben einer fruchtbaren Königin nicht entstanden.

Anhang. Eierlegende Arbeitsbienen setzen ihre Eier, wenn Drohnenzellen im Brutlager vorhanden sind, in diese ab und in Arbeiterzellen nur, wenn Drohnenzellen nicht vorhanden sind; auch setzen sie in angefangene Weiselwiegen Eier ab, wogegen Königinnen, die nur Drohneneier zu legen vermögen, bei mir keins von beiden thaten, sondern ihre Eier stets nur in Arbeiterzellen absetzten. Huber jedoch gibt an, daß drohnenbrütige Königinnen auch in Weiselzellen Eier abgesetzt hätten. S. Hubers Kleine S. 76.

2. Die eierlegenden Arbeitsbienen sind nicht befruchtet.

Leuckart untersuchte im Mai 1855 zwei Arbeitsbienen, die ich im September 1854 beim Eierlegen ertappt und in Spiritus aufbewahrt hatte. Später untersuchte er eine ganze Partie solcher ihm von Dönhoff zugesendeten Eierlegerinnen. Er fand in den zwischen 2—12 schwankenden Eiröhren aller dieser Wesen Eier. die genau die Größe und Bildung der Eier, die eine Königin legt, hatten, auch genau den Mikropyl apparat zeigten, wogegen die Samentasche, ganz wie bei allen nicht eierlegenden Arbeiterinnen, zusammengeschrumpft, nur in der Anlage vorhanden und nur mit dem Mikroskope zu sehen war, so daß sie selbstverständlich keine Spur von Samen enthielt und die Jungfräulichkeit dieser Wesen evident bewies. Es bedarf unter solchen Umständen, sagt Leuckart, keiner weitern Ausführung, daß diese arbeitsbienengestaltigen Eierlegerinnen zu einer Aufnahme von Samen unfähig bleiben, auch wenn — was nicht der Fall ist (S. 23) — eine Begattung möglich wäre. S. Leuckart

Bztg. 1855 S. 203 und in Moleschott's Untersuchungen u. s. w. 1858 Bd. IV. S. 421 ff. Auch von Siebold sagt: Es können die von Arbeitsbienen gelegten Eier niemals befruchtet sein, da in einer Arbeitsbiene die zur Befruchtung der Eier erforderliche Samentasche niemals zur Entwicklung kommt, auch das Hinterleibsende der Arbeitsbiene den Drohnen gar keine Möglichkeit zur Begattung bietet, indem der Arbeitsbiene die zur Vereinigung mit den männlichen Begattungsorganen entsprechende Organisation und Form der äußern Begattungsorgane fehlen. Bztg. 1854. S. 231 und Parthenogenesis S. 76 f.

3. Wie entstehen die eierlegenden Arbeitsbienen?

a. Huber lieferte den Beweis, daß einzelne Arbeitsbienen die Fähigkeit zur Drohneneierlage erlangten, welche in der Nähe königlicher Wiegen erzogen wurden, und schloß daraus, daß sie von dem königlichen Futter erhalten und so eine etwas weitere weibliche Ausbildung erlangt hätten. S. Huber-Kleine S. 97 ff.

Es läßt sich gegen diesen Satz, dem auch Dzierzon (Bztg. 1846. S. 4 u. 124) und von Siebold (Parthenogenesis S. 76) beistimmen, wenig einwenden. Denn daß die Fütterung der königlichen Maden eine andere ist als die der Arbeitermaden steht jetzt fest und es ist sehr wohl denkbar, daß Bienen, die königliche Maden füttern wollen, ihren Futtersaftvorrath aber nicht oder nicht sämmtlich in die königlichen Wiegen, die vielleicht schon von andern Bienen hinlänglich versorgt sind, niederlegen können, solchen den nächsten schon größern Arbeitermaden, die jetzt nur (auch?) Honig und Pollen im rohen Zustande genießen, in reichlicher Menge verabreichen. Geschähe dieß vielleicht wiederholt, und erhielten so diese Maden längere Zeit und reichlich königliches Futter, so wäre nichts wahrscheinlicher als eine weitere Ausbildung der weiblichen Organe. Für diese Vermuthung spricht auch die Erfahrung, daß gerade in weisellosen abgeschwärmten Mutterstöcken und weisellosen Afterschwärmen die eierlegenden Bienen am häufigsten vorkommen, deren Bienen zu einem großen Theile gleichzeitig mit jungen Königinnen erbrütet werden.

b. Noch wahrscheinlicher, dünkt mich, entstehen hin und wieder eierlegende Bienen dadurch, daß die Bienen, wenn die fruchtbare Königin plötzlich, bevor sie selbst Weiselzellen mit Eiern versehen hat, abgängig wird, einzelne madenbesetzte Arbeiterzellen in königliche Wiegen umformen und mit reichlicherem Futter zu versehen beginnen, bald aber sich wieder anders besinnen und manche dieser Zellen in gewöhnlicher Art weiter fortbehandeln, weil sie ihnen vielleicht nicht gelegen stehen oder sie nicht so viele Weiselwiegen erbauen wollen. Ich habe dies mehrere Male beobachtet und mich durch vorgesteckte Nadeln gewiß überzeugt, daß gewöhnliche Zellen, welche bereits schon in Angriff zum Umformen in Weiselwiegen genommen und bereits reichlichst mit königlichem Futtersaft versehen waren, später wieder als Arbeiterzellen behandelt wurden. Auf diese Weise erhalten die darin befindlichen Maden mehr Futtersaft, so daß sie sich geschlechtlich vielleicht mehr ausbilden können. Solche Zellen kann man selbst nach der Bedeckelung noch genau unterscheiden, weil die Bedeckelungsfläche nicht nur größer sondern auch etwas gewölbter ist als bei gewöhnlichen Arbeiterzellen.

c. Die vorstehenden beiden Entstehungsarten, wenn sie überhaupt gegründet sein sollten, sind aber gewiß nicht die einzigen. Denn es zeigen sich auch in Stöcken eierlegende Bienen, die seit Jahren keine jungen Königinnen erbrütet haben. Mir sind mehrere solche Fälle vorgekommen, von denen ich nur einen mittheilen will.

Im December 1856 starb mir meine schönste italienische Königin, welche ich seit Juli 1855 stets als Zuchtmutter benutzt hatte. Diese Königin hatte ich unzählige Male gesehen, hatte ihr schon 1855 die Flügel verstutzt, wußte also gewiß, daß die im De-

§ XI. Eierlegende Arbeitsbienen.

cember 1856 gestorbene die 1855 erbrütete war und daß in ihrem Stocke seit Mai 1855, wo sie selbst entstand, keine junge Königin erbrütet, ja nicht einmal der Versuch dazu gemacht worden war. Trotzdem stand schon im Februar 1857 in dem Stocke Drohnenbrut. Hier lebte doch keine Biene mehr, die mit einer Königin zugleich erbrütet sein konnte! Es müssen sich mithin einzelne Bienen entweder selbst durch reichlichere Futternahme u. s. w. zur Eierlage disponiren können oder von anderen Bienen dazu disponiren lassen. Einzelne mögen eine etwas weitere Ausbildung in sich fühlen, bei einzelnen mögen die anderen Bienen die weitere Ausbildung instinctmäßig gewahren und sie dann in der Noth, gleich einer Königin, behandeln und pflegen. Denn wenn die Arbeitsbienen die Königin durch reichlicheres Füttern zur stärkeren Eierlage disponiren können, weßhalb sollten sie nicht auch auf gewöhnliche Bienen in dieser Hinsicht fördernd einzuwirken vermögen!

Ein Versuch Dönhoffs macht dies mehr als wahrscheinlich. Derselbe ließ nämlich ein Völkchen in 14 Tagen einige dreißig Hühnereier verzehren, indem er Eiweiß und Dotter unter Honig mischte. Er sendete hierauf 18 Bienen an Leuckart, und dieser fand die Eiröhren fast aller sehr ansehnlich entwickelt und bei vier jüngeren Bienen bereits wirkliche Eikeime. Hieraus folgt, daß die Eierstöcke der Arbeitsbienen durch reichliche stickstoffhaltige Nahrung weiter entwickelt werden und besonders bei den jüngeren Bienen bis zur wirklichen Eibildung gelangen. Da nun der Futtersaft stickstoffhaltig ist, so wird auch dieser die Eierstöcke derjenigen Bienen entwickeln, die von andern reichlich mit solchem gefüttert werden, und es ist daher wahrscheinlich, daß die eierlegenden Arbeitsbienen hauptsächlich dadurch entstehen, daß sie von andern Bienen, gleich einer Königin, reichlich mit Futtersaft gefüttert werden. Sind sie nun noch jung, so werden sie um so eher zur Eierlage kommen. Daher die Erscheinung, daß abgeschwärmte Mutterstöcke und Nachschwärme so oft, überwinterte Stöcke viel seltener drohnenbrütig werden. S. Dönhoff Bztg. 1857 S. 4 f. u. 78. Leuckart in Moleschott's Untersuchungen u. s. w. 1858 Bd. IV. S. 425. Dabei ist es aber andrerseits merkwürdig, daß manche Völker, die mitten im Sommer weisellos werden, niemals auch nur eine einzige Zelle Brut hervorbringen, selbst wenn sie 2—3 Monate existiren.

d. Joufe (Bztg. 1848 S. 58) und Andere glauben, diese Eierlegerinnen entständen dadurch, daß die Bienen eine bereits zu alte Made wählten, um daraus eine Königin zu erziehen. Diese könne sich nicht mehr gehörig entwickeln, komme in Gestalt einer Arbeitsbiene aus der Weiselwiege hervor und vermöge dann nur Drohneneier, weil sie nicht gehörig befruchtet werden könne, zu legen.

Es ist nun allerdings richtig, daß man hin und wieder in Weiselzellen Wesen findet, die man von Arbeitsbienen nicht unterscheiden kann. Trotzdem aber ist diese Ansicht evident falsch. Denn nirgends kommen solche Eierlegerinnen häufiger vor als bei Nachschwärmen und abgeschwärmten Mutterstöcken, denen die Königin verloren ging. Daß aber bei einem Nachschwarm, der eine leere Wohnung bezog, vom Nachziehen einer Königin aus zu alter Brut, da doch gar keine Brut vorhanden ist, nicht die Rede sein kann, versteht sich von selbst, und im Mutterstocke gibt es zu der Zeit, da die junge Königin ausfliegt, gewöhnlich nicht einmal mehr bedeckelte Brut, geschweige denn zu alte Maden, um eine Aftermutter daraus nachziehen zu können. D z i e r z o n Nachtrag u. s. w. S. 10.

e. Dönhoff sagt dem Sinne nach: da ich aus gemachten (unter c. mitgetheilten) Versuchen wußte, daß Fütterung mit Eiweiß von Hühnereiern Eier an den Eierstöcken der Arbeiterinnen erzeugt, so drängte sich mir der Gedanke auf, daß die Arbeiterinnen in Stöcken mit normal fruchtbaren Königinnen deshalb keine Eier legen, weil sie Fut-

§ XI. Eierlegende Arbeitsbienen.

tersaft abgeben, daß sie hingegen in weisellosen Stöcken Eier deshalb legen, weil sie keinen Futtersaft abgeben, allen Stickstoff des Eiweißes des Speisesaftes in das Blut ihrer Körper übergehen lassen und dadurch zur Eibildung Blutreichthum genug besitzen, daran aber Mangel leiden, wo sie Brut zu ernähren haben. Um diese Vermuthung zu prüfen, winterte ich im Herbste 1857 eine Königin unbefruchtet ein. Am 24. April 1858 fand ich Eier und Maden in der Beute. Ich nahm die Königin weg und setzte eine andere unbefruchtete hinzu, die ich absichtlich 14 Tage vorher anderwärts hatte erbrüten lassen. Das Eierlegen hörte auf. Erst am 28. Mai fand ich wieder Eier und Maden im Stocke. Nun entweiselte ich denselben und vernichtete sämmtliche Eier. Am folgenden Tage lagen in den Zellen auf's Neue Eier, offenbar von Arbeiterinnen herrührend, und ein Beweis, daß auch die früheren Eier, die bei Präsenz der zweiten Königin abgesetzt worden waren, von Arbeiterinnen herrührten. Das Entstehen der eierlegenden Arbeiterinnen hängt mithin nicht von der Abwesenheit der Königin, sondern von der Abwesenheit der Brut ab und es folgt wohl mit ziemlicher Evidenz, daß die Unfruchtbarkeit der Arbeiterinnen in normalen Stöcken ihren Grund in der Abgabe von Futtersaft für die Brut und in der daher rührenden Blutarmuth, die Fruchtbarkeit in weisellosen Stöcken in der Nichtabgabe von Futtersaft und in dem daher rührenden Blutreichthum hat. S. Bztg. 1858. S. 149.

Daraus also, daß bei Präsenz einer unbefruchteten Königin in einem Falle Arbeiterinnen Eier legten, wird bestimmt geschlossen (vergl. hängt mithin u. s. w.) und als allgemeine Regel hingestellt, daß das Entstehen eierlegender Arbeiterinnen nicht von der Abwesenheit einer Königin, sondern von der Abwesenheit der Brut abhänge. Was ist das, frage ich, für eine Schlußfolgerung, zumal in dem ersteren Fall, den Dönhoff mittheilt, die gefundene Brut offenbar von der Königin herrührte, sintemal und alldieweil die Brut mit Entfernung der Königin sofort aufhörte? Was für eine Schlußfolgerung, da es erfahrungsmäßig feststeht, daß eine Menge mit einer unfruchtbaren Königin versehene Stöcke vorkommt und lange existirt, in denen niemals auch nur ein einziges Ei abgesetzt wird! Müßten nicht in allen solchen Stöcken die Arbeiterinnen, wenigstens sobald die Zeit des Eierlegens kommt. Eier absetzen? Sie thun es aber erfahrungsmäßig in der Regel nicht, und Stöcke mit unfruchtbaren Königinnen und mehr oder weniger fruchtbaren Arbeiterinnen gehören zu den seltenen Ausnahmen. — Und wenn die Arbeiterinnen normaler Stöcke deshalb keine Eier legen sollen, weil sie Futtersaft an die Brut abgeben, in weisellosen Stöcken aber Eier legen sollen, weil sie keinen Futtersaft abgeben, müßten da nicht

α. die älteren Bienen normaler Stöcke, die sich bekanntlich mit der Bruternährung nichts zu schaffen machen, in der Regel Eier legen? müßten nicht

β. die wachsschwitzenden Bienen, die den Futtersaft in der größten Masse in's Blut übergehen lassen, sich ganz besonders fruchtbar erweisen? müßten nicht

γ. überhaupt alle Bienen solcher Stöcke Eier legen, in welchen längere Zeit nicht gebrütet wird, z. B. in abgeschwärmten Mutterstöcken, wo, wenn sich das Schwärmen und die spätere Befruchtung der jungen Königin in die Länge zieht, nicht selten 4—5 Wochen keine Brut zu ernähren ist.

δ. Wie könnten dann weisellose Stöcke vorkommen, die sich während des ganzen Sommers erhalten, ohne auch nur eine Zelle Brut anzusetzen?

Endlich beruht die Dönhoffsche Behauptung auf der ebenso völlig unerwiesenen als völlig unwahrscheinlichen Voraussetzung, daß die Brut versorgenden Arbeiterinnen weniger für ihre eigenen Leiber verwendeten, als solche Arbeiterinnen, die Brut nicht versorgen.

§ XI. Eierlegende Arbeitsbienen.

4. **Die eierlegenden Arbeiterinnen sind in der Ausbildung unter sich
sehr verschieden.**

a. daß die geschlechtliche Ausbildung dieser Eierlegerinnen sehr verschieden ist,
daß manche der Königin, wenn sie auch an Gestalt ganz Arbeitsbiene ist, geschlechtlich näher, manche entfernter steht, sieht man schon an dem Absetzen der Eier. Denn
während die eine ziemlich Zelle für Zelle, wie eine Königin, mit Eiern belegt und sie
regelmäßig auf dem Boden anheftet, besetzt die andere die Zellen höchst unregelmäßig,
legt mehrere Eier, oft ganze Häufchen, in eine Zelle und heftet nur selten ein Ei auf
dem Boden an. Manche vermag sehr viele, manche nur sehr wenige Eier zu legen.
S. Dzierzon Bfreund S. 62. In der Gestalt unterscheiden sie sich von gewöhnlichen Arbeitsbienen wohl nie; denn im Jahre 1857 hatte ich einen drohnenbrütigen,
ganz gewiß weisellosen Stock, in welchem mindestens 4,000 Zellen so regelmäßig mit
Brut aller Stadien besetzt waren, wie es nur irgend eine Königin vermag. Ich nahm
diesen Stock in der Stube auseinander, so daß mir auch nicht eine Biene entwischen
konnte, betäubte das Volk und besah jede einzelne Biene, konnte aber an keiner auch
nur den geringsten Gestaltunterschied entdecken. Ein ähnlicher Fall kam mir schon 1853
vor. S. von Berlepsch Bztg. 1854 S. 35. Ganz besonders aber erhellt die Verschiedenheit dieser Wesen aus dem Verhalten der Stöcke, in welchen sie sich befinden.

b. Mancher Stock ist, so lange er noch ziemlich volkreich ist, ohne innere Untersuchung schwer von einem weiselrichtigen zu unterscheiden, indem sich die Bienen ganz
so wie in weiselrichtigen Stöcken benehmen. Ein solcher Stock fliegt, wie der gesundeste,
vertheidigt sich kräftig, schnurrt an warmen Abenden sein Liedchen, und wenn man ihn
anklopft, heult er nicht, sondern brauft geradeso wie ein gesunder langsam auf und
verstummt bald wieder. Setzt man ein Stückchen Wabe mit weiblicher Brut ein, so erbaut er keine Weiselwiegen, fügt man eine Weiselwiege ein, so beißt er sie auf, gibt man
eine Königin, so sticht er sie todt. In einem solchen Stocke ist es gewiß nur eine
Biene, die sich als Königin aufgeworfen hat und vom gesammten Volke als solche anerkannt und behandelt wird.

c. Mancher beginnt an ihm gegebener Brut Weiselwiegen zu bauen, läßt aber
wieder ab, ehe sie bedeckelt sind; mancher bedeckelt sie auch, beißt sie aber doch wieder
aus, ehe die Königinnen flügge sind. Manchmal wird eine eingefügte Weiselzelle angenommen, manchmal auch nicht. In solchen Stöcken scheinen die Bienen über ihre
Eierlegerin zu schwanken. Bald mögen sie glauben, sie hätten keine rechte Königin und
deshalb Anstalten zur Erbrütung einer solchen treffen, bald wieder die Eierlegerin für
eine ächte Königin halten und von der begonnenen Arbeit abstehen oder sie wieder
zerstören. Auch können Parteien bestehen; eine Partei, die keine rechte Königin zu
haben glaubt, kann das gründen, was die andere anders gesinnte wieder zerstört. Daher
mag es auch kommen, daß in solchen Stöcken eine gegebene Königin oft 3—4 Tage
geduldet, im Eierabsetzen nicht beirrt, aber dann doch noch abgestochen wird. Merkwürdig ist aber hier, daß, wenn eine Königin erst nach einigen Tagen, nachdem sie
schon viele Eier gelegt hat, abgestochen wird, nun die Bienen regelmäßig aus der
von der abgestochenen Königin herrührenden Brut eine junge Königin erziehen und
daß der Drohnenbrutansatz, wenn nicht schon früher, doch dann aufhört, wenn die
junge Königin fruchtbar geworden ist.

Man hat behauptet, daß in einem solchen Falle die zugesetzte Königin stets von der
eifersüchtigen Aftereierlegerin und niemals von den Bienen getödtet werde. In den
meisten Fällen mag dieß richtig sein; ich habe aber auch Fälle erlebt, wo ich nach
3—4 Tagen die zugesetzte Königin, nachdem sie bereits Tausende von Eiern abgesetzt

§ XI. Eierlegende Arbeitsbienen.

hatte, in einem Knäulchen eingeschlossen, theils schon todt theils noch lebend, fand, und wo ich schon an dem Einbringen der Bienen mit den Köpfen auf die Königin und an dem Zischen auf den ersten Blick sah, daß Ihro Majestät von Mördern gepackt waren.

Stöcke der hier beschriebenen Art sind ohne innerliche Untersuchung schon leichter zu erkennen: denn wenn man sie anklopft oder anhaucht, ist ihr Benehmen und ihr Ton nicht ganz so, wie in weiselrichtigen.

d. Manche nehmen eine Königin an, bebrüten eingefügte Weiselzellen willig, setzen selbst an ihnen gegebener Brut Weiselzellen an und die Drohneneierlage hört auf, meist jedoch erst, wenn die junge Königin ausgelaufen oder fruchtbar geworden ist. Die Stöcke dieser Art müssen ihre eine oder ihre mehrere (hier werden es meist mehrere sein) Eierlegerinnen als falsch erkennen. In der Regel heulen auch solche Stöcke, wenn man sie anklopft oder anhaucht.

e. In wieder andern Stöcken fand ich die Drohneneierlage noch längere Zeit fortgesetzt, selbst nachdem ich eine fruchtbare Königin gegeben hatte, und die Drohneneierlage hörte erst nach 2—3 Wochen gemach auf. Es waren dieß aber immer Stöcke, in welchen viele Arbeitsbienen legten und die der Auflösung bereits nahe gekommen waren. Die arbeitsbienengestaltigen Eierlegerinnen fühlten sich hier offenbar nicht als Königinnen, denn sie befeinden weder die wirkliche Königin, noch sich unter einander, ja fliegen sogar aus und bringen Tracht. Dönhoff untersuchte Bienen jener weisellosen unter 1, d. erwähnten Stöcke, die vom Felde mit Höschen zurückkamen, und fand ihre Eierstöcke mit reifen Eiern besetzt. S. Dönhoff Bztg. 1857 S. 230.

f. Manche erbauen um ihre eigene Drohnenbrut Weiselzellen, deren Nymphen aber nicht zur völligen Entwicklung kommen, weil die Drohne königliches Futter nicht verträgt und deshalb, äußerst seltene Fälle (S. 17) ausgenommen, vor der Verwandlung in Fliege abstirbt. Diese Völker haben sichtbarlich das Bewußtsein, keine rechte Königin zu haben und das Verlangen, eine solche zu besitzen.

g. Mitunter nimmt ein Stock, der weder eine Königin noch Brut besitzt, eine ihm zugesetzte Königin doch nicht an, weil die Drohneneierlegerin die Fähigkeit, Eier zu legen, verlor, als Königin aber fortbehandelt wird. Auch können die Bienen durch irgend etwas verleitet werden, zu glauben, sie hätten an einer Arbeitsbiene eine Königin, obwohl diese Biene niemals ein Ei legte. Dzierzon hatte 1857 ein weiselloses Volk, in welchem nie Drohneneier gelegt wurden, und es stach ihm doch drei fruchtbare Königinnen todt. Als es endlich sehr zusammengeschmolzen war, untersuchte es Dzierzon genau und fand eine Biene, die augenscheinlich sehr alt war. Sie wurde von mehreren Bienen umringt und ganz so wie eine Königin behandelt. Diese Biene drückte er todt und bald brach in dem Völkchen eine Unruhe aus, als ob es eine Königin verloren hätte. Eine nun zugesetzte Königin wurde willig angenommen und das Volk war curirt. Dzierzon meint, vielleicht sei es eine gewisse königliche Stimme, die das Volk in solchen Fällen verleite, eine Arbeitsbiene für eine Königin zu halten. Wohl möglich. S. Dzierzon Bztg. 1857 S. 246.

Andere Völker verhalten sich noch anders, und man könnte ein ganzes Buch schreiben, wollte man alle die verschiedensten Vorkommenheiten erzählen, die sich in Stöcken mit eierlegenden Arbeiterinnen ereignen. Sehr treffend sagt irgendwo Dzierzon, daß, so leicht es auch sei, sich über die Verhältnisse eines normalen Volkes zu vergewissern, so schwierig es sei, das Wesen eines Volkes im abnormen Zustande völlig zu ergründen.

§ XII.
Geschäfte der Königin und der Drohnen.

Die Königin legt die Eier, die Drohnen befruchten die jungen Königinnen und die Arbeitsbienen verrichten alle Arbeiten ohne Ausnahme innerhalb und außerhalb des Stockes, ohne daß die Königin oder Drohnen (s. Klopfleisch-Kürschner die Biene u. s. w. S. 134. 137 f. und 147 f.) jemals den geringsten Antheil an irgend einer Arbeit nehmen. Sie sind eben die Geschlechtsthiere und ihre Arbeiten sind lediglich geschlechtliche. Von der Königin behauptet meines Wissens Niemand, daß sie außer dem Eierlegen noch ein Geschäft habe, wohl aber wird den Drohnen selbst in neuester Zeit noch, obwohl schon Spitzner (Korbbienenzucht u. s. w. 3. Aufl. S. 61 f.) wußte, daß sie lediglich zur Befruchtung der Königinnen da sind, das Mitbrüten als Nebenbestimmung übertragen, so daß es nöthig ist, hier die Einwendungen gegen die Einzigkeit der Bestimmung der Drohnen zu widerlegen. Besonders war vielen Bienenzüchtern die Menge der Drohnen, wenn sie gar nichts außer der Befruchtung der jungen Königinnen vollbringen sollten, anstößig, und sie haben daher hauptsächlich zwei Fragen gestellt.

1. **Wenn die Drohnen weiter kein Geschäft haben, als die jungen Königinnen zu befruchten, warum erzeugt dann ein Volk, da die Königin nur einmal in ihrem Leben befruchtet wird, Tausende von Drohnen?**
Antwort. Die Natur hat es einmal so eingerichtet, daß die Königin nur außerhalb des Stockes in der Luft befruchtet werden kann; deshalb müssen viele Drohnen vorhanden sein, weil sonst die Königin, wenn nur eine oder einige vorhanden wären, bei ihren Befruchtungsausflügen in den weiten Räumen der Luft nur unsicher und schwierig, oft auch gar nicht zur Befruchtung kommen würde. Wie oft muß nicht die junge Königin im Frühjahr oder Herbst, wo es meist nur sehr wenige Drohnen gibt, ausfliegen, ehe sie befruchtet wird! Und wie oft wird sie auch gar nicht befruchtet!
Zur Sicherstellung der Befruchtung bringt die Natur überall den befruchtenden Stoff im Uebermaße hervor. Nur ein Beispiel: Einige, vielleicht schon ein Samenkörperchen reicht hin, um das Ei in den Tuben der Mutter zu befruchten, und doch wirft ein Hengst nach einer mäßigen Schätzung zwanzig Millionen Samenkörperchen beim Sprunge aus. Was würde man nun zu einem Naturforscher sagen, der den Samenkörperchen außer der Befruchtung des Eies noch eine Nebenbestimmung zuschreiben wollte. S. Dönhoff Bztg. 1856 S. 172. Weshalb aber dies so ist und wes-

§ XII. Geschäfte der Königin und der Drohnen.

halb Gott nicht wie nur eine Königin, so auch nur eine Drohne für jeden Bien schuf und die Befruchtung im Stocke vor sich gehen ließ, weiß ich so wenig, wie ich weiß, weshalb er Billionen Heuschrecken und verwüstende Hagelwetter schuf; das aber weiß ich, daß es, weil's Gott gethan, gut gethan ist. — Treffend, wahrhaft und prächtig sagt Brüning: Der liebe Gott hat seine Welt so eingerichtet, daß die Menschen bis zu einem gewissen Grad daraus klug werden können. Ein gar großes Hinderniß unseres Klugwerdens ist aber unsere Altklugheit. Was wir altklugen Leute in unserem dürftigen Schädel zusammenbrüten, das wollen wir dann auch mit Gewalt in unseres Gottes herrlichen Werken finden. Heute will man allenthalben allermöglichst vielen Nutzen nachweisen. Aber davon abgesehen, daß die irdische Schöpfung dem Menschen dient, ist jedes lebendige Geschöpf zunächst um sein selbst willen da; also auch die Drohne. Von der Nützlichkeit der Drohnen kann also allerhöchstens relativ die Rede sein. Dem Bienenstaate leisten sie aber Dienst genug, indem sie die Königin befruchten, ohne welchen dieser Staat nicht bestehen kann. Wessen Altklugheit das nicht genügt, dem weiß ich nicht viel mehr zu sagen, als daß seine altklugen Gedanken nimmer Gottes Ordnung ändern werden. Bztg. 1848 S. 20 f.

2. Wenn die Drohnen keine weitere Bestimmung haben, als die jungen Königinnen zu befruchten, warum erzeugt dann ein Volk in einem Jahre Drohnen, in welchem es weder schwärmt noch seine Königin wechselt, also keiner Befruchter bedarf?

Antwort. Allerdings hätte ein Volk, das in einem Jahre nicht schwärmt, auch seine Königin nicht wechselt, keine Drohnen nöthig. Es konnte es aber doch nicht voraus- sehen, daß es aus dieser oder jener zufälligen Veranlassung das Schwärmen unterlassen werde. Einem weisen Staatsmann oder Hausvater gleich rüstet es sich für alle Eventuali- täten und erzeugt bei Zeiten Drohnen, weil sie, wenn sie plötzlich nöthig würden, nicht in einem Tage, auch in einer Woche nicht erbrütet sind, sondern etwa 24 Tage ver- gehen, bis sie die Zellen verlassen und noch 4—5 Tage, bis sie flugfähig sind und ihrer Bestimmung nachkommen können. Zu fragen also, wozu ein Volk, das nicht schwärmt, auch keine junge Königin erbrütet, überhaupt Drohnen erzeuge, hieße fragen, wozu ein Baum erst Blüthen getrieben habe, wenn ein Nachtfrost die angesetzten Früchte zerstört. S. Dzierzon Bfreund S. 58.

3. Da Viele sich vorstehende Fragen nicht beantworten konnten und da sie sahen, daß die Drohnen weder Honig noch Pollen noch Wasser noch Kitt eintrugen, weder Zellen bauten noch die Brut fütterten noch sonst eine Arbeit verrichteten, geriethen sie auf die unglückliche Idee, die Drohnen hätten die Nebenbestimmung, mit zur Her- vorbringung und Erhöhung der nöthigen Brutwärme, besonders zu den Zeiten, wo die Arbeitsbienen auswärts beschäftigt wären, zu wirken. S. Fuckel meine Bienen- zucht u. s. w. 2. Aufl. S. 82 f. von Ehrenfels Bienenzucht u. s. w. S. 63. von Morlot Bienenzucht u. s. w. S. 172.

Diese Behauptung ist ganz falsch, denn

a. wenn die Wärme am nöthigsten ist, im Frühjahr bis zum Mai, gibt es keine Drohnen, und wenn später die Zahl der Arbeitsbienen sich verdrei- und vervierfacht hat und die Hitze sie oft klumpenweise bei Tag und Nacht aus dem Stocke treibt, wimmelt's im Innern von Drohnen. Mit gleichem Rechte könnte man etwa sagen, daß das Feuer im Glasschmelzofen, wenn im Sommer die Temperatur 25 Grad über Null im Schatten steht, die Nebenbestimmung habe, die Glasarbeiter zu erwärmen.

b. Läuft im Sommer die Brut fast von selber aus. Im Sommer will die Brut von den Bienen mehr ernährt als erwärmt werden, weil zur Trachtzeit immer die nöthige

a. Berlepsch, die Biene u. die Bienenzucht. 6

82   § XII. Geschäfte der Königin und der Drohnen.

Brutwärme im Stocke vorhanden ist resp. von den jüngeren zu Hause bleibenden Bienen erhalten wird und es der Drohnen als Wärmflaschen gar nicht bedarf, zumal die Brut eine erstaunenswerthe Lebenszähigkeit besitzt. Als im August 1855 von Siebold bei mir in Seebach mikroskopische Untersuchungen machte, blieb zufällig eine Wabe mit vielen hundert noch unbedeckelten Maden wohl 20 Stunden in einer kühlen Stube. Die Maden waren völlig regungslos und erstarrt. Nach einiger Zeit ließ ich die Sonnenstrahlen in die Zellen fallen, bald bewegten sich die Maden und gediehen, mit der Wabe in den Stock zurückgebracht, herrlich. Vergl. auch Dönhoff Bztg. 1856 S. 139. Bedeckelte Brut läuft in der warmen Jahreszeit ohne alle weitere Pflege aus (s. Dzierzon Bfreund S. 131) und ich habe wiederholt im Sommer gesehen, wie Bienen aus Tafeln ausliefen, die 2—3 Tage schon aus den Stöcken entnommen und in leeren Beuten aus Versehen geblieben waren.

c. Wenn die fruchtbare Mutter mit dem vom Wetter nicht aufgehaltenen Vorschwarm abgeht, sind noch wenige, nicht selten gar keine Drohnen vorhanden. Sie stehen meist noch als Brut in den Zellen und müssen von den Arbeitsbienen mit bebrütet werden. Mit dem Abgang der alten Königin hört aber aller Brutansatz auf. Ist dann nach Verlauf etwa eines Monats eine junge Königin fruchtbar geworden, fängt die Brut im Stocke an, wieder etwas zahlreich zu werden, gibt es wieder etwas zu bebrüten, so werden die Drohnen als überflüssig von den Arbeitsbienen vertilgt. Und die Drohnen sollen Brutbienen sein? Läßt sich eine unsinnigere Behauptung denken? S. Dzierzon Bztg. 1846 S. 42 f. und Bfreund S. 58. Ebenso reißen die Bienen, wenn ein Stock plötzlich sehr entvölkert wird, nicht nur die Drohnenbrut aus den Zellen, sondern tödten auch sehr oft die flugbaren Drohnen, die sie doch nun zum Brüten besonders nöthig hätten. S. Brüning Bztg 1851 S. 187 f. Busch Bztg. 1854. S. 134.

d. Bei mir und allen meinen Schülern der stricten Observanz haben alle Stöcke so gut wie keine Drohnen und doch geht das Brutgeschäft ganz vortrefflich von Statten.

§ XIII.
Geschäfte der Arbeitsbienen außerhalb des Stockes.

1. Honigeintragen.

a. Honig aus Blüthen. Daß die Bienen aus den Kelchen sehr vieler Blumenarten süße Säfte einsaugen und in die Zellen absetzen und daß daraus Honig entsteht, kann nicht zweifelhaft sein, wohl aber sind die Bienenzüchter darüber getheilter Meinung, ob diese süßen Säfte sich in den Zellen von selbst durch bloße gemache Verflüchtigung der überflüssigen Wassertheile in Honig verwandeln (zu Honig sich verdicken), oder ob sie, von den Bienen nochmals aus den Zellen genommen, verschluckt und in ihren Magen geläutert werden müssen, um Honig zu werden. Ich vermag nicht zu entscheiden, huldige aber der letzteren Meinung mit von Ehrenfels (Bienenzucht S. 51 f. 76. 79 f.), Klopfleisch-Kürschner (die Biene u. s. w. S. 123), Oettl (Klaus 3. Aufl. S. 83), Dzierzon (Bfreund S. 66) und Andern. Denn wenn die Bienen den eingetragenen Nectariensaft Nachts nicht nochmal bearbeiteten, so wäre mir die Erscheinung, daß je reicher am Tage die Tracht desto stärker am Abend und in der Nacht das Gebrause, unerklärlich. Dann würden die Bienen, sollte ich denken, auch ausruhen von des Tages Last und Arbeit, wie der Mensch und andere Geschöpfe.

Man hat eingewendet, dieses Brausen rühre daher, daß die Bienen Nachts Nectariensaft, der am Tage wegen der Hast, mit welcher sie sammeln, an unpassende Stellen abgesetzt worden sei, translocirten und daß sie dabei brausten, ähnlich wie beim Auftragen untergesetzten Futterhonigs. Aber das Brausen während des Futterauftragens ist doch ein ganz anderes als das Brausen nach reichen Trachttagen; ersteres ist weit schwächer, mehr ein bloßes Summen, das, ist das Futter weggetragen, während der ersten Stunde fast gänzlich verstummt. Angenommen nun die Bienen eines brausenden Stockes hätten sechs Pfund Nectariensaft zu translociren, so wäre das die Arbeit allerhöchstens zweier Stunden, und dann müßte bald Ruhe eintreten. Wie ist es aber in der Wirklichkeit? Ein frappantes Beispiel möge hier stehen. Der 26. Mai 1852 war einer der honigreichsten Tage, die ich je erlebt habe. Der Raps stand in vollster Blüthe, die Luft war badewarm und selbst Zephyr bewegte keine Schwinge. Der Himmel war mit schweren Wolken dermaßen verhüllt, daß man kaum sah, wo die Sonne stand und es roch, wie man zu sagen pflegt, von früh 6 Uhr an nach Gewittern. Endlich Nachmittags 4 Uhr 17 Minuten begann ein Hagelwetter mit gräßlichster Vehemenz sich zu entladen, so daß in 32 Minuten Alles weit und breit in Wüste und Meer verwandelt war. Meine Bienen brausten vom 26. Nachmittags bis zum 27. Abends 10 Uhr wie ein

§ XIII. Geschäfte der Arbeitsbienen außerhalb des Stockes.

Mühlwehr, und selbst am 28. früh war das Brausen noch etwas hörbar. Weshalb brausten sie aber mindestens 30 Stunden so gewaltig, wie die Fluthen der verheerenden Wogen, die bis zu ihren Füßen drangen? Schluchzten sie etwa laut mit den Bewohnern Seebachs um den Verlust der gesammten Ernte?

Der entgegengesetzten Ansicht ist Dönhoff aus folgenden Gründen.

α. Nektar der Blüthen und frisch gesammelter Honig ist in seinen Eigenschaften und in seinen Bestandtheilen ganz derselbe Stoff. Beide schmecken süß, aromatisch. Saugt man den Nectar aus den Blüthen des Geisblattes, so hat dieser den Geschmack des frischen Honigs. Untersucht man den Nectar der Wachsblume, der in dicken Tropfen an den Kelchen dieser Blumen hängt, so findet man die Bestandtheile des Honigs: Schleim und Riechstoffe.

β. Füttert man einen Stock mit Zuckerauflösung, die mit Indigo, Lavendelspiritus oder Milch versetzt ist, so findet man zwischen dem Stoffe in dem Futtergeschirr und dem in den Zellen keinen Unterschied. Beide haben dieselbe Farbe, denselben Geschmack, denselben Geruch.

γ. Liegt der Honig oder der Blumennectar in der Zelle, so verändert er sich mit der Zeit. Dieß ist aber keine Veränderung, die durch Einwirkung der Bienen erfolgt, sondern sie erfolgt von selbst. Die Veränderung besteht nämlich darin, daß das Wasser des frischen Honigs verdunstet, bis der Honig eine gewisse Concentration erreicht hat, daß das Aroma mit der Zeit an Lieblichkeit verliert und daß der süßere Rohrzucker, der einen Bestandtheil des Honigs bildet, mit der Zeit in den faber schmeckenden Traubenzucker sich verwandelt. S. Dönhoff Bztg. 1855 S. 166.

b. Honig von anderen Gegenständen. Die Bienen tragen nicht blos süße Säfte aus den Kelchen der Blüthen ein, sondern überhaupt alle Süßigkeiten, deren sie habhaft werden können. So saugen sie süße Früchte (von Bose Bztg. 1857 S. 276), z. B. Reineclauden, aus, fliegen in die Zuckersiedereien, um Süßen zu holen u. s. w. Auch aus allen diesen Süßen entsteht Honig.

Speciell ist hier noch des Honigs aus den süßen Excrementen der Blattläuse und der süßen Säfte, die hin und wieder aus den Poren der Blätter gewisser Bäume hervorquellen, zu erwähnen.

α. Blattlaushonig. Oft finden sich an verschiedenen Bäumen, z. B. Eichen, Pflaumen, Nüssen, viele Blattläuse an den zarten Aesten und Blättern ein. Diese oft mit bloßen Augen kaum bemerkbaren Wesen sitzen dicht aneinander und saugen mit ihren Rüsseln aus den circulirenden Säften der Gewächse die zuckerhaltigen Theile in solcher Menge aus, daß sie dieselben aus Ueberladung des Magens schnell von sich geben und auf die benachbarten Blätter verspritzen, so daß man dickere Süßschichten bemerkt. Die Verwandlung, die dieser Saft in dem Leibe dieser Thiere erfährt, muß nicht ungünstig sein, weil ihn die Bienen gierig auflesen und eintragen. S. von Ehrenfels Bienenzucht u. s. w. S. 78.

Ich habe mehrere Male beobachtet, daß Bienen zwischen Blattläusen, namentlich an Pflaumenbäumen, herumsogen. Dasselbe sahen Andere, z. B. Piper (Bztg. 1852 S. 8) und Stern, der Bztg. 1852 S. 117 f. den Beweis führt, daß der Honig auf den Kiefern von einer Schildlaus (coccus pini piceae) herrührt. Vergl. auch Stern Monatsblatt 1841 S. 49—60; Klos Bztg. 1857 S. 154 und Stöhr Bztg. 1845 S. 57.

β. Blatthonig oder sog. Honigthau. Diesen Blatthonig, den schon die Alten (s. Columella IV, 9, 3 und Virg. Georg. I, 141) kannten, sagt ohngefähr Busch, habe ich namentlich an den Linden bemerkt, von denen wir viele Alleen um Arnstadt haben. Während die Linden am Tage vorher keine Spur von Glanz an den Blättern zeigen und sich keine Biene an denselben sehen läßt, sind dieselben, und zwar alle in derselben 2,600 Fuß langen Allee befindlichen, plötzlich am anderen Morgen wie mit Saft übergossen. Nun läugnen aber viele, daß die Blätter süße Säfte ausschwitzten, und behaupten, aller Honig auf den Blättern rühre von Excrementen der Blattläuse her. Wie könnte aber diese Metamorphose durch Blattläuse so plötzlich bewirkt werden? Auch habe ich viele von Honigthau glänzende Blätter auf der Unter- und Oberseite untersucht und keine Blattläuse daran bemerkt. Der süße Saft tritt aus den Blättern besonders dann, wenn heißes fruchtbares Wetter ist und eine kühle Nacht eintritt, aber auch, obwohl seltener, wenn nach kühler Witterung plötzlich Hitze einfällt. Durch den Temperaturwechsel, der die Vegetation entweder plötzlich ungewöhnlich begünstigt oder plötzlich ungewöhnlich hemmt, bersten die Poren der Blätter und tritt so der süße Saft der Blätter, gleichsam das Blut der Blätter, auf die Oberfläche. Dieser süße Blattsaft ist aber nur in den Morgenstunden für die Bienen genießbar, indem ihn die Sonne schnell consistent macht. Nach leichten Sprühregen, die ihn nicht abwaschen, sondern blos auflösen, wird er wieder genießbar. Ganz falsch aber ist es, wenn Viele glauben, dieser Honig fiele aus der Luft in Form eines Thaues auf die Blätter. S. Busch Bztg. 1847 S. 35.

Zu a und b. Der Honig ist an Güte und Geschmack sehr verschieden, und hängt diese Verschiedenheit von den Blüthen und sonstigen Gegenständen ab, aus und von welchen er gesammelt wurde Der schönste aromatische mir bekannte ist der aus der Blüthe des Anis, der schlechteste der aus der Heidekrautblüthe. Hat man beide Sorten nebeneinander und kostet beide hintereinander, so glaubt man kaum, daß beide Substanzen Honig sind. Uebrigens kann man nur dann bestimmen, woher der Honig stammt, wenn die Bienen zu einer gewissen Zeit nur eine Tracht, z. B. große Raps-, Esparsette- oder Anisfelder, befliegen. Werden verschiedene Blüthen besucht, so ist der Honig gemischt und sein Ursprung unbestimmbar.

2. Polleneintragen.

Der Pollen, von den Bienenzüchtern gewöhnlich Blumenstaub oder Blumenmehl genannt, ist der männliche Staub der Blüthen, bestimmt die weiblichen zu befruchten, und wird von den Bienen am dritten oder hintersten Fußpaare in Form von kleinen Bällchen oder Kügelchen eingetragen. Ueber das Verfahren der Bienen beim Pollensammeln sind die meisten Bienenzüchter im Irrthum und ich muß daher das Richtige hier kurz mittheilen.

Die Bienen nehmen den Pollen mit ihren Beißzangen von den Blüthen, feuchten ihn aus und in dem Munde etwas mit Honig oder Magenfeuchtigkeit an und schnellen und drücken ihn dann mittels des ersten und zweiten Fußpaares an die Schäufelchen oder Körbchen des dritten, während dieses zugleich dazu dient, durch Anklammerung und Anklemmung dem Körper bei dieser Arbeit eine feste Stellung zu geben.

Die Meinung, durch das rasche und kräftige Anschnellen des Pollens an die Körbchen allein bliebe er hängen und forme sich zu Bällchen, ist durchaus falsch. Der Pollen würde, trotz alles noch so raschen Schnellens und selbst Andrückens mit dem ersten und zweiten Fußpaare, nicht haften bleiben, wenn er nicht etwas angefeuchtet und klebrig gemacht würde. Am deutlichsten kann man sich hiervon überzeugen, wenn man die Bienen im Frühjahr Mehl tragen läßt. Denn die Bällchen sind nicht mehr weißes Mehl, sondern bläulich glänzender Teig, der, auf die Zunge genommen, deutlich die Honigbeimischung schmecken läßt.

§ XIII. Geschäfte der Arbeitsbienen außerhalb des Stockes.

Ein anderer weitverbreiteter Irrthum, von welchem selbst Dettl nicht ganz frei ist, ist der, daß die Bienen sich mit ihrem haarigen Körper einige Male auf den Blüthen herumwälzten, so den Staub mit den Haaren gleichsam zusammenbürsteten, dann zu Bällchen formten und an die Hinterfüße brächten. S. Dettl Klaus 3. Aufl. S. 72. Von einem Herumwälzen auf den Blüthen ist gar keine Rede (wie sollten dieß die Bienen nur z. B. auf der kleinen Raps- oder Buchweizenblüthe anfangen?), und der Irrthum entstand dadurch, daß die Bienenzüchter oft Bienen am ganzen Körper förmlich blüthenstaubbepubert (z. B. aus dem Mohn, der Linde) heimkehren sahen. Dieses Bepubertseln am ganzen Körper entsteht aber dadurch, daß die Bienen in größere Blüthen, z. B. die des Mohnes, hinein kriechen müssen, und daß andere Blüthen, dicht neben- und übereinander stehend, z. B. die der Linde, durch die geringste Luftbewegung, selbst durch das bloße Schwirren der sammelnden Bienen, den feinen Staub ausstieben lassen. In beiden Fällen, wie an sich klar ist, werden die Bienen bepubert, bepubern sich aber nicht selbst und absichtlich.

Ebenso falsch ist es, wenn Göppel sagt, die Bienen hätten nicht nur an den Füßen, sondern auch auf dem Rücken Pollenpäckchen eingetragen. Bztg. 1846. S. 4. Es kommen nämlich einzelne Bienen vor, welche beim Einschlüpfen in die tiefen Kelche, besonders der Salbei und anderer reihenförmigen Blumen, ihren Rücken mit einer klebrigen, harzigen oder öligen Materie beschmiert haben, welche mit dem dazu kommenden Blüthenstaube zu einer Kruste verhärtet ist, die erst nach einiger Zeit wieder abfällt. Dzierzon Bztg. 1846. S. 102.

Die Bienen beladen ihre Körbchen so gleichmäßig, daß ein Körbchen mit Pollen auf das Haar das Gewicht des andern hat. Dadurch werden sie im Fluge im Gleichgewicht erhalten und jener ihnen mithin erleichtert. Busch Honigbiene S. 188.

Der Pollen hat bekanntlich eine sehr verschiedene Farbe, indem der männliche Staub der verschiedenen Blüthen sehr verschiedenfarbig ist. Diese Farbe ist von jener der Blüthenblätter oft sehr verschieden; der bei der blauen Kornblume z. B. ganz weiß, beim weißen Klee schmutzig gelb, beim weiß-röthlichen Buchweizen hellgelb, bei der blutrothen Esparsette braun u. s. w. Weil die Biene aber bei einem Ausfluge dieselbe Blüthe besucht, höchstens sehr nahe verwandte Gewächse befliegt, bringt sie an beiden Füßchen gleichfarbige und an sich einfarbige Höschen nach Hause. S. Spitzner Korbbienenzucht, 3. Aufl. S. 68 f. Bei der Ablagerung jedoch, wobei die Biene die Hinterfüße in die Zelle steckt und sich die Kügelchen abstreift, kommen die Kügelchen der verschiedensten Farben unter einander, wo sie von den die häuslichen Geschäfte besorgenden Bienen festgedrückt werden. Der meiste eingetragene Pollen wird, weil er vorzugsweise zur Bereitung des Futtersaftes verwendet wird, besonders in der Nähe der Brut abgelagert, auf den Bruttafeln selbst in den oberen Zellen und an den Seiten, besonders aber in den das Brutlager begrenzenden Seitentafeln und namentlich auf der dem Brutlager zugekehrten Seite. In vielen Zellen, welche unten Pollen enthalten, gießen die Bienen Honig darüber und bedeckeln sie, damit sich der Pollen durch den Winter unversehrt erhalte und nicht mulsig oder schimmelig werde. Zugesiegelte Honigtafeln in der Nähe des Brutlagers enthalten gewöhnlich auch vielen verborgenen Pollen. So lange die Bienen Pollen eintragen pflegen sie auch Brut anzusetzen, die Zeit des Herbstes ausgenommen. Der meiste davon wird daher frisch verwendet. Wird von dem Pollen nichts verbraucht und giebt es keine Honigtracht mehr, um ihn übergießen zu können, so erhalten die damit gefüllten Zellen einen glänzenden Ueberzug. S. Dzierzon Bfreund S. 84.

§ XIII. Geschäfte der Arbeitsbienen außerhalb des Stockes. 87

Bei Mangel an blühenden Gewächsen, wie im zeitigen Frühjahr, tragen die Bienen auch Weizen-, Roggen- und anderes Mehl, Rost von Weidenblättern, Kleesamenspreu, Brand von Gerste und bergl. ein. Doch von diesen Ausnahmen auf Seite 90 ein Mehreres.

3. **Wassereintragen.**

Man kann die Bienen zwar während der ganzen Flugzeit Wasser an Bächen, Pfützen, feuchten Stellen, an beregneten oder bethauten Blättern und Grashalmen einsaugen sehen, am eifrigsten jedoch holen sie im Frühjahr und an heißen Sommertagen Wasser; im Frühjahr, um den im Winter hart gewordenen und verzuckerten Honig wieder flüssig zu machen, im Sommer, wahrscheinlich um ihren Durst zu löschen, da große Hitze auch bei ihnen eine stärkere Ausdünstung zur Folge haben muß. Sie müssen das Wasser jedenfalls sogleich verbrauchen oder sich unter einander mittheilen, da man davon niemals in den Zellen etwas findet. Findet man im Frühjahr in den Zellen seitwärts oder unten Wasser, so ist dieses von den Bienen nicht eingetragen worden, sondern hat sich durch den Niederschlag der Dünste oder aus dem angesetzten Reif und Eis angesammelt. S. Dzierzon Bfreund S. 84.

4. **Ritteintragen.**

Den Kitt, einen harzigen Stoff, auch Propolis oder Vorwachs genannt, finden die Bienen auf verschiedenen Pflanzen, z. B. den Kapseln der Roßkastanienblüthen, und tragen ihn, wie den Pollen, an den Hinterfüßen ein. Er dient ihnen zur Abglättung der etwa rauhen Wände ihrer Wohnung, zur stärkeren Befestigung der Tafeln an den Wänden oder zur Verengung des etwa zu breiten und zu hohen Flugloches, ganz besonders aber zur Verstopfung aller Ritze innerhalb ihrer Wohnung, in welche sie selbst nicht kriechen können, um ihren Todfeinden, den Wachsmotten, keine Schlupfwinkel zu lassen. Der Kitt wird niemals in die Zellen abgesetzt, sondern sogleich an den Orten verwendet, wo er nöthig ist. S. Dzierzon Bfreund S. 84. Nicht zu allen, sondern nur zu heißen Tageszeiten tragen die Bienen diesen Kitt, weil er dann am dehnbarsten und leichtesten für sie zu handhaben ist. Er hat anfänglich eine röthliche in's Gelbe spielende Farbe, bekommt aber, wenn er älter wird, ein schmutziges fast schwarzes Ansehn. Er schmeckt bitter, riecht ziemlich aromatisch und brennt, wie Pech, in hellen Flammen. S. Kritz Bztg. 1848 S. 16.

Anhang. Es ist bekanntlich eine Streitfrage, ob die Bienen aus der Natur Stoffe eintragen, die ihnen selbst schädlich und tödtlich sind. Es läßt sich dieß nicht wohl leugnen und man braucht blos an die die Ruhr so oft erzeugenden Fichtenhonig zu erinnern. In Schlesien hatten 1836 die Bienen eine Art Gift erhalten, in Folge dessen sämmtliche Brut im April und Mai todtkrank herunter stürzte, so wie sie die Zelle verließ, und die Stöcke dem gänzlichen Verderben nahe gebracht wurden, einige auch wirklich eingingen. S. Dzierzon Bztg. 1852 S. 2.

§ XIV.
Hauptsächlichste Geschäfte der Arbeitsbienen innerhalb des Stockes.

Sind im vorigen Paragraph die sämmtlichen äußern Geschäfte der Arbeitsbienen erwähnt worden, so würde es nicht zweckmäßig sein, auch alle innerlichen Arbeiten an dieser Stelle abzuhandeln, da sich anderwärts geeignetere Gelegenheiten bieten. Ich will daher hier nur die vier hauptsächlichsten besprechen.

1. Futtersaftbereitung.

Wenn man brütende, d. h. auf den Bruttafeln beschäftigte, die Brut mit Futter versorgende Bienen zerschneidet, so findet man in ihren Leibern vielen Honig und vielen Pollen; woraus allein schon folgt, daß der Futtersaft aus Honig und Pollen durch Verdauung dieser Stoffe und Ausziehung der Nahrungstheile aus denselben gewonnen wird. Da nun die Bienen dieselben Stoffe, Honig und Pollen, zur eigenen Leibesernährung genießen, so ist es von vornherein wahrscheinlich, daß der Futtersaft für die Brut derselbe Saft ist, der sich aus Verdauung der genossenen Nahrung im Chylusmagen der Bienen bildet und von da in die Blutgefäße zur Ernährung ihrer eigenen Körper übergeht (sog. Speisebrei oder Speisesaft), und daß die Bienen, wenn sie Brut zu füttern haben, mehr Honig und Pollen, als zur eigenen Ernährung nöthig ist, in den Magen aufnehmen, um einen Ueberschuß an Speisesaft für die Brut zu gewinnen; daß mithin der Futtersaft weiter nichts ist, als nach außen, d. h. den Maden in die Zellen gebrachter Speisesaft. Und so ist es auch in der Wirklichkeit.

Denn untersucht man mit dem Mikroskope den in den Zellen sich befindlichen Futtersaft und den Inhalt des Speisesaftes im Chylusmagen nicht brütender Bienen, so findet man beide Substanzen gleichartig. Beide bestehen aus einer formlosen, aber zähen gummiartigen Masse, in die zahllose feine Körperchen eingebettet sind. Der Futtersaft ist allerdings weit verdichteter als der Speisesaft; wenn man aber berücksichtiget, daß derselbe in den Zellen dem Zutritte der Luft ausgesetzt ist, also allmälig und bei seiner gummiartigen Beschaffenheit verhältnißmäßig schnell verdunstet, dann dürfte dieser Unterschied hinlänglich erklärt sein. S. Leuckart Bztg. 1855 S. 208. Der Futtersaft ist daher ein organisches Product, destillirt aus Honig und Pollen und gebildet durch die Verdauungswerkzeuge der Bienenleiber, und es ist ganz falsch, wenn viele Bienenschriftsteller lehren, der Futtersaft sei eine mechanische Mischung aus Pollen und Wasser, oder aus Pollen, Wasser und Honig, ein Brei, eine Pappe, ein Kleister, wie etwa Buchbinderkleister aus Mischung von Stärkmehl und Wasser bereitet wird

§ XIV. Hauptsächlichste Geschäfte der Arbeitsbienen innerhalb des Stockes.

S. Dönhoff Bztg. 1854 S. 260 und Kleine ebendas. 1855 S. 130 f. Denn dann müßte der Futtersaft, um anderer Gründe zu geschweigen, nach dem verschiedenfarbigen Pollen verschiedenfarbig, bald gelb, bald weiß, bald braun, bald roth u. s. w. aussehen, während er in der Wirklichkeit doch stets eine milchweiße Farbe hat; auch müßten dann die Bienen ohne Pollen keinen Futtersaft bereiten können. Sie können es aber, ergo. Ebenso falsch ist die Ansicht derer, welche den Futtersaft zwar als ein organisches Product anerkennen, aber behaupten, daß er nur aus Pollen und nicht auch aus Honig extrahirt, die Honigbeimischung wenigstens außerordentlich gering sei, weil der Futtersaft nicht süß und honigartig schmecke. Denn daß der Futtersaft weniger süß schmeckt, daraus folgt nicht, daß zur Bereitung desselben wenig oder gar kein Honig erforderlich ist. Der Organismus kann die süßesten Substanzen in das schärfste Gift verwandeln, also auch in geschmacklosen Saft. S. Dzierzon Bztg. 1851 S. 178. Und das Wachs, schmeckt es etwa wie Honig oder Pollen? Haben aber Honig und Pollen ihren (süßen) Geschmack verloren, sobald sie im Leibe der Bienen zu Wachs verdaut sind, so darf es nicht befremden, daß der Futtersaft, dessen Honigbestandtheile bereits verdaut sind, nicht mehr den süßen Honiggeschmack hat. S. Stöhr Bztg. 1854 S. 118.

Da aber die Bienen eine zeitlang von bloßem Honig leben können und Speisesaft und Futtersaft identisch sind, so werden sie natürlich auch bei bloßem Honig ohne allen Pollen eine zeitlang die Brut mit Futter versorgen können. Wird aber die Brut dabei gedeihen oder wird sie absterben, wie seit Huber (s. Huber-Kleine Heft 4 S. 43 f.) manche Bienenschriftsteller lehren? Sie wird eine zeitlang bestens gedeihen. Weiß doch Jeder, daß mancher, besonders junger Stock schon im Herbste auch nicht eine Zelle Pollen besitzt und doch oft schon im Februar oder März, ehe er ausgeflogen ist, geschweige denn Pollen eingetragen hat, Hunderte, ja Tausende von Brut ansetzt, welche sich herrlich entwickelt, wenn es ihm nur nicht an Honig und Wasser gebricht. S. Dzierzon Bfreund S. 90.

Ich habe, um diesen Punct über allen Zweifel zu stellen, früher einen besonderen Versuch gemacht und in der Bienenzeitung 1854 S. 240 f. mitgetheilt. Er war kurz folgender. Am 4. März 1854 hing ich eine Beute mit Waben, in denen sich weder eine Spur von Brut, Honig oder Pollen befand, aus, ließ ein mäßiges Volk einlaufen, stellte die also hergerichtete Beute in ein finsteres Gewölbe und fütterte etwa 36 Stunden lang mit dünnflüssigem Honig. Am 15. d. fand ich in zwei Tafeln Eier und Maden, nahm solche jedoch heraus und hing dafür zwei andere ganz leere ein, um dem möglichen Einwande, die Bienen könnten bei Einbringung in die Beute noch Pollen in ihren Leibern gehabt und mittels dieses den Futtersaft bereitet haben, zu begegnen. Es wurde von Neuem Brut angesetzt, welche sich zu lebendigen Bienen entwickelte. Nun verhungern aber Völker, die keinen Honig haben, trotz der größten Pollenvorräthe, in den ersten 48 Stunden. wie ich gleichfalls durch einen in der Bienenzeitung 1854 S. 243 mitgetheilten Versuch festgestellt habe, und es ist daher klar, daß die Bienen aus bloßem Honig Brut ernähren können, aus bloßem Pollen nicht können.

Eine ganz andere Frage aber ist es, ob die Bienen im Stande sind, bei bloßem Honig auch nachhaltig Futtersaft zu bereiten. Diese Frage muß entschieden verneint werden. Denn die Bienen setzen zwar oft schon im Februar eine Menge Brut an, lassen aber, wenn es ihnen an Pollen fehlt, auch bei großen Honigvorräthen allmälig damit nach, weil sie erschöpft und ausgemergelt die zur Verdauung und Assimilation nöthigen Kräfte verloren haben, indem bei Bereitung des Futtersaftes ihr eigener Körper die dem Honige fehlenden Bestandtheile liefern mußte, die naturgemäß der

§ XIV. Hauptsächlichste Geschäfte der Arbeitsbienen innerhalb des Stockes.

Pollen liefert. Zwar verbrauchen die Bienen, wenn sie von bloßem Honig zu leben gezwungen sind, die stickstoffhaltigen Substanzen ihres Körpers schneller und würden endlich auch hier zu Grunde gehen, aber doch offenbar nicht so schnell, als wenn sie diese Substanzen in größerer Menge auch noch an die Brut abgeben müssen. Es darf daher nicht auffallen, daß die Bienen viel länger bei bloßem Honig zu leben als bei bloßem Honig Brut zu ernähren im Stande sind.

Die Frage, wie viel Procente Honig und wie viel Procente Pollen in der Regel zum Futtersaft gebraucht werden, läßt sich nach Zahlen nicht bestimmen, d. h. es läßt sich nicht genau bestimmen, ob, wenn die Bienen Honig und Pollen in hinlänglicher Masse besaßen, z. B. ein Pfund Futtersaft zu $^{90}/_{100}$ aus Honig und zu $^{10}/_{100}$ aus Pollen destillirt wurde. Die Behauptung aber, daß der Honig die meisten, ja die bei weitem meisten Procente liefere, glaube ich selbst gegen Kleine, der in neuester Zeit den Pollen die Hauptrolle spielen läßt (S. Bztg. 1859 S. 107), mit Bestimmtheit aussprechen zu dürfen, da a. Honig absolut nothwendig ist, nicht aber auch Pollen, b. Pollen ben Bienen fast nie in den Gewichtsmassen wie Honig zu Gebote steht, c. der Pollen weit weniger Nahrungsstoffe enthält und deshalb zum bei weitem größten Theile unverdaut durch den After wieder ausgeworfen wird und d. jede Biene, wie schon gesagt, die die Brut belagert, viel Honig bei sich hat. Drückt man nämlich den Leib einer solchen Biene, so wird man stets einen großen Tropfen Honig aus ihrem Munde hervortreten sehen. Es ist merkwürdig, daß eine so gedrückte Biene niemals einen Tropfen des Futtersaftes hervortreten läßt, wahrscheinlich, wie Dzierzon sagt, weil sie diesen nur allmälig von sich zu geben vermag. S. Dzierzon Nachtrag u. s. w. S. 15. Ja, gewiß; denn würden die Bienen größere Massen Futtersaft in ihren Leibern ansammeln wollen, so würde derselbe in's Blut übergehen und, wenn der eigene Körper hinlänglich mit Nahrung gesättiget wäre, sich in Wachs verwandeln. Sie werden daher, um dies zu verhindern, den Futtersaft oft und in sehr kleinen Portionen in die Zellen abgeben.

Ich habe früher in der Bienenzeitung (1854 S. 244) behauptet, daß aus dem Pollen gar keine Nahrungstheile gezogen würden, sondern daß er beim Verdauungsprocesse des in Futtersaft oder Wachs zu verwandelnden Honigs nur als Destillationsmedium diene, etwa wie man zur Zuckerbereitung Knochen, zur Salzgewinnung aus Sole Reisig nöthig habe. Dies ist nun freilich falsch, wie Kleine (Bztg. 1855 S. 51. ff.), Leuckart und Andere nachgewiesen; aber immer noch scheint mir doch der Pollen hauptsächlich der Stoff zu sein, welcher die Destillation des Honigs in Futtersaft vermittelt und nur in untergeordneter Weise Nahrungsstoff liefert. Denn da die Bienen, wie ich und Andere gesehen haben, bei Mangel an Pollen Staub von brandiger Gerste, Staub, der sich beim Dreschen von Kopfkleesamen (s. von Berlepsch Bztg. 1854 S. 244) oder Erbsen (s. Völker Monatsblatt 1842 S. 144) an die Wände lagert, Rost von Weidenblättern, feines Pulver von verfaultem, von Würmern zerfressenem Holze (S. Dzierzon Bztg. 1853 S. 18 und Nachtrag u. s. w. S. 14 f.), ja sogar Erde (von Berlepsch a. a. D.) und Kohlenstaub (S. Scholtz Bztg. 1849 S. 155) eintrugen und verschluckten, so dürfte meine Ansicht wahrlich um so weniger aus der Luft gegriffen sein. Scholtz, dieser aufmerksame Beobachter, sagt a. a. O., daß er im Frühjahr bei einer Köhlerei die Bienen glänzend schwarze Höschen tragen sah „als wenn irgend eine üppige Tracht sich da befände." Was für Nahrungstheile mögen wohl die Bienen aus der Holzkohle gezogen haben? Gewiß keine. Ja, man kann es am Bienenstocke mit Händen greifen, daß der Pollen hauptsächlich nur Destillationsmedium ist, wenn man die haufenweisen Entleerungen

§ XIV. Hauptsächlichste Geschäfte der Arbeitsbienen innerhalb des Stockes. 91

des Pollens durch den After brütender und wachsbereitender Bienen betrachtet. Ich läugne nicht, daß der Pollen Nahrungsstoffe enthalte, gestehe dies vielmehr ausdrücklich zu, behaupte aber, daß er zugleich Destillationsmedium, und zwar hauptsächlich dieses, sei.

„Jedenfalls wird bei der Futtersaftbereitung durch den Pollen viel Honig erspart, denn man sieht die Brut im Frühjahr massenhaft gedeihen, ohne daß der Honig sehr zusammenschmölze, wenn man im Frühjahr viel seines Weizenmehl tragen läßt — und es den Bienen dabei an Wasser nicht mangelt, das bei der Futtersaftbereitung eine große Rolle spielt. Honig und Pollen scheinen sich zeit- und theilweise ersetzen zu können. Kann aus dem Stärkemehl des Weizens durch Mitwirkung des Sauerstoffes Zucker gebildet werden, warum sollte nicht der Pollen, der z. B. vom Buchweizen an sich schon honigsüß schmeckt, auch den Honig ersetzen und umgekehrt, bei welchem Verwandlungsprocesse der säuerliche Speichel der Biene von Bedeutung sein mag. Denn der Futtersaft schmeckt bekanntlich säuerlich und reagirt, auf Lackmuspapier gebracht, sauer. Diese Säure rührt aus der Secretion der Speicheldrüsen her, deren die Arbeiterinnen zwei Paare mächtiger Größe im Kopfe haben. Daß dem so sei, erhellt daraus, daß aus dem Chylusmagen genommener Futtersaft, selbst nach mehreren Tagen außerhalb des Magens, nicht sauer reagirt. Die Säure wird also erst beim Ausbrechen des Futtersaftes beigemischt und dient dazu, den Futtersaft flüssiger zu machen und länger flüssig zu erhalten. Diese Abgabe des Speichels bei der Fütterung, die nicht unbedeutend ist, muß die Consumtion des Honigs fütternder Bienen steigern; denn Speichel wird theilweise aus Zucker, der in's Blut übergeht, gebildet."

So Dzierzon, Dönhoff und Leuckart in der Bztg. 1854 S. 206 und 1858 S. 204 f. Mag Alles ganz gut sein, aber caeterum censeo, der Pollen an sich ist doch große Nebensache und nur als Destillationsmedium wichtig, gerade so, wie man auch ohne Knochen Zucker, aber weit weniger als mit Knochen, gewinnt.

2. Wachsbereitung.

Die Bienen finden das Wachs nicht fertig in der Natur, sondern es ist ein Product ihres Körpers; es ist also, gleich dem Futtersaft, ein organisches und kein mechanisches oder technisches Product. Das Wachs tritt, wie Martin John schon 1684 (f. Matuschka Beiträge u. f. w. Bd. 2, S. 10) wußte, durch die zu beiden Seiten des Unterleibes der Arbeiterin befindlichen Falten oder Einschnitte in Form kleiner feiner länglicher wie Glimmer aussehender Blättchen hervor, die hin und wieder, wenn sie nicht bald verarbeitet werden, herabfallen, oder sich zu ganzen Klümpchen vergrößern. Die Wachsblättchen sind durchsichtig wie Marienglas und gleich kleinen Salzkrystallen. Werden sie verbogen oder zerbröckelt, so bekommen sie die Undurchsichtigkeit und das Ansehen des Wachses. S. Barth Bztg. 1850 S. 178. Auf den Bodenbrettern junger, in leere Wohnungen gebrachter Schwärme liegen sie oft zu Tausenden, da die Bienen anfänglich nicht Gelegenheit haben, die Blättchen sofort sämmtlich zu verarbeiten. Ursprünglich ist das Wachs weiß, wird aber durch eingespeicherten Honig, namentlich aber durch die Ausdünstung der Bienen im Sommer gelb. Diese Ausdünstung rührt von dem Pollen her, denn im Winter, wo die Bienen nur wenig oder gar keinen Pollen genießen, wird auch das Wachs nicht gelb. Dönhoff (Bztg. 1855 S. 179 und 1856 S. 15) hing im November weiße Tafeln in den Sitz der Bienen. Nach vier Wochen hatten sie, trotzdem sie von den Bienen stark belagert waren, keine gelbe Farbe angenommen. Die Richtigkeit dieser Ansicht erhellt auch daraus, daß selbst die Ritzen der Thüren und sonstige Stellen, wohin die Bienen nicht gelangen können, gelb beschlagen.

§ XIV. Hauptsächlichste Geschäfte der Arbeitsbienen innerhalb des Stockes.

Dieser gelbe Beschlag haftet nicht blos an der Oberfläche, sondern dringt mehrere Linien tief in das Holz ein. Gelb aber und nicht anders färbt die Ausdünstung der Bienen, weil der bei weitem meiste Pollen gelb ist und aller Pollen mit dem gelblichen Honig vermischt verbaut wird.

Wenn man bauende, b. h. Wachs ausschwitzende Bienen zerschneidet, so findet man, ganz wie bei den brütenden Bienen in ihren Leibern viel Honig und viel Pollen; woraus folgt, daß das Wachs, gleich dem Futtersafte, aus Honig und Pollen sich bildet. Aber das Wachs bildet sich nicht unwillkürlich auf die Weise, wie jeder reichlich genährte thierische Körper Fett bereitet, sondern nur unter gewissen Voraussetzungen und nur wenn die Bienen wollen, nämlich wenn sie Honig und Pollen in größeren Portionen zu sich nehmen, als sie zur eigenen Leibesernährung bedürfen, den daraus gewonnenen Speisesaft nicht als Futter an die Brut nach außen abgeben, sondern bei sich behalten und in die Blutgefäße ihrer Körper übergehen lassen. Futtersaft- und Wachsbildung stehen im innigen Zusammenhange und der ganze Unterschied besteht darin, daß die verzehrten Stoffe, wenn daraus Wachs werden soll, vollkommen verdaut und in das Blut übergehen müssen, um von hier aus wieder als eine Art Fettstoff abgeschieden zu werden, während diesseits Nahrungsstoffe, wenn sie den Futtersaft für die Brut liefern sollen, schon vom Magen aus, nachdem sie darin eine gewisse Verdauung und chemische und organische Zersetzung erfahren haben und manche gröbere Bestandtheile als unbrauchbar davon ausgeschieden worden sind, wieder durch den brüsigen Mund der Bienen in die Brutzellen befördert werden. S. Dzierzon Bfreund. S. 91. Schüttelt man daher Bienen von den Brutwaben, oder Bienen, die man sich dick voll Honig hat saugen lassen, in eine durchlöcherte Schachtel und stellt diese in einen warmen Honigraum, so bilden sich bei vielen Bienen, denjenigen nämlich, die den Pollen und Honig schon zu Speisesaft verdaut haben, bald Wachsblättchen an den Bauchringen. Die Bienen können dann den bereits vorhandenen Speisesaft nicht sämmtlich zur Ernährung der eigenen Körper gebrauchen, können ihn auch nicht als Brutfutter absetzen, müssen ihn also als Wachs ausschwitzen: ein untrüglicher Beweis, daß die Wachsbildung nichts ist als eine weitere und vollständige Verdauung des Speisesaftes. S. Dönhoff Bztg. 1854 S. 210.

Ist also die Wachsbereitung nur eine weitere Verdauung des Speise- oder Futtersaftes, so ergibt sich von selbst, daß die Bienen, wo sie keinen Pollen haben, auch aus bloßem Honig Wachs, so gut wie Futtersaft, müssen bereiten können. Einen eigenen desfallsigen Versuch stellte nach Hubers (f. Huber-Kleine Heft 3 S. 84 f.) Vorgang Gundelach an und erhielt als Resultat, daß die Bienen, wenn ihnen nur Honig und kein Pollen zum Bauen zur Disposition steht, wirklich Waben bauen und zwar, daß sie in diesem Falle etwa 20 Loth Honig zur Producirung eines Lothes Wachs nöthig haben. S. Gundelach Naturgeschichte u. s. w. S. 28 ff. Auch ich machte diesen Versuch, indem ich in einem dunklen Gemache befindliche Völker dreimal aus bloßem dünnflüssigen Honig, zweimal aus flüssig gemachtem Zucker Wachs bauen ließ. Meine Resultate stimmen mit Gundelach ziemlich überein; denn beim ersten Versuch mit Honig verbrauchten die Bienen 22 Loth Honig zu einem Loth Wachs, beim zweiten Versuche war das Verhältniß etwa wie $18\frac{1}{2}$ zu 1, beim dritten etwa wie 21 zu 1. Die beiden Versuche mit bloßem Zucker ergaben gleichmäßig das Resultat von 19 zu 1. S. von Berlepsch Bztg. 1854 S. 241 f.

Ein ganz genaues Resultat liefern jedoch diese Versuche nicht, weil für die eigene Leibesernährung der Bienen ein willkürliches Gewicht an Honig resp. Zucker angenommen wurde. Wollte man ein ganz genaues Verhältniß ergründen, so müßte man

§ XIV. Hauptsächlichste Geschäfte der Arbeitsbienen innerhalb des Stockes. 93

z. B. 3000 Bienen bei bloßem Honig bauen, andere 3000 bei bloßem Honig lediglich leben lassen; was ich leicht hätte thun können, dummer Weise aber leider unterließ. Dabei würde man jedoch sehr irren, wollte man glauben, die Bienen gebrauchten stets, b. h. auch da, wo ihnen neben dem Honig auch Pollen zur Disposition steht, so vielen Honig zur Wachsproduction. Um nun den Einfluß des Pollens auf die Wachsproduktion wenigstens annähernd festzustellen, machte ich folgenden Versuch. Am 10. September 1854 stellte ich a. einen Dzierzonstock (ich will ihn hier Oettl nennen) auf, in welchem sich zwei stark mit Pollen gefüllte, 2 Pfund 26 Loth wiegende Waben und 6 Stäbchen mit Wachsanfängen befanden, und b. einen desgleichen (Hufe soll er heißen) mit zwei leeren Drohnentafeln und gleichsfalls mit 6 solchen Stäbchen auf. Die Stäbchen hatte ich, bevor ich die Anfänge anklebte, gewogen und wußte daher, wie viel Wachs ich auf je 6 Stäbchen angeklebt hatte. Um jedoch möglichst genau zu sein, ließ ich die angeklebten Wachsanfänge erst von einem andern starken Volke fest anbauen und ausputzen. Dann wog ich sie wieder und stellte das Gleichgewicht dadurch her, daß ich von den 6 Stäbchen Hufes so viel Wachs wegschnitt als die Oettls an Wachs weniger wogen. In die Versuchsbeuten eingebracht, hatten je 6 Stäbchen 4 ¼ Loth Wachsanfänge. Im Ganzen wurden einschließlich des Holzgewichtes der Stäbchen eingehängt: α. bem Oettl 4 Pfund 11 ½ Loth, β. dem Hufe 3 Pfund 13 Loth. Bienen brachte ich in jede Beute 2 ¼ Pfund; die Königinnen saßen natürlich, wie auch bei den früheren Versuchen mit bloßem Honig und Zucker, in Weiselkäfigen eingesperrt. Jeder Beute setzte ich ein Futternäpfchen auf, welches mit flüssigem Honig so lange versehen wurde, bis daß jedes Volk genau 5 Pfund Honig ausgetragen hatte. Nachts setzte ich die Beuten aus dem Kellergewölbe in ein mäßig (12—14 Grad über Null Reaumur) erwärmtes Zimmer, damit der Wabenbau desto rascher vor sich gehen sollte. Auch hatte ich jedem Volke ein Näpfchen mit Wasser untergesetzt, wenn etwa der Honig, dem ich, um das Resultat nicht schwankend zu machen, kein Wasser beigemischt hatte, nicht flüssig genug sein sollte. Am 17. hatte jede Beute ihre 5 Pfund Honig weggetragen und am 20. nahm ich die Waben heraus, kehrte die Bienen ab und wog das Gebäude eines jeden Stockes. Die Waben Hufes wogen 5 Pfund 25 ½ Loth. Einschließlich der 5 Pfund Honig hätten sie, wäre nichts gebraucht worden, 8 Pfund 13 Loth wiegen müssen, waren also 2 Pfund 19 ½ Loth leichter geworden. Jetzt stellte ich dieselben in den Honigraum einer starken Beute, um den in den Zellen stehenden aufgespeicherten Honig austragen zu lassen. Dies geschah sehr schnell, denn schon am Morgen des 21. war kein Tröpfchen Honig mehr in den Zellen. Nun wogen die Waben 3 Pfund 16 ½ Loth; woraus sich ergab, daß 3 ½ Loth Wachs gebaut waren. Im Ganzen waren also 2 Pfund 23 Loth verbraucht (man muß nämlich zu der obigen Gewichtsabnahme von 2 Pfund 19 ½ Loth das Wachsgewicht von 3 ½ Loth aufrechnen). Nimmt man nun pro Tag 1 ½ Loth Honig als Zehrung der Bienen an (8 Tage = 12 Loth), so hatten die Bienen aus 2 Pfund 11 Loth Honig 3 ½ Loth Wachs oder etwa aus 21 Loth Honig 1 Loth Wachs gebaut.

Mit den Waben Oettls verfuhr ich auf ähnliche Weise. Am 20. wogen sie 6 Pfund 19 ¼ Loth, waren mithin 2 Pfund 24 ¼ Loth leichter geworden. Ausgetragen wogen sie noch 4 Pfund 9 ¼ Loth in summa, die beiden Pollenwaben separatim 2 Pfund 18 Loth. Um nun zu erfahren, wie viel Wachs gebaut war, mußten 8 Loth verzehrter Pollen von dem ursprünglichen Gewichte der 4 Pfund 11 ½ Loth abgewogen werden. Es blieben 4 Pfund 8 ½ Loth. Da aber die Waben jetzt 4 Pfund 9 ¼ Loth wogen, so ergab sich, daß 5 ¾ Loth Wachs producirt waren. Das zum Wachsbau verwendete Honigquantum fand sich also. Die Waben wogen unausgetragen 6 Pfund 19 ¼ Loth,

94   § XIV. Hauptsächlichste Geschäfte der Arbeitsbienen innerhalb des Stockes.

ausgetragen 4 Pfund 9¼ Loth, mithin waren 2 Pfund 10 Loth nicht consumirt worden. 5 Pfund waren gegeben worden. also 2 Pfund 22 Loth verbraucht. 12 Loth wurden für die Zehrung der Bienen abgerechnet, mithin bauten die Bienen aus 2 Pfund 10 Loth Honig und 8 Loth Pollen 5¾ Loth Wachs oder aus etwa 13 Loth Honig (excl. des Pollens) 1 Loth Wachs.

Ich ging bei diesem Versuche mit außerordentlicher Vorsicht zu Werke und vergegenwärtigte mir alle Einwendungen, die möglicher Weise gegen das Resultat hätten erhoben werden können. Drei Einwendungen wären möglich gewesen.

α. Daß man gesagt hätte, die Bienen hätten die fehlenden 8 Loth Pollen aus den Zellen auf das Bodenbrett herab- oder zum Flugloch hinausgeworfen. Auf dem Bodenbrette lag so wenig Pollen als vor dem Flugloche. Weit wegzutragen aber vermochten die Bienen den Pollen nicht, weil sie stets dunkel standen und also nicht ausfliegen konnten.

β. Daß man gesagt hätte, die Bienen jenes starken Stockes, welche vom 20. auf den 21. den Honig aussaugen mußten, hätten auch den fehlenden Pollen weggetragen. Obwohl ich damals schon längst wußte, daß die Bienen in Zellen aufgespeicherten Pollen nicht translociren, so übergoß ich doch die ausgetragenen beiden Pollentafeln mit flüssigem Honig und ließ denselben nochmals austragen. Ausgetragen waren die Waben eher schwerer als leichter geworden, was jedenfalls daher rührte, daß sich Feuchtigkeit aus dem Honig in den Pollen hineingezogen hatte.

γ. Daß man gesagt hätte, die Bienen hätten die 8 Loth Pollen zu ihrer eigenen Leibesnahrung verbraucht. Disputandi causa zugegeben, was geläugnet wird, so frage ich: Warum verbrauchte aber Oettl, indem er sich am Pollen delectirte, zur Bereitung eines Lothes Wachs nur 13 Loth Honig, während Huke, der diesen Genuß entbehren mußte, 21 Loth bedurfte? S. von Berlepsch Bztg. 1854 S. 241 f.

Dieser Versuch zeigt evident, daß der Pollen die Wachsproduction fördert, wenn er auch das Wieviel der Procente, welche an Honig durch den Pollen erspart werden, nicht ganz genau angibt, weil die für die Zehrung der Bienen angenommenen 12 Loth nicht streng erwiesen sind. Im Sommer, wo die Bienen ausfliegen können, dürfte sich das Verhältniß wohl noch geringer und vielleicht wie 10 zu 1 stellen.

Wie aber die Bienen auf die Dauer aus bloßem Honig ohne Brut nicht ernähren können, so können sie noch viel weniger während längerer Zeit Wachs aus bloßem Honig bereiten. Diese außergewöhnliche Wachsbereitung scheint ihre Körper noch viel mehr anzugreifen und in Folge dessen noch viel früher auszumergeln und zu erschöpfen, wie folgender Versuch schlagend beweist.

Ende August 1852 brachte ich mehrere durch Vereinigung sehr stark gemachte Völker in Dzierzonbeuten, fütterte sie mit dünnflüssigem Honig, so viel sie nur wegtragen wollten, und ließ sie brüten und Wachs bauen. Anfänglich ging die Sache prächtig, indem etwa 16—18 Tage hindurch die Völker gut bauten und Brut in Menge einsetzten, obwohl bald auffallend viele Leichen mit dick aufgetriebenen Hinterleibern auf den Bodenbrettern lagen. Das Sterben nahm von Tag zu Tag zu und etwa vom 22. bis 24. September an wollte weder der Bau noch die Brut mehr fort und noch nach noch etwa 6 Tagen trugen die Bienen den ihnen gereichten Honig, trotz ich sie Abends in ein erwärmtes Zimmer brachte, gar nicht mehr auf. Die Völker waren bereits zusammengeschmolzen, die meisten Bienen sichtbarlich matt und ausgemergelt, die Brut, welche noch bestand, wohl ⁹⁄₁₀ abgestorben. Jetzt wollte ich sehen, ob die Bienen durchaus nicht mehr brüten und kein Wachs mehr bereiten könnten, nahm deshalb einem Volke, das seit 4 Tagen den Honig nicht mehr auftrug, das sämmtliche Gebäude weg und brachte die Bienen

§ XIV. Hauptsächlichste Geschäfte der Arbeitsbienen innerhalb des Stockes. 95

in eine leere Beute. Das Volk hob, trotz aller Manöver, den Honig nicht und starb in immer größeren Proportionen. S. von Berlepsch Bztg. 1854 S. 241.

Bei diesem Versuche könnte es auffallen, daß die Bienen verhältnißmäßig bald die Fähigkeit, aus bloßem Honig Wachs zu bereiten und Brut zu ernähren, verloren. Man muß aber bedenken, daß der Versuch ein höchst forcirter war, indem ich den Beuten den flüssigen Honig massenhaft reichte und sie so bei ihrem großen Volkreichthum mit aller Macht bauten und brüteten. Diese übermäßige Kraftaufwendung mußte bald die Kräfte aufreiben, so daß sie ohne Pollen keinen Futtersaft, geschweige Wachs — was viel schwieriger zu sein scheint — mehr bereiten konnten. Die Beuten standen im Freien, denn von Ende August an ist in Seebach ein Blümchen eine Seltenheit. Doch sah man es den Völkern deutlich an, daß sie nach Möglichkeit Pollen herbeizuschaffen trachteten, was ihnen natürlich nur sehr mangelhaft gelang. S. von Berlepsch a. a. O.

Wie die Futtersaftbereitung, so wird auch die Wachsbereitung sehr durch Pollen und Wasser befördert, was man daran sieht, daß die Bienen nicht rascher bauen als in der Rapsblüthe, wo so viel Pollen eingetragen wird, und junge Schwärme den Wachsbau nicht schneller weiter führen, als wenn man ihnen größere stark mit Wasser verdünnte und mit Mehl vermischte Honigportionen reicht.

Gewiß braucht der immer noch unter den Bienenzüchtern weit verbreitete Irrthum, die Bällchen seien fertiges Wachs, kaum erwähnt zu werden. Denn daß diese nicht Wachskügelchen sind, erhellt a. aus ihrer mannichfachen Farbe, da doch die Farbe des Wachses stets dieselbe ist, b. daß das Wachs in der Wärme schmilzt, sich aber als eine Fettigkeit mit dem Wasser nicht verbindet und c) der Pollen süß-säuerlich schmeckt, während das Wachs geschmacklos ist. S. Dzierzon Bfreund S. 86.

Jähne (Bztg. 1853 S. 118), wie früher schon Huber (Huber-Kleine Heft 3 S. 34 f.), behauptet, daß das Wachs stets nur aus bloßem Honig bereitet werde, weil es eine stickstofflose Masse sei, mithin keinen Stickstoff aus dem Pollen bedürfe.

Diesem Einwand begegnet Dzierzon ganz vortrefflich also: Zugegeben, daß das Wachs eine blos stickstofflose Masse sei, folgt denn daraus, daß die Bienen zur nachhaltigen Erzeugung der Wachsblättchen keiner stickstoffhaltigen Stoffe, keines Pollens, bedürfen? Die Wachsblättchenerzeugungsmaschine ist ja ein thierischer Leib und bedarf Ersatz dessen, was bei dem Betrieb der Maschine sich abnützt und für immer entflieht, so wie eiserne Maschinen fortwährend Oel, Wasser, Holz oder Kohlen erfordern, wenn sie nicht stehen bleiben sollen, auch zeitweise einer Reparatur bedürfen. Aus der chemischen Analyse der Wachsblättchen, also nachdem die Maschine bereits ihren Dienst gethan hat, schließen zu wollen, Stickstoff sei zur Erzeugung nicht nothwendig, ist ein offenbarer Fehlschluß. Es erscheint mir gerade so, als wenn ein Chemiker einmal eine Locomotive, nachdem sie eine Fahrt beendet hat, zur chemischen Analyse in den Schmelztiegel spedirte und, weil er keine Spur von Oel, Wasser, Kohlen oder Holz, welche Stoffe inzwischen in Dampf und Rauch aufgegangen sind, findet, folgern wollte, daß die Maschine zu ihrer Thätigkeit alles dessen nicht bedürfe. Ist es denn nicht ein häufiger, ja ein gewöhnlicher Proceß im Leben der Thiere und Pflanzen, daß von einer Verbindung zweier oder mehrerer Stoffe der eine absorbirt oder abgeschieden wird und der andere von ihm befreit zurückbleibt? Die Pflanze saugt durch die Wurzeln kohlensaures Wasser auf; durch die Blätter läßt sie den Sauerstoff entweichen, athmet ihn aus und dünstet aus, und der Kohlenstoff bleibt, nur zum Wachsthum brauchbar, zurück. Daß die Bienen auf einige Zeit aus bloßem Honig Wachs

96   § XIV. Hauptsächlichste Geschäfte der Arbeitsbienen innerhalb des Stockes.

bereiten können, vermögen sie deshalb, weil einstweilen ihr Körper den Stickstoff, der zur Wachsbereitung nöthig ist, hergibt. Denn wie jedes Thier von den zur Erhaltung des Lebensprocesses erforderlichen Stoffen einen gewissen Vorrath in sich hat, so daß es einige Zeit von seinem Fette gleichsam zehren kann, so haben auch die Bienen einen längere Zeit ausreichenden Vorrath von Stickstoff, der aus dem Genuß von Pollen entstand, in ihren Leibern. Können die Bienen aus 20 Pfund Honig 1 Pfund Wachs bereiten, so müßten das auch die Chemiker können, wenn sie 20 Pfund Honig in ihren Tiegel brächten. Können sie aber bei diesem chemischen Processe des Leibes der Bienen, die ich zur Wachsbereitung nebst Honig auch Pollen verzehren sehe, nicht entbehren, so steht mein Satz, daß zur Wachserzeugung naturgemäß auch Pollen gehöre, unerschüttert. S. Dzierzon Bztg. 1854 S. 49 f. Und wäre der Pollen zur Wachsbereitung zu bienen gar nicht geeignet, was müßte dann geschehen, wenn man die die Brut pflegenden Bienen, deren Leiber von Pollen starren, unversehends mit der Königin abtriebe und als Colonie in einen leeren Stock brächte? Die Bienen müßten, da sie in dem neuen Stocke keine Brut zu füttern haben, den Futtersaft und den Pollen, den sie bei sich haben, ausspeien. Aber was geschieht in der Wirklichkeit? Der Treibling baut, wie ein natürlicher Schwarm, schon in den ersten Stunden, baut überhaupt weit rascher, als wenn man einen Ableger auf die Art macht, daß man um eine fruchtbare Königin, die man in einer leeren Wohnung auf die Stelle eines starken Stockes stellt, die vom Felde kommenden, mit Honig beladenen Bienen sich sammeln läßt. Die genossene Nahrung, welche die Brutbienen im Mutterstocke als Futtersaft hervorgegeben haben würden, wird von ihnen beim Treibling zu Wachs verbaut. Weiter: Trägt nicht jeder junge Schwarm sofort Pollenbällchen ein? Bringt er deren nicht schon sehr oft mit? Sieht man nicht oft schon beim Fassen des Schwarmes, wie eine Biene der anderen die Bällchen von den Füßen verzehrt? Wozu dieses, wenn der Pollen nur zur Brutfütterung und etwa zur eigenen Leibesernährung der Bienen, nicht aber zur Wachsbereitung dienen sollte, da selbst der Vorschwarm mit einer fruchtbaren Königin kaum unter 3 Tagen, der Nachschwarm, dessen Königin erst befruchtet werden muß, oft erst in 10, 14 bis 20 und mehr Tagen junge Brut zu verpflegen hat? Wie viel Pollen wird aber unterdessen eingetragen? Wird er etwa sämmtlich zur eigenen Leibesernährung verwendet oder aufgespeichert, bis Brut vorhanden ist? In einem Stocke, dem die Königin genommen ist, wird er aufgespeichert, aber nicht in einem bewetselten Schwarme, der oft, ohne schon Brut zu haben, seine Wohnung halb ausgebaut und fast gar keine Pollen vorräthig hat. Der entweiselte Stock speichert den Pollen auf, weil er weder brütet noch baut, der beweiselte nicht, weil er ihn zum Wachsbau gebraucht. Und eben deshalb, weil die Bienen des noch brutlosen Schwarmes die ganze Nahrung nur zu Wachs verbauen, deshalb geht der Wabenbau eines Schwarmes so außerordentlich und erstaunlich schnell von Statten. S. Dzierzon Theorie und Praxis. 3. Aufl. S. 131 f.

Anhang. Im Spätherbst 1854 fand Franz Hofmann, daß viele Bienen eines kleinen Völkchens, welches Mangel an Wärme litt, Wachsblättchen unter den Bauchringen hatten. Im Januar war das Völkchen verhungert und die Bienen, etwa 600 an der Zahl, steckten todt in den Zellen, bargen aber sämmtlich Wachsblättchen unter ihren Ringen. Daraus schließt Hofmann, daß die Wachserzeugung ein **unwillkürlicher Act sei.** Hofmann Bztg. 1855 S. 255 f.

Ich erkläre diesen Fall also. Wenn die Bienen mehr Nahrung zu sich nehmen, als der Körper zur eigenen Ernährung bedarf und sie den aus der verbauten Nahrung entstehenden Futtersaft (identisch mit Speisesaft) nicht als Futter an die Brut abgeben können, so muß sich der Ueberschuß an Speisesaft in Wachs verwandeln, weil das Wachs nichts ist, als das organische Product weiter verbauten Speisesaftes. Nun litt aber jenes winzige Völkchen Mangel an Wärme, nahm deshalb, um sich zu erwärmen, große Futterportionen zu sich, konnte jedoch den daraus sich bildenden Speisesaft sich weder sämmtlich als eigene Körpernahrung assimiliren, noch an Brut, die nicht vorhanden war, abgeben, und so mußte sich der Ueberschuß nothwendig in Wachs verwandeln. Besonders im Januar, wo das Völkchen von der Kälte sehr gedrückt werden und dem Erfrieren nahe kommen mochte, wird es durch Aufnahme großer Futterportionen große Anstrengung, dem Erfrieren zu entgehen, gemacht haben. Es darf daher nicht weiter auffallen, daß es, als endlich der letzte im Stocke vorhandene Futtervorrath genommen war, erfror und verhungerte, trotzdem aber Wachsblättchen, gebildet aus dem Ueberschuß der zuletzt genommenen Nahrung, zeigte. In diesem Falle war die Wachserzeugung allerdings ein unwillkürlicher Act, gerade so wie bei Bienen, die man im Sommer sich dick voll Honig saugen läßt und dann, ohne daß sie den Honig absetzen können, einsperrt, sich Wachsblättchen unwillkürlich bilden, weil die Bienen den Speisesaft nicht sämmtlich dem Blute assimiliren können. Der Schluß Hofmanns aber, die Wachserzeugung überhaupt sei ein unwillkürlicher Act, ist falsch, indem vom (naturwidrigen) Ausnahmszustande nicht auf die (natürliche) Regel geschlossen werden darf.

3. Wabenbau.
a. Der Wabenbau im Allgemeinen.
α. Das Bienenvolk, wenn es eine leere Wohnung bezogen hat, fängt den Wabenbau stets oben an und zieht die Waben von oben nach unten und niemals von unten nach oben. Daraus haben viele Bienenzüchter geschlossen, die Bienen könnten nicht von unten nach oben bauen. Das können sie sehr gut, ja es scheint sogar, daß ihnen das Bauen von unten nach oben bequemer sei. Denn öffnet man z. B. den Honigraum einer Beute, deren Brutraum bereits dicht ausgebaut ist, und klebt Wabenstreifen auf die oberen Flächen der Wabenträger, so fangen die Bienen nicht von der Decke des Honigraumes an, unterwärts zu bauen, sondern sie bauen von den aufgeklebten Wabenstreifen an aufwärts. Warum bauen sie aber im leeren Stocke stets von oben nach unten? Weil sie naturgemäß den Honig oben und die Brut unten, d. h. den Honig über der Brut haben und mit der Brut von oben nach unten rücken wollen. Würden sie aber ihren Bau von unten nach oben beginnen, so müßten sie den Honig unten absetzen und mit der Brut nach oben rücken. Das ist aber gegen die Natur der Bienen. Anders wenn sie einen schon fertigen Bau haben. Da vergrößern sie das bereits vorhandene Honiglager nur in der Richtung, wohin es naturgemäß gehört, und fangen um deswillen so gern von unten nach oben an, weiter zu bauen, weil sie in ihrem Wachsbau keine Unterbrechung mögen.

β. Anfänglich baut im leeren Stock das Bienenvolk nur Arbeiterzellen, und schwächere Völker, besonders aber Nachschwärme, bauen im ersten Jahre oft nicht eine Drohnenzelle. Denn vor allem will das junge Volk Arbeiter haben. S. Spitzner krit. Geschichte u. s. w. Bd. 2. S. 7. Im nächsten Frühjahr aber, stärkere Vorschwärme in demselben Sommer noch, gehen sie weiter unten da und dort zu Drohnenzellen über und führen auch wohl seitwärts eine ganze Drohnentafel auf, weil sich bei vorgeschrittener Stärke der Schwarmtrieb entfernt zu regen beginnt. Ja im nächsten Frühjahr gehen starke Völker, die im ersten Jahre ihre Wohnung nicht ausbauten, in dem untern Theile nicht selten auf fast allen Waben zu Drohnenzellen über und führen diese bis

98 § XIV. Hauptsächlichste Geschäfte der Arbeitsbienen innerhalb des Stockes.

auf den Boden der Wohnung fort. Denn nur äußerst selten gehen sie von Drohnenzellen wieder zu Bienenzellen über.

γ. Die Bienen bauen ihre Waben aber nur aus Bedürfniß und bauen daher nur so viel als das eigene Lager, die Brut und der eingetragene und zunehmende Honig- und Pollenvorrath erfordert. Findet man auch im Herbste bisweilen recht viel Wachsbau, aber den größten Theil, ja fast alle Zellen leer, so darf man sich darüber nicht wundern und nicht fragen, wozu die Bienen so viele Zellen gebaut haben. Zu einer gewissen Zeit waren die Zellen nöthig, waren mit Brut und den zu ihrer Ernährung nöthigen Stoffen, Honig und Pollen, gefüllt. Die Brut ist ausgelaufen, vielleicht größtentheils schwärmend ausgezogen, der Honig und Pollen sind verzehrt und nur die leeren Zellen geblieben, die nun im nächsten Jahre wieder benutzt werden und nicht erst gebaut zu werden brauchen. S. Dzierzon Bfreund S. 80. 85.

δ. Zum Wabenbau sind die Bienen im Sommer, auch bei der besten Weide, lange nicht mehr so geneigt, wie im Mai und Juni. Denn auch der Zellenbau hat seine Zeit und im Juli und August sind die Bienen, von einem richtigen Instincte geleitet, mehr bedacht, nur die bereits vorhandenen Zellen mit Honig zu füllen, als diesen auf Erbauung neuer zu verwenden. S. Dzierzon Bfreund S. 100.

ε. In derselben Weise wie die Bienen den Wachsbau aufführen, besetzt auch die Königin die Zellen mit Eiern, d. h. sie legt anfänglich nur Eier zu Arbeitsbienen, später erst auch zu Drohnen. Daher befindet sich die Arbeiterbrut in der Mitte, im Herzen des Stockes, unter dem Honig, während die Drohnenbrut unten und seitwärts steht. Tritt nicht eine ungewöhnlich honigreiche Zeit ein, so werden alle Zellen vom Brutneste aus nach unterwärts mit Brut besetzt und die Königin legt oft in noch nicht einmal ein Drittel fertige Zellen Eier. Während aber das Brutlager sich unterwärts ausdehnt, werden oben unter dem Honiglager und an den Seiten des Stockes immer mehr Zellen, sobald die Brut ausgelaufen ist, mit Honig gefüllt, so daß nach und nach das Honiglager, je nach dem Reichthum der Tracht und der Stärke des Volkes, eine größere Ausdehnung erreicht.

ζ. Die Brut steht der gegenseitigen und leichteren Erwärmung wegen in einem abgeschlossenen Raume, und wo Brut ist, ist Zelle für Zelle, Tafel für Tafel damit besetzt. Nur im Sommer, wenn es anfängt, der Königin im Brutlager an leeren Zellen zu mangeln, geht sie nicht selten auch über angrenzende Honigwaben weg und setzt an entfernteren Stellen Eier ab, wenn sie leere Zellen findet.

η. Weisellose Bienen, die wegen Mangels an tauglicher Brut sich keine junge Königin erziehen können, bauen in der Regel gar nicht und ausnahmsweise nur dann, wenn sie noch ziemlich stark sind, z. B. wenn ein ziemlich volkreicher Nachschwarm, der noch wenig Gebäude aufgeführt hat, die Königin beim Befruchtungsausfluge verliert. Was sie dann bauen, ist Drohnenwachs, und ich habe nur in äußerst seltenen Fällen einige kleine Stückchen Arbeiterwachs gefunden. Ebenso bauen weisellose Bienen, die taugliche Brut zur Erziehung einer Königin haben, also Bienen in Stöcken mit Weiselzellen, wenn sie bereits gehörigen Bau besitzen, in der Regel auch nicht, wenn sie aber in dieser Beschaffenheit doch bauen, gleichfalls in zwanzig Fällen neunzehnmal nur Drohnenzellen. Ist aber ein solches Volk stark und hat es nur wenig Gebäude, z. B. wenn man einen starken Brutableger mit nur einer Wabe macht, so bauen die Bienen, wenn anders die Tracht gut ist, ziemlich rasch, und obwohl auch viel, doch nicht lauter Drohnenwachs. S. von Berlepsch Bzlg. 1856 S. 42.

ϑ. Die Wachsblättchen nehmen die mit dem Bauen beschäftigten Bienen sowohl sich selbst als auch andern, ruhig in Kettenform an einander hängenden Bienen nach und

§ XIV. Hauptsächlichste Geschäfte der Arbeitsbienen innerhalb des Stockes.

nach aus den Bauchringen heraus, nehmen sie einzeln in ihre Beißzangen, zerkauen sie, um sie geschmeidig zu machen, und bringen sie dort an, wo sie den Bau weiter führen wollen. Können sie weichgemachte Wachsblättchen aus irgend einem Grunde nicht gleich verbauen, so kleben sie solche einstweilen an die Wände oder Fenster der Stöcke, um sie später zu verwenden. Man kann das Zerkauen und Präpariren der Wachsblättchen und das Aufkleben der so präparirten Blättchen mittels der Beißzangen, d. h. das eigentliche Bauen, nicht besser sehen, als wenn man in einer mit einer Glasthüre versehenen Beute die Bienen nach abgehobenen Deckbrettchen von unten nach oben bauen läßt und durch die Glasthüre beobachtet. Hier sitzen die Bienen meist frei, und oft sind nur wenige an einer aufwärts zu führenden Wabe beschäftigt, so daß man ganz genau sehen kann, wie sie bauen.
 b. Die verschiedenen Zellen und ihr Zweck.
 α. Kleine sechseckige Zellen, so groß, daß gerade eine Arbeitsbiene darin ausgebildet werden kann, also so lang wie eine Arbeitsbiene.
 β. Größere sechseckige Zellen, so groß, daß gerade eine Drohne darin ausgebildet werden kann, also so lang wie eine Drohne.
 Die hauptsächlichste Bestimmung dieser beiden Zellen ist, daß Arbeitsbienen und Drohnen in ihnen erbrütet werden. Sie dienen jahrelang zur Brut, werden, je öfter in ihnen gebrütet wird, desto dunkeler und zuletzt ganz schwarz, auch immer enger, weil jede junge Biene oder Drohne in der Zelle ein Häutchen zurückläßt, womit sie dieselbe, wenn sie sich in eine Nymphe verwandelt, an allen sechs Seiten und auf dem Boden ausfüttert. Mit der Zeit werden daher die alten Tafeln zur Brut immer untauglicher. Der Königin fällt es immer schwerer, in diese verengten Zellen Eier abzusetzen, den Arbeitsbienen, die Maden mit Futter zu versehen, und die jungen Bienen finden auch zu ihrer gehörigen Ausbildung nicht mehr den erforderlichen Raum und kommen kleiner und unansehnlicher und häufig mit nicht gehörig ausgebildeten Flügeln hervor. Die Bienen wissen sich jedoch zu helfen, indem sie endlich zu eng gewordene Zellen zernagen und neue aufführen oder nur die Nymphenhäutchen, wenigstens an den Seiten, wegbeißen, so daß bei den alten Zellen wohl der Boden sehr dick ist, während die Weite der Zellen und also die Dicke der Seitenwände ziemlich die gewöhnliche ist. Endlich geht freilich jedes Volk den Weg alles Fleisches. S. Dzierzon Bfreund. S. 78. Aber das dauert lange, denn, sagt Spitzner, ich habe Körbe stehen, die 20 und 30 Jahre alt sind und ich finde allemal beim Beschneiden in den oberen Tafeln, so schwarz sie auch aussehen, die schönste bedeckelte Brut. S. dessen Korbbienenzucht 3. Aufl. S. 73 und 133 f. Und Stöhr erzählt von einem Bienenvolke, das gegen 70 Jahre in dem Gesimse eines alten Thurmes gelebt habe. S. Monatsblatt 1841 S. 71.
 Ferner dienen die beiden Zellenarten, wenn sie zur Brut nicht gebraucht werden, auch zur Aufspeicherung des Honigs, die Arbeiterzellen, nicht aber die Drohnenzellen, auch zur Einstampfung des Pollens. Wenigstens findet man in Drohnenzellen nur äußerst selten etwas Pollen. Den Grund sucht Dzierzon darin, daß es der Biene nicht wohl möglich sei, in den weiten Drohnenzellen die Kügelchen sich von den Füßen zu streifen, dieselben dann zu zerkneten und zu verzehren, ohne die Gefahr, daß solche herunterfallen; was selbst in den kleinen Arbeiterzellen nicht selten geschieht, obwohl der diese Zellen ausfüllende Körper der Biene dies nicht leicht geschehen läßt. Practisch folgt daraus, daß in Drohnenzellen stets der reinste Honig steht. S. Dzierzon Bztg. 1847 S. 26.

§ XIV. Hauptsächlichste Geschäfte der Arbeitsbienen innerhalb des Stockes.

Endlich werden diese Zellen, wenn sie leer sind, zu Zeiten auch von den Bienen als Ruhestätten benutzt. Im Sommer sieht man oft Bienen in Zellen kriechen und daselbst bis 20 Minuten unbeweglich liegen und ruhen. Ebenso liegen oft im Winter Bienen in diesen Zellen.

γ. **Weiselzellen.** Diese sind von allen Zellen ganz verschieden, sehr bedeutend größer, eichelförmig, auch inwendig rund, stehen isolirt, meist, wahrscheinlich der Raumersparniß halber, an den Kanten der Tafeln, und mit der Mündung nach unten, weil für eine wagerechte Stellung fast nie Raum genug vorhanden sein würde. Die Mündung entbehrt des stärkeren Saumes, mit welchem die übrigen Zellen eingefaßt sind. Die Weiselzellen bedürfen aber auch dieses Saumes nicht, weil sie zehn- und zwanzigmal dauerhafter als alle andere Zellen gebaut sind, wogegen den übrigen so zarten Zellen neben dem Zusammenhange auch der stärkere, wieder im Zusammenhange stehende Saum an der Mündung einen festen Halt gewährt und den Bienen zum sicheren Anklammern und Gehen dient. Sie dienen nur zur Brut und zwar nur einmal und werden, wie schon auf S. 47 gesagt ist, dann bald früher bald später abgetragen, weil die Königin nicht im Stande ist, in eine solche fertige Weiselzelle ihrer Tiefe wegen ein Ei auf dem Boden anzuheften. Rothe jedoch will einen Fall erlebt haben, wo eine Weiselwiege zweimal mit Brut besetzt gewesen wäre. Bzlg. 1859 S. 135 f. Honig kann nicht in ihnen abgelagert werden, weil sie mit der Mündung nach unten stehen und der Honig deshalb auslaufen würde; auch enthalten sie niemals Pollen. Der Futtersaft fließt jedoch nicht aus, weil er gallert- und gummiartig ist, so daß er fest sitzt und selbst die in und auf ihm schwimmende königliche Made mit hält.

In die Weiselzellen, deren Flächen (äußere Wände) anfangs glatt sind, werden später kleine Tüpfel eingegraben, die, wenn man sie genauer betrachtet, lauter kleine sechseckige Zellenanfänge mit prismatischen Rändern sind. Die Ausarbeitung ist zwar roh, aber bei sehr vielen Tüpfeln läßt es sich deutlich erkennen, daß es rudimentäre Zellen sind. S. Dönhoff Bzlg. 1856 S. 185. Dabei ist es merkwürdig, daß diese Tüpfel sich niemals auf einer Weiselzelle finden, in welche aus Versehen oder in einem drohnenbrütigen Volke eine Drohnenmade kam. Diese Zellen sind und bleiben stets ganz glatt. Ebenso merkwürdig ist es, daß die Weiselwiegen jedesmal der Farbe der Tafel, an welcher sie sich befinden, ganz gleich sind. Ist die Tafel weiß, so sind es auch die Weiselwiegen, ist die Tafel braun oder dunkel, so haben auch die Weiselzellen, welche eben erst gebaut sind, ganz dieselbe Farbe; woraus Werny richtig schloß, daß die Bienen das Wachs zu den Weiselzellen nicht neu produciren, sondern es von der Tafel nehmen, an welcher sie solche erbauen wollen. S. Werny Bzlg. 1857 S. 81.

Inwendig auf dem Boden unterscheiden sich die Weiselzellen untereinander dadurch, daß ein Theil einen rein runden kesselförmigen Boden hat, ein Theil unter der Rundung des Bodens mehr oder weniger von einer kleinen sechseckigen Arbeiterzelle, gleichsam als ein Stielchen, zeigt. Erstere Art ist nämlich diejenige, in deren Anfänge die Königin die Eier absetzt, letztere diejenige, welche aus mit Maden besetzten Arbeiterzellen, wenn die Königin plötzlich und unverhofft abgängig wurde, zu Weiselzellen umgeformt werden, weil die Arbeitsbienen weder ein Ei noch eine Made translociren können. Will man das sechseckige Stielchen sehen, so muß man mit einer Federmesserspitze den vertrockneten Futterrücksatz ablösen, der auf dem Boden jeder Weiselzelle, aus welcher eine Königin ausgeschlüpft ist, klebt. Seit Huber, der diesen Unterschied zuerst entdeckte, nennen die Bienenzüchter die Zellen der ersteren Art Schwarmzellen, die der letzteren Nachschaffungszellen. Wir wollen diese Bezeichnungen beibehalten,

§ XIV. Hauptsächlichste Geschäfte der Arbeitsbienen innerhalb des Stockes.

weil sie einmal gäng und gebe, obwohl nicht recht zutreffend sind. Denn auch diejenigen Weiselzellen, welche die Bienen bei einem vorhabenden Wechsel ihrer alten Königin zur Nachschaffung einer jungen und nicht zum Schwärmen bauen, sind auf dem Boden kesselförmig. Besser vielleicht hätte man sie primäre und secundäre Wiegen genannt.

δ. Uebergangszellen d. h. solche Zellen, welche der Größe nach die Mitte zwischen Arbeiter- und Drohnenzellen halten und welche sich da befinden, wo auf einer Wabe von Arbeiterzellen zu Drohnenzellen oder von Drohnenzellen zu Arbeiterzellen übergegangen wird. Sie sind die Zellen, welche die Vermittlung zwischen den großen Drohnen- und den kleineren Arbeiterzellen bewirken, sind deshalb meist verschoben, oft nur fünfeckig. In der Regel werden sie mit Honig gefüllt oder bleiben ganz leer, und nur, wo es der Königin an Drohnenzellen gebricht, findet man sie nicht selten mit Drohnenbrut besetzt.

ε. Honigzellen. Diese bestehen aus verlängerten und, damit der Honig nicht ausfließen kann, merklich aufwärts gebogenen Arbeiter-, Drohnen- und Uebergangszellen. Diese Zellen werden theils gleich anfänglich zur Honigaufspeicherung bestimmt und deshalb gleich länger und aufwärts gebogen erbaut, theils aber erst später durch Verlängerung der beiderlei Brutzellen gebildet. Sind sie mit Honig gefüllt, so werden sie versiegelt, aber nicht früher, bevor nicht der Gang zwischen zwei Tafeln oder zwischen einer Endtafel und der Wand des Stockes so eng geworden ist, daß kaum eine Biene durchkriechen kann. Die Schließung der honiggefüllten Zellen mit Wachsblättchen geschieht, damit der Honig nicht verdunste und zu bald verzuckere, zugleich aber auch, damit er während der Zeit der Bienenruhe keine Feuchtigkeit anziehe, sauer werde und verderbe.

Pollen wird in solchen Zellen niemals abgelagert und kann nicht abgelagert werden, weil die Bienen ihn der Tiefe der Zellen wegen mit den Füßen nicht feststampfen könnten. Wenn man aber doch öfters in solchen Zellen unter dem Honig Pollen findet, so war er schon eingestampft vor der Verlängerung, als die Zellen noch die Länge der Brutzellen hatten oder Brutzellen waren.

Natürlich kann in solche Zellen, wenn sie auch wieder leer geworden sind, die Königin keine Eier absetzen. Doch wie die Bienen die Brutzellen zu Honigzellen umwandeln können, so vermögen sie auch die tieferen Honigzellen wieder zu Brutzellen einzurichten, indem sie dieselben bis auf die normale Tiefe niederbeißen und es so der Königin möglich machen, ihre Eier auf dem Boden anzuheften.

ζ. Heftzellen. Diese sind bestimmt, die Wachswaben an dem Deckel, an den Wänden und Querhölzern des Stockes, und nach Erforderniß selbst am Boden fest zu heften.

Sollten die sechseckigen Zellen einer Wabe an einer Wand befestiget werden, so könnten diese Zellen nur mit einer scharfen Kante oder Ecke die Wand berühren; es entstünde so immer zwischen zwei Zellen ein leerer Raum, wo keine Befestigung möglich, und sonach das Ganze von geringer Haltbarkeit wäre. Die kluge Werkmeisterin Biene weiß auch hier ein Mittel. Sie läßt die sechste Ecke von der gewöhnlichen Zelle hinweg und formt jetzt fünfeckige Zellen, von denen jede mit der flachen Seite — nicht mit der Ecke — die Wand berührt, und so, ohne Zwischenraum zu lassen, fest angelöthet werden kann. Diese Zellen werden nicht nur stärker als andere gebaut, sondern auch aus zähem Material, nämlich aus einer Mischung von Wachs und Kitt. Diese Zellen dienen außerdem nur zur Honigablagerung. S. Dettl Klaus 3. Aufl. S. 77.

§ XIV. Hauptsächlichste Geschäfte der Arbeitsbienen innerhalb des Stockes.

η. Hin und wieder haben die Bienen an gewissen Stellen keinen Platz, den Zellen auch nur die Länge der Brutzellen zu geben. Diese Zellen können dann gleichfalls nur als Honigzellen benutzt werden.

4. Pflege der Brut.

Die Arbeitsbienen belagern die brutbesetzten Tafeln und bewirken durch die dadurch entstehende größere Wärme, daß die Eier sich zu lebendiger Brut entwickeln und die entwickelte Brut, indem sie diese zugleich mit entsprechender Nahrung versorgen, bis zum geflügelten Insect gedeihen kann. Welche Nahrung erhält nun die Brut?

a. Nahrung der Arbeiter- und Drohnenbrut.

So lange die Maden gekrümmt auf dem Boden der Zelle liegen, wird ihnen Futtersaft gereicht, sobald sie aber anfangen, sich vom Boden der Zelle zu erheben und das Kopfende aufwärts zu richten, erhalten sie bis zur Bedeckelung Honig und Pollen. Ob sie von jetzt ab nur Honig und Pollen, oder nebenbei auch noch Futtersaft bekommen, weiß ich nicht, vermuthe aber, daß der Futterwechsel nicht auf einmal, sondern allmälig eintreten wird, so daß die Maden anfänglich auch noch Futtersaft bekommen werden und daß die Honig- und Pollenfütterung nur nach und nach sich steigern wird, bis sie im letzten Stadio vor der Bedeckelung allein statt hat. Die größeren Maden müssen also den Honig und Pollen selbst verbauen, während den kleineren diese Substanzen im verbauten Zustande des Futtersaftes gereicht werden. Daß die Maden im letzten Stadio ihres Larvenlebens mit Pollen und Honig gefüttert werden, kann man schon in den unversehrten Thieren und mit unbewaffnetem Auge constatiren. Denn die meist gelbe Farbe des Pollens, die im Innern des Chylusmagens bei den Larven vorhanden ist, kann schon durch die äußeren Bedeckungen des Körpers hindurch erkannt werden. Man wird niemals eine größere Arbeiter- oder Drohnenlarve ohne diesen Farbenschimmer beobachten. Durch das Mikroskop wird die Sache natürlich über allen Zweifel festgestellt; der Chylusmagen der Larven enthält bei den Arbeitern und Drohnen dieselben Pollenkörner, die man in den ausgewachsenen Arbeitern antrifft. S. Leuckart Bztg. 1855 S. 209.

b. Nahrung der Königsbrut.

α. Die königliche Made erhält von Anfang an bis zur Bedeckelung der Zelle nur Futtersaft und zwar in solcher Masse, daß sie in und auf demselben förmlich schwimmt. Man kann also, da sie niemals auch mit Honig und Pollen im unverbauten Zustande gespeist wird, recht wohl sagen, daß das königliche Futter nicht blos ein reichlicheres, sondern auch ein besseres sei. Schon mit bloßen Augen kann man den Unterschied zwischen einer Arbeiter- oder Drohnenlarve und einer Königslarve bemerken, indem bei ersterer die farbige Pollensubstanz durch den Körper durchschimmert, bei letzterer nicht. Das Mikroskop, das Leuckart zu wiederholten Malen anwendete, gab auch hier völlige Gewißheit, und im Chylusmagen einer königlichen Larve fand sich stets nur ein feinkörniger Inhalt ohne Pollenkörner. S. Leuckart a. a. O. Aus dieser besseren und reichlicheren Fütterung erklärt es sich auch, weshalb eine Königin kürzere Zeit zur vollständigen Entwickelung gebraucht als eine Arbeitsbiene oder Drohne. Das reichlichere und bessere Futter wird den Körper schneller ausbilden.

β. Leuckart sagt: Der Unterschied in der Nahrungsbeschaffenheit der Königin und Arbeiterlarve ist ein Umstand, der mir von größter Bedeutung zu sein scheint. Ich glaube keinen Fehlschluß zu thun, wenn ich behaupte, daß derselbe mit der verschiedenen Ausbildung der Geschlechtsapparate bei den genannten Thieren in innigster Verbindung steht. Am sechsten Tage finde ich bei den weiblichen Larven die ersten Spuren

§ XIV. Hauptsächlichste Geschäfte der Arbeitsbienen innerhalb des Stockes. 103

der inneren Geschlechtstheile; die Veränderung der Nahrung bei den Arbeiterlarven fällt also gerade in eine Zeit, in der diese Organe zur Entwickelung gelangen. Dazu kommt, daß es bis zum sechsten Tage gelingt, eine jede Arbeiterlarve zu einer Königin zu erziehen. Bis dahin haben die Larven dieser beiden Entwickelungsformen ganz gleiche, nur höchstens in quantitativer Beziehung etwas differirende Nahrung genossen. Pollen und Honig ist nun aber entschieden eine weniger leichte und weniger nahrhafte Speise als Futtersaft, der bereits bis zu einem gewissen Grade verdaut ist, bevor er genossen wird. Wenn wir nun sehen, daß mit dem Genusse dieser schlechteren Nahrung die Entwickelung der Geschlechtsorgane sistirt, während dieselbe fortschreitet, sobald die frühere bessere Nahrung beibehalten wird, liegt es dann nicht nahe, an einen causalen Zusammenhang zwischen diesen Erscheinungen zu denken? Freilich sehen wir, daß die Drohnen bei derselben Nahrung, die das weibliche Thier zu einer Arbeiterin macht, ihre volle geschlechtliche Ausbildung erreichen; aber das kann natürlicher Weise nicht gegen unsere Annahme geltend gemacht werden. Es beweist das nur, daß die Bedingungen der männlichen und weiblichen Geschlechtsentwickelung verschieden sind. E. Leuckart Bztg. 1855 S. 210.

Dieser Versuch Leuckarts, das Unentwickeltbleiben der weiblichen Geschlechtsorgane der Arbeiterinnen zu erklären, ist zwar höchst geistreich, aber doch wohl schwerlich stichhaltig. Denn da es erwiesen ist, daß auch dann gewöhnliche Arbeiterinnen hervorgehen, wenn ein brütendes Volk nicht ein Körnchen Pollen im Stocke hat und auch keine Biene ausfliegen kann, um solchen herbeizuschaffen, so folgt unwiderleglich, daß der Pollen, den die Arbeitsmade genießt, die Entwickelung ihrer weiblichen Geschlechtsorgane nicht hemmen kann; es müßten ja sonst lauter kleine Königinnen werden.

Ebenso wenig vermag dieß, wie Andere behaupten, die kleine Zelle. Denn hinderte diese die Made an der Ausbildung ihres Körpers, so müßten in Drohnenzellen erbrütete Arbeiterinnen größer als die gewöhnlichen werden; was aber in Wirklichkeit nicht der Fall ist. S. § IX, 1, i. Es kann daher die mangelhafte Geschlechtsausbildung, die übrige von dem Körper entwickelter Weibchen (Königinnen) verschiedene Körperbildung, die Ausbildung eines von entwickelten Weibchen specifisch verschiedenen Lebens — kurz Alles, was Arbeiterin und Königin quantitativ und qualitativ unterscheidet, weder von der Pollenfütterung noch der kleinen Zelle herrühren. S. Dönhoff Bztg. 1856 S. 173.

Wovon aber rührt der Unterschied her? Vorausgesetzt, daß der Futtersaft, den Königinnen, Drohnen und Arbeiterinnen als Larven erhalten, von derselben Beschaffenheit und stofflich nicht unterschieden ist, wie Leuckart, Dönhoff und andere Physiologen versichern, so sind nur zwei Gründe denkbar, welche die Verschiedenheit der Ausbildung bewirken können, nämlich der Honig, den die Arbeiterlarve in den letzten Tagen vor ihrer Bedeckelung statt des früheren Futtersaftes erhält und die viel geringere Masse von Futtersaft und Futter überhaupt. Aber und noch ein dutzendmal aber, ich gebe nicht zu, daß der Futtersaft der Königin von dem der Arbeitsbiene stofflich nicht unterschieden sei. Freilich kann ich, der ich aller chemischen Kenntnisse quitt und baar bin, den Unterschied nicht beweisen, aber wenn ich mit meinen gesunden Augen sehe, daß der Futtersaft in den Arbeiterzellen wie etwas mit Milch vermischtes Wasser aussieht, wogegen das Futter in den Königszellen gar kein Saft, sondern ein Brei ist, wie Gänsefett sich schmiert, so muß ich so lange einen stofflichen Unterschied festhalten, bis Chemiker das Gegentheil bestimmt nachgewiesen haben sollten.

Vielleicht besteht der Unterschied blos darin, daß das königliche Futter in den Leibern der Bienen vollständiger verdaut und so mehr von allen gröberen Substanzen der ursprünglichen Stoffe, Honig und Pollen, gereiniget ist? Und wenn aller Futtersaft identisch ist, warum gedeihen dann Drohnenlarven in Arbeiterzellen, nicht aber in Weiselzellen, in welchen sie in 100 Fällen mindestens 99mal absterben? Doch nur, weil sie das stofflich verschiedene königliche Futter nicht vertragen können! Auch Dzierzon (Bztg. 1853 S. 113 und 1857 S. 53) stimmt dafür, daß sich das Futter der königlichen Maden nicht nur der Menge, sondern auch dem Stoffe nach von dem der Arbeitermaden unterscheide. Damit will ich jedoch nicht läugnen, daß bei der Königsbrut die ungeheuere Masse von Futter, bei der Arbeiterbrut die sichtbarliche Kärglichkeit mit zur Entwickelung und Verkümmerung der weiblichen Organe beitrage. Werden doch selbst die Drohnenmaden, die doch ganz dasselbe Futter, wie die Arbeitermaden, erhalten, reichlicher gefüttert, wie man mit bloßen Augen sehen und durch das Gewicht der Brutwaben feststellen kann.

§ XV.
Nahrung der dreierlei Bienenwesen.

1. **Die Arbeitsbienen genießen zur eigenen Leibesernährung Honig und Pollen.**

Weil wir Bienenzüchter uns vielfältig auf's Bestimmteste zu überzeugen Gelegenheit hatten, daß die Arbeitsbienen im Winter monatelang von bloßem Honig ohne allen Pollen lebten und gesund und munter blieben, machten ich (Bltg. 1854 S. 243) und Andere den uns gewiß sehr verzeihlichen Fehlschluß, daß die Arbeitsbienen überhaupt niemals zur Ernährung ihrer eigenen Leiber Pollen genössen, sondern daß sie des Pollens nur bedürften und solchen in ihre Magen nur aufnähmen, wenn sie Futtersaft für die Brut oder Wachs bereiten wollten. Seit jedoch in den letzten Jahren die gelehrten Naturforscher ihre Thätigkeit auch den Bienen zuwendeten, wurden wir Bienenzüchter bald eines besseren belehrt. Leuckart sagt: Ein Physiologe würde, glaube ich, nicht in Zweifel gekommen sein. Lassen wir den Pollen außer Betracht, so bleibt nur der Honig als Nahrungsmittel der Bienen übrig. Dieser Honig ist seiner chemischen Zusammensetzung nach eine sogenannte ternäre Verbindung, d. h. er besteht aus Kohlenstoff, Wasserstoff und Sauerstoff in bestimmten Zahlenmengen. Aber der Körper der Bienen wird nicht blos von ternären, sondern seiner Hauptmasse nach von sog. quaternären (eiweißartigen) Stoffen gebildet, von solchen nämlich, die außer den drei genannten Elementen auch noch Stickstoff enthalten. Daß diese quaternären Verbindungen ebensogut, wie die ternären von Außen stammen, also durch die Nahrung zugeführt werden, daran wird heutiges Tages Niemand zweifeln. Da sie aber nun in dem Honig nicht enthalten sind, so müssen sie einem andern Nahrungsstoffe entnommen sein, und dieser weitere Nahrungsstoff, wo wird er anders gesucht werden können als in dem Pollen? Ueberdieß wissen wir, daß die Absonderungen des thierischen Körpers — und Futtersaft so wie Wachs sind solche Absonderungen — nirgends, so weit unsere Kenntnisse reichen, als Umwandlungsproducte besonderer, von den Nahrungsmitteln verschiedener Substanzen ihren Ursprung nehmen, sondern beständig aus eben denselben Stoffen hervorgehen, die zur Unterhaltung des individuellen Lebens und Leibes bestimmt sind. Aber nicht blos aprioristische Gründe sind es, die mich zu der Annahme bestimmen, daß der Pollen, den die Bienen genießen, ein wirkliches Nahrungsmittel sei. Ich kann auch ein Paar directe Beobachtungen für diese Behauptung anführen. Zunächst der Umstand, daß man bei Tragbienen, die weder Futtersaft noch Wachs bereiten, nicht selten ganz unveränderten, also frisch genossenen Pollen im Chylusmagen, mitunter auch gleichzeitig eben solchen Pollen in den Körbchen antrifft. Von Berlepsch fing z. B. eines Tages in Seebach, zu einer Zeit, wo sonst nur der gelbe Pollen von Raps eingetragen wurde, eine Biene mit rothen Höschen und diese Biene zeigte in ihrem Magen, wie wir uns beide überzeugten, ganz denselben rothen Pollen, wie in den Körbchen. Dieselbe Beobachtung machte auch F. Hofmann (Bztg. 1855 S. 143 f.) an einer rothe Höschen tragenden Biene. Ferner habe ich bei einem kleinen Völkchen hier in Gießen mich überzeugt, daß die Arbeitsbienen auch zu einer Zeit, in der keine Brut mehr vorhanden war, auch keine Zellen mehr gebaut wurden, tagtäglich beträchtliche Quantitäten Pollen verzehrten und bis auf die Hüllen verbauten. Ich glaube, es ist dieß Beweis genug, daß der Pollen wirklich zur Nahrung dient und nicht allein der Honig. S. Leuckart Bztg 1855 S. 207 f. Ja gewiß, denn Kleine winterte vier kleine Völkchen, die keine Zelle Brut mehr hatten, aber mit mehr oder weniger Pollen neben Honig versehen waren, ein, um mir ad oculos den Beweis meiner falschen Behauptung, die Bienen verzehrten zur eigenen Leibesernährung keinen Pollen, zu führen. Die Völkchen verhungerten, ehe sie wieder eine Zelle Brut angesetzt hatten, in allen vier aber war der Pollen bis auf die letzte Spur verschwunden, also zur eigenen Leibesernährung genossen. S. Kleine Bztg. 1855 S. 52. Einen ähnlichen Versuch mit ganz gleichem Resultate machte er 1855. S. Kleine Bztg. 1856 S. 91 und 1858 S. 88. Und ich selbst habe mich in den Wintern 1855, 1856 und 1857 bestimmt überzeugt, daß die Arbeitsbienen, auch ohne daß sie brüteten oder bauten, Pollen verzehrten. Gewiß aber ist, daß zur Zeit der Herbst- und Winterruhe das Bedürfniß nach Pollennahrung sehr viel mehr beschränkt ist als im Sommer und daß die Bienen um diese Zeit, wenn sie keinen Pollen haben, auch leben können. Honig ist zu allen Zeiten — man sage was man wolle — die Haupt-, der Pollen die Nebennahrung; denn die Bienen können erwiesener Maßen ohne Pollen monatelang, ohne Honig beim reichsten Pollenvorrath aber nicht 48 Stunden leben, und der alte Jacob Schulze wird wohl recht behalten, wenn er sagte, der Pollen sei „der Schnaps zum Schweinebraten", damit dieser besser bekomme. Vergl. auch Dönhoff Bztg. 1859 S. 43.

2. Die Drohnen und die Königin genießen Futtersaft und Honig.

Die Bienenzüchter behaupten einstimmig, daß die Drohnen und die Königin keinen Pollen verzehrten, und das ist nach den mikroskopischen von Leuckart angestellten Beobachtungen ganz richtig. Folgt nun aber, sagt Leuckart, hieraus, daß Drohnen und Königin ausschließlich von Honig leben? Ich glaube nein. Dieselben Gründe, die es physiologisch unmöglich machen, daß die Arbeitsbienen ihre Leiber mit bloßem Honig ernähren und erneuern, dieselben Gründe verbieten solche Annahme auch für die Drohnen und die Königin. Man bedenke nur, daß die Königin in ihren Hunderttausenden von Eiern, die sie in einem großen Beutenstocke jährlich legt, eine sehr bedeutende Quantität von eiweißartigen Substanzen ausführt, bedenke nur, daß diese Substanzen im Honig nicht vorhanden sind, und man wird dann gewiß augenblicklich die völlige Unhaltbarkeit der älteren Annahme einsehen. Es leidet meiner Meinung nach nicht den geringsten Zweifel, daß Königin und Drohnen neben ihrer stickstofflosen Honignahrung noch eine weitere stickstoffhaltige Nahrung genießen. Diese stickstoffhaltige Nahrung finden unsere Thiere, wie die stickstofflose, im Innern des Stockes; sie muß ihnen, da sie nicht aus Pollen besteht, der in den Zellen aufgehäuft ist, von den Arbeitsbienen gereicht und von letzteren erst vorher durch Umwandlung des Pollens producirt werden.

§ XV. Nahrung der dreierlei Bienenwesen.

Daß die Drohnen und die Königin von Seiten der Arbeiterinnen gefüttert werden, ist eine bekannte Thatsache. Aber die Nahrung, die denselben dabei gereicht wird, besteht nicht aus Honig, wie man annimmt, sondern aus dem Inhalte des Chylusmagens; sie ist ein stickstoffhaltiger Speisesaft. Es ist mir zweimal gelungen, eine solche fütternde Arbeiterin bei ihrem Ammengeschäfte abzufangen. Beide Male war der Honigmagen leer, der Mastdarm mit Pollenresten gefüllt. Der Chylusmagen enthielt dieselbe feinkörnige Flüssigkeit, die man im Magen der Königin und Drohnen stets findet und zwar in beträchtlicher Menge, wie man sie nach einer reichlicheren Pollennahrung bei allen Arbeiterinnen antrifft. Die Verschiedenheit dieser Masse vom Honig ließ sich schon durch den Geschmack zur Genüge constatiren; ich kann dieselbe, wie gesagt, für nichts anderes als Speisesaft (Chymus) halten, für eine Substanz, die durch Verdauung des Pollens gewonnen wurde und von den Bienen bald zur eigenen Ernährung, bald zur Fütterung verwendet wird. Zu einer Honignahrung bedarf es keiner Fütterung; den Honig finden Königin und Drohnen in den Zellen bereit. S. Leuckart Bztg. 1855 S. 208.

Aus dieser Darstellung Leuckarts folgt mit Gewißheit, daß Königin und Drohnen niemals direct rohen Pollen genießen, sondern daß sie den Pollen nur indirect im verdauten Zustande, in dem ihnen von den Arbeiterinnen gereichten Speisesaft erhalten, und daß sie eben deswegen gefüttert werden, um ihnen stickstoffhaltige Nahrung beizubringen, da sie rohen Pollen nicht fressen. Aber ganz falsch würde man schließen, wollte man behaupten, daß Königin und Drohnen nur Speisesaft genössen, nur von den Arbeiterinnen mit diesem gefüttert würden. Denn wohl ein dutzendmal habe ich Königinnen und gewiß hundertmal habe ich Drohnen mit größtem Appetit Honig aus den Zellen einsaugen gesehen. Oeffnet man im Sommer bei reichem Trachtfluge eine Beute und liest sich eine Partie Drohnen von den Waben, so wird man finden, daß viele ganz erkleckliche Honigportionen bei sich haben. Königin und Drohnen genießen daher auch Honig neben ihnen gereichtem Futtersaft, und den Honig werden sie theils selbst aus den Zellen nehmen, theils auch, besonders die Königin, von den Arbeiterinnen bargereicht erhalten.

Wer eine Königin will Honig speisen sehen, der braucht sie nur aus dem Stocke heraus zu nehmen und ihr kurze Zeit nachher, z. B. auf einer Messerspitze, etwas flüssigen Honig vor den Rüssel zu halten. Sofort wird der Schmaus beginnen. Burnens sah schon am 20. Mai 1790 eine Königin Honig aus einer Zelle saugen; nach ihm viele Andere, z. B. F. Hofmann. S. Bztg. 1856. S. 203.

§ XVI.
Beseitigung aller unnützen Glieder des Biens.

1. Im gesunden Bienenvolk wird kein Wesen geduldet, das unnütz wäre. Daher werden alle Arbeitsbienen, sobald sie nicht mehr arbeiten können, zum Flugloche hinaustransportirt, die Drohnen, wenn das Schwärmen eingestellt, auch kein Wechsel der Königin bevorsteht, also keine Königin mehr zu befruchten ist, vertilgt und wird die Königin, wenn ihre Fruchtbarkeit auf die Neige geht, durch Nachziehung einer jungen ersetzt. Ebenso werden alle aus den Zellen irgend wie krüppelhaft hervorgehende Wesen sofort erilirt. Manche Bienenschriftsteller haben zwar behauptet, bei den Königinnen machten die Bienen eine Ausnahme, da sie z. B. eine flügellahm aus der Zelle hervorgehende Königin nicht beseitigten sondern duldeten. Dieser Einwand ist jedoch nicht stichhaltig; denn von dem Augenblicke an, wo die nachzuziehende Königin flügellahm oder sonst wie befruchtungsunfähig aus der Zelle hervorgeht, ist der Stock nicht mehr gesund, sondern todtkrank und ohne menschliche Hilfe ganz sicher verloren.

Es ist nun etwas weiter von dem Wechsel der Königin und von der jedes Jahr erfolgenden gänzlichen Vertilgung der Drohnen und dem, was damit unzertrennlich zusammenhängt, zu reden.

2. Will ein Volk seine alte Königin wechseln, so erbauen die Arbeitsbienen an passenden Stellen, meist an den Kanten der Tafeln, Näpfchen mit rundem kesselförmigen Boden, in welche die Königin Eier einsetzt, und die dann ganz in der §. VII, 5 (S. 47) angegebenen Art weiter behandelt werden. Gewöhnlich erbauen die Bienen in diesem Falle 3—5 Wiegen, beißen aber vier davon einige Tage zuvor, ehe die reifste eine Königin hervorgehen lassen kann, wieder auf und ziehen die Nymphen als ihnen unnütz, weil sie nicht schwärmen wollen, heraus. Manchmal lassen sie jedoch auch alle Wiegen bis nach dem Auslaufen der jungen Königin stehen, zerstören sie erst dann, oder lassen sie durch die junge Königin, die auf solche Zellen, weil sie Nebenbuhlerinnen in sich schließen, stets sehr eifersüchtig ist, vernichten. Sehr richtig sagt Dzierzon: Die erste ausschlüpfende Königin hat nichts Eiligeres zu thun, als eine genaue Revision zu halten und jede, eine Nebenbuhlerin bergende Zelle anzubeißen, wenn nicht die Bienen aus Schwärmlust sie daran hindern. Bzig. 1859 S. 216. Auf den ersten Blick, um dieß hier beiläufig zu bemerken, kann man es einer geöffneten Weiselwiege ansehen, ob die Königin reif ausgeschloffen oder unreif ausgebissen worden ist. Im ersteren Falle ist nämlich nur die runde Mündung der Zelle geöffnet, nur der Deckel rund herum abgebissen, welcher häufig noch an einem Theile, wie an einem Scharnier, daranhängt,

§ XVI. Beseitigung aller unnützen Glieder des Biens.

im letzteren Falle ist die Wiege an der Seite geöffnet und es steht immer noch theils mehr theils weniger vom Deckel da.

3. Die alte Königin stirbt entweder während der Zeit des Erbrütens der jungen oder lebt fort, bis daß die junge Königin ausgeschlüpft ist, von welcher sie dann bald erstochen wird. Bringen die Bienen aber nicht selbst ihre Altmutter bisweilen um, wenn sie solche wechseln wollen und Weiselzellen bereits angesetzt haben? Alle Bienenbücher, z. B. Klopfleisch-Kürschner die Biene u. f. w. S. 156, lehren dies, alle Coryphäen der Bienenzeitung, mit einziger Ausnahme Dzierzons (Bztg. 1855 S. 84. 131.), stimmen bei und auch ich habe diese Meinung rüstig vertreten. Welche Beweise aber hatten ich und meine Commilitonen? Streng genommen, gar keine; denn keiner von uns hat ge se hen, daß die Bienen eines Stockes, der einen Wechsel vorhatte, ihre Altmutter umbrachten. Unsere Gründe waren zwei, a. daß die Königin eines Stockes, der wechseln will, oft lange vor dem Ausschlüpfen der jungen verschwunden ist, und b. daß man das Verbleiben einer solchen Königin im Stocke, wenn man die angesetzten Weiselwiegen zerstört, sehr oft noch wochen-, ja monatelang bewirken kann. Beide Gründe sind aber nicht streng beweisend. Denn die Königinnen des erstern Falles können solche sein, die bei dem Ansetzen der Weiselwiegen dem Tode bereits sehr nahe waren, die des letztern solche, die, wären die Wiegen nicht zerstört worden, durch die jungen Königinnen erstochen worden wären.

Ich finde, sagt Kleine, der das gewaltsame Beseitigen der Altmutter als Regel erklärt, in diesem Vorgange nichts dem Bienenleben widerstrebendes. Dasselbe wird durch die striktesten Naturgesetze geordnet und kann nur so lange bestehen, als demselben bis in die geringfügigsten Beziehungen Genüge geleistet wird. Durch sie ist jedem einzelnen Gliede des großen Körpers ein bestimmter Beruf überwiesen, und so lange es diesen erfüllen kann, darf es auf die gemeinsame Liebe gerechten Anspruch machen; sobald es aber dazu nicht mehr befähigt ist, muß es als ein Stein des Anstoßes ausgeschieden werden. Daher das Abschlachten der Drohnen, die Entfernung der Mißgeburten, der Kranken, der Altersschwachen. Da nun die Königin mit Nichten als die blos das Scepter führende Herrscherin des Volkes anzusehen ist, sondern wie jede andere Biene ihre besondere Bestimmung im Gemeinwesen erhalten hat, die weder durch Regentschaft noch Ausschuß ersetzt werden kann, so muß sie dieser nothwendig nachkommen und ist darin dem Gesammtwillen des Volkes als ein willenloses Werkzeug unterworfen. Ist sie durch irgend welchen Umstand gehindert, dem nachzukommen, so muß sie dem unabänderlichen Geschicke verfallen und einer tüchtigeren Stellvertreterin Platz machen. Ist der Volksbeschluß gefaßt und sind zur Ersetzung die geeigneten Vorkehrungen getroffen, dann nutzt die untüchtige nicht blos nicht mehr, sondern kann wohl gar das Leben der Thronerbin und damit das Fortbestehen des Ganzen gefährden; und da die Rücksichten gegen letzteres den Angelpunkt des ganzen Bienenlebens ausmachen, so muß sie ohne Erbarmen über Bord geworfen werden, und können Ausnahmsfälle dagegen gestellt werden, so werden diese immer ihre natürliche Erklärung finden. Daß die Bienen sich hier als so treffliche Prognostiker erweisen, darf uns nicht Wunder nehmen, wenn wir tausendfältig wahrgenommen haben, auf wie hohe Stufe der Instinct der Bienen durch die Natur gestellt ist. S. Kleine Bztg. 1855 S. 285 f. und in Huber-Kleine Heft 4 S. 255 f.

Mir sind sehr viele Fälle vorgekommen, welche auf das gewaltsame Beseitigen der Altmutter hindeuten; streng beweisend aber sind sie nicht, deshalb sehe ich die Frage als eine zur Zeit noch offene an.

110 § XVI. Beseitigung aller unnützen Glieder des Bien's.

4. Es unterliegt nicht dem mindesten Zweifel, daß die Königinnen in der Regel ihr nahendes Ende des Lebens resp. der Fähigkeit des befruchteten Eierlegens vorausfühlen. Denn in sehr vielen Fällen sah ich Königinnen zu einer Zeit, wo sie es sonst nicht gethan haben würden, männliche Eier legen, offenbar, um für die bald entstehenden jungen Königinnen Befruchter hervorzubringen. Ebenso ahnen die Arbeiterinnen das Lebens- und Fruchtbarkeitsende ihrer Königinnen, indem sie in Fällen, wo die Königin in außergewöhnlichen Zeiten männliche Eier legt, Weiselwiegen erbauen und junge Königinnen erbrüten. Was ich hier sage, sind Thatsachen, die auch Andere, z. B. Scholtiß (Bztg. 1850 S. 181.) und Huber (Bztg. 1857 S. 154 f.) beobachteten, und gegen Thatsachen läßt sich nicht streiten, und wären sie noch so wunderbar und unerklärlich.

Die Sache ist zu interessant und merkwürdig, so daß ich dem Leser einige solche mir vorgekommene Fälle erzählen will.

a. Anfangs August 1854 fing auf einmal eine etwa erst 8 Wochen fruchtbare italienische Königin an, die wenigen Drohnenzellen ihres Stockes und eine große Partie Arbeiterzellen mit männlicher Brut zu besetzen, während sie auch weibliche Eier legte. Zugleich errichteten die Arbeitsbienen Weiselzellen, welche die Königin mit Eiern besetzte. Was jetzt geschehen würde, war mir nicht zweifelhaft, d. h. ich wußte, daß ehestens die Königin verschwunden sein würde. Ich wollte jetzt versuchen, ob man nicht durch Kunst die Königin länger erhalten könnte und machte deshalb folgenden Versuch. Jeden fünften oder sechsten Tag nahm ich die Beute auseinander und zerstörte die immer wieder neu errichteten und mit Eiern oder Maden besetzten Weiselwiegen. Ende August legte die Königin nur noch männliche Eier und die Arbeitsbienen wollten aus solchen, natürlich vergeblich, Königinnen erbrüten. Mitte September legte sie gar nicht mehr und Ende September war sie verschwunden.

b. Fast um dieselbe Zeit trat bei einer zweiten Königin ganz derselbe Fall ein. Hier ließ ich die Weiselwiegen, und nach einigen Tagen, ehe eine junge Königin ausgeschlossen war, war die alte verschwunden.

c. Am 17. Juli 1855 fand ich bei Untersuchung eines großen Beutenfaches mit heutiger Königin Drohnenbrut in kleinen Zellen und bedeckelte Weiselwiegen. Die Königin spazierte ganz munter auf den Waben umher. „In drei Tagen bist Du eine Leiche" rief Günther und richtig lag sie schon am zweiten Tage todt vor dem Flugloche. Eine junge Königin war noch nicht ausgelaufen.

d. Anfangs August 1855 begann auf einmal meine schönste italienische Zuchtmutter Drohnenzellen zu besetzen und am 8. fand ich in zwei Weiselzellen Eier. Durch fortgesetztes Zerstören der Weiselwiegen erhielt ich die Königin bis zum 19. Sept. am Leben, wo ich sie todt auf dem Boden fand. von Berlepsch Bztg. 1855 S. 213.

Außer diesen Fällen habe ich eine ganze Menge gleicher erlebt. Der Instinct ist also so wunderbar, so mächtig, daß die Königin, am Raube des Todes stehend, sogar noch für eine Nachfolgerin sorgt.

Diese meine Beobachtungen, welche von Anderen, z. B. von Huber (Bztg. 1857 S. 154 f.) bestätiget wurden, bestreitet Dzierzon, indem er sagt: Wenn die Bienen in Stöcken mit fruchtbaren Königinnen außer der Schwärmzeit Weiselwiegen errichten, so existirt eine mißvergnügte, der Königin feindliche Partei, vielleicht nur eine der Königin feindliche Biene, nicht aber sehen Bienen und Königinnen das baldige Fruchtbarkeitsende der Königin voraus. Die kleine Oppositionspartei besteht vielleicht aus verirrten Fremdlingen, die arglos aufgenommen wurden. Die Richtigkeit dieser Behauptung beweist folgender Fall. In einem Stocke mit einer vorjährigen ganz fehler-

§ XVI. Beseitigung aller unnützen Glieder des Biens. 111

freien Königin fand ich eine Weiselwiege, aber keine frisch gelegten Eier mehr. Um die Bienen eines Ablegers, dessen Königin beim Befruchtungsausfluge eben verloren gegangen war und der sich deshalb unruhig zeigte, zusammenzuhalten, gab ich ihm diese dünnleibige Königin. Aber, siehe da, bald schwoll der Leib dieser Königin an, sie fing an Eier zu legen und zeigte sich auch fernerhin so fruchtbar, wie sie es früher gewesen war. Offenbar hatten nur Angriffe und Verfolgungen, die sie in ihrem Stocke auszustehen gehabt hatte, sie am Legen gehindert. Dzierzon Bztg. 1859 S. 61 f.

In dem vorliegenden Einzelfalle mag Dzierzon Recht haben; folgt aber daraus, daß, wo Weiselwiegen bei Anwesenheit einer fruchtbaren Königin außer der Schwärmzeit angesetzt werden, die Sache sich allemal so verhalte? Kann nicht in einem Falle „eine kleine Oppositionspartei" die Weiselwiegen gründen, während es in funfzig andern Fällen im Instinkt begründete Voraussicht des baldigen Lebens- resp. Fruchtbarkeitendes der Königin ist, die dasselbe thut? Was beweist ein so vereinzelter Fall, wie der Dzierzons, für das Allgemeine? Wie kann aus einem einzigen Fall eine allgemeine Regel zur Bestreitung meiner obigen Beobachtungen abstrahirt werden? Das sehe ich nicht ein.

5. Die Drohnen sind, wie im § XII bewiesen wurde, lediglich und allein zur Befruchtung der jungen Königinnen da, und daher hat es die Natur so eingerichtet, daß sie nicht immer im Stocke vorhanden sind, sondern nur erzeugt werden, wenn junge Königinnen zu befruchten sind, und wieder vertilgt werden, wenn keine Königinnen mehr zu befruchten sind. Junge Königinnen zu befruchten wird aber nöthig, entweder, wenn der Stock schwärmen oder seine Königin wechseln will. Nur unter diesen beiden Voraussetzungen sind Drohnen nöthig und unter einer anderen Veranlassung erzeugt ein gesunder Stock niemals Drohnen. Entfernt an das Schwärmen denkt aber jeder kräftige Stock, sobald die Natur reichliche Nahrung gewährt, und daher setzen die Stöcke je kräftiger sie sind desto früher Drohnenbrut an. So lange es Tracht gibt, hört der Trieb zum Schwärmen nie ganz auf und deshalb sind die Drohnen immer nöthig, um eventuell die junge Königin des alten geschwärmten Stockes und die jungen Königinnen der event. Nachschwärme zu befruchten. Hört aber die Tracht auf, so hört auch der Schwarmtrieb auf, und die Drohnen sind nun bis auf Weiteres überflüssig. Hat der Stock jetzt auch keinen Wechsel der Königin mehr nöthig, so vertreibt er die Drohnen als ihm nun unnöthig. Dieß geschieht in den verschiedenen Gegenden natürlich zu verschiedenen Zeiten, je nachdem die Tracht früher oder später zu Ende geht. In Thüringen werden die Drohnen meist vom ersten Drittel des August vertrieben, in Gegenden mit längerer Tracht erst im September oder gar October. Die Drohnen werden daher nicht, wie Dönhoff (Bztg. 1859 S. 97) will „aus Instinct der Sparsamkeit, weil sie Fresser sind" nach dem Ende der Tracht beseitigt, sondern sie werden beseitigt, weil das Aufhören der Tracht das Aufhören des Schwarmtriebes bedingt und hervorruft.

Hängt nun aber die Drohnenvertreibung mit dem Erlöschen der Weide und des Schwarmtriebes zusammen, so erklärt es sich auch, weshalb mitunter schon früh im Jahre, z. B. in Seebach 1845 schon Anfangs Juni, in Manze 1858 Ende Mai (Graf Stosch Bztg. 1859 S. 143), wenn die Witterung lange besonders widrig ist, die Drohnen vertrieben und die Drohnenbrut aus den Zellen gerissen wird, und weshalb abgeschwärmte Mutterstöcke und Nachschwärme ihre Drohnen gewöhnlich früher entfernen, als Hauptschwärme und nicht geschwärmte Mutterstöcke. Lange anhaltende schlechte Witterung nämlich läßt den Schwarmtrieb erlöschen und abgeschwärmte Mu-

§ XVI. Beseitigung aller unnützen Glieder des Biens.

terstöcke und Nachschwärme haben heurige Weisel, die in unserer Gegend niemals in demselben Jahre wieder ausschwärmen.

6. Die Vertilgung der Drohnen selbst geschieht, wie Alles, durch die Arbeitsbienen. Den Anfang machen sie nicht mit den flugbaren Drohnen, sondern mit der Drohnenbrut, indem sie über die dem Auskriechen nahe und über die sonstige bereits bedeckelte Drohnenbrut herfallen. Den dem Auskriechen nahen Drohnennymphen helfen sie die Deckel aufbeißen, und sobald so viel Oeffnung ist, daß die junge Drohne herausgezogen werden kann, ergreifen eine jede solche ein paar Arbeitsbienen bei einem Fühlhorn, ziehen sie heraus und werfen und schleppen sie herunter auf das Bodenbrett, anstatt daß sonst jede sich durchgefressene Drohne sich selbst heraus hilft und sogleich von der nächsten Arbeitsbiene gefüttert wird. Sind sie herunter und oft noch lebendig zum Flugloche hinausgeschafft, so geht es über die unreifen Nymphen und Maden her, die ebenfalls alle herausgezogen werden. Während der Arbeit saugen die Arbeitsbienen Alles von ihnen aus, was sie noch gebrauchen können und transportiren alsdann die ausgesogenen Bälge zum Flugloch hinaus. Während dieser Geschäfte können die flugbaren Drohnen immer noch in und vor den Stöcken sich lustig machen. Soll es nun aber auch über die flugbaren hergehen, so fangen die Arbeitsbienen an, alle im obern Theile des Stockes befindliche zu jagen und von dem Honige zu vertreiben. Selten ergreifen sie hier eine bei den Füßen oder Flügeln, denn es scheint, als ob die Drohnen schon wüßten, daß sie nun fliehen müßten. Bei Tage gehen diese Gejagten mehrentheils von selbst zum Flugloche hinaus, weil sie sich im Stocke nicht mehr geheuer fühlen mögen und nur wenige müssen von den Arbeitsbienen gleichsam mit Gewalt dazu genöthiget und an den Flügeln hinausgeschleppt (hinausgeritten) werden. Sobald eine wieder zum Flugloche hineinschlüpft und sich wie gewöhnlich im schnellen Laufe in die Höhe auf eine Tafel begibt, wird solche von den nächsten Bienen heruntergestoßen und die untern Bienen nöthigen sie dazu, daß sie wieder zum Flugloche hinaus muß; wobei oft 2 bis 3 Bienen zausend an einer hängen und ihrem Opfer hin und wieder die Flügel verdrehen. Des Abends sitzen sie in dichten Klumpen, die Köpfe niedergedrückt, an dem untersten Ende der Tafeln und meistens auf dem Bodenbrette. Sie dürfen nicht mehr an den Honig, einige Arbeitsbienen befinden sich immer unter ihnen, scheinen förmlich Wache zu halten und keine rührt sich von der Stelle. Sie liegen gleichsam den sich über ihnen befindlichen Arbeitsbienen in einem leidenden Gehorsam zu Füßen. So findet man sie auch noch des Morgens dicht zusammengedrängt auf eben der Stelle. Bald werden sie nun matt und dann erst geht es an das Austreiben nicht nur bei Tage, sondern auch bei Nacht. Man trete nur des Abends vor die Stöcke, so wird man hören, wie ausgestoßene Männchen einzeln abfliegen, die alsdann aus Mattigkeit irgendwo niederfallen. Zuweilen geschieht es auch, daß die ausgegangenen Männchen in ganzen Klumpen vor dem Flugloche hängen bleiben und keinen Versuch machen, wieder in den Stock zu kommen, sondern in der Nacht erstarren und herunter fallen. So geht es zuweilen 14 Tage lang, bis keine mehr übrig ist. Die wenigsten sterben im Stocke, die meisten sind, wenn sie zum Ausfluge genöthiget werden, so matt, daß sie gleich vor dem Stocke auf die Erde fallen und nicht wieder in die Höhe kommen können. Nur wenn während der Vertilgungszeit so recht schlechtes Wetter eintritt und länger anhält, findet man todte Drohnen in Masse auf dem Bodenbrette, von wo aus sie die Bienen zum Flugloche hinauswerfen, so daß sie in größern Massen ganz in der Nähe der Stöcke liegen. Der Hunger tödtet sie alle. Mitunter, jedoch selten, werden auch einige erstochen; häufiger geschieht dieß, wenn fremde Drohnen in einen Stock

§ XVI. Beseitigung aller unnützen Glieder des Biens. 113

einbringen, der die seinigen bereits beseitiget hat. Spitzner kritische Geschichte u. s. w. Bd. 2. S. 131—134. Korbbienenzucht 3. Aufl. S. 63 f.

7. Ausnahmsweise werden in sehr seltenen Fällen mitunter einige Drohnen auch in gesunden Stöcken überwintert. In drei Fällen fand ich bei der Auswinterung in Stöcken, die entweder noch gar keine oder noch keine zum Ausschlüpfen reife Arbeiterbrut hatten, einige Drohnen; in einem fünf, in einem zwei und in einem eine. S. von Berlepsch Bztg. 1856 S. 10. Auch Dzierzon fand in einem normalen Stocke Ende Januar zwei überwinterte Drohnen. S. Dzierzon Bztg. 1846 S. 102. Solche einzelne wirklich überwinterte Drohnen mögen dem allgemeinen Gemetzel entgehen und später von den Arbeitsbienen nicht weiter beachtet werden. Uebrigens kann man sich leicht täuschen, und Drohnen, die man im ersten Frühjahr findet, für überwinterte halten, während sie junge, eben erst erbrütete sind. Mitunter nämlich läuft mitten zwischen Arbeitsbienen eine Drohne aus (S. 53 unter 8) und ganz besonders im Frühjahr. S. 64 f.

8. Weil die junge Königin nur fruchtbar werden kann, wenn Drohnen vorhanden sind, vertreiben weisellose Stöcke die Drohnen nicht. Zwar nützen sie einem weisellosen Stocke, der keine Mittel mehr besitzt, sich eine Königin nachzuziehen, nichts, sondern beschleunigen nur noch seinen Untergang, aber weil die Bienen ihren Staat nicht durch eine fruchtbare Mutter gesichert sehen, behalten sie die Befruchter, die Drohnen, indem naturgemäß die Drohnen nicht früher beseitiget werden, als bis die Nachkommenschaft durch eine fruchtbare Königin gesichert ist. Auf eine solche hoffen weisellose Bienen immer noch, wenn auch so vergeblich wie ein Schwindsüchtiger auf Rettung in der letzten Stunde seines Lebens. Aus demselben Grunde pflegen auch weisellose Stöcke die Drohnenbrut mit der größten Zärtlichkeit wie Weiselwiegen, selbst unter den ungünstigsten Witterungsverhältnissen und in der frühesten und spätesten Jahreszeit, wo Stöcke mit fruchtbaren Königinnen sie herauswerfen würden.

9. Mitunter wird der Instinct der Bienen auch irre geführt und es geschieht gar nicht so selten, daß Stöcke mit einer drohnenbrütigen Königin (S. Raben Bztg. 1845 S. 21 f.), ja sogar Stöcke mit einer (in diesem Falle wird es wohl stets nur eine Biene sein, die legt) eierlegenden Arbeitsbiene, die Drohnen trotz einem weiselrichtigen abtreiben. Dieß sind aber immer Stöcke, die noch volkreich sind, mithin sich noch kräftig fühlen, und die Bienen werden jedenfalls zur Vertreibung der Drohnen veranlaßt, weil sie die drohnenbrütige Königin oder Arbeitsbiene für eine normale Königin halten, weil sie Nachkommenschaft erzeugt.

10. Endlich ist es Thatsache, daß sich bei vielen weisellosen und dabei nicht drohnenbrütigen Stöcken, wenn sie noch ziemlich volkreich, aber honigarm sind, von Mitte August bis Mitte September die Drohnen nach und nach, mitunter auch ziemlich schnell, fast gänzlich verlieren, wogegen in andern weisel- und brutlosen Stöcken die Drohnen, wenn auch sich verringernd, bis in den Winter bleiben. Es fragt sich nun, weshalb und wodurch die Drohnen verschwinden, da doch ein eigentliches Abtreiben, eine Drohnenschlacht, nicht stattfindet? Meiner Vermuthung nach, weil die Arbeitsbienen, instinctmäßig fühlend, wie ihre Vorräthe zu Ende gehen, die Drohnen vom Honig vertreiben und einzeln zu Grunde gehen lassen. Denn ich fand mehrere Male ganze Haufen Drohnen in solchen Stöcken, meist auf den untern leeren Tafeln hängend, weniger auf dem Boden kauernd, so matt und mit so völlig honigleerem Magen, daß sie, selbst in die warme Sonne gebracht, theils nur noch ganz kurze Strecken wegflattern, theils die Flügel gar nicht mehr gebrauchen konnten. Aber dies ist nicht in allen Fällen der

§ XVI. Beseitigung aller unnützen Glieder des Biens.

Grund des Verschwindens, sondern oft verschwinden die Drohnen auch **durch Ver-fliegen**. Denn sie kehren nach ihren Ausflügen ganz außerordentlich häufig in dem ersten besten Stocke ein und werden natürlich, wenn sie in Stöcke, die keine Drohnen mehr bulden, gelangen, alsbald abgethan. Das Verirren der Drohnen ist so groß, daß, wenn man z. B. in einem Südfache einer Zwölfbeute ein italienisches Volk hat, während die übrigen eilf Fächer deutsch sind, man gewiß sein kann, bald in allen, selbst den nördlichen gerade entgegengesetzten Fächern italienische Drohnen zu finden. Was Wunders daher, wenn die Drohnen eines weisellosen Stockes gemach verschwinden, der zwischen vielen Stöcken, die keine Drohnen mehr bulden, steht! Oft sind ja die Fluglöcher der Stöcke kaum 12 Zoll von einander, und noch dazu in gerader Richtung, entfernt. Steht hingegen ein weisel- und drohnenbrutloses, mit reichen Honigvorräthen versehenes Volk isolirt, so werden sehr viele Drohnen bei der Einwinterung noch leben. Denn bei den Ausflügen gehen im Verhältniß zu den Arbeitsbienen sehr wenige Drohnen verloren, da sie nicht nach Tracht und nur bei der schönsten Witterung ausfliegen.

§ XVII.
Lebensdauer der dreierlei Bienenwesen.

1. Der Königin.
Sie kann mindestens fünf Jahre alt werden. Dzierzon kam eine vor, von der er, da er ihr im ersten Lebensjahre einen Flügel abgeschnitten hatte, ganz sicher wußte, daß sie fünf Jahre alt war resp. **fünf Sommer** gelebt hatte. S. dessen Theorie und Praxis 3. Aufl. S. 111. Auch mir kam eine solche vor. Die meisten scheinen aber im vierten Sommer einzugehen. In starken Stöcken, wo ihre Fruchtbarkeit doppelt und dreifach in Anspruch genommen wird, mag auch ihre Lebenskraft eher erschöpft werden. Denn wenn die Thätigkeit ihres Eierstocks ruht, bemerkt man nicht, daß sie altere. Muntere rüstige Königinnen im September sind fast immer noch ebenso im nächsten Februar oder März. Wie anders aber sieht oft eine Königin, die man im Februar ganz munter und rüstig antraf, im August aus! Sie ist schwerfällig, schleppt sich nur noch mühsam fort, ihr Kolorit ist schwärzer und glänzender geworden und man sieht ihr die Abgelebtheit des Körpers an. Ganz natürlich, weil die starke Eierlage während des Frühlings und Sommers ihre Körper- und Lebenskräfte absorbirte. Trotzdem stirbt sie selten im nächsten Winter, sondern meist erst zu der Zeit, wo die schärfere Eierlage wieder beginnt. S. Dzierzon Theorie und Praxis 3. Aufl. S. 11 und Bztg. 1851 S. 61.

2. Der Drohnen.
Erledigt sich aus § XVI, 5—9 (S. 111—113) vollständigst.

3. Der Arbeitsbienen.
Wie alt eine Arbeitsbiene werden könne, ist eine ganz andere Frage, als die, wie alt sie in der Regel werde. Die bei weitem meisten Arbeitsbienen arbeiten sich zu Tode, d. h. nutzen durch die viele Arbeit ihre körperlichen Organe und namentlich die Flügel ab, so daß sie früher sterben, als sie gestorben sein würden, wenn sie nicht so viel gearbeitet hätten. Wie sehr groß der Abgang der Arbeitsbienen bei reicher Tracht ist, ersieht man daraus, daß z. B. ein Schwarm von 20—22,000 Bienen nach drei Wochen anhaltender Tracht kaum noch den dritten Theil enthält, so daß er seinen Bau nicht mehr zu bedecken vermag, sondern die Bienen nur einzeln auf den Brutwaben sitzen. Auch durch widrige Witterungsverhältnisse, Vögel u. s. w. gehen stets eine Menge Bienen verloren. Könnte man alle Gefahren, wodurch die Bienen täglich dem Tode geweiht werden von ihnen abwenden und sie auf diese Weise einem Tode an Entkräf-

§ XVII. Lebensdauer der dreierlei Bienenwesen.

lung und Altersschwäche aufbewahren, so zweifele ich nicht, daß man Bienengreise von 4—5 Jahren und darüber antreffen würde. S. Kleine in Huber-Kleine Heft I. S. 24 Anmerk. Am ältesten werden die Bienen offenbar in weisellosen Stöcken, wo sie mit dem innern Haushalt, z. B. Wachs- und Futtersaftbereitung, Zellenbau u. s. w. wenig oder nichts zu thun haben und nach und nach auch die äußeren Geschäfte sehr beschränken und nur noch meist unthätig leben. Ich habe viele Versuche gemacht, um das Alter der Arbeitsbienen an sich und zu den verschiedenen Zeiten des Jahres zu ermitteln, und will deren drei hier mittheilen, die über diese Frage genügenden Aufschluß geben dürften.

a. Im Spätherbst 1845, als ich meine Stöcke einwintern wollte, fand ich unter einem sehr voll- und honigreichen Strohstülper die Königin todt. Das Volk winterte trotzdem gut durch und im Frühjahr 1845, einem wahrhaft neapolitanischen, beschloß ich, dasselbe isolirt aufzustellen, um zu sehen, wie lange sich Bienen erhalten würden, falls das Volk nicht von Räubern überwunden werden sollte. Da der Stock zur Hauptraubzeit noch volkreich war, und ich das Flugloch stets sehr eng hielt, brachte ich ihn in den Sommer hinein. Die Bienen schmolzen zwar gemach sehr zusammen, und am 28. Aug., wo er angefallen und gegen Räuber nicht mehr zu schützen war, lebten etwa noch 100 Bienen. Es waren also einzelne Bienen mindestens 10½ Monat alt geworden; denn nach dem ersten Drittel des October hat in Seebach kein Stock mehr Brut.

b. Am 6. Mai 1855 nahm ich aus einer mächtigen italienischen Beute die Königin heraus und setzte eine deutsche ein, die ich jedoch erst am 7. früh losließ. Am 24. früh entfernte ich die deutsche Königin und gab wieder eine italienische. Da nun die Arbeitsbiene vom Ei an im günstigsten Falle in 19 Tagen die Zelle verläßt, so konnten die ersten deutschen Bienen am 26. ausgelaufen sein. Ende Juli waren schon mindestens wieder ⅝ italienische Bienen im Stocke und am 30. August konnte ich auch nicht eine deutsche mehr sehen. Es hatten also möglicher Weise einzelne deutsche Bienen vom 26. Mai bis Ende August, etwa 3 Monate gelebt; woraus folgt, daß 3 Monate zur Zeit der Tracht, wo die Bienen ihren Körper am schnellsten aufreiben, das höchste Greisenalter ist, und daß das Durchschnittsalter in dieser Zeit etwa 6 Wochen betragen mag.

c. Am 2. October 1855 vertauschte ich in einer deutschen Beute, in welcher bereits alle Brut ausgelaufen war, die Königin mit einer italienischen. Anfangs Mai 1856 war etwa die 15. bis 20. Biene noch deutsch, aber Ende Mai war das Volk rein italienisch und ich sah keine deutsche Biene mehr. Hier waren also einzelne deutsche Bienen bestimmt acht Monate alt geworden, konnten aber auch möglicher Weise ein Alter von 9—10 Monaten erreicht haben, wenn die zuletzt lebenden schon im Juli oder August 1855 erbrütet worden waren.

Anhang. Der Oberförster Schell stellte im Sommer 1828 am linken Ende seines Bienenhauses zu Durbach einen Schwarm auf. 1829—1832 stand der Stock, welcher nie schwärmte, abwechselnd auf zwei entfernten Ständen. Im Februar 1833 wurde er nach Durbach zurückgebracht und am rechten Ende des Bienenhauses aufgestellt. Nicht nur beim ersten Vorspiel, sondern auch noch in den nächsten Tagen flogen viele Bienen an das linke Ende des Bienenhauses, wo der Stock 1828 gestanden hatte. Daraus schließt nun Schell, daß die Bienen über vier Jahre alt würden. S. Huber Bztg. 1851 S. 79. Abgesehen davon, daß Schell gar nicht feststellte, daß die am linken Ende des Bienenhauses anfliegenden Bienen wirklich dem qu. Stocke angehörten und daß Bienen, selbst wenn sie vier Jahre alt werden könnten, doch unmöglich nach drei

§ XVII. Lebensdauer der dreierlei Bienenwesen. 117

Jahren ihre alte Flugstelle noch finden würden, erklärt sich der Vorfall höchst einfach also: der Stock stand 1832 wahrscheinlich am linken Ende eines dem Durbacher sehr ähnlichen Bienenhauses und die Bienen glaubten, als sie 1833 am rechten Ende des Durbacher Bienenhauses aufgestellt waren, noch auf der alten Stelle von 1832 zu stehen und verirrten sich, durch die Aehnlichkeit der Bienenhäuser getäuscht, theilweise nach links. Ganz ähnlich erklärt sich der von Raben Bzlg. 1852 S. 203 mitgetheilte Fall.

Ich habe diese Fälle erwähnt, nicht etwa um Schell und Raben zu widerlegen, sondern um Anfänger bei ähnlichen Vorkommenheiten gegen Fehlschlüsse zu schützen.

§ XVIII.
Waffen der dreierlei Bienenwesen.

1. Da die Drohnen keinen Stachel besitzen, so haben sie außer den kurzen Beißzangen keine Waffe. Aber auch dieser bedienen sie sich niemals. Früher glaubte man, auch die Königin habe keinen Stachel oder könne wenigstens nicht stechen, weil sie keine Giftblase besitze. Sie hat aber, so gut wie jede Arbeitsbiene einen Stachel, nur einen gekrümmten und etwas längeren, hat eine Giftblase (S. von Siebold Bztg. 1854 S. 230) und versteht ganz vortrefflich zu stechen. Doch scheint sie den Stachel nur gegen ihres Gleichen zu gebrauchen; denn so oft ich auch versuchte, mich von einer Königin stechen zu lassen, indem ich sie drückte, so gelang es mir, gleich anderen, doch niemals Von Ehrenfels sagt: Ich habe manche Königin bis auf den Tod gedrückt, und sie hat ihren Stachel zwar ausgestreckt, aber nicht einmal gegen die weiche Hand angewendet. S. dessen Bienenzucht u. s. w. S. 35. Gegen ihres Gleichen aber weiß sich die Königin, wie gesagt, ihrer Waffen, d. h. ihrer Beißzangen und ihres Stachels, aufs Geschickteste zu bedienen, und ich habe oft gesehen, wie sich Königinnen mit den Beißzangen packten und eine die andere mit dem Stachel rasch erstach. Die Arbeitsbienen bedienen sich der Beißzangen als Waffen hauptsächlich, um fremde Bienen festzuhalten oder ihnen, so wie den Drohnen bei der Drohnenschlacht, die Flügel zu verdrehen. Ihre Hauptwaffe ist jedoch der Stachel, und es muß daher hier das Nöthige über den Stich der Arbeitsbienen vorgetragen werden.

2. Warum stechen die Bienen? Um entweder ihre Wohnung oder ihre Königin, wenn eine von beiden wirklich in Gefahr ist, oder von ihnen in Gefahr geglaubt wird, zu vertheidigen. Daher stechen die Bienen nur in der Nähe ihrer Wohnung und beim Schwarmeinfassen. Bei dem eigentlichen Schwarmacte, d. h. während des Herausstürzens der Bienen aus dem Stocke und dem Umherkreisen in der Luft, bevor sie sich in einen Klumpen um die Königin gesammelt haben, stechen sie nicht, weil sie nur Sinn für das Verbleiben der Königin haben. So lange der Schwarm in der Luft sich befindet, kann man unter die Bienen schlagen, sie mit Erde bewerfen, mit Wasser bespritzen u. s. w., ohne daß sie stechen. S. Bztg. 1857 S. 124. Von ihrer Königin entfernt sind sie furchtsam und ergreifen beunruhigt die Flucht. Man kann durch blühende Felder und Wiesen gehen, die von Bienen wimmeln, man kann die Bienen von den Blumen verjagen, nach ihnen schlagen und niemals wird eine stechen. Wenn die Esparsette in vollster Blüthenpracht steht und Legionen von Bienen

§ XVIII. **Waffen der dreierlei Bienenwesen.**

darin sammeln, kommen nicht selten die Mäher mit ihren Sensen und hauen alles nieder. Die Bienen fliehen, ohne jemals zu stechen.

Daß die Bienen auch weit von ihrem Stocke und ihrer Königin entfernt, **wenn sie gedrückt werden, stechen,** gehört nicht hierher. Durch den Druck nämlich tritt der Stachel unwillkürlich hervor und zieht sich bei seiner außerordentlichen Spitzheit in den drückenden Gegenstand, z. B. die Hand, ein. Die Bienen **wollen** dann nicht stechen, **müssen aber stechen.**

Bis auf welche Entfernung von ihrer Wohnung hin die Bienen stechen, ist nicht genau anzugeben und hängt von verschiedenen Umständen, z. B. der Witterung und der Beschaffenheit der Völker, ab. Sind die Stöcke durch ungeschickte Behandlung wüthend gemacht, wie dieß so oft bei dem Untersetzen, Zeideln u. s. w. von unkundigen Bienenbesitzern geschieht, so habe ich gesehen, daß wohl hundert Schritt weit entfernte Menschen und Thiere, selbst wenn zwischen diesen und dem Bienenstande sich Gebäude befanden, angefallen und gestochen wurden. Sind jedoch die Stöcke nicht gereizt worden, so dürfte eine Biene über zehn Schritt von ihrer Wohnung hinaus nur äußerst selten noch stechen.

3. **Wann besonders stechen die Bienen?**

a. Wenn ihre Wohnung auf irgend eine Art, z. B. durch Pochen oder Stoßen, erschüttert oder gar um- oder herabgeworfen wird.

b. Wenn man den Bienen in den Flug tritt und sie so in ihrer gewohnten Flugrichtung beirrt.

c. Wenn man nach sich nahenden Bienen schlägt. Dadurch werden sie, wenn sie es noch nicht sind, erzürnt und, wenn sie es schon sind, noch zorniger und stechen um so eher, locken auch durch ihren eigenthümlichen Zornton noch andere herbei.

Bei Operationen an den Stöcken und sonst in der Nähe der Stöcke, z. B. beim Beobachten, wird man häufig durch eine einzelne Biene, die stechlustig längere Zeit den Kopf umschwirrt und die gar nicht weichen will, belästiget. Eine solche schlage ich stets mit der Hand zu Boden. Es gehört aber Uebung und Ruhe dazu. Man muß nämlich, wenn man die Biene ganz nahe hört, den Oberkörper plötzlich möglichst weit zurückbiegen und das Gesicht aufwärts richten. Die Biene erscheint dann regelmäßig vor dem Gesicht, fährt aber nicht sogleich stechend zu, weil sie durch die plötzliche Körperbewegung verlegen ist, sondern zippert, ähnlich wie eine Näscherin über dem fremden Flugloch, fast stillstehend in der Luft; wo ich sie dann mit der flachen Hand sicher zu Boden schlage.

d. Wenn man rasch vor ihren Wohnungen vorbeigeht oder in deren Nähe schnelle heftige Bewegungen macht. Ebenso wenn man bei Operationen an den Stöcken zu hastig verfährt.

e. Wenn schon eine, besonders wenn schon mehrere Bienen gestochen haben. Dadurch entsteht ein Giftgeruch, der die Bienen zornig macht (Huber in Huber-Kleine Heft IV. S. 206 f.) und oft in größerer Anzahl anstürmen läßt. Der Bienenzüchter thut daher wohl, wenn er nach mehreren erhaltenen Stichen, insofern dieß die Umstände erlauben, sich auf kurze Zeit zurückzieht und die gestochenen Stellen mit Speichel befeuchtet und rein abwischt. Ueberhaupt ist es, wenn ein Stock so wild wird, daß der Rauch nicht mehr fruchten will, das beste, ihn zu schließen und sich zurückzuziehen. Geht dieß aber nicht, vielleicht weil man eine Partie bienenbesetzter Waben auf dem Wabenknecht hängen hat, so hat sich mir als par force Beschwichtigungsmittel kaltes Wasser, das ich vor das Flugloch, in den Stock und auf die Tafeln des Wabenknechtes legte,

§ XVIII. Waffen der dreierlei Bienenwesen.

immer bewährt. Ein kleines Kindergießkännchen mit Brause leistet hier die trefflichsten Dienste.

f. Wenn die Bienen mit rauchen, namentlich haarigen Gegenständen in Berührung kommen. Ohne Kopfbedeckung soll man niemals zu den Bienen gehen. Denn eine Biene, die sich zufällig auf dem Kopfe niederläßt, verwirrt sich in der Regel in den Haaren, wird böse und sticht.

g. Wenn Vieh in die Nähe der Bienenstände kommt. Am gewöhnlichsten werden Hunde, weil sie meist laufen, und Pferde, weil deren Ausdünstung den Bienen besonders zuwider ist, angefallen. Wo die Bienen jedoch auf Höfen stehen, gewöhnen sie sich an die Thiere und stechen nur, wenn sie gereizt sind.

h. Wenn Bienen in ein offenes Rauchgefäß fallen und verbrennen Der Geruch der verbrennenden Bienen bringt die anderen in große Wuth.

i. Wenn man bei Operationen sich lederner oder wollener Handschuhe bedient. In ungeglättetes Leder, z. B. Wildleder, stechen die Bienen sehr gern, lassen die Stacheln darin stecken und reizen durch den Giftgeruch immer mehre zum Stechen. In wollene Handschuhe stechen sie zwar weniger ein, zischen aber wüthend auf denselben herum und spritzen den Gift aus, wodurch immer mehre herbeigelockt werden. In der Regel wird man freilich gar keine Handschuhe anziehen; es können aber doch Fälle vorkommen, wo Handschuhe und Kappe unentbehrlich sind, z. B. wenn Stöcke durch Thiere oder sonst wie herabgestürzt worden sind oder wenn beim Schwarmfassen durch irgend eine Ungeschicklichkeit die Bienen so recht wild werden. In solchen Fällen wäre es Thorheit, sich den Bienen ohne Kappe und Handschuhe zu nahen und sich mit hunderten von Stichen übersäen zu lassen. In meinem Gartenhause liegt daher stets eine Bienenkappe und ein wollenes außen mit Leinwand überzogenes Handschuhpaar.

k. Wenn schwarzgekleidete Personen nahe an solche Stände herantreten, die gewöhnlich von hellgekleideten Personen behandelt werden. Es ist merkwürdig, daß die Bienen gegen jede dunkele, namentlich aber die schwarze Farbe einen Abscheu zeigen. Ich habe dieß oft zu beobachten Gelegenheit gehabt, wenn auffallend dunkel oder schwarz gekleidete Personen meinen Stand besuchten. In der Regel ging sehr bald die Stecherei los; ja sogar hellgekleidete Personen, die aber hohe schwarze Hüte aufhatten, wurden besonders attaquirt, und ich freute mich allemal, denn wenn ich einen Bienenzüchter bei den Bienen im Hute sehe, wird mir weh und bang zu Muthe.

l. Wenn man die Bienen anhaucht. Hier gerathen sie sofort in den höchsten Zorn und es regnet Stiche. Dzierzon Bfreund S. 70. Wer daher nicht, wie ich, stets die brennende Cigarre im Munde hat, thut wohl, den Athem so zu richten, daß dieser die Bienen nicht trifft, und, wenn er vor den Stöcken herum geht, die Hand vor den Mund zu halten.

m. Wenn man vorliegende Bienen abschöpft, z. B. um sie bei Anfertigung von Ablegern zu gebrauchen. Die Vorlieger sind Trachtbienen, also ältere, stechlustigere. Will man solche Bienen abschöpfen, so muß man sie zuvor tüchtig durchnässen und von unten nach oben abschöpfen.

n. Wenn man beim Schwarmeinfassen ungeschickt verfährt, z. B. den Schwarm mit einem Flederwisch von einem schorfigen Aste oder einer rauhen Wand unsanft abkehrt, und dabei die Bienen drückt und zerquetscht. Der Flederwisch, um dieß hier beiläufig zu sagen, ist das aller unpraktischste Ding, das sich nur denken läßt, und wo ich bei einem Bienenzüchter einen Flederwisch sehe, weiß ich auch, daß ich mich bei einem Stümper befinde.

§ XVIII. Waffen der dreierlei Bienenwesen.

o. Wenn die Temperatur besonders hoch steht und die Sonne bei hellem Himmel recht heiß scheint. Bei solcher Witterung fühlen sich die Bienen außerhalb des Stockes am wohlsten, zeigen sich am muthigsten, werden gleichsam übermüthig, wogegen sie innerhalb des Stockes, wo die Hitze einen unerträglichen Grad erreicht und die Luft zu stickstoffhaltig wird, sich unbehaglich fühlen, in Aufregung gerathen und herausstürzen.

Diese Aufregung erreicht hin und wieder, freilich selten, bei besonders starken Stöcken, wenn durch die zu große Hitze Tafeln abreißen oder man durch Operationen die Stöcke noch mehr in Aufregung bringt, einen solchen Grad, daß die Bienen gleichsam in Raserei gerathen, sich untereinander anfallen und massenhaft todtstechen. Wir sind solche Bürgerkriege unter den Bienen eines und desselben Stockes etwa 6—8 vorgekommen, z. B. am 2. August 1856 bei Klein auf dem Tambuchshofe, wo ich ein italienisches Volk auseinander nahm und neugierigen Anfängern Königin, Brut u. s. w. zeigte. Beim Zurückhängen der Tafeln begann ein fürchterlicher Kampf und in etwa einer Stunde war die Hälfte des Volkes erstochen. Die Temperatur war aber auch zum Ersticken schwül und das Volk des wahrhaft kolossalen Beutenfaches zählte wohl 90—100,000 Köpfe. Auch Dzierzon berichtet von ähnlichen Fällen, z. B. Bztg. 1854 S. 209.

p. Wenn der Himmel bewölkt, die Luft sehr schwül und gewitterschwanger ist, so daß man jeden Augenblick den Beginn eines Donnerwetters erwarten kann. Jetzt sind die Bienen sehr stechlustig, vielleicht daß die Electricität der Luft aufregend auf sie einwirkt.

q. Wenn man zu einer Zeit, z. B. bei Regenwetter oder am frühen Morgen, wo die Bienen ruhig und in einem Zustande der Abspannung unthätig im Stocke sitzen, an ihnen herumhantirt und sie dadurch plötzlich mobil macht. Sie fühlen und rächen dann die Beunruhigungen am ersten. Man thut daher am besten, wenn man wegen Räuberei nichts zu fürchten hat, alle Operationen zur Zeit des schärfsten Fluges vorzunehmen. Dann sind die wenigsten Bienen zu Hause und gerade die älteren, die Trachtbienen, die eigentlichen Stecher, sind meist abwesend oder kommen beladen nach Hause, wo sie beim besten Willen nicht stechen können. Von den jüngeren Bienen, die die Arbeiten im Stocke besorgen, hat man nichts zu fürchten. Hieraus erhellt, wie verkehrt es ist, wenn gewöhnliche Bienenhalter ihre Operationen, z. B. das Untersetzen, in der Frühe oder gegen Abend vornehmen. S. Dzierzon Bfreund. S. 70.

r. Wenn die Bienen gerade keine Königin, sondern Weiselzellen besitzen S. Stöhr Monatsblatt 1841 S. 106. Störungen zu dieser Zeit, namentlich im Brutlager selbst, wo sich die königlichen Zellen befinden, lassen sie gewöhnlich nicht ungestraft, weil sie wohl fühlen, daß an diesen Zellen die Zukunft ihres Stockes hängt, und sie überhaupt, wenn ihnen die fruchtbare Königin fehlt, an sich schon im Zustande einer gewissen Aufregung sich befinden. S. Dzierzon Bfreund S. 71.

s. Wenn die Bienen weisellos, noch ziemlich zahlreich sind und auch keine Drohnenbrut besitzen. Dann haben sie im Stocke nichts zu thun, bestehen aus lauter schon älteren Individuen und gerathen bei der geringsten Beunruhigung in Aufregung. Besitzen sie dagegen Drohnenbrut, also entweder eine oder mehrere Eierlegerinnen, so sind sie nicht so wild, weil sie sich mehr oder weniger im Zustande der Normalität glauben. Daher ist es ganz falsch, wenn in so vielen Bienenschriften steht, weisellose Bienen stächen wenig oder gar nicht.

t. Wenn die Königin zur Befruchtung ausgeflogen ist. Kein Wunder! Denn jetzt handelt es sich um Sein oder Nichtsein der Kolonie und der Instinct wird die Bienen

§ XVIII. Waffen der dreierlei Bienenwesen.

die Wichtigkeit des Actes lehren und sie bemüht sein lassen, jede wirkliche oder vermeintliche Störung zurückzuweisen. S. Dzierzon Bfreund S. 71.

A n m e r k. Hin und wieder ist ein Stock, der sich im völligen Normalzustande befindet, besonders böse und läßt sich selbst beim stärksten Rauche kaum behandeln. Dieser Zustand hält theils nur kurze Zeit, theils 3—4 Wochen, theils aber auch viel länger an; ja einmal hatte ich einen Strohkorb, der sich während seiner mehrjährigen Existenz durch außerordentliche Wildheit vor allen Stöcken auszeichnete. Ich habe mir große Mühe gegeben, den Grund dieser Erscheinungen aufzufinden, leider aber vergebens. Dzierzon sagt: Diese besondere Wildheit ist bei sehr starken Stöcken der Fall, in denen an sich schon eine große Hitze herrscht, welche durch die Schwüle der äußeren Luft oder durch theilweises Abreißen des Wachsbaues und die dadurch nothwendig gewordene größere Thätigkeit bis zu einem unerträglichen Grade gesteigert werden kann, so daß die Bienen in eine gewisse Wuth gerathen und anfallen, was ihnen begegnet. S. Bfreund S. 71. Dieß ist offenbar unrichtig. Denn oft sind es gar nicht gerade die stärksten Stöcke, und die ungewöhnliche Wildheit besteht nicht selten zu einer Zeit, wo die Luft mehr kühl ist, z. B. im Frühjahre und Herbst. Im Herbst 1856 hatte ich einen solchen gar nicht besonders volkreichen Stock, der sich ganz gewiß im völligen Normalzustande befand, dessen Bienen aber, sobald ich nur die Glasthüre abnahm oder mich in der Nähe des Fluglochs sehen ließ, mich sofort wüthend anfielen und sich durch keinen Rauch einschüchtern und vom Stechen abhalten ließen. Im Frühjahr 1857 war der Wüthrich wieder wie alle Stöcke.

4. Was bewirkt der Bienenstich?

Die Wirkungen des Bienenstiches sind bei den einzelnen Individuen, die gestochen werden, sehr verschieden.

Bei den meisten Menschen bewirkt er Schmerz und Geschwulst, die theils größer, theils kleiner ist und theils längere, theils kürzere Zeit andauert. Ich habe Personen gesehen, die drei Tage und länger geschwollen waren und bei denen sich die Geschwulst, wenn der Stich z. B. auf die Hand gekommen war, über den ganzen Arm bis auf die Schultern verbreitete. Bei andern bleibt die Geschwulst nur unbedeutend und in der Nähe der gestochenen Stelle und verschwindet nach einigen Stunden wieder. Ja einzelne Personen sind gegen den Stich so empfindlich, daß sie Schwindel, Erbrechen, Nesselfieber (so z. B. Frank und dessen sämmtliche Kinder, f. Bzlg. 1848 S. 190) und sonstige bedenkliche Zufälle von einem einzigen Stiche bekommen. Andere wieder achten Stiche gar nicht und bekommen niemals Geschwulst.

Der Bienenstich kann aber auch den Tod von Menschen und Thieren herbeiführen, wenn er an besonders gefährliche Stellen oder in zu großen Massen kommt. In der Bienenzeitung sind mehrere durch die Bienen angerichtete Unglücksfälle erzählt und ich will hier einige mittheilen.

a Ein gewisser Beke aus Estergál in Ungarn aß am 4. Oct. 1853 ein Stück Honigwabe, in welcher sich eine noch lebende Biene befand, wurde in die Kehle gestochen und starb nach wenigen Stunden den Tod der Erstickung. S. Stockmann Bzlg. 1854 S. 71.

b. Im Sommer 1803 befand sich zu Nazza im Gothaischen, wie mir der alte J. Schulze erzählte, eine Kindermagd mit einem dreijährigen Kinde auf einem Hofe in der Nähe von 5 Bienenstöcken, welche, etwa 10 Fuß von der Erde, auf einem Brette an der Scheune standen. Mit einem Male brach das Brett ab, die Bienenstöcke stürzten auf das Pflaster und Tausende von Bienen fielen im Nu Magd und Kind an. Die Magd rettete sich durch die Flucht, das Kind aber wurde todt gestochen.

§ XVIII. Waffen der dreierlei Bienenwesen. 123

c. In Guilleville in Frankreich befand sich ein gegen 250 Stöcke zählender Stand, dessen Bienen, wahrscheinlich beunruhigt, Mitte Juni 1852 ein Gespann von 5 Pferden todt stachen, ohne daß Rettung, selbst durch herbeigeholte Feuerspritzen, möglich gewesen wäre. S. Bztg. 1852 S. 140 f.

d. Im August 1855 stachen die Bienen eines Klotzbeutenstandes von 150 Stück des Gutspachters Rowes zu Witno in Ostgalizien zwei gekoppelte Pferde desselben todt. S. Stein Bztg 1855 S. 86.

5. **Mittel gegen den Bienenstich.**

In der Bienenzeitung und den Bienenschriften sind eine Menge Mittel angegeben, als: nasse Erde, Zwiebelsaft (Stöhr, Monatsblatt 1841 S. 100), geschabte Kartoffeln, geschabter Meerrettig, zerriebene Blätter desselben, Branntwein, Salmiakgeist, Tabaksaft, Oel, Zerdrücken einer Biene auf der gestochenen Stelle, ausgepreßter Saft aus den Blüthen des Jelängerjelieber, Speichel (S. Spitzner Korbbienenzucht 3. Aufl. S. 117). Ueber dieses letzte Mittel sagt die neueste Empfehlerin, Helene Lieb, diese liebenswürdige scharfsinnige Dame: Ich schwoll nach jedem Stiche immer unmenschlich an und gewöhnlich dauerte die Geschwulst drei Tage. Einmal stach mich eine Biene in das Innere der Lippe und bald hatte ich die schönste Mohrenlippe. Doch schon nach einer Stunde war die Geschwulst wieder gefallen. Ich wunderte mich anfänglich darüber, doch nicht lange. Instinctmäßig hatte ich die gestochene Lippe mit der Zunge befeuchtet. Bald fiel mir ein, daß der Speichel eine balsamische Heilkraft besitze und daß, wenn Thiere ihre Wunden heilen, indem sie dieselben mit ihrer Zunge befeuchten, der Speichel der Menschen wohl ebenso heilsam sein könne. Genug, ich wende seit jener Entdeckung kein anderes Mittel mehr an, immer hilft es, selbst wenn ich in der Nähe der Augen gestochen werde. Freilich muß ich die gestochene Stelle öfter, am öftesten an den Augen mit Speichel befeuchten. S. Bztg. 1857 S. 93.

Ganz neuerdings empfiehlt der Medicinalrath Dr. Küchenmeister zu Zittau **Wasserglas** als ein Mittel, welches den Schmerz des Stiches **sofort, die Geschwulst in weniger als einer halben Stunde beseitige**. Er räth, in der Apotheke ein Gläschen mit Wasserglas zu kaufen, dieses nebst einem Pinselchen, wie solches Kinder zum Malen gebrauchen, stets bei sich zu führen, den Stachel, sobald eine Biene gestochen, möglichst schnell zu entfernen und die frische Wunde mit dem in das Wasserglas getauchten Pinselchen zu bestreichen. Das alkalische Wasserglas neutralisire die Säure des Bienengiftes und bilde, indem es auf der Haut zu einer glasigen häutigen Masse verdunste, eine Decke über der Wunde, welche diese comprimire, vor Lufzutritt und Verunreinigung schütze. S. Küchenmeister Bztg. 1858 S. 155 f.

Dr. Dönhoff dagegen bestreitet bestimmt, daß überhaupt ein Mittel zur Stillung des Schmerzes und der Verhinderung der Geschwulst wirksam sei, da der Schmerz stets von selbst nach ganz kurzer Zeit aufhöre, die Geschwulst, wo sie nicht eintritt, auch ohne ein Mittel nicht eingetreten sein würde. Als einzig rationale Behandlung gibt er Folgendes an: Man entferne, nachdem man gestochen ist, den Stachel möglichst rasch aus der Haut, um zu verhindern, daß sich in die Wunde noch mehr Gift ergieße, welches in Folge der Muskelbewegungen des Giftapparates noch fortfährt, sich zu ergießen. Dann drücke man die Stichwunde zwischen den Fingernägeln so lange, bis Blut kommt, um das schon in die Wunde ergossene Gift so viel als möglich zu entfernen. Die schon entwickelte Geschwulst und Entzündung bekämpfe man durch Anwendung von Kälte, in welcher Form es auch sei. Ist die Höhe der Entzündung vorüber, so können Campfereinreibungen und Einreibungen anderer reizender Stoffe dazu dienen,

§ XVIII. Waffen der dreierlei Bienenwesen.

eine schnellere Zertheilung der Geschwulst zu bewirken. S. Dönhoff Bztg. 1855 S. 214.

Ich kann über die Wirksamkeit aller Mittel aus eigener Erfahrung nichts bekunden, da ich von Beginn meiner Imkerei an niemals ein Mittel angewendet habe. Geneigt bin ich jedoch, Raben beizustimmen, welcher Bztg. 1852 S. 213 sagt: Ein Universalmittel gibt es nicht; dem einen hilft dieses, dem anderen jenes, je nach der individuellen Körperconstitution.

6. **Gewöhnt sich der menschliche Organismus an das Bienengift?**

Dönhoff bestreitet dieß und sucht die Wirkung des Bienengiftes in einem Reize auf die Nerven und die organische Masse überhaupt, wodurch Schmerz, Entzündung und Geschwulst entstehe. S. Dönhoff Bztg. 1855 S. 214. Das mag richtig sein, aber es schließt dieß nicht aus, daß die Nerven und die organische Masse überhaupt sich allmälig an einen öfter auf sie ausgeübten Reiz gewöhnen können, so daß derselbe für sie weniger fühlbar wird. Ich erinnere nur an die Arsenikesser, die Säufer, welche vom schwächsten bis zum stärksten Spiritus vorschreiten, die Magyaren Ungarns, welche ihre Speisen mit spanischem oder türkischem Pfeffer übersäen u. s. w., und meine, daß hier die Reize auf die Nerven immer geringer werden müssen. S. Stockmann Bztg. 1856 S. 165 Im Breidenbacher Hof zu Düsseldorf gerieth am 6. Septbr. 1855 Dr. Dönhoff durch eine Priese Schnupftabak in Extase, während der Redacteur der Bienenzeitung, Professor Schmid deren eine Menge, ohne im Mindesten davon afficirt zu werden, nahm, und im deutschen Hofe zu Bonn trank ich Abends nachher etwa ein Dutzend Gläser des heißesten stärksten Rumgroges, Dzierzon nach vielem Anpreisen dieses Nektars endlich ein einziges. Ich schlief wie ein Ratz und befand mich am andern Morgen „so wohlig wie's Fischlein auf dem Grund", während Dzierzon kein Auge hatte zuthun können und über Kopfschmerzen und Uebeligkeit klagte. Ebenso spricht die Erfahrung ganz entschieden dafür, daß sich der menschliche Organismus durch häufiges Gestochenwerden so an das Bienengift gewöhnt, daß es endlich keine oder so gut wie keine Geschwulst mehr hervorbringt. S. Kleine Bztg. 1856 S. 6; wo er erzählt, daß er anfänglich fürchterlich an den Folgen eines Bienenstiches gelitten. Ein Stich in die Hand trieb diese, den Arm und die Schultern hoch auf und durch einen Stich ins Gesicht blieben die Augen drei Tage so verquollen, daß er das Tageslicht nur sehen konnte, wenn er die Geschwulstsäcke mit den Fingern zurückdrückte. Nachdem er sich aber drei Sommer tüchtig und beharrlich hatte stechen lassen, bekommt er jetzt, außer einer kaum merklichen an den Augenlidern, gar keine Geschwulst mehr. S. Kleine a. a. O. Ebenso verschwoll Stockmann anfänglich entsetzlich, später aber, selbst nach noch so vielen Stichen, gar nicht mehr. S. Stockmann a. a. O. Mein Bienenmeister Günther verschwoll anfänglich so, daß er alle menschliche Gestalt verlor und oft mehrere Tage weder sehen, noch eine Hand zur Arbeit rühren konnte. Doch bald schon ließ das Anschwellen bei ihm nach und nach einem Jahre gab er sich kaum die Mühe noch, einen Stachel herauszuziehen. Aehnliche Beispiele kenne ich eine Menge und ich behaupte, daß sich Jeder durch vieles Sichstechenlassen an das Bienengift gewöhnen kann. Freilich wird es bei dem einen langsamer, bei dem andern schneller gehen.

Merkwürdig ist es übrigens, daß bei einzelnen Personen gleich anfänglich der Stich nicht die geringste Geschwulst erzeugt. So z. B. bei Friedrich Schmidt, dem Gärtner des Herrn von Bose auf Emmaburg. Dieser war, als er zu mir geschickt wurde, um einen Cursus durchzumachen, noch nie gestochen worden. Bei mir wurde er

§ XVIII. Waffen der dreierlei Bienenwesen.

gleich am ersten Tage, weil Günther sein Müthchen kühlen wollte, fürchterlich gestochen, aber es zeigte sich weder da noch später je die geringste Spur von Geschwulst. Ganz gleich ist es bei mir. Ich verschwoll niemals, außer ein einziges Mal etwas, wo ich heftig erschrak. Dieß führt mich auf die Frage:

7. **Bringt hauptsächlich der Schreck die Geschwulst hervor, oder erhöht er sie doch wenigstens?**

Ich muß diese Frage unbedingt bejahen, obwohl ich weiß, daß Dr. Kipp sie in der Bienenzeitung (1856 S. 234 f.) aus theoretischen Gründen bestreitet. Mein Günther versicherte mir, daß erst von der Zeit an, seit er gegen Stiche gleichgültig geworden, nicht mehr zusammengefahren und nicht mehr erschrocken sei, sich bei ihm gar keine Geschwulst mehr gebildet habe. Dasselbe bekunden viele andere Personen, z. B. Spitzner (Korbbienenzucht 3. Aufl. S. 117) und C. F. Hoffmann, Rittergutspächter zu Törpla (Bztg. 1856 S. 153).

Ich selbst erlebte folgenden merkwürdigen Fall. Mich können, wie gesagt, die Bienen stechen, so viel und wohin sie wollen, es schwillt nicht. Bei einer Versammlung in Arnstadt 1852 ließ ich eine Biene dicht unter das Auge, eine in die Wange einstechen und zog die Stacheln erst nach einer Stunde heraus, ohne daß auch nur eine Spur von Geschwulst sich gezeigt hätte. S. von Berlepsch Bztg. 1853 S. 33. Als ich aber im Sommer 1855 einen Stich unter das rechte Auge bekam und dabei heftig erschrak, zeigte sich eine halbzollhohe, wenn auch nicht lange anhaltende Geschwulst. Es waren nämlich dicht an dem Mühlengarten, in welchem ich einen isolirten Stand hatte, Jäger, welche nach Rebhühnern schossen und schon einmal mir und Günther über den Köpfen weg geschossen hatten. In dem Augenblick, wo wieder ein Schuß fiel, fühlte ich einen heftigen Schmerz im Auge und fuhr erschrocken zusammen, weil ich glaubte, blind geschossen zu sein, während ich nur von einer Biene gestochen war. Weshalb nun in diesem Falle gerade Geschwulst und sonst nie? S. von Berlepsch Bztg. 1856 S. 31.

8. **Vorbeugungsmittel gegen Bienenstiche.**

a. Man behandle die Bienen nach den Vorschriften dieses Buches, beachte im Besonderen die in diesem Paragraph gegebenen Winke und man wird so oft nicht gestochen werden. So leer freilich wird es nicht abgehen, und mitunter ein Stich gehört zum Handwerk.

b. Man hantire an den Stöcken niemals ohne Rauch, weil man sonst den Bienen gegenüber völlig wehrlos ist. Mit einem einzigen Zuge Rauch zu rechter Zeit kann man jeden Zornausbruch der Bienen im Beginne ersticken, während, wenn man ohne Rauch ist, die Wuth der Bienen von Augenblick zu Augenblick wächst, und endlich selbst dem gewandtesten Meister und dem gegen Stiche Unempfindlichsten nichts übrig läßt, als das Hasenpanier zu ergreifen. Es ist sehr leicht, die Bienen nicht wild werden zu lassen, sehr schwer aber, einmal wild gewordene wieder zu besänftigen. Wenn ich sagte, man könne durch einen einzigen Zug Rauch zu rechter Zeit jeden Zornausbruch der Bienen im Beginne dämpfen, so wollen die Anfänger gewiß von mir wissen, wann die rechte Zeit da sei. Die kann ich sie aber nicht lehren, sondern diese müssen sie aus dem Umgange mit den Bienen lernen, indem sie auf ihre Sprache, Manieren und Marotten lauschen. Beschreiben läßt sich so etwas nicht.

c. **Die Rauchmaschine.** Die beste Rauchmaschine ist die brennende Cigarre. Seit Jahren bediene ich mich mit vielen Imkern (z. B. Kleine, Klein, Huke, Günther) gar keiner andern, aber man muß, wenn die Cigarre bei allen Operationen aus-

§ XVIII. Waffen der dreierlei Bienenwesen.

reichen soll, ein firmer Raucher sein, d. h. man muß, ohne schwindelnd zu werden, stundenlang die Cigarre brennend im Munde halten und erforderlichen Falls wie aus einer eigentlichen Rauchmaschine qualmen können. Muß ich viel und längere Zeit Rauch machen, so wähle ich eine recht leichte Cigarre, weil die Bienen bei einer schweren leicht betäubt werden und weniger weichen. Bei gewöhnlichen Operationen, z. B. Auseinandernehmen einer Beute, ist jedoch eine schwere Cigarre besser, weil vor dem Rauche einer solchen anfänglich die Bienen weit schneller weichen.

Eine kurze Tabakspfeife thut es zwar auch, aber bei tiefen Dzierzonbeuten, wo man oft den Kopf in die Beute etwas einbiegen muß, ist sie nicht selten hinderlich. Der Lehrer Teckhaus aus Deiringsen bei Soest, ein äußerst offener Kopf und handgewandter Mann, welcher 1856 bei mir in Seebach einen Cursus durchmachte, wollte anfänglich nichts von der Cigarre wissen, ließ aber schon nach zwei Tagen seinen Pfeifenstummel nicht mehr sehen, nachdem er mit der Cigarre hatte operiren müssen. „Herr Baron, Sie haben recht, die Pfeife taugt nichts," waren seine Worte.

Dzierzon, der keinen Tabak rauchen kann, schnitzt sich aus Zunderholz gleichsam Cigarren, zündet diese oben an, nimmt sie in die linke Hand, bläst gegen das Feuer und bringt den Rauch dahin, wohin er ihn haben will. Es geht auch, aber viel schlechter als mit der Tabakscigarre und der Tabakspfeife im Munde, weil, sobald Rauch gemacht werden muß, nicht nur eine Hand für die Operation verloren ist, sondern auch die ganze Operation unterbrochen werden muß. In Güstrow auf der 6. Wanderversammlung deutsch-österreichischer Bienenwirthe sah ich Dzierzon mit dem Zunderstengel operiren, sah aber auch sofort, wie er's bei einer schwierigen Operation einem Tabakraucher, der gleich handgewandt ist, an Schnelligkeit und Sicherheit unmöglich gleich thun kann. An einer so recht volkreichen, bösen und wie ausgemauert ausgebauten Beute sollte er mir, Günther, Huse, Klein u. s. w. gegenüber bald genug mit seinem Zunderstengel in's Hintertreffen gerathen. Für einen Dzierzonianer ist es unläugbar ein Uebelstand, wenn er nicht Tabak rauchen kann.

Fig. 6.

Unter der Legion von eigentlichen Rauchmaschinen halte ich die vom alten Jacob Schulze construirte für die beste.

Sie ist ganz von Eisen, das hohle, starkstricknadelweite, mit einem Gewinde versehene Rauchröhrchen (c) ist 3 Zoll lang, der Bauch (b) 4½ Zoll lang und 1½ Zoll lichtenweit, und das hohle gleichfalls mit Gewinde versehene Blaserohr (a), welches beim Rauchmachen an den Mund gelegt wird, 6 Zoll lang mit ½ Zoll innerem Durchmesser. Das hohle Blaserohr hat am unteren Ende, statt der ganzen Hohlöffnung, nur 9 runde Löcherchen (d) von der Stärke einer Stricknadel. Ist die Maschine, die auseinandergeschroben abgebildet ist, zusammengeschroben und will man sie laden, so stopft man sie voll, legt an die Stelle, wo das Blaserohr eingeschroben wird, ein Stück brennenden Schwamm, schraubt das Blaserohr schnell ein und fängt an zu blasen. Man lade aber keinen Tabak ein, sondern Holzzunder, weil der zu stark ausströmende Tabaksrauch die Bienen zu leicht betäubt. Bei der Wahl des Zunders achte man darauf, daß in demselben nicht Larven von Insekten stecken. Denn verbrennen diese mit, so bringt der Geruch die Bienen, statt sie zu bemüthigen, nur in Wuth. Der beste Zunder ist recht trockener, weiß aussehender von alten Weidenbäumen.

§ XVIII. Waffen der dreierlei Bienenwesen. 127

Leider geht, wie alle Rauchmaschinen, so auch die Schulze'sche leicht aus und man muß, so wie man sie hinlegt, sofort das Blaserohr oder den Stiel (a) herausschrauben, damit der Brand nicht erstickt. Trotzdem geht sie aber doch oft aus und man muß deshalb stets Schwamm und Schwefelhölzchen zum raschen Wiederanzünden bereit haben. Auch reicht bei langen Operationen eine Maschine nicht aus, weil sie endlich zu heiß wird. Wohl dem, der gleich mir und Andern, niemals eine Rauchmaschine gebraucht!

Fig. 7.

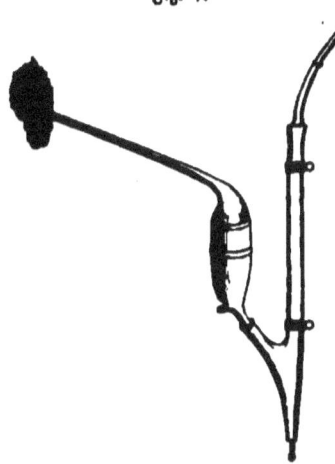

Manchem Raucher wird auch die hier abgebildete Rauchpfeife gute Dienste leisten. Sie unterscheidet sich von einer gewöhnlichen kurzen Tabakspfeife nur durch das, statt des Deckels, auf den Kopf nach Bedürfniß aufzusteckende, vorn etwa starkstricknadelweite, 5 bis 6 Zoll lange, aus Zink oder Blech zu fertigende Rohr.

9. Schutzmittel gegen Bienenstiche.

Mir war es bei längeren und schwierigeren Operationen oft fatal, daß ich durch Stiche auf die Augenlider oder dicht unter die Augen zeitweilig nicht sehen konnte, weil man meist die Hände voll hat, die Stacheln nicht schnell herauswischen kann, und es so geschehen lassen muß, daß die Augen überlaufen und sich kurze Zeit schließen. Läuft aber ein Auge über, so läuft zur Gesellschaft auch das andere nicht gestochene Auge mit über und das Operiren ist unterbrochen. Ich kann daher auf ein Schutzmittel gegen Stiche auf die Augenlider und die nächste Umgebung der Augen und erfand die Bienenbrille.

Fig. 8.

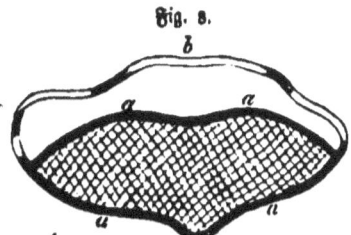

Sie besteht aus leichten Drahtbügeln, die mit Leinwand oder Seide überzogen sind (a) und sich über und unter den Augen fest und dicht andrücken lassen, daß keine Biene zwischen Bügeln und Haut durchkriechen kann. Der ovale Raum zwischen den Bügeln, wo bei gewöhnlichen Brillen die Gläser stehen, ist mit möglichst dünnem Drahte oder mit Pferdehaaren in Vierecken, die keine Biene durchlassen, übersponnen, so daß man am Sehen nicht im Mindesten behindert ist. Wer schlecht sieht, könnte sich auch Brillengläser dazwischen anbringen lassen. An beiden Enden der Drahtbügel ist ein Gummibändchen (b) befestiget, das man über den Kopf wegzieht und das am Hinterkopfe schließend die Brille vor den Augen festhält. Die Drahtbügel muß man sich auf dem Gesichte zurecht drücken, damit sie allenthalben auf dem Fleische dicht aufliegen.

§ XVIII. Waffen der dreierlei Bienenwesen.

Ich habe zwar auch dieses Instrument nicht gern und setze es gewöhnlich erst dann auf, wenn ich tüchtig um die Augen herum gestochen bin, es leistet aber sehr wesentliche Dienste und ist dem Anfänger, der noch nicht stichfest ist, nicht genug zu empfehlen.

Will Jemand gar nicht gestochen werden, so setze er eine Bienenkappe auf, ziehe dicke Handschuhe an und lasse sich durch einen Gehilfen Rauch machen, nur nenne er sich keinen Dzierzonianer und keinen Bienenzüchter der neueren Schule. Wir erkennen ihn als den unserigen nicht an, sondern überweisen ihn dem Dr. Magerstedt, der noch anno 1856 lehrt: **Die Bienenkappe ist ein bei allen Operationen in der flugbaren Jahreszeit unentbehrliches Geräthe.** S. Magerstedt pract. Bienenvater 3. Aufl. S. 150.

§ XIX.
Krankheiten der Bienen und des Biens.

1. Die Ruhr.
Die Ruhr besteht darin, daß die Bienen den in ihren Eingeweiden sich angehäuften Unrath nicht mehr zurückhalten können, sondern gegen ihre Gewohnheit im Stocke von sich geben müssen und dadurch die Wände des Stockes, den Wachsbau, sowie sich selbst gegenseitig beschmutzen. S. Dzierzon Bfreund. S. 169.

a. Ursachen der Ruhr.

α. Zu langes Innesitzen der Bienen während der Winterruhe, öftere Beunruhigungen während derselben durch Mäuse, Vögel, namentlich Spechte und Meisen, Gepolter u. s. w. und Sonnenstrahlen.

Dieses lange winterliche Innesitzen hängt mit unserem nördlichen Klima, das im Ganzen zu kalt für die Bienen ist, zusammen, und der Bienenzüchter vermag weiter nichts zu thun, als seine Stöcke gegen Kälte, Beunruhigung und Sonne während der Winterruhe zu schützen. Denn je stärker im Winter die Kälte auf die Bienen eindringt und je öfter sie durch Gepolter oder die trügerischen Sonnenstrahlen in ihrer Ruhe gestört werden, desto mehr zehren sie und desto mehr häufen sie in Folge dessen Koth in ihren Leibern an.

β. Ungesunder, von der Fichte, Tanne oder sonst einem späten sog. Honigthaue eingetragener, von den Bienen nicht gehörig geläuterter, zum großen Theil unbedeckelt gebliebener Honig. Fütterung im Herbste mit zu vielem flüssigen Honig oder Honigsurrogaten, als Kartoffel-, Malz-, Birnshrup oder anderen flüssigen Süßen.

Mancher Honig ist an sich schlecht, schleimig und nur wenig süß, enthält gleich den Surrogaten zu viel auszuscheidende Stoffe und häuft deshalb gar bald und zu viel Koth in den Leibern der Bienen an. J. G. Hoffmann stellte zwei Fälle sicher fest, wo Stöcke durch Fichtenhonig, „der von solcher Zähigkeit war, daß man ellenlange Fäden davon ziehen konnte, ehe er losriß, auch ganz schlecht und sehr nach Fichtenharz schmeckte," ruhrkrank wurden und eingingen. Bztg. 1852. S. 144. Ein eclatantes Beispiel aber, wo ein ganzer aus 300 Stöcken bestehender Stand in Folge des Tannenhonigs ruhrkrank wurde, erzählt von Ehrenfels in seiner Bienenzucht u. s. w. S. 81 f. Besonders auch ziehen die unbedeckelten Honig- und Süßenzellen die Feuchtigkeit an, gerathen in Gährung und werden sauer, so daß die Ruhr durch den Antheil Essigsäure entstehen muß, wenn die Bienen nicht bald und

§ XIX. Krankheiten der Bienen und des Biens.

oft Gelegenheit haben, auszufliegen und sich reinigen zu können. Hin und wieder, jedoch sehr selten, bricht die Ruhr in einer ganzen Gegend aus und gestaltet sich zu einer wahren Ruhrepidemie, wie eine solche in der ganzen Lausitz 1840 grassirte und wohl ⅗ aller Stöcke hinraffte. Jähne, der im Monatsblatt 1841 S. 1 — 4 diese Calamität beschreibt, glaubt, daß sie von dem Haidekraut (erica vulgaris) entstanden sei. Nichts als durch schlechtes Futter verursachte Ruhr ist auch die von J. E. Hoffmann (Bzlg. 1856 S. 140 f.) als besondere Krankheit beschriebene und Maikrankheit genannte Erscheinung, daß mitunter im April und Mai bis zur Honigtracht Bienen an angeschwollenen Leibern sterben. Verdorbener Honig oder sonstiges schlechtes Futter hat sie ruhrkrank gemacht, dabei aber zugleich verstopft, so daß sie sich der Excremente nicht entledigen können. Ich habe öfters solche Bienen secirt.

γ. Verkühlung. Die Kühle der Wohnung, des gewählten Wintersitzes in derselben und die Kälte der äußeren Luft, wenn sie stärker auf die Bienen einzudringen vermag, veranlaßt mit der Länge der Zeit die Ruhr, theils weil die Bienen wegen stärkerer Zehrung endlich zu viel Unrath in ihren Leibern anhäufen, theils weil die Kühle eine Erschlaffung der Eingeweide bewirkt, so daß diese den Koth nicht halten können. S. Lubinieckl Bzlg. 1857 S. 140. Dönhoff ebendas. 1857 S. 210. Darin liegt auch der Grund, daß schwache Stöcke leichter als starke, junge Schwärme leichter als ältere von der Ruhr befallen werden, weil stärkere Stöcke mehr Wärme erzeugen und ältere Stöcke wegen des älteren festeren Baues wärmer sind. S. Dzierzon Bfreund. S. 172. Besonders hüte man sich gegen das Frühjahr hin, wo die Bienen die meisten Excremente bei sich haben, die Stöcke an rauhen kalten Tagen zu öffnen und Kälte auf die Bienen einbringen zu lassen. Laufen sie jetzt aus einander, so habe ich schon erlebt, daß die Ruhr in den ersten Stunden im höchsten Grade ausbrach, d. h. daß die Bienen ihre Excremente fahren ließen und Wachsbau, Stock und sich arg besudelten. Solche Stöcke siechen stets längere Zeit und kommen sehr zurück.

δ. Zu große Feuchtigkeit. Diese entsteht in Stöcken, welche bei strenger Kälte nicht hinreichenden Schutz gewähren und Reif und Eis an den Wänden sowie an den Wachstafeln bis in die Nähe des Wintersitzes der Bienen entstehen lassen. Tritt nun gelindere Witterung ein, so wird der Reif und das Eis Wasser, welches die Bienen, soweit sie sich lösen und ausbreiten, aufsaugen, weil sie Nässe um sich nicht dulden. Am verderblichsten ist die Feuchtigkeit, wenn sie in zu starkem Maße von oben auf die Bienen einbringt, was besonders in dünnen hölzernen Magazinen der Fall ist. Diese Feuchtigkeit müssen die Bienen fortwährend einsaugen, und so kann es gar nicht anders kommen, als daß sie ruhrkrank werden, wenn sie nicht wiederholte Reinigungsausflüge machen können. S. Dzierzon Bfreund S. 171.

ε. Zu große Trockenheit. Stöcke, welche sich aus irgend einem Grunde im Winter zu trocken halten, keinen oder einen kaum nennenswerthen wässerigen Niederschlag bilden und nur bereits schon verzuckerten oder doch zu entwässerten verdichteten Honig besitzen, gewähren den Bienen nicht diejenige Feuchtigkeit, die sie nöthig haben, um dem Honige die zum Genusse erforderliche Flüssigkeit zu geben. Die Bienen leiden Durst, gerathen in Aufregung, lösen, wenn die Kälte nicht zu stark ist, den Klumpen auf, beißen die Deckel ganzer Honigwaben auf, saugen die wenige Feuchtigkeit aus und werden theils aus Erkühlung theils wegen Unruhe und stärkeren Zehrens ruhrkrank. S. § XLVIII, 7 ff.

b. Beginn und Verlauf der Krankheit.
Die Ruhr befällt erst einzelne, dann ziemlich schnell immer mehr Bienen. Ist die Kälte nicht zu groß und können sich einzelne Bienen vom Klumpen lösen, so entledigen

sie sich ihres Unrathes entweder vor dem Flugloche, oder wenn auch innerhalb des Stockes, so doch wenigstens außerhalb des Klumpens. Dabei gehen jedoch immer viele Bienen verloren und das Volk schmilzt wie Aprilschnee zusammen. Oeffnet man den Stock, so strömt ein übler Geruch entgegen und man findet auf dem Bodenbrette, an den Wänden und zwischen dem Wachsgebäude eine Menge todter oder erstarrter Bienen mit strotzenden und aufgetriebenen Leibern. Das Innere des Stockes, namentlich in der Nähe des Sitzes der Bienen, ist stark mit Koth beschmutzt. S. Dzierzon Bfreund S. 172. Oft ist auch der Sitz der Bienen selbst beschmutzt; was dann geschieht, wenn stärkere Kälte oder zu große Schwäche des Volkes die Bienen hindert, sich einzeln vom Klumpen zu lösen. Dann geben sie ihren Unrath dort von sich, wo sie eben sitzen, besudeln sich gegenseitig, machen sich naß, erkühlen sich um so mehr und der Untergang des Volkes erfolgt ziemlich schnell, wenn nicht bald milde Witterung einen Ausflug gestattet.

Daß die Königin niemals an der Ruhr stirbt, ist schon auf S. 41 gesagt worden.

c. **Mittel gegen die Krankheit.**

Meidet man Alles, was die Ruhr erzeugt, und verfährt man so, wie im Capitel über Ueberwinterung (§ XLVIII.) gelehrt ist, so wird man im Ganzen wenig von der Ruhr heimgesucht werden. Bricht sie aber doch aus, so hilft nach meinen Erfahrungen nichts als ein schöner Tag, an welchem die Bienen ausfliegen und sich ihrer angehäuften Kothmassen entledigen können. Die Krankheit hört dann ganz von selbst auf. In den Bienenschriften werden eine Menge Mittel zur Beseitigung der bereits ausgebrochenen Ruhrkrankheit angegeben und angepriesen, z. B. Honig mit Sternanisthee, mit süßem spanischen Wein, mit herbem Rothwein und Zimmet oder Muscatnuß, s. w. vermischt: lauter ganz widersinnige Quacksalbereien, die der Beunruhigungen wegen, nur schaden, absolut aber nichts helfen können, weil die Ruhr nicht eine Diarrhöe ist, wie z B. die Diarrhöe des Menschen, die in einer Reizung und, wenn sie lange anhält, in einer Auflockerung der Schleimhaut des Darmes besteht. Hier sind die angegebenen Medicamente am Platz. Die Ruhr der Bienen ist an sich keine Reizung der Schleimhaut und eine in Folge davon auftretende vermehrte Schleimabsonderung, sondern einfach das Unvermögen, den Koth, wenn zu gehäuft ist, länger bei sich zu behalten. Dieß geht einfach daraus hervor, daß die Ruhr curirt ist, sobald die Bienen ihren Reinigungsausflug gehalten haben, während die Diarrhöe des Menschen nach einer Ausleerung nicht curirt ist. Zudem ist die chemische Beschaffenheit der Ruhrexcremente dieselbe wie die anderer Bienen. S. Dönhoff Bztg. 1857 S. 178. Auch Dzierzons Mittel, ruhrkranke Bienen sich an den Fenstern in einem mäßig erwärmten Zimmer reinigen zu lassen, wenn die Witterung einen Ausflug nicht gestatte (S. Bfreund S. 169), ist sehr mißlich und zu widerrathen. Denn man beunruhigt die Bienen nur und veranlaßt, daß sich auch diejenigen entleeren und gegenseitig besudeln, die sonst wohl noch einige Zeit ruhig gesessen haben würden. Ist die Ruhr einmal ausgebrochen, so ist nichts schädlicher als Beunruhigung und nichts nützlicher als Erhaltung des Volkes in möglichster Ruhe. Tritt aber ein schöner Tag ein und spielen bereits mehrere Stöcke lustig vor, so reize man die bereits ruhrkranken Stöcke und diejenigen, bei denen man den Ausbruch der Krankheit befürchtet, durch Klopfen oder sonstiges Beunruhigen zum Ausfluge, weil die kränklichen und schwachen Stöcke die Gelegenheit, vorzuspielen und sich zu reinigen, leicht unbenutzt lassen. S. Dzierzon Bfreund S 172. f.

d. **Behandlung der Stöcke nach dem Aufhören der Krankheit.**

Stöcken mit unbeweglichen Waben schneide man nach dem ersten Reinigungsausfluge die beschmutzten Waben aus, füttere sie einige Male mit gesundem flüssigen Honig und befehle sie sonst Gott. In Stöcken mit beweglichen Waben hingegen nehme man die beschmutzten Tafeln heraus, gebe dafür reine, und kratze und wasche den Schmutz von den Wänden ab. Ist der kranke Stock ein Einzelstock, so kann man die Bienen in einen anderen Stock, dem man gehöriges Wachsgebäude eingestellt hat, umlogiren und ihnen auf diese Weise eine ganz behäbige Wohnung geben, auch die alte feuchte Wohnung desto besser reinigen und austrocknen.

Die besubelten Tafeln, mögen sie nun aus Dzierzonstöcken herausgenommen oder aus anderen Stöcken herausgeschnitten sein, schmelze man ja nicht ein, sondern befeuchte sie mit Wasser und reibe nach etwa einer Stunde mit einer recht weichen, in Wasser getauchten Bürste den Schmutz behutsam los; dann spüle man die Tafeln in reinem Wasser ab, entferne das Wasser aus den Zellen durch Aufschlagen der Tafeln auf die flache Hand oder sonst wie, und lasse sie in der warmen Stube oder an der Luft wieder trocknen. S. Dzierzon Bfreund S. 169.

2. **Die Faulbrut.**

Faulbrut ist das Absterben, Uebergehen in Fäulniß und endliches Vertrocknen der theils noch unbedeckelten theils schon bedeckelten Brut. Diese Brutkrankheit ist in ihren Erscheinungen sehr verschieden und namentlich ist eine nicht ansteckende und eine ansteckende Faulbrut scharf zu unterscheiden.

a. **Die nicht ansteckende Faulbrut.**

Sie kann durch mancherlei Veranlassungen entstehen. So z. B. stirbt die Brut theilweise ab, wenn ein Stock durch zu starkes Abtreiben oder Verstellen so viele Bienen verloren hat, daß er nicht alle Brut mehr bedecken und ernähren kann, oder wenn im Frühjahr die Königin die Tafeln bereits schon weit abwärts mit Brut besetzt hat und plötzlich wieder kalte Witterung eintritt, so daß sich die Bienen enger zusammenziehen müssen. Dann unterliegt die untere und seitwärts stehende Brut. Aber auch das Futter kann so beschaffen sein, daß es den Tod der Brut herbeiführt. S. J. E. Hoffmann in der Bienenzeitung 1853 S. 4, wo er zwei Fälle mittheilt, in welchen namentlich die jüngere Brut in Stöcken abstarb, deren Bienen auf Kiefern, welche von Raupen stark zerfressen waren, gesammelt hatten.

Mitunter werfen die Bienen die todte Brut schon aus den Zellen, ehe sie in Fäulniß übergeht, mitunter lassen sie dieselbe auch stehen, bis daß sie vertrocknet ist.

Diese nicht ansteckende Faulbrut hat wenig zu bedeuten, weil es eben bei der Brut, die einmal abgestorben ist, sein Bewenden hat und die abgestorbene Brut andere gesunde nicht ansteckt.

b. **Die ansteckende Faulbrut.**

Sie ist in meiner Gegend gänzlich unbekannt und der alte Jacob Schulze hatte in länger als 50 Jahren niemals weder bei sich, noch anderswo die ansteckende Faulbrut erlebt. Ebenso scheint sie in anderen Gegenden nicht vorzukommen; denn auch Spitzner (Korbbienenzucht 3. Aufl. S. 277, 279), Busch (Bjtg. 1848 S. 161), Kleine (Bjtg. 1854 S. 40) und Raben (Bjtg. 80) versichern, diese Krankheit auf ihren Ständen niemals gehabt und in ihrer Nachbarschaft niemals angetroffen zu haben. Ich sah nur auf Reisen zweimal Stände, die an der ansteckenden Faulbrut laborirten, weiß daher aus eigener Erfahrung wenig oder nichts, so daß ich im Folgenden nur mittheilen kann, was Andere, namentlich Dzierzon, der viele Jahre mit diesem Uebel entsetzlich zu kämpfen hatte, gelehrt haben.

§ XIX. Krankheiten der Bienen und des Bienst. 133

Dzierzon sagt: Die Krankheit ist ansteckend, greift schnell um sich, indem nicht nur eine immer größere Zahl von Brutzellen in demselben Stocke davon ergriffen, sondern auch immer mehr Stöcke desselben Standes und Ortes davon befallen werden. Dabei ist es im höchsten Grade merkwürdig, daß nicht alle Brut abstirbt, sondern nur mehr oder weniger, und daß selbst in dem faulbrütigsten, ekelhaft stinkenden Stocke immer ein Theil der Larven zu gesunden Bienen sich entwickelt und ausschlüpft; was bei der leichten Ansteckung dieser Krankheit in der That ein Räthsel ist. S. Dzierzon Bztg. 1849 S. 8. 170. Bfreund. S. 173. Ohne den Stock zu öffnen, durch den bloßen Geruch kann man sich von dem Vorhandensein der Faulbrut schon überzeugen. Statt des gewöhnlichen lieblichen Duftes kommt aus dem Flugloche faulbrütiger Stöcke, welche zur Erneuerung und Verbesserung der Luft besonders stark zu ventiliren pflegen, ein unangenehmer Geruch entgegen, der, wenn man den Stock öffnet und hineinriecht, wie Leim oder faules Fleisch stinkt. S. Dzierzon Bfreund S. 174.
Dzierzon unterscheidet zwei Arten oder Formen dieser Krankheit, eine gutartige und eine bösartige.
α. **Die gutartige ansteckende Faulbrut.**
Bei dieser sterben meist die noch unbedeckelten Larven ab. Die zur Bedeckelung kommen, sind in der Regel gesund und gelangen auch zur Vollkommenheit. Eine zugedeckelte und doch faule Brutzelle ist eine Seltenheit. Die Materie, in welche die Larven übergehen, ist mehr breiartig, nicht so zähe, wie bei der bösartigen. Sie trocknet auf dem Boden der Zelle zu einer Kruste zusammen, löst sich leicht ab, wird von den Bienen, so lange sie noch stark sind, ohne Schwierigkeit entfernt, in kleinen schwarzbraunen Schalen auf das Bodenbrett herabgeworfen und später zum Flugloche hinaustransportirt. Findet man daher solche schwarzbraune Schälchen auf dem Bodenbrette, so hat man den sicheren Beweis, daß Faulbrut, wenn auch vielleicht nur in geringem Grade vorhanden ist.
Stöcke mit dieser Art Faulbrut erhalten sich oft, ehe sie gänzlich eingehen, zwei Sommer hindurch, weil immer nur ein Theil der Brut abstirbt, die absterbende Brut nur in offenen Zellen steht und diese die Bienen, so lange sie noch nicht zu schwach geworden sind, nach einiger Zeit immer wieder reinigen, so daß die Königin stets Zellen zum Absetzen der Eier findet. Bisweilen verliert sich das Uebel auch von selbst. Stöcke, die im Sommer einen starken faulen Geruch verbreiten, zeigen sich bisweilen auch ohne menschliche Hilfe im Herbste wieder vollkommen rein und gesund. S. Dzierzon a. a. O.
β. **Die bösartige ansteckende Faulbrut.**
Hier sterben meist oder doch zum großen Theile erst die bereits zugedeckelten Larven oder auch Nymphen ab und gehen in eine sich ziehende Masse über, welche mit der Zeit zu einer schwarzen Kruste auf der unteren Seite der Zelle zusammentrocknet. Die Deckel der bereits bedeckelten Zellen sind eingefallen und in manchen kleine Oeffnungen von den Bienen gemacht, „um, nachdem sie auf das Ausschlüpfen der Brut schon über die Zeit gewartet haben, sich zu überzeugen, was denn die Zellen enthalten" (Scholtiß Bztg. 1849 S. 170). Jene Kruste können die Bienen nicht entfernen, sondern beißen, solange sie noch stark sind und sich zu helfen versuchen, die ganzen Zellen nieder und führen sie von Neuem auf. Findet man daher auf dem Bodenbrette des Stockes bräunliche oder schwarze Krümchen und Körner, die, wenn sie zwischen die Finger genommen und gerieben werden, eine schmierige, stinkende Masse geben, so ist das Vorhandensein der Faulbrut gewiß.

§ XIX. Krankheiten der Bienen und des Biens.

Stöcke mit dieser Art Faulbrut erhalten sich nie lange, weil das Uebel sich rasch zu vergrößeren pflegt und nicht nur die absterbende Brut verloren geht, sondern auch die Brutzellen, die im gesunden Stocke alle 3 Wochen junge Bienen hervorgehen lassen, ferner unbrauchbar gemacht werden und so die Königin bald gar keine Gelegenheit mehr zum Eierabsetzen findet. Dadurch schmilzt das Volk rasch zusammen und der Stock geht ein. Gesund wird ein solcher Stock niemals wieder.

c. **Ansteckungsweisen beider Arten ansteckender Faulbrut.**

α. Rauben gesunde Bienen einen faulbrütigen Stock aus, so stecken sie sich in der Regel an, besonders wenn sie Brut haben.

β. Der Bienenwirth selbst, wenn er an faulbrütigen Stöcken hantirt hat und dann, ohne sich zuvor die Hände vollkommen gereinigt zu haben, an gesunde geht, kann diese anstecken.

γ. Die Vereinigung von Bienen eines kranken Stockes mit einem gesunden ist zu Zeiten, wo Brut vorhanden ist, sehr gefährlich, denn nur zu leicht wird dadurch der gesunde Stock angesteckt. Doch schadet die Vereinigung nicht, wenn keine Brut mehr vorhanden ist. Selbst Honig von faulbrütigen Stöcken, der sonst die Krankheit ziemlich sicher einimpft, schadet, wenn die Bienen keine Brut mehr haben, meist nicht. Wo Brut fehlt, da fehlt der Krankheit gleichsam der Boden, weil die Krankheit eine Brutkrankheit ist.

δ. Bringt man Bienen in eine Wohnung, die ein faulbrütiges Volk inne gehabt hatte, so bricht die Krankheit fast immer aus. Selbst Ausbrennen und das sorgsamste Auswaschen und sonstiges Reinigen hilft nicht immer (S. Limberger Bztg. 1852 S. 155 f.); ja sogar nach Jahren bricht die Krankheit in solchen Wohnungen bisweilen wieder aus. S. von Berlepsch Bztg. 1855 S. 6.

ε. Selbst auf Stellen, wo faulbrütige Stöcke gestanden, kann nach länger als Jahresfrist die Krankheit wieder ausbrechen, wenn gesunde Stöcke daselbst aufgestellt werden. S. von Berlepsch a. a. O.

ζ. Endlich sagte mir Dzierzon mündlich, selbst durch Blumen, auf welchen die Bienen faulbrütiger Stöcke gesammelt hätten, könne diese Pest verbreitet werden, indem Bienen gesunder Stöcke, welche dieselben Blumen beflögen, ihre Stöcke faulbrütig machen könnten. Denn es seien ihm Beispiele bekannt, wo sich die Faulbrut auf Nachbarorte verpflanzt hätte, ohne daß dorthin aus inficirten Orten Stöcke gebracht worden wären. Dieselbe Beobachtung will auch Welzer gemacht haben. S. J. E. Hoffmann Bztg. 1856. S. 64.

d. **Vorbeugungsmittel gegen die ansteckende Faulbrut.**

α. Man sei vorsichtig beim Ankauf von Futterhonig und verfüttere keinen Honig, von dem man nicht ganz gewiß weiß, daß er von gesunden Stöcken herrührt. Niemals bediene man sich deshalb des Polnischen oder Havannah-Tonnenhonigs, weil durch diesen erwiesenermaßen schon Faulbrut erregt worden ist. S. Stöhr Bztg. 1848. S. 154. Dzierzon Bztg. 1849 S. 2 und Nachtrag S. 83 f. von Berlepsch Bztg. 1855 S. 6.

β. Ebenso vorsichtig sei man beim Ankauf von Bienen und überzeuge sich genau, daß sie nicht faulbrütig sind. Es ist dies gewiß leicht, wenn man in die Stöcke hineinriecht. In den beiden Fällen wenigstens, wo ich faulbrütige Stöcke sah, stank es wie Luder und ich würde sofort die Faulbrut wittern.

Weiter vermag der Züchter zur Vorbeugung nichts zu thun, weil er die Bienen nicht hindern kann, über unreinen Honig, wo sie immer dazu gelangen können, herzufallen. Wenn daher Honighändler, Essigfabrikanten, Pfefferküchler u. s. w. Honigfässer,

§ XIX. Krankheiten der Bienen und des Biens. 135

ohne sie vollkommen gereiniget zu haben, offen ins Freie stellen, so kann dadurch Faulbrut entstehen. Auf diese Weise z. B. bekam Stöhr die Faulbrut. Seine Bienen hatten bei einem Pfefferküchler Honig geholt, die Faulbrut brach bald aus und er mußte, nachdem er sich mehrere Jahre vergeblich geplagt hatte, endlich den ganzen Stand abschwefeln. S. Stöhr Bjtg. 1848 S. 154. Es ist daher Niemand vor dieser Pest ganz sicher.

e. **Verfahren mit Stöcken beider Arten anstechender Faulbrut.**
α. **Stöcke mit unbeweglichen Waben.**

a. Hätte ich Stöcke mit unbeweglichen Waben und zeigte sich unter diesen die Faulbrut, so würde ich alle befallene, möchte ich das Uebel im Herbste, Sommer oder Frühjahr gewahren, sofort abschwefeln und die entleerten Stöcke, wären sie nicht besonders werthvoll, verbrennen.

b. Würde ich suchen, die Ursache der Entstehung der Krankheit zu entdecken, namentlich mich überzeugen, ob im Bereiche des Flugkreises meiner Bienen noch andere faulbrütige Stöcke existirten. Fände ich solche, so würde ich mich bemühen, deren Besitzer gleichfalls zum Schwefel zu bewegen.

c. Gelänge mir dies nicht und zeigten sich nach Abschwefelung der ersten als faulbrütig entdeckten Stöcke auf meinem Stande wieder faulbrütige, so würde ich meine gesunden Stöcke aus dem inficirten Orte wegbringen und es abwarten, bis die Faulbrut Alles vernichtet haben würde. Dieß dürfte schon im zweiten Herbste der Fall sein; denn es ist mir auf das Bestimmteste versichert worden, daß in Sachsen die Bienen ganzer Striche in unglaublich schneller Zeit an der Faulbrut ausgestorben seien.

d. Vortheilhafter offenbar würde man verfahren, wenn man, wo man die Faulbrut nur allein auf seinem Stande hätte, die inficirten Stöcke aus dem heimischen Flugkreise wegschaffte. Dieß würde ich jedoch nur dann thun, wenn mir ein isolirter Platz, in dessen wenigstens halbstündiger Runde keine Bienen existirten, zu Gebote stände, außerdem nicht. Denn faulbrütige Stöcke in die Nähe nachbarlicher Bienenbesitzer bringen, hieße, deren Bienen Tod und Verderben bringen, und eine solche Handlungsweise wäre, wenn auch juristisch erlaubt, doch moralisch eine Schufterei.

β. **Stöcke mit beweglichen Waben.**

Von der bösartigen Faulbrut sagt Dzierzon Bfreund S. 173 f.: Ein von dieser Art Faulbrut befallener Stock ist absolut unheilbar, indem der Stock als Ganzes nicht zu retten ist, sein Bau ausgeschnitten werden muß und höchstens die Bienen des Stockes zur Begründung einer neuen Kolonie benutzt werden können. Denn wird er selbst entweiselt und sollte er, noch stark, alle Zellen vollkommen reinigen, so wird er doch, so wie er wieder Brut anzusetzen beginnt, von Neuem faulbrütig und dann gewöhnlich im höhern Grade. Der Honig, der Pollen, der Wachsbau und die Wohnung selbst behalten den Krankheitsstoff in sich und ein gänzliches Ausschneiden ist unerläßlich. Es ist in der That lächerlich, wenn in Bienenschriften (z. B. Bjtg. 1856 S. 143 f. von Corszen) aus einer Menge Ingredienzien zu bereitende Medicamente als Mittel, wodurch faulbrütige Stöcke curirt werden sollen, mitgetheilt werden, ohne daß dabei des Ausschneidens gedacht wird. Gesunde Bienen, wenn man sie in eine inficirte Wohnung bringt, werden faulbrütig und faulbrütige sollten in derselben vom Gift durchdrungenen Wohnung und in dem von der faulen, stinkenden Materie strotzenden Baue gesund werden können?

Von der gutartigen Faulbrut sagt Dzierzon ebendaselbst S. 174: Entweiselt man den Stock oder sperrt die Königin nur ein und macht dadurch dem Brutansatz ein Ende, so können die Bienen das Brutlager von dem faulen eingetrockneten Stoffe reinigen,

136 § XIX. Krankheiten der Bienen und des Bien's.

der faule Geruch verliert sich und die später von der neu erbrüteten oder wieder freigelassenen Königin angesetzte Brut gedeiht meist vortrefflich und der Stock ist wieder in Ordnung. Jedoch wählt derjenige den sichersten Theil, der auch die gutartige Form der bösartigen gleich behandelt und den Stock ausschneidet.

Ich würde mit jeder Art ansteckender Faulbrut also verfahren:

a. Bräche bei mir in Stöcken mit beweglichen Waben Faulbrut aus, so würde ich, wie unter a, b. gesagt, vor allem mich überzeugen, ob das Uebel auch auf anderen Ständen im Flugkreise meiner Bienen existirte, und wenn dieß der Fall wäre, ganz ebenso, wie unter a, b u. c gesagt ist, verfahren.

b. Hätte ich aber die Faulbrut nur allein auf meinem Stande, so würde ich alle Stöcke, die ich im Spätsommer faulbrütig fände, ohne weiteres abschwefeln, denn wenn auch Dzierzon sagt, wie ich unter c, γ mitgetheilt, daß das Zubringen von Bienen aus faulbrütigen Stöcken zu gesunden Stöcken im Herbste, wenn keine Brut mehr vorhanden sei, nichts schade, so würde ich doch den sichereren Theil erwählen.

c. Fände ich hingegen im Frühjahr bis Mitte Juni faulbrütige Beuten, so würde ich sofort die Königinnen ausfangen und solche, da die Königin niemals die Krankheit weiter verbreitet, zu Ablegern verwenden.

Zugleich würde ich für Erziehung von Weiselwiegen aus anderer gesunder Brut sorgen und nach 8—9 Tagen jeder faulbrütigen Beute eine Weiselwiege einfügen, weil das Erziehen junger Königinnen aus eigener Brut den faulbrütigen Stöcken nur selten gelingt, indem die Weiselzellen vor allen anderen Zellen faul zu werden pflegen; was aus der reichlicheren Ernährung leicht zu erklären ist. Am 22. Tage nach geschehener Entweiselung, wo alle Arbeiterbrut ausgelaufen ist, würde ich aus der Beute den gesammten Bau zur Cassation herausnehmen, und die Bienen mit der Königin in ein leichtes Kästchen bringen. Sollte eine Königin nicht vorhanden sein, so würde ich eine geben. Das Kästchen würde ich etwa 6 Tage in einem Keller eingestellt halten, und dem Volke etwas dünnflüssigen Honig zur Nahrung geben. Nach dieser Zeit würde ich das Volk in eine mit Wachsanfängen versehene Beute übersiedeln, das Wachs, das die Bienen etwa im Keller gebaut haben sollten, zusammendrücken, das Volk sich von Neuem anbauen lassen und abwarten, ob das Uebel gehoben wäre. Nach Dzierzons Mittheilungen im Bfreund S. 175 würde dieß wohl in den meisten Fällen eintreten. Zeigte sich jedoch die Krankheit wieder, so wäre der Herbst da und ich würde abschwefeln.

b. Schlimmer ist es allerdings, sagt Dzierzon im Bfreund S. 176, wenn das Uebel auf einen großen oder gar den größten Theil der Stöcke sich verbreitet hat. Dann ist freilich kluger Rath theuer. Jeder muß sich dann nach Zeit- und Ortsverhältnissen richten, und anders wird derjenige Bienenwirth handeln, der in einer Gegend wohnt, wo im Herbste gesunde Zuchtstöcke leicht und billig zu kaufen sind, anders wieder derjenige, dem diese Gelegenheit abgeht.

e. Die inficirten leeren Beuten würde ich tüchtig ausscheuern lassen, nach einiger Zeit inwendig und auswendig mehrere Male mit Urin überstreichen und bis zum nächsten Jahre leer lassen, vor der Wiederingebrauchnahme aber auswendig mit Firniß, dem Farbe beigemischt, inwendig 2—3mal mit bloßem Firniß ausstreichen lassen. Menschlicher Urin ist mir als ein ganz außerordentliches Mittel zum Desinficiren bekannt. So z. B. wird eine gut mit Urin getränkte Schwelle niemals wieder vom Schwamme ergriffen, wenn dieser auch alles Holz in der Nähe wieder ergreift. Ich habe dieß an meinem eigenen Hause in Erfahrung gebracht.

Anmerk. I. Aus allem Vorstehenden erhellt, daß wir das Wesen und die Natur der Faulbrut nicht kennen und daher dieser Krankheit weder sicher vorzubeugen, noch die ausgebrochene sicher zu heilen im Stande sind. Soll dieß vielleicht möglich werden, so halte ich es für unerläßlich, daß durchgebildete Naturforscher Beobachtungen und Untersuchungen mit dem Secirmesser und dem Mikroskop über die Faulbrut anstellen. Gelänge es Naturforschern, das Wesen dieser Krankheit zu erspähen, so würde es vielleicht möglich werden, sich gegen den Ausbruch dieser fürchterlichen Pest zu schützen und die ausgebrochene zu curiren. Wie wichtig wäre dieß für die Praxis! Ich wiederhole daher meine schon in der Bztg. 1857 S. 58 ausgesprochene Bitte, daß von irgend einem Bienenzüchter, der die Faulbrut hat, ein faulbrütiges lebendes Stöckchen an Leuckart, von Siebold oder Küchenmeister gesendet werden möge. Denn wir Bienenzüchter bringen die Sache schwerlich je ins Klare und alle von uns bisher aufgestellten Hypothesen über Entstehung, Wesen und Heilung der Faulbrut sind bis heute so ziemlich Null. Ganz meiner Ansicht ist auch Kleine in Huber-Kleine Heft 4 S. 270.

Anmerk. II. Nachdem ich eben diesen Bogen als Druckcorrectur im Hause habe, erhalte ich die erste Nummer der Bienenzeitung von 1860 und lese daselbst eine höchst wichtige Entdeckung bezüglich der Faulbrut, gemacht von Dr. Aßmuß zu Podolsk bei Moskau. Unter diesen Umständen vermag ich, da ich an dem bereits Gedruckten nicht wohl ändern kann, weiter nichts zu thun, als die Aßmuß'sche Entdeckung in Form einer Anmerkung hier einschieben zu lassen. Aßmuß sagt dem Sinne nach: Zwei Klopbeuten meines Nachbars zeigten sich faulbrütig. Die faule Brut stand zerstreut, hier und da in einzelnen Zellen und befand sich, mit Ausnahme einer einzigen faulen Made in einer noch offenen Zelle, nur in bereits bedeckelten Zellen, obwohl die Beute Brut aller Stadien hatte. Die todten Larven steckten verkehrt, d. h. mit dem Kopfe auf dem Boden, in den Zellen. Ich hielt die Larven in einem dunkelen Zimmer gegen das Licht einer brennenden Kerze und bemerkte deutlich, wie sich etwas in ihnen regte. Nun schnitt ich das Kopfende der Larven ab, preßte den Inhalt des Leibes vorsichtig aus, und förderte mit ihm eine kleine lebendige Made zu Tage. Diese kleine Made fand ich in allen Larven. So lange die Schmarotzermade sich in der Bienenlarve befindet, ist diese von einer gesunden in nichts verschieden und erst, nachdem der Schmarotzer die Larve verlassen hat, was man an einem kleinen runden Loche im Zellendeckel sieht, geht sie in einen schleimigen stinkenden Brei über.

Der Schmarotzer erwies sich als die Made von Phora incrassata, eines kleinen Dipterons aus der Familie der Phoriden. Das Thier nährte sich ausschließlich von dem Inhalte der todten Bienenlarven, ohne die Epidermis (Außenhaut) derselben auch nur im Geringsten zu verletzen.

Die Schmarotzermade ist erwachsen 1,6''' lang, walzenförmig, vorn spitz, hinten breit, abgestutzt, glänzend weiß. Rückt die Zeit der Verwandlung heran, so verläßt sie die Bienenlarve, durchbohrt den Deckel der Zelle, fällt auf das Bodenbrett des Stockes herab und verpuppt sich hier im Gemüll. Die Puppe ist länglich-oval mit hervorragendem gekerbten Rande; oben auf der Rückseite des Leibes abgeflacht, der vordere Theil nach vorn geneigt; unten stark gewölbt, überall gleichmäßig; an der Spitze des Afters mit vier und beiderseits an jedem Ringe mit einem Zähnchen versehen. Färbung schmutzig hellgelb; Länge 1,5'''. Das vollkommene Insect 1,8''' lang, einer kleinen Düngerfliege (Borborus) nicht unähnlich, mit sehr kleinem Untergesicht und dicht über dem Mundrande eingesetzten Fühlern, deren Endglied kugelig. Der Körper der Fliege ist gedrungen, schwarz; Flügel matt gelblich getrübt; Stirne mit einem breiten Höcker und die hinteren Schienen am Ende mit starken Dornen versehen. Sie läuft sehr schnell. So Dr. Aßmuß.

§ XIX. Krankheiten der Bienen und des Bien's.

Die Sache ist sehr wichtig und fernerer Beobachtungen und Untersuchungen im höchsten Grade werth. Doch ist diese Entstehungsart der Faulbrut zweifellos nicht die einzige; denn in den zwei Fällen, wo ich faulbrütige Tafeln zu sehen Gelegenheit hatte, fand ich eine sehr große Masse von Zellen, in welchen Maden lagen, die bereits in einen stinkenden, wie Nasenauswurf sich ziehenden Brei übergegangen waren, ohne daß die Zellen eine kleine runde Oeffnung im Deckel zeigten. Sie waren noch fest verschlossen, nur waren die Deckel mehr oder weniger eingefallen. Dieß habe ich ganz sicher beobachtet, obwohl ich allerdings auch hier und da in einer faulbrütigen Zelle ein ganz kleines rundes Loch im Deckel sah. Ich untersuchte während dreier Tage wohl 20 faulbrütige Beuten, fand Legionen zugedeckelter Zellen mit Faulbrut, aber, trotz der größten Aufmerksamkeit, auch nicht eine noch offene Zelle mit einer faulen Made. Die offene Brut war durchaus gesund und die verdeckelte war abgestorben, ehe die Made sich in Fliege zu verwandeln begonnen hatte. Denn ich fand auch nicht eine faule Zelle anders als mit einer Made, deren Kopf noch spitz war. Von Augen noch keine Rede; alle waren noch Würmer, so daß das Absterben kurz nach der Bedeckelung geschehen sein mußte. Es giebt also, wie dieß schon Dzierzon gezeigt hat, zweifellos verschiedene Arten von Faulbrut.

3. **Weisellosigkeit, Weiselunfruchtbarkeit und Weiseldrohnenbrütigkeit.**

a. Weiselos im eigentlichen Wortsinne ist zwar jeder Stock, in welchem sich keine Königin befindet, auch wenn er Weiselzellen oder wenigstens zur Erziehung einer jungen Königin taugliche Brut besitzt. So z. B. ist jeder Stock, der einen regelrechten Vorschwarm gegeben hat, einstweilen weisellos. Aber dieß ist kein krankhafter, sondern ein naturgemäßer Zustand. Weisellosigkeit als Krankheit hingegen ist derjenige Zustand eines Stockes, wo in demselben eine Königin sich nicht befindet und auch keine Mittel zur Erziehung einer solchen vorhanden sind. Dieser krankhaften Weisellosigkeit in ihren Folgen ganz gleich ist die Weiselunfruchtbarkeit und Weiseldrohnenbrütigkeit. Denn ob ein Stock gar keine Königin oder eine gar keine Eier oder eine nur Drohneneier legende Königin besitzt, ist völlig gleich, da der Stock in allen drei Fällen ohne menschliche Hilfe rettungslos verloren ist. Aus diesem Grunde hielt ich es auch für angemessen, die Weisellosigkeit nicht abgesondert von der Weiselunfruchtbarkeit und Weiseldrohnenbrütigkeit abzuhandeln, sondern alle drei Krankheitsformen unter einen Gesichtspunkt zu bringen. Die deßfalls kranken Stöcke unterscheiden sich nun auf viererlei Weise.

α Eine Königin ist nicht vorhanden und der Stock ist entweder ganz brutlos oder er hat nur bereits bedeckelte Brut, aus welcher eine Königin nicht mehr nachgezogen werden kann.

β. Eine Königin ist nicht vorhanden, aber der Stock hat Drohnenbrut, welche von einer oder mehreren Arbeitsbienen herrührt.

γ. Eine Königin ist zwar vorhanden, sie vermag aber gar keine Eier zu legen.

δ. Eine Königin ist zwar vorhanden, sie vermag aber nur Drohneneier zu legen.

Diese vier verschiedenen Erscheinungen mußten hier scharf auseinander gehalten werden, weil sich die Heilung je nach diesen Erscheinungen verschieden gestaltet.

b. **Entstehung und Vorbeugung der Krankheit.**

α. Wenn die fruchtbare Königin zu einer Zeit, wo das Brutgeschäft bereits gänzlich eingestellt ist oder nur noch bedeckelte Brut im Stocke sich befindet, stirbt, so bleibt der Stock weisellos.

Gegen diese Möglichkeit kann der Züchter weiter nichts thun, als zu alte Königinnen rechtzeitig zu beseitigen.

β. Wenn die Königin zu einer Zeit stirbt, wo zwar taugliche Brut zur Erbrütung einer jungen vorhanden ist, die Erbrütung aber, weil die Nymphe in der Wiege abstarb, mißglückt, so bleibt der Stock weiselloß.

Gegen diese Möglichkeit läßt sich nichts thun.

γ. Wenn mit einem Nachschwarme alle Königinnen ausschwärmen, so bleibt der Stock weisellos.

Dieß kommt besonders dann vor, wenn ein Stock schon mehrere Schwärme gegeben hat oder das Nachschwärmen sich wegen schlechter Witterung verzögert, so daß die quakenden (S. §. XXXVI.) Königinnen lange flügge in den Wiegen sitzen mußten und so immer mehr erstarkten. Sie vermögen dann desto schneller während des Schwarmtumultes hervorzubrechen und dem Schwarm zu folgen.

δ. Wenn beim Schwarmtumult eines Nachschwarmes alle Weisel aus den Zellen hervorbrechen, mehrere aber im Stocke zurückbleiben. Dann bekämpfen sie sich in der Regel unter einander und es werden mitunter alle todt gestochen. Der Stock bleibt dann weisellos.

Gegen die Möglichkeit unter γ. und δ. vermag der Züchter, wenn er einmal nachschwärmen läßt, nichts zu thun.

ε. Wenn die junge Königin bei den Befruchtungsausflügen verloren geht, so bleibt der Stock weisellos.

Bei den Befruchtungsausflügen ist die Königin den mannichfaltigsten Gefahren ausgesetzt. Sie kann bei der Rückkehr ihren Stock verfehlen, auf einen fremden fallen und abgestochen werden. Sie kann in der Luft von einem Vogel weggeschnappt, vom Winde, da sie sich bald hoch in die Luft begiebt, verschlagen werden, so daß sie ihren Stock nicht wieder erreichen kann; sie kann, mit der Drohne verhängt, zufällig ins Wasser fallen oder auch sonst irgendwo ermattet und erstarrt liegen bleiben, wenn sie die Kraft nicht besitzt, die Verhängung mit der Drohne zu lösen. Sie kann, wenn zur Zeit ihres Ausfluges oder ihrer Rückkehr zufällig ein Stock schwärmt, leicht verleitet werden, sich dem Schwarme zuzugesellen und so für den eigenen Stock verloren gehen. Endlich kann sie auch bei der Rückkehr von ihren eigenen Bienen abgestochen werden. S. Dzierzon Bfreund S. 179 und §. XXII., 13, g.

Um möglichst wenige Königinnen bei den Befruchtungsausflügen zu verlieren, stelle man vor allem seine Stöcke nicht zu nahe nebeneinander auf, namentlich nicht mit den Fluglöchern in gleicher Richtung und gleicher Höhe, führe nicht im Aeußern zu egale Stöcke, sondern unterscheide sie durch verschiedenen Farbenanstrich, wenigstens markire man die Fluglöcher in ihrer Umgebung so, daß sie sich von den nachbarlichen unterscheiden, oder lege, wie Dzierzon Bfreund S. 50 räth, auf oder neben die Stöcke mit noch unbefruchteten Königinnen hervorstehende Gegenstände. Haben jedoch die Stöcke, wenn auch äußerlich ganz gleich, ihre Fluglöcher nach verschiedenen Himmelsgegenden, so hat die Nähe weniger zu bedeuten, weil dann die Königin schon von anderer Richtung her angeflogen kommt. Ueberhaupt stelle man nicht zu viele Stöcke beisammen auf, oder lasse sie gar, wie Manche anrathen, mit Schlingpflanzen dicht überziehen. Ferner suche man für die Aufstellung ein windstilles Plätzchen aus. Denn die Königin, die bei warmer Witterung selbst bei Wind ausfliegt, kann bei der Rückkehr, wenn der Bienenstand den Windstößen stark ausgesetzt ist, nur zu leicht auf einen nachbarlichen Stock geworfen werden, wo sie dann meist verloren ist, weil sie sofort von jeder Biene, die sie gewahrt, gepackt wird. Endlich trete man während des Vorspiels

140 § XIX. Krankheiten der Bienen und des Bienes.

Stöcken mit noch unbefruchteten Königinnen nicht in den Flug, weil man sonst leicht eine Königin beirren kann.

ζ. Wenn mehrere Schwärme zusammenfliegen, werden bisweilen alle Königinnen umgebracht und der Stock bleibt weisellos. Wer dieser Gefahr der Weisellosigkeit ganz sicher begegnen will, stoße den eingefaßten Schwarmklumpen auf die Erde, fange alle Königinnen aus und gebe dem Volke nur eine zurück, halte diese aber etwa 24 Stunden in einem Weiselkäfig gefangen. Sind die zusammengeflogenen Schwärme Vor- und Nachschwärme, so ist natürlich eine fruchtbare Königin beizubehalten.

η. Dieselbe Gefahr ist vorhanden, wenn man mehrere Schwärme vereiniget und dabei ungeschickt verfährt. Wie zu verfahren ist, s. § XXXVIII, 8.

θ. Wenn man bei der Herbstvereinigung zwei oder mehr Völker zusammenbringt, werden gleichfalls nicht selten alle Königinnen umgebracht und der Stock bleibt, weil keine Brut mehr vorhanden ist, weisellos. Um diesem vorzubeugen, muß man die Königin desjenigen Stockes, dem man Bienen zubringen will, etwa 2 Tage in einem Weiselkäfig gefangen halten und die Königinnen der zuzubringenden Völker vorher beseitigen, oder, wenn man sich dieser Mühe nicht unterziehen will, oder der Königin des zu verstärkenden Stockes, weil er unbewegliche Waben hat, nicht wohl habhaft werden kann, wie bei der Vereinigung von Schwärmen verfahren.

ι. Wenn sich nach der Drohnenschlacht oder wenn schon aller Brutansatz eingestellt ist oder im Frühjahr zeitig ein Hungerschwarm auf einen Stock wirft, werden nach Dzierzons (Nachtrag S. 4). Behauptung mitunter beide Königinnen umgebracht und der Stock bleibt, wenn keine offene Brut vorhanden ist, weisellos. Busch (Was ist u. s. w. S. 39) läugnet, daß Hungerschwärme, die sich auf einen Stock schlügen, jemals eine Königin umbrächten, indem ein beweiselter Stock mit einem Hungerschwarme kurzen Prozeß mache und die Eindringlinge abstäche. Ich vermag nicht zu entscheiden, da ich nur ein einziges Mal erlebt habe, daß sich ein Hungerschwarm auf einen meiner Stöcke warf. Dieser Hungerleider hatte sich nicht gerade auf das Flugloch, sondern mehr oben auf den Korb geworfen, von wo aus die Bienen brausend in das Flugloch einmarschirten und freundlich aufgenommen wurden. Die Königin sah ich nicht einpassiren, fand aber am andern Morgen eine Königin (doch jedenfalls die des Hungerschwarmes) todt auf dem Bodenbrette. Der Stock war und blieb gesund.

x. Wenn die Stöcke zu nahe nebeneinander stehen, so geschieht es nicht selten, daß die vorliegenden Bienen zweier nachbarlicher Stöcke gemeinschaftliche Sache machen. Sind beide Königinnen alt und fruchtbar, so hat ein theilweises Vermengen der Bienen beim starken Vorliegen weniger zu bedeuten. Ist aber die eine alt und die andere jung, wenn auch bereits fruchtbar, so ist es um diese oft geschehen, eine andere, wenn auch Brut vorhanden wäre, wird entweder gar nicht erbrütet, weil die Bienen die Königin des Nachbarstockes auch für die ihrige betrachten, oder die erbrütete wird wieder umgebracht und der Stock bleibt weisellos.

Man muß, sobald man merkt, daß die vorliegenden Bienen zu nahe an einander gerathen, ein Brett oder sonst etwas, was das Zusammenlaufen verhindert, dazwischen bringen. S. Dzierzon Bfreund S. 184.

λ. Wenn der Eierstock der Königin von Geburt aus so verkommen ist, daß sich an demselben keine Eier entwickeln oder wenigstens sich nicht ablösen können, so bleibt sie natürlich ganz unfruchtbar.

Solche mißbildete Königinnen kommen hin und wieder vor; es sind meist solche, die sich durch glänzend schwarzbraune, fast schwarze Farbe gleich von der Wiege aus kennzeichnen, klein sind und den Arbeitsbienen auffallend ähnlich aussehen. Zweimal ließ ich solche Königinnen gewähren. Sie flogen zu Zeiten, wo es viele Drohnen gab, aus, blieben aber dennoch völlig unfruchtbar.

μ. Wenn aus irgend einem Grunde die Begattung so spät erfolgt, daß die weiblichen Geschlechtsorgane nicht mehr empfänglich sind, so bleibt die Königin entweder ganz unfruchtbar oder wird drohnenbrütig. S. Seite 37 f. unter 12. Hier wird wahrscheinlich die Mündung der Samentasche bereits zusammengezogen sein, keine Samenfäden mehr einlassen, so daß die Begattung eine Befruchtung, d. i. Füllung der Samentasche mit Samenfäden, nicht bewirken kann.

v. Wenn die Königin die Wiege flügellahm verläßt oder bei den unter ð. erwähnten Kämpfen flügellahm gemacht wird, daß sie nicht ausfliegen kann, so bleibt sie entweder ganz unfruchtbar oder wird drohnenbrütig. S. Seite 51 f. unter 1.

ξ. Wenn die fruchtbare Königin zu einer Zeit stirbt, wo zwar taugliche Brut zur Erbrütung einer jungen vorhanden ist, die nachgezogene Königin aber entweder wegen ungünstiger Witterung nicht ausfliegen oder bei ihren Ausflügen wegen Fehlens der Drohnen nicht befruchtet werden kann, so bleibt sie entweder ganz unfruchtbar oder wird drohnenbrütig.

o. Wenn im Frühjahr beim ersten Reinigungsausfluge, wo auf reich besetzten Ständen gewöhnlich ein entsetzlicher Tumult entsteht, sich viele Bienen auf fremde Stöcke schlagen, werden gar nicht so selten Königinnen abgestochen und die Stöcke bleiben dann, wenn sie noch keine Brut haben, weisellos, oder die aus bereits vorhandener Brut nachgezogenen Königinnen bleiben wegen Mangels an Drohnen ganz unfruchtbar oder werden drohnenbrütig.

Hiergegen kann der Bienenzüchter nichts weiter thun, als was unter ε. gesagt ist und daß er seine Stöcke, wenn er selbige in einem besonderen Lokale überwinterte, genau wieder auf die alten Stellen zurückbringt. Denn die Bienen vergessen selbst nach dreibis viermonatlicher Winterruhe ihre gewohnte Stelle nicht.

Manche Bienenzüchter, z. B. Busch (Honigbiene S. 118), bestreiten, daß beim ersten Reinigungsausfluge verflogene Bienen eine Königin abstächen. Auch mir kam diese Lehre Dzierzons anfänglich sonderbar vor. Im Frühjahr 1855 überzeugte ich mich jedoch von ihrer Richtigkeit. Am 4. März j. J. nämlich, wo meine Bienen zum ersten Male ordentlich flogen, zeigte sich Nachmittags ein Beutenfach sehr unruhig und ich glaubte, es sei weisellos. Was fand ich aber bei der Untersuchung? die Königin dicht eingeschlossen. Ich konnte sie nur mit Mühe vor den wüthenden und wie Kletten an ihr hängenden Bienen retten. Gegen Ende März, wo wieder nach längerem Innensitzen ein allgemeiner Reinigungsausflug statt hatte, wiederholte sich in einem anderen Fache ganz dasselbe, nur daß die Königin schon todt war, als ich die Unruhe bemerkte. S. von Berlepsch Bztg. 1856 S. 23. Auch 1857 im Frühjahr verlor ich eine Königin auf diese Weise.

π. Wenn bei einer befruchteten Königin der Same im Samenbehälter endlich erschöpft ist, so kann die Königin kein Ei mehr befruchten und bleibt drohnenbrütig. S. Seite 52 unter 2.

ρ. Wenn die Samenfäden durch irgend eine Veranlassung unbeweglich geworden sind, kann kein Ei mehr befruchtet werden und die Königin bleibt drohnenbrütig. S. Seite 54 f. unter 11.

σ. Wenn die beim Austritt der Samenfäden aus dem Samenbehälter nöthigen Organe durch irgend eine Veranlassung nicht mehr thätig, gelähmt oder gesteift sind, so

§ XIX. Krankheiten der Bienen und des Biens.

kann kein Ei mehr befruchtet werden und die Königin bleibt drohnenbrütig. S. Seite 53 f. unter 10.

τ. Wenn die Mündung des Samenbehälters sich verstopft, so kann kein Ei mehr befruchtet werden und die Königin bleibt, wenn die Verstopfung nicht aufgehoben wird, drohnenbrütig. S. Seite 64 f. unter 1, b.

υ. Wenn verhältnißmäßig nur wenige Samenfäden in der Samentasche sich befinden, diese in der Mitte oder sonst vom Ausführungsgang entfernt lagern und so die zum Austritt der Samenfäden thätigen Organe nicht kräftig genug sind, um weit entfernte Fäden herauszupressen, so kann kein Ei befruchtet werden und die Königin bleibt drohnenbrütig. Leuckart berichtet über zwei ihm von mir gesendete Königinnen, die früher auch weibliche Eier gelegt hatten, endlich aber nur noch männliche legten. Folgendes: die Samentaschen dieser Königinnen erschienen nach Entfernung des Tracheenüberzuges auf den ersten Blick genau von der uns bekannten jungfräulichen Beschaffenheit, aber bei näherer Betrachtung bemerkte ich im Mittelpunkte derselben eine leichte Trübung, wie ein Wölkchen, das durch den sonst ganz wasserhellen Inhalt hindurchschimmerte. Die mikroskopische Untersuchung ließ in diesem Wölkchen ein Convolut von ganz normalen, in gewöhnlicher Weise beweglichen Samenfäden erkennen. S. Leuckart in Moleschotts Untersuchungen u. s. w. Band IV., 1858 S. 391—396.

c. Erkennungszeichen der Krankheit.

Von den oben unter 3, a, α—δ angegebenen vier verschiedenen Weisen, unter welchen die Krankheit auftritt, sind zwei sehr leicht, zwei sehr schwer und öfters ohne innere Untersuchung mit Gewißheit gar nicht zu bestimmen. Hat nämlich ein Stock nur Drohnenbrut, so genügt ein Blick, z. B. bei einem Strohkorbe von unten, in das Wachsgebäude, um mit Sicherheit zu wissen, ob die Drohnenbrut von einer oder mehreren Arbeitsbienen oder von einer Königin herrührt. Steht nämlich die Brut in Drohnenzellen oder steht sie, wenn der Stock gar keine Drohnenzellen hat, in Arbeiterzellen ungeschlossen und unregelmäßig, d. h. bald hier bald da in einer Zelle, mit Ueberspringung dazwischen liegender Zellen, so rührt sie von einer oder mehreren Arbeitsbienen her, steht sie hingegen geschlossen und regelmäßig, d. h. Zelle für Zelle, so rührt sie von einer Königin her. Eine drohnenbrütige Königin legt niemals in Drohnenzellen und eine Arbeitsbiene in Arbeiterzellen nur, wenn Drohnenzellen nicht vorhanden sind und, äußerst seltene Fälle abgerechnet (s. Seite 78 unter a), nur unregelmäßig.

Ob aber ein Stock weisellos sei, d. h. ob er gar keine Königin besitze und auch der Mittel, sich eine solche nachzuziehen, entbehre, oder ob er eine ganz unfruchtbare Königin habe, läßt sich oft ohne die genaueste innere Untersuchung, die natürlich blos bei Stöcken mit beweglichen Waben ausführbar ist, mit Bestimmtheit gar nicht sagen. Denn die Behauptung mancher Bienenzüchter, Stöcke ohne Königin und ohne Brut, wenn man sie anklopfe oder Rauch in dieselben blase, heulten, Stöcke mit unfruchtbarer Königin hingegen brausten bei gleichem Verfahren nur auf, wie ganz in Ordnung befindliche, ist wohl theilweise, nicht aber ganz wahr. Auch Stöcke mit unfruchtbaren Königinnen heulen zuweilen, wie ganz weisellose, nicht blos wenn man sie anklopft oder anräuchert, sondern auch ganz von selbst. Namentlich thun sie dieß zu einer Zeit, wo andere Stöcke Brut haben. Sie scheinen instinctmäßig das Bedürfniß nach Brut zu fühlen, scheinen instinctmäßig zu wissen, daß ihre Königin nichts taugt, scheinen zu trauern und von Zeit zu Zeit ihr Klage- und Todtenlied anzustimmen. In dieser Beziehung habe ich 1845 einen höchst merkwürdigen Fall erlebt. Ich hatte nämlich im Frühjahr jenes Jahres einen Strohkorb, den ich für weisellos hielt, weil er wenigstens drei Mo-

§ XIX. Krankheiten der Bienen und des Biens. 143

chen hindurch, sobald ich ihn anklopfte, heulte, aber auch ohne gegebene Veranlassung in Absätzen die ergreifendsten Trauermelodien vernehmen ließ. Am 19. April Abends, wo ich das Ohr dicht und behutsam anlegte, hörte ich ein Zischen im unteren Theile des Korbes. Ich hob den Korb auf und fand ein Bienenknäul unter dem etwas verkürzten Baue hängend und in demselben eine rabenschwarze, ganz dünnleibige Königin, die, an den Füßen und Flügeln gelähmt, nur noch schwache Zeichen des Lebens von sich gab. Offenbar hatten die Bienen, sich nach Brut sehnend, endlich die Geduld verloren und ihre sterile Königin dem Tode geweiht.

Ist es nun, wie oben gesagt, auch sehr leicht, zu bestimmen, an welcher der beiden Arten der Drohnenbrütigkeit ein nur Drohnenbrut zeigender Stock laborirt, wenn man die Brut im Stocke sehen kann, so ist doch ein Sehen der Brut bei vielen Stockformen nicht immer möglich. Wie will man z. B. in langen Walzen oder hohen Magazinen, die man für verdächtig hält, die Drohnenbrut sehen? In kleinen Strohstülpern geht das freilich ganz bequem, indem man die Stülper umbreht, das Licht zwischen den Bau fallen läßt und die einzelnen Waben seitwärts biegt; wodurch man bis auf den Deckel hinauf alles überschauen kann. Sieht man also in einem verdächtigen Stocke keine Drohnenbrut, so weiß man, zwei Fälle ausgenommen, nie mit Sicherheit, ob der Stock überhaupt weiselkrank ist. Denn außer zwei sind alle äußeren Symptome der Weiselkrankheit mehr oder weniger trügerisch. Lediglich die innere Untersuchung vermag in allen Fällen Gewißheit zu geben; aber eine innere Untersuchung eines Stockes mit unbeweglichen Waben ist ein höchst mißlich Ding, da ohne gräuliche Verstümmelung des Wachsbaues sich nichts sehen und bestimmen läßt. Ich kann daher hier weiter nichts thun, als neben den zwei sicheren Kennzeichen die w a h r s c h e i n l i c h e n aufführen.

α. Glaubt man, daß ein Stock an einer der vier Krankheitsformen laborire, so blase man einige Züge Rauch zwischen die Waben. Heulen die Bienen statt aufzubrausen und sich bald wieder zu beruhigen, so wird der Verdacht dringender. Dieses Raucheinblasen wiederhole man von 2 zu 2 Tagen, und wenn das Volk nach 8 Tagen noch heult, laborirt es s i c h e r an einer der vier Krankheitserscheinungen; meist ist es ganz weisellos.

β. Findet man im Frühjahr auf dem Bodenbrette herausgerissene Drohnennymphen, aber keine Bienennymphen, so hat der Stock s i c h e r entweder gar keine oder eine nur drohneneierlegende Königin.

γ. Wenn ein Stock statt volkreicher zu werden volkschwächer wird und immer matter fliegt, ist er der Weiselkrankheit verdächtig; doch kann er auch an sonst einem Uebel laboriren oder eben im Wechsel der Königin begriffen sein.

δ. Wenn ein Stock viele nicht ganz volle Körbchen bringt, ist er gleichfalls verdächtig, doch kann auch hier das unter γ. Gesagte stattfinden.

ε. Wenn ein nicht besonders volkreicher Stock sich auffallend stechlustig zeigt (S. Stöhr Monatsblatt 1841 S. 98 f.), namentlich wenn die Bienen beim Aufkippen rasch nach dem Gesichte fliegen, ist er der Weiselkrankheit verdächtig. Doch kann ein solcher Stock auch gerade einen Wechsel der Königin vorhaben und Weiselzellen besitzen; in welchem Zustande die Bienen sich stets in Aufregung befinden.

ζ. Wenn ein Stock zu einer Zeit, wo andere Stöcke vorspielen, mehrere Tage nicht vorspielt. Doch spielen auch gesunde, namentlich schwächere Stöcke, oft längere Zeit gar nicht vor, wogegen weisellose oft vorspielen, so daß das Zeichen des Nichtvorspielens für Weisellosigkeit sehr trügerisch ist. S. Wern Bztg. 1858 S. 54. Immerhin jedoch ist das Unterlassen des Vorspiels ein Verdachtsgrund.

§ XIX. Krankheiten der Bienen und des Biens.

γ. Wenn ein Stock die Drohnen über die gewöhnliche Zeit hinaus duldet, ist er der Weiselkrankheit verdächtig. Doch kann er auch eben im Wechsel der Königin begriffen sein.

ϑ. Findet man im Frühjahr eine Königin unter den todten Bienen, so ist der Stock höchst wahrscheinlich, doch nicht gewiß weisellos. Denn es kommen Fälle vor, wo zwei Königinnen überwintern. S. Seite 21, unter e. Auch kann der Stock bereits eine junge unfruchtbare Königin besitzen, wenn die alte zu einer Zeit starb, wo schon Brut vorhanden war. Eine solche hat natürlich keinen Werth und der Stock ist verloren. Die gefundene Königin kann auch möglicher Weise die eines zugeflogenen Hungerschwarmes oder die verirrte junge eines anderen Stockes sein. Man kann sich übrigens leicht überzeugen, ob ein solcher Stock wirklich weisellos ist. Denn haucht man einige Male in denselben oder bläst einige Züge Rauch ein oder klopft an demselben, so erhebt er das bekannte Geheul, wenn er keine Königin hat.

Hat man die todte Königin vor dem ersten Reinigungsausfluge oder am Tage desselben gefunden, so braucht man nur Abends den Stock zu beobachten. Ist er weisellos, so zeigt er sich dann im höchsten Grade unruhig und, wenn andere Stöcke längst sich wieder zur völligen Ruhe begeben haben, fliegen die Bienen eines solchen Stockes immer noch, wie etwas suchend, ein und aus und erheben zeitweise das bekannte Geheul. S. Dzierzon Bfreund S. 181.

Untersucht man einen Stock mit beweglichen Waben, so sind folgende Momente in's Auge zu fassen.

ι. Sieht man in einem Stocke an einer Pollen enthaltenden Zelle die Erweiterung zu einer Weiselwiege, so ist dieses der sichere Beweis, daß der Stock weisellos ist, weil die Bienen nur bei gänzlichem Mangel an Brut zu diesem besperaten Mittel greifen. S. Dzierzon Bfreund S. 180.

κ. Untersucht man einen Stock, um zu sehen, ob die junge Königin bereits fruchtbar geworden sei, und findet man ein oder mehrere Weiselnäpfchen mit Eiern oder Maden besetzt, so ist die Königin unfehlbar verloren gegangen und die Eier rühren von Arbeiterinnen her.

λ. Findet man in einem Stocke, der eine alte fruchtbare Königin haben sollte, Anfänge von Weiselwiegen, so ist er der Weisellosigkeit verdächtig. In Stöcken mit jungen Königinnen hingegen beweisen solche Näpfchen nichts. Ehe nämlich die junge Königin zu legen begonnen hat, werden oft Weiselwiegenanfänge erbaut. Warum, ist mir nicht ersichtlich, und Dzierzons (Bztg. 1856 S. 185) Erklärung, die Bienen thäten dieß, weil sie an das Erbrüten junger Königinnen gewöhnt wären, will mir nicht gefallen.

μ. Fehlt Brut zu einer Zeit, wo alle andern Stöcke solche besitzen, etwa von Anfang April bis Ende August, so ist der Stock weisellos oder hat eine nur unfruchtbare Königin, oder es hat ein Wechsel der Königin stattgefunden und die junge ist noch nicht fruchtbar.

ν. Obwohl weisellose Bienen oft nicht ganz volle Höschen tragen, so speichern sie doch eine große Masse Pollen auf, weil sie nichts davon zur Futtersaft- und Wachsbereitung verbrauchen. Findet man nun auffallend vielen Pollen, namentlich im eigentlichen Brutneste, zu einer Zeit, wo der Stock Brut haben sollte, so ist er höchst wahrscheinlich weisellos und um so wahrscheinlicher, wenn der Pollen in den Zellen mit einem glänzenden Ueberzug versehen ist. In Stöcken, wo die Bienen beständig von dem Pollen zur Futtersaftbereitung u. s. w. zehren, fehlt dieser Glanzüberzug. S. Dzierzon Bfreund S. 180.

ε. Findet man bei einer Untersuchung im Herbste die mittleren Tafeln voll Pollen, so hat der Stock höchst wahrscheinlich keine Königin oder diese ist unfruchtbar. Denn wo die letzte Brut im Herbste gestanden hat, da bleiben die Zellen nach ihrem Auslaufen leer, weil zu dieser Zeit auch die Pollentracht ein Ende genommen hat. Nur wenn die Königin erst gegen den Herbst verloren gegangen und die junge nachgezogene und befruchtete nicht mehr gelegt haben sollte, könnte es anders sein. S. Dzierzon Bfreund S. 180.

d. **Wie benehmen sich die Völker, die ihre Königin verloren haben?**

α. Dieß zu wissen, ist sehr wichtig, weil der Züchter dann oft im Stande ist, eingetretener Weisellosigkeit sofort abzuhelfen und dadurch alle nachtheiligen Folgen abzuwenden.

β. Bei eingetretenem Verlust der Königin bemächtiget sich des Volkes eine gewisse Unruhe, die sich am stärksten in der ersten Zeit, wenn der Verlust der Königin von den Bienen bemerkt worden ist, äußert; was in einzelnen Fällen kaum nach einer Viertelstunde, in anderen wieder auch erst nach 24 und mehr Stunden der Fall ist. Aus dem Flugloche stürzen die Bienen hervor, laufen theils am ganzen Stocke ängstlich, als ob sie etwas suchten, umher, fliegen theils ab, kehren rasch zurück; auch laufen und fliegen nicht wenige auf nachbarliche Stöcke. Dieses Gebahren setzen sie selbst in der Dunkelheit noch fort, wenn andere Stöcke längst den Flug eingestellt und sich zur völligen Ruhe begeben haben. Legt man das Ohr an einen solchen Stock, so hört man dumpfes Geheul, öffnet man den Stock und bläst Rauch ein, so wird das Geheul noch stärker; wobei die Bienen auf den Wänden und dem Wachsgebäude zerstreut bald da bald dorthin sich wenden. S. Dzierzon Bfreund S. 179. Dieser Zustand hält bald längere bald kürzere Zeit an; in der Regel hört er auf, sobald die Bienen Anstalt zur Erbrütung einer jungen Königin getroffen haben; was in der Regel in der ersten Nacht schon geschieht. Am längsten, oft 14 Tage und darüber, heulen weisellos gewordene Stöcke, die keine Mittel besitzen, sich eine Königin nachzuziehen. Wenn das Heulen solcher Stöcke nach einem Absatze wieder beginnt, kann man deutlich hören, wie eine oder einige Bienen das Signal dazu geben und nun das Volk im Chor einfällt. S. Adalbert Braun Bztg. 1849 S. 180. Stöcke, die die Mittel besitzen, sich eine Königin nachzuziehen, toben, wie gesagt, eine Zeit lang ununterbrochen, beruhigen sich aber dann, getröstet durch Hoffnung.

γ. Mitunter merkt man jedoch die eingetretene Weisellosigkeit wenig oder gar nicht. Im Sommer habe ich öfters Völker dadurch entweiselt, daß ich zufällig die Königin auf einer hinteren Wabe antraf und wegnahm. Meist gaben die Völker, namentlich wenn sie recht colossal waren (und meist nur dann nahm ich die Königin weg), keine Spur eines Zeichens der Weisellosigkeit zu erkennen, und ich glaube bei den hunderten von Fällen, wo Weisellosigkeit eintrat oder von mir absichtlich hervorgerufen war, die sichere Beobachtung gemacht zu haben, daß die Völker je weniger sie die Königin entbehren können, desto stärker und länger den Verlust beklagen, desto schwächer und kürzer hingegen, je leichter sie die Königin entbehren und ersetzen können. Daher mag es auch kommen, daß so recht brut- und volkreiche Beuten zur Trachtzeit sich um den Verlust der Königin oft gar nicht kümmern, sondern, als sei nichts geschehen, ruhig ihre verschiedenen Arbeiten fortsetzen und dabei Weiselzellen ansetzen, weil sie, in der Fülle der Kraft, die Königin vielleicht mit einem Schwarm ausgezogen wähnen oder instinctmäßig fühlen, daß sie ohne Schaden abkommen konnte.

v. **Berlepsch, die Biene u. die Bienenzucht.**

δ. Wird ein erst kürzlich gefaßter Schwarm, z. B. ein Nachschwarm, weisellos, so stürzen die Bienen massenhaft aus dem Flugloche hervor, laufen oder fliegen immer fast sämmtlich an die Nachbarstöcke oder suchen den Mutterstock wieder auf „weil kein Gut, keine Erinnerung, keine Hoffnung an die neue Wohnung fesselt". S. Magerstebt pract. Bienenvater 3. Aufl. S. 256.

ε. Das ängstliche Hin- und Herlaufen um das Flugloch und am Stocke herum an warmen stillen Sommerabenden hat jedoch bisweilen auch einen anderen Grund und man bemerkt es dann bei allen Stöcken. Die Bienen suchen nämlich die bisweilen in großen Massen von der Dämmerung an bis tief in die Nacht herumschwärmenden Falter der kleinen Wachsmotte abzuwehren und umkreisen ärgerlich das Flugloch, oft Laute von sich gebend. Auch das oben erwähnte Geheul wird von einem Stocke oft schon dann erhoben, wenn die Königin aus irgend einer Veranlassung in feindlicher Absicht eingeschlossen gehalten wird. S. Dzierzon Bfreund S. 179.

d. Heilung und Behandlung kranker Stöcke.

α. Stöcke mit unbeweglichen Waben.

a. Wird bei uns ein Stock von Johanni an bis zur Herbstreduction weisellos, so schadet dieß nicht nur nichts, sondern ist meist noch vortheilhaft, wie aus § XLII. erhellen wird. Zu allen anderen Zeiten des Jahres aber ist die Weisellosigkeit mit Schaden verbunden, den man, da er einmal da ist, nicht mehr ändern kann, den aber Anfänger nur zu oft durch unzweckmäßige Beweiselungsversuche noch vergrößern. Ein Stock, welcher im Winter und Frühjahr bis Mitte April weisellos wird und Mitte April nicht mehr volkreich ist, kann, wenn man über eine fruchtbare Königin nicht zu verfügen hat, durch Einstellen von Brut mit Vortheil nicht curirt werden. Denn fast immer bleibt die nachgezogene Königin wegen Mangels an Drohnen unfruchtbar oder wird drohnenbrütig, oder das Volk schmilzt, wenn ja in seltenen Fällen die Königin zur Befruchtung kommen sollte, ehe wieder junge Bienen auslaufen können, so zusammen, daß es keinen Werth mehr hat. Dabei sind diese Curmethoden zur frühen Jahreszeit äußerst gefährlich, weil sie nur zu oft Räuberei veranlassen, die oft nicht blos die zu curirenden Stöcke, sondern auch andere gute ruinirt. Ich kann daher die Anfänger nicht eindringlich genug warnen, in der hier angegebenen Zeit sich mit keinen Beweiselungsversuchen mittels Einfügens von Brut abzugeben, sondern mit allen Stöcken, die sich um diese Zeit weisellos finden, kurzen Prozeß zu machen, d. h. die Bienen auf irgend eine Weise aus dem Baue zu entfernen und anderen Stöcken zuzutheilen und die Baue Behufs Einbringung von Schwärmen aufzubewahren. Ganz meiner Ansicht war schon Spitner. S. dessen Korbbienenzucht 3. Aufl. S. 275.

b. Von Mitte April bis Johanni kann der Anfänger, dem es um Erhaltung eines Stockes zu thun ist, die Beweiselung durch Einfügen eines Stückes Brutwabe oder einer Weiselwiege versuchen, jedoch auch in dieser Zeit werden bereits schwache Stöcke meist nur dann vortheilhaft curirt, wenn man ihnen eine fruchtbare Königin zusetzen kann. Schwachen weisellosen Stöcken bringt man viel vortheilhafter einen Schwarm, etwa einen Nachschwarm, zu.

c. Will man einen weisellosen Stock curiren, so sind die oben unter 3, a, α—δ. angegebenen vier Arten der Weisellosigkeit resp. Weiseluntauglichkeit wohl zu berücksichtigen. Aber in Stöcken mit unbeweglichen Waben ist hier guter Rath oft theuer. Denn befindet sich in dem kranken Stocke eine Königin, gleichviel ob ganz unfruchtbar oder drohnenbrütig, so fallen unter 20 Kuren gewiß 19 vergeblich aus, weil die Bienen an gegebener Brut keine Weiselzellen ansetzen oder angesetzte bald wieder zerstören, eingefügte Weiselwiegen aufbeißen und zugesetzte Königinnen erstechen. Nicht besser

§ XIX. Krankheiten der Bienen und des Biens. 147

machen es manche wirklich keine Königin habende drohnenbrütige Stöcke. S. Seite 78 f. unter b ff. Man thut daher wohl, wenn man die Abwesenheit einer Königin oder eierlegenden Arbeitsbiene nicht ganz gewiß weiß, keine fruchtbare Königin aufs Spiel zu setzen, sondern nur Brut oder eine Weiselwiege einzufügen oder eine noch unbefruchtete Königin zu geben. Wird dann keine Königin erbrütet oder wird die gegebene erstochen, so ist wenigstens kein Schade weiter angerichtet.

Ich rathe, in allen Fällen, wo man nicht sicher weiß, daß weder eine untaugliche Königin noch eine eierlegende Arbeitsbiene sich im Stocke befindet, das kranke Volk zu betäuben und fallen zu lassen. Findet man unter den Bienen eine Königin, so entfernt man dieselbe und läßt das Volk in den Stock zurücklaufen; findet man aber keine Königin und ist der Stock drohnenbrütig, hat er also eine oder mehrere nicht unterscheidbare arbeitsbienengestaltige Eierlegerinnen, so muß, soll einmal gequacksalbert werden, anders verfahren werden, so nämlich, daß man die betäubten Bienen in einen ganz leeren Stock schüttet und diesen an eine entfernte Stelle des Gartens trägt. Die wiederbelebten Bienen werden bald unruhig und fliegen einzeln in ihren alten Stock zurück, die arbeitsbienengestaltige Eierlegerin aber bleibt mit wenig Getreuen zurück und die Cur kann nun mit Sicherheit vorgenommen werden. Näheres siehe unter der folgenden Position β.

b. Bei wirklichen Versuchen, einen Stock durch Brut oder eine Weiselzelle zu curiren, habe ich es zweckmäßiger gefunden, die Brut oder die Weiselwiege oben im Haupte des Stockes als unten anzubringen. Meine Strohkörbe seligen Angedenkens hatten sämmtlich Spundlöcher von zweizölligem Rundburchmesser. Ich zog die Stöpsel aus und schnitt mit einem krummen Bienenmesser, wenn ich Brut einsetzen wollte, von einer oberen Wabe ein so großes Stück weg, als das einzustellende Brutstück ausfüllte. Auf diese Weise stand das Brutstück, wenn ich es etwas aufdrückte, fast immer sogleich fest, höchstens hatte ich nöthig, hüben und drüben kleine Wachsflügelchen zwischen das eingestellte Brutstück und die beiden Nachbarwaben zu drücken, damit das Brutstück ganz sicher fest stand. Die Weiselwiegen schob ich einfach zwischen eine Gasse, und wenn diese nicht breit genug war, drückte ich in die beiden dieselbe begrenzenden Waben mit einem runden Hölzchen von der Dicke einer Weiselzelle Vertiefungen, bis daß die Weiselzelle sich willig einschieben ließ, ohne jedoch nach unten rutschen zu können. Wegen der größeren Wärme im oberen Theile des Stockes geht dort die Bebrütung besser und sicherer von Statten und man hat nicht nöthig, unten in den Wachsbau tief einzuschneiden und solchen zu verstümmeln.

c. Ist freilich der Stock drohnenbrütig, so muß man das einzufügende Arbeiterbrutstück oder die Weiselwiege da anbringen, wo die Drohnenbrut steht, weil sonst die Bienen Arbeiterbrut oder Weiselwiegen leicht nicht weiter bebrüten könnten, indem die Bienen das Brutnest im Zusammenhange haben wollen, weisellose Bienen aber die Drohnenbrut mit ganz besonderer Zärtlichkeit pflegen, auch gar oft nicht mehr stark genug sind, um an zwei verschiedenen Stellen die nöthige Brutwärme hervorbringen zu können. Steht daher die Drohnenbrut in der Mitte des Stockes, so muß man von unten eine Tafel bis in die Drohnenbrut hinein wegschneiden und da die Einfügung bewirken, oder, wie ich es machte, den Deckel abbrechen, eine Tafel von oben bis in die Drohnenbrut herausschneiden, in das herausgeschnittene Wabenstück die Weiselwiege oder die Arbeiterbrut einfügen resp. einpassen, das Wabenstück in den Stock zurücksetzen, durch oben an den Seiten eingefügte Wachsflügelchen oder auf sonst eine Art das Wabenstück bis zum Wiederfestbau in senkrechter Lage erhalten und den wieder aufgelegten Deckel an den Verbindungsstellen mit dem Korbe gut und dicht verschmieren. Auf diese

§ XIX. Krankheiten der Bienen und des Biens.

Weise kommt keine Lücke in den Bau und die eingefügte Brut steht, weil weiter oben, wärmer und wird stets, was unten nicht immer der Fall ist, bebrütet; auch ist die Befestigung der Einfügung von oben weit leichter als von unten.

f. Bei dem einzufügenden Brutstücke sehe man darauf, daß an demselben auch einige dem Auslaufen nahe Arbeiterbrutzellen sich befinden. Denn hat der weisellose Zustand schon lange angedauert, so ist diese lange Gewohnheit den Bienen zur zweiten Natur geworden; sie fühlen nicht mehr das Bedürfniß nach einer Königin und brüten oft die ihnen gegebene Brut aus, ohne eine Weiselwiege anzulegen. Befinden sich aber an dem eingestellten Brutstücke dem Ausschlüpfen nahe Zellen, so laufen bald einige junge Bienen aus, und diese sind es dann, welche sicher Weiselzellen anlegen, und überhaupt das Bedürfniß nach einer Königin wieder wach rufen. S. Dzierzon Bfreund S. 182.

3. Stöcke mit beweglichen Waben.

a. Will ich eine weiselkranke Beute, von der ich nicht ganz gewiß weiß, daß sie weder eine ganz unfruchtbare oder drohnenbrütige Königin noch eine eierlegende Arbeitsbiene hat, curiren — und ich thue dieß, um kein Fach meiner Pavillons leer zu bekommen, sehr oft —, so nehme ich an einem warmen sonnigen Tage sämmtliche Waben heraus und hänge sie auf den Wabenknecht. Dann suche ich zwei Waben aus, auf welchen keine oder nur ganz wenige Bienen, die ich zuvor auf die übrigen Waben kehre, sitzen, stelle je eine dieser beiden Waben in die untere und obere Etage des Brutraumes an die erste Stelle vom Flugloche aus gerechnet, nehme fünf brutbesetzte Waben mit allen daran sitzenden Bienen, die ich bereits zuvor anderen Beuten entnommen und in einem Kästchen in Bereitschaft habe, und hänge sie in die untere Etage, so daß nun die untere Etage eine leere und fünf Bruttafeln, die obere Etage eine leere Wabe enthält. Ist dieß geschehen, so sehe ich die Waben auf dem Wabenknechte einzeln nach einer Königin genau durch. Finde ich eine solche, so drücke ich sie todt, köpfe die etwa vorhandene Drohnenbrut, hänge die Beute im Brutraume wieder voll Waben, lege, nachdem ich zuvor noch die auf den übrig bleibenden fünf Waben sitzenden Bienen in die Beute zurückgekehrt habe, die Deckbrettchen auf und schließe die Thüre.

b. Finde ich keine Königin und überzeuge ich mich aus der Beschaffenheit der Drohnenbrut, daß eine oder mehrere arbeitsbienengestaltige Eierlegerinnen sich unter den Bienen befinden, so kehre ich sämmtliche Bienen von sämmtlichen Waben in eine bauleere Beute und staffire die zu curirende Beute mit fremden Brutwaben und sonst ganz wie unter a. aus. d. h. ich gebe ihr aus anderen Beuten fünf Brutwaben, und hänge sie mit ihren von Bienen entblößten Waben vollends voll u. s. w. Nun trage ich die bauleere Beute mit den weisellosen Bienen an eine entfernte Stelle des Gartens. Bald hängen die Bienen sich schwarmförmig an den Deckel, aber auch eben so bald beginnen sie einzeln zurückzufliegen. Sind sie bis auf ein hühnereigroßes Klümpchen abgeflogen und wieder in den alten Stock rückgekehrt, so schöpfe ich das Klümpchen rasch in eine inwendig mit flüssigem Honig ausgestrichene Schachtel, schließe sie, trage sie zu einer anderen beweiselten Beute, rüttele die Bienen tüchtig umher, damit sie mit Honig beschmiert werden, stelle die Schachtel in den Honigraum, öffne sie und lasse so die Bienen in den unteren bienenbesetzten Raum einlaufen. Selten werden einige Bienen abgestochen, der Afterweisel aber, sei er der Gestalt nach Königin (eine ganz unfruchtbare Königin kann man leicht übersehen) oder Arbeiterin, ist, weil er, gleich einer fruchtbaren Königin, nicht abfliegt, stets unter dem Klümpchen und deshalb stets verloren.

Weiß ich gewiß, daß die Beute keine Eierlegerin irgend einer Art hat, so thue ich weiter nichts, als daß ich fremde Brutwaben einstelle.

c. Habe ich Weiselzellen, so füge ich dem zu curirenden Stocke am anderen Morgen (wenn man es sogleich thut, wird die Wiege mitunter in der ersten Aufregung zerstört) eine ein, habe ich eine überflüssige Königin, so setze ich diese auf die gewöhnliche Weise zu und die Beute ist meist curirt.

Anfänger, die vielleicht nur einige noch nicht besonders starke Beuten besitzen und deshalb über mehrere Brutwaben nicht wohl verfügen können, auch gewöhnlich weder Weiselzellen noch eine Königin vorräthig haben, müssen sich einstweilen mit Einstellung einer einzigen Bruttafel begnügen und lieber später nochmals mit Brut nachhelfen. Denn nichts wäre verkehrter, als, um einen weiselkranken Stock möglicher Weise zu curiren, einen gesunden über Gebühr zu schwächen und zum Schwächling zu machen.

b. Will ein Anfänger gern eine bereits schon schwache Beute erhalten, so mag er dieß immerhin thun, vorausgesetzt, daß er mehrere anderweite kräftige Beuten besitzt. Denn wenn man wiederholt dem Auslaufen nahe Brutwaben, vielleicht gar mit allen daran sitzenden jungen bereits ausgelaufenen Bienen einstellt, kann man den Teufel baarfüßig tanzen lassen. Ist jedoch in dem zu curirenden Stocke die junge Königin bereits aus der Zelle, so dürfen keine Bienen mit übergesiebelt werden, sonst schwebt die Königin in der höchsten Gefahr.

e. In späterer Jahreszeit, etwa von Mitte Juni an, hilft man einem weisellosen Stocke am besten, wenn man einem recht volkstarken die fruchtbare Königin nimmt und dem weisellosen giebt. Der weisellose ist nun curirt und der entweiselte wird honigreicher, schwärmt auch gewöhnlich, wenn man nicht zu rechter Zeit die Weiselzellen bis auf eine zerstört. Man trifft so mit einer Klappe zwei Fliegen. S. §. XLII.

f. Weiselkranke Beuten, die ich cassiren wollte, kehrte ich stets aus, warf die Bienen, nachdem ich sie mit flüssigem Honig besprengt hatte, in den ersten besten Honigraum einer beweiselten Beute und benutzte die Waben, wie es mir am zweckmäßigsten erschien

Diese wenigen Andeutungen werden selbst dem Anfänger im Dzierzonismus genügen. Mehr zu sagen hielt ich für überflüssig, maßen derjenige, welcher Dzierzonstöcke haben will, auch Hirn im Kopf haben muß.

4. Die Tollkrankheit.

Dzierzon sagt: die Tollkrankheit oder der Tollkoller besteht darin, daß einzelne Bienen aus dem Haufen heraus auf den Boden des Stockes oder vor denselben herabstürzen, sich herumschlagen und, augenscheinlich nach vielen ausgestandenen Schmerzen in den Eingeweiden, verenden. Es mag dieses oft Folge des Genusses von vergiftetem Honig sein, den ihnen bei Raubanfällen böswillige Bienenwirthe vorgesetzt haben, den ihnen aber auch die Natur selbst zu gewissen Zeiten bereitet. Dieses Selbstvergiften aus der Natur, obwohl Dönhoff (Bztg. 1856 S. 209) jede Selbstvergiftung der Bienen durch eingetragenen Blumennectar läugnet, geschieht besonders gegen Ende der Baumblüthe, wenn der Apfelbaum und die Eberesche (s. Grimm Bztg. 1850 S. 22) blühen, indem man zu dieser Zeit fast alle Jahre bald mehr bald weniger Bienen an dieser Krankheit zu Grunde gehen sieht. Meist scheinen es junge eben aus der Zelle geschlüpfte Bienen zu sein. Ob sie schon als Larven schädliches Futter erhalten oder erst nach ihrer Ausbildung schädlichen Honig genossen haben, ist wohl schwer zu ermitteln. Zum Glück zeigt sich das Uebel, gegen welches der Bienenzüchter nichts zu thun vermag, selten in einem solchen Grade, wie im Jahre 1836, in welchem zu der angegebenen Jahreszeit weit und breit in ganz Schlesien und vielleicht über dessen Grenzen hinaus, alle jungen die Zellen verlassenden Bienen auf diese Art theils im Stocke, theils außerhalb desselben umkamen und mancher Stock in Folge der Entvölkerung ganz einging. In jenem Jahre war auf einen ungewöhnlich schönen März ein rauher April gefolgt, so daß es in der Baumblüthe noch schneite; was vielleicht die Bildung eines gewissen Giftes zur Folge hatte, das zwar den alten Bienen nicht schadete, den noch zarten jungen aber tödtlich wurde. S. Dzierzon Bfreund S. 177. Ebenso sagt Scholtiß (Zipsen in Ungarn), daß bei ihm die Tollkrankheit fast jedes Jahr stark vorkomme. S. Bztg. 1849 S. 165. S. auch J. E. Hoffmann Bztg. 1856 S. 141.

Mir ist diese Krankheit niemals vorgekommen und wenn ich Bienen unter Kolikschmerzen, so daß sie sich vor dem Tode zusammenkrümmend einherwälzten, verenden sah, waren es immer, meist durch Nieswurz, vergiftete. Der alte Jacob Schulze aber kannte diese Krankheit, nannte sie Darmgicht, und schrieb sie der Blüthe des Weißborns zu, weil er sie immer nur um die Zeit der Blüthe dieses Strauches und immer nur auf solchen Ständen gefunden habe, in deren Nähe es viele Weißbornhecken gäbe. Er meinte, der Honig aus der Weißbornblüthe tauge nichts, mache die alten Bienen träge, betäube sie und tödte viele junge. Die Bienen schienen dieß auch zu wissen, denn sie beflögen den Weißborn nur spärlich und wenn sie andere Tracht nicht hätten.

Mir will diese Erklärung nicht einleuchten; denn seit etwa sechs Jahren blüht der gegen sechs Tausend Fuß lange, den großen Obst- und Bienengarten zu Seebach umfriedende Weißbornzaun jedes Jahr wie ein weißes Tuch und wird von den Bienen, wenn auch gerade nicht stark, besucht, ohne daß sich auf meinem Stande die Darmgicht jemals gezeigt hätte. Allerdings scheinen die Bienen bei uns zur Zeit der Weißbornblüthe träge zu sein; was aber meiner Meinung nach seinen ganz natürlichen Erklärungsgrund darin findet, daß die Weißbornblüthe gleich der Birnbaumblüthe äußerst wenig Tracht gewährt und bei uns stets erst nach beendeter Baum- und Rapsblüthe, also zu einer Zeit eintritt, wo hierlands die Bienen fast gar keine Tracht haben, mithin träge scheinen, nicht aber sind. Denn, sagt Spitzner, daß sie nicht krank sind, sieht man daraus, daß, wenn ein sog. Honigthau eintritt, sofort Alles munter ausfliegt und einträgt. S. dessen Korbbienenzucht 3. Aufl. S. 287.

5. Flugunfähigkeit.

Auf diese wirkliche Krankheit hat öffentlich zuerst Brüning aufmerksam gemacht. Er sagt: Im Sommer sieht man oft eine Menge Bienen, die ganz bestimmt nicht solche sind, die eben erst die Zellen verlassen, sondern die schon tüchtig auf der Weide gearbeitet haben, vor dem Stande umherlaufen. Sie sind anscheinend ganz gesund, nur vermögen sie nicht zu fliegen. Diese Flugunfähigkeit ist offenbar eine Krankheit. Wenn etwa alle 5—8 Tage Regen fällt, bemerkt man sie im ganzen Sommer nicht oder nur höchst unbedeutend. Bei anhaltender Dürre, zumal im Juli, wird sie meist immer ärger, so daß auf großen Ständen nicht selten täglich Tausende und Tausende zu Grunde gehen. Nach einem oder zwei regnerischen Tagen ist das Uebel vorüber, wiederholt sich aber bei wieder eintretender Dürre. Am offenbarsten stellt sich diese Erscheinung als Krankheit dadurch heraus, daß früh, lange bevor die Stöcke den Flug beginnen, diese Flugunfähigen wie in Todesangst aus dem Flugloche stürzen, ohne daß jemals eine verfolgt würde oder im Stocke die geringste Unruhe wäre. S. Brüning Bztg. 1846 S. 109.

Die Sache hat ihre vollkommene Richtigkeit; die Flugunfähigkeit ist eine Krankheit, die bei uns in Thüringen nur noch Mitte Juni und nur in den Jahren bemerkenswerth auftritt, in welchen die blaue Kornblume ausnahmsweise honigt und dürre heiße Witterung herrscht. Der alte Jacob Schulze kannte diese Erscheinung und ihren Grund seit langen Jahren und sagte mir einst, als ich noch Anfänger

§ XIX. Krankheiten der Bienen und des Biens. 151

war, der scharfe Saft der Kornblume greife die Eingeweide vieler Bienen an; sie würden matt, könnten nicht mehr fliegen und gingen aus dem Stocke heraus, weil nun einmal nichts Krankes im Stocke seines Bleibens habe. Wenn die Kornblume honige, „müfferten" i. e. stänken Abends die Stöcke.

Sehr richtig; 1842, 1846, 1850, 1855 u. 1857, in welchen Jahren die Kornblume hier stark honigte, strömte Abends aus den Fluglöchern der Stöcke ein fast aasartiger Geruch und die Vorplätze waren von flugunfähigen Bienen übersäet. Ich habe viele solche Bienen untersucht. In ihren Magen fand ich eine scharf-säuerlich schmeckende Flüssigkeit.

Ein Mittel gegen diese Krankheit weiß ich nicht, nur wünschte ich, sie träte alle Jahre auf, weil ihr Auftreten ein ganz untrügliches Zeichen einer honigreichen Zeit ist.

Der den Stöcken entströmende Gestank ist fast wie bei faulbrütigen Stöcken, niemals traf ich aber auch nur eine faulbrütige Zelle.

6. Der Fadenpilz. Im Frühjahr 1856 hatte Kleine eine italienische Königin, die große Unregelmäßigkeit in der Eierlage zeigte und von den Bienen beseitiget werden sollte, an Leuckart zur Untersuchung eingesendet. Die dießfallsige Untersuchung ergab, daß Chylusmagen und Darm der Königin mit einem Fadenpilze, der nach Nr. 19 der Hedwigia von Professor Hoffmann zu Gießen als mucor melittophorus, n. sp., bienenverderbender Knopfschimmel, oïdium Leuckarti, bestimmt worden ist. Auch Dr. Dönhoff hatte fast gleichzeitig dieselbe Beobachtung bei ganzen Völkern gemacht und darüber mit ꝛc. Leuckart conferirt, der sich dahin äußerte, daß dieser Pilz, von welchen Abbildungen in der Hedwigia l. l. und in der Bztg. 1857 Nr. 6 gegeben sind, unzweifelhaft eine Krankheit der Bienen bedinge und begleite und ansteckend sei. Das Pilzgewebe zeige eine verschiedene Mächtigkeit und verstopfe mit den zugehörigen Sporen in manchen Fällen fast den ganzen Chylusmagen, so daß eine Ernährung wenigstens sehr mangelhaft zu Stande kommen müsse und nicht ohne Einfluß auf Erzeugung von Ruhr sein könne. S. Dönhoff Bztg. 1859 S. 151.

Daß diese Pilzkrankheit ziemlich allgemein verbreitet sein mag, geht schon daraus hervor, daß Dr. Dönhoff (Bztg. 1857 S. 210) unter acht untersuchten Ständen der verschiedensten Gegenden auf fünf dieselbe vorfand. Daß dieselbe aber nicht sonderlich schaden muß, beweist das anscheinend gute Befinden der davon ergriffenen Stände, die weder im Ertrage, noch in der Vermehrung, noch in der Ueberwinterung gegen andere zurückstehen. S. Kleine in Huber-Kleine Heft 4 S. 273 f. Auch auf meinem Seebacher Stande existirt sie und doch befanden und befinden sich die Bienen stets munter und gesund. Ich vermag deshalb eine Erscheinung im Leben der Bienen, die auch nicht den geringsten Schaden wahrnehmen läßt, als Krankheit, wenigstens practisch betrachtet, nicht anzuerkennen. Doch beuge ich mich unter die Theorie und habe darob den Fadenpilz unter die Krankheiten rangirt.

§ XX.
Bienenfeindliche Thiere.

Es können hier natürlich nur die hauptsächlichsten Feinde der Bienen unter den Thieren und nur solche besprochen werden, die bei uns den Bienen schädlich sind. Unter diesen steht obenan

a. Die Maus. Zur Zeit der Winterruhe, wenn die Bienen in einem dicht gedrängten Haufen sitzen und einzelne der Kälte wegen, ohne zu erstarren, sich nicht trennen können, schleichen sich die Mäuse in die Stöcke ein, verzehren zuerst die todten Bienen, benagen aber bald den Wachsbau, zehren den Honig aus, so weit er von den Bienen nicht belagert wird und fressen endlich auch die Bienen vom Haufen weg; wobei sie einen abscheulichen Gestank im Stocke verbreiten. Oft machen sie sogar Nester in die Stöcke und hecken in denselben, und viele Stöcke werden von ihnen arg beschädiget, andere gänzlich ruinirt. Sie schlüpfen nicht blos durch die Fluglöcher ein, sondern fressen sich auch durch die Hüllen der Stöcke, namentlich der Strohstöcke, wenn diese äußerlich noch mit Stroh oder anderen den Mäusen Zufluchtsstätten und Verstecke gewährenden Materialien umgeben sind. Man muß daher die Fluglöcher, wenn sie so hoch sind, daß sie eine Maus durchpassiren lassen, durch vorgesteckte Nägel so herrichten, daß die Mäuse nicht einzubringen vermögen, und wenn die Wände der Stöcke nicht warmhaltig genug sind, nur solche Materialien zur äußeren Umgebung für den Winter wählen, in welchen sich die Mäuse nicht aufhalten, wie z. B. Häcksel, Flachsschäben ꝛc. Am besten ist es, wenn die Wände, wie bei meinen Stöcken, so warmhaltig sind, daß sie einer äußeren Hülle nicht bedürfen.

Am besten ist es die Mäuse wegzufangen oder zu vergiften, dagegen es nicht räthlich ist, den Katzen im Winter Zutritt zu den Bienenstöcken zu gewähren, weil sie nur zu oft auf den Stöcken herumspringen, diese erschüttern und dadurch die Bienen aus ihrer Ruhe aufstören.

Besonders gefährlich sind die kleinen Spitzmäuse, die sich oft durch Fluglöcher hindurchdrängen, die kaum Platz für eine Drohne haben.

Wenn die Bienen munter sind, hüten sich die Mäuse wohl in die Stöcke einzubringen, doch können sie auch jetzt unter Umständen den Stöcken schädlich werden, indem sie in der Dämmerung und des Nachts Bienen an den Fluglöchern erhaschen und fressen. Höchst interessante, auf genaue Beobachtungen gestützte Mittheilungen hat darüber Mehring in der Bztg. 1858 S. 56 f. gemacht.

§ XX. Bienenfeindliche Thiere. 153

b. Der Specht. Im Winter, besonders in der Nähe von Waldungen, ist er einer der gefährlichsten Bienenfeinde. Er hackt in Strohkörbe und morsche Holzstöcke große Löcher, beunruhigt die Bienen entsetzlich und frißt jede, die er erlangen kann. Einen solchen Gast, der, wohin er sich einmal gewöhnt hat, immer wiederkehrt, muß man wegschießen oder wegfangen, weil er sonst den oder die Stöcke, die er sich einmal auserkoren hat, fast sicher zu Grunde richtet. S. Dzierzon Bfreund. S. 162.

c. Die Kohlmeise. Sie ist auch nur im Winter schädlich. Durch Picken am Flugloche lockt sie die Bienen hervor und holt sich die auf dem Schnee oder sonst wo erstarrten, um sie auf dem nächsten Baume zu zerhacken. Sie ist zwar äußerst leicht wegzufangen oder zu schießen, aber wegen ihrer sonstigen Nützlichkeit sollten die Bienenzüchter lieber durch Verdecken der Fluglöcher, Schließen der Läden des Bienenhauses und andere Weise sie abzuhalten und unschädlich zu machen suchen. S. Dzierzon Bfreund. S. 162.

d. Der Storch. Wenn man dieses Langbein in blühenden Wiesen marschiren sieht, kann man schon aus der Ferne sehen, daß er dort etwas von den Blumen wegfrißt, denn er schnappt fast ohne Unterlaß bald rechts bald links mit dem Schnabel. Einst sah ich einen Storch dicht an einem blühenden Rapsfelde ganz gravitätisch marschiren, während er fortwährend mit dem Schnabel nach den Rapsblüthen schnappte. Ich schlich mich nun in den Raps hinein, so daß er bald ziemlich nahe an mir vorbei kam, wobei ich gesehen habe, daß er mindestens in zwei Minuten zehn Bienen fraß. Limberger hatte, um zu beobachten, welchen Einfluß ein sehr erhöhter Standort auf das Wohlergehen der Bienen ausübe, einen Stock auf die Ruine eines alten Thurmes gestellt. Anfangs flog der Stock gut, doch bemerkte Limberger, daß das Volk nicht gehörig zunahm und die Bienen eine solche Aengstlichkeit zeigten, daß sie sich, sobald er sich dem Stocke näherte, in das Innere scheu zurückzogen. Er konnte sich dies sonderbare Benehmen der Bienen nicht deuten, bis daß er an einem Mittag einen Storch unmittelbar vor dem Stocke stehen und jede Biene, die das Flugloch passiren wollte, wegfangen sah.

Welche Massen von Bienen, sagt Limberger, die Störche auf Wiesen wegfangen, davon macht man sich keinen Begriff. Ich schoß einst auf einer Wiese während der besten Honigtracht einen Storch, der mitten zwischen Wiesenblumen stand und seinen Schnabel bald rechts bald links bewegte. Seinen Kropf fand ich von Bienen fast gefüllt, deren Menge einem schwachen Nachschwarme fast gleichkommen mochte. S. Bztg. 1852 S. 149.

Mitten auf dem Forst bei Gut und Dorf hoch überragenden Seebacher Ritterburg nistet seit undenklichen Zeiten (ein Bild des Gutes von 1574 zeigt schon das Storchnest mit Storch auf der Zinne der Burg) ein Storchpaar und ich habe mich, so sehr ich auch von der Schädlichkeit des Paares für die Bienen überzeugt bin, doch nie entschließen können, dem Gute, Dorfe und der Umgegend diese Zierde zu berauben. Denn es sieht aus der Ferne wahrhaft malerisch aus, wenn auf dieser wohl 150 Fuß hohen Zinne die Störche auf dem Neste stehen. Weniger poetischen Sinn zeigte der alte Jacob Schulze. Es hatte sich nämlich im Jahre 1847 in Langula ein Storchpaar auf dem platten Wipfel der höchsten Linde des Tanzangers angenistet, und ich sagte einst zu Schulze, als wir in die Nähe des Baumes kamen und ich die Störche in beschaulicher graziöser Ruhe auf dem Neste stehen sah: Schulze, sieht das nicht schön aus? Der Alte blickte lächelnd hinauf, ballte den Störchen die Faust und rief ihnen zu: Hätte ich euch nur im Sacke, ihr solltet gewiß nicht wieder da hinauf kommen!

§ XX. Bienenfeindliche Thiere.

e. **Rothſchwanz, Bachſtelze, Feuerſchwalbe, Fliegenſchnäpper u. ſ. w.**
In Bienenſchriften werden dieſe und andere kleine Vögel als äußerſt ſchädlich bargeſtellt und wird ihre Vertilgung auf alle Weiſe angerathen. Sie freſſen allerdings Bienen, aber in nicht großen Maſſen und ich ſtimme Dzierzon durchaus bei, wenn er den Schaden, den ſie den Stöcken zufügen, nicht der Rede werth hält und dieſe niedlichen, uns von ſo vielen läſtigen Inſekten befreienden Vögel nicht verfolgt und vertilgt haben will.
Gewiß falſch aber iſt es, wenn Brüning (Bztg. 1852 S. 153 f.) und Andere behaupten, Rothſchwanz, Bachſtelze und Schwalbe (Spitzner Korbbienenzucht 3. Aufl. S. 290.) fräßen gar keine Bienen. Die meiſten Bienen unter den vier oben genannten Vögeln frißt die Schwalbe (Pl. h. n. XI. 19. Virg. Georg. IV. 15. Hannemann Bztg. 1850 S. 20) und Kaden ſagt ganz treffend: Der ſchnellſte und dreiſteſte Bienenfänger von allen iſt die rothkehlige Schwalbe (Feuerſchwalbe), die einem die Bienen vor der Naſe wegfängt. Bztg. 1851 S. 87. Die Schwalben freſſen an regneriſchen und kühlen Tagen, wo die übrigen Inſekten ſtill ſitzen, die meiſten Bienen, indem ſie über dem Bienenſtaube umherkreiſen und die Bienen in ziemlicher Menge wegſchnappen. Die Bienen kennen auch dieſen Feind ſehr wohl, denn oft ſah ich, wenn eine Schwalbe eine Biene wegſchnappte, daß ſie von andern Bienen verfolgt wurde, ähnlich wie kleine Vögel oft den Sperlingsfalken verfolgen. Rothſchwänze (namentlich Hausrothſchwänze), Bachſtelzen und Fliegenſchnäpper ſah ich gleichfalls öfters Bienen wegfangen und einmal ſah ich, wie eine Bachſtelze in etwa einer halben Stunde 14 Bienen in ihr Neſt brachte und den Jungen reichte. Auch der Sperling ſchnappt hin und wieder eine Biene weg.
Machen es mir dieſe Thiere zu bunt, ſo vertreibe ich ſie durch Schießen, ohne ſie ſelbſt todt zu ſchießen.

f. **Kröte.** Die Kröten verzehren viele Bienen, welche zufällig zu Boden fallen und erkühlt liegen bleiben. Selbſt an den Bienenſtöcken ſpringen ſie hinauf und ſchnappen von den darauf liegenden Bienen einzelne weg. S. Dzierzon Bfreund. S. 162. Auch Donauer ſah 1815 im Neapolitaniſchen eine Kröte mehrere Bienen wegſchnappen und fand unter dem Steine auf der Erde, auf welchem der Stock ſtand, drei dicke Kröten. Bztg. 1852 S. 20. Ebenſo ſah Spitzner mehrmals in den erſten Morgenſtunden Kröten neben ſehr niedrig ſtehenden Stöcken ſitzen und vom Felde beladen heimkehrende Bienen wegſchnappen. S. deſſen Korbbienenzucht 3. Aufl. S. 84. Ich ſelbſt habe nie geſehen, daß eine Kröte eine Biene gefreſſen hätte.
Man muß um den Bienenſtand herum alles recht reinlich halten, namentlich den Kröten nicht unter den Stöcken Schlupfwinkel gewähren.

g. **Die Spinnen.** Sie legen ihre Netze in den Bienenhütten neben und zwiſchen den Stöcken an, fangen, verſtricken und ſaugen manche Biene aus. Auch kann eine heimkehrende Königin leicht in ein Spinngewebe gerathen. Man kehre die Gewebe fleißig ab und tödte die Spinnen ſelbſt, was, wenn man ihre Schlupfwinkel nicht entdecken kann, am beſten in der Abenddämmerung geſchieht, wenn ſie hervorkommen, um ihre beſchädigten Netze wieder herzuſtellen. Doch iſt ihr Schaden nicht groß; viel größer iſt der Schaden, den die gegen den Herbſt hin ſo zahlreichen Feldſpinnen den Bienen zufügen. Gegen dieſe läßt ſich jedoch nichts thun. S. Dzierzon Bfreund. S. 165.

h. **Die Ameiſen.** Sie gehen dem Honig nach, wagen ſich jedoch nur in ſolche Stöcke, die nicht ausgebaut oder überhaupt pauvre ſind. In kräftige Stöcke wagen ſie ſich nicht hinein, höchſtens gegen den Herbſt hin am kühlen Morgen, wo ſich die Bie-

§ XX. Bienenfeindliche Thiere. 155

nen in ihrem Baue weiter nach oben gezogen haben. Sie nisten sich in die Wände der Bienenwohnungen oder unter und zwischen dieselben ein. S. Huber Bztg. 1851 S. 175. Seifert Bztg. 1853 S. 106. Mit Asche, über welche sie nicht laufen, sind sie jedoch leicht zu vertreiben. Es ist daher gut, das Material, womit man den hohlen Raum der Doppelwände an den Bienenwohnungen ausfüllt, es seien Hobelspäne, Moos und dergl., etwas mit Asche zu vermischen, weil dadurch die Ameisen, die sich dort einnisten könnten, wenn Ritze ihnen den Zugang gestatten, sicher fern gehalten werden. Stellt man Kastenstöcke über einander, so kann man ebenfalls Asche dazwischen streuen. Es wird dadurch der genaue gegenseitige Anschluß der Kasten vermittelt, das Entweichen der Wärme verhindert und den Ameisen sowie den Wachsmotten dort der Aufenthalt unmöglich gemacht. Im Ganzen ist jedoch ihr Schade nicht erheblich. S. Dzierzon Bfreund. S. 164 f.

Die Biene scheint einen gewissen Abscheu gegen die Ameise zu haben und dieselbe nur ungern und nach Zögern zu erfassen. Endlich aber faßt sie solche doch zwischen die Beißzange und fliegt mit derselben weit fort, wahrscheinlich um sie in größerer Entfernung erst fallen zu lassen, damit sie ihrem Stocke nicht wieder lästig werden könne. Wunderbarer Instinkt! Es ist daher falsch, wenn Dönhoff (Bztg. 1858 S. 204) sagt, daß nie eine Biene eine Ameise fasse.

ż. Die Bienenlaus. Dieses kleine Insekt von nußbrauner Farbe, das sich der Biene meist auf den Rücken setzt, ist mir gleich Dzierzon bei den Arbeitsbienen nur sehr vereinzelt vorgekommen, dagegen habe ich im Herbste oft Königinnen gefunden, die völlig läusebepanzert waren. Die Bienenläuse scheinen eine besondere Vorliebe für die Königinnen zu haben. Dönhoff fand eine Königin mit einer Bienenlaus, er nahm die Laus weg, setzte sie an die Wand eines Glases und that in dasselbe die Königin mit Bienen. Nach einigen Stunden saß die Laus wieder auf der Königin. Dasselbe geschah nach Wiederholung des Versuchs. S. Dönhoff Bztg. 1858 S. 204. Auf einer Drohne habe ich vielleicht nicht zehnmal eine Laus gesehen. Auf den Königinnen mögen sie sich aber deswegen am liebsten aufhalten, weil diese den Stock nicht verlassen und den Läusen die äußere Luft kein zusagendes Element sein mag; vielleicht auch, daß der melissenartige Geruch der Königin sie anzieht. Im Herbste findet man viele Königinnen mit Läusen, die aber im Frühjahr wieder rein sind. Ist jedoch eine Königin ganz mit Läusen besetzt, so scheint dieß entweder Folge oder Ursache einer Krankheit zu sein. Denn gar zu arg im Herbste mit Läusen besetzte Königinnen sind sichtbarlich matt und sterben in der Regel während des Winters. Einen merkwürdigen Fall theilt Hammer mit. Dieser fand im Herbste 1851 auf einer Königin hundert und sieben und achtzig Läuse, reinigte dieselbe und gab sie dem Volke zurück. Nach wenigen Tagen hatte sie wieder 64 Läuse. Abermals wurde sie rein gelaust, war aber im Frühjahr 1852 verschwunden. Auf den Arbeitsbienen dieser Beute konnte Hammer nur äußerst selten eine Laus bemerken. S. Hammer Bztg. 1858 S. 11. — Dzierzon sah einmal im Klostergarten zu Wienerisch Neustadt bei einem neuseklosen schwachen Stocke die Läuse in ungewöhnlicher Zahl, so daß einzelne Bienen davon förmlich, wie Königinnen, bedeckt waren (S. Dzierzon Bfreund. S. 163), und von Bose (Bztg. 1858 S. 177) sagt, daß im Sommer 1858 bei ihm keine Biene ohne Laus gewesen sei.

Man kann gegen diese Läuse, die übrigens nicht viel schaden dürften, weiter nichts thun, als zu stark belausete Königinnen im Herbste zu entfernen, um der Weisellosigkeit im Frühjahr vorzubeugen.

§ XX. Bienenfeindliche Thiere.

k. Der Bienenwolf (philanthus apivorus), vielleicht der größte Vertilger der Bienen. Er ist eine einzeln lebende Grabwespe, der gewöhnlichen Wespe sehr ähnlich, nur durch etwas gelblichere Farbe, durch dickeren Kopf, größere Augen und stärkere Beißzangen ausgezeichnet. Die Biene, welche er sehr geschickt von den Blumen wegzufangen weiß, tödtet er, während er mit ihr auf die Erde fällt, mit seinem ziemlich stumpfen Stachel, umklammert und drückt sie dann mit seinen kräftigen krallenartigen Beinen fest an seinen eigenen Leib an, so daß er mit ihr nur einen Körper zu bilden scheint. So fliegt er nach seinem Bau, der in einer kleinen, einem Fuchsbaue ähnlichen Höhle besteht. Er wählt sich vorzüglich dürre Sandhügel, Erdwälle, südliche Grabenränder und andere den Sonnenstrahlen stark ausgesetzte, trockene, etwas abschüssige Orte aus. Man muß den Fleiß und die Ausdauer bewundern, mit welchen diese Grabwespenweibchen einzig und ganz allein solche unterirdische, etwa ⅓ Zoll im Durchmesser große und oft einen Fuß lange Gänge herstellen, deren sie stets mehrere ausgraben müssen, da an das etwa einen Zoll weite Ende eines jeden nur ein einziges Ei abgelegt wird. Die aus dem Ei hervorschlüpfende Larve ernährt sich von Bienen, und Hellebusch fand meist 4 — 6 todte Bienen als Äzung davor liegend. Wenn man nun bedenkt, daß diese Unholde in manchen Sommern und Herbsten zu vielen, vielen Tausenden zu bemerken sind, so braucht man sich nicht zu wundern, wenn Dzierzon Preise auf ihre Köpfe setzte und Hellebusch klagt, daß sie ihm im Sommer 1859 seinen Stand entvölkert hätten. S. Dzierzon Bfreund. S. 162. Hellebusch und von Siebold Bztg. 1860 S. 9 f., wo auch recht gute Abbildungen gegeben sind. — Ich habe diesen Feind längst gekannt, niemals aber habe ich beträchtlichen Schaden von ihm bemerkt.

l. Die Hornisse. S. Colum. IX. 14. Pall ad IX. 7. Die Hornissen fangen die Bienen von den Blumen und den Fluglöchern der Stöcke selbst weg und wählen sich stets mit Honig beladene aus. Auch bringen sie in die Bienenstöcke ein und rauben dort ganz ungenirt Bienen und Honig, und es gelingt den Bienen nur selten und nur mit vereinten Kräften, einen solchen Räuber festzuhalten und zu erstechen. Ja, aufmerksame Bienenzüchter wollen sogar bemerkt haben, daß Hornissen in die Wohnungen schwächerer Stöcke eingedrungen seien und diesen die Königinnen geraubt hätten. So theilt Kleine in der Bztg. 1854 S. 278 zwei Fälle mit, wo höchst wahrscheinlich die Hornissen die Königinnen aus zwei schwachen Stöcken geraubt hatten, und Bztg. 1855 S. 45 sagt er, daß „eine fruchtbare Königin von einer Hornisse aus dem Stocke geholt worden sei" Hat er es aber mit eigenen Augen gesehen, oder schließt er nur? Besonders lästig werden sie im Herbste, wo sie sich in manchen trockenen Jahren in sehr großen Massen zeigen.

Man muß ihre Nester auf alle mögliche Art zu zerstören suchen, namentlich im Frühjahr auf jedes Hornissenweibchen Jagd machen. Tödtet man im Frühjahr ein solches, so zerstört man dadurch das ganze Nest, weil nur das Weibchen allein überwintert und im Frühjahr allein sein Nest anfängt. S. Dzierzon Bfreund. S. 163.

m. Die Wespe. Die Wespen, welche schon die Alten (cf. Arist. h. a. IX., 40. Varro R R. III., 16. Plin. h. n. XI., 19 und 24. Virg. Georg IV., 244) als Bienenfeinde kannten, sind weniger schädlich als die Hornissen, weil sie nur dem Honige nachgehen, Bienen aber nicht tödten. Nur wenn sie von Bienen bereits gefaßt sind, wehren auch sie sich. Sie bringen namentlich im Herbste am kühlen Morgen, wenn die Bienen das Flugloch nicht mehr oder noch nicht besetzt halten, ein, um Honig, besonders seitwärts befindlichen zu stehlen.

§ XX. Bienenfeindliche Thiere.

Man verfahre bei ihrer Vertilgung wie bei den Hornissen. Oft sind ihre Nester in der Erde; wo man dann mit heißem Wasser leicht die ganze Gesellschaft tödten kann. Auch kann man sehr viele in Flaschen, die man halbvoll mit süßem Wasser gefüllt hat, fangen. Sie kriechen in die Hälse hinein, fallen in das Wasser und ersaufen. S. Dzierzon Bfreund. S. 163.

n. **Der Todtenkopfschwärmer** (Sphinx atropos). Auf diesen Feind, der in der Abenddämmerung in die Stöcke eindringt und sich voll Honig saugt, machte zuerst Huber (S. Huber-Kleine Heft 4 S. 222 ff.) aufmerksam, fand jedoch bei den meisten Bienenzüchtern wenig Glauben, bis daß Stockmann berichtete, wie er das Eindringen dieses großen Abendfalters in die Bienenstöcke wiederholt gesehen und zwei solche Honigräuber, deren jeder einen kleinen Kaffeelöffel voll Honig im Leibe gehabt, in den Stöcken gefangen habe. S. Stockmann Bjtg. 1855 S. 118 und 1856 S. 32. Vergl. auch Gauß Bjtg. 1859 S. 33. Helene Lieb Bjtg. 1859 S. 172. Allen Zweifel brach jedoch erst Köpf durch seine ganz entscheidenden genauen Beobachtungen. S. Köpf Bjtg. 1859 S. 9 ff. u. 31 f. Dieser unser commilito sah am 5. Sept. 1858 Abends einen Todtenkopf auf das Anflugbrettchen einer ausgezeichnet starken Beute sich aufsetzen und, mit den Flügeln schwirrend und flatternd, alsbald ungestüm mitten durch die das Flugloch belagernden Bienen einbringen. Die Bienen eilten ihm unter Zischen nach, das Flugloch wurde stärker besetzt und nach etwa 4 Minuten entstand im Stocke Lärm, der sich gegen das Flugloch fortpflanzte. Köpf hielt nun eine Bienenhaube vor das Flugloch und der Todtenkopf, von etlichen Bienen besetzt, flog hinein. Heftig mit den Flügeln schlagend, schleuderte er die Bienen an alle Wände der Haube und war bald von denselben befreit, ohne nur die geringste Verletzung erlitten zu haben. Er wurde gefangen, zerschnitten und der Inhalt des Bauches in einen Theelöffel, welcher zu starken drei Viertheilen voll des schönsten reinsten Honigs wurde, gedrückt. Außerdem fing Köpf noch 9 Todtenköpfe, die in die Bienenstöcke eingedrungen waren, und im Ganzen fing er 27. S. Bjtg. 1859 S. 31. Fünf Minuten war der längste, zwei Minuten der kürzeste Aufenthalt in den Stöcken und alle hatten große Portionen Honig bei sich. Einige drangen durch faustgroße Klumpen Bienen hindurch und an einem hingen große Massen Bienen, als er wieder herauskam. Köpf verengte die Fluglöcher von oben herab so, daß nur eine Drohne durchpassiren konnte. Die Todtenköpfe drangen doch ein (S. Bjtg. 1859 S. 31), weil der Körper dieser Thiere von oben herab sehr zusammendrückbar ist. Nur einmal mußte einer, weil er sich doch wohl zu voll Honig gesogen hatte, eine Viertelstunde inwendig vor dem Flugloche verweilen; der Stock gerieth dadurch in fürchterliche Aufregung, die Außenwand wurde dicht belagert, und das Flugloch zopfweise überhängt, dennoch aber kam der Räuber endlich unversehrt und wohlbehalten heraus. Will man daher diesen Feind sicher abhalten, so muß man an den Fluglöchern von oben nach unten gehende Schieber anbringen und solche Abends so weit nach unten herunter lassen, daß nur Arbeitsbienen passiren können.

Nach Köpfs Beobachtungen ist der Todtenkopf durch den Bienenstachel nicht verletzbar. Sein mit glatt anliegenden, fett anzufühlenden Haaren bedeckter Leib bietet den Bienen keinen Anhaltspunkt, und das nie rastende Spiel seiner Flügel, die stürmische Kraft, mit der er vorwärts bringt, und Alles zur Seite schleudert, macht es denselben unmöglich, ihre Waffe zu gebrauchen. Es klingt unglaublich, sagt Köpf, aber es ist nichts desto weniger vollkommen wahr, daß dieses Thier durch große Haufen von Bienen hindurchbringt, ohne den geringsten Schaden zu erleiden. Die starke Muskelkraft seiner Füße und der heftige, schwirrende, kraftvolle Flügelschlag sind seine un-

158 § XX. Bienenfeindliche Thiere.

übertrefflichen Vertheidigungswaffen. Köpf spießte einen Todtenkopf mit einer Nadel an ein Stäbchen und hielt denselben, mit dem Rücken an eine Wabe gelehnt, daß er beinahe nur die Füße zur Vertheidigung gebrauchen konnte, in den stärksten Stock. Die Bienen fielen wüthend über ihn her, hingen sich wie Perlen an einer Schnur an Flügel und Füße, aber am Leibe selbst konnte keine einen Anhaltspunkt gewinnen; sie glitschten, mit ihren Klauen die Haare theilend, ab, ohne ihn stechen zu können. Die Stacheln derjenigen, die von den Flügelrändern und Beinen in der Richtung nach dem Körper losstachen, schienen stumpf und glichen einem gegen einen Stahlpanzer gestoßenen Dolche. Nun schloß Köpf den Stock, ließ das Thier eine halbe Stunde darin und als er es herausnahm, hingen Trauben von Bienen an Flügeln und Füßen: Das Thier war so gesund wie zuvor, nur etwas abgemattet. Bei weiterer Untersuchung fand Köpf, daß das Thier unter der dichten Haarbedeckung noch eine spröde harte Haut hat. Auf Grund dieser Beobachtungen und Untersuchungen behauptet er, daß der Todtenkopf vom Stachel der Bienen unverletzbar sei. S. Köpf Bztg. 1859 S. 10 f. Damit steht nicht im Widerspruch, wenn Papp (Bztg. 1856 S. 259) und Honat (ebendas. 1858 S. 214) versichern, todte Todtenköpfe in ihren Stöcken gefunden zu haben. Jedenfalls hatten sich diese Thiere zu voll Honig gesogen, konnten deshalb aus dem Flugloche nicht mehr retour, wurden von den Bienen massenhaft an Flügeln und Füßen gepackt und endlich an diesen Organen gänzlich gelähmt, so daß sie im Stocke blieben und darin verenden mußten.

Die Redaktion der Bienenzeitung sagt: In der Gegend von Eichstedt ist der Todtenkopfschwärmer eine große Seltenheit, am Bienenstande haben wir ihn noch nie getroffen. Bztg. 1859 S. 31. Ganz eben so ist es in Thüringen, und hiesige Schmetterlingssammler mühen sich oft Jahre lang ab, ehe sie einen Todtenkopf bekommen können. Der Todtenkopf ist daher ganz gewiß nur local schädlich.

o. Die Wachsmotte. Die größte Plage sowohl für die Bienen selbst als für den Bienenzüchter ist die Wachsmotte oder sog. Rangmade, die jedem Bienenfreunde zur Genüge bekannt ist. Es existiren davon bekanntlich zwei Arten, eine kleinere und eine größere. Die erstere, wenn auch gewöhnlich in viel größerer Zahl vorhanden, ist weniger schädlich. Die kleinen Falter, deren lichtgraue Flügel zusammen die Form eines Dächleins bilden, schwärmen an warmen Abenden vor den Fluglöchern der Stöcke in großer Anzahl herum. Die kleinen Larven oder Maden befinden sich meist auf dem Boden der Stöcke und nähren sich von dem Gemüll. Auch die Wachstafeln zerfressen sie, ohne sie jedoch so zu durchspinnen, wie dieses die Larve der größeren Art thut, welche oft die Dicke eines Federkiels und darüber erreicht. Diese ist viel schädlicher und gefährlicher. Das so nützliche Aufschwärmen ganzer Wabenbaue und einzelner Waben erschwert sie außerordentlich. Denn nur zu leicht nistet sich diese Brut ein, durchfrißt und überspinnt den Bau nach allen Richtungen und macht ihn unbrauchbar oder verursacht den Bienen wenigstens viele vergebliche Arbeit. Sie legt ihre Eier, welche etwas dicker und runder als Bieneneier sind, in die Zellen oder in das Gemüll auf dem Boden oder sonst wohin in die Nähe der Tafeln. Ist das Gemüll eingesponnen, so klettern die kleinen Maden, meist an den Wänden des Stockes, empor und nisten sich in die Waben ein. Sobald die Räupchen in den Zellen ausgeschlossen oder dorthin gelangt sind, spinnen sie die Zellen oben zu und beginnen nun ihr Vernichtungswerk nach allen Richtungen hin. Aber auch in bienenbesetzten Wohnungen richten sie oft arge Verwüstungen an, spinnen das Gebäude immer mehr ein, so daß die Bienen entweder zu Grunde gehen oder ausziehen müssen. Nirgends richten sie größeren Schaden an, als wenn sie in die Bruttafeln gerathen, was leider häufig der Fall ist. Die Scheidewände

§ XX. Bienenfeindliche Thiere.

zerbeißend, ziehen fie fich unter der bedeckelten Brut aus einer Zelle in die andere, ohne daß die Bienen ihnen beikommen können. S. Dzierzon Bfreund S. 163 f. Wie viele junge Bienen findet man nicht mit verletzten Flügeln und mit übersponnenem Hinterleib auf dem Bodenbrette und namentlich unter den Sandläufern. Zuweilen sieht man auf den Tafeln lange Stellen, auf welchen die Bienen, vollständig reif, auslaufen wollen, aber nicht können, weil sie, mit den Beinen und Flügeln festgesponnen, sich endlich in den Zellen todt zappeln müssen. Und wie oft sieht man nicht auf den Tafeln, wo die Brut ausgelaufen ist, große Löcher, welche die Bienen, der dort eingenisteten Mottenbrut wegen, hineinschroten mußten. Aber auch über den Brutzellen machen sie zwischen den Nymphen und den Deckeln Gänge, die Erhöhungen bilden und aussehen, als sei ein Faden zwischen den Nymphenköpfen und den Deckeln hindurch gezogen. Die Bienen beißen dann diese Gänge auf, holen die Rangmaden heraus, und man sieht oft blauäugige Brut offen stehen. S. Hübler Bztg. 1857 S. 6. In ganz weiße Tafeln jedoch gehen sie nicht, weil sie aus bloßem, stickstofflosen Wachse nicht leben können. Deßhalb ist auch reines ausgelassenes Wachs vor ihnen sicher.

So lange es kühl ist, bleiben die Eier unausgebrütet und auch die bereits ausgelaufenen Maden bleiben erstarrt und können keine Zerstörungen anrichten. Sobald es aber warm wird, etwa im Mai, geht das Einspinnen und Zernagen los, in den bienenbesetzten Stöcken schon viel früher, weil dort die Bienen früher die zum Ausschlüpfen der Eier und zum Erwachen der Larven nöthige Wärme erzeugen.

Im Allgemeinen jedoch braucht man wegen der Wachsmotten keine sonderliche Sorge zu tragen. Starke Stöcke lassen sie nicht aufkommen und wissen sehr schnell mit ihnen fertig zu werden. Sie werden, wo sie sich betreten lassen, sofort erfaßt und zum Flugloche hinaus transportirt. Auch können die Rangmaden nur solchen Stöcken verderblich werden, die im Verhältniß zu ihrer Volkszahl zu viel Bau haben. Stöcken hingegen, auch wenn sie, an sich betrachtet, schwach sind, deren Bewohner aber den ganzen Wachsbau im Besitz haben, können sie nichts anhaben. In solche Stöcke könnte man mir meinetwegen ein ganzes Rösel Wachsmottenschmetterlinge, Puppen und Maden einschütten; bald würden alle Puppen und Maden zum Flugloche hinaus transportirt werden, die Schmetterlinge aber, die die Bienen schwer erfassen können, von selbst den Abmarsch nehmen. Ueberhaupt sind die Wachsmotten nur im Frühjahr, wo die Bienen der oft kühlern Witterung wegen noch dichter beisammen sitzen und oft nicht wenige Tafeln unbelagert lassen, gefährlich, im Sommer vermögen sie nichts und beachte ich sie da gar nicht.

Um aber diesen bösen Frühlingsgästen von vornherein (denn haben sie sich einmal eingenistet, so treiben sie ihr Wesen oft auch im Sommer fort) den Weg abzusperren, braucht man nach der Auswinterung nur alle Tafeln herauszunehmen, welche die Bienen nicht wenigstens schwach belagern. Dadurch werden auch die Stöcke nicht bloß gegen die qu. Feinde sicher geschützt, sondern, wenn die leeren Räume ausgestopft werden, wärmer gemacht. Später werden in dem Maße, wie sich das Volk vermehrt und ausbreitet, die Tafeln wieder zurück gegeben, bis daß sie alle wieder im Stocke sich befinden. S. von Berlepsch Bztg. 1857 S. 6.

Sind Stöcke mit unbeweglichen Waben von den Motten stark inficirt, so läßt sich weiter nichts thun, als die durchsponnenen Waben, so weit man zu solchen gelangen kann, wegzuschneiden. In Stöcken mit beweglichen Waben kann man aber die etwa inficirten Waben herausnehmen und mit einem Nagel oder einem sonstigen Instrumente, wenn sie nicht schon zu sehr zerfressen und durchsponnen sind, von den Motten und dem Gespinnste befreien.

§ XX. Bienenfeindliche Thiere.

Ein sicheres Merkmal, daß sich Motten in den Bruttafeln eines Stockes eingenistet haben, ist, wenn man bemerkt, daß wiederholt junge Bienen mit einem weißen Gespinnst am Leibe hervorkommen, oder auf den Boden des Stockes herab-, oder zum Flugloche hinausgeworfen werden. Das zuverlässigste Mittel, das Brutlager vollständig zu säubern, ist, wenn man die Königin des Stockes ausfängt, um dieselbe entweder anderweit zu benutzen, oder auf etwa 14 Tage einzusperren, bis alle bedeckelten Brutzellen ausgelaufen sind. Die Motten finden dann in den Bruttafeln keine Zufluchtsstätten mehr, wo sie sich verbergen könnten; die Bienen können das Brutlager von ihnen gründlich reinigen, die Beschädigungen ausbessern und das Uebel ist vollständig gehoben.

Auch kann man viele Rangmaden schon dadurch aus den Bruttafeln entfernen, wenn man solche herausnimmt und etwas rüttelt. Die Rangmaden stürzen dann, wie erschrocken, aus der ersten besten Oeffnung, die sie finden können, hervor und können zertreten werden. S. Dzierzon Bfreund S. 163 ff.

Hier muß nun gelehrt werden, wie man ganze Wachsbaue und einzelne Waben aufbewahren und gegen Rangmaden schützen kann.

Einzelne Tafeln und Tafelstücke schützt man ziemlich sicher, wenn man sie an luftigen Orten so aufstellt oder aufhängt, daß zwischen je zwei Waben etwa 1—1½ Zoll Spielraum ist. Auf diese Weise aufbewahrt, werden sich nur höchst selten einige Gespinnste zeigen, weil die Rangmaden Luftzug nicht vertragen können.

Auch in einem Keller, in welchem die Temperatur auf höchstens 6—7 Grad über Null steigt, zeigen sich in den Tafeln keine Gespinnste der Rangmaden, weil bei dieser Temperatur die Eier sich nicht entwickeln, und die etwa vorhandenen kleinen Maden aus der Erstarrung nicht erwachen. Auf diese Weise habe ich meine Waben bisher immer unversehrt bis tief in den Sommer erhalten, weil mir in der alten Ritterburg ein kühler Keller allein für diesen Zweck zur Disposition stand. Wie wenige haben aber einen eigenen Keller! Und in gewöhnlichen Kellern, wo Milch, Kartoffeln u. s. w. aufbewahrt werden, werden die Waben leicht schimmelig. Auch muß man in jedem Keller wohl darauf sehen, daß die Mäuse nicht an die Tafeln gerathen.

Ein drittes zuerst von Hammer mitgetheiltes Verfahren ist folgendes. Man nimmt eine Lade mit gut schließendem Deckel und hängt oder legt in diese die aufzubewahrenden honig-, pollengefüllten und leeren Waben, während man auf den Boden der Lade in die Mitte ein nicht zu tiefes Schüsselchen stellt. In diesem Schüsselchen brennt man in der wärmeren Jahreszeit etwa alle 3—4 Wochen einige Schwefelfäden an und schließt den Deckel, so daß der Schwefel in der Lade verbrennen und aller Schwefelgeruch, der kein lebendiges Wesen aufkommen läßt, in der Lade bleiben muß. Natürlich muß man, wenn man die Lade öfter öffnet, um einzelne Tafeln heraus zu nehmen, auch öfter Schwefel abbrennen. Auf diese Weise lassen sich die Waben beliebig lange, ohne daß auch nur eine Spur von Gespinnst sich zeigt, aufbewahren. E. Hammer Bztg. 1857 S. 86 f.

Ich selbst habe dieses Verfahren noch nicht versucht, Günther aber versicherte mir, daß es probat sei.

Ganze Baue bewahrte ich früher, als ich noch Stöcke mit unbeweglichen Waben hatte, theils so auf, daß ich jeden Stock in einen Sack steckte, diesen zuband und entweder auf einem luftigen Boden oder in dem Ritterburgkeller aufhing, theils daß ich jeden Stock auf ein Brett stellte, die Fluglöcher und den untern Reif dicht mit Lehm verschmierte und entweder in den Keller oder auf einen Boden brachte. Auf dem Boden fand ich jedoch hin und wieder die Baue tüchtig durchsponnen. Jetzt rathe ich nach

§ XX. Bienenfeindliche Thiere. 161

dem Hammerschen Verfahren, die aufzubewahrenden Baue von Zeit zu Zeit tüchtig
auszuschwefeln, indem man Schwefelfäden in einem Schüsselchen abbrennt, den Stock
darüber setzt und den Dampf zwischen die Waben hinaufsteigen läßt. Würde man dann
die Stöcke mit gut verschmierten Fluglöchern auf einen luftigen Boden auf Bretter aufstellen, so dürfte sich schwerlich Mottenbrut in denselben entwickeln können.

Zur Zeit des Schwärmens kann man sich auch der Spurbienen bedienen, um leeres
Wachs gegen Mottenbrut zu schützen und bereits verunreinigtes reinigen zu lassen.
Stellt man um diese Zeit irgend an einem Ort mehrere Wohnungen auf und hängt in
solche leere Tafeln, so werden sich bald Spurbienen einfinden. Diese schützen die Tafeln
nicht blos vor fernerer Zerstörung, sondern reinigen sie auch mit großem Eifer, wenn
sie von Wachsmotten bereits angegriffen sind.

p. Ganz neuerdings hat Köpf einen bisher unbekannten, unter Umständen aber
sehr gefährlichen Bienenfeind in der schwarzen, sechsfüßigen, 1 1/4 Linie langen Larve
von Meloë variegatus entdeckt. Diese Larve hält sich in der Blüthe des Esparsette
auf, hängt sich mittels ihrer sehr scharfen Fußkrallen an die sammelnden Bienen und
kriecht mit ihrem halben oder auch mit ihrem ganzen Körper zwischen die schuppen-
förmig übereinander liegenden Schienensegmente der Bienen, wodurch diese unter heftigen Zuckungen sterben. Die Bienen vermögen sich dieses Feindes fast nie zu entledigen,
und in die Stöcke geschleppt unterliegt ihm zuweilen auch die Königin. Bei Köpf
trat im Jahre 1857 dieser Feind in solcher Menge auf, daß dessen Stöcke wohl die
Hälfte des Volks einbüßten. S. Köpf Bztg. 1858 S. 191—195. Beschrieben ist das
Insect mit gewohnter Meisterschaft von von Siebold Bztg. 1858 S. 195—197.

In Seebach blühen alljährlich hunderte von Aeckern Esparsette, niemals aber habe
ich zur Zeit dieser Blüthe auffallendes Sterben der Bienen bemerkt, und bei Klein
auf dem Tambuchshofe, wo ich den ganzen Sommer 1859 war, habe ich in der Esparsettblüthe nach diesem Insecte gesucht, aber nur sehr wenige Exemplare gefunden.
Es tritt also dieses Insect nur zeitlich und örtlich in größeren Massen auf. Auch
Köpf berichtet, daß das Insect im Jahre 1858 in weit geringerer Menge als 1857
vorhanden gewesen sei. S. Köpf a. a. O.

§ XXI.
Die Arbeitsbienen als Räuber.

1. Grund und Entstehung der Räuberei.

Da es den Bienen angeschaffen ist, im Eintragen des Honigs unermüdlich und unersättlich zu sein, dem Honige allenthalben nachzuspüren und ihn zu sammeln, wo immer sie ihn finden, so darf es nicht befremden, daß sie auch geneigt sind, den Honig sich gegenseitig zu stehlen, d. h. daß sie geneigt sind, Honig aus andern Stöcken zu rauben.

a. Dieses Rauben findet hauptsächlich an schönen Tagen vor Beginn und nach Ende der Tracht statt, weil die Bienen auch zu diesen Zeiten Honig eintragen wollen, aber in der Natur auf den Blumen keinen finden. Es gehen Spione aus, um Gelegenheit zu Honigerbeutungen zu suchen. Vorsichtig nahen sie sich bewohnten Stöcken, treten schüchtern an die Thüre, wohl wissend, daß sie sich auf dem Gebiete frember Staaten in unlauterer Absicht befinden. Um die Parole befragt oder als Feinde augenblicklich mit dem Bajonnette angefallen, suchen sie das Weite und finden ihre Rettung in der Flucht. Doch bald kehren sie wieder zurück, kommen nochmals an die Thüre, die sie soeben fliehend verlassen haben, um zu sehen, ob sie nicht doch einschlüpfen können. Gelingt's wieder nicht, so suchen sie Nebeneingänge und umschwirren spähend den Stock von allen Seiten. So geht's von einem Stocke zum andern. Endlich wird einer aufgefunden, der sie einbringen läßt; gewöhnlich ein Stock, der weisellos oder schwach ist oder mehrere größere Fluglöcher oder sonstige passirbare Ritzen hat. Haben sie nur etwas Honig erbeutet, so eilen sie schleunigst nach Hause, schlagen noch in der Pforte Alarm und verkünden den Fund ihren Genossen. Alsbald folgen andere und die Spione zeigen den Weg. Gelingt auch jetzt der Angriff, so werden der Angreifer von Minute zu Minute mehr. Das Magazin ist einmal erbrochen und die Plünderung im Gange. S. Schottiß Bjtg. 1851. S. 90.

b. Hieraus erhellt, wie falsch der immer noch nicht gänzlich erloschene Wahn ist, daß die sog. Raub- oder Heerbienen eine eigene, von der gewöhnlichen Hausbiene verschiedene Art sei, welche, statt Honig aus den Blumen zu sammeln, Honig aus andern Stöcken rauben und daß solche Bienen zu vernichten, auch der Besitzer derselben gehalten sei, den durch sie bei Beraubung anderer „ehrlicher" Bienen angerichteten Schaden zu ersetzen. Etwas Abgeschmackteres läßt sich nicht leicht denken, indem solche Raub- und Heerbienen heute andere Stöcke wüthend anfallen und berauben, morgen

§ XXI. Die Arbeitsbienen als Räuber.

dagegen, wenn die Veranlassung zum Raube beseitiget ist, fleißig Pollen und Honig aus den Blüthen tragen. Diese durch Erfahrung feststehende Thatsache allein beweist unwiderleglich, daß es keine Bienen gibt, welche nur von Beraubung anderer Stöcke leben.

c. Weit verbreitet und bei denen, welche mit der Natur und dem Wesen der Bienen nicht genau vertraut sind, tief eingewurzelt ist die Ansicht, daß mancher Bienenzüchter die geheime Kunst verstehe, seine Bienen durch Fütterung mit dem Honig beizumengenden Ingredienzien zu veranlassen, auf Raub auszugehen und andere Stöcke zu plündern. Der Unverstand nennt dies „Raubbienen machen". Es ist Niemand vermögend, Raubbienen zu machen d. h. seine Bienen auf Raub auszuschicken, obschon es gewiß ist, daß man durch Füttern seine Bienen muthig machen kann, so daß sie dann weit mehr als sonst zum Rauben geneigt sind. Insbesondere hat das Beimengen von spirituösen Flüssigkeiten, Wein, Branntwein, Rum u. s. w. unter den Futterhonig diese Wirkung, indem die Bienen dadurch in den Zustand einer Erregtheit versetzt werden, in welchem sie eine gewisse Todesverachtung zeigen, andere Stöcke verwegen anfallen und dabei auch eine gewisse Ueberlegenheit beweisen. Manche Stöcke besitzen aber sich schon diesen größeren Muth und zeigen große Raublust. Der Grund liegt aber nicht etwa in der besondern Art der Bienen, sondern in der Stärke und sonstigen vortrefflichen Beschaffenheit des Stockes. S. von Bose Bztg. 1857 S. 131 f. Dzierzon Bfreund S. 154.

Unbegreiflich ist es, daß ein Mann, wie von Ehrenfels glauben konnte, es sei möglich, Raubbienen absichtlich zu machen. S. dessen Bienenzucht u. s. w. S. 280 f. und 284.

2. Vorbeugungsmittel gegen Räuberei.

Der Bienenzüchter muß darauf Bedacht nehmen, daß Räuberei gar nicht entsteht. Denn einmal ausgebrochene und schon heftiger gewordene ist oft schwer zu beseitigen, wenigstens ist es viel, sehr viel leichter, Räuberei zu verhüten, als ausgebrochene zu beseitigen.

a. Vor Beginn und nach dem Ende der Tracht dulde man absolut keine weisellosen Stöcke auf dem Stande. Denn diese sind es fast immer, an welchen die Räuberei beginnt. Hat man während der Trachtzeit, wo Räuberei seltener ist, weisellose Stöcke, d. h. Stöcke, die keine Mittel besitzen, sich eine Königin nachzuziehen, so beobachte man solche genau und cassire sie sofort, wenn man merkt, daß Räscher eindringen. Ebenso dulde man keine sonst kranken Stöcke, z. B. solche, die eine abgelebte alte Königin haben oder die von Wachsmotten stark inficirt sind. Denn die Bienen solcher Stöcke, gleichsam den baldigen sicheren Untergang ihres Staates voraussehend, haben keinen Muth und keine Lust mehr, ihr besorganisirtes Reich zu vertheidigen. Sie setzen sich wohl anfänglich etwas zur Wehre, allein es ist ihnen damit kein Ernst, sie strecken bald die Waffen und der Feind hat gewonnenes Spiel. S. Scholtiß Bztg. 1851 S. 90.

b. Man gebe sich im Frühjahr nicht mit der Cur weiselloser Stöcke mittels Einfügens von Brutstücken ab. Denn nur zu oft geht, ehe man sich's versieht, die Räuberei hell auf.

c. Man dulde nach dem Schlusse der Tracht keinen zu schwachen Stock auf dem Stande, auch wenn er weiselrichtig ist. Solche Stöcke sind immer den Raubangriffen und dem Unterliegen sehr ausgesetzt. Ist während des Winters durch irgend einen Unfall ein Stock volkarm geworden, so verenge man das Flugloch so, daß nur 3—4 Bienen neben einander einpassiren können.

§ XXI. Die Arbeitsbienen als Räuber.

d. Man dulde außer einem einzigen Flugloche keine weitere Oeffnung an den Stöcken, durch welche Bienen eindringen können.

e. Bevor es zu dunkeln beginnt, füttere man nicht mit flüssigem Honig und nehme die Futtergeschirre am andern Morgen vor Sonnenaufgang wieder weg.

f. Man verschütte beim Füttern und sonst keinen Honig. Ist aber doch welcher verschüttet worden, so vertilge man die Spuren sorgfältig durch Abwaschen, streue auch wohl noch Sand, Asche oder Erde darauf. S. Scholtiß Bztg. 1851 S. 106.

g. Man lasse eingegangene bebaute Stöcke nicht auf dem Stande stehen.

h. Man entnehme den Stöcken den Honig nicht an warmen, sonnigen Tagen, wenn die Stöcke so beschaffen sind, daß das Entnehmen des Honigs nicht ohne Mäßerei geschehen kann.

i. Man wende beim Zeideln oder sonstigen Operationen nicht zu viel Rauch an, weil die Bienen dadurch auf einige Zeit entmuthigt und in Unordnung gebracht werden.

k. Man sei mit Operationen vorsichtig, wenn ein Regen oder ein Umschlag in der Witterung bevorsteht. Die Bienen scheinen dieß instinctmäßig vorzuempfinden, und sich angetrieben zu fühlen, in der kurzen günstigen Zeit noch so viel als möglich Vorrath für die bevorstehende nahrungslose Zeit einzutragen. Sie sind dann ganz besonders zudringlich und raubgierig. S. Dzierzon Bfreund S. 155.

Beobachtet man diese Vorsichtsmaßregeln und behandelt man sonst seine Stöcke verständig, so wird man wenig oder nichts mit Räuberei zu schaffen haben. Der Räuberei geht jedoch stets Näscherei voraus und erst aus dieser entsteht die Räuberei. Sieht man daher

1. Näscher an einem Stocke herumschwirren und einzelne eindringen, ohne daß die Bienen sich viel um sie kümmern, so reize man die Bienen im Flugloche, z. B. durch Einhauchen, Einschieben einer Binse oder eines Brennesselstengels. Gewöhnlich werden sie nun auf die Näscher aufmerksam und weisen sie ab. Hilft aber dieß nicht, und giebt es bereits Beispiele, so verblende man den Stock auf folgende Weise: Man nimmt weichen Lehm, steckt in das Flugloch ein Stäbchen von der Größe, wie das zu verkleinernde Flugloch werden soll, klebt die weiche Lehmmasse über das Stäbchen, zwei Zoll hoch und zwei Zoll lang, weg und an den Stock fest an, zieht sodann das Stäbchen, indem man während des Herausziehens den Lehm mit der andern Hand festhält, vorsichtig heraus und der Stock ist verblendet. Das durch den Lehm verlängerte Flugloch muß gerade da ausmünden, wo das alte ausmündete. Die heimischen Bienen fliegen aus und ein, ohne sich um die neue Vorrichtung zu kümmern, aber die Näscher werden auf der Stelle unsicher und ängstlich und suchen, da sie von oben und an den Seiten des Fluglochs einzudringen pflegen, vergeblich über dem Lehmvorbau einzudringen. Dieses Mittel hilft, wenn der Stock weiselrichtig ist, und es bei Zeiten angewendet wird, sicher. Ist die Näscherei vorbei, so entfernt man den Lehm wieder. S. Busch Bztg. 1851 S. 26.

3. Mittel gegen bereits eingetretene Räuberei.

Die anzuwendenden Mittel bei bereits eingetretener Räuberei hängen ab α. von dem Grade, bis zu welchem das Rauben vorgeschritten ist, theils β. von der inneren Beschaffenheit des angefallenen Stockes, γ. ob der Stock ein einfacher transportabler oder ein mehrfächeriger intransportabler ist und δ. ob der raubende und der beraubte Stock verschiedenen Besitzern oder einem und demselben gehört.

Die Räuberei ist sehr verschiedengradig und es ist unmöglich, alle die einzelnen Grade und Stadien derselben anzugeben. Ich will daher nur die zwei charakteristischsten unterscheiden, die eine verschiedene Behandlung erheischen.

§ XXI. Die Arbeitsbienen als Räuber.

a. Ein Stock wird beraubt, die Räuber bringen schon zahlreich ein und schleppen Honig fort, die beraubten Bienen wehren sich aber noch. Hier hilft fast immer Verengung des Flugloches, so daß nur eine Biene ein- und auspaffiren kann, ganz sicher aber die Busch'sche Verblendung des Flugloches.

b. Der Stock ist schon überwunden und wehrt sich nicht mehr oder er weiß gar nicht, daß er beraubt wird. Das Letztere kommt gar nicht selten vor, namentlich zur Trachtzeit, wo alle Bienen gleichen Geruch haben. In diesem Falle hilft oft weder das Verengen noch das Verkleben des Flugloches. Hier ist das Beste, wenn dem Besitzer des beraubten Stockes auch der raubende gehört, den letzteren, falls er transportabel ist, auf einen mindestens $\frac{1}{2}$ Stunde entfernten Stand zu translociren. Ist aber der raubende Stock Eigenthum eines andern Züchters oder intransportabel, so muß der beraubte auf einen entfernten Stand versetzt oder wenigstens 2—3 Tage in einen dunklen Keller gestellt werden. Befindet sich aber das beraubte Volk in einer intransportabelen Wohnung und kann man den Räuber durch Ver- und Einstellen nicht ungefährlich machen, so dürfte es am gerathensten sein, Wachsgebäude und Bienen des angefallenen Stockes gegen Abend herauszunehmen, in eine Einbeute zu hängen und diese auf einen entfernten Stand zu transportiren.

Vor Allem untersuche man, wenn ein Stock angefallen ist, ob er nicht etwa weisellos oder sonst krank sei. In diesen Fällen muß er natürlich alsogleich caffirt werden. Sollte der Stock zwar weiselrichtig und gesund, aber volkarm sein, so rathe ich, will man nicht zur Caffirung schreiten, denselben auf einen entfernten Stand zu schaffen, auch wenn die Räuberei noch nicht arg ist, und daselbst, bis er sich an Volk verstärkt hat, stehen zu lassen. Denn Curen auf dem heimischen Stande mißlingen nur zu oft und geben nur zu oft Veranlassung, die Räuberei weiter um sich greifen und gefährlich werden zu lassen. Ein mehrtägiges Einstellen in einen Keller hilft meist nichts; denn kaum ist der Schwächling wieder an seinem Platze, so geht auch das Naschen, selbst bei noch so sehr verengtem Flugloche, wieder los. Die Räuber lassen einen solchen Stock selten wieder in Ruhe, sondern setzen ihre Angriffe fort, bis daß er ausgeplündert ist.

Dzierzon räth, wenn die Räuberei noch keinen hohen Grad erreicht habe, das Flugloch des beraubten Stockes mit scharf riechenden Gegenständen z. B. Knoblauch oder Wermuth, besonders aber mit dem Stachelgifte der Bienen selbst zu bestreichen, indem man einigen, etwa der abgestochenen Bienen den Stachel herausziehe und mit demselben sammt der daran hängenden Giftblase das Flugloch einreibe. Dadurch komme, statt des süßen, ein scharfer widriger Geruch den Bienen entgegen, was die fremden zurückschrecke, die einheimischen aber zum Zorn reize und zur Gegenwehr ansporne. S. Dzierzon Bfreund S. 156 und Theorie und Praxis 3. Aufl. 1849 S. 213.

Kleine empfiehlt Moschus zur Abwendung der Räuberei. Man legt, lehrt er, Abends, wenn Alles sich zur Ruhe begeben hat, Moschus in einer Papierkapsel auf den Boden des beraubten Stockes und nimmt, am andern Morgen den Moschus, der für viele Jahre ausreicht, wieder weg. Die Räuber erscheinen zwar bald in gestriger Weise, laufen aber nicht mehr unbefangen ein, sondern gebärden sich wie Näscher, und die heimischen Bienen fahnden eifrigst auf sie. Schon im Verlauf des ersten Tages werden die Besuche eingestellt und die Räuberei hat ein Ende. Der Moschus bewirkt nämlich bei seiner wunderbaren Theilbarkeit, daß jede Biene über Nacht einen intensiven Geruch bekommt und sich dadurch von jeder nicht zum Stocke gehörigen unterscheidet. S. Kleine Bztg. 1853 S. 23. Bztg. 1855 S. 9 und Bztg. 1857 S. 3.

§ XXI. Die Arbeitsbienen als Räuber.

Andere rathen, den Räuber mit dem Beraubten zu verstellen. Abgesehen davon, daß dieß nicht immer ausführbar ist, wird der Beraubung dadurch nicht immer Einhalt gethan, indem die Stöcke bisweilen dann nur die Rollen wechseln, der Beraubte zum Räuber, der Räuber zum Beraubten wird, weil die raubenden Bienen, die jetzt dem Beraubten zugeführt werden, nicht wissen, was mit ihnen geschehen ist und ihr Handwerk fortsetzen. Auch wird oft dem raubenden Stocke, der meist ein kräftiger volkreicher ist, mehr geschadet, als dem Beraubten, meist einem Schwächling, genützt.

Ganz widerrathen muß ich, wie in Bienenschriften empfohlen wird, Tücher vor den beraubten Stock zu hängen, oder in der Nähe des Stockes starken Rauch zu machen, um die Räuber zu beirren und zu verscheuchen. Durch vorgehängte Tücher werden die b e r a u b t e n Bienen erst recht beirrt und wenn man räuchert, so verscheucht man die Räuber wohl für einige Minuten, nicht aber für immer. Auch werden die Bienen des beraubten Stockes, besonders wenn der Rauch nach ihrem Flugloche zieht, noch eingeschüchtert.

4. Kennzeichen der Räuberei.

Der Anfänger erkennt gewöhnlich die Räuberei, wenn sie schon in das Stadium getreten ist, wo die beraubten Bienen die Räuber nicht mehr abwehren, nur schwer. Einst sah ich, als ich einen jungen Bienenfreund bei einem Besuche vor dem Bienenhause antraf, wie sich dieser über den thätigen Flug zweier seiner Stöcke, die ich an den dickleibigen, schwerfällig abfliegenden Bienen auf den ersten Blick als stark beraubt erkannte, herzlich freute und mich fragte, ob meine Bienen auch so fleißig eintrügen.

Der Anfänger achte besonders darauf, ob ein Stock am Morgen, ehe die übrigen Stöcke den Flug begonnen, oder am Abend, wenn die übrigen den Flug bereits eingestellt haben, schon oder noch stark fliegt. Sind hier die Bienen nicht etwa wegen eingetretener Weisellosigkeit in Unruhe, so wird er sehen, daß die abfliegenden Bienen a l l e eine und dieselbe Richtung einschlagen, die ankommenden aus gleicher Richtung heimkommen, und er kann gewiß sein, daß der Stock e n t w e d e r b e r a u b t w i r d o d e r r a u b t. Wird er beraubt, so liegen auf dem Boden fast immer mehr oder weniger todtgestochene Bienen und Gemüll, was von den aufgebissenen Deckeln der Honigzellen und den in der Eile sonst abgebissenen Wachstheilchen herrührt. G a n z s i c h e r aber stellt sich das Beraubtwerden oder Rauben dadurch heraus, daß im ersteren Falle die eingehenden, im letzteren die ausgehenden Bienen honigbeladen sind und somit dickleibiger als die anderen aussehen. Traut der Anfänger seinem Auge nicht, so zerbrücke er einige ankommende und einige abgehende Bienen und er wird sofort an den gefüllten oder leeren Honigblasen sehen, woran er ist.

5. Verhalten der raubenden und beraubten Bienen.

Anfänglich packen die beraubten Bienen die raubenden schon vor und in dem Flugloche oder im Stocke, theils ehe die Räuber sich mit Honig beladen haben, theils wenn sie beladen retour wollen. Die gepackten Räuber suchen sich loszuwinden und zu entfliehen und setzen sich nur selten zur Wehre. Die abgestochenen Bienen, die man unter und vor dem beraubten Stocke findet, sind fast sämmtlich Räuber und es ist ganz falsch, wenn Viele glauben, die Räuber seien von Mordlust beseelt und fielen die Bienen des beraubten Stockes an, um sie todt zu stechen und dann rauben zu können. Die Räuber halten sich s t e t s a u f d e r D e f e n s i v e. In dieser Beziehung trifft man selbst bei den aufgeklärtesten Bienenzüchtern die abenteuerlichsten Ansichten; so z. B. bei von Ehrenfels, welcher sagt: Es giebt Stöcke, die wahre R a u b m ö r d e r sind, und ein e i n z i g e r solcher Stock kann Stände von h u n d e r t Stöcken ruiniren, weil er seine durch Angriffe und Schlachten verlorene Mannen immer wieder durch

§ XXI. Die Arbeitsbienen als Räuber.

den Zuwachs der Beraubten im vergrößerten Maßstabe ersetzt. S. von Ehrenfels Bienenzucht u. f. w. S. 286 f. Wo sollte nur ein Stock den Honig von hundert Stöcken unterbringen! Auch, um die Königin des beraubten Stockes scheinen sich die Räuber in der Regel nicht zu kümmern, doch mag ihr hin und wieder ein Räuber, der ihr gerade begegnet, einen Stich versetzen; denn ich fand in einigen Fällen unter den todten Bienen eines beraubten Stockes die Königin; welche Erfahrung auch Grimm (Bztg. 1850 S. 29) und Raben (Bztg. 1851 S. 79) gemacht haben. Gewiß falsch aber ist es, wenn von Ehrenfels sagt, daß bei Besiegung des beraubten Stockes überall zuerst die Königin getödtet werde. S. dessen Bienenzucht u. f. w. S. 285. Haben endlich die Räuber durch immer zahlreicheres Ankommen die Oberhand gewonnen, fühlen sich die Bienen des beraubten Stockes überwunden und greifen sie die Räuber nicht mehr an, so dauert es oft gar nicht lange, bis daß die Beraubten mit den Räubern gemeinschaftliche Sache machen und ihren eigenen Honig mit in den Raubstock tragen helfen. Ist aller Honig (der Pollen bleibt unangerührt) weggeschafft, so ziehen die beraubten Bienen mit in den Raubstock und man findet daher die ausgeraubten Stöcke nicht blos honig- sondern auch bienenleer. S. von Ehrenfels Bienenzucht u. f. w. S. 282. Das Abziehen der Bienen des beraubten Stockes geschieht jedoch nicht immer auf einmal und plötzlich, sondern nach und nach. Sie verlieren sich einzeln mit den Räubern, so wie der Honig nach und nach immer mehr verschwindet. Ich habe bemerkt, daß dieß allmälige Abziehen und Sichverlieren der Bienen bei weisellosen Stöcken, die ich oft der Beobachtung halber absichtlich ausrauben ließ, stets der Fall ist, daß aber bei beweiselten Stöcken der endliche Abzug plötzlich in Weise eines förmlichen Herausschwärmens und Abziehens nach dem Raubstock, wenn auch nicht immer so doch öfter, erfolgt. Dieses plötzliche und allgemeine Ausschwärmen aus dem beraubten Stocke und das Einziehen in den Raubstock beobachtete auch Busch. S. Bztg. 1851 S. 26. Ich vermuthe, daß das plötzliche allgemeine Verlassen des Raubstockes dann erfolgt, wenn endlich der Stock völlig ausgeplündert ist, viele Räuber noch vergeblich im Stocke nach Honig suchen, wild umherrennen und die Königin entweder verfolgen, oder die Königin des Tumultes wegen in Furcht geräth und den Auszug veranlaßt. Die Bienen werden ihr folgen und ihr den Weg nach dem Raubstocke weisen, und dort angekommen, wird sie von den Henkern empfangen werden.

6. Gefährlichkeit des Raubens.

Wird der Räuberei nicht durch menschliche Hilfe oder eintretende kalte Witterung Einhalt gethan, so dehnt sie sich bald auf mehrere, namentlich die dem zuerst beraubten Stocke am nächsten stehende Stöcke aus. Ebenso fangen bald mehrere Stöcke an zu rauben und gelingt der weitere Raub, so raubt endlich ein ganzer Stand, ja alle Stöcke eines ganzen Ortes, und der angefallene Stand ist, wenn nicht alle Mittel gegen Räuberei angewendet werden, verloren, indem endlich auch die kräftigsten Stöcke keinen Widerstand mehr leisten, weil sie der Uebermacht der Räuber unterliegen müssen, oder, weil sie selbst mit rauben, auf Räuber, die sie ausplündern, nicht achten. Im Jahre 1844 raubten meine 108 Stöcke einen Stand von 13 Stöcken so total aus, daß in keinem Stocke weder ein Tröpfchen Honig noch eine Biene zurückblieb. Leider war ich eben verreist und der Damnificat, der seine Bienen im Garten hinter einer Scheuer hatte, hatte nichts bemerkt. S. Berlepsch Bztg. 1851 S. 18 ff.

Das ärgste Beispiel von Räuberei, das ich gesehen habe, will ich hier erzählen, um Fingerzeige zu geben, wie man in ähnlichen Fällen zu verfahren habe.

Am 20. August 1854 gegen Abend kam der Verwalter des mir befreundeten Pachters C. Hartung zu Weberstedt bei Langensalza zu mir geritten, und sagte, auf dem

§ XXI. Die Arbeitsbienen als Räuber.

Hartung'schen, auf dem Deconomiehofe befindlichen Bienenstande sei seit zwei Tagen eine solche Räuberei, daß Niemand sich mehr auf den Hof wage, und man Bedenken trage, Vieh aus den Ställen zu bringen. ꝛc. Hartung ließ mich ersuchen, seinen Verwalter mit Verhaltungsmaßregeln zur Beseitigung der Räuberei zu versehen. Da ich wußte, daß dieß zwecklos sei und man sich doch nicht würde zu helfen wissen, versprach ich, am 21. früh mit Tagesanbruch in Weberstedt zu sein. Als ich und Günther, mein damaliger Bienenmeister, noch vor Sonnenaufgang bei dem Hartung'schen Bienenstande ankamen, untersuchten wir sofort Stock für Stock. Achtzehn Stöcke, theils bereits völlig ausgeplündert, theils offenbar weisellos, theils der Weisellosigkeit verdächtig oder volkarm, wurden in einen Keller transportirt, die übrigen neun und zwanzig, die noch bienenreich und sicher weiselrichtig waren, wurden so behandelt, daß jedem nur ein einziges Flugloch gelassen und dieses nach Busch'scher Weise eng verblendet wurde, nachdem zuvor die übrigen Fluglöcher und sonstigen Oeffnungen mit Lehm dicht verschmiert und die Flugbretter, auf denen sich todte Bienen und Gemüll fanden, gereiniget worden waren. Ich sah, daß die Räuberei hier den höchsten Grad bereits erreicht hatte und daß die noch kräftigen Stöcke sowohl beraubt worden waren als theilweise auch geraubt hatten. Die Arbeit dauerte, da Gehülfen die zu entfernenden Stöcke in den Keller trugen und Lehm zubereiteten, kaum ³/₄ Stunden und wir waren fertig, ehe die Räuber sich zahlreich eingefunden hatten. Nun ging's zum Frühstück und als wir uns bei demselben ganz gemüthlich fühlten, wacker tranken, und die Sonne inzwischen höher gerückt war und warm schien, kam der Verwalter ꝛc. Hartungs in die Stube und sagte, daß der Spuk ärger als je sei. Wir gingen hinaus und sahen alle 29 Stöcke schwarz von Bienen belagert, die vorn, an den Seiten, hinten und auf dem Deckel hastig herumliefen und einbringen mochten. Ueber dem Hofe schwebte eine förmliche Wolke von Bienen, denn alle Bienenstaaten Weberstedts hatten Heerschaaren ausgesendet. ꝛc. Hartung sagte zu mir, indem er mich lächelnd auf die Schulter schlug: „Kommen Sie, H. von Berlepsch, und lassen Sie uns weiter trinken, hier ist doch Alles verloren." O nein, entgegnete ich, wir haben bereits gewonnenes Spiel und ehe es zwölf schlägt, wird die Räuberei ziemlich ein Ende haben. Ich sah nämlich, wie die Bienen vor den Blenden, die ich so eng, daß nur eine Biene bequem passiren konnte, hergerichtet hatte, wacker kämpften und den Räubern das Einbringen unmöglich war. Gegen 11 Uhr waren nur noch wenige Räuber da, und nach etwa 3—4 Tagen ließ mir Hartung sagen, es sei alles wieder ruhig. Nun ging ich abermals mit Günther nach Weberstedt, nahm alle Blenden weg, cassirte noch 5 nicht winterungsfähige Stöcke von den 29, jagte die Bienen derselben so wie die der achtzehn im Keller campirenden heraus, und ließ sie den Stöcken zufliegen. Nur wenige wurden erstochen, und es waren 24 gute Stöcke gerettet, in denen ohne vernünftige Hilfe in 48 Stunden sicher weder eine Biene noch ein Tröpfchen Honig verblieben sein würde. ꝛc. Hartung und alle Imker Weberstedts meinten, ich und Günther müßten „etwas von der schwarzen Kunst verstehen."

7. Verschiedenes zur Räuberei.

a. So wie sich die Bienen gewöhnlich um die Blumen, welche sich in unmittelbarer Nähe ihres Stockes befinden, nicht kümmern, weil sie glauben mögen, daß der Honiggeruch, der sich um ihre Stöcke verbreitet, von diesen selbst herrühre, sondern mehr Blumen befliegen, die sich in einiger Entfernung vom Stocke befinden, so berauben sie auch Stöcke eines und desselben Standes viel weniger und seltener, es müßte denn eine starke Veranlassung, wie in dem Hartung'schen Falle, dazu gegeben sein. S. Dzierzon Bfreund S. 154.

§ XXI. Die Arbeitsbienen als Räuber.

b. Busch sagt: Mitunter erscheinen die Räuber plötzlich und massenweise, schwirren an allen Stöcken herum und suchen einzudringen. Der Kampf beginnt an allen Stöcken und das Stück spielt oft mehrere Tage. Bztg. 1851 S. 18. Das Factum ist nicht wegzuläugnen, denn ich habe diese Erscheinung gar oft erlebt. Wenn aber Busch a. a. O. meint, daß diese Bienen solche seien, die ein Bienenvater mit Honig, dem spirituöse Zusätze beigemischt, gefüttert und gleichsam trunken und exaltirt gemacht habe, daß sie sich massenweise auf fremde Stöcke kampfluftig würfen, so kann ich dem, obwohl ich eine bessere Erklärung nicht weiß, nicht beistimmen, da in Seebach, wo ich diese Erscheinung so oft beobachtete, außer meinen Stöcken nur noch einige existirten, deren Besitzer an ein Füttern mit Honig, dem Spirituosen beigemischt, nimmer dachten.

c. Mitunter wird selbst zur besten Zeit, z. B. zur Zeit der Rapsblüthe, ein Stock und oft ein recht starker, heftig angegriffen. Dieß entsteht dadurch, daß erst einzelne Räuber in den Stock eindringen. Die Bienen des Stockes nehmen in ihrer Thätigkeit keine Notiz von ihnen und lassen sie ein- und auspassiren. Die Angriffe werden stärker, es beginnt endlich ein ernster Kampf, bei welchem zwar die Räuber zurückgewiesen werden, der Stock aber doch in seiner Thätigkeit bedeutend gestört wird. S. Busch Bztg. 1851 S. 25. Uebrigens findet man bei der reichlichsten Nahrung und beim stärksten Fluge immer einzelne Bienen, die fleißig rauben. Sie werden wenig oder gar nicht beachtet, werden in dem fremden Stocke selbst halb einheimisch, bringen ein und saugen sich voll Honig oder lassen sich vor dem Stocke Honig von den Bienen durch die Rüssel reichen. S. Dzierzon Bztg. 1848 S. 18.

d. Aus Hunger raubt kein Stock; doch kann ein starkes kräftiges Volk, wenn es seine Vorräthe auf die Neige gehen sieht, Raubangriffe machen; wovon Bartels (Bztg. 1852 S. 48) einen Fall erzählt. Hier aber rauben die Bienen nicht aus Hunger, wie Bartels sagt, denn noch leiden sie keinen Hunger, sondern sie rauben, um dem Hunger vorzubeugen. S. Dzierzon Bfreund S. 155.

e. Volkreiche, kräftige, vollgebaute Stöcke, welche nur ein einziges nicht zu großes Flugloch haben, sind unüberwindlich. Um diesen Satz zu prüfen und um zu sehen, ob nicht doch endlich jeder Stock, selbst bei den besten Vorbereitungen, der Uebermacht der Räuber erliegen müsse, stellte ich im Sommer 1851 ein aus sechs Nachschwärmen gebildetes mächtiges Volk isolirt in meinem Garten auf, nahm am 20. August zwei weisellose Körbe meines Standes und legte sie offen in die Nähe. Bald trugen Tausende von Bienen den Honig aus denselben. Als so gegen 10 Uhr die Räuberei am stärksten war, nahm ich die beiden Körbe und legte sie, gleichfalls offen, neben dem isolirten mächtigen Stock. Bald war auch hier die Räuberei wieder im vollsten Zuge und am isolirten Stocke bissen sich Bienen am Flugloche herum. Um 12 Uhr, wo der Tumult unbeschreiblich war, nahm ich rasch die beiden Stöcke weg und warf sich der wüthende Schwarm der Räuber auf den isolirten Stock. In einer Minute war er schwarz von Bienen. Er besetzte das Flugloch gedrängt, auch vor demselben erschienen viele Bienen und es begann ein starker Kampf. Aber schon gegen 3 Uhr hatte der Feind den Sturm auf die Festung aufgegeben, nur noch einzelne Plänkler sah man. Obiger Satz ist daher gewiß gerechtfertigt, da ein stärkerer Raubangriff, als der von mir künstlich hervorgerufene, nicht wohl gedacht werden kann, und in dieser Heftigkeit und so urplötzlich von selbst gewiß niemals eintritt. S. von Berlepsch Bztg. 1852 S. 41 f.

f. Den beraubten Stock wegzunehmen, einen leeren an dessen Stelle zu setzen und die ankommenden Räuber todt zu schlagen, wie Busch (Bztg. 1851 S. 26) räth, oder

§ XXI. Die Arbeitsbienen als Räuber.

sie wegzufangen und auf einem entfernten Stande eigenen Stöcken zufliegen zu lassen, wie Dzierzon (Bfreund S. 158) und von Ehrenfels (Bienenzucht S. 334) wollen, halte ich für unrecht. Denn da es feststeht, daß es eine besondere Raubbienenart nicht giebt, Niemand im Stande ist, seine Bienen auf Raub auszusenden, der Besitzer der beraubten Stöcke in 100 Fällen 99mal selbst die Schuld der Räuberei trägt, der der raubenden Bienen aber stets und unter allen Umständen schuldlos ist, so darf, nach meinen Grundsätzen von Gerechtigkeit, den raubenden Bienen durch Menschenhand kein Schade zugefügt werden, sondern der Besitzer der beraubten Stöcke muß diejenigen Mittel zur Beseitigung des Raubens anwenden, die oben gelehrt sind.

Soll der fremde Besitzer eines raubenden Stockes zur schnelleren und sichereren Beseitigung der Räuberei behilflich sein, so muß der Besitzer des beraubten Stockes darum bitten und danken, wenn ihm gewillfahret wird.

§ XXII.
Verschiedenes aus dem Leben der Bienen.

1. **Sinne der Bienen.**

a. Gefühl. Das Gefühl ist der allergemeinste Sinn im thierischen Körper. Alle übrigen können nicht nur aus demselben abgeleitet werden, sondern sind in der That nur verschiedene Nüancirungen von ihm. Sein Organ sind die durch den ganzen Körper auf's feinste verzweigten Nerven, und je nachdem dieser oder jener Nervenreiz auf diese oder jene Weise von außen angeregt und erschüttert wird, kommt diese oder jene Empfindung in der thierischen Seele hervor; so z. B. durch Anregung der Gesichtsnerven das Sehen, durch Erschütterung der Gehörnerven das Hören u. s. w. Daher ist das Gefühl im Thierkörper auch nicht an eine besondere Stelle gewiesen, sondern kann in allen Theilen desselben erregt werden. Die meisten Insekten und Würmer haben jedoch außerdem noch ein besonderes Organ, das für äußere Eindrücke äußerst empfänglich ist, die **Fühlhörner**, vermöge deren sie äußere Eindrücke äußerst leicht empfinden. Besonders vermögen die Bienen durch Hilfe der Fühlhörner die Veränderungen der atmosphärischen Luft auf's sicherste zu unterscheiden. Keine Abwechselung von Kälte und Wärme entgeht ihnen, jede laue Luft lockt sie ebenso schnell hervor, als eingetretene Kühle sie in ihre Wohnung zurückscheucht. S. **Klopfleisch-Kürschner** die Biene und die Bienenzucht u. s. w, S. 103 f. Ebenso kann man sich durch den leisesten Druck von dem feinen Gefühle der Bienen überzeugen. Und im dunkeln Stocke vertritt das Gefühl das Gesicht. Die Biene baut in der Dunkelheit ihre Waben, gießt Honig in die Zellen, ernährt die Brut, urtheilt über Geschlecht, Alter und Bedürfniß derselben u. s. w. S. **Kleine** in Huber-Kleine Heft 4 S. 193.

b. Geruch. Bewundernswürdig scharf ist der Geruchsinn. Mittels desselben finden die Bienen leicht Alles auf, was sie in ihrem Haushalte nöthig haben, nicht nur in der Nähe des Stockes, sondern auch oft in weiter Entfernung.

Vorzüglich riechen sie leicht Süßigkeiten, Honig und Blüthenduft, wo immer sich dieselben befinden. Den Zuckersiedereien und Wachsbleichen fliegen aus oft stundenweiter Entfernung Bienen zu. Beim Auslassen des Honigs kommen die Bienen durch Fenster, Thüren, ja sogar durch Schlüssellöcher hindurch; steht irgendwo Honig, so wissen die Bienen bald das kleinste Löchelchen zu finden, um zu demselben zu gelangen. S. **Dettl Klaus** 3. Aufl. S. 55. Ferner beobachte man sie auf der Weide, wie sie jedes Pflänzchen auch mit den kleinsten Honigtheilchen aufzufinden wissen, wie sie, von Blüthe zu Blüthe eilend, gleichwohl diejenigen übergehen, die keinen Nektar mehr ausschwitzen

§ XXII. Verschiedenes aus dem Leben der Bienen.

oder die bereits schon von andern Bienen ausgesogen worden sind, wie sie höchstens einen Augenblick schwebend über oder neben ihnen anhalten, und man wird über ihre außerordentliche Geruchsschärfe im Klaren sein. S. Klopfleisch-Kürschner u. s. w. S. 100. Das Riechorgan sind die Fühlhörner. S. Dönhoff Bztg. 1854 S. 231 f. und 1855 S. 44.

c. Gesicht. Die Schärfe des Gesichtes geht unter Andern vorzüglich daraus hervor, daß die Bienen auf verschiedenen Wegen ihren Stock wieder finden, und beim Vorspiel, sowie beim Schwärmen schnell und zu Tausenden durcheinander fliegen, ohne aneinander zu stoßen. Doch nur im Sonnenlicht sieht die Biene scharf; in der Dämmerung aber und selbst am Tage bei trübem bewölkten Himmel sieht sie schlecht und sie hat oft Mühe, ihr Flugloch zu finden. S. von Berlepsch Bztg. 1856. S. 160. Gundelach Naturgeschichte u. s. w. S. 7 f. Im finstern Stocke sieht sie gar nicht, denn im Stocke fliegt sie niemals auf, wohl aber sobald man Licht durch eine Kerze einfallen läßt. Man sieht also, daß im Stocke es nicht das Gesicht, sondern das Gefühl ist, welches sie ihre Arbeiten vollbringen läßt. S. Dettl Klaus 3. Aufl. S. 55 f.

d. Geschmack. Man setze nur den Bienen zwei Gefäße, eins mit recht süßem, das andere mit zwar süßem aber mit verbitterten Ingredienzien vermischten Honig, vor und man wird bald sehen, wie sie durch Kosten das rein süße herausfinden. Falsch aber ist es, wenn gewöhnlich behauptet wird, die Bienen flöhen jeden widrigen Geruch. Sie besuchen übelriechende Blumen, genießen schlecht schmeckenden (amerikanischen oder polnischen Tonnen-)Honig, Excremente der Blattläuse, Wasser aus stinkenden Pfützen und Lachen, ja sie scheinen solches sogar reinem Quellwasser oder dem des Thaues vorzuziehen. S. Huber in Huber-Kleine Heft 4 S. 194 f. Den Sitz der Geschmacksempfindung haben wir zweifelsohne im Leckorgan des Rüssels zu suchen, weil die Geschmacksnerven eben in dem Organe ihren Sitz haben müssen, welches zur unmittelbaren Aufnahme der Nahrung bestimmt ist. S. Kleine a. a. O. Die Richtigkeit dieser Ansicht weist Dr. Dönhoff in der Bztg. 1856 S. 51 nach.

e. Gehör. Daß die Bienen gut hören, beweist am deutlichsten, daß sie wechselseitig so leicht und schnell ihre Sprachzeichen verstehen. S. Klopfleisch-Kürschner a. a. D. S. 103. Fängt man z. B. auf dem Flugbrette eine Biene und drückt sie ein wenig, so thut sie einen Nothruf und in diesem Augenblick schießen mehrere Bienen zur Hilfe herbei. Ebenfalls beweist das Rufen und Antworten der Weisel das Gehör. S. Dettl Klaus 3. Aufl. S. 56. Dönhoff Bztg. 1855 S. 274.

Huber sagte, daß er keinen Beweis dafür habe, daß die Bienen auch hörten (Huber-Kleine Heft 4 S. 192) und Kleine stimmt ihm bei, indem er meint, es sei zwar unzweifelhaft, daß die Bienen durch, selbst dem menschlichen Ohre vernehm- und deutbare Zeichen und Laute sich verständigen könnten; daraus folge jedoch nicht, daß diese Verständigungszeichen von den Bienen auch mittels des Gehörs erfaßt würden, weil alle lautbare Zeichen der Bienen, auch das Tüten und Quaksen der Königinnen von stärkeren oder schwächeren Flügelschwingungen begleitet seien, wodurch Lufterschütterungen im Stocke bedingt würden, von denen man sehr wohl annehmen könne, daß sie dem feinen Gefühlsvermögen der Bienen nicht entgingen. S. Kleine in Huber-Kleine a. a. O. Sicher unzutreffend; denn wenn die junge Königin, in der Zelle eingeschlossen sitzend, quakset, so antwortet die frei herumlaufende Königin, auch wenn sie sich auf der entgegengesetzten Seite des Stockes, durch mehrere dazwischen stehende Tafeln von der quaksenden getrennt, befindet. Wie wäre es aber möglich, daß sie den Luftdruck, den die eingeschlossene Königin durch ihr Quaksen hervorbringt, fühlen

§ XXII. Verschiedenes aus dem Leben der Bienen.

könnte, da ja nur ein ganz feines Ritzchen an der Zelle der quakſenden Königin ſich befindet! Alle Tonwellen werden ja ſofort gebrochen!

Auffallend iſt es jedoch allerdings, daß die allerſtärkſten Laute, wie Donnerſchläge, Flintenſchüſſe u. ſ. w. auf die Bienen in und außer dem Stocke auch nicht den geringſten Eindruck machen, während doch die leiſeſte Berührung des Flugbrettes das ganze Volk zum Aufbrauſen reizet.

Man hat den Fühlern die Bedeutung von Hörorganen beigelegt und als frei in die Luft hineinragende gegliederte Organe ſcheinen ſie auch zum Auffangen der Schallwellen nicht ungeeignet. S. Kleine a. a. O. und Huber in Huber-Kleine Heft 4 S. 220 f.

2. Sprache der Bienen.

Gewiſſer Töne oder hörbarer Zeichen, wodurch auch die Thiere ſich einander verſtändlich machen, bedienen ſich auch die Bienen, um ſich gegenſeitig zu verſtändigen. Durch das Herausſtoßen der Luft aus den Lufträhren und durch Schwingungen der Flügel vermögen ſie verſchiedene Laute hervorzubringen, und deuten damit nicht allein einander, ſondern auch dem Menſchen verſchiedene Zuſtände an, z. B. Gefahr, Trauer, Zorn, Freude und dergl. Verſteht der Züchter die Sprache der Bienen, ſo kann er daraus für ſeine Bienenbehandlung manchen Vortheil ziehen. Hier einige Beiſpiele: Nähert ſich ein gefahrdrohender Gegenſtand dem Stocke, ſo ſtoßen einige am Flugloche ſitzende Bienen ein kurzes abgebrochenes Zi! Zi! aus, während ſie zugleich einen kleinen Sprung gegen das Flugloch machen. Dieß iſt ein Warnungsſignal. Hierauf unterſuchen und beobachten ſie den Gegenſtand, indem ſie in der Nähe deſſelben im Fluge ſtill ſchweben und geben dabei einen hellen gedehnten und ſingenden Ton von ſich. Dies iſt das Zeichen eines großen Verdachtes. Bewegt ſich etwa der Gegenſtand haſtig, oder zeigt er ſonſt eine feindliche Eigenſchaft, dann verwandelt ſich das Geſinge in durchbringenden Hilferuf und ziſchenden Zornlaut; ſie prallen im heftigen Fluge blindlings da und dort an den Gegenſtand an und ſuchen zu ſtechen. Im ruhigen zufriedenen Zuſtande iſt ihr Laut ein ſanftes Schwirren bei niedergeſenktem Kopfe und, wenn ſie die Flügel nicht bewegen, ein gemüthliches Murmeln. Werden ſie plötzlich feſtgehalten oder gedrückt, ſo iſt ihr Ton ängſtlich und kläglich. Klopft man an einen geſunden Stock zu einer Zeit, wo die Bienen ruhig ſitzen, ſo brauſt der ganze Bienenhaufen allgemein und ſchnell auf, verſtummt aber auch wieder ebenſo ſchnell. Bei einem weiſelloſen Stocke dagegen folgt ein klagender, heulender, langgedehnter Ton, der länger anhält und oft ſehr laut wird. Während des Schwärmens läßt der helle feſtliche Ton die Freude unmöglich verkennen. S. Dettl Klaus S. 56 fg. Klopfleiſch-Kürſchner die Bienen u. ſ. w. S. 97 f.

3. Verſchiedene Arbeiten der Bienen nach ihrem verſchiedenen Alter.

a. Daß die jüngeren Bienen die Arbeiten innerhalb des Stockes, die älteren Bienen die Arbeiten außerhalb des Stockes verrichten, haben die italieniſchen Bienen evident erwieſen. Denn ſetzt man einer deutſchen Beute eine italieniſche Königin zu, ſo ſieht man nach etwa 20 Tagen die erſten Italienerinnen die Zellen verlaſſen. Es vergehn aber noch gegen 8 Tage, bis ſich eine oder die andere vor dem Flugloche zeigt und ſelbſt dann nur in der ſchönſten Tagesſtunde zur Zeit des Vorſpiels; und ehe ſie auf Tracht ausfliegen, vergehn wenigſtens noch acht Tage. Dönhoff gibt, auf genaue Verſuche geſtützt, ſpeciell den 19. Tag an, wo eine Biene nach Tracht ausfliege. Oeffnet man jetzt aber die Beute, ſo ſieht man im Innern faſt nur junge italieniſche Bienen mit der Pflege der Brut und dem Zellenbau beſchäftiget, während die älteren ſchwarzen auswärts mit Herbeiſchaffung von Honig und Pollen u. ſ. w. thätig ſind.

§ XXII. Verschiedenes aus dem Leben der Bienen.

Mit jeder Woche, ja mit jedem Tage erscheinen aber auch unter den aus- und einfliegenden Trachtbienen immer mehr italienische, während die deutschen sich immer mehr vermindern und zur Zeit unausgesetzter Thätigkeit in etwa zwei Monaten sich ziemlich verlieren. S. Dzierzon Bfreund S. 67. Dönhoff Bztg. 1855 S. 163 f. Brchal Bztg. 1855 S. 123. Bei Oeffnung der Beute ziehen sich die jungen italienischen Bienen, gleich der lichtscheuen stets furchtsamen Königin, ängstlich zurück und denken an kein Stechen, wogegen die älteren deutschen, die die Arbeiten außerhalb des Stockes besorgen, Jeden, der sie beunruhigt, ihre Stacheln fühlen lassen. Nimmt man die Königin weg, so werden die jüngeren Bienen bald unruhig, laufen suchend im Stocke und außerhalb desselben herum, beginnen Weiselzellen zu erbauen, während die älteren ruhig ab- und zufliegen, als ginge sie dies nichts an. S. Dzierzon Theorie und Praxis 3. Aufl. 1849 S. 116. Während der Nacht und auch am Tage, wenn die älteren Bienen ermüdet sind oder die Witterung ihrer Thätigkeit außerhalb des Stockes ein Ziel gesetzt hat, hängen sie theils unterhalb des Baues, theils belagern sie die Wände des Stockes und die brutleeren seitwärts belegenen Tafeln, theils liegen sie, wenn die Hitze groß und der Raum im Stocke beschränkt ist, auf der Außenseite ihrer Wohnung, ohne sich um die inneren Arbeiten zu kümmern. S. Dzierzon Bfreund. S. 66.

b. Können aber nicht wenigstens, wenn es auch in der Regel nicht geschieht, im Falle der Noth die alten Bienen die regelmäßigen Arbeiten der jungen und die jungen die regelmäßigen Arbeiten der alten verrichten? Die alten Bienen können erforderlichen Falls alle Arbeiten vollbringen, nicht aber können die jungen die Arbeiten der alten vollbringen. Im Frühjahr, wenn die Brut beginnt, unterziehen sich auch die alten vorjährigen Bienen der Brutgeschäfte, und wenn man z. B. in eine leere Beute 6—8 mit Eiern und offener Brut besetzte Waben hängt und dazu eine gehörige Portion Bienen von vorliegenden Klumpen, die immer nur ältere Trachtbienen enthalten, schöpft und den so gemachten Ableger eine halbe Stunde weit transportirt, so pflegen diejenigen Bienen, die gestern nur den Geschäften außerhalb des Stockes oblagen, heute die Brut, bereiten Wachs u. s. w. Ebenso ist es, wenn man einer mächtigen Beute Brutwaben entnimmt, von diesen die Bienen sämmtlich abkehrt, in eine andere leere Beute hängt, die Königin auf die bienenleeren Bruttafeln laufen läßt und nun den so hergerichteten Stock mit dem alten verstellt, wenn die Bienen gerade im schönsten Trachtfluge sind. Die beladen heimkehrenden begeben sich in die Beute, wenn auch anfänglich Verlegenheit verrathend, und Brut und Wachsbau haben ihren ungestörten Fortgang.

Ganz anders verhalten sich die jungen Bienen. Im Sommer 1856 hatte ich eine Beute, die mindestens 80,000 Bienen besaß und außerdem von Brut förmlich starrte. Eines Nachmittags sah ich die Königin hinten auf den Tafeln vor dem Glasfenster. Im Nu war die Beute geöffnet und die Königin abgefangen, damit dem Ueberschwall von Bienen ein Ende gemacht werden sollte. Als die Tüterei und Quakerei losging, trat schlechte Witterung ein, die Beute biß ihre übrigzähligen Königinnen aus und schwärmte nicht. Am 5. Juli gab die immer noch colossale Beute die unverkennbarsten Spuren, daß die Königin bei einem Befruchtungsausfluge verloren gegangen war. Ich setzte der Beute nun eine bereits fruchtbare italienische Königin zu. Am 25. sah ich junge italienische Bienen. Am 6. August, nachdem also dreizehn Tage lang italienische Bienen aus den Zellen ausgekrochen waren, nahm ich die Bruttafeln, als die Bienen im schärfsten Fluge waren und ich nur deutsche Bienen fliegen sah, mit der Königin heraus, hing solche in eine leere Beute und stellte diese anderswo auf. Die wenigen deutschen Bienen, die ich mit bekommen hatte, waren in den ersten zwei Stunden so ziemlich verschwunden. Ich hatte der Beute nicht mehr Brutwaben gegeben, als die

§ XXII. Verschiedenes aus dem Leben der Bienen. 175

italienischen Bienen dicht belagern konnten und außerdem die leeren Räume dicht ausgestopft. Die Beute stellte den Flug nach etwa 2 Stunden gänzlich ein d. h. es flog keine Biene mehr ab, und ich sah in den ersten drei Tagen nur sehr wenige italienische Bienen vorspielen, nicht eine einzige aber Honig oder Pollen bringen. Leider mußte ich jetzt gegen 8 Tage verreisen, so daß ich den weitern Verlauf nicht verfolgen konnte. Als ich heim kam, war Alles in schönster Ordnung. Ich vermag also mit Evidenz zu behaupten, daß die jungen Bienen, auch im Falle der ärgsten Noth, vor dem sechzehnten Tage nicht nach Tracht ausfliegen können. Ich sagte „mit Evidenz"; ach nein, es muß heißen „mit Wahrscheinlichkeit", denn Evidenz verlieh dieser Versuch nicht. Wer zeigt in der Bienenzeitung den von mir absichtlich gemachten Fehlschluß?

c. Aus Vorstehendem erhellt, wie ganz falsch es ist, wenn Manche glauben, daß dieselbe Biene, welche jetzt Honig oder Pollen gebracht hat, diese Materialien selbst auch alsbald verarbeite, Futtersaft für die Brut bereite, Wachs producire und Zellen baue. Denn um Futtersaft oder Wachs bereiten zu können, müssen die Bienen eine gewisse Masse wasserverdünnten Honigs und Pollens zu sich nehmen und bei erhöhter Temperatur, wie sie im Stocke zur Brutzeit zu herrschen pflegt, den weitern Verdauungs- und Verwandlungsproceß zu Futtersaft oder Wachs abwarten. Ihr Leib ist so voll, daß sie kaum fliegen können, der Leib der andern mit der Herbeischaffung von Honig und Pollen beschäftigten dagegen ist, wenn sie den Stock verlassen, leer, höchstens ist darin etwas Feuchtigkeit, die sie von dem zuletzt eingetragenen Honig abgeschieden haben und die sie in einiger Entfernung vom Stocke von sich spritzen, oder eine Kleinigkeit Honig enthalten, dessen sie zur Zusammenballung und Anheftung von Pollen in die Körbchen benöthigt sind. S. Seite 85 unter 2. Sie besitzen daher die gehörige Leichtigkeit ihres Körpers und können bei reicher Weide einen so großen Honigtropfen aufnehmen, daß die ausgedehnte Honigblase fast den ganzen Hinterleib ausfüllt. S. Dzierzon Bfreund S. 65.

4. Verfliegen der Bienen.

a. Unter den gewöhnlichen Bienenzüchtern herrscht allgemein der Glaube, es kehre jede Biene selbst auf dem reichst besetzten Stande jedesmal in ihren Stock zurück oder werde, wenn sie in einen fremden gerathe, getödtet. Beides ist ganz falsch. Wo viele Stöcke nahe beisammen stehen, verfliegen sich die Bienen sehr häufig und werden nur in seltenen Fällen getödtet. Dieses Verfliegen machen die italienischen Bienen recht anschaulich. Hat man in einem Bienenhause einen italienischen Stock unter deutschen stehen, so wird man bald, namentlich in den dem italienischen Stocke nächsten deutschen Stöcken italienische Bienen ruhig aus- und einfliegen sehen. Am häufigsten verirren sich die Bienen im Frühjahr beim ersten Vorspiel und wenn zur Zeit reicher Tracht der Himmel bewölkt ist. Die Bienen sehen nämlich, wie oben unter 1, a. gesagt ist, nur gut in der Sonne, in der Helle, schlecht bei trübem Wetter und bewölktem Himmel und es herrscht dann bei reicher Tracht ein Wohnungscommunismus. Wenn jedoch von Baldenstein (Bztg. 1853 S. 11) sagt, er habe an deutschen Stöcken, die 1½ Stunden von seinen italienischen gestanden, italienische Bienen ungenirt ein- und auspassiren gesehen, und daraus schließt, daß die Bienen sich so weit verflögen, so irrt er. Offenbar war eine oder waren mehrere deutsche Königinnen jenes deutschen Standes von italienischen Drohnen befruchtet worden und erzeugten deshalb unter den schwarzen auch bunte italienische Bienen.

b. Bienen, die sich in fremde Stöcke verfliegen, werden, wenn sie mit honigleerem Magen kommen, gewöhnlich im Fluglöche angehalten, berupft und bezupft u. s. w. Verhalten sie sich ruhig, lassen sie sich die Visitationen und Beschnüffelungen gefallen so werden sie selten abgestochen; was aber häufig geschieht oder wenigstens versucht wird, wenn sie rasch in das Flugloch einzubringen suchen oder den Visitationen durch die Flucht sich zu entziehen Miene machen. Kommen hingegen fremde Bienen mit honiggefülltem Magen an, reichen den Rüssel bar und zeigen, daß sie Honig bei sich führen, so steht ihrem Einpassiren nichts entgegen. Wer etwas bringt, ist willkommen. Deshalb wird niemals eine fremde pollenbeladene Biene feindlich angefallen; wie überhaupt zur Zeit reicher Tracht sich verfliegende beladene Bienen n i e m a l s abgestochen werden.

c. Anders freilich, wenn ganze Massen von fremden Bienen auf einmal anfallen, z. B. beim Rückgehen der Schwärme an die Nachbarstöcke des Schwarmstockes, beim Anfallen eines Hungerschwarms u. s. w. Hier entsteht öfter, aber auch nicht immer, ein großes Massacre.

d. W i e finden aber die Bienen ihren Stock wieder? Man sagt, jede junge Biene, die zum ersten Male ausfliege, beschreibe Zirkel um ihren Stock herum, ähnlich wie eine auf Begattung ausfliegende Königin, betrachte sich so ihren Stock, merke ihn und finde ihn dann bei der Rückkehr wieder. Das ist auch ganz richtig, aber damit ist eine Erscheinung, die so oft vorkommt, nicht erklärt. Ein Beispiel: Im Sommer 1845 hatte ich zwei Strohstöcke, eines Versuches halber, isolirt im Garten stehen. Der Versuch blieb resultatlos und ich wollte etwa Mitte Juni die Stöcke gern wieder ins Bienenhaus haben. Ich ließ sie daher eines Sonntags ganz früh nach Langula zum alten J a c o b S c h u l z e tragen und dort volle 14 Tage fliegen; während welcher Zeit der eine Korb schwärmte. Am 15. Tage ließ ich die beiden Mutterstöcke und den Schwarm zurückholen und ins Bienenhaus stellen. Was geschah aber? An der isolirten Stelle, wo die Stöcke früher aufgestellt waren, kamen Tausenden von Bienen an, namentlich verlor d e r S c h w a r m am ersten Tage gut ein Drittel seiner Bienen. Diese Bienen hatten aber doch in Langula e i n e n g a n z n e u e n F l u g g e l e r n t, hatten dort in 14 Tagen 11 Flugtage gehabt; wie war es nun möglich, daß sie, nach Seebach zurückgebracht, s i c h a u f i h r e a l t e Flugstelle verirren konnten? Hätten sie sich überhaupt verflogen, sich vielleicht auf nachbarliche Stöcke verirrt, so wäre in der Sache nichts Auffälliges. Aber daß sie auf der alten Flugstelle wieder ankamen, zwingt zu der Annahme, daß die Bienen ein b e w u n d e r u n g s w ü r d i g e s G e d ä c h t n i ß h a b e n u n d b e i i h r e n R ü c k f l ü g e n v o n d e r T r a c h t a u c h unterwegs Merkmale haben müssen; denn wie hätten sonst die Bienen ihren alten Standort, der vom Bienenhause wohl gegen 400 Schritt entfernt war, wieder finden können?

5. Flugweite der Bienen.

Wie über Alles, so wurden auch über diesen Punkt früher die allerabenteuerlichsten Behauptungen aufgestellt und es war auch nicht ganz leicht, das Richtige zu finden. Doch waren die verständigeren Bienenzüchter längst der Ansicht, daß der g e w ö h n - l i c h e Flugkreis der Bienen sich etwa auf eine halbe Stunde im Zirkel um ihren Stock erstrecke, daß er sich aber bei Nahrungslosigkeit in der Nähe und bei schöner Witterung auch auf eine Stunde und darüber ausdehne. Die Richtigkeit dieser Lehre haben die italienischen Bienen bewiesen. Oftmals habe ich in den Jahren 1854—57 eine halbstündige Runde um Seebach, wo allein italienische Bienen waren, gemacht, und in einer halbstündigen Entfernung noch italienische Bienen angetroffen, darüber hinaus selten und sehr einzeln. Der eigentliche Flugkreis, wenn Nahrung nicht mangelt, scheint jedoch selbst nicht einmal eine halbe Stunde, sondern etwa 20 Minuten zu betragen. Als aber im Mai 1857 während der Rapsblüthe das herrlichste Wetter herrschte, in der Flur Seebach aber wegen der beendeten Separation kein Raps existirte, überhaupt

§ XXII. Verschiedenes aus dem Leben der Bienen.

außer wenigen Obstbäumen nichts blühte, und trotzdem meine Bienen ganz außerordentlich und ganz offenbar aus dem Rapse trugen, ging ich nach Rapsfeldern fremder Fluren und traf dort in stündiger Entfernung meine Italienerinnen munter sammelnd, ja sogar bis 1½ Stunde sah ich noch einzelne. Die Bienen richten also ihre Flugweite nach der Nahrung ein und dürften vielleicht nach keiner Tracht so weit fliegen als nach dem Rapse, den selbst der Mensch stundenweit riecht. So stellte Adalbert Braun 2 Stöcke in ein 1¼ Stunde von seinem Bienenstande entferntes Rapsfeld und sehr viele Bienen kamen schwerbeladen auf die alte Stelle zurück. S. Bztg. 1848 S. 93. Dzierzons Bienen besuchten das Heidekraut in stundenweiter Entfernung. S. Bztg. 1846 S. 54. Wenn aber Rablkofer sen. (Bztg. 1851 S. 116) erzählt, daß ein Bienenzüchter ihm versichert, er habe viele seiner Bienen mit pulverisirtem Zinnoberroth gefärbt und dann auf einem acht Stunden entfernten Buchweizenfelde wieder angetroffen, so ließ er sich offenbar mystificiren.

6. Fleiß der Bienen.

Die Biene wird schon in den Schriften des alten Bundes als das Symbol des Fleißes gepriesen, ist bei allen Völkern ihres Fleißes wegen sprüchwörtlich und bis auf die jüngste Zeit war es unbestrittener Glaube aller Bienenzüchter, daß der Fleiß der Bienen ein absoluter sei, d. h. **daß die Bienen außerhalb und innerhalb ihrer Wohnung so viel arbeiteten, als sie zu arbeiten Gelegenheit hätten.** Spitzner drückt dieß also aus: die Biene wird niemals müde und träge, obschon sie großen Honigvorrath hat, immer noch mehr einzusammeln. S. dessen Korbbienenzucht 3. Aufl. S. 135.

Gegen diese Ansicht erhoben sich in der Bienenzeitung verschiedene Stimmen, behauptend, daß die Bienen nur zu oft weil fleißiger sein könnten, als sie in der Wirklichkeit wären. Lahmeyer Bztg. 1847 S. 91. Zähne Bztg. 1850 S. 16. Dönhoff Bztg. 1854 S. 140 f. Thieme Bztg. 1858 S. 183 f. Dzierzon Theorie und Praxis 3. Aufl. S. 271. Bfreund S. 151. Bztg. 1848 S. 68. 1854 S. 245. 1859 S. 25.

Die vorgebrachten, von mir, der ich der alten Ansicht anhänge, nicht gebilligten Gründe sind folgende.

a. Weiß sich ein Volk erst im Besitze eines gewissen Vorraths, so bleiben weit mehr Bienen zu Hause, als zur Besorgung der häuslichen Geschäfte nöthig sind.

Widerlegung. Wenn man während eines Trachttages einen Stock öffnet und viele ältere Trachtbienen, offenbar nichtsarbeitend, zu Hause antrifft, so darf man sich nicht täuschen und glauben, sie feierten aus Arbeitsunlust oder weil sie sich bereits im Besitze von gehörigen Vorräthen fühlten. Sie feiern, weil sie von den vielen Trachtausflügen müde sind. Die Trachtausflüge absorbiren die Kräfte der Bienen, wie jede Arbeit die Kräfte eines jeden Geschöpfes, und die Bienen bedürfen daher gleichfalls zeitweiliger Ruhe und Erholung, um neue Kräfte zu sammeln.

b. Ein junger Schwarm fliegt und arbeitet emsig, wird täglich schwerer, während sein honigreicher Nachbar an Gewicht oft nicht mehr oder wenigstens nicht mehr im Verhältnisse zunimmt. Je mehr man daher den Stöcken von ihren Vorräthen entnimmt und sie bei dem Gefühle der Dürstigkeit erhält, desto fleißiger sind sie und desto mehr tragen sie ein, gleichwie eine Melkkuh desto mehr Milch liefert, je öfter und vollständiger sie ausgemolken wird. Je mehr hingegen die Bienen haben, desto

§ XXII. Verschiedenes aus dem Leben der Bienen.

mehr laſſen ſie im Fleiße nach, deſto geringer iſt die Gewichtzunahme.

Widerlegung. Ein junger Schwarm fliegt allerdings in der erſten Zeit verhältnißmäßig ſchärfer, ſendet verhältnißmäßig mehr Arbeiter aus, als wenn er gegen 16—18 Tage alt iſt und bereits Vorräthe beſitzt. Ganz natürlich, weil anfänglich die Bienen zu Hauſe wenig oder nichts zu thun haben. Brut iſt, ſelbſt beim Erſtſchwarm mit der fruchtbaren Altmutter, in den erſten drei Tagen gar keine zu beſorgen, in den folgenden nur wenige, und der Wachsbau wird meiſt Nachts betrieben. Haben die Bienen daher Zellen genug, um Honig und Pollen unterzubringen, ſo können ſie anfänglich in verhältnißmäßig größerer Anzahl ausfliegen, als ſpäter. Nimmt aber ein Schwarm im Gewicht zu, während ſein honigreicher Nachbar entweder gar nicht oder nicht mehr im Verhältniß zunimmt, ſo liegt der Grund darin, daß der honigreichere Nachbar mehr für die zahlreichere Brut gebraucht, ganz beſonders aber, weil er meiſt keinen Platz zur Honigablagerung hat oder an zu großer erſchlaffender Hitze leidet. Entnimmt man daher einem ſolchen Stocke alle Honigvorräthe oder nur einen Theil derſelben, ſo wird er von da ab ſicher fleißiger arbeiten und mehr denn zuvor eintragen, nicht aber deshalb, weil das Gefühl der Dürftigkeit, der nicht geſicherten Exiſtenz ihn anſpornt, ſondern weil er nun wieder Platz hat, gerade ſo wie eine Melkkuh, wenn ihr volles Euter, in welches nichts mehr hineinging, ganz oder theilweiſe ausgemolken wurde, wieder Milch in daſſelbe hinein abſondern kann, weil ſie wieder Platz erhalten hat.

Will man ſich von der Richtigkeit dieſer Behauptung überzeugen, ſo nehme man z. B. einer großen Dzierzonbeute, die im Juli nicht ſchwerer wird, während ihre kleine Nachbarin täglich ½ Pfd. zunimmt, zwei honiggefüllte Tafeln aus dem Haupte weg und gebe dafür zwei leere, und ich parire, daß ſie am nächſten Trachttage die Nachbarin überflügelt, vorausgeſetzt jedoch, daß die Sonne nicht auf die große Beute brennen kann und man ſie bei ſehr heißer Witterung noch gehörig lüftet.

Wie oft Mangel an Raum und nicht Arbeitsunluſt die Bienen zum Feiern veranlaßt, geht auch aus einer Beobachtung Hüblers hervor. Dieſer Forſcher hatte ein Beobachtungsſtöckchen mit Wachstafeln gefüllt und ein kleines Völkchen eingebracht. Nach einiger Zeit ſah er, daß die Bienen bei reicher Tracht unthätig auf dem Flugbrette ſaßen. Er unterſuchte das Stöckchen und fand, daß die Bienen keinen Platz mehr zur Honigablagerung hatten. Nun nahm er eine volle Tafel heraus und gab dafür eine leere und alsbald begann der Flug und der Fleiß des Völkchens aufs Neue. S. Hübler Bztg. 1856 S. 54.

c. Die Bienen arbeiten auf Erhaltung und Vermehrung des Geſchlechts hin. Wo ſie dieſen Zweck erreicht und geſichert fühlen, läßt inſtinktmäßig auch ihre Thätigkeit nach. Sie ſind daher am fleißigſten, ſo lange es ihnen an Bau und Vorrath mangelt, ſind nicht leicht über Bedürfniß thätig, ſondern feiern meiſt, wenn ſie vom Bedürfniß nicht getrieben werden.

Widerlegung. Hier antworte ein ſchlagendes Beiſpiel. Adalbert Braun hatte einen Buſch'ſchen Strohrieſen, der am 18. Mai 1854 früh vor Beginn des Fluges 81 Pfd., Abends nach beendigtem Tagesfluge 99½ Pfd. wog, alſo in einem Tage 18½ Pfd. eingetragen hatte. S. Bztg. 1856 S. 134. War etwa die Erhaltung und Vermehrung des Geſchlechtes und die eigene Exiſtenz dieſes Coloſſes am Morgen des 18. Mai noch nicht geſichert? Arbeitete er etwa aus Bedürfniß?

§ XXII. Verschiedenes aus dem Leben der Bienen. 179

d. Daß die Bienen nur, um ihre Existenz zu sichern, fleißig arbeiten, erhellt auch daraus, daß, entnimmt man einem Stocke zur Zeit des stärksten Fluges, wenn die eintragenden Bienen auf dem Felde und nur diejenigen, welche die häuslichen Geschäfte besorgen, im Stocke sind, die Hälfte des Volkes oder auch mehr, man im Fluge keinen Unterschied bemerkt und auch die Brut ihren ungestörten Fortgang hat. Das Brutgeschäft, das zuvor vielleicht von 10000 Bienen besorgt wurde, wird jetzt von 4000 auch verrichtet, indem sie ihre Thätigkeit verdoppeln, und die entnommenen 6000, wenn man sie mit einer Königin als Triebling aufstellt, werden auch innerhalb und außerhalb des Stockes arbeiten d. h. Brut versorgen und Honig u. s. w. eintragen.

Widerlegung. Mitunter und unter Umständen ist dies wahr, meistens aber ist es unwahr.

α. Es ist unwahr, wenn man die Hälfte oder mehr Bienen entnimmt und diese auf einen entfernten Stand schafft. Denn die entnommenen Bienen sind nicht lauter junge, noch nicht ausgeflogene Brutbienen, sondern guten Theils Trachtbienen, die sich eben entweder zur Abladung ihrer Bürden, oder um eine Weile auszuruhen, daheim befanden. Werden diese Trachtbienen nun auf einen entfernten Stand gebracht, so ist es gewiß, daß der Flug merklich abnimmt. Ich habe dies nicht einmal, nicht zehnmal, wohl aber mehr als hundertmal beobachtet. Stellt man freilich die entnommenen Bienen auf demselben Stande auf, so werden bald alle Trachtbienen wieder im alten Stocke sein und man wird, vorausgesetzt, daß im alten Stocke noch junge Bienen genug bleiben, um die Brut versorgen zu können, keinen Unterschied im Fluge bemerken. Alles ganz natürlich und bienennaturgemäß.

β. Es ist daher richtig, daß unter Umständen heute 6000, ja 4000 Bienen ebenso viele Brut ernähren, als gestern 10000. Folgt aber daraus, daß gestern 6000 resp. 4000 junge Bienen faullenzten resp. daß alle 10000 nicht soviel arbeiteten, als sie arbeiten konnten? Keinesweges; denn der Schöpfer hat es einmal so eingerichtet, daß die Bienen etwa in den ersten 16 Tagen ihres Lebens unfähig sind, nach Tracht auszufliegen. Befinden sich nun mehr solche Bienen, als zur Ernährung und Erwärmung der Brut absolut nöthig sind, im Stocke, so können sie nicht, nicht aber wollen sie nicht gehörig arbeiten.

γ. Dzierzon sagt: „Die entnommenen 4000 oder 6000 Bienen werden aber, wenn man sie mit einer Königin aufstellt, innerhalb und außerhalb des Stockes arbeiten, d. h. Brut versorgen und Honig u. s. w. eintragen." So ist's allerdings, wenn der Triebling auf einem entfernten Stande aufgestellt wird. Dann arbeiten die mit weggerafften alten Trachtbienen außerhalb des Stockes, d. h. tragen ein, und die jungen Brutbienen innerhalb des Stockes, d. h. versorgen die Brut. Man stelle aber den Triebling nur auf demselben Stande auf und man wird sich bald überzeugen, daß außerhalb des Stockes eine zeitlang nichts gearbeitet wird. d. h. daß eine zeitlang nichts eingetragen wird, weil die alten ausfliegenden Trachtbienen auf den Mutterstock zurückgehen und die jungen unfähig sind, nach Tracht auszufliegen.

Man behandele die Bienen nur ihrer Natur gemäß und sie werden schon nach Möglichkeit, d. h. soweit sie ihrer Natur nach vermögen, fleißig sein. Wenn aber nicht alle Stöcke gleich fleißig sind, so ist niemals Arbeitsunlust, sondern stets irgend etwas Anderes die Ursache, z. B. Mottengespinnst im Bau, zu wenig Volk, zu große Wohnung, Mangel an Raum ꝛc. ꝛc. Am allerwenigsten tragen die Bienen ein, wenn sie schwärmen

§ XXII. Verschiedenes aus dem Leben der Bienen.

wollen. Denn abgesehen davon, daß es kurz vor Abgang des Vorschwarms gewöhnlich an Raum zur Ablagerung des Honigs fehlt, bleiben auch viele Bienen zu Hause, um den Schwarmabzug nicht zu versäumen. Noch unthätiger sind sie vor Abgang der Nachschwärme, überhaupt sobald Weisel im Stocke tüten und quaken. Dann befinden sie sich immer in einer gewissen Aufregung, denken jeden Augenblick, das Schwärmen könne losgehen, fliegen wohl hastig ein und aus, entfernen sich aber nicht weit vom Stocke und arbeiten nur sehr wenig.

7. Volkszahl des Biens.

Die Zahl der Arbeitsbienen, die hier allein in Betracht kommen, ist natürlich in den einzelnen Stöcken sehr verschieden und hängt ab von der Fruchtbarkeit der Königin, der Größe der Wohnung, der Güte des Baues, der Jahreszeit u. s. w. Ein gewöhnlicher Strohkorbsitzschwarm hat zwölf bis zwanzig tausend Köpfe, wogegen ich große Beuten gehabt habe, in denen nach einer mäßigen Berechnung Ende Juni gegen 100,000 Bienen lebten. Da nun die Erfahrung auf das Allerbestimmteste lehrt, daß nur volkreiche Stöcke wahren Nutzen gewähren, so wäre es praktisch höchst wichtig, wenn wir a. wüßten, bis auf welchen Punkt hinauf die Volkszahl gesteigert werden müßte, um den größtmöglichen Nutzen zu erzielen, und b. wenn wir wüßten, wo der Punct des beginnenden „Zuviel" läge. Denn sowie es gewiß ist, daß schwache Völker nichts leisten, so dürfte es an sich klar sein, daß auch zu viele Bienen in einer Colonie vereiniget werden können und daß dann ein Theil derselben nichts oder nicht sattsam mehr leistet. Es muß einen Punct geben, wo es heißt: „Allzuviel schadet", wo es also vortheilhaft ist, die in einem Stocke überflüssigen Bienen einem andern zuzutheilen oder sonst nützlich zu verwenden. Wüßten wir die Punkte a. und b., so wüßten wir sowohl wann als auch wie stark wir Ableger zu machen hätten. Bienenschriften und Bienenzeitung schweigen hierüber völlig.

Die Frage ist zu trennen dahin: α. Wie viele Bienen können in einem ausgebauten Stocke mit Nutzen beisammen leben? und β. wie viele Bienen muß ein Volk haben, das in eine leere Wohnung gebracht wird.

Zu α. Hier weiß ich wenig zu sagen, außer daß mir die volkreichsten Stöcke, wenn ich ihnen im Haupte gehörigen leeren Raum zum Bauen gab und sie bei großer Hitze durch Lüftung gegen Ermattung schützte, im Allgemeinen immer den größten Ertrag geliefert, auch an den einzelnen Trachttagen am meisten eingetragen haben. Ich bin daher der Meinung, daß man wegen zu vielen Volkes, wenigstens so lange die Tracht reichlich ist, nicht leicht besorgt zu sein braucht. Am 6. Mai 1846 trug mein stärkstes Volk 12 Pfd. 6 Loth ein, gerade so viel wie die acht schwächsten zusammen. Etwas anderes freilich ist im Nachsommer zu viele Brut und in Folge davon zu viele Bienen. Darüber s. § XLII.

Zu β. Hier kann ich für unsere Gegenden wenigstens einigermaßen bestimmte Antwort geben, da ich verschiedene desfallsige Versuche gemacht habe, veranlaßt durch Adalbert Braun, welcher beobachtet hatte, daß unter zwei Stöcken, deren einer doppelt so volkreich als der andere war, der volkreichere mehr als das Doppelte eintrug. S. A Braun Bztg. 1853 S. 64.

Erster Versuch. Am 16. Juni 1855 hing ich in zwei Beuten je sechszehn Rähmchen mit Wachsanfängern, welche in einer genau so viel als in der andern wogen, und brachte von einem entfernten Stande in die eine Beute ein Volk von 6 Pfd., in die andere ein Volk von 3 Pfd. Gewicht, deren jedes eine fruchtbare und nach dem Augenschein der alten Stöcke zu schließen, aus welchen sie genommen waren, eine gleich fruchtbare Königin hatte. Am 8. Oktober, nachdem alle Brut ausgelaufen war, nahm

§ XXII. Verschiedenes aus dem Leben der Bienen. 181

ich aus beiden Beuten sämmtliche Tafeln heraus, kehrte die Bienen ab und wog den Bau einer jeden. Die Waben der mit 6 Pfund Bienen besetzten wogen ausschließlich der angeklebten Anfänge 40 Pfd. 13 Loth, die der mit 3 Pfd. besetzten 17 Pfd. Es hatte mithin das stärkere Volk 6 Pfd 13 Loth mehr als noch einmal soviel eingetragen als das schwächere. Diese 6 Pfd. 13 Loth waren also lediglich durch die größere Volksmasse, die in einer Beute vereint war, gewonnen.

Dieser Versuch zeigt, daß 3 Pfund Bienen für einen Schwarm zu wenig ist.

Zweiter Versuch. Er wurde 1856 in derselben Weise und nur mit dem Unterschiede gemacht, daß das schwächere Volk 4 Pfd. Bienen erhielt. Das Jahr war äußerst ungünstig und das Resultat war, daß Mitte Oktober das Gebäude des sechspfündigen Volkes 19 Pfd. 4 Loth, das des vierpfündigen 10 Pfund 18 Loth wog. Mithin hatte das stärkere 3 Pfd. 9 Loth verhältnißmäßig mehr als das schwächere eingetragen.

Dritter Versuch. Gleichfalls 1856 angestellt, aber so, daß das schwächere Volk 5 Pfd. Bienen erhielt. Das Resultat war: Mitte Oktober wog das stärkere 20 Pfd., das schwächere 15 Pfd. 30 Loth, so daß das stärkere nur etwa 20 Loth verhältnißmäßig mehr eingetragen hatte. Jetzt merkte ich, daß gegen 6 Pfd. Bienen die ohngefähr richtige Masse sein möchte.

Vierter Versuch. In dem außerordentlich honigreichen Jahre 1857 angestellt derart, daß ein Volk sieben, das andere 6 Pfd. Bienen erhielt. Das Resultat war: Das siebenpfündige Volk hatte, nachdem die Tracht vorbei und alle Brut ausgelaufen war, ohngefähr 50 Pfd. zugenommen, das sechspfündige 50 Pfd. 22 Loth.

Allerdings sind diese Versuche nicht bestimmt maßgebend, und müßten, sollten sie dies sein, noch vielfach wiederholt werden; immerhin aber machen sie es wahrscheinlich, daß etwa 6 Pfd. Bienen die richtige Menge ist, um in honigarmen Gegenden eine leere Beute zu besetzen.

Bei dem Gewichte der Bienen ist aber wohl zu berücksichtigen, ob sie viel, wenig oder gar keinen Honig bei sich haben. Bienen natürlicher Schwärme führen immer viel Honig bei sich. Ich raffte zu meinen Versuchen Bienen von den Vorliegern und wo ich sonst ihrer eben habhaft werden konnte zusammen, erhielt also Bienen, die wohl nur wenig Honig in den Blasen hatten. Um nun zu sehen, wie viele Bienen auf ein Pfund gingen, nahm ich eine Schachtel, schnitt in solche ein Loch, durch welches höchstens zwei Bienen auf einmal auspassiren konnten, that eine Partie Bienen hinein, stellte die Schachtel auf meine kleine Brückenwage und zählte die ausreisenden Bienen so lange, bis die Schachtel ein Loth leichter geworden war. Dies war der Fall, als 177 Bienen ausgeflogen waren, so daß also ein Pfund solcher Bienen etwa 5600 Stück enthielt. Leider habe ich mit honigbeladenen Schwarmbienen nie einen solchen Versuch gemacht, bin aber überzeugt, daß von diesen höchstens 4000 auf ein Pfund gehen werden.

8. Erhaltung gesunder Luft im Stocke.

a. Besäßen die Bienen nicht die Fähigkeit, die durch Athmung verdorbene, zu stickstoffhaltig gewordene Luft aus ihrer Wohnung hinauszutreiben und der sauerstoffhaltigeren der Atmosphäre den Eingang zu verschaffen, so würden sie, besonders bei reicher Tracht, wo Tag und Nacht keinen Augenblick Rast ist, viel und forcirt geathmet, mithin viel Sauerstoff verbraucht wird, bald ersticken, wie ein Versuch Hubers beweist, welcher das Flugloch eines stark brausenden Stockes fest verschloß und in 40 Minuten alle Bienen erstickt fand. S. Huber in Huber-Kleine Heft 4 S. 173 f. Es sind

§ XXII. Verschiedenes aus dem Leben der Bienen.

daher, je größer die Thätigkeit im Stocke ist, desto mehr Bienen beschäftiget, die obere wärmere verdorbene Luft durch Schwingungen der Flügel dem Flugloche zuzutreiben. In Stöcken mit Glasthüren kann man dieß sehr deutlich sehen. Die fächelnden Bienen sitzen die ganzen Wände und seitlichen Tafeln entlang, auf dem Bodenbrette und bis zum Flugloche hinaus, sich die verdorbene Luft von oben nach unten gleichsam zuwerfend. Diese gegenseitige Unterstützung erkennt man besonders daraus, daß die innen auf dem Bodenbrette fächelnden Bienen dem Flugloche den Rücken, die in und außer dem Flugloche fächelnden dem Flugloche den Kopf zukehren. Bei den Fächeln selbst klemmen sie sich mit den Füßen auf der Basis, auf welcher sie sitzen, fest. Das erste Fußpaar ist nach vorn ausgestreckt, das zweite seitwärts und rechts und links vom Körper festgestellt, während das dritte, wenig gespreizt und in senkrechter Richtung zum Hinterleibe, die Biene hinterwärts in die Höhe zu richten sucht. S. Huber in Huber-Kleine Heft 4 S. 176 f. Indem auf diese Weise die Bienen die innere zu stickstoffig gewordene Luft zum Ausströmen bringen, bringt die äußere sauerstoffhaltige von selbst ein; wodurch sich fortwährend im Innern des Stockes eine gesunde Luft erhält. Das Fächeln richtet sich also, wie schon angedeutet, nach dem durch Athmung verursachten Verbrauch des Sauerstoffes der Luft; ist stärker in starken, schwächer in schwachen Stöcken, stärker zur Zeit großer, schwächer zur Zeit geringer Thätigkeit, und hört endlich, wenn die Bienen im dichten Klumpen ruhig hinvegetiren ganz auf, weil in Zeiten des herabgestimmten, fast pflanzlichen Bienenlebens der wenige innerhalb des Stockes consumirte Sauerstoff durch spontanen Eintritt der sauerstoffigeren Luft der Atmosphäre durch das Flugloch ersetzt werden kann und ersetzt wird; was in Zeiten großer Thätigkeit der Bienen nicht möglich ist.

b. Busch und Andere haben das Luftfächeln (Ventiliren) also bestritten. Daraus, daß man an warmen Abenden die aus dem Flugloche ausströmende Luft fühlen kann, folgt nichts; denn diese spürt man deshalb, weil die Luft im Innern des Stockes wärmer als die Atmosphäre ist und die den Bienen inwohnende Wärme Einfluß genug übt, um frische Luft in den Stock einzuführen, indem sie das Gleichgewicht aufhebt und eine Strömung zwischen Innen und Außen verursacht. S. Busch Honigbiene S. 201 f.

Antwort. Unrichtig! Denn Huber stellte eine brennende Kerze unter eine die Größe eines Bienenstockes habende Glasglocke mit einer weit größern Oeffnung, als das Flugloch eines Bienenstockes zu sein pflegt, und die Kerze erlosch bald aus Mangel an sauerstoffhaltiger Luft. Als er aber die brennende Kerze unter eine Glasglocke, die nicht größer als ein gewöhnlicher Bienenkorb war und eine Oeffnung wie ein gewöhnliches Flugloch eines Bienenstockes hatte, stellte und im Innern der Glocke einen Ventilator anbrachte, brannte die Kerze fort. S. Huber in Huber-Kleine Heft 4 S. 175. 185.

Haben die Bienen keine Tracht und hört man sie nicht brausen (welches eben der durch die Flügelschwingungen hervorgebrachte Ton ist), so spürt man, selbst an den wärmsten Abenden, nichts von ausströmender Luft. Ist aber die Tracht reich gewesen und ist der Abend warm, so strömt bei volkreichen brausenden Stöcken die Luft so stark aus dem Flugloche hervor, daß ein mehrere Zoll entfernt gehaltenes Licht flackert, als bliese man es sanft an. Man fühlt deutlich den Wind, und es kann ganz unmöglich eine so starke Strömung blos durch die von selbst entweichende wärmere Luft entstehen. Mein ehemaliger Bienenmeister Günther, angeregt durch früher von Huber (Huber-Kleine Heft 4 S. 178 f. 182 f.) angestellte Versuche, fertigte einst ein

§ XXII. Verschiedenes aus dem Leben der Bienen.

kleines Papierwindmühlchen und stellte solches vor das Flugloch eines stark brausenden Stockes. Die Flügelchen drehten sich, nur im ungleichmäßigen Tempo, und man konnte die einzelnen Windstöße oft genau gewahren. S. von Berlepsch Bztg. 1856 S. 31. Die Absätze der Stöße des Windes rühren nämlich davon her, daß die dem Flugloche am nächsten sitzenden Luftfächler oft einen Augenblick mit den Flügelschwingungen, um Athem zu schöpfen, innehalten und dann dieselben wieder beginnen.

c. Einen anderen Versuch, das Fächeln der Bienen Behufs Erneuerung der Luft zu bestreiten, hat Dönhoff in folgender Weise gemacht.

α. Das Ventiliren oder Fächeln der Bienen, auch Sterzen oder Steißeln genannt, ist allemal etwas Mimisches, ist Ausdruck eines Affectes.

a. Der Freude. Ein Schwarm, der eine Wohnung gefunden, zieht fächelnd in dieselbe ein. Gibt man einem weisellosen Volke eine Königin, so stürzen die Bienen fächelnd auf dieselbe zu. Hält man das Flugloch eines Stockes eine Zeitlang verschlossen, so stürzen, wenn man es öffnet, die Bienen fächelnd hervor. Haben die Bienen gute Tracht, so fächeln sie stark, im Verhältnisse der Trachtabnahme läßt das Fächeln nach. In allen diesen Fällen ist das Fächeln ein Ausdruck der Freude.

b. Der Traurigkeit. Schließt man das Flugloch eines Stockes, so fangen die Bienen, die vom Felde zurückkehren, nachdem sie eine Zeitlang vergeblich versucht, in den Stock zu kommen, an zu fächeln. Nimmt man einem Stocke seine Königin, so findet man bald Bienen, die im Fluglöche fächeln, aber jetzt mit abgebrochenem schwirrendem Schlage. Schließt man Bienen in eine Schachtel, so fangen sie nach einiger Zeit in periodischen Zwischenräumen an zu fächeln, mit dem eigenthümlich heulenden Ton, an dem der Bienenkenner die Weisellosigkeit eines Volkes erkennt.

γ. Des Schreckens. Wirft man einen Bienenschwarm mit Gewalt auf die Erde, so fächeln bald viele Bienen. Gießt man in das leere von Bienen belagerte Futtergeschirr Wasser, so fliehen die Bienen auf den Rand des Gefäßes und fächeln. Bei affectlosem Seelenzustande fächelt die Biene nicht; daher ist das Summen so stark an Abenden guter Trachttage, daher verstummt es bei schlechten Trachttagen. S. Dönhoff Bztg. 1855 S. 273.

Antwort. Ich gestehe zu, daß das Fächeln häufig die Aeußerung eines Affectes, etwas Mimisches, ist, läugne aber, daß es dieß allemal ist. Denn wie das menschliche Auge den Ausdruck von Schmerz und Freude vermittelt und doch noch einen wesentlich andern Zweck hat, ebenso hat das Fächeln der Bienen, wie oben erwiesen, noch einen anderen und zwar den Hauptzweck, durch Erneuerung der inneren Luft das Volk gegen Erstickungstod zu schützen. S. Kleine in Huber-Kleine Heft 4 S. 181. Treffend hat dieß schon die Redaction der Bienenzeitung nachgewiesen, indem sie sagt: was würde wohl aus einem Volke werden, wo man den warmen, aus dem Flugloche ausströmenden, durch das Fächeln der Bienen verursachten Luftstrahl auf mehrere Zoll Entfernung fühlt, wenn das Fächeln auf einmal aufhörte? Die Bienen würden bald ersticken oder aus dem Flugloche herausstürzen. S. Redaction der Bztg. 1855 S. 274. Anmerkung.

3. Das Fächeln geschieht nur ausnahmsweise im Flugloche selbst; die meisten Bienen, die fächeln, sitzen mehr oder weniger weit vom Flugloche; diese können sicher keine Ventilation bewirken. S. Dönhoff a. a. O.

Antwort. Dönhoff verräth hier, daß er das Fächeln oft sehr vieler Bienen innerhalb des Stockes an den Wänden, den Tafeln und auf dem Bodenbrette übersehen und nur das Fächeln weniger Bienen im und außen vor dem Flugloche im Auge hat. Daß aber durch das Fächeln so vieler Bienen im Stocke die im Stocke befindliche Luftsäule in Bewegung gesetzt und damit eine oft sehr starke Luftströmung erzielt wird, ersieht man, wie oben gezeigt, klar, wenn man die Hand, selbst in einiger Entfernung, dem Flugloche eines stark fächelnden Stockes nähert. S. Kleine a. a. O.

γ. Die vermeintliche Lufterneuerung durch das Fächeln ist kein Bedürfniß für den Stock, denn es findet oft in langen Zwischenräumen nicht statt. So während des ganzen Winters bei schlechtem Wetter nicht und bei drückend heißem Wetter, wo man glauben sollte, es sei am nothwendigsten, geschieht es wenig. S. Dönhoffa. a. O.

Antwort. Das Bedürfniß nach Lufterneuerung ist nicht unter allen Umständen dasselbe. Denn ein volkreicher Stock muß der Luftströmung im höheren Grade bedürftig sein, als ein volkarmer, und bei heißem Wetter ist der Sauerstoffverbrauch ein größerer als bei kaltem. S. Kleine a. a. O. Wenn aber bei besonders heißem Wetter, selbst wenn die Tracht reich ist, die Bienen im Fächeln nachlassen, so ist dieß dadurch erklärt, daß, sobald die Temperatur im Innern des Stockes 30 Grad über Null erreicht, die Thätigkeit der Bienen fast aufhört und nun nicht mehr viel Sauerstoff verbraucht wird. S. Seite 178 a. E.

δ. Der Huber'sche Versuch, wo eine Kerze in einer Bienenwohnung erlosch, wenn keine künstliche Ventilation angebracht wurde, aber fortbrannte bei Anwendung eines Ventilator, beweist nichts; denn bei dem schnellen Sauerstoffverbrauch der Kerze mag die Ventilation nothwendig sein, während bei dem langsameren Verbrauch des Sauerstoffs durch ein Bienenvolk die Luft Zeit genug hat, sich zu erneuern. S. Dönhoff a. a. O.

Antwort. Die Kerze bedarf wie die Bienen zu ihrer Fortdauer des Sauerstoffs, und daß die Bienen unter Umständen denselben ebenso rasch verbrauchen als die Kerze, erhellt, daß die Bienen bei warmer Witterung ziemlich so schnell ersticken als die Huber'sche Kerze erlosch. S. Kleine a. a. O.

ε. Der Huber'sche Versuch mit der Kerze beweist aber auch aus einem anderen Grunde nichts. Ich setzte einen 2½ Pfund schweren Hahn unter einen 1 Cubikfuß lichtengroßen Bienenkorb und stellte diesen im Keller in einen Sandhaufen, so daß die Luft nur durch das kleine, von mir frei und offen gelassene Flugloch aus- und eintreten konnte. Nach 36 Stunden hob ich den Korb auf und fand den Hahn ganz munter. Es findet mithin das Austreten der Kohlensäure und das Eintreten des Sauerstoffes ohne Ventilation statt, denn sonst hätte der Hahn ersticken müssen. S. Dönhoff Bztg. 1859 S. 121.

Antwort. Für den ruhig unter dem Korbe im kühlen Keller sitzenden Hahn war freilich keine Ventilation nöthig, weil er wenig Sauerstoff verbrauchte und so der Austritt der Kohlensäure und der Eintritt des Sauerstoffs ganz wohl durch das Flugloch spontan erfolgte. Man denke sich aber 2½ Pfund Bienen in einem solchen Korbe zur Zeit großer Hitze und großer Thätigkeit. Sollten diese in einer Stunde

§ XXII. Verschiedenes aus dem Leben der Bienen. 185

nicht zehn-, nicht zwanzigmal mehr Sauerstoff consumiren als der hinbrütende Hahn?

5. Ich stellte im Sommer einen volk- und brutreichen Stock in einen Eiskeller und ließ ihm nur ein kleines Flugloch. Als ich den Stock nach 8 Tagen herausnahm, fand ich die Bienen im allerbesten Wohlsein. Es ist mithin eine Ventilation nicht nöthig. S. Dönhoff ebendas. S. 122.
Antwort. Hier vegetirten eben die Bienen so ruhig hin wie der Hahn und die sauerstoffigere Luft der Atmosphäre hatte Zeit, sich durch das Flugloch mit der kohlensaureren im Stock auszugleichen.

7. Ich blies unter einen mit Bienen besetzten Stock Tabaksrauch und verstrich alle Ritzen dicht, und doch war nach Verlauf einer halben Stunde aller Dampf durch das eine offen gelassene Flugloch entwichen. S. Dönhoff a. a. O.
Antwort. Beweist gar nichts. Man blase nur Rauch in einen Bienenstock und man wird bald sehen, wie das Ventiliren beginnt. Der Rauch wird hinaus ventilirt.

8. Es läßt sich nachweisen, daß durch das Fächeln keine irgendwie erkleckliche Masse frischer Luft in den Stock gebracht wird. Ich stellte einen Thermometer in einen Stock, der nicht ventilirte, und merkte mir den Temperaturgrad des Stockes. Er war mehrere Grade höher, als die Temperatur der äußeren Luft. Dann ließ ich in verschiedenen Zwischenräumen Bienen fliegen, die ich eine Viertelstunde vorher aus dem Stocke genommen und gefangen gehalten hatte. Solche Bienen, wenn sie zum Stocke zurückflogen, gaben ihre Freude durch heftiges Fächeln an und in dem Flugloche zu erkennen. Als so ungefähr eine Viertelstunde aufs stärkste gefächelt worden war, war der Temperaturgrad auf dem im Stocke stehenden Thermometer noch genau derselbe wie zuvor. Wäre durch das Fächeln frische Luft in den Stock geschafft worden, so hätte, da die äußere Luft beträchtlich kühler war, der Thermometer doch um etwas sinken müssen. Ich stellte den Versuch bei verschiedenen Stöcken und bei verschiedenen Temperaturen an, nie bewirkte das Fächeln eine Abkühlung. S. Dönhoff ebendas. S. 274 f.
Antwort. Wenn die Bienen im normalen Stocke ausbauern, das Licht aber nur bei künstlicher Ventilation, so liegt der Grund eben nur im Ventiliren. Nach dem Thermometerstande im normalen Stock auf Ventiliren oder Nichtventiliren zu schließen, ist fehlgeschlossen. Denn ob ein Dutzend Bienen mehr oder weniger ventiliren, kann begreiflich keinen Ausschlag geben. Man mache nur das Ventiliren erfolglos und der Thermometer wird alsbald den Unterschied nachweisen. S. Kleine a. a. O. Uebrigens war der Dönhoff'sche Versuch auch in so fern ein verfehlter, als bei ihm die Bienen außerhalb des Stockes fächelten, mithin auf die innere Temperatur keinen Einfluß üben konnten.

t. Aus diesen Gründen, die zeigen, daß das Fächeln eine Aeußerung des Affectes ist, die zeigen, daß keine frische Luft durch dasselbe in den Stock gebracht wird, scheint mir evident zu folgen, daß das Fächeln nicht den Zweck, auch nicht den Nebenzweck hat, die Luft zu erneuern, und daß eine solche Behauptung ebenso klingt, als wenn man sagte, das Tanzen der Menschen, welches aus Frohsinn geschieht, habe, weil es etwa einen kleinen Luftzug bewirkt, den Zweck, die Luft des Tanzsaales zu erneuern. Ist im Bienenstocke mehr Kohlensäure vorhanden, als in der Atmosphäre, so strömt sie durch das Flugloch aus, während

§ XXII. Verschiedenes aus dem Leben der Bienen.

der Sauerstoff der Atmosphäre einbringt. S. Dönhoff. Bzlg. S. 274 und 1859 S. 122.

Antwort. Der Vergleich mit dem Tanzen der Menschen unter den gewöhnlichen Umständen ist zwar kein zutreffender. Man denke sich aber ein verschlossenes mit Menschen und einer mephitischen (muffigstickstoffigen) Luft angefülltes Zimmer, öffne die Thüre oder ein Fenster, lasse einen raschen Tanz beginnen und man wird bald gewahren, daß die dadurch bewirkte Ventilation von entschiedener Wirkung ist. S. Kleine a. a. O.

d. Aus diesem Luftfächeln nun, das man nicht zu deuten verstand, ging hauptsächlich der seit Plinius (cf. Plin. h. n. XI., 10) allgemein verbreitete Irrthum von der Thorwache der Bienen hervor. In allen Handbüchern der Bienenkunde wird gelehrt, der Bienenstock stelle am Flugloche eine besondere Wache auf, die den Zweck habe, auf Feinde zu achten und diese abzuwehren. Es treiben sich nämlich im Sommer am Flugloche neben den aus- und einfliegenden und den im Flugloche und in der Nähe desselben luftfächelnd sitzenden Bienen gewöhnlich auch andere umher. Diese, welche man mit den Luftfächlern in eine Brühe warf, sollen Schildwachen, Thorwächter sein. Eine solche Thatsache wäre ein höchst interessanter Zug im Leben und Haushalt der Bienen, aber die Lehre von der Wache ist ganz bestimmt eine Fabel. Kein Stock stellt eine Wache aus; was

α. schon daraus evident ersichtlich ist, daß gerade diejenigen Stöcke, die schwachen und nicht vollgebauten, die der Wache am meisten bedürfen würden, keine Wache aufstellen. Wo die Völker ihren Sitz weit vom Flugloche entfernt haben, wo der Bau nicht bis aufs Flugloch herabreicht und die Bienen nicht den ganzen Bau dicht belagern, sieht man keinen vermeintlichen Wächter. Nur an so recht volkstrotzenden und dicht ausgebauten Stöcken sind sie Tag und Nacht da. Es sind Luftfächler oder Feiernde, so recht gemüthlich sich Fühlende, Spazier- und Müssiggänger, nicht aber Wächter.

β. Fehlt die Wache gerade zu den Zeiten, wo sie am nöthigsten wäre. Im Herbste, z. B. in den kühlen Frühstunden, spazieren sehr oft die Hornissen in die Bienenstöcke und tragen Honig aus den unteren Tafeln weg, ohne daß ein Bienenwächter sich blicken ließe und diesem Raube wehrte. Die Stärke der Wache hängt ab von der Schönheit des Wetters; besonders bei der erquickenden Wärme der Frühlings- und Herbstsonne ist sie am stärksten, d. h. dann kommen die meisten Bienen aus dem Innern heraus, ergehen sich vor ihrem Flugloche und erquicken sich an Luft und Licht, ganz wie auch andere Thiere, die in dunkelen Wohnungen leben, bei schönem Wetter sich sonnen. So sitzen z. B. die Tauben an schönen Tagen auf ihren Anflugbrettchen und freuen sich tändelnd des Lebens.

Die freundliche Frühlingssonne lockt die vermeintliche Wache hervor; sie ist besonders stark, wenn die Bienen nach langer Zeit zum ersten Male ihre Quatiere verlassen haben oder mit flüssigem Honig reichlich gefüttert wurden.

Wenn nun diese im oder am Flugloche fächelnden oder feiernden Bienen ankommende Näscher anhalten und abwehren, so thun sie nur das, was jede Biene im Stocke und in der Nähe des Stockes thut, wenn ihr eine Raubbiene begegnet, aber sie halten sich gewiß nicht im oder am Flugloche auf mit dem Zwecke, um Raubbienen oder sonstige Feinde abzuwehren, sondern sie halten sich auf, weil sie fächeln oder weil Licht und Wärme ihnen wohlthun und weil sie sich mal ergehen wollen. Nur wenn ein Stock auf irgend eine Weise sich angegriffen glaubt, z. B. durch Erschütterung, oder wirklich angegriffen ist, erscheinen, wenn sie nicht schon da sind, Bienen in und vor dem Flugloche, denen man ansieht, daß sie auf etwas lauern. Natürlich, weil die Bie-

§ XXII. Verschiedenes aus dem Leben der Bienen.

nen allzeit bereit sind, ihren Stock zu vertheidigen. Wird daher ein Stock von Raubbienen oder sonstigen feindlichen Wesen am Flugloche angegriffen, so beginnen die nächsten Bienen am Flugloche, also die vermeintlichen Wächter, den Kampf. Schlagen sie den ersten Angriff ab, so bleiben sie doch noch einige Zeit sitzen und sind nun wirklich auf so lange Wächter, als sie ihren Stock in Gefahr glauben. Dieß ist aber nur etwas secundäres und transitorisches, nicht etwas primäres und perpetuelles, und es steht fest, daß es für immer keine Wächter giebt. S. v. Berlepsch Bztg. 1856 S. 11 und Dönhoff ebendas. S. 49 f.

9. **Temperatur, in welcher die Bienen leben und arbeiten können.**

Sollen die Bienen die Weide gehörig benutzen können, so sind 12 Grad über Null im Schatten das minimum; am wohlsten befinden sie sich bei 17—20 Grad, lassen sich aber außerhalb des Stockes durch keinen in deutschen Landen bekannten Wärmegrad beirren. Ich habe sie in dem merkwürdigen Sommer 1842 mehrmals bei 29 bis 29³/₄ Grad im Schatten und 40—42 Grad in der Sonne, wie hoch damals die Hitze stieg, emsig fliegen und eintragen gesehen. Auf kurze Zeit können sie aber auch bei ziemlich niedrigen Wärmegraden außerhalb des Stockes leben; denn wenn sie nach der Winterruhe in der Regel erst bei 6½ Grad sich zu reinigen beginnen, sah ich sie doch nach langen Wintern, wenn plötzlich Thauwetter eintrat, schon bei 5 Grad ausfliegen und bei 8 Grad vom Schnee, wenn er mit einer Kruste überzogen war, wieder auffliegen. Ja sogar bei 0 Grad und darunter im Schatten fliegen sie im Frühjahr aus, aber hier verführt sie die Sonne und die wenigsten gelangen wieder in ihren Stock zurück. Bei 6 Grad über Null tragen sie, wenn großes Bedürfniß vorhanden ist, munter Wasser, weil sie sich hier nicht lange außerhalb des Stockes aufzuhalten brauchen und wieder heim sind, ehe die Stockwärme ihres Körpers ausgekühlt ist. Ja, am 20. Febr. 1859 trugen zu Seebach mehrere Stöcke fleißig Wasser bei nur 4 Grad und völlig bewölktem Himmel, freilich aber regte sich kein Lüftchen. Innerhalb des Stockes bringen sie sich durch Brausen die passende Temperatur hervor, wenn sie nicht vorhanden ist. Zur Zeit, wo sie Brut haben, herrscht im Brutneste eine Wärme von 20—29 Grad, je nach der Jahreszeit, der äußeren Temperatur und der Menge des Volkes. Im Klumpen der bauenden Bienen fand ich 25—29 Grad. Haben die Bienen keine Brut und sitzen sie still, so steht die Wärme im Herzen des Klumpens auf 10—12 Grad über Null, an den Peripherieen zwischen 7—8 Grad, während an den Seiten und in den Ecken des Stockes oft fingerdickes Eis sitzt und 2—5 Grad Kälte ist. Die äußersten am Klumpen hängenden Bienen kommen mit der Spitze ihres Leibes oft dem Eis und Reif ganz nahe, während, wo sie ihren Kopf haben, „mindestens 8—9 Grad Wärme herrscht" (Dzierzon Bztg. 1854 S. 2). Die Bienen halten nämlich die Wärme gar sehr zusammen.

Daß die Bienen aber nicht, wie Manche behaupten, bei 5 Grad Wärme auf die Dauer im Stocke leben können, beweist schon der Umstand, daß eine Biene, wenn sie einer Temperatur von nur 5 Grad über Null länger ausgesetzt wird, erstarrt und nicht wieder auflebt, wenn sie nicht binnen 48 Stunden, ehe sie verhungert, durch zufällig oder absichtlich erhöhte Temperatur wieder belebt wird. Ist eine Biene vom Froste durchdrungen, so daß das Blut gefroren ist, so lebt sie, in die Wärme gebracht, entweder gar nicht wieder auf oder regt sich nur etwas oder stirbt taumelnd bald. Steigt die Temperatur in sehr volkreichen Stöcken an sehr heißen Sommertagen so hoch, daß im ganzen Stocke eine Wärme von 30 Grad herrscht, so stellen die Bienen alle Thätigkeit ein und sitzen möglichst ruhig.

§ XXII. Verschiedenes aus dem Leben der Bienen.

Die Versuche, um die Temperatur im Herzen des Klumpens festzustellen, sind sehr schwierig, weil man die Quecksilberkugel nicht immer richtig anzubringen vermag, daher nur zu leicht getäuscht werden kann. Was ich mitgetheilt habe, sind Beobachtungen aus dem Jahre 1856; ich will dieselben jedoch durchaus nicht als unfehlbar ausgeben, besonders da sie mit den äußerst mühsamen A. Brauns (S. Bztg. 1856 S. 153 f.) und den Heubel'schen (S. Bztg. 1853 S. 121) nicht übereinstimmen, auch von Dzierzons Angaben (S. Bztg. 1856 S. 265 f.) hin und wieder abweichen.

Daß übrigens die Bienen durch Athmung die Temperatur so außerordentlich hoch bringen können, darf uns nicht wundern, wenn wir daran denken, daß nach den Beobachtungen Leuckarts die thierische Wärmeproduction im genauen Zusammenhange mit der Ausbildung des Respirationsapparates steht und daß die Biene eine Ausbildung des Tracheensystems zeigt, wie kein anderes Leuckart bekanntes Insect. S. Kleine in Huber-Kleine Heft 4 S. 246.

Hier dürfte die schicklichste Stelle sein, um zu erörtern, auf welche Weise die Bienen das Behufs Erhöhung der Temperatur veranstaltete Brausen hervorbringen; das je stärker die Kälte auf sie eindringt und sie zu erstarren droht, desto lauter und vernehmbarer wird.

Alle Bienenschriftsteller sagen, es werde durch Bewegungen der Flügel hervorgebracht, ähnlich wie das Brausen beim Luftausfächeln. Mir schien diese Lehre längst bedenklich, und ich machte deshalb folgenden Versuch, hauptsächlich noch veranlaßt durch A. Brauns Worte: Und wie ist es möglich, daß die Bienen mit den Flügeln schlagen können, da sie sich über Winter in einem Klumpen zusammenziehen, mithin keinen Platz zum Flügelschlagen haben. S. A. Braun Bztg. 1849 S 92.

Am 26. December 1853 nahm ich eine dünnwandige Beute, die stark brauste, bei 24 Grad unter Null behutsam bis auf den Sitz der Bienen auseinander. Das Brausen dauerte fort, aber ich sah nicht, daß die an der Peripherie des Klumpens sitzenden Bienen die Flügel bewegten, und ich konnte nicht begreifen, wie ein Bewegen der Flügel innerhalb des geteilt geschlossenen Klumpens hätte möglich sein können. Ich glaube daher, daß das Brausen hauptsächlich ein Athmungsproceß, eine Thätigkeit der Tracheen ist. S. von Berlepsch Bztg. 1856 S. 11. Dabei mögen freilich die Flügel mitwirken, indem die Bienen solche, so weit es geht, bewegen und aneinander reiben; auch werden die Bienen an den Peripherieen mit den Flügeln zittern, was ich bei dem Versuche vielleicht nur deshalb nicht sah, weil die zu grimmige Kälte sofort alle Thätigkeit der außen sitzenden Bienen hemmen mochte. Jähne versichert festgestellt zu haben, daß die Bienen an der Peripherie des Klumpens fachelten und meint, es geschehe dies deshalb, um die im Herzen des Klumpens erwärmtere Luft hinter sich zu schieben, damit sie selbst und der ganze Klumpen von der Kälte nicht erreicht werden, nicht erstarren und erfrieren könnten. S. Jähne Bztg. 1848 S. 112. Eine mir sehr plausibele Ansicht! Aber die Flügel allein können unmöglich ein so lautes Brausen verursachen, da sie zu wenig Spielraum für Schwingungen haben und Tonwellen sich fast gar nicht zu entwickeln vermögen.

Die Bienen, deren Blut stets mehrere Grade über Null hat, erzeugen größere Wärme, wenn sie größere Speiserationen zu sich nehmen. Indem sie diese verdauen, erzeugen sie mehr Wärme und schützen sich so gegen das Erfrieren. Aber die Bewegungen der Flügel an sich können so wenig die Temperatur des Stockes erhöhen, als gepeitschte Windmühlenflügel die der Luft. Nur deshalb, weil durch die Bewegungen der Flügel der Körper der Bienen, der an sich Wärme enthält, in größere Bewegung kommt, er-

§ XXII. Verschiedenes aus dem Leben der Bienen.

zeugen die Bewegungen der Flügel indirect Wärme. S. den höchst interessanten Aufsatz Heubels in der Bztg. a. a. O. und Kleine Bztg. 1854 S. 12 und in Huber. Kleine Heft 4. S. 243 ff.

10. Einschließen der Königin.

a. Geräth eine zweite Königin in einen Stock, so wird sie augenblicklich angefallen und, wenn es nicht einer Arbeitsbiene gelingt, sie rasch zu erstechen, in ein Knäuel eingeschlossen. Dieses Knäuel bildet sich durch diejenigen Bienen, deren jede einzelne die Königin zu erstechen sucht. Meist jedoch gelingt dieß nicht sobald, weil die Bienen sich gegenseitig hindern und es so nur schwer möglich wird, ihr einen Stich beizubringen. Die Königin wird nun an den Flügeln und Füßen gebissen und auf alle mögliche Weise gefoltert, bis sie langsam stirbt oder doch endlich noch einen Gnadenstich erhält. Selbst schon todt, wird sie immer noch längere Zeit eingeschlossen gehalten, wahrscheinlich, weil die Bienen an der Peripherie des Knäuels sie noch lebendig wähnen. Dabei müssen die Königinnen eine entsetzliche Angst auszustehen haben; denn todt sehen sie wie gebrüht aus, sind glänzend und schwärzer geworden; und ich will, wenn mir eine getödtete Königin gezeigt wird, auf den ersten Blick sagen, ob sie schnell von einer einzelnen Biene erstochen oder in einem Knäuel langsam zu Tode gemartert wurde. Diese Knäuel sind so fest, daß man sie wie einen Ball rollen kann und es große Mühe macht, die Königin herauszuwirren.

b. Ebenso wird die einzige Königin, wenn plötzlich durch irgend eine Veranlassung viele fremde Bienen in den Stock gerathen, oft eingeschlossen, oft aber auch nicht. Denn wenn die Fremdlinge wissen (was freilich nicht immer der Fall ist), daß sie sich nicht in ihrem Stocke befinden, sind sie ängstlich und denken nicht an das Tödten der Königin. Wird aber die Königin hier eingeschlossen, so geschieht es nicht immer in feindlicher Absicht, sondern oft zum Schutze von ihren eigenen Bienen. Oft besteht das Knäuel aus der Königin feindlich und freundlich gesinnten Bienen gemischt, von denen die ersteren sie zu tödten, die letzteren sie mit ihren Leibern zu decken suchen. In diesem Falle findet man nicht selten zischende Knäuel, in welchen die Königin sich gar nicht befindet, sondern frei an einer andern Stelle des Stockes umhergeht oder von ihren Bienen des Schutzes wegen eingeschlossen ist. Einige Male sah ich, wie eine Königin sich in einen Knäuel hineinarbeiten wollte, doch offenbar in der Absicht, hier Schutz zu finden, und ein Beweis, daß sie in dem Knäuel keine feindliche Demonstration sah. S Dzierzon Bztg. 1856 S. 230.

c. Ob eine Königin in feindlicher oder freundlicher Absicht eingeschlossen ist, kann man den Knäuel schon ansehen und anhören. Im ersteren Falle bringen die Bienen mit den Köpfen ein und zischen vor Wuth, im letzteren Falle sitzen sie mehr um dasselbe herum, und man hört kein Zischen. Auch läßt sich ein solches Knäuelchen viel leichter entwirren, und wenn man es entwirrt hat, läuft die Königin munter davon, während sie im ersteren Falle theils schon todt, theils beschädigt ist oder wenigstens von den letzten Bienen an den Flügeln oder Füßen fest mit den Beißzangen gehalten wird.

d. Eine zu beseitigende Königin wird also entweder erstochen, oder zu Tode gemartert, oder auch zum Flugloche hinausgejagt. Letzteres ist namentlich häufig, wenn ein Stock nicht mehr schwärmen will, deshalb die Weiselwiegen aufbeißt und die darin sitzenden flüggen Königinnen abstechen will. Hier entwischt oft eine Königin, die verfolgt ihr Heil in der Flucht durch das Flugloch sucht.

e Werden aber auch Königinnen durch das Einschließen im Knäuel erstickt? Dieß ist die alte Ansicht, welche Dönhoff also bekämpft: Eine Königin wird niemals erstickt. Denn a. ein Bienenknäuel schließt die Luft nicht genug ab, um die Königin zu

§ XXII. Verschiedenes aus dem Leben der Bienen.

ersticken. Betäubt man Bienen mit Aether und wirft sie in ein hohes Gefäß, z. B. ein hohes Glas, so sind die untersten offenbar hermetischer abgeschlossen, als eine Königin im Knäuel. Bei starker Betäubung bleiben sie stundenlang liegen, ehe die über ihnen liegenden Bienen zum vollen Leben erwacht und sie von diesen verlassen sind; trotzdem ersticken sie nicht. Da man einwenden könnte, eine betäubte Biene habe nicht ein solches Athmungsbedürfniß, wie eine frische Königin, so warf ich einen Schwarm in eine Glasglocke. Die Bienen, die nicht an den Wänden des konisch zulaufenden Gefäßes hinauf konnten, blieben zwei Stunden hoch aufeinander liegen; als ich die Glasglocke ausschüttelte, waren die Bienen ganz munter. β Erstickte eine Königin in einem Knäuel, so müßten die untersten von den Bienen, die das Knäuel bilden und die mit eingeschlossen sind, mit ersticken. γ. Eine Biene, die erstickt wird, bleibt mehrere Stunden scheintobt, ehe sie stirbt. Erstickt man eine Biene unter Wasser und läßt sie mehrere Stunden unter Wasser, so wacht sie, aus dem Wasser genommen, wieder auf. Wer hat nun je eine scheintobte Königin in einem Knäuel eingeschlossen gefunden? S. Dönhoff Bztg. 4856 S. 138.

11. **Tragen die Bienen Eier und Maden aus einer Zelle in die andere?**

Viele Bienenzüchter behaupten nicht nur, daß die Arbeiterinnen öfters Eier und Maden aus einer Zelle in die andere schafften, sondern sogar, daß bei Erbrütungen von Königinnen jedesmal Eier oder Maden aus Arbeiterzellen in Weiselzellen übergetragen würden. S. Raben Bztg. 1851 S. 47. Sicher unrichtig; denn transportirten die Bienen Eier oder Maden aus einer Zelle in die andere, so müßten sie doch den Gedanken davon angeboren in sich tragen, weil sie ohne denselben selbstverständlich nicht darauf verfallen konnten. Daß der Schöpfer, hätte es seinen Zwecken entsprochen, den Bienen diesen Gedanken eingepflanzt haben würde, beweisen die mit den Bienen in das Geschlecht der Hymenopteren gehörigen Ameisen, die wir ihre Brut jederzeit transportiren sehen können. Bei den Bienen hingegen sehen wir gerade da, wo ein Transportiren der Eier oder Maden von wesentlichem Nutzen sein könnte, daß sie von der Natur nicht dazu berufen sind. Haben sich z. B. die Bienen im Frühjahr mit ihrer Brut schon tief heruntergezogen und tritt eine unerwartet scharfe Kälte ein, so ziehen sie sich wieder in die Höhe, ohne ihre Eier und Maden mitzunehmen, die in Folge davon verderben, während doch oben gar manche leere Zelle sich findet, worin sie dieselben bequem unterbringen könnten, wenn sie wie die Ameisen angewiesen wären, ihre Brut von einem Orte nach dem andern zu transportiren. Fällt beim Beschneiden eine Made ganz unverletzt auf den Boden, oder verletzt man eine Zelle, worin eine Made erzogen wird, etwas stärker, ohne der Made selbst im Mindesten wehe zu thun, so wird das arme lebenskräftige Ding zwar translocirt und transportirt, aber nicht in eine andere Zelle, was doch liebevoll und verständig verfahren hieße, sondern ohne Weiteres zum Stocke hinaus. Und nun sollten die Bienen von ihrem Instincte geleitet werden, Eier oder Maden zur Weiselerziehung durchaus zwecklos aus einer Zelle in die andere zu versetzen? Wie sollten die Bienen wohl damit zu Stande kommen? Mit Eiern dürfte es ihnen geradezu unmöglich sein, weil α. das Ei mit dem unteren Ende vermittels eines Kittes derartig auf dem Boden der Zelle festgeklebt ist, daß es, ohne verletzt zu werden, von den Bienen gar nicht gelöst und herausgenommen werden kann. Denn die Ablösung könnte nur durch Zerstörung der Partie des Chorions (s. Seite 55 Z. 4 v. u.), an welcher es anhaftet, geschehen und dann würde der Dotter ausfließen und die Entwickelung des Embryo ipso facto aufgehoben sein; β. würde eine translocirende Biene nicht im Stande sein, ein Ei gehörig in der Zelle zu befesti-

§ XXII. Verschiedenes aus dem Leben der Bienen.

gen, weil dazu ein besonderer Kitt nöthig ist, den das Ei nur beim Hervorgehen aus der Mutterscheibe besitzt. S. Kleine Bztg 1856 S. 91. 1857 S. 170. 1858 S. 206 f.

Der Transportation von Maden scheinen allerdings die Schwierigkeiten nicht entgegen zu stehen, welche die Transferirung von Eiern unmöglich machen, vorausgesetzt, daß die Maden sich noch in den ersten Stadien der Entwickelung befinden. Denn mit einer erwachsenen, die ganze Zelle fast ausfüllenden Made würde die transportirende Biene schwerlich etwas anfangen können. Wie wollte es die Biene bewerkstelligen, das unbehilfliche Wesen regelrecht und unbeschädigt in die Zelle zu bringen? Und aus einer Weiselwiege würde die hineingebrachte Made sicher wieder herausfallen, weil die Made in der mit der Mündung senkrecht hängenden Weiselwiege nur durch den zähen gallert- und gummiartigen Futterbrei, in und auf welchem sie gleichsam klebend schwimmt, gehalten wird. Dieß dürfte aber nur möglich sein, wenn sie nach und nach in diesem klebrigen Brei heranwächst, mit diesem gleichsam verwachsen ist. Auf denselben gelegt, muß sie nothwendig herabfallen. Und wenn ein Stock seine Königin auf irgend eine Weise verliert, ehe brutbesetzte Weiselzellen vorhanden sind, oder man einen Brutableger fertigt, was thun da die Bienen? Bauen sie etwa Weiselwiegen und tragen Eier oder Maden hinein? keineswegs, sondern sie formen bereits brutbesetzte Arbeiterzellen in Weiselzellen um.

Dzierzon, ich und Kleine haben gewiß Tausend Brutableger gemacht, aber auch nicht ein einziges Mal eine Translocation eines Eies oder einer Made wahrgenommen; was doch wohl einmal geschehen sein dürfte, wenn die Bienen die natürliche Befähigung dazu besäßen. Allerdings errichten die Bienen, die plötzlich ihre Königin verlieren, in der ersten Aufregung öfters auch Weiselnäpfchen mit kesselförmigem Boden, niemals aber werden Eier oder Maden aus Arbeiterzellen in solche translocirt, sondern sie bleiben unvollendet und leer, wenn nicht etwa eine Arbeitsbiene in ein solches Näpfchen ein Ei legt, das sich auch zu einer Made entwickelt, die bedeckelt wird, die aber als Drohnenmade fast immer (f. Seite 104) vor dem Ausschlüpfen abstirbt.

Ich habe jedoch auch einen eigenen Versuch gemacht, der schlagend beweist, daß die Bienen weder Eier noch Maden translociren.

Im Sommer 1854 entweiselte ich zwei Beuten, nahm alle Brutwaben weg und gab nur leere und Honig-Waben. Dann nahm ich, als sich die Bienen weisellos fühlten, mit einem Ohrlöffelchen wohl 70—80 Maden aus den Zellen und legte sie theils auf das Bodenbrett theils nach abgehobenen Deckbrettchen auf die Wabenträger. Ebenso hob ich mit einem befeuchteten Nagel eine Menge Eier aus den Zellen, und legte sie ebendahin. Die Bienen tobten fürchterlich, schlugen sich theilweise auf die Nachbarstöcke, setzten eine Menge Weiselnäpfchen an, alle aber blieben leer. Am 8. Tage nachher legte ich in eine dieser Beuten unten auf das Bodenbrett ein handgroßes Stück Brutwabe mit Eiern und kleinen Maden so, daß die eine Seite der Zellenmündungen nach oben stand. Bald wurden Weiselwiegen erbaut, die wie dicke Raupen wagerecht über dem Wabenstücke lagen, und Weisel erbrütet. S. von Berlepsch Bztg. 1856 S. 28.

Kommen aber nicht Ausnahmen vor, d. h. tragen aber nicht doch in seltenen Fällen die Bienen Eier oder Maden aus einer Zelle in die andere? In der Bienenzeitung sind viele solche vermeintliche Fälle mitgetheilt, welche jedoch bis auf einen völlig ohne Belang und keiner Erwähnung werth sind. Dieser eine Fall ist der von Helene Ließ aus Jassy, welche sagt: Im Frühjahr 1857 wollte ich eine junge Königin erziehen und bildete deshalb ein Völkchen von etwa 500—600 Bienen, dem ich eine Honig-, eine Brut- und eine leere Wabe gab. Die leere Wabe, die ich auf die brutbesetzte folgen

§ XXII. Verschiedenes aus dem Leben der Bienen.

ließ, hatte nahe am Wabenträger eine Vertiefung, in welche, von dem Wabenträger anfangend, die Bienen den zweiten und dritten Tag einen kleinen, einer Zunge ähnlichen Vorsprung gebaut und an diesem Weiselnäpfchen angesetzt hatten, während an der Bruttafel selbst noch keines begonnen war. Ich nahm die leere Tafel heraus, betrachtete sie genau, sah aber weder ein Ei noch eine Made in dem Näpfchen. Am dritten Tage nachher sah ich wieder nach und fand zu meinem größten Erstaunen in einem der Näpfchen eine, dasselbe fast ganz ausfüllende Made, und noch nach neun Tagen eine Königin unter den Bienen. Dieser Fall beweist, daß die Bienen, wenn auch nicht Eier, so doch wenigstens Maden übersiedeln können. S. Helene Lieb Bztg. 1858 S. 57.

Soll dieser Fall weggeläugnet werden, so übriget nichts, als anzunehmen:

a. daß Madame Lieb bei ihrer ersten Besichtigung des Ablegers ein von einer Arbeitsbiene in ein Näpfchen gelegtes Ei übersah;

b. daß Madame Lieb, wenn sie sagt, schon am dritten Tage nach der ersten Besichtigung der leeren Wabe eine Made, die das Näpfchen fast ganz ausgefüllt, gefunden zu haben, sich in der Zahl der Tage getäuscht. Denn übersah sie wirklich z. B. am 1. Mai 1857 ein Ei, so konnte sie am vierten Mai, dem dritten Tage nachher, unmöglich eine Made finden, die das Näpfchen „fast ganz ausfüllte". Dazu wären allermindestens vier volle Tage erforderlich gewesen;

c. daß Madame Lieb an der Brutwabe eine Arbeiterzelle, die bereits in eine Weiselwiege umgeformt war, übersah, als sie die Waben zum ersten Male betrachtete. Dieß letzte gibt sie in einem späteren Artikel selbst zu. S. Helene Lieb Bztg. 1859 S. 143.

Unter Voraussetzung dieser drei Fehler kann man mit Kleine also argumentiren: Eine Königin schloß an der Brutwabe aus und die mit einer Drohnenmade besetzte Weiselwiege der leeren Wabe wurde ausgebissen, der darin befindliche Wechselbalg zum Flugloche hinaus transportirt, die Zelle selbst abgetragen, so daß die Beobachterin nicht mehr im Stande war, zu entscheiden, ob die Inwohnerin regelrecht ausgeschlüpft oder ausgebissen sei, und nur unrichtig schloß, daß eben hier auch die vorhandene Königin müsse ausgebrütet worden sein, während sie an der Brutwabe hervorging. S. Kleine Bztg. 1858 S. 207.

Sind aber einer Helene Lieb, einer so äußerst gewandten Imkerin, einer so scharfsinnigen — ich möchte sagen — Männin, Fehler wie die obigen zuzutrauen? Fast möchte man sagen „Nein", und doch halte ich Irrthum für wahrscheinlich, da ihr Referat in zwei Punkten augenfällig unvollständig und ungenügend ist. Erstens nämlich sagt Referentin, die Bienen hätten „am zweiten und dritten Tage" (nach Herstellung des Ablegers) an der leeren Wabe Weiselnäpfchen gebaut. Woher wußte sie die Zeit so genau, da sie ja nicht angibt, an dem wievielsten Tage nach Herstellung des Ablegers sie die erste Besichtigung vornahm? Hat sie am zweiten und dritten Tage, also zweimal, oder erst später nur einmal nachgesehen? Zweitens sagt sie nicht, ob das Näpfchen, in welchem sie die Made fand, auch wirklich fertig gebaut und geschlossen wurde; sagt nichts über den Zustand der Zelle, nachdem sie eine Königin unter den Bienen gefunden hatte, d. h. sagt nicht, ob die Zelle noch vorhanden oder bereits ganz oder theilweise abgetragen gewesen sei; scheint also darauf nicht geachtet zu haben. Eine solche Beachtung war aber unerläßlich; denn wäre die Zelle z. B. an der Seite aufgebissen gewesen, so hätte der Irrthum erkannt werden müssen, da eine seitwärts aufgebissene Wiege das untrügliche Zeichen ist, daß eine Königin aus derselben nicht ausschloß! In einem späteren Artikel (Bztg. 1859 S. 143) sagt sie freilich, daß sie

die Weiſelwiege ſpäter „bis auf das fehlende Deckelchen durchaus unbeſchä-
digt gefunden habe." Warum aber ſagte ſie dies, die Hauptſache, nicht
gleich! Sie wolle es mir deshalb nicht verargen, wenn ich auf dieſe nachträgliche Notiz kein Gewicht lege.

Aus dieſen Gründen trete ich Kleine bei und bemerke nur noch, daß man gar zu
leicht an einer bienenbeſetzten Brutwabe eine Weiſelwiege, beſonders eine noch nicht
vollendete überſehen, ſich auch hinſichtlich der Zahl der Tage leicht täuſchen kann, wenn
man ſich die Zeit a quo (wie ich bei allen Verſuchen thue) nicht ſofort genau notirt. —
Ein Bienenbeobachter muß immer ein kleines Notizbüchelchen mit Bleiſtift bei
ſich führen.

12. Die Sträußchen der Bienen.

Zu manchen Zeiten, beſonders gegen Ende Mai und Anfang Juni, ſieht man theils
mehr theils weniger Bienen, die vorn auf dem Kopfe ein gelbliches, mitunter auch ein
anderes reſp. gemiſchtfarbiges elaſtiſches biegſames Sträußchen oder Büſchelchen haben.
Sie arbeiten dabei munter und man ſieht ihnen keine Krankheit an. Die Bienenzüchter
nannten jedoch dieſe Erſcheinung Büſchel- oder Hörnerkrankheit, weil ſie die
Sträußchen oder Büſchelchen für Pilze, die aus dem Kopfe der Bienen hervorwüchſen,
hielten, bis von Siebold nachwies, daß es keine Pilze, ſondern klebengebliebene
Pollenmaſſen gewiſſer Blumen, namentlich der Orchideen ſind, die ſich durch klebrige
Baſis ihrer Stielchen dem Körper, namentlich dem Kopfe, nicht nur der Bienen, ſondern auch anderer nach Honig ſuchender Inſecten aufkleben. Von Siebold ſchmückte
eine Blattweſpe und eine Baumwanze mit den keulenförmigen grüngefärbten Pollenmaſſen der orchis maculata an Stirne, Fühlern, Bruſtſchild und Flügeln in vollkommen ſymmetriſcher Ordnung und ſandte dieſe beiden Inſecten mit einem Exemplar jener
orchis, von welcher er den Schmuck genommen, an Dzierzon; worauf dieſer an
von Siebold ſchrieb: Durch Ueberſendung der beiden Inſecten, die von Ihnen
ſelbſt, wie aus der Symmetrie zweifellos hervorging, mit den Büſcheln geziert worden
ſind, haben Sie mir ad oculos demonſtrirt. Die Staubmaſſe der genannten Blumen
iſt in der That ſehr klebrig und wie Gummi elaſtiſch. Indem die Bienen, den
Honig herausholend, den Kopf gegen dieſe Blüthen andrücken, iſt eine Befeſtigung jener Staubmaſſe auf der Stirne derſelben ſehr leicht möglich. Weil ſich nun an eine
ſolche einmal befeſtigte Staubmaſſe andere gleiche oder ähnliche Maſſen um ſo leichter
anreihen, erſcheint bald ein ganzes Büſchelchen oder Sträußchen auf der Stirne ſolcher
Bienen. Von der Irrthümlichkeit der bisherigen, aus einer Schrift in die andere über-
gegangenen Anſicht, daß jene Büſchel ſchwammartige Auswüchſe ſeien, hätte man ſich
allerdings ſchon dadurch überzeugen können, daß dieſe niemals in der Entſtehung beim
Hervorbrechen oder Hervorwachſen, ſondern ſtets ſchon in ihrer vollkommenen Länge
wahrgenommen wurden. v. Siebold Bzlg. 1852 S. 130 f.

Wenn die Maſſe verdorrt iſt und ihre Klebrigkeit verloren hat, in welchem Falle ſie
leicht abbricht, fallen die Büſchel wieder ab oder werden von den Bienen mit den Füßen abgeſtreift; was die Bienen, ſo lange die Büſchel ihre Klebrigkeit haben, der Feſtigkeit, mit welcher der Stiel der Maſſe der Stirne aufklebt, und der großen Elaſticität
wegen nicht wohl vermögen, ſondern ſie durch ihre Verſuche, ſich der Klebfäden durch
Streichen der Vorderfüße zu entledigen, erſt recht in die Höhe ſtreifen und zu Sträußchen formen. S Kittel Bzlg. 1857 S. 31 f. Aleſeld ebendaſ. S. 32 f. Wie feſt
die einzelnen das Sträußchen bildenden Pollenfäden ſich aufheften und ankitten, geht
aus einem Verſuche F. Hofmanns hervor. Wollte ich, ſagt er, das Sträußchen
wegreißen, ſo mußte ich etwas Gewalt anwenden; aber die meiſten Fäden riſſen ent-

zwei, so daß ich zwar die Krone der Staubfäden zwischen den Fingern hatte, auf den Bienen aber Rudera wie Stoppeln zurückblieben. S. F. Hofmann Bztg. 1854 S. 34. — Vergl. auch von Bose (Bztg. 1857 S. 277 und 1858 S. 183), der die alte Ansicht zu stützen suchte, und dagegen Kleine (Bztg. 1858 S. 87.) Köhler (Bztg. 1859 S. 44) und Alefeld (Bztg. 1860 S. 12 f.)

13. Verirrungen des Instinctes der Bienen.

Obschon die Bienen von ihrem Instincte fast immer richtig geleitet werden, begegnet ihnen doch manchmal etwas Menschliches und verirren sie sich bisweilen gar sehr und begehen große Fehler.

a. Sie formen mitunter Drohnenzellen zu Weiselzellen um und erwarten daraus, natürlich vergeblich, eine Königin. Bei einem weisellosen Volke ist dieß allenfalls erklärlich. Wie der Sinkende einen Strohhalm ergreift, so ergreifen auch die Bienen im Zustande der Hoffnungslosigkeit eine mit einer Drohnenmade oder, wenn gar keine Brut vorhanden ist, eine etwas Pollen enthaltende Zelle, um sich eine Königin zu erbrüten. Sie wählen aber auch bisweilen eine Drohnenmade, wenn es ihnen an Arbeitermaden auf derselben oder einer anderen Tafel nicht fehlt. S. Dzierzon Bztg. 1856 S. 184.

b. Auch den Fehler, wenn auch viel seltener, scheinen die Bienen zu begehen, daß sie eine königliche Larve nicht mit dem entsprechenden Futter versehen. Denn es finden sich hin und wieder in den äußerlich schönsten Weiselwiegen gewöhnliche Arbeiterinnen. S. Dzierzon Bztg. a. a. O. und Gundelach Nachtrag u. s. w. S. 27.

c. Dzierzon kamen zwei Fälle, Rothe ein Fall vor, wo die Königin als Larve den Fehler beging, der ihr das Leben kostete, sich mit dem Kopfe statt nach unten nach oben auszustrecken. Dzierzon und Rothe fanden nämlich in den Weiselwiegen vollkommen ausgebildete junge Königinnen mit dem Kopfe nach oben, so daß sie sich nicht durchzubeißen vermochten und sterben mußten. S. Dzierzon a. a. O. Rothe Bztg. 1859 S. 135. Bei Königinnen kam mir ein solcher Fall nicht vor, wohl aber fand ich wiederholt junge Arbeiterinnen todt in der Zelle, weil sie mit dem Kopfe nach dem Boden, nicht nach dem Deckel der Zellen zu lagen. Und Obed fand in einer Klotzbeute, welche er ausschnitt, fast alle Bienen verkehrt in den Zellen stecken. S. Obed Bztg. 1859 S. 156.

d. Die Königin legt oft in eine Zelle zwei und drei Eier, ja ganze Häufchen; was Dzierzon aus einer Mangelhaftigkeit oder Verletzung der Tastwerkzeuge oder einer Erschlaffung der beim Eierabsetzen thätigen Organe erklärt hat. S. Dzierzon a. a. O. Dann könnte man es aber kein Verirren des Instinctes nennen; denn wenn die Königin nicht anders vermag, irrt sich ihr Instinct nicht. Uebrigens hat das Legen mehrerer, ja vieler Eier in eine Zelle oft auch den Grund, daß die Königin, sehr fruchtbar, das ganze von ihren Bienen belagerte Brutnest mit Eiern besetzt und nun keinen Raum zum weiteren Eierlegen hat. — Wo mehr als ein Ei in eine Zelle gelegt ist und sich mehr als eine Made in einer Zelle entwickelt, sollen nach Dönhoff (Bztg. 1859 S. 240) alle Maden von den Bienen ausgesogen und herausgeworfen werden. Ich muß zu meiner Schande gestehen, auf diesen Punkt niemals geachtet zu haben.

e. Dzierzon sah eine Königin von einer bedeckelten Brutzelle zur andern gehen und die Deckel abbeißen, welche die Bienen dann geduldig von neuem aufführten. Es war dieß eine widernatürliche Spielerei; vielleicht wollte die Königin sich leere Zellen verschaffen, an denen es ihr zum Eierabsetzen gänzlich fehlte. Denn als Dzierzon leere Tafeln gegeben hatte, ging alles in bester Ordnung fort. S. Dzierzon Bztg. 1856 S. 184 f.

§ XXII. Verschiedenes aus dem Leben der Bienen.

f. Dzierzon hatte einen Stock sehr lange weisellos gehalten, ihn aber von Zeit zu Zeit durch Brutwaben, von denen er jedoch die angesetzten Weiselzellen immer wieder wegschnitt, verstärkt. Als er den Stock endlich zu einer Königin durch Einfügung einer Weiselwiege gelangen ließ, fielen die Bienen, gleich nachdem die Königin die Wiege verlassen hatte, über die Drohnen her, während sie derselben doch zur Befruchtung der Königin noch nöthig hatten. Die Drohnen lagen ihnen schon weit über die gesetzmäßige Zeit auf dem Halse; wodurch sie in den Irrthum geriethen. S. Dzierzon Bztg. 1854 S. 253.

g. Es ist eine höchst auffallende Erscheinung und wahrscheinlich auch eine Verirrung des Instinctes, daß junge Königinnen, die vom Befruchtungsausfluge heimkehren, hin und wieder von ihren eigenen Bienen angefallen, eingeschlossen, ja sogar umgebracht werden. Ich habe fünfmal gesehen, daß heimkehrende Königinnen **gleich am Flugloch** gepackt, eingeschlossen und erstochen wurden. Eine sechste befreite ich aus dem Knäulchen und ließ sie hinten auf eine Tafel laufen. Aber auch hier wurde sie sofort angefallen und nach einer halben Stunde war sie todt. Nun tobten die Bienen, sich weisellos fühlend, fürchterlich, heulten, stürzten zum Flugloche heraus u. s. w. — Das bloße wiederholte Zurückbeißen vom Flugloche habe ich sehr oft gesehen. Die ganze Erscheinung ist mir wenig oder gar nicht erklärlich. Sollten vielleicht die ersten Angreifer der jungen Königin verirrte Bienen nachbarlicher Stöcke sein? Sollten dann auch die eigenen Bienen mit fortgerissen, getäuscht werden? Vielleicht durch den G'sftgeruch, den die Königin durch das Bespritztwerden sofort annehmen dürfte? Dzierzon, dem diese Erscheinung gleichfalls oft vorgekommen, meint, vielleicht habe die Königin in Folge der Begattung mit der Drohne oder von einem bitteren Kraute, auf welches sie niedergefallen, einen fremdartigen Geruch angenommen, so daß sie von den Ihrigen nicht mehr erkannt werde. S. Dzierzon Bztg. 1857 S. 229. Mir wenig plausibel; denn ich sah, wie zurückkehrende Königinnen am Flugloche angefallen und zurückgebissen wurden, die sicher so unbefruchtet zurückkehrten, als sie ausgeflogen waren.

Eine andere Erklärung Dzierzons (Bztg. 1851 S. 173), nach welcher die Bienen das Einschließen resp. Abstechen solcher Königinnen deßhalb thun sollen, weil sie glaubten, die ausgeflogene und lange ausbleibende Königin sei bereits wieder im Stocke und sie deßhalb die ankommende irrthümlich für eine fremde hielten, gefällt mir auch nicht, da ich das Wegbeißen und Einschließen mehrmals sah, obwohl die Königin schon sehr bald heimkehrte.

h. Auch im Stocke wird die Königin, die befruchtete sowohl wie die unbefruchtete, häufig eingeschlossen, wenn auch nicht die geringste Veranlassung dazu zu entdecken ist. Ich sehe, sagt Dzierzon, bisweilen auf dem Boden eines Stockes, dem keine fremde Bienen zugebracht worden sind, und auf den sich auch keine verirrt haben konnten, eine Menge abgestochener oder angestochener Bienen liegen, höre im Haupte ein Geziisch, und ich weiß, was vorgeht. Die Königin wird eingeschlossen gehalten. Dieses dauert bald mehrere Tage, bald ist es nur vorübergehend, und endet bald mit dem Tode der Königin, bald mit einer größeren oder geringeren Verstümmelung, oder es hat auch weiter keine nachtheiligen Folgen. Veranlassung dazu kann der Angriff einer einzigen Biene gegeben haben, in Folge dessen die Königin ein Angstschrei ausstieß, der das ganze Volk alarmirte. S. Dzierzon Bztg. 1856 S. 229. Wenn aber Dzierzon an dieser Stelle weiter sagt, die Königin könne auch den Angriff selbst verschuldet haben dadurch, daß sie sich aus dem Brutneste, ihrem beständigen und ihr von der Natur angewiesenen Aufenthalte und Wirkungskreise entfernt habe, und daß das Ueberschreiten ihrer Klausur mit dem Tode bedroht sei, so ist dies gewiß nicht richtig. Denn wie oft sieht man nicht im Sommer die Königin, wenn im Brutlager keine leeren Zellen mehr vorhanden sind, im ganzen Stocke unbeirrt umherspazieren und nach leeren Zellen suchen.

Uebrigens darf man sich über das zeitweilige Verirren des Instinctes der Bienen nicht wundern, da auch bei anderen Thieren Instinctverirrungen vorkommen. So z. B. versucht der in Deutschland und Frankreich einsam lebende Biber immer zu bauen, obwohl er ohne Beistand anderer nichts zu Stande bringen kann, und die Hühner scharren auch auf gepflastertem Boden nach Nahrung. Zugvögel kommen zu früh, Fische lassen sich durch künstlich nachgemachte Insecten an dem Angelhaken täuschen und fangen, Schmeißfliegen legen bisweilen ihre Eier in Blüthen der vom Cap nach Europa verpflanzten Stapelia, indem sie durch den aasähnlichen Gestank dieser Pflanze irre geführt werden. Gänse und Hühner brüten auf eiförmigen weißen Steinen u. s. w. S. Dr. Braun Bzlg. 1845 S. 102.

§ XXIII.
Die italienische Biene.

Im Genuesischen, in Lombardien, Venetien, ja schon in den an Italien grenzenden südlichen Thalgegenden des Cantons Graubündten befindet sich eine Bienenrace, die von der in Deutschland heimischen durch die Färbung augenfällig verschieden ist. S. von Baldenstein Bztg. 1853 S. 11. Deus Bztg. 1856 S. 13. Weiter südlich in Italien scheint sie nicht vorzukommen, denn in Nizza fand Deus wieder die schwarze Biene (S. Deus a. a. O. S. 14) und in Portici und der Umgegend von Neapel habe ich selbst wiederholt Bienen auf Blumen beobachtet und keinen Unterschied von den bei uns heimischen wahrgenommen. Auch auf Sicilien existirt die schwarze Biene. S. von Baldenstein Bztg. 1855 S. 12. Die Bezeichnung „italienische Biene" ist daher, streng genommen, ungenau, besser würde man gesagt haben „oberitalienische Biene".

Die erste Kunde von der Existenz dieser besonderen Bienenrace erhielten die deutschen Imker durch von Baldenstein, welcher sich im Jahre 1843 ein Volk aus Italien hatte kommen lassen und davon in der Bienenzeitung Nachricht gab. S. von Baldenstein Bztg. 1848 S. 26 f. Dzierzon wendete sich an die k. k. österreichische Landwirthschaftsgesellschaft zu Wien mit der Bitte, ihm einen solchen Stock zu vermitteln, und wirklich war diese Gesellschaft so freundlich, von Frau Adele von Prollius zu Mira bei Venedig einen italienischen Stock ankaufen und am 19. Febr. 1853 bei Dzierzon in Carlsmarkt ankommen zu lassen. S. Dzierzon Bztg. 1853 S. 40. Später bezogen auch Stein, Rablkofer, Kühner und Forstwart Kolb Stöcke direct aus Italien. S. Redaction der Bztg. 1854 S. 144. Donauer Bztg. 1856 S. 247. Otto Rablkofer Bztg. 1856 S. 148 f. Kolb Bztg. 1857 S. 93 ff.

Dzierzon vermehrte diese Race gleich im ersten Jahre stark und von ihm stammen alle — kann man wohl sagen — italienische Stöcke ab, die dermalen in Deutschland existiren.

1. **Farbe- und Körperunterschied von den einheimischen Bienen.**
a. **Bei den Arbeiterinnen.** Sie erscheinen auf den ersten Blick gelblich, den Wespen ähnlich, und haben die beiden bem Brustflücke nächsten Ringe des Oberleibes gelb-röthlich oder orangefarbig statt schwarz gezeichnet, auch die hinteren Ringe sind gelber. Einen Unterschied in der Größe bemerkt man nicht, doch scheinen die italienischen Arbeiterinnen etwas kleiner zu sein. Dönhoff wog nämlich zu wiederholten Malen drei italienische und drei heimische Arbeiterinnen, die honigleer waren, und fand stets,

§. XXIII. Die italienische Biene.

daß drei Italienerinnen etwa ½ Gran leichter waren als drei Inländerinnen. S. Dönhoff Bztg. 1855 S. 215.
  b. Bei den Drohnen. Sie sind auf dem Oberkörper auch gelb, aber dunkler als die Arbeiterinnen geringelt, am Bauche matt gelblich und an Größe den heimischen Drohnen merklich nachstehend, etwa ⅓ kleiner. S. Dzierzon Bztg. 1853 S. 189.
  c. Bei den Königinnen. Wie die heimischen, so sind auch die italienischen Königinnen unter sich an Farbe und Größe sehr verschieden. Es kommen große, mittlere und kleine vor. Die meisten sind am ganzen vorderen Theile des Leibes goldgelb und orangefarbig und nur die Schwanzspitze geht in's Schwärzliche über; manche sind aber auch durchaus goldgelb, wie aus Ducatengold geschnitten. Andere gleichen mehr den Arbeiterinnen, zeigen nur gelbe Ringe, und sehr einzelne sind von heimischen schwer oder gar nicht zu unterscheiden. — Am Schlusse des Paragraphen noch etwas über die Farbe der Königinnen.
  Nach Dzierzon soll das Geäder der Flügel bei allen drei Wesen der italienischen Race feiner und der Ton, den sie damit hervorbringen, höher und feiner sein. S. Dzierzon Bztg. 1854 S. 252. Mir sehr wahrscheinlich, denn der sanftere Flugton ist so auffallend, daß ich mir getraue, bei verbundenen Augen zu sagen, ob ein isolirt stehender und stark fliegender Stock ein italienischer oder ein heimischer ist. Stehen freilich viele Stöcke beider Racen beisammen, dann ist unter dem allgemeinen Lärm der sanftere Flugton der Italienerinnen nicht wahrzunehmen. S. von Berlepsch Bztg. 1856 S. 4.
  Hübler sagt: die Arbeiterinnenzellen der italienischen Race sind größer als die der heimischen. Ein Raum von 15 Zellen der heimischen Race im Quadrat enthält 225, ein gleich großer von italienischem Bau nur 195 Zellen, mithin 30 weniger. Bztg. 1859 S. 279. Ich vermag nicht zu entscheiden, da mir in diesem Augenblick hier in Gotha das nöthige Material nicht zu Gebote steht, um comparative Messungen anstellen zu können. Doch, dubito.
  2. Was ist die italienische Biene?
  Nichts als eine örtliche Varietät unserer allbekannten apis mellifica. Die italienische Biene ist der einheimischen gegenüber keine species eines gemeinschaftlichen genus, sondern nur eine Varietät in der species, eine Race. S. von Siebold Parthenogenesis u. s. S. 88. Sie verhält sich zur einheimischen Biene nicht wie das Pferd zum Esel, Quagga und Zebra oder der Kanarienvogel zum Stieglitz, Hänfling und Fink, deren jedes Thier eine besondere species eines gemeinschaftlichen genus ist, sondern sie verhält sich zur einheimischen Biene, wie das arabische Pferd zu dem polnischen und holländischen, das tyroler Rind zu dem friesischen und deutschen, die gewöhnliche Feldtaube zu der Trommel- und Schwalbentaube; welche alle nur Varietäten in der Species, Racen sind. Die italienischen Bienenweibchen begatten sich mit heimischen Männchen und heimische Weibchen mit italienischen Männchen, und die aus diesen Mischpaarungen hervorgehenden Männchen und Weibchen sind wieder fortpflanzungsfähig, wie die Mischlinge der verschiedenen Pferde-, Rinder- und Taubenracen, nicht aber fortpflanzungsunfähig, wie die Mischlinge verschiedener species, z. B. die Bastarde von Pferd und Esel, Kanarienvogel und Stieglitz u. s. w.
  Wie aber die verschiedenen Pferde und Rinderracen neben manchen körperlichen Abweichungen auch durch Eigenschaften unter einander verschieden sind, wie z. B. das arabische Pferd schneller als das deutsche, das polnische dagegen Klima, Entbehrungen und sonstige Widerwärtigkeiten unempfindlicher als das arabische, das friesische Rind milchiger als das tyroler, das deutsche genügsamer in Futter als das friesische und tyroler ist, so können auch zwischen der italienischen und heimischen Bienenrace verschie-

§ XXIII. Die italienische Biene.

bene Eigenschaften, verschiedene Manifestationen des Lebens obwalten, welche die eine oder die andere Race dem Menschen genehmer und nützlicher machen. S. von Berlepsch Bztg. 1856 S. 4.

Aber die italienische Biene ist nicht einmal eine constante stereotype Varietät in der species, namentlich ist die Farbe nicht constant und stereotyp. Dzierzons in Italien geborene und in Italien befruchtete Stammkönigin erzeugte, wenn auch nur in geringer Zahl, merklich dunkelere Arbeiterinnen und hin und wieder merklich dunkelere, ja von den deutschen kaum oder gar nicht unterscheidbare Königinnen S. Dzierzon Bztg. 1854 S. 253. Solche Königinnen gehen nämlich hervor und müssen hervorgehen, wenn ein Ei, das eine dunkelere Arbeiterin geben haben würde, zur Königin ausgebrütet wird. Ebenso wie mit der Dzierzon'schen Stammkönigin verhielt es sich mit drei italienischen Königinnen, welche Otto Rablkofer, und einer, welche der Forstwart Kolb direct aus Italien bezogen. Auch diese vier Königinnen erzeugten theilweise weniger gelbe, mehr dunkele Arbeiterinnen und Königinnen; wie mir Rablkofer in Dresden mündlich sagte und Kolb in der Bztg. 1857 S. 95 berichtet, wo er sagt: Die Königin erzeugte nicht wenige Prinzessinnen Töchter, die theils nur wenig theils gar nicht von heimischen zu unterscheiden waren. Man sieht also, daß in der italienischen Race sich Bruchtheile schwarzen Blutes befinden, daher rührend, daß in jenen Gegenden, wo die auch in Deutschland heimische schwärzliche Race anfängt aufzuhören, die italienische bunte anfängt zu beginnen, immer Mischpaarungen vorkommen müssen, wodurch dann weiter, zwar in immer geringerer Proportion, schwarzes Blut in die übrige bunte italienische Immenwelt hineingepflanzt wird. Ist also die italienische Race noch nicht rein, enthält sie noch Bruchtheile schwarzen Blutes in sich, so drängt sich vor Allem die Frage auf:

3. Ist die italienische Race zu reinigen?

D. h. Sind durch rationale Zucht die Bruchtheile schwarzen Blutes aus der italienischen Race auszuscheiden, ist sie zu einer stereotyp gleichmäßig bunten herzustellen, ist sie zu veredeln? Diese Frage kann a priori weder bejaht noch verneint werden, wohl aber ist a priori die Möglichkeit einer Veredlung zuzugeben, da wir ja aus Erfahrung wissen, daß Thierracen, in andere Gegenden verpflanzt, durch Zucht veredelt wurden, so z. B. das Merinoschaf, welches in Deutschland durch rationale Zucht längst weit schöner, edeler und wollreicher geworden ist, als es bei seiner Einführung aus Spanien war. Dzierzon behauptet, die Veredlung bereits schon bewirkt zu haben, und sagt, daß er Königinnen besitze, die ganz gleichmäßig schöne Arbeiterinnen und Drohnen und ganz gleichmäßig schöne Königinnen hervorbrächten und zwar von allen drei Wesen schönere, als die Descendenz der direct aus Italien stammenden Altmutter gewesen sei. S. Dzierzon Bztg. 1854 S. 253. 1856 S. 194. 1857 S. 51, 251. Bztg. 1859 S. 214. Bfreund S. 133. Glaub's ihm; denn ich selbst habe einige derartige Königinnen besessen. Aus solchen einzelnen Stücken folgt aber nichts.

Eine besonders schöne Königin, von einer besonders schönen Drohne befruchtet, muß natürlich besonders schöne Descendenz hervorbringen. Soll aber die ganze Zucht wirklich und dauernd gereinigt und veredelt werden können, so ist, abgesehen von anderen fast unüberwindlichen Schwierigkeiten, die Erfahrung zu fragen, ob sich die verpflanzte Sorte bei uns durch das veränderte Klima und die veränderte Oertlichkeit nicht von selbst ändert und in die einheimische Race gemach hineinartet. Denn die Erfahrung lehrt unwiderleglich, daß manche Thierracen, in eine andere Gegend verpflanzt, sich verändern, namentlich der in der neuen Gegend heimischen Race sich immer mehr nähern, ohne daß Mischpaarungen diese Aenderung hervorbringen. In Thüringen verliert z. B. das tyroler Rind in der vierten und fünften Generation seinen Typus sehr bedeutend und fast ganz, wahrscheinlich weil Behandlung, Lebensweise und Futter bei uns ganz anders als in Tyrol sind. Ja sogar ein und dasselbe Thier verändert in anderer Gegend seinen Typus. So z. B. wird in Seebach jedes dorthin verpflanzte grobwollige Schaf nach einem Jahre schon bedeutend feinwolliger, aber auch bedeutend leichtwolliger, weil die Futterkräuter in Seebach besonders süß sind. Kommen dagegen Schafe von Seebach in Orte, wo die Futterkräuter mehr sauer sind, so werden sie grobwolliger und schwerwolliger. Wäre dieß nun auch bei der italienischen Bienenrace der Fall, so zerfiele obige Frage von selbst. Also:

4. **Bleibt bei uns die italienische Race, wo Mischpaarungen nicht vorkommen, erfahrungsmäßig dieselbe, die sie in Italien ist?**

Nach meinen Erfahrungen muß ich die Frage verneinen. Die erste italienische Königin erhielt ich im October 1853 von Dzierzon. Im Jahre 1854 erzeugte sie wunderschöne Arbeiterinnen und, was die Hauptsache ist, wunderschöne Königinnen, die meist ganz hell und nur nach der Schwanzspitze hin dunkeler wurden. Höchst selten, unter 30 gewiß nicht 2, kam eine dunkelere oder den Arbeiterinnen ähnlich geringelte vor. Damit mir diese prächtige Mutter nicht leicht verloren gehen konnte, hatte ich ihr gleich beim Empfange die Flügel verschnitten. Es war also unmöglich, daß, wenn ich wieder über den Stock kam und darin eine Königin mit verschnittenen Flügeln antraf, diese eine andere sein konnte, als die von Dzierzon erhaltene. Ueberhaupt hatte ich diese Königin unzählige Male gesehen, so daß ich sie, gleich einer Gänsehirtin, die jede Gans ihrer Heerde kennt, unter Hunderten auf den ersten Blick hätte herausfinden wollen. Im Frühjahr 1855 fingen die Arbeiterinnen schon an, bedeutend unansehnlicher zu werden; was zuerst mein höchst intelligenter Bienenmeister Günther bemerkte. Von den Königinnen, die ich im Sommer 1855 nachzog, waren von zehn mindestens schon drei so schwarz und noch schwärzer als einheimische und kaum $^2/_5$ war noch schön gelb. Vom Frühjahr 1856 an aber, wo die Königin mit ihren verschnittenen Flügeln noch lebte, kamen Arbeiterinnen zum Vorschein, die aussahen, wie mit Lehm beschmiert und von etwa zwanzig nachgezogenen Königinnen war auch nicht eine schöne. S. von Berlepsch Bztg. 1857 S. 250. Auch bei anderen Königinnen war es ebenso; je älter sie wurden, desto unansehnlicher wurde ihre Nachkommenschaft.

Was ich, haben auch Schönfeld und Klein zu Tambuchshof beobachtet. Ersterer sagt: die von Dzierzon erhaltene italienische, durch abgeschnittene Flügel kenntliche Königin hat 1856 bei weitem nicht mehr so schöne Prinzessinnen Töchter hervorgebracht als im Jahre 1855. S. Bztg. 1857 S. 72. Letzterer hatte von mir im Juni 1857 ein wahres Prachtexemplar, das ganz gleichmäßig schöne Prinzessinnen erzeugte, erhalten. Im Jahre 1858 behielt sie ihre Eigenschaft, 1859 aber, wo ich den ganzen Sommer bei Klein war, konnte sie als Zuchtmutter nicht mehr gebraucht werden, indem nur noch selten eine schöne Tochter zum Vorschein kam.

Hieraus folgt, daß die italienische Race entartet, d. h. in die heimische hineinartet, selbst bei ächter Paarung. Doch wird man die bunte Race, wenn man immer nur von den schönsten Königinnen nachzüchtet, lange, sehr lange erhalten können. S. von Berlepsch Bztg. 1857 S. 72.

Dagegen behaupten von Baldenstein (Bztg. 1848 S. 26 u. 1851 S. 82), Dzierzon (Bztg. 1856 S. 194 u. 1857 S. 51) Kleine (Bztg. 1856 S. 206) und Werny (Bztg. 1859 S. 183), die Race arte, wenn Mischpaarungen nicht vorkämen, bei uns nicht aus. Dzierzon stützt seine Behauptung darauf, daß seine aus Italien bezogene Königin, so lange sie gelebt, gleichmäßig schöne Nachkommenschaft in jeder

§ XXIII. Die italienische Biene.

Beziehung erzeugt habe, und daß er dermalen auf seinem Carlsmarkter Stande die Völker in solcher Reinheit und Schönheit besitze, wie sie schwerlich in Italien selbst sein dürften. S. Dzierzon a. a. O. und ebendas. 1859 S. 214.

Manche Individuen mögen während ihres ganzen Lebens sich constant erhalten, und ich besaß selbst einige solche. Das beweist aber für's Allgemeine nicht und stößt meine, Schönfelds und Kleins Beobachtungen nicht um. Ferner: Was die Kunst für einzelne Fälle zu effectuiren vermag, beweist für die Natur nichts, d. h. es beweist nicht gegen die Entartung, wenn man, indem man immer nur Brut der schönsten Königinnen zur Nachzucht benutzt, die Race in einzelnen Exemplaren nach Jahren noch ächt, ja sogar ächter und schöner aufzuweisen hat.

5. Durch welche Eigenschaften unterscheidet sich die italienische Race von der einheimischen?

In der Bienenzeitung sind bisher zwölf Eigenschaften, durch welche sich die italienische Race von der heimischen unterscheiden soll, angeführt worden. Ich werde Alles genau wiederholen und meine Erfahrungen hinzufügen. Dabei bemerke ich im Voraus, daß der Reiz der Neuheit und das schmucke Kleid der bunten Wälschländerin manchen Imker bestochen und ihn verführt hat, sowohl die wenigen wirklichen vortheilhaften Eigenschaften arg zu übertreiben, als auch von anderen vortheilhaften Eigenschaften zu sprechen, die in Wirklichkeit gar nicht existiren. Am besten hat Hübler, dieser unverwüstlich Joviale, die übermäßigen Lobpreiser der italienischen Race persiflirt, indem er sagt: Es fehlte nur noch, daß die italienischen Bienen nicht fräßen, um unter dem Vollkommenen das Vollkommenste zu sein. S. Hübler Bztg. 1855. S. 98. Doch zur Sache.

a. Ist die italienische Race weniger stechlustig?

Anfänglich behauptete Dzierzon, die italienischen Bienen stächen den Menschen gar nicht, denn er sagt: Gegen ihren Wärter gebrauchen sie ihren Stachel nur, wenn er sie drückt, sonst aber nicht. S. Bztg. 1853 S. 190. Ferner: die italienischen Bienen stechen nur, wenn sie gedrückt werden. S. Bztg. 1854 S. 3. Ich sage, Dzierzon behauptete anfänglich, die italienischen Bienen stächen den Menschen gar nicht; denn wenn sie gedrückt stechen, so müssen sie stechen, nicht aber wollen sie stechen. S. Seite 119 Z. 3 ff. v. o. Später, nachdem ich und Andere verlautbaret hatten, daß sie unter Umständen auch den Menschen stächen, modificirte er seine Ansicht dahin: die italienischen Bienen zeichnen sich vor den einheimischen durch sanfteren Charakter aus, sind weniger stechlustig und bedienen sich des Stachels gegen den Menschen nur, wenn sie sehr gereizt oder gedrückt werden. S. Dzierzon Bfreund S. 129 u. Bztg. 1856 S. 2. Bztg. 1859 S. 214. Und so ist es in der That. Ohne daß sie gereizt werden, stechen sie gar nicht. Bei Gewitterluft oder regnerischem schwülen Wetter, bei Gluth mit nur geringer Tracht wo bekanntlich die einheimischen am stechlustigsten sind, kann man stundenlang vor den Stöcken umher gehen, ohne von einer italienischen Biene gestochen zu werden. Hantirt man behutsam und vorsichtig an italienischen Beuten, so hat man nichts zu fürchten. Zwar fliegen oft auch italienische Bienen nach dem Gesichte, stechen aber nur äußerst selten, sondern setzen sich in der Regel wie Fliegen an, während bei den Einheimischen in solchen Fällen Anflug und Stich zusammenfallen. S. von Berlepsch Bztg. 1854 S. 254 u. 1856 S. 4. Hübler Bztg. 1855 S. 62. Otto Rablkofer Bztg. 1856 S. 149.

Uebrigens sind die einheimischen Bienen, vernünftig behandelt, auch keine reißende Wölfe, und wenn man mitunter einen Stich bekommt, so geht der Kopf nicht verloren.

§ XXIII. Die italienische Biene.

Andere haben die größere Gutmüthigkeit der italienischen Bienen bestritten und behauptet, sie stächen nicht mehr und nicht weniger als die heimischen. S. von Balbenstein Bztg. 1855 S. 12 und Wern z Bztg. 1857 S. 81; welcher jedoch Bztg. 1859 S. 183 sagt, daß die Italienerinnen weniger stechlustig seien.

Franz Hofmann sagt: Die italienischen Bienen stechen blos deshalb weniger, weil man sich mit ihnen viel und mehr als mit den einheimischen zu schaffen macht. Macht man sich aber mit den einheimischen eben so viel zu schaffen, so stechen auch sie eben so wenig. Denn als die ersten beiden italienischen Stöcke aus Mira in Wien ankamen, wurde ich bei Oeffnung derselben von den italienischen Bienen dermaßen gestochen, wie noch niemals, ausgenommen von Bienen, die in Wäldern fern von Menschen lebten. S. Bztg. 1856 S. 234.

Hofmann versuche es nur einmal, eine so recht volkreiche böse Beute dadurch zu zähmen, daß er oft an ihr herumhantirt und sich mit ihr zu schaffen macht, und er wird erfahren, daß je öfter er dieselbe beunruhiget, desto wilder die Bienen sich zeigen werden. Bienen lassen sich wohl einschüchtern und bändigen, nicht aber zahmer machen. Wenn aber die italienischen Bienen im angeführten Falle tüchtig stachen, so ist das ganz natürlich; denn der eine Stock kam mit zertrümmertem Gebäude in Wien an, die Bienen mußten in höchster Aufregung sein und nach Oeffnung, die vielleicht ohne die gehörige Vorsicht geschah, herausstürzen und losstechen. Denn das ist auch italienische Bienennatur, weil auch diese Race gereizt sticht. Anders berichtet Otto Rablkofer, welcher im Frühjahr 1856 drei aus Treviso erhaltene mit italienischen Bienen besetzte Holzstöcke zerstemmte und „die außerordentliche Sanftmuth der italienischen Bienen bewunderte". S. Bztg. 1856 S. 149.

b. Ist die italienische Race thätiger und in Folge dessen honigergiebiger?

α. Ist sie thätiger? Ich habe nur vor Beginn und nach dem Ende der Honigtracht eine größere Thätigkeit wahrnehmen können, während der Honigtracht selbst konnte ich keinen Unterschied hinsichtlich der Thätigkeit beider Racen bemerken. Machte ich mir vor Beginn oder nach dem Ende der Tracht mit Honig zu schaffen, stellte ich irgend Gefäße, in welchen noch etwas Honig klebte, oder noch etwas Honig enthaltende Waben hin, so waren sicher die Italienerinnen die ersten, welche erschienen und forttrugen, was sie fortzutragen vermochten. Natürlich erschienen auch heimische Bienen, aber die ersten waren immer die Italienerinnen, und ich möchte diese Erscheinung mehr aus einem feineren Geruchsorgan als aus größerer Thätigkeit erklären. Denn waren die einheimischen Bienen erst da, so gaben sie an Thätigkeit den Italienerinnen nichts nach. Auffallend aber war ihre größere Thätigkeit besonders in der so höchst rauhen Witterung im April und Mai 1855. Damals wagten sich vorzugsweise die Italienerinnen, offenbar durch größeren Sammeltrieb angespornt, häufig aus den Stöcken, fanden aber auch in größerer Zahl als die heimischen den Erstarrungstod. S. von Berlepsch Bztg. 1856 S. 4 u. 76. Anfangs September 1854 wetteiferten die Italienerinnen mit den Wespen, meine Reineclauden zu verwüsten, während sich nur selten eine heimische Biene zeigte. 1857 wurden wieder Reineclauden und andere süße Früchte in Seebach durch Wespen und Italienerinnen zernagt, jetzt betheiligten sich aber auch die einheimischen Bienen tüchtig.

Nach Mitte September 1854 fingen die Wespen an, meine Trauben und einige besonders süße Birnsorten zu zernagen und auszusaugen. Bald gesellten sich auch die Italienerinnen dazu, und ich mußte Flaschen mit Zuckerwasser, welche ich an die Weinstöcke, um die Wespen zu fangen, gehängt hatte, wegnehmen, weil auch die Italiene-

§ XXIII. Die italienische Biene.

rinnen hineinkrochen und ertranken. An den Trauben sah ich nur sehr selten eine einheimische Biene, ebenso an den Birnen, in eine Flasche mit Zuckerwasser kroch aber auch nicht eine einheimische Biene.

Am 28. September 1854 trank ich, wie gewöhnlich, den Kaffee unter einer Linde des Gartens. Ein um mich herumspielendes Kind hatte ein Wasserglas theilweise über die offene Zuckerdose ausgegossen. Nach einer halben Stunde kam ich wieder unter die Linde und fand den sich auflösenden Zucker mit lauter italienischen Bienen besät. S. von Berlepsch Bztg 1854 S. 254. — Das ist Alles, was ich von ihrer größeren Thätigkeit zu sagen vermag.

Dzierzon: Die italienische Race zeichnet sich vor der einheimischen durch größeren Fleiß aus, namentlich ist ihr Fleiß im Frühjahr bewunderungswerth. Bfreund S. 129 und Bztg. 1855 S. 114.

Rothe: Ich fütterte im zeitigen Frühjahr Weizenmehl, und hauptsächlich die Italienerinnen waren es, die es holten. Zur Zeit des Beschneidens setzte ich Waben, in denen sich noch etwas Honig befand, in einiger Entfernung vom Bienenhause hin. Die Italienerinnen erschienen und bissen alle einheimischen, die an dem Schmause Theil nehmen wollten, weg. Ueberhaupt hat es sich mir zur Genüge gezeigt, daß die italienischen Bienen die einheimischen im Fleiße weit übertreffen. Bztg. 1855 S. 147. 1856 S. 56. Ebenso von Baldenstein Bztg. 1851 S. 82 f. und Wernz Bztg. 1857 S. 80.

Hübler: Daß die Italienerinnen auch da, wo es das Naschen gilt, stets die ersten sind, darüber ist kein Zweifel mehr. Im Herbste 1855 hatte ich, um von den vielen Beispielen nur ein einziges zu erwähnen, ein Kästchen mit Futterhonig auf meinem Stande stehen lassen. Bald war es von Bienen erfüllt, aber lauter Italienerinnen, als ob ich, darnach zu urtheilen, gar keine einheimischen auf dem Stande gehabt hätte. Bztg. 1856 S. 55.

Dzierzon: Wenn die Tracht zu Ende geht, befliegen die italienischen Bienen die unbedeutendsten Blümchen, welche die heimischen nicht beachten; auch saugen sie süße Früchte aus. Bztg. 1856 S. 2. Gerade so Otto Radlkofer Bztg. 1856. S. 149.

Dettl: In Puschwitz befanden sich im Sommer 1854 drei italienische und zwanzig einheimische Stöcke, trotzdem waren von den Bienen, welche süße Birnen zernagten und aussogen, $2/3$ bis $3/4$ italienische. Im November 1856 sogen aber an einem schönen Tage nur italienische Bienen die Zwetschen eines besonders reservirten Baumes aus, ohne daß sich heimische Bienen dabei betheiligten. Klaus 3. Aufl. S. 112 f.

Dzierzon: Bekanntlich feiern die einheimischen Bienen bei etwas drückender Hitze; nicht die Italienerinnen. Diese arbeiten auch bei der größten Hitze gleichmäßig fort; natürlich, weil sie in ihrem Vaterlande die Hitze in noch höherem Grade ertragen müssen, also längst daran gewöhnt sind. Bfreund S. 72.

Diesem Satze muß ich entschieden widersprechen; denn ich habe mich sehr oft überzeugt, daß, sobald die Wärme 30 Grad im Innern des Stockes erreicht hat, die Thätigkeit der Bienen aufhört, und dann die Italienerinnen gleich den Einheimischen feiern d h. sich theilweise außen vorlegen oder im Innern die Wände und die Waben besetzen und sich möglichst ruhig verhalten. Ein richtiger Instinct leitet jetzt die Bienen, denn würden sie durch Thätigkeit die Wärme noch steigern, so würde das Wachsgebäude erweichen und zusammenbrechen. Ebenso unstichhaltig ist der Grund, weshalb die Italienerinnen bei größerer Hitze arbeiten sollen. Stammen doch unsere heimischen Bienen aus Syrien, einem noch weit heißeren Lande als Italien, müßten also noch

§ XXIII. Die italienische Biene.

mehr als die italienischen große Hitze ertragen können. Ja, sie können es, wie jede Biene — aber nur außerhalb, nicht auch innerhalb des Stockes.

Wernz: die italienische Race ist fleißiger denn die heimische. Bztg. 1859 S. 183.

J. M. Stein: Italienische Stöcke haben am Ende der Tracht mehr Honig als gleich starke einheimische. Die Ursache mag wohl mit darin liegen, daß erstere die Drohnen so bald beseitigen. S. Bztg. 1855 S. 86.

von Saghy: Die italienischen Bienen sind nicht fleißiger als die einheimischen. Wenn sie aber am Schluß der Tracht honigreicher sind, so rührt dieß daher, weil sie die gefräßigen Drohnen viel früher vertreiben. Bztg. 1857 S. 81.

Schiller: Die italienischen Bienen feierten oft, wenn die einheimischen arbeiteten. Bztg. 1856 S. 76.

β. Ist die italienische Race in Folge ihrer größeren Thätigkeit honigergiebiger?

Man sollte es meinen, aber nach meinen Erfahrungen ist sie es nicht. Niemals habe ich am Ende der Tracht die italienischen Stöcke durchschnittlich honigreicher als die einheimischen gefunden. 1855 waren bei mir in Seebach die italienischen und die heimischen honigreich, 1856 taugten beide nichts und 1857 waren beide strotzend voll Honig. Ebenso war es 1859 bei Klein auf dem Tambuchshofe. Hier befanden sich am Ende der Tracht, kleine Stöckchen ungerechnet, 102 große Beuten, unter diesen 20 mit italienischen Bienen. Alle Stöcke strotzten von Honig, ein Unterschied war absolut nicht zu bemerken. Die Sache erklärt sich mir übrigens dadurch, daß ich nur vor und nach der Tracht bei den Italienerinnen eine größere Thätigkeit bemerkt habe, und daß um diese Zeit wenig oder nichts zu lucriren ist.

Dzierzon: Die italienische Race gewährt größeren Nutzen und empfiehlt sich durch größeren Honigreichthum. Vom 25. Juni 1853 ab, an welchem Tage mein aus Italien bezogener Mutterstock die Drohnen abgetrieben hatte, ließ ich ihn ungestört. Er flog ausgezeichnet, wie 3—4 andere Stöcke zusammen genommen, und besaß am Ende der Tracht ein Gewicht, wie es selbst in dem ausgezeichneten Jahre 1846 schwerlich ein Stock auf meinem Stande besaß: bei dem bewundrungswürdigen Fleiße allerdings nichts Befremdendes, doch bei der Mittelmäßigkeit des Jahrganges 1853 etwas Erstaunliches. S. Bztg. 1854 S. 2. Bfreund S. 6 u. 136.

Wernz: Mein italienischer von von Berlepsch bezogener Mutterstock überraschte mich durch Honigreichthum. Mit einem von demselben gemachten Ableger war das später nicht minder der Fall. Während meine heimischen Stöcke im Juli 1856 kaum ihr tägliches Brot eintrugen, füllte der Ableger ganze Tafeln mit Honig und wurde vollkommen winterungsfähig; was bei mir in jenem Jahre sogar bei keinem einzigen Vorschwarm der Fall war. S. Bztg. 1857 S. 80.

Wernz und **Diederichs**: Die italienische Race trägt mehr Honig als die heimische. Bztg. 1859 S. 184 u. 258.

Liebe: Die italienischen Bienen sind honigreicher als die heimischen und zwar um so honigreicher, je ächter sie sind. S. Bztg. 1858 S. 187.

Günther: Bis zum Jahre 1858 konnte ich durchaus nicht wahrnehmen, daß die italienische Race fleißiger und deshalb honigergiebiger sei. Im Jahre 1858 aber hat sich die italienische Race allorts, wo ich hinkam, ausgezeichnet. Noch im Juli, wo die heimischen Völker schon an Gewicht verloren, nahmen die italienischen noch sehr bedeutend zu. In Erfurt z. B. trug ein mit ohngefähr 2000 Bienen, 2 Brut- und einer Honigtafel hergerichtetes Brutablegerchen seinen Winterbedarf ein, während fast kein heimischer Stock ausständig wurde. In Seebach konnte ich bei den beiden besten italienischen

§ XXIII. Die italienische Biene.

Völkern 173 Pfund, dem einen 91, dem andern 84 Pfund Honig entnehmen, wogegen von den heimischen Völkern, fast hundert an der Zahl, auch nicht ein einziges über 10 Pfund Ueberschuß hatte. Bztg. 1859 S. 46 f.

Ich kann über das erstaunenswürdige Seebacher Factum nichts bekunden, da ich 1858 nicht in Seebach war.

Röstel: 1858 lieferten die heimischen Stöcke nichts, wogegen die italienischen die Honigräume füllten, 1859 konnte ich die Honigräume meiner besten heimischen Stöcke nur zweimal räumen, während mein bester italienischer Stock eine viermalige Räumung zuließ und trotzdem noch gegen 60 Pfd. Honig behielt. Bztg. 1859 S. 260.

Hübler: Im Sommer 1859 waren die italienischen Stöcke ergiebiger als die heimischen. Bztg. 1859 S. 280.

Rothe: 1856 war ein sehr schlechtes Honigjahr. Meine Völker heimischer Race, auch die besten, hatten nur wenig Ueberschuß, die schlechten sogar nicht ihren Ausstand eingetragen. Die ungestört gebliebenen italienischen Stöcke dagegen wurden sehr schwer. Es ist daher gewiß, daß die italienische Race honigergiebiger als die heimische ist. Bztg. 1857 S. 152.

Sacke: Ich durchreiste diejenigen Gegenden Italiens, wo die bunte Biene heimisch ist und sah mich nach Allem genau um und erkundigte mich nach Allem genau. Wo ich die bunte Biene fand, zeichnete sich dieselbe nicht im Mindesten vor der schwarzen aus. Ich fand die bunte noch außerhalb des Stilfser Jochs, jedoch sehr untermischt. Die dortigen Bienenzüchter wußten mir auf mein Befragen von einem Vorzuge der einen oder der anderen Race nichts zu sagen und versicherten, nie einen Unterschied wahrgenommen zu haben. Bztg. 1857 S. 253.

c. Ist die italienische Race raublustiger?

Vor und nach der Honigtracht suchen die italienischen Bienen allenthalben in fremde Stöcke einzubringen. Doch auch die heimischen Bienen thun dieß und auch sie wissen weisellose Stöcke und solche, die sich ausrauben lassen, aufzufinden und mit ihnen fertig zu werden. Uebrigens will ich eine größere Raublust der italienischen Race, zusammenhängend und resultirend aus ihrer größeren Flinkigkeit und Behendigkeit und ihrer größeren Thätigkeit vor und nach der Honigtracht, nicht in Abrede stellen.

Dzierzon: Die größere Raublust der italienischen Race ist allerdings lästig; aber Sammellust und Raublust ist bei den Bienen gleichbedeutend, und wer die erstere an seinen Bienen gern sieht, muß ihnen auch die letztere nicht verübeln, wenn die Nahrung zu Ende geht. Er kann von den Bienen als vernunftlosen Geschöpfen keine andere Moral verlangen, als Honig zu nehmen, wo er nur immer zu spüren und zu nehmen ist. S. Bztg. 1856 S. 2.

Rothe: Die italienischen Bienen sind, weil so begierig nach Honig, deshalb zur Räuberei mehr als die heimischen geneigt, und wenn irgendwo ein anderer Stock auszukleiden ist, dann sind es gewiß vor allen die Italienerinnen, die ihm das Hemd vom Leibe ziehen. S. Bztg. 1856 S. 56.

d. Vertheidiget die italienische Race ihren Stock muthiger?

Der italienischen Bienen größere Flinkigkeit und Behendigkeit (S. Dzierzon Bztg. 1854 S. 3), die man bemerken kann, wenn man sie sammelnd auf den Blumen (S. von Berlepsch Bztg. 1856 S. 76 und Deus Bztg. 1856 S. 14) oder beim Ausnaschen hingestellter noch etwas Honig enthaltender Waben oder Gefäße beobachtet, läßt schon darauf schließen, daß sie sich auch geschickt gegen Räuber werden zu vertheidigen wissen. Sie machen deshalb mit Räubern, ist sonst ihr Staat in Ordnung, kurzen Prozeß und zeigen auch hierbei ihre besondere Gelenkigkeit und Gewandtheit. Aber auch heimische Bienen schlagen jeden gewöhnlichen Raubangriff sicher und leicht zurück, und während der ganzen Zeit, wo ich italienische Bienen habe, ließ sich auch nicht ein einziger, in Ordnung befindlicher, wenn auch schwacher heimischer Stock überwinden und ausrauben. Räuberei — dies hier beiläufig zu bemerken — fürchtet der Meister nicht, und wer viel mit Räuberei zu kämpfen hat, zeigt, daß er noch ein Lehrjunge ist. S. von Berlepsch Bztg. 1856 S. 4.

Dzierzon: Die italienischen Bienen sind wachsamer und lassen sich nicht so leicht überlisten und übertölpeln, als die einheimischen. Jede fremde Biene, welche einzubringen versucht, sie mag eine italienische oder einheimische sein, wird gewöhnlich sogleich von mehreren gefaßt und standrechtlich gerichtet. S. Bztg. 1856 S. 2.

Gerade so machen es gewöhnlich auch die heimischen Bienen.

Dzierzon: Bei dem Untersuchen schwacher Ableger mit italienischen Bienen hatten oft die heftigsten Angriffe statt, aber stets ohne Erfolg, weil die Italienerinnen in wenigen Minuten, nachdem der Stock wieder geschlossen war, den Angriff abschlugen, und keine raublustige Biene einzubringen und honigbeladen zu entkommen vermochte. S. Bztg. 1856 S. 2 und Bfreund S. 159.

Ganz dasselbe thaten bei mir die einheimischen Bienen. Oft wurden kleine Völkchen heimischer Bienen, denen ich behufs Italienisirung eine italienische Weiselwiege eingefügt hatte, beim Untersuchen, ob die Königin ausgelaufen, die ausgelaufene fruchtbar, ächt oder Bastardin sei, stark angefallen, immer aber war die Ruhe nach Schließung der Thüre sehr bald wieder hergestellt, weil nun die Bienen blos ihr kleines Flugloch zu vertheidigen hatten und nach Bienennatur vertheidigten.

Dzierzon: Das Flugloch zu besetzen und zu vertheidigen, sind wenige Bienen hinreichend, und auch der schwächste Stock könnte jeden feindlichen Angriff erfolgreich abschlagen, wenn die Bienen nur die gehörige Wachsamkeit, den erforderlichen Muth und die nöthige Geschicklichkeit besäßen — Eigenschaften, die man an den einheimischen Bienen nur zu häufig vermißt, an den italienischen aber, die gegen fremde Bienen wie Löwen kämpfen, in desto höherem Grade wahrnimmt, so daß sie zweifellos wehrhafter sind und Anfälle fremder Bienen muthiger denn heimische abschlagen. S. Bztg. 1853 S. 190, 1854 S. 3, 1856 S. 2, 1859 S. 214, Bfreund. S. 158.

Ich habe an einheimischen Bienen, deren Staat sich in Ordnung befand, sobald Gefahr drohte, weder Mangel an Wachsamkeit, noch an Muth, noch an Geschicklichkeit wahrgenommen. Ueberlistet, namentlich zur Zeit der Rapstracht, wurden sie allerdings manchmal und ließen sich eine zeitlang immer stärker benaschen, bis sie endlich merkten, was geschah. Dann aber fielen sie wie Löwen über die ungebetenen Gäste, gleichviel ob ihres Gleichen oder italienische, her und machten dem bösen Spiel sehr rasch ein Ende. Gerade so die italienischen Bienen. Auch sie wurden bei mir mehr als einmal, gleich den heimischen, eine zeitlang benascht. — Ungeschickt zeigten sich mir die heimischen Bienen nur in dem einzigen Falle der Hinaustragung ihrer Todten. Von diesen konnten sie sich oft nicht leicht wieder losmachen, fielen auf den nassen kalten Boden und fanden den Erstarrungstod. Und nicht mehr und nicht minder geschickt zeigten sich mir in dieser Beziehung auch die Italienerinnen.

Kleine: Es ist ganz gewiß, daß die italienischen Bienen entschiedener als die einheimischen die Näscher abwehren. Bei italienischen Stöcken erregt mir das Anbringen dieser ungebetenen Gäste nicht die mindeste Besorgniß, im Gegentheil zähle ich es zu meinen speciellen Amüsements und sehe mit besonderem Vergnügen dem Kampfe der verschiedenen Volksstämme zu und habe meine Verwunderung darüber, wie die Italie-

§ XXIII. Die italienische Biene.

nerinnen sobald den Obsieg davontragen. Ich treffe gegen die feindlichen Angriffe keinerlei Vorkehrungen mehr, weil ich weiß, daß sie erfolglos bleiben. Bztg. 1857 S. 44, 1859 S. 231.

Hier ist blos von Näscherei, nicht von eigentlicher Räuberei die Rede. Auch mir erregt Näscherei bei guten Stöcken niemals Besorgniß, obwohl Näschereien zu meinen speciellen Amusements nicht gehören. Ich schiebe jedoch die Schieber der Fluglöcher solcher Stöcke, mögen es einheimische oder italienische sein, etwas mehr zu, weil ich denke, Vorsicht sei in Allem gut.

Rothe: Bei welchen Stöcken wurden alle Versuche der Räuber gründlich zurückgewiesen? Es war bei den italienischen Stöcken. Sie wiesen jeden auf sie gemachten Angriff mit Nachdruck zurück und ich sah, wie 1855 ein ganz schwach gewordenes Völkchen von zuletzt kaum noch 20—30 Bienen, unter denen sich jedoch eine italienische Königin befand, sich längere Zeit gegen ein starkes italienisches Volk mit Muth vertheidigte, ehe es unterlag. Bztg. 1855 S. 147, 1856 S. 56.

Ganz Gleiches sah ich mehr als einmal bei einheimischen Stöcken.

Otto Radlkofer: Es ist vollkommen wahr, daß die italienischen Bienen in Abwehrung räuberischer Angriffe eine größere Gewandtheit als die heimischen Bienen zeigen; ja sie duldeten selbst auf den mit Mehl bestreuten Waben neben ihren Fluglöchern keine fremden Bienen. Bztg. 1856 S. 149

Die größere Gewandtheit will ich nicht leugnen, nur den größeren Erfolg (von dem übrigens Radlkofer gar nicht spricht), und wenn man eine mit Mehl vollgestopfte Wabe neben das Flugloch eines deutschen Stockes stellt, so beißt auch dieser auf fremde Bienen, weil er die so nahe an seiner Wohnung befindliche Wabe als ihm gehörig, als zu seinem Stocke gehörig betrachtet.

Bernz: Im August 1856 erhielt ich von v. Berlepsch ein kleines italienisches Völkchen. Beim Uebersiedeln desselben aus dem Transportkästchen in eine Beute versuchten einheimische Bienen den gespendeten Honig zu kosten. Aber diese Dreistigkeit kam den schwarzen Näschern theuer zu stehen. Denn kaum war die Thüre der Beute geschlossen, so besetzte das etwa 400 Bienen starke Völkchen das Flugloch und schlug alle in großer Ueberzahl unternommene Stürme zu solchem Nachtheile der schwarzen Angreifer ab, daß dieselben unter Zurücklassung einer Menge Todter in kurzer Zeit den Rückzug antraten. Bztg. 1857 S. 68.

Wer weiß, wie es ein einheimisches Völkchen unter gleichen Verhältnissen gemacht haben würde!

e. Ist die italienische Race gegen Kälte weniger empfindlich?

Nein, denn die italienischen Bienen erstarren bei rauher Witterung nicht mehr und nicht minder als die einheimischen. S. von Berlepsch Bztg. 1856 S. 3. 76.

Dzierzon: Die italienischen Bienen sind gegen die Kälte weniger empfindlich. Bfreund. S. 6.

Dzierzon: Nahm ich italienische und heimische Bienen mit in die Stube, so flatterten erstere noch am Fenster, wenn letztere schon erstarrt auf dem Fensterbrette lagen. Stets sah ich die italienischen Bienen früher im Jahre und früher am Tage an die Arbeit gehen. Im Frühjahr brachten sie die ersten Höschen, selbst wenn der Erdboden noch mit Schnee bedeckt war, wenn die Haselnuß blühte oder wenn ich Mehl hinstellte. Am 12. und 13. März 1853 bei fast noch allgemein liegendem Schnee trug mein aus Italien stammender Mutterstock zu meinem größten Erstaunen von einem nahen Haselnußstrauch schon Höschen ein. Beim Vorspiel erstarrten auf dem Schnee von diesem Stocke wenige oder keine Bienen. Es klingt paradox, aber es ist wahr, daß die italienischen Bienen gegen die Kälte weniger empfindlich sind. Durch ihre größere Thätigkeit und Behendigkeit scheinen sich die italienischen Bienen förmlich zu erwärmen. Bztg. 1856 S. 62. 1853 S. 189. Bfreund. S. 72.

Wahrlich, starker Tabak!

von Saghy: Ich bemerkte, daß die italienischen Bienen auch bei kühlem Wetter zeitiger zur Tracht ausflogen. Bztg. 1854 S. 36.

Rothe: Ich sah, wie oft schon früh Morgens bei großer Kühle Bienen um die weggenommenen Futtergeschirre schwirrten. Es waren Italienerinnen. Bztg. 1855. S. 147.

Dzierzon: Ich erhielt am 6. Juni 1854 bei trüber und kühler Witterung einen italienischen Nachschwarm, dessen Bienen sich anfänglich auf dem Grasboden und den Blättern der Bäume zerstreut niederließen, einzelne Bienen auch wirklich zu erstarren anfingen, endlich sich aber doch als Schwarmklumpen sammelten. Bei so kühlem trüben Wetter habe ich nie einen Schwarm aus einem Stocke einheimischer Bienen ausziehen sehen. Bztg. 1854 S. 252.

Bei kühler Witterung ging mir niemals weder ein heimischer noch ein italienischer Erstschwarm ab, wohl aber hin und wieder Nachschwärme beider Racen bei windiger kühler Witterung. Mir sind Fälle vorgekommen, wo Nachschwärme beider Racen vom Winde zerstreut wurden und wo die Bienen wie erstarrt auf den Boden und die Blätter der Bäume und Gesträuche fielen. Einige Nachschwärme erhielt ich während eines leichten Regens.

Schiller: Die Italienerinnen waren bei mir weit frostiger als die einheimischen. Bztg. 1856 S. 76.

f. Ist die italienische Race fruchtbarer?

Nein. Ich hatte heimische Königinnen, die italienische an Fruchtbarkeit übertrafen und umgekehrt. Die größere oder geringere Fruchtbarkeit hat unter sonst gleichen Verhältnissen ihren Grund im Individuum, nicht in der Race. S. von Berlepsch Bztg. 1856 S. 3.

Dzierzon: Die italienische Race zeichnet sich vor der einheimischen durch viel größere Fruchtbarkeit aus. Bztg. 1853 S. 189. Bfreund. S. 6 und 129.

Dzierzon: Jeder weiß, welche enorme Fruchtbarkeit ich von jeher auch den Königinnen der einheimischen Race zugeschrieben habe; ich will daher keinesswegs behaupten, als stände diese jener besonders merklich nach. Bztg. 1856 S. 62.

Graf Stosch: In zwei Jahren legt eine italienische Königin so viele Eier als eine einheimische in dreien, ist also um $1/_3$ fruchtbarer. Bztg. 1857 S. 253.

g. Fängt die italienische Race früher zu legen an und schwärmt sie deshalb früher und mehr?

Nein. Ich habe im Frühjahr vielmals starke italienische und starke einheimische Beuten untersucht. In allen stand bereits viel Brut. Die individuelle Rüstigkeit der Königin, der Honig- und Pollenvorrath, die Volksmasse, die Wärme des Stockes und die Witterung bedingen ein früheres resp. gegen andere nicht so ausgerüstete Stöcke ein früheres Brutansetzen. Die Race hat auch damit nichts zu schaffen. Auch schwärmen die italienischen Völker nicht früher und nicht mehr als die heimischen. S. von Berlepsch Bztg. 1856 S. 3.

von Baldenstein: Schon im April zeichnete sich mein italienischer Stock durch Volksmenge aus und schwärmte schon am 22. Mai, während der erste Schwarm heimischer Bienen einen Monat später fiel. Bztg. 1851 S. 82.

§ XXIII. Die italienische Biene.

Dzierzon: Es ist keinem Zweifel unterworfen, daß die italienische Race der heimischen im Brutansatz voraneilt und deshalb früher und häufiger schwärmt. Bztg. 1854 S. 251. 1855 S. 114. Bfreund S. 6 und 132.

Herling: Ich fand am 19. Januar 1856 in meinem italienischen Stocke schon bedeckelte Brut, während die von mir untersuchten heimischen Stöcke nur erst Eier zeigten: ein Beweis, daß die italienische Race früher zu legen beginnt. Bztg. 1856 S. 143.

h. **Fängt die italienische Race früher im Jahre zu bauen an?**

Rein. Bei mir baute vor Beginn der Baum- und Rapsblüthe weder ein italienischer noch ein heimischer Stock jemals, außer etwa, wenn er nur wenig Gebäude hatte und ich stark mit dünnflüssigem Honig fütterte.

Otto Rablkofer: Mitte April 1856 hatten drei italienische Stöcke schon gebaut und einer derselben mehr als 1½ Quadratfuß, wogegen Ende April noch kein heimischer Stock gebaut hatte. Alle meine Stöcke aber waren gefüttert worden. Bztg. 1856 S. 149.

i. **Treibt die italienische Race die Drohnen früher ab?**

In Thüringen war dieß nicht der Fall; denn bei mir in Seebach, Eberhard in Mühlhausen, Klein auf dem Lambuchshofe und Huke zu Kleinrettbach fiel die Drohnenschlacht beider Racen stets zusammen. Freilich treiben manche Stöcke, namentlich abgeschwärmte Mutterstöcke und Nachschwärme, auch hier die Drohnen früher ab, oder sie verschwinden aus solchen Stöcken früher. Die Race machte aber hierlands keinen Unterschied.

Dzierzon: Der aus Italien stammende Mutterstock trieb 1853 schon am 25. Juni die Drohnen sämmtlich ab und überhaupt erfolgt die Drohnenvertilgung bei dieser Race oft schon im Juni, wenn die heimischen Stöcke erst recht anfangen, Drohnen zu erbrüten. Bztg. 1853 S. 189. 1856 S. 2.

J. M. Stein: Ableger mit italienischen Bienen trieben die Drohnen ab, sowie nur die Königin Eier abzusetzen anfing, und bei dem direkt aus Italien bezogenen Mutterstocke waren sie sämmtlich verschwunden, ehe ich mich's versah, während sie bei den heimischen Stöcken noch im October massenweise flogen. Bztg. 1855 S. 86.

von Saghy: Bei mir stellten in drei Jahren die italienischen Stöcke die Drohneneierlage viel früher ein und trieben die Drohnen viel früher ab als die heimischen Stöcke. Bztg. 1857 S. 81.

Schiller: Die italienischen Stöcke treiben die Drohnen nicht früher ab als die einheimischen. Bztg. 1856 S. 76.

In Italien tritt gewöhnlich gegen Johanni eine Alles verdorrende, alle Tracht auf längere Zeit unterbrechende Hitze ein und deshalb mögen in Italien die Drohnen um diese Zeit abgetrieben werden. Geschah dieß hin und wieder auch in Deutschland und Ungarn, so sehe ich darin einen Wiederhall des ehemaligen Instinctes, der sich aber sicher bald verlieren muß, da die Drohnenschlacht mit dem Erlöschen der Tracht und dem damit verbundenen Erlöschen des Schwarmtriebes zusammenhängt (S. Seite 111 unter 5), es also geradezu gegen die Natur der Bienen wäre, mitten in der besten Tracht die Drohnen zu vertreiben. S. von Berlepsch Bztg. 1856 S. 76.

k. **Erzeugt die italienische Race früher Drohnen?**

Ja. Ist ein italienisches Volk mit einer heurigen Königin versehen und ist es stark, so bauen die Bienen sogleich, wie in einem Stocke mit vorjähriger Königin, viel Drohnenwachs und die Königin besetzt die Zellen mit Eiern. Dieß bemerkte ich zuerst im

v. Berlepsch, die Biene u. die Bienenzucht. 14

§ XXIII. Die italienische Biene.

Jahre 1855, wo eine kaum 8 Tage fruchtbare italienische Königin, die von einem starken Volke umgeben war, drei große Drohnenwaben mit mindestens 4000 Eiern besetzte. S. von Berlepsch Bztg. 1856 S. 4. Seitdem hat sich diese Erscheinung ganz constant bewiesen und es ist ein charakteristischer Unterschied beider Racen, wenigstens bezüglich vieler Gegenden Deutschlands, wo Stöcke mit heurigen Königinnen entweder gar kein oder doch nur sehr wenig Drohnenwachs bauen und die Königin entweder gar keine oder doch nur sehr wenige Drohneneier legt, daß heurige Königinnen der italienischen Race sich von vorjährigen nicht unterscheiden.

Graf Stosch: Die größere Neigung zum Drohnenbau habe auch ich bemerkt. Bztg. 1857 S. 253.

Dzierzon: Es ist nicht wahr, daß die italienische Race mehr Drohnen erzeugt als die heimische. Bztg. 1859 S. 214.

l. Sterben die italienischen Königinnen früher als die heimischen?

Ja. Ich habe in den Jahren 1854—1857, in welchen ich hunderte von italienischen von Geburt aus ächte, wenn auch größtentheils von heimischen Drohnen befruchtete Königinnen besaß, die Beobachtung gemacht, daß die italienischen Königinnen selten volle zwei Jahre und noch seltener über zwei Jahre alt werden. Im Winter 1856 und 1857 habe ich bei 100 Beuten, die von Geburt aus ächt italienische Königinnen hatten, erlebt, daß 13 weisellos wurden und etwa noch zwanzig die Königinnen bis Johanni wechselten, obwohl alle Königinnen bis auf 2 aus den Sommern 1855 u. 1856 stammten. Die heimischen Königinnen erlangen hingegen in großen Beuten nach meinen Erfahrungen durchschnittlich ein Alter von drei Jahren (in kleinern Stöcken werden sie durchschnittlich noch älter). S. von Berlepsch Bztg. 1857 S. 251.

Graf Stosch: Die italienischen Königinnen erlangen kein so hohes Alter als die einheimischen; doch wurden sie mir im Durchschnitt volle zwei Jahre alt. Bztg. 1857 S. 253.

Kleine: Die italienischen Königinnen werden eben so alt, als die heimischen. Bztg. 1858 S. 206.

m. Als zwölften Vorzug endlich führt Dzierzon an: Bei einem eingetretenen Wechsel der Königin in einem italienischen oder halbitalienischen Stocke bleibt sich die Nachkommenschaft selten gleich, sondern zeigt sich schöner oder geringer, je nachdem die nachgezogene Königin selbst beschaffen ist und von einer gelben oder schwarzen Drohne befruchtet wurde. Dieß ist für die Praxis von keinem geringen Nutzen. Denn welche Mühe hat es mir oft verursacht, um im Herbste in einem honig- und volkreichen Stock die Königin auszufangen, weil ich eine alte, der Ueberwinterung nicht werthe vermuthete, und wie unangenehm und angenehm zugleich war ich überrascht, wenn ich eine rüstige junge fand, weil ein Wechsel unbemerkt stattgefunden hatte! Bei der italienischen sowohl ächten wie gemischten Race bin ich hierüber selten oder niemals im Zweifel; im Herbste sagen es mir die vorspielenden Bienen sofort, ob sie noch der alten oder einer in diesem Sommer erbrüteten jungen Mutter ihr Dasein verdanken. Bztg. 1859 S. 261.

Antwort. Die Sache hat allerdings ihre Richtigkeit und man kann dadurch hin und wieder einer kleinen Mühe überhoben sein. Aber abgesehen hiervon, welches Zugeständniß macht im Obigen Dzierzon unbewußt! Auch die Nachkommenschaft einer jungen Königin-Tochter, die von einer ächt italienischen Mutter stammt, ist bei ihm selten der Nachkommenschaft, welche die Königin-Mutter hervorbrachte, gleich. Wie kann er also eine constante Race besitzen; was er doch so oft, z. B. Bztg. 1859 S. 214, behauptet hat?

6. Welchen Werth hat die italienische Race?

Nach meinen Erfahrungen und Beobachtungen hat die italienische Race bei uns in practischer Beziehung direct gar keinen Werth, ja steht der einheimischen noch nach. Denn da sie sich nur durch wenigere Stechlust und meinetwegen auch durch etwas muthigere Vertheidigung ihres Stockes gegen Räuber auszeichnet, dagegen schon im ersten Jahre viel Drohnenwachs baut und viele Drohnen erzeugt und ihre Königinnen so früh verblühen läßt, so steht sie offenbar der heimischen Race — die Sache vulgär praktisch betrachtet — nach. Aber indirect ist sie von hoher und höchster praktischer Bedeutung, weil man mit ihrer Hilfe die schwierigsten wissenschaftlichen Probleme lösen und so die Theorie immer weiter fördern und ausbilden kann. Die Theorie aber und zwar die Theorie allein ist es, die die Praxis auf die höchste Stufe zu bringen vermag. Wer daher in sich die Fähigkeit fühlt, in die Wissenschaft der Imkerei einzubringen und an ihrer Bearbeitung Theil zu nehmen, wer gehörig handgewandt ist, Kappe und Handschuhe über Bord geworfen hat und bereits mehrere gut bevölkerte Dzierzonbeuten besitzt, der schaffe sich die italienische Race an, und er wird neben unendlichem Vergnügen an den schmucken friedfertigen Thierchen auch indirect reellen Nutzen haben. Wer aber noch erster Anfänger ist, oder, in stumpfer Apathie versunken, ein bloßer Empiriker bleiben will, der's macht, wie's der Ehren-Großvater gemacht hat, für den hat die italienische Race keinen Zweck und ein solcher Schlummerkopf wirft das für sie aufgewendete Geld zum Fenster hinaus. S. von Berlepsch Bztg. 1856 S. 78.

7. Wo ist die italienische Race herzubeziehen?

Am besten natürlich aus denjenigen Strichen Italiens, wo sie im schönsten Typus sich findet. Da aber ein directer Bezug außerordentlich kostspielig, wegen des weiten Transportes immer höchst mißlich und außerdem mit solchen Schwierigkeiten und Weitläufigkeiten verbunden ist, daß er von den bei weitem meisten Bienenzüchtern gar nicht dürfte bewerkstelligt werden können, so müssen alle strebsamen Imker dem Pfarrer Johann Dzierzon zu Karlsmarkt bei Brieg in Schlesien sich zum größten Danke verpflichtet fühlen, daß er die Vermehrung der italienischen Race fabrikmäßig betreibt und deshalb im Stande ist, allen Nachfragen und Bedürfnissen zu entsprechen. In den Jahren 1854—56 habe auch ich (resp. hat mein Bienenmeister Günther) dieses Geschäft betrieben, seit 1856 aber habe ich es definitiv aufgegeben, weil ich lieber Hunde flöhen will, als ein ebenso unlucratives als undankbares, wahrhaft ekelhaftes Geschäft betreiben. Wer daher die italienische Race bei sich einführen will, der wende sich nur an den genannten Pfarrer und lasse sich von demselben eine fruchtbare Königin mit 1500—2000 Arbeiterinnen in dem Monat Juli per Post senden. Ganze große Stöcke oder ganze große Schwärme sich kommen zu lassen, ist sowohl mißlich, weil unterwegs das Wachsgebäude leicht zusammenbrechen und ein großer Schwarm sich leicht todt brausen kann, als auch vergeblich, da ja Alles lediglich und allein auf die einzige fruchtbare Königin ankommt. Kleine Völkchen aber können hunderte von Meilen weit versendet werden. So z. B. sendete ich gegen 40 Völkchen nach England und 5 nach Nikita in der Krimm und alle kamen in besten Wohlsein an; ja J. Mahan aus Philadelphia in Pennsylvanien nahm im August 1859 fünf italienische Völkchen von Klein auf dem Tambuchshofe mit und brachte sie glücklich, wie er brieflich dem Rendant Kalb zu Gotha mittheilte, über den Ocean. Man könnte sich auch blos eine fruchtbare Königin mit 30—40 Begleitbienen senden lassen, und sich eine italienische Colonie dadurch herstellen, daß man einem einheimischen Stocke die Königin wegnähme und dafür die italienische gäbe. Doch rathe ich hierzu nicht, da das Zusetzen einer Königin hin und wieder mißglückt. S. von Berlepsch Bztg. 1854 S. 257.

8. **Wie ist ein so kleines italienisches Völkchen nach seiner Ankunft zu behandeln?**

Sobald es angekommen ist, nimmt man eine leere Beute, hängt in solche zunächst dem Flugloche eine leere, dann eine mit bedeckelter, dem Auslaufen möglichst naher Brut und schließlich eine Honigwabe und läßt die bunten Ankömmlinge einmarschiren. Nach einigen Tagen, wenn man sieht, daß hinten auf der Honigwabe die Bienen, wenn auch einzeln und zerstreut, sitzen, giebt man zwischen die Brutwabe und die Honigwabe noch eine bedeckelte Brutwabe. Nach 5—6 Tagen kann man dann deren zwei auf einmal und nach noch 3—4 Tagen 4 und mehr geben. Auf diese Weise vermag man im Sommer, wo die bedeckelte Brut fast gar keiner Erwärmung durch die Bienen bedarf, sondern fast ganz von selbst ausläuft, ein winziges Völkchen in höchstens 14 Tagen, gleichsam wie mit Dampf, zum mächtigsten Volke zu erheben. S. von Berlepsch Bztg. 1855 S. 261. Anfänglich sind dann freilich fast alle Arbeiterinnen heimischer Race, aber schon im Herbste wird kaum noch die zwanzigste und im Mai des nächsten Jahres nicht eine Biene mehr schwarz sein, weil die heimischen sich verlieren und aller Nachwuchs italienisch ist.

Bei dem Einhängen heimischer Brutwaben sei man aber ja vorsichtig und sehe darauf, daß keine schwarzen Bienen in die italienische Beute kommen; denn mitunter wird die italienische Königin abgestochen, auch wenn nur wenige, ja wenn nur eine heimische Biene mit übergesiedelt wird.

Ferner stelle man die italienische Beute isolirt auf, damit nicht beim Vorspiel fremde Bienen von den Nachbarvölkern auf dieselbe fallen und die Königinnen abstechen oder wenigstens verletzen. Die jungen, die Brut versorgenden Bienen, welche die Königin, weil sie sich stets in deren nächster Umgebung befinden, am besten kennen, und eine fremde am schnellsten als solche erkennen und ergreifen, verirren sich beim Vorspiel vielfach in benachbarte Stöcke, besonders wenn sie dicht nebeneinander aufgestellt sind. S. Dzierzon Bfreund S. 129.

9. **Wie ist die italienische Race ächt zu vermehren?**

Obwohl, wie ich auf Seite 199 f. unter 3 gesagt, die italienische Race bei uns von selbst gemach in die heimische hineinartet, so wird sie sich doch durch menschliche Kunst, wenn man immer nur aus der Brut der schönsten Mütter nachzüchtet, lange erhalten lassen. Aber, aber die Ausführung ist mit den allergrößten Schwierigkeiten verbunden, weil die Königin nur außerhalb des Stockes befruchtet wird und die italienischen Königinnen mit heimischen Drohnen sich begatten. Nach meinen Erfahrungen nützt zur ächten Vermehrung ein isolirter Stand, in dessen halbstündiger Runde sich keine heimischen Bienen befinden, so gut wie nichts, weil entweder die Königinnen in der Regel in größerer Entfernung von ihrem Stocke befruchtet werden, oder, was mir wahrscheinlicher erscheint, weil die Drohnen bei hellem Himmel und warmer stiller Witterung stundenweit ausschweifen. S. Seite 35 unter 8. Will man daher wenigstens mit einiger Sicherheit auf Erfolg bei der ächten Vermehrung rechnen und Mischpaarungen nach Thunlichkeit begegnen, so muß man die Vermehrung vornehmen entweder ehe die heimischen Stöcke Drohnen besitzen oder nachdem diese die Drohnen bereits wieder beseitigt haben. Im ersteren Falle muß man durch Kunst italienische Drohnen früher erzeugen lassen, ehe heimische erscheinen, im letzteren Falle durch Kunst italienische Drohnen über die Zeit hinaus erhalten, wo die heimischen beseitigt werden: beides wenigstens so lange, bis daß die italienische Race nicht an dem Orte, wo sie ver-

§ XXIII. Die italienische Biene.

a. **Vermehrung im Frühjahre vor dem Erscheinen heimischer Drohnen.**

Ist die durchwinterte italienische Beute nicht sehr volkreich, so muß sie im zeitigen Frühjahr durch Einstellung heimischer, dem Auslaufen möglichst naher Brutwaben verstärkt werden, da das Zubringen von Bienen die Königin leicht in Gefahr bringen könnte. Beginnt dann die Pollentracht, so müssen zwischen die brutbesetzten Arbeiterwaben zwei leere Drohnenwaben, namentlich solche, die oben unter den Wabenträgern etwas Arbeiterwachs haben, eingehängt, muß die Beute möglichst warm gehalten und mit dünnflüssigem Honig wiederholt, etwa in halbpfündigen Portionen, gefüttert werden. Auch thut man wohl, Waben, die vielen Pollen enthalten, in die Nähe des Brutnestes zu stellen und an schönen Tagen Mehl im Freien zu füttern. Nur so ist es zu ermöglichen, daß die Königin vor der naturgemäßen Zeit Drohneneier legt. Hat sie diese endlich abgesetzt und sind theilweise kleine Drohnenmaden ausgeschlossen, so muß man der italienischen Beute die brutbesetzten Drohnenwaben entnehmen und einer weisellos gemachten heimischen Beute zum Ausbrüten einstellen. Denn nur zu leicht wird bei eintretender Kälte oder sonst ungünstiger Witterung die angesetzte Drohnenbrut als zum Fortbestand des Stockes nicht nothwendig, aus Besorgniß für die eigene Existenz (S. Dzierzon Bzlg. 1859 S. 215), wieder ausgesogen und herausgeworfen, weil ein weiselrichtiger Stock einmal nun diese Zeit keine Drohnen haben will, wogegen ein entweiselter die Drohnenbrut zu jeder Zeit des Jahres zärtlich pflegt und ausbrütet. Erfüllen endlich die Drohnenmaden größtentheils die Zellen, ist auch wohl schon eine oder die andere bedeckelt, so muß Anstalt zur Erbrütung junger italienischer Königinnen gemacht werden. Man nimmt dann aus der italienischen Beute vier Brutwaben, giebt ihr, damit sie stark erhalten werde, dafür andere Brutwaben aus heimischen Beuten, bildet aus den vier italienischen Brutwaben zwei Brutableger derart, daß man je zwei Brutwaben mit zwei Honigwaben in ein kleines Beutchen hängt, aus heimischen Stöcken möglichst viele Bienen von den Brutwaben abkehrt, die Beutchen schließt (aber doch so, daß die Bienen Luft haben), 24 Stunden an einem dunkelen Orte aufstellt, dann gegen Abend auf einen eine halbe Stunde entfernten Stand transportirt und die Fluglöcher öffnet. Am 7. Tage untersucht man die Beutchen auf dem entfernten Stande und sieht nach, wie viele Weiselzellen angesetzt sind. So viele deren sind, resp. so viele sich trennen und anderen heimischen Brutwaben einfügen lassen, so viele Ablegerchen werden am achten Tage gemacht. Brut- und Honigwaben und Bienen muß man vom heimischen Stande mitnehmen und auch die so gebildeten Ablegerchen 24 Stunden an einem dunkelen Orte aufstellen, damit die Bienen sich nicht in der ersten Aufregung zu sehr verfliegen. Natürlich brauchen die beiden Ableger, welche aus den ursprünglichen gebildet sind, nicht eingestellt zu werden. Am 10. Tage sieht man nach, ob jedes Ablegerchen seine Weiselwiege auch angenommen und festgebaut hat, denn hin und wieder wird eine zerstört. Wo dieß geschehen sein sollte, jagt man die Bienen sofort heraus und läßt sie hingehen, wohin sie wollen. Endlich transportirt man auch den weisellosen Stock mit den Drohnen nach dem entfernten Stande und stellt ihn möglichst isolirt auf, weil sich die Drohnen gar zu leicht auf Nachbarstöcke verfliegen (S. Seite 114) und um diese Zeit fast immer sofort umgebracht werden.

Ist bis jetzt Alles gelungen und treten warme, helle, windstille Tage, bevor es heimische Drohnen giebt, ein, so wird man italienische Königinnen von italienischen Drohnen befruchtet erhalten.

§ XXIII. Die italienische Biene.

Sobald eine junge italienische Königin zu legen begonnen hat, wird sie mit ihrem Beutchen auf den alten Stand zurückgebracht und das Völkchen dann weiter behandelt, wie unter 8 angegeben ist.

Wie umständlich, schwierig, mißlich und die heimischen Stöcke beeinträchtigend eine solche Procedur ist, erhellt von selbst, und der Anfänger sei daher ja vorsichtig, daß er nicht etwa seine wenigen heimischen Beuten ruinire und doch nichts Italienisches erziele. Denn nur zu häufig mißräth dieses oder jenes und nur zu häufig sind auch viele heimische Drohnen da, wenn's eben am besten hergehen soll.

3. **Vermehrung im Nachsommer nach der heimischen Drohnenschlacht.**

Um diese Zeit ist die Vermehrung, wenn auch bezüglich der ächten Befruchtung der Königinnen nicht ganz so sicher wie im Frühjahr vor dem Erscheinen der heimischen Drohnen, so doch viel leichter und die heimischen Beuten wenig oder gar nicht beeinträchtigend. Hier in Thüringen, wo die Drohnen bis gegen den 20. August längstens abgetrieben sind, und die Bienenhalter nichts Eiligeres zu thun haben, als jeden Stock, der um diese Zeit noch Drohnen zeigt, ohne Weiteres als weisellos (er mag es sein oder nicht) abzuschwefeln, wird man im September durch heimische Drohnen wenig betrrt. Italienische Drohnen erhält man sich aber über die gewöhnliche Drohnenschlacht hinaus auf folgende Weise:

Es werden schon im Mai oder noch besser gleich von der Auswinterung an zwei bienenbesetzte Beuten, die kein Drohnenwachs besitzen, etwas getrennt von den übrigen aufgestellt und es wird etwa von 14 zu 14 Tagen nachgesehen, ob nicht doch etwa Eckchen mit Drohnenwachs ausgebaut und die Zellen mit Drohnenbrut besetzt sind. Diese Eckchen werden zerstört. Gegen Mitte Juni macht man diese beiden Beuten weisellos, zerstört am 9. oder 10. Tage alle Weiselwiegen und hängt ihnen aus der italienischen Beute, der man von Zeit zu Zeit Drohnentafeln zwischen die Brut gestellt hatte, brutbesetzte Drohnenwaben ein; wobei man darauf zu sehen hat, daß diese beiden Beuten honigreich werden und volkstark bleiben, denn in schwachen pauvren weisellosen Völkern verschwinden oft die Drohnen, ohne daß man's merkt. S. Seite 113 f. unter 10. Werden diese Beuten nicht von selbst honigreich, so hängt man ihnen aus anderen Bruten Honigwaben ein, und volkstark erhält man sie dadurch, daß man von Zeit zu Zeit Brutwaben einstellt, aber ja nicht versäumt, die Weiselwiegen vor dem Auslaufen zu zerstören.

Mitte August entweiselt man etwa zwei heimische Beuten, nimmt sämmtliche Brut, giebt diese theils der italienischen Beute, nachdem man ihr zuvor alle Brutwaben genommen hat, theils einer anderen und vertheilt die italienischen Brutwaben zu gleichen Hälften in die entweiselten Beuten, um Weiselzellen ansetzen zu lassen. Am 9. Tage nachher schneidet man die Weiselzellen bis auf eine in jeder Beute aus, macht Ableger oder fügt sie entweiselten oder weisellosen Beuten ein. Die jungen Königinnen laufen nun bald aus und werden, da gerade im September immer schöne Tage einzutreten pflegen, fast sicher fruchtbar. — Noch will ich etwas bemerken.

Ich hatte beobachtet, daß, wenn man in der vorgerückten Jahreszeit die Drohnen durch warmen flüssigen Honig früher, als sie von selbst vorspielen würden, herauslockt, sie sich in der Nähe ihrer Stöcke herumtummeln und sehr bald heimkehren, überhaupt um diese Zeit nicht mehr weit ausschweifen. Ich nahm nun an schönen Tagen zwischen 10 und 11 Uhr eine Klystirspritze, füllte solche mit warmem dünnflüssigen Honig und schoß jedem Stocke mit junger italienischer Königin und zuletzt auch den Drohnenstöcken einen Strahl zum Flugloche hinein. Die Drohnenstöcke ließ ich um deswillen zuletzt an die Reihe kommen, weil bei Fütterung die Drohnen schneller als die Königinnen ausspielen. In 3 Minuten war die Operation bei 20 und mehr Stöcken vollbracht und nach noch weiteren 4—5 Minuten befand sich Alles im vollsten Vorspiel. Mehrmals sah ich Königinnen schon nach wenigen Minuten befruchtet heimkehren. S. von Berlepsch Bztg. 1854 S. 256.

Im Sommer kann man Beuten italienische Weiselwiegen einfügen und die Königinnen Bastardinnen werden lassen. Für das nächste Jahr haben dann diese, weil die Drohnen sämmtlich ächt italienisch werden (S. Seite 49—56), hinsichtlich der Drohnen ganz gleichen Werth mit den ächt befruchteten.

10. **Wie sind die Nachkömmlinge von einer italienischen Mutter und einem heimischen Männchen beschaffen?**

a. **Die Drohnen.** Da das Drohnenei durch den männlichen Saamen nicht befruchtet wird, so folgt, daß die Drohnen, welche eine von einer heimischen Drohne befruchtete, von Geburt aus ächt italienische Königin erzeugt, ächt italienisch sein müssen, wie so eben gesagt wurde.

Von allen Königinnen, die schön gelb waren, und von denen ich sicher wußte, daß sie von Geburt aus ächt italienisch waren, fielen lauter ächt italienische Drohnen. Doch wäre es möglich, daß hin und wieder auch eine dunkelere Drohne vorkäme, weil, wie oben unter 2 gezeigt ist, die italienische Race noch Bruchtheile schwarzen Blutes in sich hat, und selbst in Italien befruchtete Königinnen einzelne Arbeiterinnen und Königinnen erzeugen, die ziemlich dunkel gefärbt sind. Gelangte also ein solches Ei, das eine dunkelere Arbeiterin oder Königin geben würde, unbefruchtet in eine Drohnenzelle, so müßte selbstverständlich auch eine dunkelere Drohne hervorgehen.

Nun erzählen aber in der Bienenzeitung mehrere Mitarbeiter, daß italienische von heimischen Drohnen befruchtete Königinnen theils große schwarze plumpe (heimische), theils kleinere zierliche gelbgeringelte (italienische) Drohnen untermischt erzeugt hätten. S. Hübler Bztg. 1856 S. 54. Rothe ebendas. S. 55. Schiller ebendas. S. 77. Calaminus ebendas. S. 249. Diese Herren irrten in sofern, als sie Königinnen von Geburt aus für ächt italienisch hielten, in denen schon schwarzes Blut steckte. Wie leicht man sich aber hinsichtlich der Aechtheit von Geburt aus täuschen kann, wird gleich weiter unten ersichtlich werden.

b. **Die Arbeiterinnen.** Man sollte glauben, daß sie Mischlinge, d. h. Wesen sein würden, welche die Mitte zwischen der italienischen Mutter und dem heimischen Vater hielten, also nicht so gelb und schön gezeichnet, wie die italienischen, und nicht, rein braunschwarz, wie die heimischen, wären. Dieß ist zwar auch theilweise der Fall, bildet aber nicht die Regel, sondern es sind drei in die Augen fallend verschieden gefärbte Arbeiterinnen, die aus Mischpaarungen hervorgehen, zu unterscheiden, nämlich **erstens** solche, die man gar nicht von ächt italienischen, **zweitens** solche, die man gar nicht von ächt heimischen unterscheiden kann und **drittens** solche, welche die Mitte zwischen den beiden verschiedenartigen Aeltern halte, also wirklich Mischlinge sind. Diese dritte Klasse variirt wieder bedeutend unter sich, indem einzelne Individuen mehr der Mutter oder mehr dem Vater sich nähern.

Diese Erscheinung erklärt sich dadurch, daß nicht alle Eigenschaften beider Aeltern sich zu amalgamiren pflegen, daß z. B. ein Kind die Haare und den Gang des Vaters, hingegen den Mund und die Nase der Mutter hat. Oft muß man sich die Zeugung, d. h. die Verschmelzung der männlichen und weiblichen Keime, weniger unter dem Bilde einer chemischen Verbindung zweier verschiedener Stoffe, als unter dem Bilde eines Gewebes denken, in welchem ein Keim das Uebergewicht gewinnt und den an-

§ XXIII. Die italienische Biene.

deren mehr oder weniger zurückdrängt. Dieses Ueberwiegen kann fortschreiten bis zur gänzlichen Unterdrückung des andern Keimes. Auch bei Vermischung zweier Racen anderer species, z. B. zwischen den Cochinchinahühnern und unseren gewöhnlichen, pflanzt sich mitunter eine Race rein fort. S. Donhoff Bztg. 1854 S. 13 f.

Nach meinen Beobachtungen und gemachten Erfahrungen verhalten sich von Geburt aus ächt italienische von einer heimischen Drohne befruchtete Königinnen hinsichtlich der Erzeugung der Arbeiterinnen auf viererlei Weise.

α. Manche erzeugen theils bunte italienische, theils schwarze heimische und verhältnißmäßig nur sehr wenige solche Arbeiterinnen, denen man den Mischling ansieht. Auf einer und derselben Tafel laufen nebeneinander theils schön gelbgeringelte italienische, theils gewöhnliche braunschwarze und theils Mischlinge aus. Der Zahl nach überwiegt bald das italienische, bald das heimische Element, immer aber sind bei solchen Königinnen die Mischlinge in der stärksten Minorität.

β. Manche verhalten sich nur anfänglich so, wie die eben unter α. erwähnten, erzeugen aber später auch nicht eine braunschwarze Arbeiterin mehr, sondern, wenige Mischlinge ausgenommen, lauter schön gelbe italienische Arbeiterinnen.

γ. Manche bringen von Anfang an und für immer nur Mischlinge hervor, d. h. bunte Arbeiterinnen, denen man aber ansieht, daß sie ächt italienisch nicht sind, weil ihre Ringe weit matter und dunkeler gelb gefärbt sind.

δ. Manche erzeugen gleich von Anfang an und für immer, wenige Mischlinge ausgenommen, lauter bunte Arbeiterinnen, die man von ächt italienischen gar nicht unterscheiden kann. Letzte Sorte müßte man unbedingt für ächt, d. h. von italienischen Drohnen befruchtet, halten, wenn nicht ganz entschiebene Thatsachen das Gegentheil bewiesen.

Rothe: Ich verlor 1854 die von Dzierzon bezogene italienische Königin, ehe sie Drohneneier gelegt hatte. Aus ihrer Brut erzog ich junge Königinnen nach, von denen zwei lauter bunte, wenn auch nicht sämmtlich gleich schöne, eine aber Bienen erzeugte, die sämmtlich ganz gleich schön wie Perlen und schöner waren als die Nachkommenschaft einer Königin, die Dzierzon dem Freystädter Bienenverein gesendet und als „sehr ächt" bezeichnet hatte. Es sollte mir Spaß machen, unter den Stöcken mit von heimischen Drohnen befruchteten Königinnen, die lediglich gelb colorirte Bienen erzeugen, den Stock mit einer neuerdings von Dzierzon erhaltenen sehr ächten Königin herausfinden zu lassen. Bztg. 1855 S. 146 und 1857 S. 152.

Graf Stosch: Ich erzog im August 1854 von einer ächt italienischen Königin fünf junge. Sie wurden, da es im Umkreis mehrerer Meilen keine italienischen Drohnen gab, von heimischen befruchtet. Im Mai 1855 besaßen diese Völker auch nicht mehr eine heimische Biene und waren von den ächten nicht zu unterscheiden. Bztg. 1855 S. 243.

Wernz: Ich bezog 1855 eine italienische Königin von von Berlepsch und erzog im Jahre 1856 38 junge nach, von denen auch nicht eine eine schwarze Biene erzeugte Bztg. 1857 S. 80.

Ich selbst erzog im Jahre 1856 von einer Königin gegen 50 junge, von denen, gleich wie bei Wernz, auch nicht eine eine einzige schwarze Biene erzeugte. Etwa $1/3$ brachte so schöne Bienen hervor, daß sie von ächten im Mindesten nicht zu unterscheiden waren. Und doch vermehrte ich, gleich Wernz, mitten im Sommer, wo es mindestens zehnmal soviel heimische als italienische Drohnen gab.

c. Die Königinnen. Sie variiren vom reinsten Schwarz bis zum schönsten Goldgelb, je nachdem das Ei, aus welchem sie entstanden, eine heimische oder eine recht schöne italienische Arbeiterin gegeben haben würde. Die bei weitem meisten Königinnen sind jedoch der heimischen Race sich nähernd.

11. Wie sind die Nachkömmlinge von einer heimischen Königin und einer italienischen Drohne beschaffen?

a. Die Drohnen. Sie sind alle ohne Ausnahme rein heimisch.

b. Die Arbeiterinnen. Sie sind theils ächt heimisch theils ächt italienisch, theils Mischlinge.

Alle heimischen Königinnen, die bei mir von italienischen Drohnen befruchtet wurden, erzeugten heimische Arbeiterinnen in bedeutender Mehrzahl, und eine solche Königin kam mir vor, die im ersten Jahre ächt heimische, ächt italienische und Mischlinge. vom nächsten Frühjahr ab aber nur ächt heimische erzeugte. S. von Berlepsch Bztg. 1856 S. 5. Dagegen erzeugte bei Dzierzon, wie mir dieser mündlich sagte, eine solche Königin im zweiten Jahre lauter düstergelb geringelte Arbeiterinnen. Ebenso hatte Wernz eine heimische Königin, deren sämmtliche Arbeiterinnen mit düster gefärbten Ringen gleich anfänglich hervorgingen. S. Wernz Bztg. 1857 S. 80.

c. Die Königinnen. Ueber diese kann ich keine Auskunft geben, da ich nach dieser Richtung hin nicht nachgezüchtet habe.

Ich habe hier unter 10 und 11 mitgetheilt, wie sich die Nachkommenschaft bei Mischpaarungen in der ersten Generation erweist. In den folgenden Generationen wird der Wirrwarr so arg, daß man nicht klar sehen, nicht mehr durchkommen kann.

12. Durch welche Eigenschaften unterscheiden sich die Mischlingsarbeiterinnen, entstanden aus einer italienischen Mutter und einem heimischen Vater, von rein heimischen Arbeiterinnen?

Ich vermag weiter nichts zu sagen, als daß die italienischen Arbeiterinnen in dem Grade, in welchem sie sich der äußeren Farbe nach den heimischen nähern, auch stechlustiger werden, und kann versichern, Beuten mit Mischlingen, die sämmtlich gelb geringelt waren, gehabt zu haben, die mit den wildesten heimischen im Stechen wetteiferten. Von sonstigen verschiedenen resp. vortheilhaften Eigenschaften habe ich nicht das Geringste bemerken können.

Bienenmeister Günther: In Erfurt habe ich Beuten mit Mischlingen gesehen, die, sowie man in ihre Nähe kam, sofort losstachen, so daß man die Flucht ergreifen mußte. Bztg. 1857 S. 251.

Dzierzon: Selbst bei den Mischlingsstöcken ist sanfterer Charakter, größere Fruchtbarkeit, besonders größere Thätigkeit zu bemerken. S. Bfreund. S. 129.

Liebe: Auch die Bastardstöcke sind honigreicher. Bztg. 1858 S. 187.

von Saghy: Die Bastardstöcke schwärmen früher und sind im Herbste stets honigreicher. Bztg. 1858 S. 202.

Röstel: Auch die Bastardstöcke sind honigreicher. Bztg. 1859 S. 260.

13. Woran erkennt man, daß eine italienische Königin wirklich von einem italienischen Männchen befruchtet wurde, also sicher ächt ist?

Dies ist mit Sicherheit lediglich und allein an den jungen nachgezogenen Königinnen zu sehen. Fallen diese fast ohne Ausnahme schön gelb aus und erzeugen sie unter allen Umständen, also auch, wenn sie von heimischen Männchen befruchtet worden, lauter bunte, meist schön orangegelb geringelte Arbeiterinnen, so ist diese Arbeiterinnen Großmutter von Geburt aus ächt italienisch und von einem ächt italienischen Männchen befruchtet. Die Ehre, dieß zuerst geahnt und ausge-

§ XXIII. Die italienische Biene.

sprochen zu haben, gebührt dem Grafen Stosch, wenn er sagt: wahrscheinlich ist nur diejenige Mutter als ächt zu betrachten, deren Tochter, ebenso wie sie selbst, nur italienische Nachzucht hat. Bztg. 1855. S. 243. Doch können auch italienische Königinnen von italienischen Männchen befruchtet worden sein, deren Nachkommenschaft sich anders zeigt, nur sind wir nicht im Stande, mit Gewißheit auf ächte Paarung zu schließen. Unrichtig aber ist es, wie aus allem Vorherigen zur Genüge erhellt, wenn Dzierzon sagt: Erzeugt eine von Geburt aus ächt italienische Königin lauter italienische junge Arbeiterinnen, so ist sie ächt, b. h. von einem italienischen Männchen befruchtet, kommen aber italienische und heimische Arbeiterinnen gemischt hervor, so ist sie unächt, b. h. von einem heimischen Männchen befruchtet. Bfreund. S. 136.

14. **Noch etwas über die italienischen Königinnen.**

a. Die schönsten und seltensten Königinnen sind die **hellgelben**, in's **Bläuliche** schillernden, die, wenn ächt befruchtet, lauter Königinnen, wie sie selbst sind, und lauter orangegelb geringelte Arbeiterinnen hervorbringen. Gegen die Sonne gehalten, sind diese Wesen transparent wie Edelsteine.

b. Die zweite Sorte sind die **orangegelben Königinnen mit dunkeler oder schwarzer Schwanzspitze**. Diese sind häufiger und erzeugen, wenn sie ächt befruchtet wurden, mit höchst seltenen Ausnahmen, Königinnen, die den Müttern wie aus den Augen geschnitten ähnlich aussehen und die, so gewiß wie zweimal zwei vier ist, **unter allen Umständen** b. h. auch wenn sie von heimischen Drohnen befruchtet wurden, lauter bunte, meist sehr schöne Arbeiterinnen hervorbringen. Merkwürdig, daß dies bei der edelsten Sorte, den durchaus hellgelb-bläulichen Königinnen nicht der Fall ist. Die Töchter dieser Mütter erzeugen nicht immer lauter bunte Bienen, sondern, wenn der Gemahl ein Inländer war, mitunter auch schwarze Bienen unter den bunten und die bunten weniger schön.

c. Alle andersfarbigen Königinnen, z. B. die den Arbeiterinnen ähnlich geringelten oder über den größeren Theil des Hinterleibes schwarzen und überhaupt dunkleren, sind schon in der **Entartung begriffen** und man gebe sich mit solchen keine Mühe, etwas Schönes nachzuzüchten.

§ XXIV.
Standort der Bienen und Bienenhaus.

Für das Gedeihen der Bienen ist es von allerhöchster Wichtigkeit, wo und wie die Stöcke aufgestellt sind.

1. Vor Allem suche man zur Aufstellung seiner Stöcke sich ein windstilles Plätzchen aus, denn die Erfahrung lehrt, daß den Bienen nichts schädlicher ist, als wenn ihre Wohnungen von heftigen Winden getroffen werden können. Besonders im Frühjahr gehen eine Unmasse von Bienen auf solchen windigen Standplätzen verloren, und wenn die Stöcke auf recht geschützten schon schwarmfertig sind, sind sie oft auf den Winden ausgesetzten Ständen noch volkarm. Die heimkehrenden, besonders die beladen heimkehrenden Bienen sind, wenn sie bis in die nächste Nähe ihres Stockes gekommen sind, natürlich am meisten ermüdet, auch wollen sie, wo mehrere Stöcke beisammen stehen, nicht in fremde Fluglöcher gerathen, verweilen deshalb, namentlich bei bewölktem Himmel, wo sie schlecht sehen, länger, ehe sie an ihren Stock anfliegen, müssen theils auch länger Anstand nehmen, weil der Wind sie aus ihrer Flugrichtung treibt, und werden so nur zu oft durch Windstöße massenweise niedergeworfen, erstarren auf dem kalten Boden und erheben sich nicht mehr, während sie bei geschützter Lage in ihre Stöcke wohlbehalten gekommen sein würden.

Aber nicht blos im Frühjahr, sondern auch zu jeder andern Jahreszeit ist eine windige Lage schädlich, weil die Bienen immer durch den Wind beirrt werden. Wie manche Königin mag bei ihrer Rückkehr vom Hochzeitsfluge durch einen Windstoß auf einen Nachbarstock geworfen und dort massacrirt werden! Im Winter vermögen gehörig warmwandige Stöcke, sobald der Wind die Fluglöcher nicht trifft, einer grimmigen Kälte lange zu widerstehen, während sie, bläst der Wind ungehindert in die Fluglöcher hinein, bei nur einigen Kältegraden bald erlahmen und einschlafen, um nie wieder zu erwachen. Im November 1852 hatte mein Bienenmeister Günther auf einem benachbarten Dorfe einen Strohstülper mit einem Flugloche auf dem Standbrette und einem zweiten ziemlich in der Mitte, der Nordostluft gerade exponirt, stehen. Es trat Kälte zwischen 2 und 3 Graden bei scharfem Nordostwind ein, und schon nach wenigen Tagen fand er die Bienen, soweit sie vom oberen Flugloche nach unterwärts saßen, erfroren, während die im Haupte des Stockes befindlichen noch lebten. Man muß daher, wenn man einen windstillen Platz nicht hat, durch aufzustellende Planken u. s. w. die vorherrschenden Stürme abzuhalten oder doch wenigstens zu brechen suchen. S. Dzierzon Bfreund. S. 165.

2. Nicht minder, ja fast noch mehr als heftiger stürmender Wind ist den Bienen eine heimlich kühle Zugluft, wie sie an manchen Stellen fast immer, selbst an den wärmsten windstillsten Tagen, leise fühlbar ist, schädlich und verderblich. An solchen Plätzen stelle man ja keine Bienen auf; man wird niemals auf einen grünen Zweig kommen, sondern alle Mühe und alle Kunst zu Schanden gehen sehen. Dieser dem Menschen im heißen Sommer oft so wohlthuende Kühlhauch scheint die Bienen langsam und gleichsam gleißnerisch-heimtückisch zu vergiften, denn die volkreichsten an solchen Orten aufgestellten Stöcke entvölkern bald immer mehr und mehr, ohne daß man gewahrt, wo die Bienen hinkommen. Man sei darum bei Anlage eines Bienenstandes ja im höchsten Grade vorsichtig und vergewissere sich, daß die Stelle nicht zugig sei; was am leichtesten dadurch zu constatiren sein dürfte, wenn man bei warmer Witterung und Windstille in etwas echauffirtem Zustande einige Minuten regungslos und mauerfest an den für den Bienenstand projektirten Ort sich aufstellt. Da wird man bald fühlen, ob es, wie man im gewöhnlichen Leben sagt, zieht oder nicht.

3. Stelle man, wenn man die Wahl hat, seine Bienen nicht zu hoch auf. Die beladen heimkehrenden fliegen nämlich, besonders bei Wind, gern niedrig, um sich gegen das Niedergeworfenwerden des Windes, der je näher der Erde besto weniger heftig ist, zu schützen. Stehen nun die Stöcke zu hoch, so müssen die Bienen entweder gleich von der Weide aus hoch heimfliegen oder sich in der Nähe ihres Standes aufwärts heben; wobei manche ermattet niedergeworfen wird und verloren gehen kann. Am besten stehen die Stöcke, wenn die Fluglöcher zwischen 2—6 Fuß über der Erde ausmünden. Doch braucht man in dieser Beziehung nicht zu ängstlich zu sein. Es läßt sich auch im zweiten und dritten Stockwerke eines Gebäudes, wenn nur sonst die Behandlung eine vernünftige ist, recht vortheilhaft Bienenzucht treiben.

4. Stelle man, wenn man die Wahl hat, seine Stöcke nicht so auf, daß die Bienen von ihrem Abfluge aus bald über hohe Gebäude u. s. w. sich erheben müssen. Die Gründe sind dieselben wie unter 2. Doch auch hier kann man, wenn's nicht anders geht, sorglos sein.

5. Dürfen unter keinen Umständen die Stöcke so gestellt werden, daß sie der brennenden Mittags- und Nachmittagssonne ausgesetzt sind, und es muß, wo Stöcke nach Mittag oder Abend stehen, durch Laden oder sonstige Vorrichtungen (Schleme z. B.) dafür gesorgt werden, daß die glühenden Sonnenstrahlen die Stöcke nicht treffen und namentlich nicht auf den Deckel und in das Flugloch brennen können. Die zu große Hitze macht die Bienen matt und unthätig und sie stellen in den heißesten Tagesstunden den Flug fast gänzlich ein, während andere von der Sonne nicht belästigte munter fliegen und fleißig eintragen. Der ganze Wachsbau kann so erweicht werden, daß er zusammenstürzt und natürlich den ganzen Stock ruinirt. Stöcke, die der brennenden Mittags- und Nachmittagssonne ausgesetzt sind, sind niemals so honigreich, als beschattete, wenn sie auch oft mehr schwärmen. Die Hauptsache ist aber doch, daß die Bienen, wenn es für sie auf dem Felde etwas zu holen giebt, fortwährend eintragen, um die größtmöglichen Honigvorräthe aufzuspeichern. Dies thun sie aber erfahrungsmäßig weit mehr, wenn der Stand eine schattige Lage hat. Man kann daher Dzierzonstücke nicht zweckmäßiger aufstellen als so, daß sie Mittags und Nachmittags von einem nahen Baume beschattet werden. Auch kann man sie ganz zweckmäßig unter Bäumen selbst aufstellen, und in Seebach steht eine Sechsbeute unter einer Linde, die sich an recht heißen Tagen ganz bedeutend durch Thätigkeit auszeichnet.

§ XXIV. Standort der Bienen und Bienenhaus.

Man glaube ja nicht, daß Stöcke, denen die Sonne, namentlich die Morgensonne fehlt, später an die Arbeit gingen. Giebt es etwas zu holen, so fliegen sie eben so fleißig als die von der Sonne beschienenen und setzen ihren Flug gleichmäßig fort, wenn jene aus Mattigkeit bereits nachgelassen haben. Am verderblichsten aber, wie dies in den §§ XXX und XLVIII weiter erörtert werden wird, werden die Sonnenstrahlen den Bienen im Winter, wenn sie das Flugloch treffen, die Bienen aus der Winterruhe stören und bei noch rauher Luft oder Schnee zum Ausfluge verleiten. S. Dzierzon Bfreund S. 166.

6. Kann man es vermeiden, so stelle man die Stöcke nicht an breiten Strömen oder großen Seen und Teichen auf. Denn theils ist der Flugkreis der Bienen, wenn die Wasserflächen zu groß sind, nur nach einer Richtung hin möglich, theils kommen viele in den Gewässern um, namentlich wenn die Wasserflächen zu überfliegen und so gelegen sind, daß die Bienen nach Weide über dieselben hinweg müssen. Denn obwohl die Bienen die Gefahr, die ihnen im Wasser droht, recht gut kennen und, wenn sie über dasselbe fliegen müssen, gleich höher steigen, so sind sie doch bei heftigen Windstößen genöthigt, sich zu senken und es finden viele schwer beladene und ermüdete Bienen in den Wellen ihr Grab, da über dem Wasser auch stets ein stärkerer und kühlerer Luftzug herrscht. S. Dzierzon Bfreund S. 165. So gedeiht z. B. auf der einen Seite des Mansfelder sog. Salzsees gar keine Bienenzucht, weil zur Zeit der Lindenblüthe, welche am jenseitigen Ufer sehr bedeutend ist, die Bienen über den gegen $\frac{1}{2}$ Stunde breiten See fliegen und größtentheils verloren gehen, so daß die Stöcke entvölkern und theilweise ganz eingehen. Kritz hat dies genau festgestellt, indem er zur Zeit der Lindenblüthe den See mit einem Nachen befuhr und sich überzeugte, daß viele Bienen im Wasser den Tod fanden. S. Kritz Bjtg. 1846 S. 87.

7. Stelle man nicht zu viele Bienenstöcke auf einen Raum zusammen, namentlich mache man, wenn man Bienenhäuser für Einzelstöcke bauen will, diese nicht zu lang. Es giebt dies zum Verirren der Bienen und namentlich zur Weisellosigkeit häufige Veranlassung. Doch braucht man auch hier nicht zu ängstlich zu sein und kann, wenn man Mangel an Raum hat, recht wohl 60—80 Stöcke in einem Bienenhause in 3—4 Reihen übereinander aufstellen. Ist das Bienenhaus nur nicht zu lang, nicht über 30 Fuß, stehen die Stöcke nicht zu eng nebeneinander, sind sie gegen Stürme, Zugluft und Sonnengluth geschützt, so geht's ganz gut. Im Naturzustande weichen sich die Bienenschwärme zwar aus und suchen möglichst einsame Niederlassungen, weil sie dort reichlichere Weide finden und von fremden Bienen weniger belästigt werden. Doch findet man auch in der Natur oft mehrere Bienenvölker nahe bei einander und Dzierzon erzählt im Bienenfreund S. 75 einen Fall, wo fremde Schwärme vier leere Fächer eines Pavillons in Besitz nahmen, in welchem bereits schon mehrere Völker wohnten. Und wollte man Alles genau nach der Natur machen, so müßte man die Schwärme fliegen und sich selbst eine Wohnung suchen lassen, oder wenigstens einzeln an ihren Schwarmstellen aufstellen.

8. Wie und wo die Stöcke sonst stehen, ist ziemlich gleichgültig und die Bienen befinden sich in einem elenden Strohbienenschauer ebenso wohl als im prachtvollsten Bienenpalaste. Es ist gleich, ob sie frei auf einem Untergestell oder an einer Wand stehen, wenn sie nur gegen Stürme, Zugluft und glühende Sonnenstrahlen gesichert sind. Fast ebenso gleichgültig ist es, nach welcher Himmelsgegend sie den Ausflug haben. Die älteren Bienenschriftsteller haben hierauf mit Unrecht den größten Werth gelegt. Doch rathe ich, wenn man ein Bienenhaus mit nur einer Front bauen

§ XXIV. Standort der Bienen und Bienenhaus.

will, die Front nach Morgen. wenn das nicht geht, nach Mitternacht, wenn das nicht geht nach Mittag und endlich erst nach Abend zu richten. Meine Gründe sind folgende: Im Naturzustande finden wir die Bienen meist in dunkeln schattigen Wäldern wohnen, wo nie ein Sonnenstrahl ihr Flugloch bescheint (S. Scholz Bztg. 1859 S. 163), arbeiten aber sehen wir sie, sie mag wohnen, wo sie will, am regsamsten in der Sonne, vorausgesetzt, daß die Sonne sie in ihrer Wohnung nicht belästiget. Daraus folgt, daß sie am liebsten im Schatten wohnt, aber als Sonnenvogel am liebsten in der Sonne arbeitet. Dem entspricht auch der Culturzustand. Denn Stöcke auf Morgen- und Mitternachtsständen sind durchschnittlich immer honigreicher als solche auf Mittag- und Abendständen, wenn sie auf solchen von der glühenden Sonne getroffen werden können. Doch dürfte in unserem Klima der Morgenstand dem Mitternachtsstande noch vorzuziehen sein, weil hier am Morgen milde, belebende, niemals aber molestirende Sonne herrscht. Vor dem Abendstande aber hat selbst der Mittagsstand den Vorzug, da in den heißesten längsten Tagen wenigstens gegen 1 Uhr die Sonne vom Mittagsstande weicht, dagegen bis zum Untergange vor dem Abendstande liegt. Doch, wie gesagt, sind die Stöcke auf Mittags- und Abendständen durch vorgespannte Schirme gegen das Eindringen der Sonne geschützt, so ist die Himmelsgegend ziemlich gleichgültig.

Seit 1854 hatte ich in Seebach hundert Mutterstöcke in eilf in dem vierzehn Morgen großen Schloßgarten entfernt von einander aufgestellten mehrfächerigen Beuten und zwar in einer Achtundzwanzigbeute, zwei Zwölfbeuten und acht Sechsbeuten. Alle Beuten haben sechszöllige Doppelwände, außen und innen aus zölligen Brettern bestehend, die inwendig mit Papier oder Waldmoos 4 Zoll ausgestopft sind, denen also weder die grimmigste Kälte noch die drückendste Hitze etwas anhaben kann, da auch die großen Ueberschlags- resp. Eingangsthüren ebenso schützend gefertigt sind wie die Wände, und die Mittag- und Abendfächer durch Sonnenschirme in den heißesten Tagen geschützt werden. Von diesen hundert Muttervölkern fliegen 24 nach Morgen, 26 nach Mitternacht, 32 nach Mittag und 18 nach Abend aus. Ich konnte im Ertrage, hinsichtlich der verschiedenen Himmelsgegenden, nach welchen die Völker ausfliegen, niemals den geringsten Unterschied wahrnehmen.

9. Seit Dzierzon die mehrfächerigen freistehenden Beuten erfand und zugleich zeigte, wie auch Einzelstöcke durch passendes Neben- und Aufeinanderstellen ohne Bienenhaus aufgestellt werden könnten, wollten Viele nichts mehr von einem Bienenhause wissen und ich erklärte in der Bienenzeitung 1856 S. 160 das Bienenhaus „für das unnützeste Meubel der Welt". Für Dzierzonstöcke ist es allerdings völlig überflüssig, und ist bei diesen Stöcken eine freie Aufstellung vorzuziehen, aber nicht alle Bienenzüchter halten Dzierzonstöcke und nicht wenige haben keinen Platz, um ihre Beuten frei aufstellen zu können. Solche mögen sich ein Bienenhaus nach ihren Mitteln und ihrem resp. Geschmacke erbauen, dabei aber vor Allem darauf achten, daß durch den Gang, der gewöhnlich hinter den Stöcken und der Rückwand des Hauses sich befindet, nicht etwa Zugluft entsteht. Das geschieht nur gar zu häufig und ich kenne Bienenhäuser, wo es im Gange beständig zieht und wo selbst bei anscheinender Windstille immer ein leiser Zug, der Tod der Bienen, existirt, und wo bei nur einigem Winde viele Bienen, besonders beladene, oft in den Gang hineingeworfen werden. Ich hasse daher die Gänge hinter den Stöcken und halte es mit Busch, der da sagt: Ich rathe, an den Bienenhäusern statt der Hinterwand mit Gang hinten Thüren machen zu lassen, die man öffnen und schließen kann. Da hat man einen Gang, wenn man einen haben will, und keinen, wenn man ihn nicht braucht. Bztg. 1847 S. 12.

§ XXV.
Wohnungen der Bienen im Allgemeinen.

1. **Ständer- oder Lagerstöcke.** Betrachtet man ein Bienenvolk, wohne es in einem hohlen Baume, einer Mauer oder in was immer für einer ihm von Menschen angewiesenen Wohnung, so wird man stets finden, daß die Bienen bestrebt sind, den Honig oben, d. h. über der Brut, die Brut unten, d. h. unter dem Honig, zu haben. Nur durch die Form des inneren Raumes gezwungen, weichen sie hiervon ab, speichern auch seitwärts, hinterwärts oder unten Honig auf und setzen Brut anderswo an, als unter dem Honig. Nirgends füllen sie geöffnete Räume so bald und schnell mit Honig als oberhalb (S. Dzierzon Bfreund S. 116), weil der angeborene Instinct sie lehrt, daß oben der Raum für den Honig sei. Ebenso sitzen die Bienen während des Winters oder wenn sie sonst bei kühlerer Witterung außer Thätigkeit sind, unter dem Honig, falls die Form der Wohnung sie daran nicht absolut hindert. Selbst im niedrigsten und tiefsten Lagerstocke, wo in den hinteren Waben noch so viel Honig abgesetzt ist, enthalten die obersten Zellen der Brutwaben, mit nur höchst seltenen Ausnahmen, Honig, und im Winter dehnen sich die Bienen in einem solchen Stocke möglichst lang aus, nur um unter dem Honig sitzen zu können. Hieraus ergiebt sich von selbst unwiderleglich, daß der Ständer und nicht das Lager die naturgemäße Bienenwohnung ist.

Treffend sagt Scholz: Die Natur hat dem Bienenvolke im Baum des Waldes diejenige Bauform angewiesen, bei welcher seine Existenz gegen die Wechselfälle des Wetters und der Jahreszeiten am meisten gesichert ist, nämlich die Ständerform im runden Cylinder. Daß diese Form für die Erhaltung und gute Durchwinterung der Bienen die vollkommenste ist, darüber kann aus physikalischen und erfahrungsmäßigen Gründen kein Streit weiter sein. Hier steigen die Bienen auf den wenigen, aber langen Tafeln in ein und denselben Gassen zehrend von unten nach oben, haben nicht nöthig, aus ihrem Lager weiter zu rücken, um die nächstfolgenden Tafeln zu umgehen und können nicht in Gefahr gerathen, von den Vorräthen durch Frost und Reif abgesperrt zu werden, da die dem Volke nach oben entströmende Wärme den Weg nach dieser Richtung stets offen und den hier aufgespeicherten Honig darum auch flüssiger erhält, als bei der langgedehnten Lagerform mit kurzen Tafeln. Daß für die Concentration der Wärme wiederum keine Form geeigneter ist, als die gewölbten Innenwände des in kurze, gleichmäßige Dimensionen zusammengedrängten runden Cylinders, ist ebenfalls gegen allen Widerspruch feststehend. Bzlg. 1859 S. 164.

§ XXV. Wohnungen der Bienen im Allgemeinen.

Daraus folgt jedoch keineswegs, daß der Ständer auch für den Menschen die vortheilhafteste Bienenwohnung ist; denn nicht Alles, was naturgemäß ist, ist auch vortheilhaft, und das Wesen einer jeglichen Zucht, also auch der Bienenzucht, besteht eben darin, die Natur durch Verstand und Kunst zu lenken und zu leiten. In dem Worte „Zucht" liegt der Begriff des Ziehens, Zwingens, um eine gewisse Absicht zu erreichen. Es fragt sich daher weiter, ob Ständer oder Lager mehr Honig liefern. Die Erfahrung antwortet hier ganz entschieden zu Gunsten der Lager. Stellt man z. B. zehn Ständer und zehn Lager, deren innerer Lichtenraum gleich groß ist, auf, bevölkert alle zwanzig Stöcke gleichmäßig und überläßt sie sich selbst, so kann man seinen Kopf verwetten, daß am Ende der Tracht die zehn Lager mehr Honig besitzen als die zehn Ständer. Denn die fruchtbare Königin eines Schwarmes besetzt die kaum angefangenen Tafeln mit Brut und begründet so ziemlich unmittelbar unter der Decke das Brutlager. Wird nun der Bau, wie im Ständer, immer nur nach unten weiter geführt, so werden, wenn die Witterung nicht gar zu honigreich ist, fast alle Zellen mit Brut besetzt und die Bienen haben theils gar keinen Platz zur Honigablagerung theils consumirt die viele Brut allen Honig. Ebenso beginnt im Frühjahr die Königin unmittelbar unter dem Honig den Brutansatz. Zwar zieht sich die Brut allmälig weiter nach unten und die Bienen füllen die oberen Zellen, sobald die Brut ausgelaufen ist, mit Honig. Oft aber ist die Tracht nur noch gering oder bereits ganz zu Ende, wenn die Brut aus den oberen Zellen ausgeschlossen ist, und dann werden dieselben entweder wieder mit Brut besetzt oder bleiben ganz leer. Was nützt es z. B. einem Schwarm, der um Johanni fiel, wenn er gegen Mitte oder Ende Juli, wo die Tracht gewöhnlich ziemlich vorüber ist, oben leere Zellen bekommt? Ganz anders ist dies beim Lagerstocke, wenn er, wie gewöhnlich, Querbau oder sog. warmen Bau hat, wegen seiner vielen und kurzen Tafeln. Jede Tafel enthält wenigstens oben Honig und gewöhnlich desto mehr, je weiter sie vom eigentlichen Brutneste entfernt ist; auch kann im Lagerstocke der Brut keine so große Ausdehnung gegeben werden, weil die Bienen die Tafeln nicht so beliebig nach unten hin zu verlängeren Raum haben, es im hintern Theile des Stockes auch immer kühler wird und die Königin deshalb nicht so geneigt ist, dort Eier abzusetzen. S. Dzierzon Bfreund. S. 81.

Andererseits haben aber die Lagerstöcke neben der viel unbequemeren Behandlung auch noch den sehr großen Uebelstand, daß sie, namentlich in langen und strengen Wintern, erfahrungsmäßig schlecht und viel schlechter als Ständer durchwintern, und daß bis jetzt keine Kunst im Stande gewesen ist, diesen Hauptnachtheil zu beseitigen. Im Ständer rücken, wie oben gesagt, die Bienen im Winter ruhig in den Gassen aufwärts und vermögen dies selbst bei der grimmigsten Kälte, sitzen auch an sich wärmer, weil sie sich auf einem viel kleineren Raume enger beisammen befinden, als in dem lang gedehnten Lagerstock. Im Lagerstock mit Querbau sind die kurzen Tafeln oft gar bald bis oben ausgezehrt und die Bienen müssen sich, um wieder zum Honig zu gelangen, um Tafeln herum begeben; was sie bei starker Kälte nur zu oft nicht vermögen. Aber selbst eingestellt und gegen Kälte geschützt, überwintern die Lager durchschnittlich doch mehr schlechter als Ständer und haben fast immer mehr Todte. Ich glaube, den Grund zu wissen. Man denke sich z. B. eine Lagerwalze, in welcher die Bienen ihren Wintersitz in den ersten zehn Tafeln, vom Flugloche aus gezählt, aufgeschlagen haben und eingestellt gehörig warm sitzen. Was muß aber geschehen, wenn z. B. diejenigen Bienen, welche zwischen der vierten und fünften Wabe sitzen, den Honig auf beiden Seiten ausgezehrt haben? Sie müssen vorderwärts oder hinterwärts weiter rücken. Dort sitzen aber die Bienen schon gekeilt und die Ankömmlinge finden gar keinen Platz und müssen

§ XXV. **Wohnungen der Bienen im Allgemeinen.**

deshalb, trotz ihres Weiterrückens, verhungern oder Alles in Aufruhr bringen; wodurch natürlich Tod und Verderben verbreitet werden. Anders und besser ist es allerdings bezüglich der Ueberwinterung in Lagern mit kaltem oder Längsbau, aber diese sind auch lange nicht so honigreich als solche mit warmem oder Querbau. Könnte man daher durch Kunst die Ständer ebensoviel Honig aufspeichern lassen als die Lager, so wären die Ständer unbedingt vorzuziehen. Und das geht sehr leicht, wenn man den Ständern einen vom eigentlichen Stocke abgesonderten, lediglich zur Honigaufspeicherung bestimmten Raum gibt.

Wie und wo dieser Honigraum bei den verschiedenen Stockformen einzurichten ist, wird an den betreffenden Stellen detaillirt exponirt werden.

2. **Theilbare oder untheilbare Stöcke?** Ich ziehe die theilbaren den untheilbaren, wo bewegliche Waben nicht sind, unbedingt vor. Denn bei theilbaren Stöcken kann man jeden Stock nach der Größe und dem Bedürfnisse seines Volkes einrichten. Dieß ist von größtem Belange, wenn man gute und ausgezeichnete Trachtzeiten gehörig ausbeuten, ein etwa herabgekommenes Volk erhalten oder Schwärme einfassen will. Kleine Schwärme, in große Wohnungen gebracht, fühlen sich nicht geheuer (Metzig Bztg. 1856 S. 142), fliegen immer matt, bauen nur auf einer Seite, ziehen auch wohl gar wieder aus, als ob sie verzweifelten, das große hohe Gewölbe ausbauen zu können, oder sie arbeiten, wie im Vorgefühl der Kälte, gegen die sie sich schützen wollen, auf Kosten des Honigertrages, so viel in Wachs, daß man nicht selten viele flatterhaft herabgebaute Waben, aber wenig Honig findet. Bringt man aber hinwieder einen starken Schwarm in einen kleinen Stock, so zieht er nicht selten aus, oder legt sich müßig vor. Mittelmäßigen alten und stark abgeschwärmten Völkern sagen nicht zu verkleinernde Wohnungen ebenfalls nicht zu, weil solche Völker nicht im Stande sind, bei kühlerer Witterung, namentlich im Winter und Frühjahr, die nöthigen Wärmegrade zu erzeugen, oder, um diese zu erzeugen, im Winter und bei sonst unflugbarer Witterung zu viel zehren, und bei flugbarer Witterung in zu großer Menge, der Erhaltung der nöthigen Wärme wegen, zu Hause bleiben müssen. Man verkleinere nur die Wohnung eines solchen mattflugigen Volkes und man wird bald genug sehen, wie der Flug und die Thätigkeit sich steigern. Ebenso ist es außerordentlich leicht, bei theilbaren Stöcken solchen Völkern, denen es an Honig gebricht, aufzuhelfen. In Gegenden der letzten Klasse kommt es oft genug vor, daß nicht einmal die Vorschwärme ihren Ausstand eintragen. Wer sie mit flüssigem Honig zur Durchwinterung reich genug machen will, hat neben größerer Mühe größeren Aufwand, weil die Bienen von flüssigem Honig mehr verbrauchen, und, wenn nicht genügender Wachsbau, theils zur Ablagerung des Futters theils zum Wintersitz des Volks, vorhanden ist, nicht die geringste Bürgschaft, daß sie durch den Winter kommen. Kann man ihnen aber einen Honigkranz aufsetzen, so sitzen sie in Abrahams Schoß. Dazu kann man besonders die Honigkränze von Stöcken nutzbar machen, die eingehen sollen, während man die unteren Kränze mit leerem Wachs für künftige Schwärme aufbewahrt S. Nagerstedt praktischer Bienenvater 3. Aufl. S. 114 f. 122, 126 f. Stern Bztg. 1849. S. 101 f.

Es ließen sich noch eine Menge Vorzüge der theilbaren Wohnungen vor den untheilbaren vorbringen, aber schon die hier vorgebrachten müssen für jeden Vorurtheilsfreien entscheidend sein; wobei ich wiederhole, daß sich das hier Gesagte nur auf Stöcke mit **unbeweglichen Waben** bezieht, da Stöcke mit beweglichen Waben theilbar machen zu wollen, abgesehen von manchen practischen Nachtheilen, doch das denkbar Ueberflüssigste wäre. Denn wozu Theilbarkeit des Stockes, wo der ganze Wachsbau in jeder einzelnen Wabe theilbar ist (Dzierzon Bztg. 1859 S. 227); sonst würde

226   § XXV. **Wohnungen der Bienen im Allgemeinen.**

die Huberſche Rahmenbude vor jedem andern Stocke den Vorzug verdienen (**Kleine Bztg.** 1859 S. 209), und man begreift Oettl (Bztg. 1858 S. 143 ff.) nicht, daß er in der **Theilbarkeit der Hülle des Stockes beweglichen Baues** einen Vorzug finden will.

3. **Aus welchem Material ſollen die Stöcke gefertiget werden?** Hätte die Wohnung der Bienen nur gegen Thiere, die ihren Vorräthen nachſtellen, Schutz zu gewähren, ſo wäre es ziemlich gleichgiltig, aus welchem Stoffe ſie verfertiget wäre, wenn ſie nur die erforderliche Feſtigkeit beſäße, um nicht durchnagt zu werden. Nun ſoll aber die Wohnung vorzugsweiſe den Bienen Schutz verſchaffen gegen verderbliche Witterungseinflüſſe, ſoll von ihnen abhalten außer der vom Himmel kommenden Feuchtigkeit auch übermäßige Hitze und lähmende Kälte und ihnen jenen Grad einer gemäßigten Wärme erhalten, der zu ihrem Wohlbefinden und zum Gedeihen ihrer Brut erforderlich iſt und ber nach Verſchiedenheit der Jahreszeit nicht unter 8 aber auch nicht über 29 Grad Reaumur über Null zu betragen pflegt.

Damit nun die Bienenwohnung beides leiſte, weder die auf die Außenſeite des Stockes heiß brennenden Sonnenſtrahlen noch grimmige Kälte durchwirken und die Bienen ſofort empfinden laſſe, muß ſie aus einem Material gefertigt ſein, das die Wärme möglichſt wenig leitet, aber eben deßhalb möglichſt gut zuſammenhält. Dieſe Eigenſchaft, die Wärme zuſammenzuhalten, haben erfahrungsmäßig die verſchiedenen Stoffe in einem deſto höheren Grade, je mehr Luft ſie in ſich unbeweglich einſchließen. Alle Holzarten, überhaupt alle feſten Pflanzenbeſtandtheile, beſtehen im letzten Grunde aus demſelben Stoffe, aber die Lage der einzelnen Faſern gegeneinander, die Structur, iſt eine verſchiedene. Je poröſer nun eine Holzart oder ſonſt ein Stoff iſt, je mehr Luft darin Platz hat, deſto weniger leitet er die Wärme, deſto tauglicher iſt er als Material zu Bienenwohnungen. Die tauglichſten Holzarten ſind aſo die leichteſten, als z. B. Weiden-, Aspen-, Erlen-, Pappelholz, namentlich Pappelholz, von welchem man breite Bohlen erhalten kann und das im vorzüglichſten Maße die Eigenſchaft hat, ſich nicht zu ziehen oder zu werfen. Ebenſo iſt Stroh wegen ſeiner Leichtigkeit, Warmhaltigkeit und Wohlfeilheit ein außerordentlich taugliches Material, nur ſchade, daß ſich dem Stroh nicht jede beliebige Form ſo leicht, wie dem Holze, geben läßt. S. Dzierzon Bfreund S 9 f. So lange es ſich jedoch um Stöcke mit unbeweglichen Waben handelt, gebe ich dem Stroh vor jedem anderen mir bekannten Material den Vorzug, weil runde Wohnungen aus Stroh leicht herzuſtellen ſind und weil Strohſtöcke die leichteſten, wohlfeilſten, wärmſten und diejenigen ſind, die bei naſſer Witterung nicht quellen und bei heißer ſich nicht zuſammenziehen und ſich nicht werfen; zwei Uebelſtände, welche ſelbſt die accurateſt gearbeiteten theilbaren Holzwohnungen doch mitunter zeigen. Wo es ſich hingegen um Wohnungen beweglicher Waben fragt, danke ich für jede Strohwohnung. Denn beim Betrieb mit beweglichen Waben, will man nicht immer auf Verdrießlichkeiten und Hemmniſſe ſtoßen, ſind, wie Kleine (Bztg. 1859 S. 149) ſagt, ganz winkelrechte und ganz glattwandige Wohnungen unerläßlich. Solche aber, man ſage was man wolle, aus Stroh herzuſtellen, iſt bis zur Stunde nicht gelungen, und ſelbſt die bis jetzt beſten, die Oettlſchen Maſchinenſtrohbeuten laboriren in dieſer Beziehung noch gar ſehr.

Wärme iſt im Winter und im Frühjahr bis zur Tracht ein Haupt-, ja das Hauptelement der Bienen. Denn nur bei gehöriger Wärme können die Bienen im Winter ruhig ſitzen und wenig zehren und im Frühjahr bald und viel Brut anſetzen. Fehlt die Wärme, ſo müſſen ſie ſolche im Winter bei ſtarker Kälte durch Brauſen, das in dünnwandigen Wohnungen auf freien Ständen oft 5—6 Schritt entfernt gehört

§ XXV. Wohnungen der Bienen im Allgemeinen.

wird, erzeugen. Diese forcirte Wärmeerzeugung erfordert Kraftaufwand und Kraftaufwand Nahrung. Vieles Zehren, Nässe, Schimmel und Ruhr, massenhaftes Bienensterben, ja Tod der ganzen Colonie sind oft Folgen fehlender Wärme. Im Frühjahr ist innerhalb des Stockes die Besorgung der Brut fast die einzige Arbeit der Bienen. Fehlt nun die gehörige Wärme und müssen sich deshalb die Bienen zu eng zusammenhalten, so kann die Königin nur wenige Eier legen und die Volksvermehrung, das Fundament für die Trachtzeit, leidet. Der Bienenzüchter muß daher seinen Bienen zu Hilfe kommen, sie gegen Kälte schützen. Und dies geht nicht leichter als durch dickwandige Wohnungen schlecht wärmeleitenden Materials, z. B. durch Wohnungen aus mit Moos ausgestopften Doppelholzwänden, aus einfachen, außen 2—3 Zoll dick mit Stroh oder Rohr beschlagenen Holzwänden, oder geflochtenen oder gepreßten Strohwohnungen, deren Wände mindestens 1½ Zoll dick sind.

Solche Wohnungen sind zugleich für den Sommer die besten, weil, was bei großer Kälte wärmt, bei großer Hitze kühlt, und der Bienenzüchter seine Bienen wie gegen große Kälte, so auch gegen große Hitze zu schützen hat. Im Sommer, wo sich das Volk verbrei- und vervierfacht und die Thätigkeit Tag und Nacht nicht ruht, steigt bei Eintritt heißen Wetters die Temperatur im Innern des Stockes oft so hoch, daß sie selbst den Bienen lästig und hindernd wird, wenn nicht die Beschaffenheit der Wohnung die Hitze mildert. Der Bien ist ein warmblütiges Thier; Nichts ist also verkehrter als dünne Wohnungen, z. B. kaum ¾ Zoll dicke Strohkörbe oder Holzflöcke gegen Mittag den brennenden Sonnenstrahlen zu exponiren, wie wir dies fast durchweg sehen, und was allein schon hinreichen würde, zu beweisen, wie wenig man im Allgemeinen die Natur und das Wesen der Biene und des Biens kennt. Wenn die Bienen auf solchen Südständen, von der gräßlichen Gluth förmlich in Raserei gebracht, in den Mittagsstunden bis gegen 3 Uhr so recht toben und lärmen, sieht der Unverstand babel und freut sich ob des großen Fleißes, während er den ruhigen gemessenen Flug auf Ost- und Nordständen für aus Unpassenheit der Lage resultirende Trägheit hält. S. von Berlepsch Bzt. 1855. S. 260 f.

Solche dickwandige Wohnungen sind jedoch nur nöthig, wenn die Stöcke entweder unter freiem Himmel ohne allen Schutz oder in einem Bienenhause, das nur wenig oder gar keinen Schutz gegen Kälte und Hitze gewährt, aufgestellt und daselbst während aller Zeiten des Jahres belassen werden. Etwas anders schon gestaltet sich die Sache, wenn die Stöcke im Winter in dunkele Kammern oder Kellergewölbe eingestellt oder auch nur auf dem Stande selbst durch Umhüllungen gegen Kälte und im Sommer durch angebrachte Schirmbretter gegen die glühenden Sonnenstrahlen geschützt werden. Bedeutend, ja ganz anders würde sich die Sache gestalten, wenn die Stöcke in einem so construirten Bienenhause stünden, das, zu allen Zeiten gegen Kälte und Hitze vollständig schützend, die dicken schirmenden Wände des Stockes verträte. Dann wären, abgesehen von Anderweitigem, die dicken Stockwände rein überflüssig, und man hätte den großen Vortheil, durch dünne Stockwände viel leichter und bequemer transportabele und tractabele Wohnungen herstellen zu können.

§ XXVI.
Wohnungen der Bienen mit beweglichen Waben.

1. Die denkbar vollkommenste Bienenwohnung ist offenbar diejenige, in welcher der Imker die Bienen so in seiner Gewalt hätte, daß er mit diesen, ohne ihren Wachsbau zu zerstören oder ihnen sonst einen Nachtheil zuzufügen, willkürlich verfahren könnte. In Wirklichkeit ist also die vollkommenste Bienenwohnung diejenige, in welcher jede einzelne Wabe zu jeder beliebigen Zeit herausgenommen und unbeschädigt wieder in dieselbe oder eine andere Wohnung eingestellt werden kann, wo also die einzelnen Waben beweglich sind.

Den ersten Versuch, einen solchen Stock herzustellen, machte F. Huber, und ihm folgten Mehrere; Keinem aber gelang es, etwas wirklich practisch Brauchbares zu liefern, bis daß endlich Dzierzon, dieses besonders begnadete Bienengenie, wie ich ihn gewiß mit Recht in der Bienenzeitung 1855 S. 73 nannte, das Problem zur Genüge löste. S. Kleine in Huber-Kleine Heft 2 S. 242—250.

Fig. 9.

Dzierzons Erfindung ist das Ei des Columbus; sie besteht lediglich darin, daß er zollbreite, viertelzolldicke Holzstäbchen mit Wabenanfängen beklebte und so die Bienen veranlaßte, in der vorgezeichneten Richtung weiter zu bauen.

Dadurch wurde es ihm möglich, jede Wabe, sobald er sie von beiden Seiten und allenfalls noch an der Unterfläche mit einem schwankklingigen Messer gelöst hatte, unversehrt aus der Wohnung herauszubekommen und dieselbe zurück- oder in jede andere gleichgroße Wohnung einstellen zu können. Der Stein der Weisen in der Imkerei war gefunden, und so lange Bienen gezüchtet werden, wird und muß der Name Dzierzon schon um dieser einen Erfindung wegen hoch gepriesen bleiben.

Bei einer Einrichtung aber, wo man jede Wabe eines jeden Stockes beliebig erlangen und an jede beliebige Stelle desselben oder eines jeden anderen Stockes lociren kann, hat man die Bienen vollständigst in seiner Gewalt, kann also planmäßig Bienenzucht betreiben und auf ein vorgestecktes Ziel sicher zu steuern. Ich gestehe, sagt Leuckart, daß es mir unbegreiflich ist, wie man die practische Bedeutung des Dzierzonstockes bezweifeln oder gar in Abrede stellen kann. Denn das ist doch unverkennbar, daß die Biene erst durch die beweglichen Waben des genialen Carlsmarkter Pfarrers zu einem vollständigen Hausthiere geworden ist. Erst jetzt ist es

§ XXVI. Wohnungen der Bienen mit beweglichen Waben.

möglich, den Haushalt dieser Geschöpfe zu regeln und ihren Thätigkeiten nach Belieben Ziel und Richtung vorzuschreiben. Freilich setzt das voraus, daß man mit der Natur der Biene und den Eigenthümlichkeiten ihres Lebens vollständig vertraut sei; denn nur in diesem Falle wird die Herrschaft, die der Mensch über die Bewohner seines Bienenstockes ausübt, ihm selber zum Nutzen und dem Bienenvolk zum Frommen gereichen. Wer es scheut, eine Einsicht in den Mechanismus des thierischen Lebens im Allgemeinen und den des Bienenhaushaltes im Besonderen zu gewinnen, wer die Principien seiner Bienenzucht nicht den Grundsätzen und Erfahrungen unserer organischen Naturwissenschaften entlehnt oder sie damit in Einklang bringt, der mag davon abstehen, seinen Stand mit Dzierzonstöcken zu füllen. Für einen solchen wird der Dzierzonstock nur die Quelle eines fortwährenden Verlustes sein; denn jeder Eingriff in den Haushalt der Bienen, der wider die Natur derselben verstößt, muß auf das Empfindlichste sich rächen. Der Dzierzonstock ist nur für den rationellen Züchter; der bloße Empiriker mag bei seinem Strohkorbe bleiben, in welchem statt des menschlichen Verstandes der thierische Instinct die Herrschaft übt.

Wie der Dzierzonstock nun aber eine vollständige Einsicht in die Physiologie des Bienenlebens voraussetzt, so bietet er auch seinerseits die Mittel zu einer Masse von Beobachtungen und Untersuchungen, die ohne ihn geradezu unmöglich sein würden. Jedermann weiß, was der Erfinder dieses Stockes für die Naturgeschichte der Bienen geleistet hat: es unterliegt keinem Zweifel, daß er diese glänzenden Erfolge zum guten Theile nur der Einrichtung seines Stockes verdankt. Die Beweglichkeit der Waben erlaubt dem Beobachter, in die innersten Geheimnisse des Stockes einzudringen. Es giebt im Dzierzonstocke keinen Raum, den der Beobachter nicht mit forschendem Auge durchdringen, keine Arbeit, die er nicht überwachen, keine Veränderung, die er nicht schrittweise verfolgen könnte. So Leuckart Bztg. 1855 S. 199 f. Vergl. auch von Berlepsch Bztg. 1857 S. 15. Kleine in Huber-Kleine Heft 2 S. 260 ff. und Dzierzon Bfreund S. 2 f.

Der alte Bauer Jacob Schulze sagte, nachdem er gegen 50 Jahre in Strohkörben geimkert hatte, über den Dzierzonstock: Der Vortheil, den der Dzierzonstock gewährt, liegt zu sehr auf der Hand, und springt zu sehr in die Augen, daß man ein Thor sein müßte, wollte man sich dieses Stockes nicht bedienen. Wenn aber Manche diesen Stock verwerfen, so sage ich, daß diese Herren den Stock entweder gar nicht kennen oder neidisch auf den Erfinder sind. S. Hule Bztg. 1854 S. 190. Und ich sage mit Graf Platen:

Nicht ein Jeder vermag, das Erhabene vorzuempfinden,
Aber ein Tropf, der's nicht nachzuempfinden vermag.

2. Wie ist der Dzierzonstock oder der Stock mit beweglichen Waben construirt?

Ganz außerordentlich verschieden; denn Dzierzon selbst hat wohl zwanzig unter sich verschiedene Stöcke bekannt gemacht, ebenso haben seine Schüler gewetteifert, die Erfindung des Meisters immermehr zu vervollkommnen. Ich selbst habe im buchstäblichen Sinne Tag und Nacht nachgesonnen, wie dem Stocke mit beweglichen Waben die relativ höchste Vollendung zu geben sei, habe Alles, was in der Bienenzeitung und sonst wo mitgetheilt wurde, genau erwogen und die verschiedenartigsten Stöcke, keine Mühe und keine Opfer scheuend, gebaut und practisch geprüft.

Hier alle diese Stöcke aufzählen und beschreiben zu wollen, würde vielleicht so viel Raum erfordern, als das halbe Buch einnimmt, den Anfänger jedoch nur verwirren, statt ihm zu nützen. Denn nur eine Form kann für eine gewisse Gegend die voll-

§ XXVI. Wohnungen der Bienen mit beweglichen Waben.

kommenste sein und an diese eine Form muß sich der Anfänger halten, dem Meister so lange unbedingt glaubend, bis daß er etwas Besseres erkannt und practisch erprobt haben sollte. Ich werde daher nur einen einzigen Stock, nämlich denjenigen Ständerstock beschreiben, welchen ich für den derzeit besten in Gegenden der dritten oder letzten Klasse halte. Ehe ich jedoch zur Beschreibung selbst übergehe, muß ich noch Folgendes vorausschicken.

Fig. 10.

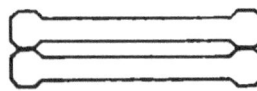

Als ich zum ersten Male einen Dzierzonstock sah, erkannte ich sofort, daß der bloße ohne Vorsprünge an den Ecken hergestellte Wabenträger (S. Figur 9) durch Anbringung viertelzölliger Vorsprünge oder Ohren an den vier Ecken verbessert werden müsse, um die Tafeln weder zu nahe aneinander, noch zu weit von einander zu bringen; was bei Wabenträgern ohne Vorsprünge an den Ecken nur zu leicht geschieht, weil man entweder beim Einlegen derselben nicht immer die richtige Entfernung trifft oder weil sich die Träger, ehe sie aufgeharzt sind, leicht verschieben. Aber kaum hatte ich einen Sommer Dzierzonisch geimkert, so genügte mir auch diese Verbesserung im Entferntesten nicht; denn immer mußte ich jede Tafel, ehe ich sie herausnehmen konnte, an beiden Seiten, oft auch an der Unterfläche losschneiden.

Standen nun die Stöcke so recht wie ausgemauert voll Honig und arbeitete ich längere Zeit an denselben, so hatte ich stets eine an die Strohkorbsäbelei erinnernde Maßerei. Das Messer wurde mit Honig beklebt, die Finger klebrig, der Honig lief an den Seitenwänden hinab, beschmierte viele Bienen und sammelte sich unten auf dem Boden zu kleinen Pfützchen: Das ganze Geschäft ging langsam, mühsam und unreinlich von Statten. Brachte ich Honigwaben in Schränke, so träufelten sie oft noch mehrere Tage; kurz allenthalben Honigschmiererei.

Auch brachen mir hin und wieder Waben von den Trägern ab. Denn bei einer rationalen Zucht muß man sehr oft Waben längere Zeit in der Hand behalten und hier- und dorthin drehen und wenden, z. B. wenn man an einer Wabe etwas genauer besehen will und deshalb das Licht in die Zellen fallen lassen muß. In solchen Fällen geht es nicht, daß man die Waben immer lothrecht hält, und es passirt dann, besonders bei heißer Witterung, daß eine Wabe abreißt. Durch Nachdenken erfand ich die Rähmchen.

Fig. 11.

Im Rähmchen hängt die Wachswabe an allen vier Seiten zwischen Holz und es kann daher weder von einem Abreißen noch einer Honigmaßerei die Rede sein. Auch kann man honiggefüllte Rähmchen bei nur einigermaßen gehöriger Verpackung auf weite Entfernungen versenden, was mit Waben an bloßen Stäbchen nicht thunlich ist.

Die Rähmchen wurden von allen Seiten mit Jubel begrüßt, nur Dzierzon (z. B. Bztg. 1858 S. 3 f.) und Kleine machten verschiedene Ausstellungen, namentlich sollten bei dem Aufeinanderstellen zweier Rähmchen viele Bienen zerquetscht werden (S. Dzierzon Bztg. 1855 S. 237). Ich und Andere haben in der Bienenzeitung die Rähmchen vertheidigt; am besten ist dieß wohl von meinem ehemaligen Bienenmeister Günther etwa folgendermaßen geschehen: Das

§ XXVI. Wohnungen der Bienen mit beweglichen Waben.

Zerquetschen der Bienen zwischen dem oberen und unteren Rähmchen kann man leicht vermeiden, wenn man die Rähmchen etwas in den Fugen hebt und schaukelnd aufsetzt. Sobald ich die Unterfläche des einzuhängenden oberen Rähmchens auf die Oberfläche des unteren Rähmchens bringe, gebe ich den Bienen, welche sich etwa dazwischen befinden, einen leichten Druck und sie nehmen eiligst Reißaus, und ich kann das obere Rähmchen bequem auf das untere schieben. Mit bloßen Stäbchen hingegen ist es, wenn die Waben mit Honig gefüllt sind, noch viel schwieriger, indem, wenn die Bienen zwischen die durchschnittenen Flächen der Wabe und das untere Stäbchen oder die Wände gerathen, am Honig kleben bleiben. Man hat dann seine liebe Noth, wenn man nicht Bienen dazwischen einkleben und elendiglich umkommen lassen will. Und wie mühsam es ist, eine recht honigreiche, dicht ausgebaute Beute, zumal wenn die Witterung heiß ist, auseinander zu nehmen, weiß Jeder, der es einmal versucht hat. Ein Dzierzon, Berlepsch, Kleine u. s. w. werden wohl damit fertig und ich kann es auch. Man denke sich aber einen Anfänger, der noch wenig mit Bienen verkehrte, noch nicht handsicher und noch nicht stichfest ist, wie will ein solcher einen volkstrotzenden Honigreichen, seiner Kraft sich bewußten Stock, wenn er bloße Stäbchen hat, auseinanderkriegen! Beim Ablösen der Waben an den Seiten und den Unterflächen werden viele Bienen zerschnitten, der Honig läuft an den Wänden hinab und beklebt die unteren Bienen. Die Arbeit geht langsam und mühsam von Statten, der Schweiß perlt auf der Stirne, und wenn es am besten hergehen soll, werden auch wohl die Bienen wild und der Künstler muß, Alles im Stiche lassend, das Hasenpanier ergreifen. Im Juni 1856 wurde ich durch einen reitenden Boten nach einem benachbarten Dorfe gerufen, weil ein Imker herausgenommene, an bloßen Stäbchen hängende Waben nicht wieder in die Beute hineinbringen, ja sich den wüthenden Bienen gar nicht mehr nahen konnte. In und um Erfurt waren, als ich 1855 als Artillerist dorthin mußte, viele Bienenzüchter, die Dzierzonstöcke, mit bloßen Stäbchen versehen, hatten, Niemand aber, die Herren Lehrer Hupe zu Kleinrettbach und Oekonom Grützmüller zu Apfelstedt allein ausgenommen, wagte es, eine Beute auseinander zu nehmen oder sonst an einer solchen eine zeitgemäße Operation zu vollführen. Die Bienen schalteten und walteten in den Stöcken, wie es ihnen beliebte, und es war ganz gleich, ob die Stöcke bewegliche oder unbewegliche Waben hatten. Bald aber, nachdem diese Herren nach meinem Rathe Rähmchen eingeführt hatten, wurden sie prächtig fertig und bedurften meiner Hilfe nicht mehr. Günther Bztg. 1857 S. 197. Vergl. auch Richter Bztg. 1858 S. 266 f., Weigel ebendaselbst, Oettl Bztg. 1859 S. 136 und Wernz Bztg. 1858 S. 176, wo er sagt: Im Rähmchen kann alles spielend und mit größter Leichtigkeit verrichtet werden, beim Stäbchen nur mit Schwierigkeit.

Dagegen spricht Kleine Bztg. 1858 S. 266 von Schwierigkeiten, die das Hantiren mit Rähmchen haben soll, während er Bztg. 1857 S. 182 gesagt hatte: Die v. Berlepsch'schen Rähmchen haben unbedingt den Vorzug größerer Bequemlichkeit der Behandlung vor den Stäbchen voraus. Ferner sagt Kleine: durch die Rähmchen wird der Dzierzonstock zum Wandern unbrauchbar. Denn dadurch, daß die Waben nicht mehr unmittelbar an die Wände befestigt werden, wird auf der Wanderung nothwendiger Weise der Wabenbau zerbrochen, so daß er zusammenfallen muß. Die Biene baut ihre Waben an die Wände der Wohnung fest; durch das Rähmchen aber wird sie daran gehindert. Bztg. 1858 S. 267. Wernz, der alljährlich wandert: Besonders zur Wanderzucht sind die Rähmchen nicht genug zu schätzen. Bztg. 1858 S. 172. Wahrlich, man begreift Kleine nicht! Die Wabe, welche an allen vier Seiten dicht in das Rähmchen eingebaut, wie

§ XXVI. Wohnungen der Bienen mit beweglichen Waben.

hineingegossen ist und darum wie eingekeilt fest steht, steht sehr bedeutend fester als am bloßen Stäbchen, und ehe auf dem Transporte eine Wabe in einem Rähmchen zerbricht, zerbrechen gewiß hundert an bloßen Stäbchen! Endlich sollen nach Kleine die Rähmchen Schuld an einer schlechten Ueberwinterung sein, weil zwischen den Schenkeln derselben und der Wand des Stockes ein leerer viertelzölliger Raum entstehe, welcher die Wärme aus dem Brutneste entweichen und es den Bienen dadurch im Winter an der nöthigen Feuchtigkeit fehlen lasse. Bztg. 1858 S. 267. Damit im diametralen Widerspruch steht, was Kleine anderwärts sagt: In der Ableitung der wärmeren Luft, nicht aber in der übermäßigen Dicke der Wände und im Rähmchengebrauche ist die Ursache des Wassermangels zu finden. Die Rähmchen hindern durch ihren Abstand von den Seitenwänden des Stockes den Niederschlag nicht; denn die Vertheilung der Wärme und die Ausgleichung der Temperatur im ganzen Bau ist nie eine so entschiedene und vollständige, daß dadurch der höhere Temperaturgrad im Lagerhaufen der Bienen ausgeglichen oder gar aufgehoben werden könnte, und braucht man nur einen Rähmchenstock ohne Lüftung zu beobachten, um sich davon hinlänglich zu überzeugen. Bztg. 1857 S. 182.

Daß solche krasse Widersprüche keiner Widerlegung bedürfen, sondern sich selbst richten, ist klar, nur ist mir, da ein Kleine derselben sich schuldig gemacht, vonnöthen, das Horatianische Indignor ꝛc. in der A. P. 359 laut zu recitiren.

Man spare sich doch die Mühe, dem bloßen Stäbchen, diesem nur unvollkommenen ersten Anfange, den Vorzug vor dem augenfällig vollkommeneren und relativ vollkommenen Rähmchen vindiciren zu wollen! Der Versuch ist heute, nachdem längst entschieden ist, nicht weniger vergeblich, als wenn Jemand sich beigehen lassen wollte, die Beweglichkeit der Waben überhaupt zu verwerfen und der Unbeweglichkeit nachzusetzen.

3. Beschreibung der für Gegenden der letzten Klasse bestimmten Beute beweglichen Baues.

a. Die Beute bildet ein längliches Viereck aus Holz. Die beiden langen Seitenwände und die Vorderseite (Front) bestehen aus 1½ Zoll dicken, Boden und Deckel aus ¾ Zoll dicken, etwas überspringenden Brettern.

§ XXVI. Wohnungen der Bienen mit beweglichen Waben.

Figur 12.

Die Figur zeigt die Beute von hinten mit abgenommener Thüre.

Man kann zwar im Nothfalle jede Holzart gebrauchen, doch ist, wie schon auf Seite 226 gesagt wurde, ein Holz je leichter desto besser.

1½ Zoll dicke Seitenwände und eine ebenso dicke Front genügen in unserem Klima fast immer. Wie die Wände warmhaltiger zu machen sind, siehe unter 4, a.

Boden und Deckel brauchen nicht dicker als ¾ Zoll zu sein, denn die Wärme entweicht nicht nach unten, auch steht der Boden der Beute gewöhnlich auf einem dickeren Brette, und auf die Deckbrettchen des Brutraumes kann und muß während des Winters eine dickere Strohmatte oder ein Mooskissen aufgelegt werden; wodurch die Wärme verhindert wird, oben stärker zu entweichen. Wie die Thüre herzurichten ist, siehe unter i.

Die Seitenwände und die Front müssen, damit sie sich nicht auseinander geben können, gut mit einander verzinkt sein. Boden und Deckel dagegen können einfach aufgenagelt oder aufgeschroben sein. Bei den Seitenwänden und der Front muß das Holz aufrecht zu stehen kommen.

Boden und Deckel springen der gefälligeren Ansicht wegen etwas über.

Um wegen der großen Verschiedenheit der Maße in den verschiedenen Ländern keine Zweifel zu veranlassen, habe ich hier einen ganzen und einen in vier Theile zerlegten Zoll aufbilden lassen.

Figur 13.

b. Der Lichtenraum ist 29 Zoll hoch, 11 Zoll breit und 19¼ Zoll tief.

Der Schreiner muß bei allen Stöcken diese Maße ganz genau beibehalten, d. h. er muß den Innenraum bei einer Beute wie bei der andern ganz genau gleich groß fertigen, damit jede Wabe an jede Stelle einer jeden Beute des Standes paßt; wodurch allein dem Züchter die freieste Herrschaft in der Praxis möglich wird.

§ XXVI. Wohnungen der Bienen mit beweglichen Waben.

Die Tiefe des Lichtenraumes ist auf 19¼ Zoll angegeben. Davon fallen, um dies hier vorgreifend zu bemerken, 18 Zoll auf 12 nebeneinander stehende, 1½ Zoll breite Rähmchen, und 1 Zoll fällt auf die zollbicke, in den Stock eingreifende Thüre. Warum also 19¼ Zoll und nicht blos 19 Zoll? Darum, weil sich sehr oft an die Ohren (Vorsprünge oder Flügel) der Rähmchen etwas Kitt anheftet, so daß, wenn man solche Rähmchen wieder einsetzt, ohne sie zuvor an den Ohren völlig kittrein gemacht zu haben (wozu man bei vielen Operationen nicht Zeit hat), 12 Rähmchen etwas mehr als 18 Zoll Fläche einnehmen, dann aber die Thüre, weil sie den Falz nicht völlig ausfüllt, außen nicht zugewirbelt werden kann. Ist aber ein Viertelzoll zugegeben, so kann dieser Uebelstand nicht vorkommen.

c. Die Seitenwände enthalten inwendig drei genau gegenüber stehende, d. h. gegenseitig correspondirende, etwas mehr als ¼ Zoll tiefe Fugenpaare.

Die beiden Enden des Rähmchenobertheiles greifen zu beiden Seiten ¼ Zoll in die Fugen ein; die Fugen selbst müssen jedoch etwas tiefer als ¼ Zoll sein, damit das Obertheil des Rähmchens stets willig ein- und ausgeht und sich mit seinen Enden nicht zwischen die Wände klemmen kann. Ist dies nämlich der Fall, so sind die Rähmchen später oft nur sehr schwierig herauszubekommen. Beträchtlich tiefer aber als ¼ Zoll dürfen die Fugen auch nicht sein, weil sonst das Rähmchenobertheil, wenn ein Ende desselben in eine beträchtlich tiefere Fuge eingeschoben wäre, am anderen (entgegengesetzten) Ende leicht zu kurz werden, aus der Fuge herausgleiten und herabfallen könnte.

Aber selbst wenn das Rähmchen auf der einen Seite nicht aus der Fuge glitte, so würde doch der Rähmchenschenkel auf der entgegengesetzten Seite zu nahe an die Wand der Beute kommen, wodurch der unter g. erwähnte Nachtheil entstehen würde.

Die Höhe der Fugen beträgt ½ Zoll und außerdem ist die obere Partie noch ½ Zoll hoch schräg zugeschnitten, so daß die Fuge in ihrer Totalität 1 Zoll hoch ist.

Fig. 14. Diese Figur stellt eine einzelne auf ein Brettstückchen eingeschnittene Fuge dar. Durch diese Form der Fugen erzielt man zweierlei, erstens, daß man die Rähmchen von unten nach oben etwas heben kann, wodurch das Herausnehmen und Wiedereinsetzen oft sehr erleichtert wird, und zweitens, daß die Bienen die Fugen nicht mit Kitt ausstopfen was sie regelmäßig thun, sobald die Fugen nicht schräg zugeschnitten sind, sondern eine enge rechtwinkelige Rinne bilden.

d. Unten auf den Boden des Lichtenraumes kommt ein 2¼ Zoll hoher, 11 Zoll breiter und 19¼ Zoll langer, also den Lichtenraum der Beute 2¼ Zoll der Höhe und 19¼ Zoll der Länge nach völlig ausfüllender Schub. Siehe Figur 12, a. auf Seite 233.

Dieser Schub, welcher hinten zum Ausziehen einen hölzernen Knopf oder einen eisernen Ring bekommt, steht im Sommer verkehrt, d. h. mit der Oeffnung nach unten, mit dem Boden nach oben. Der Boden des Schubes bildet jetzt den Boden des Lichtenraumes und unmittelbar über dem Schubboden beginnt das Flugloch. Für den Winter wird der Schub herumgedreht, so daß nun die Oeffnung nach oben steht und dazu dient, die todten Bienen und das Gemülle aufzunehmen und das Verstopfen des Fugloches, das stets unmittelbar auf dem Boden stehen muß, unmöglich zu machen, hauptsächlich aber, um nicht nöthig zu haben, vor der Einwinterung die Tafeln unten zu verkürzen; was unter allen Umständen schädlich (s. § XXXII) und bei Rähmchen nur schwierig ausführbar ist.

§ XXVI. **Wohnungen der Bienen mit beweglichen Waben.** 235

Dieser Schub muß aber, soll er nicht lästig werden und seinen Zweck völlig verfehlen, äußerst accurat gearbeitet sein. Er muß aus knochendürrem Holze bestehen, muß ganz vorzüglich gezinkt und so gearbeitet sein, daß er in die neue noch unbevölkerte Beute willig ein- und ausgeht, noch etwas williger, wie z. B. ein Schub eines Schreibsecretärs. Dabei ist es noch eine Hauptsache, daß das den Boden des Schubes bildende Brett nicht längs, sondern quer (mit den Jahresringen des Holzes von rechts nach links) aufgenagelt oder aufgeschroben wird. Dann kann das Brett an den Seiten weder quellen noch schwinden (der Schub weder breiter noch schmäler werden) und können dann weder zu große Ritzen zwischen den Wänden des Schubes und den Wänden der Beute entstehen, noch kann sich der Schub so fest einklemmen, daß er nicht herauszubekommen wäre.

Fast überall, wohin ich kam, fand ich meine Beuten durch den Schub verunstaltet, weil dieser so schlecht und liederlich gearbeitet war, daß er entweder gar nicht herausund hinein zu bringen war, oder an den Seiten und vorn weit abstand, unten nicht dicht auf dem Bodenbrette aufstand, und so den Motten das allererwünschteste Brutnest gewährte.

e. Das unterste Fugenpaar beginnt 8 ¼ Zoll, das mittlere 16 ¼ Zoll und das oberste 24 ¾ Zoll vom Boden des verkehrt einstehenden Schubes aus gemessen. Siehe Figur 12 auf Seite 233.

Die Rähmchen sind 8 Zoll lang (hoch); das unterste Fugenpaar darf aber erst in einer Höhe von 8 ¼ Zoll beginnen, damit unter den Rähmchenuntertheilen und dem das Flugbrett bildenden Boden des verkehrt einstehenden Schubes Platz zur Passage für die Bienen bleibt. Hängen nun die 8 Zoll langen Rähmchen in einer 8 ¼ Zoll vom Schubboden beginnenden Fuge, so bleibt unten zwischen Rähmchenuntertheilen und Schubboden ½ Zoll Raum (S. Figur 12, b). Ich sage, ½ Zoll, denn ¼ Zoll von der Länge (Höhe) der Rähmchen, die Dicke der Rähmchenobertheile nämlich, befindet sich über der 8 ¼ zölligen Höhe. Ein halbzölliger Raum unter den Rähmchen ist aber der naturgemäße, denn so viel Raum ohngefähr lassen die Bienen, wenn sie ihre Tafeln nach Belieben bauen und verlängern können.

Die 16 ¼ Zoll vom Schubboden beginnende Höhe des zweiten Fugenpaares ist an sich klar.

Hängen nun in beiden Fugenpaaren zwei Reihen Rähmchen übereinander, 12 oben und 12 unten, so wird die obere Reihe mit 3 einen Viertel Zoll dicken, 18 Zoll langen und nicht völlig 3⅔ Zoll breiten Brettchen bedeckt. S. Figur 12, c. — Weshalb die Deckbrettchen nur 18 und nicht 18 ¼ Zoll lang sind, wird sich unter 4, d ergeben. Die Decke aus einem ganzen dünnen Brette zu machen, ist nicht räthlich, weil die Bienen die Ritzen zwischen jedem Rähmchenobertheile und der Brettdecke dicht verkitten, und deshalb ein ganzes Brett sich nur sehr schwierig abnehmen läßt.

Jedes der drei Brettchen darf aber nicht völlig 3⅔ Zoll breit sein, weil es sonst leicht geschieht, daß durch Ansetzen von etwas Kitt an die Seiten u. s. w. das zuletzt aufzulegende Brettchen in die genau nur 11 Zoll breite Beute nicht hinein will.

Die rechtwinkeligen Brettchen sind auf den Flächen und an den Seiten allenthalben glatt gehobelt, und für alle Stöcke ganz genau gleich groß. Die Brettchen liegen längs, d. h. von der Thüre hinten nach dem Flugloche vorn zu, auf. Oft fragten mich Imker, weshalb ich nicht 6 Brettchen 11 Zoll lang und 3 Zoll breit mache und quer, d. h. von einer Seitenwand des Stockes nach der anderen, auflege, indem man dann beim Hantiren an einer Beute nicht immer alle Brettchen, sondern nur eins oder einige wegzuheben nöthig habe. Ich antwortete, daß das Wiederaufliegen quer laufender Brettchen in volkreichen Stöcken seine besondere Schwierigkeit habe, weil selbst bei stärkerer Räucherung immer Bienen von unten nach oben drängen, die man mit quer laufenden Brettchen nicht gut wegschieben könne, was mit längs laufenden leicht und sicher gehe.

Die Richtigkeit solcher Lehren läßt sich weniger durch schriftliche Demonstrationen als durch practische Komparationen einsehen, und ich bitte deßhalb den Anfänger, mir, bis er sich selbst überzeugt haben wird, zu glauben.

Liegen auf der zweiten Rähmchenreihe die Deckbrettchen auf, so sind von der Innenlichtenhöhe netto 19 Zoll absorbirt, nämlich 2¼ Zoll Schub, ½ Zoll leerer Raum zwischen Schubboden und Rähmchenuntertheilen, 8 Zoll für die unterste, 8 Zoll für die mittlere Rähmchenlage und ¼ Zoll für die Deckbrettchen. 2¼ + ½ + 8 + 8 + ¼ = 19. S. Figur 12. a — e auf Seite 233.

Jetzt ist der Brutraum, d. h. derjenige Raum, in welchem die Bienen brüten und den für ihren eigenen Bedarf nöthigen Honig u. f. w. aufspeichern sollen, fertig, und der Rest der zehn Zoll Lichtenhöhe bildet den Honigraum.

Das Fugenpaar für die Rähmchen des Honigraumes beginnt 24¾ Zoll vom Boden des verkehrt einstehenden Schubes oder 27 Zoll vom Boden der Beute selbst aus gemessen. Hängen nun die Rähmchen im Honigraum (Figur 12, g), so bleibt, da die Dicke der Rähmchenobertheile sich über den Fugen befindet, zwischen Rähmchenuntertheilen und Deckbrettchen des Brutraumes ¼ Zoll Platz. S. Figur 12, f. Dieser Platz ist sehr zweckmäßig, weil, wenn man das Fugenpaar des Honigraumes 7¾ Zoll über den Brutraumdeckbrettchen beginnen läßt, die Rähmchenuntertheile auf den Deckbrettchen aufsitzen und von den Bienen fest auf dieselben angekittet werden; wodurch das Herausnehmen erschwert wird.

Auf die Rähmchen des Honigraumes kommen nochmals Deckbrettchen von viertelzölliger Dicke, so daß, wenn auch diese aufliegen, 27½ Zoll von der Lichtenhöhe absorbirt ist, und oben zwischen den Honigraumdeckbrettchen und dem Beutendeckel noch 1½ Zoll Raum bleibt. Warum dieß? Darum, weil, wollte man die Fugen für die Rähmchen des Honigraumes ziemlich dicht unter dem Deckel der Beute anbringen, man beim Herausnehmen und Einstellen für die Finger keinen Platz haben und das Herausnehmen und Hineinstellen der Rähmchen nur mit Mühe und Schwierigkeit würde bewerkstelligen können, auch, wenn zwischen Rähmchenobertheilen und Deckel nur ein halbzölliger Raum bliebe, diesen die Bienen endlich ausbauen würden, da sie, wenn der Stock volkreich und dicht ausgebaut ist, im Haupte des Stockes auch den kleinsten leeren Raum nicht leicht dulden. Ebendeshalb müssen aber auch auf die Rähmchen des Honigraumes nochmals Deckbrettchen (S. Figur 12, h) gelegt werden und muß vor den 1½ zölligen Raum zwischen Deckbrettchen und Deckel ein gut schließendes Klötzchen, das in der Mitte eine Vertiefung und ein Knöpfchen zum Anfassen hat,

Fig. 15.

dabei auf Figur 12 zurückverweisen.

geschoben werden, damit die Bienen nicht über die Deckbrettchen des Honigraumes gelangen und endlich auch dort wirren Bau aufführen können.

Ich will jetzt die innere Eintheilung des Lichtenraumes nochmals recapituliren und

§ XXVI. Wohnungen der Bienen mit beweglichen Waben.

a. Für den Schub . . . . 2¼ Zoll.
b. Für den Raum zwischen Schubboden und Rähmchenuntertheilen der
   untersten Rähmchenlage . . . . ½ "
c. Für die unterste Rähmchenlage . . . . 8 "
d. Für die mittlere Rähmchenlage . . . . 8 "
e. Für die Deckbrettchen auf dem Brutraum . . . . ¼ "
f. Für den Raum zwischen den Deckbrettchen des Brutraumes und den
   Untertheilen der Rähmchen des Honigraumes . . . . ¼ "
g. Für die oberste Rähmchenlage . . . . 8 "
h. Für die Deckbrettchen auf der obersten Rähmchenlage . . . . ¼ "
i. Für den Raum zwischen den Deckbrettchen der obersten Rähmchenlage
   und dem Beutendeckel . . . . 1½ "

Summa 29 Zoll.

f. Das Obertheil des Rähmchens ist genau der einfache mit Ecken versehene Wabenträger, ist also 11½ Zoll lang, 1 Zoll breit und ¼ Zoll
dick. S. Figur 10 auf Seite 230.

Da die Wände der Beute 11 Zoll von einander entfernt stehen, so müssen die
Rähmchenobertheile, um in die Fugen hüben und drüben ¼ Zoll eingreifen zu können, ½ Zoll länger, also 11½ Zoll lang sein. Die zöllige Breite aber ist nöthig, weil
eine Brutwabe gerade einen altsächsischen Zoll breit ist, und die viertelzölligen Vorsprünge sind nöthig, damit, wenn zwei Rähmchen an einandergeschoben sind, ½ Zoll
Zwischenraum zwischen zwei Waben bleibt: so viel wie die Bienen naturgemäß Raum
lassen. Das richtige genaue Legen der Wabenträger oder Rähmchen ist sehr wichtig.
Denn liegen sie zu weit auseinander, so schieben die Bienen, wenn der Stock erst recht
dicht ausgebaut ist, kreuz und quer Wachsscheibchen, sog. Keile (wenigstens im Brutraum) dazwischen, und liegen die Wabenträger oder Rähmchen, wenn sie keine Vorsprünge an den Ecken haben, zu nahe an einander, so schroten die Bienen die angeklebten Wabenstreife ab, bauen nach Willkür wirr durcheinander, und von einem Herausnehmen einer Tafel ist keine Rede mehr.

g. Das Rähmchen ist, Ober- und Untertheil mitgemessen, 8 Zoll lang
und die beiden Schenkel mitgemessen, 10½ Zoll breit. Das Obertheil
und die Schenkel sind genau ¼ Zoll dick, das Untertheil etwa eine
Linie schmäler, so daß das Rähmchen nicht ganz genau 8 Zoll hoch ist,
und auf diese Weise die Rähmchen lose auf einander stehen. Auch an allen
vier Enden der Untertheile befinden sich viertelzöllige Vorsprünge.

Hängt das Rähmchen in der Fuge, so ist zwischen Stockwand und Rähmchenschenkel auf beiden Seiten ¼ Zoll Raum. Dieser Raum, oder wenigstens so viel Raum, daß
eine Biene bequem zwischen Rähmchenschenkel und Stockwand durchkriechen kann, muß
bleiben. Dann kitten die Bienen die Rähmchenschenkel niemals an die Wände an, was
sie jedesmal thun, wenn der Zwischenraum so eng ist, daß eine Biene nicht hindurch-
zukriechen vermag, weil die Bienen innerhalb ihrer Wohnung jeden Raum, wohin sie
selbst nicht kriechen können, mit Kitt verstopfen, um den Raubmaden keine Schlupfwinkel zu lassen. Aber weiter als ¼ Zoll dürfen Wand und Rähmchenschenkel auch nicht
von einander entfernt sein, sonst führen die Bienen, wenn der Stock sehr volkreich und
bereits dicht ausgebaut ist, Wachszellen dazwischen auf. Wo hingegen die Rähmchen
aufeinander stehen, darf kein größerer Zwischenraum sein, sondern nur so viel, daß man

§ XXVI. Wohnungen der Bienen mit beweglichen Waben.

die Spitze eines Messers dazwischen schieben kann, ober mit anderen Worten: die Rähmchen müssen lose aufeinander stehen. Zwar kitten die Bienen die Rähmchen stets aufeinander und man muß im Frühjahr und Herbst, wo der Kitt spröde ist, mit der dazwischen geschobenen Spitze eines stärkeren Messers das Rähmchen etwas nach oben heben, um es loszumachen. Im Sommer, wo der Kitt weich ist, heben sich die Rähmchen gar leicht und ohne Hilfe eines Messers ab. Wollte man aber da, wo zwei Rähmchen aufeinander stehen, einen etwa viertelzölligen Zwischenraum lassen, so würde man zwar das Verkitten verhindern, aber den großen Nachtheil schaffen, daß die Königin im Frühjahre lange zögern würde, ehe sie ihre Eierlage über diesen leeren Raum hinaus, also auf die Zellen des unteren Rähmchens ausdehnte.

Die Vorsprünge an den Enden der Rähmchenuntertheile sind sehr wichtig. Fehlen nämlich an den Untertheilen die Vorsprünge, so hängen oft einzelne Rähmchen nicht ganz horizontal und es entstehen entweder kleinere oder größere als halbzöllige Zwischenräume zwischen zwei Waben. Auch können sich alle Rähmchen durch Druck von hinten mehr oder weniger unten zusammenschieben, wodurch der ganze Bau unregelmäßig werden und seine Festigkeit verlieren würde. Diese nur durch die Vorsprünge an den Untertheilen zu bewirkende Festigkeit und Gleichmäßigkeit des Standes der Rähmchen ist practisch sehr wichtig, und es zeigt mir von nicht geringem Scharfblick, daß Professor Pistorius (Bztg. 1855 S. 178 f.) gerade diesen Vorzug meiner Einrichtungen so nachdrücklich hervorhob.

Früher ließ ich zu den Rähmchen weißbuchenes Holz nehmen, in letzterer Zeit wähle ich astreines Pappel-, Erlen- oder Lindenholz, und habe letztere Holzarten, besonders das Erlenholz, bewährter als das harte weißbuchene befunden. Die Herstellung des Rähmchens selbst ist zwar Sache des Schreiners; ich will jedoch bemerken, daß auf den beiden Seiten des Untertheiles, wo die Schenkel eingezinkt werden, bloßes Verleimen nicht ausreicht, sondern daß noch ein dünnes Drahtstiftchen eingeschlagen werden muß, weil der Leim, wenn es mitunter im Stocke näßt, weich wird und das Rähmchen sich auseinandergeben könnte. Oben, wo die Schenkel in das Obertheil eingezapft werden, muß der Zapfen, damit er nicht wackelig werden könne, noch verkeilt werden.

Fig. 16.

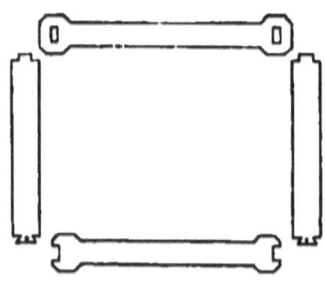

16¼ Zoll vom unteren Ende

Die Figur zeigt die vier Theile des Rähmchens, etwas auseinander gehalten.

h. Hinten hat die Oeffnung der Beute an den beiden Seitenwänden einen 1 Zoll tiefen und ½ Zoll breiten Falz. In diesen Falz kommt die Thüre, welche auf beiden Seiten durch zwei Wirbelchen gehalten wird. Siehe Figur 12 auf S. 233.

i. Die Thüre besteht aus einem entsprechend großen zollbicken Holzrahmen, der unten und an den Seiten 1 Zoll, oben 2¼ Zoll breit und 15¼ Zoll vom Lichten des Rahmens oder des Rahmens aus gemessen von einem

§ XXVI. **Wohnungen der Bienen mit beweglichen Waben.** 239

zollbreiten viereckigen Querstabe durchbrochen ist und in beiden Lichträumen Glasscheiben enthält, die nach außen verblendet sind.

Da die Innenlichtenhöhe der Beute, vom Boden des verkehrt einstehenden Schubes aus gemessen, 26¾ Zoll, die Innenlichtenbreite 11 Zoll und der Falz, in welchem die Thüre zu beiden Seiten steht, ½ Zoll breit ist, so müßte der Thürrahmen in seiner äußeren Peripherie, sollte er den Raum genau ausfüllen (gedrängt im Falze stehen), 26¾ Zoll hoch und 12 Zoll breit sein. Ganz so hoch und breit darf er aber nicht sein, sonst würde die Thüre bei dem geringsten Quellen so fest eingezwängt sein, daß von einem Oeffnen ohne die äußerste Gewalt nicht mehr die Rede sein könnte. Die Thür muß daher in der Breite und Höhe so viel kleiner (schmäler und niedriger) sein, daß sie sich nach den Seiten und nach oben bequem etwas bewegen läßt.

Der Thürrahmen ist oben 2¼ Zoll und nicht bloß 1 Zoll breit hergestellt, damit, wenn die Thüre in dem Falze steht, der Raum zwischen den Honigraumdeckbrettchen, einschließlich dieser, und dem Deckel der Beute von außen unsichtbar wird; wodurch die Beute eine gefälligere Ansicht bietet. In der Mitte des oberen 2¼ zölligen Rahmenstückes ist ein mit einem durchlöcherten Zinkschieber versehenes Loch eingeschnitten, damit im Sommer die heiße dicke Luft ausströmen kann.

Der durchbrechende Querstab beginnt deswegen in der angegebenen Höhe, damit er gerade vor die Deckbrettchen des Brutraumes zu stehen kommt und diese versteckt. Stünde er anderswo, z. B. in der Mitte des Rahmens, so würde er über eine Wabe quer weglaufen, das Auge beleidigen und seinen practischen Zweck verfehlen. Der Thürrahmen ist nämlich deshalb durchbrochen und besteht nicht aus einer einzigen Glasscheibe, weil die Bienen die Deckbrettchen des Brutraumes, wo sie hinten an die Thüre anstoßen, fest mit der Thüre zu verkitten pflegen. Haftete nun die oft sehr feste Verkittung am Glase der Thüre, so würde die Glasscheibe beim Losmachen der Thüre, die auch allenthalben, namentlich im Spätsommer, immer wieder fest angekittet wird, nur zu oft zerspringen; was, wenn die Verkittung am durchbrechenden Querstabe haftet, nicht geschehen kann.

Die Glasscheiben dürfen nicht in der Mitte der zölligen Dicke des Rahmens, wie bei gewöhnlichen Stubenfenstern, stehen, sonst würden in volk- und honigreichen Stöcken die letzten Waben an der der Thüre zugekehrten Hinterseite bis dicht an die Glasscheiben heran verdickt werden und dann ihrer größeren Dicke wegen nicht mehr allenthalben hin passen, sondern die Glasscheiben müssen am äußeren Ende der inneren Fläche des Rahmens sich befinden, höchstens, damit Stiftchen an den Seiten, oben und unten zu ihrem Enthalt eingeschlagen werden können, ⅛ Zoll im Holze sich befinden, so daß Holz und Glas des Rahmens nach innen so ziemlich eine glatte Fläche bilden. Die letzte Wabe wird so hin und wieder etwas dicker. Warum, ergiebt sich aus dem Anfang der Seite 234.

240 § XXVI. Wohnungen der Bienen mit beweglichen Waben.

Fig. 17.   Fig. 18.

Die Figur 17 läßt die innere Seite des Rahmens sehen.

Nach außen (Fig. 18) werden die Glasscheiben verblendet, am besten durch ein zweites Thürchen, das aus einem dünnen, in einem Rähmchen eingefederten Brettchen besteht und das hinten durch zwei Scharnierbändchen, vorn, wenn es geschlossen ist, durch ein Häkchen oder sonst auf irgend eine Weise befestiget ist.

In der Mitte der Blende steht ein Knöpfchen zum bequemeren Ausheben der Thüre, die selbst ja nicht mit Scharnierbändern fest mit dem Stocke verbunden und unabnehmbar sein darf, sondern nur durch Wirbelchen, deren auf jeder der beiden Seiten der Beute 2 anzubringen sind, gehalten werden muß, damit die Thüre stets bequem herausgenommen werden kann. Denn wollte man die Thüre durch Scharniere unabnehmbar mit der Beute verbinden, so würde man stets seine liebe Noth haben, die an der Thüre sitzenden Bienen zu entfernen; was doch so oft unerläßlich ist.

Wer durchaus keine Glasthüre haben will, der fasse wenigstens ein Brettstück mit Ruth und Feder in einen allenthalben zwei Zoll breiten Rahmen, damit die Thüre sich nicht werfen kann. Doch glaube man ja nicht, Glasthüren seien bloße Spielerei, bloßer Luxus. Nein, sie sind von bedeutendem practischen Nutzen. Nur bei Glasthüren kann man stets wissen, wie es im Stocke aussieht, auch zu einer Zeit, wo das öftere Oeffnen einer bloßen Holzthüre der vielen Bienen wegen so leicht nicht geht. Man wird durch die Glasthüre Manches erblicken, Manches lernen und manchen practischen Gewinn sich verschaffen, den man sonst nicht gehabt haben würde. Man spare Alles, nur nicht die 3—4 Groschen für die Glasthüre. Hier ist Sparsamkeit übele Oekonomie. S. von Berlepsch Bztg. 1854 S. 266.

k. In die der Thüre entgegengesetzte Seite wird das Flugloch, 4 Zoll lang und ½ Zoll hoch, unmittelbar über dem Boden des verkehrt einstehenden Schubes eingeschnitten.

Wer die Kosten nicht scheut, kann Zinkschieber (aber ja nicht Blechschieber, die zu bald fest einrosten) vor dem Flugloche anbringen lassen, um dasselbe beliebig verkleinern zu können, ohne nöthig zu haben, Papier und dergl. einzustopfen.

§ XXVI. Wohnungen der Bienen mit beweglichen Waben.

Fig. 19.

Die Figur stellt die Beute von der Front aus gesehen dar.

Das Flugloch darf nirgendwo anders als unmittelbar über dem Boden, also bei meiner Beute unmittelbar über dem verkehrt eingeschobenen Schube, sich befinden. Mehrere Zoll über dem Boden, in der Mitte der Höhe oder gar am Haupte des Stockes steht es widernatürlich und verstößt gegen die innere Oekonomie des Biens. S. von Ehrenfels Bienenzucht S. 310. Wernz Bztg. 1859 S. 80. Denn ist das Flugloch höher über dem Boden angebracht, so müssen

a. Die Bienen ihre Todten und alles Gemülle erst in die Höhe schaffen, um den Hinaustransport bewerkstelligen zu können. Die größere Arbeit hätte allerdings nicht viel zu sagen; die Bienen sind aber mit dem Reinigen des Bodens, wenn sie den Unrath erst aufwärts schleppen müssen, höchst lässig, lassen denselben, wenn sie nicht bereits den Boden dicht belagern, oft geraume Zeit unten liegen und gewähren dadurch den Wachsmotten das erwünschteste Brutnest; was höchst gefährlich werden kann, da später die Bienen bei der Dichtigkeit und Menge des Gespinnstes oft gar nicht mehr im Stande sind, den Rangmaden beizukommen. Diese klettern dann an den Wänden in die Höhe, nisten sich in die Tafeln ein u. s. w. Steht aber das Flugloch unmittelbar über dem Boden, so schaffen die Bienen, wenn sie nicht gar zu schwach sind, allen Unrath bald hinaus.

β. Wird, da die Bienen das Brutnest naturgemäß beim Flugloche haben wollen und es deshalb da anlegen, das Brutnest oft an unpassender Stelle eingerichtet, wenn das Flugloch anderswo als unmittelbar über dem Boden, der Thüre vis-à-vis, angebracht ist. Steht es höher, so erhält das Brutnest eine zu große Ausdehnung nach oben und der Honigertrag leidet sehr beträchtlich; wie dieß von Wernz in der Bztg. 1859 S. 80 und 88 recht gut ausgeführt worden ist.

242   § XXVI. Wohnungen der Bienen mit beweglichen Waben.

γ. Je höher das Flugloch steht, desto mehr läßt es Wärme entströmen, indem die Wärme als die leichtere Luft stets nach oben steigt. Dieß ist natürlich im Winter und Frühjahr sehr schädlich. S. Pitra Bzlg. 1857 S. 158 f.

4. **Bemerkungen zur vorbeschriebenen Beute.**

a. Will man die Beuten, vielleicht um sie frei aufzustellen und zu allen Zeiten des Jahres frei und schutzlos zu belassen, noch warmhaltiger herstellen, so kann auf verschiedene Weise verfahren werden.

α. Man macht die beiden Seitenwände und die Vorderwand nicht aus 1½ zölligen Brettern, wie bei Figur 12 angegeben ist, sondern nur aus ¾ zölligen Brettern, läßt den Boden und den Deckel nach beiden Seitenwänden und der Vorderwand 2 bis 3 Zoll überspringen und bringt in den Ecken der Beute kleine Säulchen an.

Fig. 20.

Die Figur zeigt das Beutenskelett von einer Seite gesehen.

Füllt man die Zwischenräume zwischen den Säulchen mit aufwärts stehendem guten Roggenstroh recht dicht aus und zieht, um das Stroh festzuhalten, etwa von 2 zu 2 Zoll an den Säulchen befestigte und in die Säulchen einschneidende Drähte, so ist die Beute warmhaltig und zweckentsprechend, aber höchst unschön, wie das Bild auf der folgenden Seite zeigt.

§ XXVI. Wohnungen der Bienen mit beweglichen Waben.

Fig. 21.

ß. Um der Beute ein gefälligeres Ansehen zu geben, rathe ich, die Zwischenräume von einem Säulchen zum andern mit Moos, Häckfel, Flachsschäben oder dergl. zu füllen, über die Füllung hinweg starke dichte Leinwand zu nageln und diese außen wiederholt recht gut mit farbigem Firniß anzustreichen.

Fig. 22.

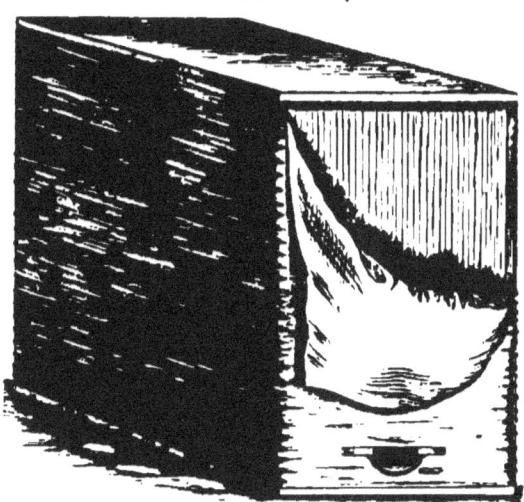

Die Figur zeigt die Beute während der Arbeit des Ausfüllens und Annagelns der Leinwand.

§ XXVI. Wohnungen der Bienen mit beweglichen Waben.

Bei Aufspannung der Leinwand muß man dafür sorgen, daß dieselbe thunlichst prall angezogen und der Zwischenraum zwischen Leinwand und Holzwand nur locker ausgestopft werde, indem bei loser Aufspannung die Leinwand leicht schlotterig wird oder bei zu fester Ausstopfung des Zwischenraumes sich häßlich aussehende Wülste an der äußeren Seite der Leinwand bilden. Will man jedoch das mögliche Schlotterigwerden der Leinwand und das Wülstebilden desto sicherer verhindern, so setzt man in die Mitte jeder Langseite noch ein Säulchen von etwa zölliger Breite, um so die Leinwand auch hier fest anziehen und mit Schuhnägeln befestigen zu können.

δ. Noch besser und haltbarer überkleidet man die Seitenwände und die Vorderwand außen mit dünnen jalousiemäßig aufgeschlagenen, mit beliebiger Firnißfarbe angestrichenen Brettchen.

Fig. 23.

Die Figur zeigt die fertige Beute.

Auf diese Weise hergestellte Beuten sehen sehr schön aus und sind neben Warmhaltigkeit äußerst dauerhaft; es müssen aber die einzelnen äußeren Brettstückchen etwa ⅔ Zoll lang und ¼ 3. tief ausgefalzt überspringen und nur oben und nicht auch unten angenagelt sein, damit sie bei großer Hitze nicht reißen können, sondern am Zusammentrocknen ungehindert sind. Sie reißen aber, wenn sie beim Zusammentrocknen auch unten durch Nägel festgehalten und mithin am Zusammenziehen gehindert sind.

b. Wer sich den Schub (S. Seite 234 f. unter 4, d) nicht kunstgerecht herzustellen getraut oder wer die Beuten möglichst wohlfeil haben will, der lasse den Schub weg. Es ist dann weiter keine Aenderung an der Beute nöthig, als den Innenlichtenraum um 2 Zoll niedriger, also 27 statt 29 Zoll hoch, zu machen. Ich sage zwei Zoll und nicht 2¼ Zoll, wie hoch der Schub ist. Denn ist kein Schub da, so ist es für den

§ XXVI. Wohnungen der Bienen mit beweglichen Waben. 245

Winter besser, den leeren Raum zwischen den Rähmchenuntertheilen und dem Beutenboden ¾ Zoll als nur ½ Zoll hoch zu haben. Das Flugloch beginnt dann natürlich unmittelbar über dem Beutenboden.

c. Wer die Kosten der Rähmchen scheut, der nehme bloße Stäbchen mit Flügeln Es geht auch mit diesen, wenn auch weit weniger bequem.

d. Das Wichtigste bei allen Stöcken, mögen sie bewegliche oder unbewegliche Waben haben, ist der sg. Honigraum, d. h. derjenige Theil des Stockes, in welchen die Königin nicht gelangen und in welchem daher nur Vorrath aufgespeichert, nicht aber Brut eingesetzt werden kann. Nur wenn ein Stock einen solchen Raum hat, kann der Züchter die Bienen zwingen, die größt mögliche Honigmasse aufzuspeichern und somit den größt möglichen Nutzen zu gewähren. Denn man würde sehr irren, wenn man glauben wollte, die Bienen speicherten, sich selbst und ihrem Instinkte überlassen, große Honigmassen über ihren Bedarf für die Menschen auf. Sie arbeiten instinktmäßig nur für ihre eigene Existenz, tragen daher nur für sich und ihre Brut ein und theilen sich, d. h. schwärmen, wenn ihr Haus voll ist, oder sind müßig, resp. müssen müßig sein, wenn Witterung und Umstände ein Schwärmen nicht erlauben.

Dies steht, richtig verstanden, mit dem auf Seite 177 ff. unter 6 Gesagten nicht im Widerspruch, sondern erklärt sich erst recht deutlich aus dem dort Exponirten.

Selbst in den honigreichsten Gegenden tragen erfahrungsmäßig die Stöcke nicht mehr (und oft das nicht einmal) ein, als sie mit ihren Schwärmen bis zur nächstjährigen Tracht benöthigt sind. Also z. B. angenommen, im österreichischen Banat würden im Frühjahr 100 Stöcke ausgestellt, welche sich am Ende der Tracht auf 600 vermehrt hätten, so werden diese 600 Stöcke im höchsten Glücksfalle so viel Honig enthalten, als sie, wäre die Gesammthonigmasse gleichmäßig auf alle 600 Stöcke vertheilt, bis zur nächstjährigen Tracht gebrauchen. In solch reichen Lagen kann der Mensch dadurch Honig in Masse ernten, daß er sich etwa 110 (10 Procent Abgang für die Durchwinterung gerechnet) solcher Stöcke, die gut ihren Ausstand haben, als Zuchtstöcke auswählt und die übrigen 490 abschwefelt und sich ihren Inhalt zu Nutze macht. In honigarmen Gegenden aber, wie Thüringen, lehrt die Erfahrung aufs Allerbestimmteste, daß die sg. Schwarmmethode nichts taugt und daß der Züchter seine Zucht nur dann auf die Dauer erhalten und durchschnittlichen jährlichen Reinertrag erlangen kann, wenn er die Bienen möglichst vom Schwärmen abhält, indem er ihnen immer Raum gewährt und sie so veranlaßt, mehr Honig, als sie für sich selbst gebrauchen, aufzuspeichern. Mit dem bloßen Raumgeben wird aber der Zweck nur mangelhaft erreicht, weil die gegebenen Raumerweiterungen nur zu oft mit Brut statt Honig gefüllt werden. Der rationale Züchter muß daher jedem Stocke einen Raum geben, in welchen die Königin nicht gelangen kann.

Bei der unter 3. beschriebenen Beute findet sich dieser Raum oben, und es kommt alles darauf an, seiner Zeit die Arbeitsbienen in denselben gelangen zu lassen, die Königin aber von demselben abzusperren. Ich habe dies auf die verschiedenste Weise versucht und theile hier nur diejenige Weise mit, die sich mir am probatsten erwiesen hat.

Liegen die Deckbrettchen des Brutraumes längs, d. h. ihrer Länge nach von der Thüre nach der Vorderwand zu, so schiebe man zur Zeit, wo die Bienen in den Honigraum hinauf sollen, die Deckbrettchen ¼ Zoll von der Vorderwand nach hinten zurück, und sind eben die Deckbrettchen, damit dies möglich wird, nicht 18¼, sondern nur 18 Zoll lang. Durch dieses Zurückschieben der Deckbrettchen wird dem Bienen der Durchgang in den Honigraum von hinten gesperrt, dagegen entsteht zwischen den Deckbrettchen und der Vorderwand des Stockes ein ¼ Zoll breiter Ritz, durch welchen die Bienen in den Honigraum hinaufsteigen. Die der Vorderwand zugekehrten Flächen der Waben des Brutraumes stehen nur ¼ Zoll von der Wand ab, und die Königin kann daher auf diesen Flächen nur mit der größten Anstrengung Eier absetzen, weil sie den erforderlichen Raum nicht hat, um sich auf den Hinterfüßen gehörig heben und den Hinterleib in die Zellen einschieben zu können. Deßhalb findet man nur äußerst selten auf diesen Flächen Brut, deßhalb geht die Königin nur äußerst selten hierher und deßhalb kommt sie bei dieser Vorrichtung nur äußerst selten in den Honigraum.

Um die Bienen desto schneller zu veranlassen, im Honigraume zu arbeiten, ist es gut, eine leere und noch besser eine Brutwabe daselbst einzuhängen.

e. **Größe der Beute.** Da die Beute im Lichten 29 Zoll hoch, 11 Zoll breit und 18¼ Zoll tief ist, so enthält sie brutto 5821¾ Cubikzoll Innenraum. Davon geht jedoch der Cubikgehalt des Schubes, des Holzes der Rähmchen, Deckbrettchen und des leeren Raumes zwischen den Deckbrettchen des Honigraumes und dem Beutendeckel, wohin die Bienen nicht gelangen können, ab, so daß der Nettobetrag des Innenraumes sich um ein Bedeutendes niedriger stellt. Eigentlich kann nur der Lichtenraum der 36 Rähmchen in Anschlag gebracht werden, wenn es sich fragt, wie viel Wachsbau die Beute faßt. Dieser beträgt, da ein Rähmchen im Lichten 10 Zoll breit und 7½ Zoll hoch ist, 2700 Quadratzoll, wovon 1800 auf den Brutraum und 900 auf den Honigraum fallen. Wie viel Zellen enthält nun ohngefähr die dicht mit Arbeiterwachs (Drohnenwachs wird nicht geduldet; s. §. XLII, 3 und 4) ausgebaute Beute?

α. **Im Brutraum.** Da, wie gesagt, das Rähmchen im Lichten 10 Zoll breit und 7½ Zoll lang ist, so enthält es, wenn es mit Arbeiterwachs dicht ausgebaut ist, auf jeder Seite 75, auf beiden Seiten also 150 Quadratzoll Fläche. Nun stehen aber auf dem Quadratzoll Fläche etwa 25 Arbeiterzellen, also auf beiden Seiten etwa 50, und ein Rähmchen enthält also etwa 75 mal 50 = 3750, 24 Rähmchen also gegen 90,000 Arbeiterzellen.

Ein solcher Raum ist völlig groß genug, um der Königin stets Zellen genug zum Eierabsetzen zu gewähren. Denn bei Beginn der Volltracht und der dadurch bedingten stärksten Eierlage, bei uns zur Zeit der Rapsblüthe, etwa vom 10. Mai an, findet auch die allerfruchtbarste Königin, die täglich 3000 Eier zu legen vermag (s. Seite 67 f.), übrig genug Zellen, um ihre ganze Legekraft entwickeln zu können. Aber auch später, wenn die Hälfte der Zellen mit Honig und Pollen gefüllt sein sollte, bleiben immer noch 45,000 Zellen für die Brut. Und wären endlich selbst nur noch 20,000 Zellen für die Brut disponibel, so könnte die Königin täglich immer noch 1000 Eier legen: völlig genug, um den täglichen Abgang der Bienen zu ersetzen und natürliche oder künstliche Schwärme geben zu können. Aber auch zur Aufspeicherung des Honigs zum eigenen Bedarf des Volkes hat eine solche Beute Platz genug im Brutraum. Denn angenommen, es wären am Ende der Tracht nur fünf Zwölftel der Zellen, also zehn Rähmchen, honiggefüllt, so würden diese etwa 40 Pfund wiegen: mehr als genug, um das stärkste Volk bis zur nächstjährigen Tracht zu ernähren.

β. **Im Honigraum.** Der Honigraum mit seinen 12 Rähmchen enthält etwa 45,000 Zellen, welche gegen 48 Pfund Honig fassen, ist also gleichfalls groß genug. Ueberdies ist ein kleinerer Honigraum einem größeren vorzuziehen, weil die Bienen erfahrungsmäßig einen großen Honigraum nicht wollen und deshalb in einem solchen, wenn das Volk nicht ganz colossal ist, langsamer als in einem kleinen bauen. Und was schadet überhaupt der kleinere Honigraum, da man denselben ja zu jeder Zeit ausleeren kann?

§ XXVI. Wohnungen der Bienen mit beweglichen Waben. 247

l. Breite der Beute. Ich halte eilf Zoll für die zweckmäßigste Breite, wogegen Dzierzon nur etwa 8½—9 Zoll haben will. S. Dzierzon Bfreund S. 107. Erfahrungsmäßig sind aber breitere Wohnungen im Frühjahr bienenreicher als schmälere, und in Gegenden der letzten Klasse kommt Alles auf möglichst frühen Volkreichthum an. S. §. XXXII.
    g. Länge der Tafeln.
    α. An bloßen Stäbchen. Ich lasse von Saghy sprechen: Immer noch wird in der Bienenzeitung darüber gestritten, ob die Tafeln acht Zoll lang, wie von Berlepsch will, oder zehn bis sechzehn Zoll lang, wie Dzierzon will, sein sollen. Ich stimme von Berlepsch bei; denn 10—16 zöllige Tafeln, an bloßen Stäbchen befindlich, lassen sich zu vielen Zeiten gar nicht tractiren. Ich kenne mehrere Züchter, die blos deswegen die Dzierzon'schen Stöcke wieder abschafften, weil sie mit solchen langen und schweren Tafeln nichts anfangen konnten, und ich selbst mußte im Jahre 1854 schon Anfang Juni die Vermehrung der italienischen Bienen aufgeben, weil ich damals noch 14 Zoll lange Tafeln an bloßen Stäbchen hatte und durch öfteres Zusammenstürzen weicher schwerer Honigtafeln die Bienen so wild wurden, daß ich noch ihnen nicht mehr nahen konnte, sondern schon in der Ferne wüthend angefallen und zerstochen wurde. Die unförmliche Länge der Tafeln, wie sie Dzierzon empfiehlt, verhindert die Verbreitung des Dzierzon'schen Stockes mehr als alles Andere, und so lange noch Stöcke mit über acht Zoll langen Waben an bloßen Stäbchen verbreitet werden, wird man zu Nichts kommen. Dzierzon versperrt seinem Stocke selbst den Weg, indem er die unleugbaren Verbesserungen des 2c. von Berlepsch nicht anerkennen will, sondern bei seinem, nur sehr schwer zu behandelnden Stocke stehen bleibt. S. von Sagh Bztg. 1857 S. 82.
    Der Hauptgrund, weshalb Dzierzon (S. Bztg. 1855 S. 236) so unförmliche Tafeln will, ist, weil er sagt, daß, sei der Brutraum durch Holz unterbrochen, die Königin im Frühjahre lange zögere, ehe sie über das untere Wabenholz hinaus ihre Eierlage ausdehne; wodurch die Volksvermehrung sehr gehemmt werde. Abgesehen davon, daß Dzierzon, wenn er andererseits, z. B. Bztg. 1857 S. 28, den Schnitt im Frühjahr zur Zeit der Saalweidenblüthe bis an den Honig empfiehlt, in den allerdiametralsten Widerspruch mit sich selbst geräth, ist der Einwand fast ohne Belang. Denn da ein starkes Volk auch schon im Frühjahr die unteren Waben theilweise belagert, so kommt Ihre Majestät auch dort ihrer Funktion nach. Denn das Ausdehnen des Brutnestes hängt fast lediglich von der Menge der Bienen und dem Raum ab, welchen diese belagern. Wo im Frühjahr die Bienen nicht dicht lagern, da kommt auch keine Brut hin und wenn die Tafeln ellenlang ohne Unterbrechung heruntergingen, und wo im Frühjahr die Bienen dicht lagern, da kommt unter sonst günstigen Verhältnissen auch Brut hin, und wenn die Tafeln noch so oft durch Holz unterbrochen wären. Doch gebe ich gern zu, daß das Weiterführen des Brutnestes im Frühjahr etwas durch die Holzunterbrechung gehemmt und aufgehalten wird. Das läßt sich aber nun einmal nicht ändern, weil Waben von 14 — 16 Zoll Länge an bloßen Stäbchen fast gar nicht tractabel sind. Auch büßte man bei so langen Tafeln den sehr großen Vortheil ein, die Tafeln des Brutraumes für den Honigraum gebrauchen zu können.
    β. In Rähmchen. Tafeln in Rähmchen lassen sich allerdings bis auf 16 Zoll Länge ganz gut tractiren, aber immer würde man den Hauptvortheil einbüßen, die Rähmchen des Brutraumes auch für den Honigraum gebrauchen zu können. Es ist aber in die Augen fallend von höchster Wichtigkeit, jede Wabe an jede Stelle eines jeden Stockes stellen zu können, und das geht nur, wenn alle Tafeln des Honig- und Brut-

raumes genau gleich groß sind. Man hat zwar eingewendet, die Honigwaben, welche dicker gebaut und oft mit Erhöhungen versehen sind, paßten doch nicht allenthalben hin. Ohne Belang; denn ist hie und da eine Honigwabe etwas buckelig gebaut und will ich sie an eine andere Stelle bringen, so schneide ich mit einem breiten scharfen Tischmesser die Erhöhungen weg und Alles paßt neben und aneinander wie gegossen.

Von Sagh y und Wernz schlugen vor, wenigstens einige Rähmchen im Brutraum von oben bis unten durchgehen zu lassen und diese im Herbste bei der Einwinterung in das Herz des Stockes, wo im Frühjahr die Brut zu beginnen pflegt, zu placiren. S. von Saghy Bzlg. 1857 S. 83 und Wernz Bzlg. 1859 S. 81. Ich habe gegen diesen Vorschlag wenig einzuwenden und will nur sagen, daß für den Brutraum zwei sechzehnzölige Rähmchen völlig genügen und daß ich rathe, dem ersten sechzehnzölligen Rähmchen, von der vorderen Stockwand aus gezählt, die dritte, dem zweiten die fünfte Stelle zu geben. Zwischen die zwei sechzehnzölligen Rähmchen können dann an der vierten Stelle zwei achtzöllige übereinander zu stehen kommen, ohne daß die Königin im Eierabsetzen beirrt wird. Denn besetzt die Königin hüben und drüben auf den sechzehnzölligen Rähmchen die Zellen über 8 Zoll tief herab, so thut sie es auch auf den dazwischen stehenden achtzölligen Rähmchen, da die Brut besonders im Frühjahr immer geschlossen steht.

Will man jedoch einmal einige sechzehnzöllige Rähmchen zwischen achtzöllige placiren, so müssen die langen Rähmchen in der Mitte der beiden Schenkel hüben und drüben noch einen viertelzölligen Vorsprung haben, damit die Flügel der kurzen Rähmchen an den Vorsprüngen der langen Halt machen müssen, und so die kurzen Rähmchen der unteren Etage nicht zu nahe an die langen heraufkommen können.

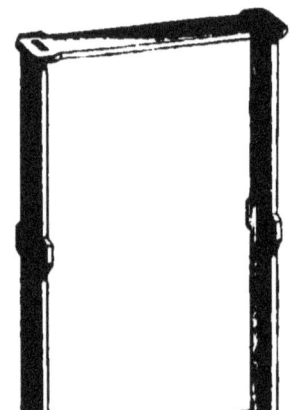

Fig. 24.

h. Ankleben der Wabenanfänge.

Das Rähmchen muß seiner ganzen zehnzölligen inneren Länge nach mit einem Wabenstreif beklebt sein. Je länger der Streif ist, desto besser natürlich, doch reicht ein Streif, wenn man Mangel an Waben hat, von drei Zellenlängen aus. Ich klebe gewöhnlich zollange Streife an. Hat man keine Streife, die aus einem Stück die Länge des Rähmchens decken, so klebt man mehrere neben einander auf. Die aufzuklebenden Streife muß man zuvor mit einem scharfen Messer möglichst winkelrecht schneiden und beim Ankleben darauf achten, daß die Zwischenwand zwischen den beiden Zellenreihen des Streifs genau in die Mitte des Wabenträgers zu stehen kommt, weil nur bei dieser Accurateße alle Waben ganz genau in die Mitte des Rähmchens zu stehen kommen; was wegen der gleichmäßigen Entfernung zweier Waben von einander von großer Wichtigkeit ist. Dagegen ist es nicht gerade nöthig, obschon die Zellen ein wenig nach oben gerichtet sind, daß die Wabenstreife gerade in dieselbe Lage wieder zu stehen kommen, wie sie früher standen. Größere Wabenstücke befestige man jedoch in ihrer ursprünglichen Lage.

Hat man krumme oder gebogene Waben, so kann man diese leicht gerade bekommen, wenn man sie etwas erwärmt, dadurch biegsam macht, auf den Tisch legt und, wo sie

§ XXVI. Wohnungen der Bienen mit beweglichen Waben. 249

eine Erhabenheit zeigen, mit der flachen Hand oder einem Brettchen allmälig niederdrückt. S. Dzierzon Bfreund. S. 14. Dann lassen sich aus solchen Waben ganz gerade Streife schneiden. Reißen mitunter, wenn die Ungleichheiten einer Wabe erheblich sind, beim Nieder- resp Glattdrücken die Zellen an irgend einer Stelle der unteren, der Tischplatte zugekehrten Fläche durch, so schadet das gar nichts.

Die besten Waben zum Ankleben sind solche, in denen schon einige Male gebrütet wurde, die also nicht nur an sich fester sind, sondern die auch als Brutwaben die normale zöllige Breite haben. Die Schnittflächen solcher Wabenstreife kann man auf das heiße Wachs bringen, ohne daß die Zellen schmelzen. Natürlich darf man den Streif nicht tief in das zerlassene Wachs eintauchen, sondern muß ihn nur flach auftauchen, schnell entfernen und schnell auf den Wabenträger bringen. Weit vorsichtiger muß man mit Waben sein, die eben erst neu gebaut sind. Diese darf man mit der an den Wabenträger anzuheftenden Schnittfläche nicht auf heißes Wachs auftauchen, weil sonst im Nu die zarten Zellen schmelzen, ohne daß sich zerflossenes Wachs zum Ankleben anhängt. Fast ebenso ist es mit Tafeln, die bisher nur Honig bargen, daher gleichfalls mit keinen Nymphenhäutchen austapeziert und nur wenig haltbarer als eben neu gebaute sind. Bei beiden Wabenarten darf man nur mäßig warmes, nicht heißes Wachs gebrauchen.

Die ganz jungen Waben haben oft noch nicht die zöllige Breite, und diejenigen, welche bisher nur zur Honigaufbewahrung dienten, sind oft weit breiter als 1 Zoll. Bei beiden muß man daher ganz besonders genau darauf achten, daß die Zwischenwand zwischen den beiden Zellenreihen auf die Mitte des Wabenträgers zu stehen kommt. Von den zu breiten Waben schneidet man später, nachdem die Streife gehörig fest angeklebt, das Klebwachs völlig erkaltet und hart geworden ist, mit einem recht scharfen dünnklingigen Messer die Zellen, soweit sie über den zölligen Wabenträger von beiden Seiten überspringen, weg. Hüten aber muß man sich, vermorschtes Wachs anzukleben, weil solches die Bienen fast immer abschroten und dann wirr bauen. Beim Aufkleben selbst muß man mit den Fingern etwas drücken je nach der Festigkeit der Streife.

Ich hänge meine mit Wabenanfängen beklebten Rähmchen in die Honigräume der mächtigsten Völker zu einer Zeit, wo die Bienen zwar noch nicht in den Honigräumen bauen, wohl aber, wenn man ihnen Eingang verschafft, in die Honigräume sich begeben, dort die Wabenanfänge auspuzen und allenthalben mauerfest anbauen. Nach 24 Stunden kann man wieder andere Rähmchen einhängen, und so kann in acht Tagen ein einziger mächtiger Stock ein Schock und mehr Rähmchen auspuzen. Bei so ausgepuzten Rähmchen ist man später, wenn man sie irgendwo zum Weiterbauen einstellt, ganz sicher, daß nichts mehr herabgeschroten wird und daß kein Wabenstreif mehr herabfällt. Findet sich während des Auspuzens hin und wieder ein Stückchen Wabe vor, das den Bienen nicht ansteht, sowird es weggeschroten und man kann dann etwaige kleine Lücken leicht wieder ausbessern.

Will man die Rähmchen so recht wie ausgetäfelt (ausgegossen) ausgebaut haben, so muß man sie an allen vier Seiten mit Wabenanfängen versehen, wie die Figur 25 auf der folgenden Seite zeigt.

§ XXVI. Wohnungen der Bienen mit beweglichen Waben.

Fig. 25.

Klebt man blos oben einen Wabenstreif an, so wird das Rähmchen selten so ganz, wie ausgegossen, ausgebaut, wenigstens dauert es immer lange, ehe dies geschieht und geschieht nicht früher, bevor es dem Volke nicht sehr an Raum fehlt. Es fällt den Bienen nämlich schwer, bis dicht unten auf die Unterfläche des Rähmchens aufzubauen. Sie lassen deshalb fast immer einen, oft ½ Zoll hohen Zwischenraum. Klebt man zugleich unten einen Streif auf, so zögern die Bienen zwar auch etwas, ehe sie die von oben herabgeführte Wabe mit dem untern Streif in Schluß bauen, thun es jedoch stets bald, weil sie zwischen den Zellen lange Querdurchschnitte nicht dulden. Sind ferner die Schenkel nicht mit Wabenanfängen beklebt, so bauen die Bienen die Waben auch nicht immer allenthalben an die Schenkel an, weil sie naturgemäß zwischen den Seitenkanten der Wachswaben und den Wänden des Stockes Passagen haben wollen, die hölzernen Rähmchenschenkel aber als Wand der Wohnung ansehen. Die Bienen brauchen jedoch zwischen Waben und Rähmchenschenkeln keine Passage, weil sie die freieste Passage zwischen der Stockwand und den äußeren Flächen der Rähmchenschenkel haben.

Will man Rähmchen mit Wabenanfängen versehen, die für den Honigraum bestimmt sind, und hat man nicht Waben genug, um solche an allen vier Seiten, oder wenigstens unten und oben, mit Wabenstreifen versehen zu können, so klebe man die Streife lieber unten als oben auf. Die Bienen bauen nämlich in einem oberhalb des Brutraumes befindlichen Honigraume, wie schon auf Seite 97 unter α gesagt wurde, weit lieber und schneller von unten nach oben als von oben nach unten. Mir ist es passirt, daß die Bienen, wo ich den Honigraum öffnete und nur oben mit Wachsstreifen beklebte Rähmchen einhing, von unten nach Belieben wirr aufwärts bauten und von den oben befindlichen Wabenstreifen gar keine Notiz nahmen.

Zur Erhitzung des zum Ankleben der Wabenstreife dienenden Wachses gebrauche ich eine aus sog. Steingut gefertigte, inwendig glasirte, rechtwinkelige Pfanne, im Lichten 14 Zoll lang, 5 Zoll breit und 3 Zoll hoch. Gewöhnliche Topfpfannen lassen zu bald das Wachs durchkochen und werden unbrauchbar, und Blech- oder Eisenpfannen werden leicht zu heiß. Die Pfanne stelle ich auf ein eisernes mit vier Füßen versehenes Gestellchen und unter dieses ein Lämpchen mit Spiritusflamme. Sobald das Wachs anfängt, zu heiß zu werden, was ich daran sehe, wenn es, nachdem es bereits geschmolzen ist, Blasen schlägt und schäumt, so nehme ich das Lämpchen auf einige Zeit hervor, blase es aus und zünde es wieder an, wenn das Wachs erneuter Erhitzung bedarf.

Scholz sagt: Es ist gut, die Wabenträger vor dem Ankleben der Wabenanfänge etwas zu erwärmen. Denn ist der Wabenträger zu kalt, so schrickt das heiße Wachs sogleich zurück, verhärtet zu schnell in sich selbst, ohne sich noch mit der rauhen Fläche des Holzes innig verbunden zu haben und die Wachsanfänge können leicht wieder abfallen. Bztg. 1857 S. 53.

Kleine empfiehlt statt des flüssigen Wachses Quarkkäsekitt als ein bequemeres, zuverlässigeres und billigeres Anklebematerial. Bztg. 1858 S. 60. Es läßt sich zwar nicht läugnen, daß Quarkkäsekitt ein überaus festes Klebemittel ist, doch werde ich mich nie dieses Materials bedienen, da Käse nicht in das Wachsgebäude gehört.

§ XXVI. Wohnungen der Bienen mit beweglichen Waben.

Auch Gummi im flüssigen Zustande ist empfohlen worden. Man löst Gummi arabicum mittels Wassers zu einer syrupähnlichen Flüssigkeit auf, streicht diese Flüssigkeit mit einem kleinen Pinsel auf den Wabenträger, drückt das Wabenstück sanft an und läßt den Wabenträger verkehrt, d. h. das angeklebte Wabenstück aufwärts gerichtet, liegen, bis daß die Gummiflüssigkeit fest geworden ist. Köhler Bztg. 1859 S. 94. Für ganz weiße dünne Waben, die mit flüssigem Wachse oft wirklich schwierig zu befestigen sind, mag es schleichen, sonst will ich auch von Gummi nichts wissen, weil ich fremde Stoffe im Bau nicht haben mag.

Endlich hat der Tischler Mehring zu Frankenthal in Rheinbayern einen Stempel bekannt gemacht, der das Ankleben von Wabenanfängen ganz überflüssig machen soll. Dieser Stempel soll nämlich Wachslinien-Anfänge zu Arbeiterzellen auf den Wabenträger drücken und die Bienen sollen an diesen Anfängen regelrecht fortbauen. Mehring Bztg. 1859 S. 7 f. Wer die Sache versuchen will, mag sich den Stempel von Mehring gegen Einsendung von 2 Gulden oder 1 1/6 Thaler preußisch kommen lassen.

Ich selbst habe mit diesem Instrumente noch keine Versuche gemacht, wohl aber habe ich in Gotha bei Kalb und dem Professor Habich hunderte von Rähmchen gesehen, die nicht mit Wabenanfängen beklebt, sondern mit dem Mehring'schen Instrumente abgestempelt gewesen waren. Alle ohne Ausnahme waren außerordentlich schlecht gebaut und meist hingen 3—4 derart im wirren Baue zusammen, daß von einem einzelnen Herausnehmen nicht die Rede sein konnte. Entweder haben also die Herren Kalb und Habich falsch manövrirt, oder die Sache taugt nichts.

5. Nöthige Geräthschaften zur Beute.
a. Wabenknecht.

Fig. 26.

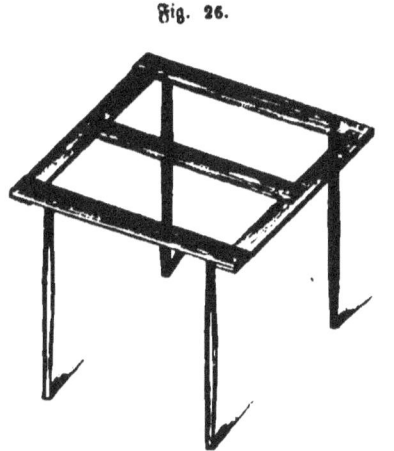

Man mache den Wabenknecht nicht zu kurz, so daß wenigstens 36—40 Waben darauf gehängt werden können. Sonst ist die Figur an sich klar.

b. Taschenmesser. Es muß eine recht starke Klinge haben, um nöthigenfalls auch fester aufeinandergekittete Rähmchen, wenn man die Spitze zwischen die Verkittung schiebt, mit Leichtigkeit und Sicherheit losheben zu können.

§ XXVI. Wohnungen der Bienen mit beweglichen Waben.

c. Ein kleines nicht zu hartborstiges Handkehrbüschchen, dazu dienend, um die Böden der Beuten u. s. w. reinzukehren und die Bienen von den Waben, wo dieß erforderlich ist, abzukehren.

d. Ein eisernes Krückchen mit hölzernem Handgriff. Ein solches Krückchen ist ein ganz unentbehrliches Instrument, nicht nur um todte Bienen und Gemülle vom Boden zu entfernen, sondern auch um die Seitenwände und die Front im Inneren der Beute gehörig reinigen zu können, wenn der Schub herausgenommen ist. Die Bienen kitten nämlich die Ritzen, welche zwischen dem Schube und den Beutenwänden sich befinden, fest zu, sobald sie stark sind und den Boden belagern. Zieht man nun den Schub heraus, so bleibt an den Stockwänden stets Kitt hängen, auch befindet sich gewöhnlich Gemülle daselbst, welches vor der Verkittung der Ritzen in dieselben gefallen war. Das Krückchen muß deshalb so lang sein, daß man nach herausgenommenem Schube bequem unter den Rähmchen weg die Front erreichen kann. Auch darf der lange eiserne Stiel nicht zu schwach sein. Man muß nämlich oft ziemlich stark aufdrücken, um den Kitt von den Wänden abzukratzen; wo sich der Stiel, ist er zu schwach, leicht verbiegt, überhaupt die nöthige Kraftanwendung nicht gestattet.

e. Ein Meißel. Will man im Herbste den Schub herausnehmen, so läßt er sich wegen der unter d. erwähnten Verkittung nicht einfach herausziehen, sondern man muß zuvor hinten mit der Spitze eines Meißels zwischen Schub und Boden der Beute eingreifen und den Schub gemach etwas nach oben heben; erst dann läßt er sich herausziehen.

6. Herrichtung der Beute für vereinte Aufstellung im Freien.

a. Um diese Beuten vereint und in Stößen frei in einem Garten aufstellen und Sommer und Winter daselbst stehen lassen zu können, sind drei Vorrichtungen resp. Veränderungen an der Beute nöthig.

α. Muß in jede Seitenwand an der von der Thüre entferntesten Stelle noch ein Flugloch, das dem in der Front ganz gleich ist, eingeschnitten werden, so daß die Beute nun drei Fluglöcher hat und man die Bienen, je nachdem zwei Fluglöcher verstopft oder mit Schiebern geschlossen sind, beliebig nach drei verschiedenen Himmelsgegenden hin, d. h. wenn z. B. die Thüre nach Abend steht, entweder nach Mitternacht oder nach Morgen oder nach Mittag, ausfliegen lassen kann.

Fig. 27.

Dieser Grundriß veranschaulichet die Sache. Auf diese Weise kann jede Beute an jede Stelle des Stoßes, er mag nun hergerichtet sein, wie er will, gestellt werden, wie sich gleich von selbst ergeben wird.

β. Da bei freier Aufstellung im Stoße die Bienen, wenn einzelne Beuten aus diesem oder jenem Grunde anders placirt werden, bald aus diesem bald aus jenem der drei Fluglöcher fliegen sollen, so darf das Anflugbrettchen nicht fest angenagelt, sondern muß derart befestigt werden, daß es sich leicht, z. B. von der Frontseite abnehmen und rechts oder links an einer Seitenwand anbringen läßt.

γ. Will man die Beuten dicht aneinanderschieben, so müssen die Vorsprünge an Deckel und Boden wegfallen und muß die Beute ein rechtwinkliges Oblongum bilden, auch dürfen keine Schieber an den beiden seitlichen Fluglöchern angebracht, sondern diese müssen, wenn sie nicht gebraucht werden, verstopft oder besser mit einem entsprechenden eingeschobenen Klößchen geschlossen sein. Da jedoch ein dichtes Aneinanderschieben der Stöcke nicht gerade nöthig ist, so können auch die Vorsprünge an Deckel und Boden bleiben und es können auch die seitlichen Fluglöcher mit Schiebern versehen werden. Den kleinen Zwischenraum, der dann zwischen je zwei Beuten entsteht, stopft

§ XXVI. Wohnungen der Bienen mit beweglichen Waben.   253

man für den Winter mit Heu, Moos oder dergl. hinten und vorn einige Zoll tief aus; wodurch die Wärme noch erhöht wird.

b. Daß eine vereinte Aufstellung auf die verschiedenste Weise gemacht werden kann, ist an sich klar, und ich will nur diejenige Composition hier besprechen, die ich für die zweckmäßigste unter allen halte, nämlich den **Zwölferstoß**. Durch folgenden Grundriß

Fig. 28.

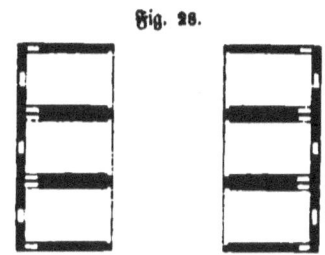

und folgendes Bild

Fig. 29.

wird die Sache veranschaulicht.

Der auf einem Holz- oder Steinfundament aufgestellte Zwölferstoß besteht also aus zwei Sechserstößen (unter vereintem Dächelchen), deren Thüren sich gegenüber befinden und zwischen welchen ein so breiter Platz gelassen wird, daß man bequem dazwischen stehen und arbeiten kann.

Für den Winter stopft man, der größeren Wärme wegen, den Zwischenplatz mit Stroh aus.

§ XXVI. Wohnungen der Bienen mit beweglichen Waben.

7. Mehrfächerige untheilbare Beuten und sogenannte Pavillons.

Wie der Zwölferstoß äußerlich ein Ganzes bildet, aber doch aus zwölf einzelnen Beuten, die zu jeder Zeit einzeln transportirt und unter sich verstellt werden können, besteht, so können auch mehrere Beuten untereinander untheilbar verbunden werden, und ich gestehe, daß ich kein Freund der einzelnen Beuten bin, sondern den mehrfächerigen untheilbaren den Vorzug gebe. Denn obwohl es sich nicht läugnen läßt, daß es in der Praxis oft wünschenswerth ist, einen Stock translociren zu können, so wird der Meister doch auch mit den verhältnißmäßig billigeren und schöneren untheilbaren Beuten ganz wohl fertig.

Unter den zahllosen Möglichkeiten, mehrfächerige untheilbare Beuten zu bilden, will ich nur diejenigen fünf Formen erwähnen, die ich für die besten halte.

a. Die Dreibeute.

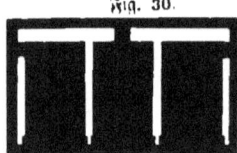

Fig. 30.

α. Dieser Grundriß deutet eine aus Doppelwänden zu fertigende Beute an. S. Figur 23 auf Seite 244 f. Natürlich kann man die Außenwände auch aus Bohlen, bestrohten Brettern u. s. w. herstellen. S. die Figuren 12 auf Seite 233 und 21 und 22 auf Seite 243.

β. Die Zwischenwände müssen aus mindestens 1½ zölligen Bohlen bestehen, weil auf beiden Seiten einer Zwischenwand Fugen eingeschnitten werden müssen und das Brett deshalb die nöthige Dicke haben muß.

γ. Der Schreiner muß, wenn er inwendig vorn die Bretter aufschlägt, sehr sorgfältig zu Werke gehen, damit später nicht etwa Ritzen entstehen, durch welche Bienen aus einem Fache in das andere gelangen können.

δ. Anstatt der auf Seite 240 beschriebenen und abgebildeten (Figur 18), außen verbleibenden Thüre bekommt jedes Fach nur einen, oben mit Lüftungsschieber versehenen Glasrahmen, d. h. eine Thüre ohne Blende, während eine größere, mit der Beute fest verbundene Thüre die drei Glasrahmen bedeckt. Diese Thüre wird am zweckmäßigsten mit Schloß und Schlüssel versehen.

b Die Sechsbeute. Ist die Dreibeute doppelt, d. h. zwei Dreibeuten übereinander, von denen der Deckel der unteren den Boden der oberen bildet. Alles an sich klar.

c. Die Zwölfbeute oder der zwölffächerige Pavillon. Ist Figur 29, aus einem untheilbaren Ganzen gearbeitet, mit folgenden Abweichungen.

α. Der Zwischenraum zwischen den beiden Sechsbeuten ist auf einer Seite zugeschlagen, auf der andern mit einer verschließbaren Thüre versehen.

β. Die einzelnen Fächer haben, wie bei der Drei- und Sechsbeute, nur unverblendete, mit Lüftungsschiebern versehene Glasrahmen.

γ. Auf der Mitte des Dachforstes befindet sich ein hohler, grob durchlöcherter Knopf, dessen untere Mündung mit der Beute in Verbindung steht, damit im Sommer bei großer Hitze die schwüle dicke Luft, die sich im Innenraum des verschlossenen Pavillons bildet, ausströmen kann. Bei kühler Witterung und im Winter wird die Mündung des Knopfes von innen verstopft.

δ. Der Boden des Zwischenraumes zwischen den beiden Sechsbeuten ist gegen vier Fuß tief ausgegraben, ausgemauert und oben mit Brettern, in welchen sich runde, einen Zoll im Durchmesser große Löcher befinden, belegt, damit die aufsteigende, etwa 5 Grad Wärme haltende Erdluft bei großer Kälte wärmt, bei großer Hitze kühlt. Doch ist eine solche Erdgrube nicht gerade nöthig, und Dzierzon hat ganz recht, wenn er

§ XXVI. Wohnungen der Bienen mit beweglichen Waben. 255

neuerdings, nachdem er früher die Erdgrube sehr empfohlen hatte, in der Bienenzeitung 1859 S. 26 sagt: Die Erdgrube halte ich für unser Klima nicht für nothwendig. Nur für Gegenden, in denen die Hitze sowohl als die Kälte ungewöhnliche Grade erreicht, wäre die Zuleitung der Erdtemperatur von erheblichem Nutzen, ja selbst eine Nothwendigkeit.

d. Die Zweiundzwanzigbeute oder der zweiundzwanzigfächerige Pavillon.

Fig. 31.

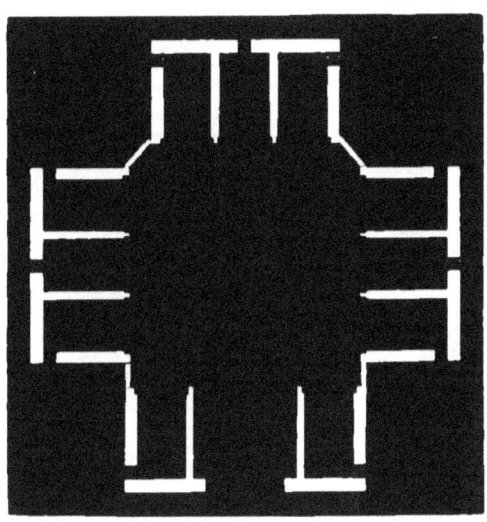

256 § XXVI. Wohnungen der Bienen mit beweglichen Waben.

Fig. 32.

Ein solcher sehr schöner Pavillon, von welchem vorstehendes Bild abcopirt is findet sich zu Gotha, Mohrenstraße Nr. 29 bei dem Director des Gothaischen Sa bienenvereins, Rendant C. W. Kalb. Freund Kalb läßt hiermit durch mich Bienenzüchter, welche Gotha passiren und solche Beuten noch nicht kennen sollten serfreundlichst zu sich einladen.

§ XXVI. Wohnungen der Bienen mit beweglichen Waben. 251

Auch Gummi im flüssigen Zustande ist empfohlen worden. Man löst Gummi arabicum mittels Wassers zu einer syrupähnlichen Flüssigkeit auf, streicht diese Flüssigkeit mit einem kleinen Pinsel auf den Wabenträger, drückt das Wabenstück sanft an und läßt den Wabenträger verkehrt, d. h. das angeklebte Wabenstück aufwärts gerichtet, liegen, bis daß die Gummiflüssigkeit fest geworden ist. Köhler Bztg. 1859 S. 94.

Für ganz weiße dünne Waben, die mit flüssigem Wachse oft wirklich schwierig zu befestigen sind, mag es schleichen, sonst will ich auch von Gummi nichts wissen, weil ich fremde Stoffe im Bau nicht haben mag.

Endlich hat der Tischler Mehring zu Frankenthal in Rheinbayern einen Stempel bekannt gemacht, der das Ankleben von Wabenanfängen ganz überflüssig machen soll. Dieser Stempel soll nämlich Wachslinien-Anfänge zu Arbeiterzellen auf den Wabenträger drücken und die Bienen sollen an diesen Anfängen regelrecht fortbauen. Mehring Bztg. 1859 S. 7 f. Wer die Sache versuchen will, mag sich den Stempel von Mehring gegen Einsendung von 2 Gulden oder 1 1/6 Thaler preußisch kommen lassen.

Ich selbst habe mit diesem Instrumente noch keine Versuche gemacht, wohl aber habe ich in Gotha bei Kalb und dem Professor Habich hunderte von Rähmchen gesehen, die nicht mit Wabenanfängen beklebt, sondern mit dem Mehring'schen Instrumente abgestempelt gewesen waren. Alle ohne Ausnahme waren außerordentlich schlecht gebaut und meist hingen 3—4 derart im wirren Baue zusammen, daß von einem einzelnen Herausnehmen nicht die Rede sein konnte. Entweder haben also die Herren Kalb und Habich falsch manövrirt, oder die Sache taugt nichts.

5. **Nöthige Geräthschaften zur Beute.**

a. **Wabenknecht.**

Fig. 26.

Man mache den Wabenknecht nicht zu kurz, so daß wenigstens 36—40 Waben darauf gehängt werden können. Sonst ist die Figur an sich klar.

b. **Taschenmesser.** Es muß eine recht starke Klinge haben, um nöthigenfalls auch fester aufeinandergekittete Rähmchen, wenn man die Spitze zwischen die Verkittung schiebt, mit Leichtigkeit und Sicherheit losheben zu können.

258 § XXVI. Wohnungen der Bienen mit beweglichen Waben.

Fig. 34.

Ein solcher Pavillon steht auf dem Rittergute Tambuchshof ohnweit Ohrdruf bei B. G. Klein und ist jedenfalls das dermalen schönste Bienenhaus in der ganzen Welt. Die Accuratesse, der feine Geschmack und die Eleganz des Baues sind bewunderungswürdig und das Ganze gewährt schon von außen einen reizenden Anblick. Aber

§ XXVI. Wohnungen der Bienen mit beweglichen Waben.

wie bezaubert ist man, wenn man im Sommer in diesen feenhaften Bienenglaspalast tritt und mit einem Blick zahllose Bienen hinter Glas wohnen sieht. Mitten im inneren Raume steht ein Tisch mit Stühlen, und wir haben im letzten Sommer (1859) oft zu 6—8 Personen daselbst gespeist. In dem einen Zwischenraume, der Thüre vis-à-vis, befindet sich ein inwendig verblendetes Fenster. Ist es nun kühl, so geht man in den Pavillon, macht die Thüre (die, wenn sie aufstehen soll, an einem auf dem Bilde sichtbaren Haken gehalten wird) hinter sich zu, nimmt die Blende vom Fenster weg und sitzt so in einem warmen Stübchen — einem Paradiese für einen Bienenzüchter. Auch Freund Klein läßt durch mich zum Besuch seines Bienenstandes imkerfreundlichst einladen.

Natürlich können diese Pavillons auch ganz schlicht hergestellt werden, z. B. durch äußere Lehmummauerung, Strohumkleidung mit Strohdach u. s. w., so daß sie sehr billig zu stehen kommen und auch dem Unbemittelten möglich werden. Auf die äußere Herstellung, wenn sie nur warmhaltig ist, kommt nichts an, Alles nur auf die innere Einrichtung.

Von der inneren Einrichtung meiner im vorstehenden Paragraph beschriebenen Beute (S. Figur 12 auf Seite 233) sagt der Seminaroberlehrer J. Gößler zu Nürtingen: Dem Baron von Berlepsch gebührt das in der Bienenwelt bleibende Verdienst, den Originalstock Dzierzons außerordentlich vervollkommnet zu haben. Die Kapitaleinrichtung der drei Etagen, von denen zwei den Brut- und eine den Honigraum bilden, mit den über alles Lob erhabenen Rähmchen läßt nichts mehr zu wünschen übrig. Ja, ich wage sogar zu behaupten, daß seine innere Einrichtung wesentlich nicht mehr verbessert werden kann. S. Gößler, der Dzierzonsche Bienenstock u. s. w. Stuttgart 1857 S. 59.

Dagegen meint Kleine (Bztg. 1857 S.181), ich hätte den Dzierzonstock verballhornt, sagt (Bztg. 1858 S. 209), mit handgreiflichster Anspielung auf mich, Dzierzons Nachtreter hätten die wunderbare Einfachheit seiner Erfindung durch ballhornisirende Verbesserungen complicirt gemacht, warnt (Bztg. 1858 S. 60) den Oberlehrer Ludwig Huber, der in einem eigenen 1857 zu Lahr bei J. H. Geiger erschienenen Schriftchen meine Grundsätze weiter entwickelt und meine Constructionsweise des Stockes mit beweglichen Waben für die beste erklärt hatte, vor Humbug ansteckung und vor der *lues Boswelliana*.

Worin besteht denn nun aber „die wunderbare Einfachheit des Dzierzonschen Originalstockes, den ich verballhornt haben soll?" Im folgenden Paragraph wollen wir es sehen.

§ XXVII.
Der Zwitterstock.

1. Habe ich im § XXVI über Stöcke mit beweglichen Waben gehandelt und werde ich im § XXVIII Stöcke mit unbeweglichen Waben besprechen, so muß ich hier eines Stockes, der die Mitte hält, d. h. der theils bewegliche, theils unbewegliche Waben hat, gedenken.

Zwitterstock aber benenne ich diesen Stock, weil er ein Ding ist, das Eigenschaften zweierlei Art an sich hat und weder eins noch das andere ganz ist.

Der Vater dieses Zwitters — wer sollte es denken! — ist Dzierzon, der geniale Erfinder des Stockes mit beweglichen Waben. Ja, Dzierzon hat nicht etwa diesen Stock, den er, weil immer zwei Stöcke nachbarlich nebeneinander zu stehen kommen, Zwillings-, Nachbar- oder Rebenstock nannte, blos als eine Varietät bekannt gemacht, sondern denselben sogar für den besten derzeit existirenden erklärt und immer und immer wieder bis zur Stunde angepriesen. S. Dzierzon Bfreund S. 112. 120. Bztg. 1859 S. 1. 213. Bztg. 1860 S. 1—4. Was Wunders daher, daß dieser Stock hie und da Anklang fand und auch von Anderen als das non plus ultra gepriesen wurde! War es doch „der Meister der Meister", der empfahl, und so konnten gläubige Jünger nicht ausbleiben. Auffallend, unerklärlich jedoch ist es Vielen erschienen, daß die großen Meister Kleine und Graf Stosch beistimmten. Kleine sagt: Der Zwillingsstock ist die derzeit beste und darum die beste Bienenwohnung, weil man keinen irgend erdenkbaren Vorzug einer Bienenwohnung aufstellen kann, der in ihr nicht die vollste Erledigung gefunden hätte. Darum muß es eine vergebliche Mühe bleiben, ihr vor einer anderen Form den Vorrang streitig machen zu wollen. Bztg. 1857 S. 181 und 1858 S. 78. 89. 208. Stosch: Der Zwillingsstock ist gegenwärtig die beste Bienenwohnung, ist unübertrefflich. Bztg. 1858 S. 100 f. Uebrigens kann Stosch gar nicht in Betracht kommen, da er den Willkürbau im Dzierzon'schen Zwitter beseitigt, den Innenraum 21 Zoll hoch gemacht und in drei Etagen getheilt, mithin einen ganz anderen, weit bessern Stock construirt hat. S. Stosch Bztg. 1858 S. 100 f. und besonders die in dieser Hinsicht schlagenden Bemerkungen Oettl's in der Bztg. 1859 S. 112 f.

2. Beschreibung des Zwitterstockes.

a. Aeußere Gestalt und Einrichtung. Der Stock ist äußerlich genau 13 Zoll breit, 16 Zoll hoch und 30 Zoll lang. Aeußerlich müssen alle Stöcke eines Standes aus weiter unten ersichtlichen Gründen unter sich ganz genau gleich groß sein. Boden

§ XXVII. Der Zwitterstock.

und Deckel sind aus halbzölligen Brettern, ebenso die eine Langseite (Rückseite) ge⁴fertigt. Die andere Langseite (Vorderseite) ist 3½ Zoll dick und besteht aus einem halbzölligen Brett, das nach außen 3 Zoll mit Stroh, Heu, Moos und dergl. umgeben und berohrt (mit Rohrstengeln überlegt) ist. Anstatt des Rohres kann man auch außen dünne halbzöllige Brettchen jalousiemäßig aufschlagen, wie S. 244 gelehrt ist.

Damit sich die dünnen Wände, der Boden und der Deckel nicht werfen können, müssen die Wände aus mehreren zusammengeleimten resp. gefederten Stücken aufrecht stehenden Holzes gefertiget und Boden- und Deckelbretter quer aufgenagelt werden. In die 3½ Zoll dicke (Vorder-) Seite kommt genau in die Mitte einen Zoll über dem Boden, das Flugloch, und in die entgegenstehende (Rück-) Seite, wieder genau in die Mitte, dem Flugloche also genau gegenüber, nur unmittelbar am Boden, wird eine 1 Zoll hohe und 3 Zoll breite Oeffnung angebracht und einstweilen mit einem einpassenden Brettchen geschlossen. Diese Oeffnung muß aber genau in der Mitte angebracht sein, so daß sie bei zwei mit den Rückseiten dicht aneinander gestellten Stöcken zusammenfällt und, wenn die Verschlußbrettchen weggenommen sind, einen Durchgang aus einem Stocke in den andern bildet.

An beide Quer- oder Schmalseiten kommen 1½ Zoll dicke beliebige Thüren, die in dem Kasten einstehen.

Fig. 35.

Diese Figur stellt einen Zwitterstock von der Rückseite gesehen dar.

b. Innere Einrichtung. Im Lichten, wie sich dies aus der äußeren Beschaffenheit von selbst ergiebt, ist der Stock 9 Zoll breit, 15 Zoll hoch und 27 Zoll tief, enthält also 3645 Cubikzoll Innenlichtenraum.

Drei Zoll von der Decke oder zwölf Zoll vom Boden aus gemessen, kommen die Fugen zum Einschieben der Wabenträger. Der Stock enthält also nur eine Wabenreihe von zwölf Zoll langen Waben.

Die Bienen haben in der Mitte des Stockes, wo das Flugloch ist, den Brutraum und hüben und drüben (zu beiden Seiten) einen Honigraum. Da nun der innere Lichtenraum 27 Zoll tief ist, so kommen, wenn man 13½ Zoll (Platz für 9 Waben) auf den Brutraum rechnet, auf einen jeden Honigraum 6¾ Zoll (Platz für etwa 4 Waben).

Die beiden Honigräume werden durch dünne Brettchen von der Höhe und Breite des Innern des Stockes abgeschlossen. Diese Brettchen haben 4 runde Durchgangslöcher in der Größe von Brillengläsern. Zwei Löcher stehen 4 Zoll von oben, zwei 4 Zoll von unten. Geschlossen werden sie durch eine in der Mitte dazwischen befestigte, wie ein Windmühlenflügel drehbare Klappe.

Fig. 36.

Diese Figur zeigt ein solches Vorsatzbrettchen mit zwei geöffneten und zwei geschlossenen Löchern.

Deckbrettchen werden auf die Wabenträger nicht aufgelegt, weil der dreizöllige Raum zwischen den Wabenträgern und der Decke von den Bienen willkürlich und wirr ausgebaut werden und eben hierin der Hauptvorzug dieses Stockes liegen soll, in Wirklichkeit aber seine Zwitterschaft offen zu Tage liegt.

§ XXVII. Der Zwitterstock.

c. **Aufstellung dieser Stöcke.** Die Stöcke werden frei in einem Garten, vier Paare quer übereinder, also im Achterstoße, oben mit einem etwas vorspringenden Dächelchen versehen, auf vierkantig beschlagene, etwa fußhohe Holzschwellen, zwischen welchen eine möglichst tiefe und zwei Quadratfuß große Erdgrube angebracht ist, aufgestellt, so daß nach den vier Himmelsrichtungen je zwei Völker fliegen.

Fig. 37.

So lange die Stöcke mit den Rückseiten dicht aneinander gerückt sind, zwei Stöcke nebeneinander also gleichsam einen 26 Zoll breiten und 30 Zoll langen Doppelstock bilden, wird, wie vorstehende Figur zeigt, von den darunter befindlichen Stöcken bei der Länge von 30 Zoll an beiden Seiten ein zweizölliger Vorsprung gebildet, der aber durch das schräg anliegende Anflugbrettchen verdeckt und gegen Schlagregen geschützt wird. Dieser Vorsprung verschwindet aber, sobald man die Stöcke vier Zoll auseinander rückt; wodurch sie sich äußerlich ganz vollkommen ausgleichen und ein 30 Zoll großes Quadrat bilden. Die Anflugbrettchen müssen dann an die Kasten selbst angenagelt werden.

Fig. 38.

Entfernt man nun die Brettchen vor den Oeffnungen in den Rückseiten der Stöcke, giebt dafür grob durchlöcherte Schieber und stopft mit Heu u. s. w. die vierzölligen Spalten (a. a) 6—8 Zoll tief aus, so entsteht ein Kanal vom Erdloche aufwärts, dessen aufsteigende Luft die Stöcke in der kalten Jahreszeit wärmt, in der heißen kühlt. Sollen sie abgekühlt werden, so läßt man die Mündung des Kanales (b) unter dem Dächelchen offen, sollen sie erwärmt werden, so verstopft man oben die Mündung. S. Dzierzon Bfreund. S. 106—112.

3. **Vorzüge, die diese Stöcke haben sollen.**

Ich habe alle von Dzierzon und Anderen diesen Stöcken angerühmten Vorzüge in dem Bienenfreund und der Bienenzeitung sorgfältig zusammengesucht, in thunlichst geordnete Folge gebracht, gehörig präcisirt und unmittelbar Punkt für Punkt besprochen, um es dem Anfänger zu ermöglichen, zu einem klaren, selbstständigen Urtheil in dem über diesen Stock seit etwa 3 Jahren in der unwissen-

§ XXVII. Der Zwitterstock.

schaftlichsten, animosesten und vagantesten Weise geführten Streite zu gelangen; wobei ich gern bekenne, daß es mir selbst sehr schwer geworden ist, aus diesem wirrwarrigen Actenwuste ein übersichtliches Referat zu liefern. Es gehörte in der That meine wissenschaftliche Hiobsgeduld dazu, um nicht davon zu laufen, und mein durch so diverse Spirituosen ausgepichter Magen, um ohne Spelen den Ekel zu überwinden, den nothwendig eine Disputirart erregen muß, wo man nur durch- und gegeneinander schwaßt, lediglich um à tout prix Recht zu behalten, und wo man preisend schreit und kreischt, wie vor einer Menageriebude, um Publikum hinein zu locken — völlig unbekümmert um Wahrheit. Der Zwitterstock und seine Geschichte ist eine Schande für die deutsche Imkerei und eine Schande für die Bienenzeitung.

Und nun zu den Vorzügen, deren es nicht weniger als dreißig sein sollen, aber auch nicht einer ist.

a. Diese Stöcke sind höchst wohlfeil. Dzierzon Bfreund S. 113. Bztg. 1858 S. 2 Graf Stosch Bztg. 1858 S. 100 f.

Antwort. Auch andere Stöcke sind wohlfeil, am wohlfeilsten der alte ehrliche Strohkorb. Wohlfeilheit ist aber an sich durchaus kein Vorzug, sondern nur, wenn damit auch Zweckmäßigkeit verbunden ist. Daß aber die fraglichen Stöcke zweckmäßige nicht sind, wird sich im Laufe der Diskussion klar erweisen.

b. Diese Stöcke sind schön. Dzierzon und Graf Stosch aa. aa. OO. und Bztg. 1860 S. 54.

Antwort. Es giebt auch andere Stöcke, die schön und noch schöner sind, z. B. ist mein Stock, wenn er äußerlich accurat und elegant gearbeitet ist, sowohl einzeln als in vereinter Aufstellung (als Zwölferstoß) schön und bei weitem schöner als der Zwitter einzeln oder im Achterstoße.

c. Der Zwilling hat die rechte Größe, hingegen sind die meisten andern Stöcke

α. zu groß und können deßhalb

β. nur selten in einem Sommer ausgebaut werden. Der Zwillingsstock dagegen kann

γ. mit Leichtigkeit und in kurzer Zeit selbst von einem mäßigen Volke ausgebaut werden. Das Volk verbraucht mithin nicht zu viel Honig zu einem übergroßen Bau, gewinnt also mit größerer Wahrscheinlichkeit seinen Wintervorrath, leidet auch

δ. bei der Honigentnahme nicht so leicht als der Ständerstock, der im Haupte einen abgesonderten, vor der Einwinterung auszuleerenden Honigraum hat. Hier kann man leicht verführt werden, Honig zu entnehmen, den das Volk nöthig hat; was im Zwilling, wo der Eigenhonigbedarf im Willkürbau steht, nicht so leicht möglich ist. Kleine Bztg. 1857. S. 181 f.

Antwort zu α. Zu groß, sagt irgendwo Dzierzon sehr richtig, kann eigentlich ein Stock so leicht nicht sein, denn man braucht ja nur den einstweilen überflüssigen Raum den Bienen abzusperren, um dem Zustande des Volkes zu genügen und ein desto bequemeres Hantiren zu haben. Hat sich aber ein Volk erst recht mächtig entwickelt, dann ist ein großer Raum höchst vortheilhaft, ja nothwendig.

Mit Kleine im geraden Widerspruch erklärt Graf Stosch (Bztg. 1858 S. 100 und 1860 S. 58) den 3645 Cubikzoll haltenden Originalzwitter Dzierzons als zu klein und verlangt 4500 Cubikzoll Innenraum.

§ XXVII. Der Zwitterstock.

Antwort zu z. Ist ein Stock in einem Sommer im Brutraume nicht vollständig ausgebaut, so kann man für den Winter den noch leeren Raum entweder abgrenzen oder mit Tafeln anderer Stöcke aushängen.

Antwort zu γ. Der Brutraum in meinem Ständer enthält nur 3212 Cubikzoll brutto oder etwa 2700 Cubikzoll netto Lichtenraum; es haben daher, da selbstverständlich nur der Beutraum, b. h. derjenige Raum, wo die Bienen brüten und die zum Eigenbedarf nöthigen Vorräthe aufspeichern sollen, ausgebaut zu werden braucht, die Bienen in meinem Ständer noch weniger als im Zwilling zu bauen. Entschieden bestreiten aber muß ich, daß in Gegenden der letzten Klasse „ein mäßiges Volk mit Leichtigkeit einen Zwilling (3645 Cubikzoll) in kurzer Zeit voll baut". Dazu gehört in solchen Gegenden ein sehr starker, früh im Jahre eingebrachter Schwarm und ein guter Jahrgang, sonst werden 3645 Cubikzoll lange nicht ausgebaut. Wäre aber der Raum in einem Stocke für das eingebrachte Volk zu groß, so wird kein rationaler Züchter gestatten, daß die Bienen einen flatterhaften, vor der Hand für sie zu großen Bau aufführen, sondern er wird den Raum bei Zeiten durch Berengung dem Volke angemessen machen.

Antwort zu δ. Jeder Imker muß seine Beuten, mögen dies nun Ständer oder Zwitter oder sonstige Lager sein, vor der Einwinterung genau revidiren und jeder den gehörigen Eigenbedarf an Honig belassen, oder, wo dieser nicht sattsam vorhanden sein sollte, in gehöriger Weise durch Zugabe ergänzen. Sollte nun ein Ständer im Honigraume Honigtafeln stehen haben, ihm im Brutraume aber Honig fehlen, so müssen die Honigtafeln des Honigraumes, so weit dieß nöthig, in den Brutraum gesetzt werden. Wer seinen Stöcken zu viel nimmt, hat sich den Schaden selbst beizumessen.

d. Die Zwillinge sind, weil Einzelstöcke, transportabel, können einzeln verkauft, versendet und in jedem Bienenhause aufgestellt werden; es kann also über sie stets nach Belieben verfügt werden, was bei mehrfächerigen Beuten nicht angeht. Dzierzon Bfreund S. 106. 113. 118. Bztg. 1858 S. 1 f.

Antwort. Mein, sowie jeder andere Einzelstock ist gleichfalls transportabel, in jedem Bienenhause aufzustellen u. s. w. und bezüglich des angeblichen Vorzugs vor mehrfächerigen untrennbaren Beuten, um welchen es sich aber hier selbstredend gar nicht handeln kann, sagt Günther sehr treffend: die einzelnen Fächer mehrfächeriger untrennbarer Beuten sind, so zu sagen, auch transportabel. Man braucht ja nur eines Faches sämmtliches Wachsgebäude nebst Bienen herauszunehmen und in eine leere Einbeute einzuhängen: eine Arbeit, mit welcher ein nur einigermaßen gewandter Bienenzüchter ebenso schnell fertig ist, als mit Herausnahme eines besetzten Zwillings aus einem Achterstoße und mit Wiedereinfügung eines leeren an Stelle des herausgenommenen. Bztg. 1858 S. 185. Ja, ich mache mich verbindlich, den Inhalt eines Faches einer intransportabelen Beute meiner Construction schneller, bedeutend schneller in eine transportabele Einzelbeute überzusiedeln, als Dzierzon einen Zwitter aus einem Achterstoße herausnimmt, den Stoß wieder completirt und sonst ordnungsmäßig wieder herrichtet.

e. Bei den Zwillingen geht, obwohl sie Einzelstöcke sind, doch der Vortheil der zusammengesetzten nicht verloren, sowohl was die Aufstellung ohne ein besonderes Bienenhaus als auch was das gegenseitige Wärmen der Bienenvölker betrifft. Wo die Stöcke etwa nicht dicht auf- oder nebeneinander passen sollten, da kann man von außen die Ritzen

§ XXVII. Der Zwitterstock.

mit Werg und dergl. verstopfen; wodurch das Entweichen der Wärme gehindert wird. Dzierzon Bfreund S. 106 f. Stosch Bztg. 1858 S. 100 f.

Antwort. Das Alles bieten, in die Augen springend, ganz vollkommen und noch vollkommener meine Ständerbeuten im Zwölferstoße. S. Seite 253 unter b.

f. Im länglichen Zwilling dehnt sich die Brut nach den Seiten aus; man findet daher in diesen Stöcken leichter Tafeln mit Brut von gleichem Alter; was bei Bildung von Ablegern u. s. w. sehr erwünscht und nützlich ist. Dzierzon Bztg. 1859 S. 2.

Antwort. Ehe sich die Brut im Zwitter beträchtlich weiter seitwärts verbreiten kann, müssen doch die im Herzen des Stockes befindlichen Tafeln, welche die Königin zuerst in Angriff nimmt, gehörig mit Eiern bestiftet sein. Dann erst dehnt sich die Brut seitwärts nach den beiden Thüren in beträchtlicher Weise aus. Bei meinem Ständer rückt die Brut hinterwärts nach der einen Thüre zu, und es sind daher in beiden Stöcken Waben mit Brut gleichen Alters gleich bequem zu erlangen.

g. Das Ablegen geht in keinem Stocke leichter, und man braucht keinen zweiten entfernten Stand. Man läßt einen Nachbarstock leer und gewöhnt die Bienen vor dem Ablegen theilweise durch das Flugloch des leeren Nachbars aus- und einzufliegen, indem man die beiden Nachbarn miteinander verstellt, d. h. den bevölkerten Stock an die Stelle des unbevölkerten, den unbevölkerten an die Stelle des bevölkerten bringt. Fliegen nun nach einiger Zeit die Bienen an beiden Seiten (aus den Fluglöchern beider Nachbarstöcke) gleichmäßig, so vertheilt man die Brut in beide Stöcke, oder bringt Bruttafeln aus einem anderen Stocke in den leeren, hebt die Communication auf und der Ableger ist fertig. Dzierzon Bfreund S. 114 f. Bztg. 1858 S. 270. Bztg. 1860 S. 3 Graf Stosch Bztg. 1858 S. 100.

Antwort. Auch bei meiner und anderen Beuten bedarf es, um Ableger zu machen, keines zweiten entfernten Standes. S. § XXXIX.

Durch das Vorstellen eines bevölkerten Stockes mit einem unbevölkerten geht das Ablegermachen allerdings leicht, doch hat diese Procedur drei Nachtheile.

α. Muß man die Verstellung mindestens 8 Tage vorher, ehe man den Ableger auf obige Weise herstellen kann, vornehmen, weil sämmtliche Trachtbienen nach der Verstellung in den leeren Stock fliegen und erst junge Bienen aus dem bevölkerten auf Tracht ausgeflogen sein müssen, wenn man nicht bewirken will, daß der bevölkerte Stock den Flug gänzlich einstellt, was ja Dzierzon wiederholt, z. B. Bztg. 1848 S. 47, als nachtheilig geschildert hat. Man kann daher diese Art des Ablegens nicht an jedem beliebigen Tage vornehmen.

β. Schlagen sich bei der Verstellung viele der heimkehrenden Trachtbienen auf den unteren oder oberen (je nachdem der untere oder obere Stock einer Front umgestellt ist) bevölkerten Stock und gehen so für ihren Stock verloren; was ein empfindlicher Schade ist, da gerade dieser Stock getheilt (abgelegt) werden soll, mithin möglichst viele Bienen haben muß. Kehren nämlich die Trachtbienen heim und finden sie einen leeren Kasten an der Stelle ihres gefüllten, so stutzen sie, laufen, anstatt durch den geöffneten Verbindungscanal in den vollen Stock sich zu begeben, großentheils aus dem Fluglöche des leeren wieder heraus, fliegen ängstlich suchend außen umher, schlagen sich auf den oberhalb oder unterhalb stehenden besetzten Stock und gewöhnen sich bald in diesen.

§ XXVII. Der Zwitterstock.

γ. Muß man, wenn man auf diese Weise ablegen will, stets einen Nachbarstock schon vom Frühjahr her leer daneben stehen haben; man muß also, wenn man vier Ableger machen will, im Achterstoße neben vier besetzten Stöcken immer vier leere aufstellen, wie Dzierzon ganz neuerdings (Bztg. 1860 S. 3) ausdrücklich angiebt. Welch jämmerlichen Eindruck aber macht es, wenn etwa vom Februar bis Juni die Hälfte der Stöcke leer ist, nicht fliegt! Erinnert dieß nicht an den Dr. Magerstedt, der in seinem Bienenhause zur Hälfte leere Strohkörbe als Statisten figuriren ließ. S. von Berlepsch Bztg. 1854 S. 267 f. Und wenn ein Stock, was doch so oft geschieht, während des ganzen Sommers zum Ablegen sich nicht qualificirt, was dann? dann steht der leere Stock entweder stets zwecklos daneben oder muß auf andere Weise bevölkert werden.

h. Hat man einen starken Brutableger gemacht, wünscht aber später, wenn die jungen Königinnen in den Zellen der Reife nahe sind, zwei schwache Ableger, weil man zwei fruchtbare Königinnen erhalten will, so ist im Zwilling eine Theilung auf die einfachste Weise zu bewerkstelligen, wenn man sogleich bei Herstellung des Ablegers das eine starke Volk vorsorglich nach beiden entgegengesetzten Richtungen, nämlich theilweise durch das Flugloch, theilweise durch das Hinterpförtchen, entweder nach Wegnahme des Nachbarstockes und einstweiliger Dazwischenschiebung von Flöcken und dergl. in den Stoß, oder auch durch den leeren Nachbar selbst hindurch, fliegen läßt. Etwa 9 Tage nach Herstellung des Ablegers braucht man nur entweder den weggenommenen Nachbar wieder anzufügen, oder, wo dieser nicht weggenommen war, einen leeren Nachbar einzuschieben, die Communication aufzuheben und den Bau so zu vertheilen, daß jeder Theil wenigstens eine Weiselwiege hat, um sofort zwei Ableger zu haben. S. Dzierzon Bztg. 1860 S. 3.

Antwort. Selten wird Jemand einen starken Brutableger in zwei Theile zerlegen wollen; will er es aber doch, so geht das selbstsichtlich in jedem anderen Einzelstocke beweglichen Baues noch weit leichter als im Zwitter. Man bringt einfach die Hälfte des Baues in eine zweite Beute, stellt die beiden Beuten auf die Halbscheit und Alles ist fertig.

i. Aber nicht bloß das Ablegen (Theilen des Baues), sondern auch das Abtreiben (Herausjagen eines Schwarmes mit der Königin) geht in keinem Stocke leichter als im Zwilling. Oeffnet man eine der beiden Thüren, nimmt das den Honigraum abgränzende Brettchen weg, hängt in den leeren (Honig-) Raum einige leere Wachstafeln, schließt die Thüre und öffnet die entgegengesetzte, so kann man durch Räuchern und sanftes Klopfen die Bienen jetzt nach hinten treiben und von den eben eingestellten Tafeln einen ganzen Schwarm abschütteln, ohne eine Tafel lösen zu dürfen. S. Dzierzon Bztg. 1860 S. 2.

Antwort. Abgesehen davon, daß diese Art des Abtreibens eine höchst mißliche ist, weil die Königin nur selten auf die hinten eingehängten leeren Waben sich begeben wird, so ginge die Sache in meinem und jedem Ständer noch weit leichter und sicherer, wenn man die Deckbrettchen des Brutraumes abheben, mehrere leere Tafeln in den Honigraum hängen und die Bienen aufwärts räuchern wollte. Hier würde die Königin sicherer auf den oberen Tafeln gefunden werden, weil sie nur in der Gasse, in der sie

§ XXVII. Der Zwitterſtock. 267

ſich eben befände, aufwärts zu ſteigen brauchte und nicht nöthig hätte, wie im Zwitter, um 4—5 Tafeln herumzukriechen; was ſie ſo leicht nicht thut.

k. Will man jedoch nicht auf die unter i. angegebene Weiſe abtreiben und noch ſicherer gehen, ſo ſchiebt man in den leeren oder leergemachten Raum zwiſchen den Wabenträgern und dem Deckel ein einpaſſendes Käſtchen, eine Art Schub, mit dem Boden nach oben, ein und räuchert die Bienen nach oben, um den bald in dem Schubkaſten hängenden Schwarm auf einmal hervorziehen zu können. S. Dzierzon Bztg. 1860 S. 2.

Antwort. Wie iſt es nur möglich, hier von einem Vorzuge des Zwitters zu ſprechen! Denn wie viel bequemer und ſicherer geht die Procedur z. B. in meinem Ständerſtocke, wo über dem Brutraum gegen 10 Zoll Platz iſt, wogegen der Zwitter nur 3 Zoll oberen Raum hat, der, wenn er nicht bereits leer ſein ſollte, erſt ausgemaßt werden müßte, weil er wirren Willkürbau hat. In meinem Ständer könnte man ein mehr als dreimal höheres Käſtchen oben einſchieben, um mehr als dreimal ſicherer zu ſein, die Königin mit einer weit größeren Bienenmenge im Käſtchen zu finden.

l. Einen auf dieſe Weiſen (S. i. und k.) erhaltenen Treibling braucht man auf keinen entfernten Stand zu ſchicken, weil der Zwillingsſtock verſetzbar iſt, ein jeder an eine jede Stelle deſſelben oder eines anderen Stoßes paßt. Der Treibling kann alſo in einen neuen Zwilling gebracht, auf die Stelle des Mutterſtockes geſchoben und der Mutterſtock anderswohin placirt werden. S. Dzierzon Bztg. 1860 S. 2.

Antwort. Geht dieß nicht mit meinem und jedem Einzelſtocke ganz ebenſo? Wo nur der entfernteſte Vortheil! Doch, es kommt ja nur darauf an, den Stock zu preiſen, gleichviel ob zutreffend oder nicht!

m. Weil der Zwilling an beiden Seiten zugänglich iſt, findet man die Königin, wenn man ſolche Behufs Fertigung eines Kunſtſchwarmes ausfangen will, leichter als in jedem anderen Stocke. Löſt man nämlich von der einen Seite einige Tafeln ab und treibt dann von der entgegengeſetzten Seite aus die Bienen wieder dahin, ſo wird man, weil man jetzt die bereits gelöſten Tafeln ohne Zeitverluſt herausnehmen kann, die Königin auf denſelben meiſt überraſchen, wenn man ihr nur die nöthige Zeit gelaſſen hat, ſich dahin zurückzuziehen. S. Dzierzon Bztg. 1860 S. 2.

Antwort. Ganz daſſelbe könnte man mit meinem Stocke erreichen, wenn man Rauch durch das Flugloch einbließe, ſo die Bienen hinterwärts nach der Thüre zu triebe und dann raſch die hinteren Rähmchen herausnähme. Manchmal würde man da allerdings die Königin im Zwitter und in meinem Ständer erhaſchen, meiſt jedoch weder hier noch dort.

n. Hat man einen Zwilling abgetrieben und demſelben eine ganz neue Stelle angewieſen, ſo dürfte es unter Umſtänden rathſam ſein, die Bienen einige Zeit einzuſperren, bis eine hinreichende Menge junger Bienen wieder ausgelaufen iſt, damit die Brut nicht zu ſehr entblößt werde und verderbe. Auch bei Brutablegern, mit Hilfe von Weiſelzellen hergeſtellten Kunſtcolonien und dergl. kann ein zeitweiliges Einſperren der Bienen nothwendig werden, ſei es auf dem Stande oder an einem dunkelen Orte. In keinem Stocke kann bieß bequemer und gefahrloſer geſchehen als im Zwillingsſtocke. Setzt man ihn mit einem ne-

§ XXVII. Der Zwitterstock.

benstehenden leeren in Communication oder klappt man, wo ein leerer Nachbar fehlt, in dem den Honigraum abgrenzenden Brettchen die Oeffnungen auf und verschließt auf dieser Seite den Stock mit einer Thüre aus eingerahmtem Siebbraht, so wird auch ein starkes Volk sich hier austoben können, kann hier mit Honig und Wasser versehen werden und wird weder durch Hitze noch Hunger oder Durst leiden müssen. S. Dzierzon Bztg. 1860 S. 2.

Antwort. Wollte man wirklich ein solches Einsperren auf dem Stande vornehmen, so ginge dies doch gerade so gut oder gerade so schlecht in meinem und jedem Ständer, wenn man das Flugloch schlösse, die Deckbrettchen vom Brutraume entfernte und statt der Thüre hinten ein eingerahmtes Siebbraht vorstellte. Dann könnten die Bienen oben im Honigraume herumtoben u. s. w. Aber, in aller Welt, wer wird die Bienen zur Zeit, wo Treiblinge oder Ableger gemacht werden, wo also flugbare trachtreiche Witterung ist, tagelang auf dem Stande gefangen halten! Würden sie sich da, trotz des Siebbrahtrahmens, nicht entsetzlich abmatten und theilweise zu Tode toben? Für solche Fälle gehört der Zwitter, mein Ständer und jeder Stock in ein dunkles kühles Gemach oder einen Keller. — Man möchte wahrhaftig aus der Haut fahren, wenn man verurtheilt ist, solche Dinge zu widerlegen. Ich aber muß es thun, weil es längst Niemand mehr wagt, Dzierzon zu widersprechen aus Furcht vor seiner Bissigkeit und in der That bewunderungswerthen Meisterschaft als Sophist. Nun, von Sophistik verstehe ich allerdings nichts, was aber regelrechte, auf Verlangen mit Sarkasmen wohl durchwürzte Disputirkunst angeht, da will ich ihm schon Stand halten.

o. Wie das Theilen, so ist auch das Vereinigen

α. in zwei Nachbarstöcken am leichtesten und bequemsten zu bewerkstelligen. Doch nicht nur die beiden Nachbarvölker, sondern auch

β. die beiden übereinanderstehenden, nach gleicher Himmelsrichtung ausfliegenden Völker sind leicht mit einander zu vereinigen. Denn wenn man das Flugloch des zu cassirenden Stockes verstopft und das darunter angebrachte Anflugbrettchen entfernt, so werden die Bienen nach einigem Hin- und Herlaufen sich freudig in den oberen Stock, wenn man den unteren, und in den unteren, wenn man den oberen cassirte, begeben und sich bald in denselben gewöhnen, wenn sie auch noch hin und wieder an der alten Stelle anfliegen. Noch schneller gewöhnen sie sich an die neue Stelle, wenn man bei Cassation des oberen Stockes diesen ganz wegnimmt oder mit Tüchern ꝛc. verhängt. S. Dzierzons Bfreund S. 115. Bztg. 1860 S. 3. Graf Stosch Bztg. 1858 S. 100.

Antwort zu α. Geht denn das Vereinigen bei meinen Stöcken, wenn zwei in einem Bienenhause nebeneinander stehende vereinigt werden sollen, nicht ebenso leicht? Man braucht nur den zu cassirenden Stock wegzusetzen, Wachsgebäude nebst Bienen herauszunehmen, die Königin, wenn der zu cassirende Stock ein beweiselter ist, zu beseitigen, die Bienen von den Waben abzuschütteln oder abzukehren, die etwa noch brutbesetzten Waben anderen Stöcken einzustellen, und bald werden die rückstiegenden Bienen sich in den Nachbar, dem man nun die Mitte des früher von beiden Stöcken eingenommenen Platzes giebt, einbetteln. Wie kann aber Dzierzon zwei beweiselte Nachbarn vereinigen? Er muß gleichfalls die Königin aussuchen, wenigstens die noch offene Brut habenden Tafeln anderweit unterbringen und die Bienen sich zuvor, indem er ein Drahtgitter einige Tage vor die Communicationsöffnung stellt, befreunden lassen.

§ XXVII. Der Zwitterstock.

Denn wollte er die noch offene Brut habenden Tafeln des zu caffirenden Stockes im Stocke belaffen, fo würden die weifellofen Bienen bald Weifelzellen anfetzen, und es würde, wenn er nach einigen Tagen die Communication beider Stöcke durch Entfernung des Drahtgitters herstellte, nur zu oft Feindseligkeit zwischen den Bienen der beiden Stöcke entstehen. Oft würde auch in dem entweiselten Stocke die junge Königin zum Ausschlüpfen gelangen und es würde dann bei hergestellter Communication in dem einen Stocke hüben eine fruchtbare, in dem andern drüben eine unbefruchtete Königin fein. Was dann aber meistens geschehen würde, ist bekannt. Es hat mithin der Zwitter hinsichtlich der Vereinigung vor zwei nebeneinanderstehenden anderen Beuten nicht den mindesten Vorzug. Zwar sagt Dzierzon: Man stelle die Verbindung beider Nachbarstöcke wieder her, und die Vereinigung ist vollzogen. Bztg. 1860 S. 3. Das ginge höchstens, wenn ein Volk weisellos wäre.

Antwort zu β. Geht dies nicht bei meinen und allen anderen Einzelbeuten, die im Zwölferstoße ꝛc. zusammenstehen, ganz ebenso gut? ja, geht es nicht ebenso leicht bei Sechs-, Acht-, Zwölfbeulen ꝛc. aus einem Ganzen?

p. Bei vorkommenden Raubanfällen, die, wenn mehrere Bienenstände an einem Orte sich befinden, bei der größten Vorsicht nicht zu verhüten sind, kann man die Bienen auch auf mehrere Tage eingesperrt halten, wenn das eingesperrte Volk mit einem leeren Nebenstocke in Verbindung steht, in welchem sich die am Ausfluge verhinderten Bienen ergehen, austoben und frische Luft schöpfen können. Dzierzon Bfreund. S. 117.

Antwort. Das ginge ebenso gut und ebenso schlecht, wenn man das Flugloch meines Ständers zustopfte, die Deckbrettchen vom Brutraume entfernte und die Bienen im leeren Honigraume sich ergehen, austoben und frische Luft schöpfen ließe. Aber ich bedanke mich schönstens für eine solche Procedur und verweise den Leser auf das, was ich über das Verfahren bei Raubanfällen (f. auf Seite 164 f. unter 3) gelehrt habe.

q. Im Frühjahr bei allgemein liegendem Schnee können die Bienen sich im leeren Nebenstock allenfalls auch reinigen, da sich ja der Schmutz wieder abkratzen oder abwaschen läßt. Auch kann man die Besudelung des leeren Stockes dadurch verhindern, daß man ihn mit Löschpapier inwendig austapezirt, das die Feuchtigkeit bald einsaugt, so daß sich die Bienen selbst nicht beschmutzen können. Dzierzon Bfreund. S. 117.

Antwort. Das sollte, trotz der Tapezirung mit Löschpapier, eine schöne Sauerei werden! Wer wüßte nicht, daß die Bienen, wenn sie aufgestört sich in einem verschlossenen Raume reinigen müssen, sich gegenseitig, indem sie im Aufruhr und Angst neben- und übereinander weglaufen, gräulich besudeln und dadurch massenweise zu Grunde richten! Liegt im Frühjahr Schnee und wollen die Bienen sich reinigen, so lasse man dies, wenn man es nicht verhindern kann, oder, weil Ruhr droht, nicht verhindern darf, im Freien geschehen und beobachte die § XXX gegebenen Winke.

r. Man kann die Bienen in den Zwillingsstöcken am bequemsten füttern.

a. Durch die Oeffnung in der Rückwand kann man nicht nur in einem Blechtröglein von entsprechender Größe flüssigen Honig ihnen dicht unter ihren Sitz anbringen, auch Stücke Kandis oder hart gewordenen Honigs ihnen unterschieben, sondern auch β. besonders bequem in einem leeren Nachbarstocke, dessen Flugloch zugestopft ist, sie in Tafeln mit eingeflößtem flüssigen Honig, Pollen oder Getreidemehl versorgen, ohne befürchten zu müssen, bei wärmerer Zeit Raubbienen anzulocken. So läßt sich das Futter selbst bei ziemlich kalter Witterung reichen, indem man im äußersten Falle die Luft im leeren Nebenkasten durch einen erwärmten Ziegelstein lau machen könnte. Dzierzon Bfreund. S. 117.

Antwort zu α. Würde höchst unbequem sein, weil man stets erst die Nachbarstöcke weiter aus einander rücken resp. den Achterstoß weiter auseinander setzen müßte, um zu dem Stocke, den man füttern wollte, von hinten gelangen zu können. Auch müßte man zuvor immer erst die Waben, dem Communicationsloche gegenüber, etwas einstutzen, denn sonst ließe sich weder ein Blechtröglein noch ein Stück Kandis ꝛc. unterschieben. Wie aber, wenn der zu fütternde Stock schwach und die Witterung kalt wäre? Dann würden die Bienen das Futter unberührt lassen und verhungern, da schwache Völker untergesetztes Futter bekanntlich nur bei wärmerer Witterung heben. Bei meinem Ständer aber braucht man nur ein Deckbrettchen vom Brutraume zu heben und je nachdem man flüssiges oder trockenes Futter reichen will, mein § XXXI beschriebenes Futternäpfchen (S. Figur 57) oder Futterkästchen aufzusetzen, um fertig und bes Erfolges unter allen Umständen völlig sicher zu sein. Der Zwitter steht in dieser Beziehung dem Ständer, der zur Zeit, wo gefüttert werden muß, stets einen leeren Honigraum hat, ganz entschieden nach, weil man im Zwitter, wenn der obere Raum, was doch geschehen soll, ausgebaut ist, von oben nicht füttern kann.

Antwort zu β. Die Bienen werden, wenn sie schwach sind oder das Wetter kalt ist, nicht vermögen, das Futter im Nachbarstocke zu nehmen, ja sie werden dies selbst dann unberührt lassen, wenn man einen erwärmten Ziegelstein — was doch im höchsten Grade umständlich wäre — in den leeren, das Futter enthaltenden Stock bringen wollte. Raubbienen sind allerdings nicht zu fürchten; sind benn aber solche zu fürchten, wenn das Futter im Honigraume des Ständers sich befindet, wo kein erwärmter Ziegelstein nöthig ist, weil die von unten nach oben steigende Wärme den Bienen den Zutritt zu dem Futter von selbst möglich macht? Weiter: hat man denn neben dem zu fütternden Zwitter immer einen leeren Nachbar? Ich aber habe in jedem Ständerstocke einen oberen Honigraum, wo ich bei selbst kühlem, ja sogar bei Frostwetter füttern kann.

ζ. Man kann einen ausgebauten bienenleeren Kasten einem besetzten anfügen, um den Honig, wenn der besetzte Stock einer Unterstützung bedürfen sollte, austragen zu lassen. Auch der Pollen wird allmälig ausgezehrt, wenn die Bienen noch brüten; ebenso kann man auf diese Weise die Tafeln am besten gegen Mottenfraß sichern und bereits von Motten angegangene reinigen und repariren lassen. Dzierzon Bfreund. S. 116 f.

Antwort. Kann man nicht in den Honigraum meines und jedes Ständers Tafeln mit Honig und Pollen stellen, um solche austragen resp. auszehren zu lassen? Werden nicht auch in den Honigräumen meines Stockes eingestellte leere Tafeln gegen Mottenfraß gesichert und von Motten gereinigt? Gewiß; oder glaubt etwa Dzierzon, die Bienen würden eher durch das Communicationsloch in den Nachbarstock als in den Honigraum desselben Stockes gehen? Ist das Volk schwach, so werden die Tafeln gegen Mottenfraß weder im Zwitter noch im obern Honigraum eines Ständers sicher sein, ist das Volk aber gehörig stark, so wird es die Motten weder hier noch dort aufkommen lassen, ihnen hier und dort den Garaus machen. Sicher aber überläßt ein mittelmäßig starkes Volk die Waben im angesetzten Zwitter den Motten, während ein solches die Waben im Honigraum eines Ständers schützt und säubert. Im Honigraum eines Ständers ist es nämlich stets wärmer als in einem angesetzten Zwitter, und deshalb werden die Bienen eines mittelmäßig starken Volkes viel eher in den warmen Honigraum eines Ständers als in einen kühlen nebengesetzten Zwitter gehen und arbeiten.

t. Der zwischen dem Stäbchenroste und dem Deckel befindliche dreizöllige Raum macht, wenn er nicht ausgebaut ist, das Auflegen und Entfernen der Deckbrettchen und das Herausnehmen der Tafeln bequem und gestattet es, dürftigen Stöcken das nöthige Winterfutter in bedeckelten Honigtafeln oder Kandisstücken einzustellen. Dzierzon Bfreund S. 107.

Antwort. Geht denn das in meinem Ständer nicht Alles noch weit bequemer, wo der Honigraum fast 10 Zoll hoch ist? Der Hauptvorzug des Zwitters soll aber gerade im wirren Ausbau des obern dreizölligen Raumes liegen; wo es dann natürlich mit dem bequemen Herausnehmen der Tafeln und dem Füttern von oben, überhaupt mit jeder Bequemlichkeit ein Ende hat. — Ich bitte die Leser bringend, recht aufmerksam zu sein, um sich zu überzeugen, wie Alles bei den Haaren herbeigezogen wird, um dem monströsen Zwitter Vorzüge zu vindiciren, und wie meist ohne alle Ueberlegung geschwatzt wird, blos um zu schwatzen.

u. Ist ein starker Stock mit seinem leeren Nachbar umgestellt, so wird die Königin, sobald sie im vollen Stocke keine leeren Zellen mehr findet, sehr geneigt sein, in den vorgesetzten leeren Stock, sobald er nur theilweise ausgebaut ist, sich zu begeben, hier Brut anzusetzen und ihren beständigen Aufenthalt zu nehmen. So kann man einen schon etwas zu alten Bau mit einem Male beseitigen und durch einen jungen ersetzen. Dzierzon Bfreund S. 117. Stosch Bztg. 1858 S 100.

Antwort. Ein ganzer Bau, d. h. alle Tafeln eines Stockes werden doch nicht zu alt sein, ein Theil der Tafeln wenigstens wird doch noch gut sein, wenigstens darf es ein rationaler Züchter nicht dahin kommen lassen, daß alle Tafeln eines Stockes zu alt sind. Habe ich aber Stöcke, deren Tafeln theilweise zu alt sind und die ich deshalb entfernt haben will, so nehme ich solche Tafeln zur Zeit der besten Tracht- und Bauzeit, mögen sie leer oder brutbesetzt sein, aus dem Brutraume weg und lasse hier neue Tafeln bauen. Die alten aber stelle ich in den Honigraum desselben oder eines andern Stockes. Die Brut läuft nun bald aus, die Tafeln werden mit Honig gefüllt u. s. w. Also auch hier nicht der geringste Vorzug. Ob aber mein Verfahren ebenso gut oder vielleicht besser als das Dzierzonsche sei, möge der Leser entscheiden.

v. Wird der lange Innenraum des Zwillings von einer oder beiden Seiten durch vorgeschobene Brettchen und Stroh eingeengt, so entsteht ein höchst warmhaltiger Ständer, der eher als jeder andere Stock Schwärme liefert; wird aber der Raum nicht eingeengt, so ist der Stock kühl und unterläßt das Schwärmen. Er ist deshalb sowohl der beste Schwarm- als auch der beste Honigstock. Dzierzon Bztg. 1859. S. 2. 225. Stosch. Bztg. 1858 S. 101.

Antwort. Als ob das nicht mit meinem und jedem andern Stocke sich ganz ebenso verhielte! Wird mein Ständer verengt, so wird er mehr zum Schwärmen, wird ihm der

272 § XXVII. Der Zwitterstock.

Honigraum geöffnet, so wird er mehr zum Honigaufspeichern geneigt sein. Wie aber Dzierzon sagen kann, ein verengter Zwitter schwärme eher als jeder andere Stock, begreife ich nicht, da bezüglich des Schwärmens dem Glockenstülper (S. Figur 50 im § XXVIII unter 4, a.) doch wohl Niemand den Rang streitig machen wird.

w. In diesen Stöcken ist das Schwärmen am leichtesten und ganz sicher zu verhindern. Ziemlich sicher wird dieses schon dadurch erreicht, daß man einen leeren Kasten dem starken Stocke anfügt, dort Brut einstellt und so zwei getrennte Brutlager herstellt. Noch sicherer aber erreicht man seinen Zweck, wenn man den leeren Kasten an die Stelle des vollen stellt, jenen also mit diesem versetzt, und die Bienen durch den leeren Stock hindurch ihren Aus- und Einflug nehmen läßt. So werden auch die Bienen desto eher von dem leeren Kasten Besitz nehmen und ihn auszubauen anfangen, auch wenn man ihnen daselbst keine Bruttafel einstellen wollte. Dzierzon Bfreund S. 117. Stosch Bztg. 1858 S. 100.

Antwort. Ganz dasselbe erreicht man, wenn man bei meinem Ständer den Honigraum öffnet, eine Brutwabe dort einstellt und die Bienen bauen läßt. Sind sie nicht besonders schwarmlustig, so werden sie fortarbeiten und nicht schwärmen, sind sie aber besonders schwarmlustig, wie z. B. im Jahre 1849, so werden sie aus dem Zwitter, selbst wenn er umgestellt ist, so gut wie aus meinem Ständer herausschwärmen. Denn bekanntlich zieht in schwarmreichen Jahren die alte Königin schwärmend aus, sobald das Volk stark geworden ist, der Bau bis auf das Bodenbrett herabreicht und bis dahin brutbesetzt ist. Dann hilft kein Honigraum weder neben (Zwitter) noch oben (Ständer). Von einem „ganz sicheren" Verhindern auf diese Weise kann also gar nicht die Rede sein.

x. Die Tafeln haben im Zwilling sämmtlich eine Länge, passen daher in jeden Stock an jede Stelle, ohne durch einen zweiten Stäbchenrost, der im Frühjahr der Brutvermehrung sehr hinderlich ist, unterbrochen zu sein. Dzierzon Bztg. 1859 S. 2.

Antwort. Auch die Tafeln meines Ständerstockes sind sämmtlich gleich lang und passen allenthalben hin. Freilich ist der Brutraum einmal durch Holz unterbrochen; was aber, wie S. 247 unter α. gezeigt, mehr ein eingebildeter als wirklicher Nachtheil ist. Gegen meinen (S. den Anfang zu diesem §) und jeden Lagerstock mit nur einer Wabenlage aber schwindet auch dieser kleine Vorzug.

y. Bei keinerlei Wohnungen kann man die Bienen so leicht zur größtmöglichen Aufspeicherung von Vorräthen anleiten als bei den Zwillingsstöcken. Ohne alle weitere Künste, wenn man die beiden Stöcke nur auseinanderrückt und, indem man die Zwischenräume verstopft, die kühle Luft aus der Erdgrube zwischen die Stöcke emporströmen läßt, wird die Hitze im Innern bedeutend gemildert, der Fleiß der Bienen gesteigert und mehr auf Honigsammlung als auf Vermehrung der Brut hingearbeitet. Die kühlere Luft wird zwar schon durch die dünne Rückwand wirken, doch kann man auch noch Ritze und kleine Oeffnungen in der Rückwand, den beiden Honigmagazinen gegenüber, anbringen. Dzierzon Bfreund S 115. Stosch Bzlg. 1858 S. 100.

Antwort. Dzierzon will ja aber von einer Erdgrube nichts mehr wissen. S. 255, wo unter ö am Ende seine deßfalligen Worte mitgetheilt sind. Und in der Bienenzei-

§ XXVII. Der Zwitterstock.

tung 1860 S. 3 empfiehlt er sogar, die Zwitter während des Winters in ein gegen Kälte schützendes Local einzustellen. Was soll also sein obiges Argument?

z. In den Zwillingsstöcken kann man den Bienen nicht nur einzelne Tafeln einhängen, sondern auch ganze Baue anfügen und von ihnen volltragen lassen. Dzierzon Bfreund S. 116.

Antwort. Geht denn aber dies nicht auch in jedem Stocke mit Honigraum? Kann man in den Honigraum meines Ständers nicht zwölf leere Tafeln einstellen und volltragen lassen? Und werden die Bienen nicht in einem obern Honigraum die Tafeln früher mit Honig füllen als in einem nebengesetzten Stocke? Sagt nicht Dzierzon selbst: In einem oberwärts angebrachten Honigraum bauen (arbeiten) die Bienen viel lieber als in einem seitwärts angebrachten. Bfreund S. 116. Bricht nicht Dzierzon mit diesen Worten den Stab über seinen Zwitter, ja überhaupt über jeden Lagerstock?

aa. Die Zwillinge sind die bequemsten Stöcke zum Wandern (Stosch Bztg. S. 100), noch bequemer als Strohkörbe, weil sie leicht und durch Entnehmen des übrigen Honigs noch leichter zu machen sind, überall in derselben Ordnung aufgestellt, während des Transportes leicht mit der nöthigen Luft durch Blechschieber oder auch im Deckel eingeschnittene Ritzen versehen werden können, auf dem Wege eine feste Lage haben 2c. Dzierzon Bfreund S. 120.

Antwort. Geht dies Alles nicht ganz genau ebenso mit meinem Ständer? Kann man nicht auch den Ständer vor der Wanderung durch Entnehmen von schweren Honigwaben leichter machen, während des Transportes mit nöthiger Luft versehen, auf dem Wagen in feste Lage bringen, am neuen Orte in der alten Ordnung wieder aufstellen? Kann ich nicht meine aus Einzelbeuten zusammengesetzten Zwölfbeuten wieder in der alten Ordnung auf dem Wanderplatze aufstellen? Bietet nicht gerade der Ständer, wenn man den Honigraum vor der Wanderung leert und die Deckbrettchen vom Brutraum entfernt, die beste Gelegenheit, den Bienen während des Transportes die nöthige Luft zukommen zu lassen!

bb. Im Zwilling liegt

α. im Frühjahr das Volk balb auf dem Boden, gewinnt hier,

β. weil die warmen Dünste an demselben verdichtet werden und so der Boden stets feucht sich erhält, am bequemsten die nöthige Feuchtigkeit,

γ. kann herabgefallene Brocken verzuckerten Honigs, vorgelegte Stücke Kandis oder krystallisirten Futterhonigs bequem auflösen,

δ. die Wohnung bequem reinigen,

ε. auch einen verhältnißmäßig größeren Raum besetzen und erwärmen, indem der Boden des Stockes, bis auf welchen der Bau herabreicht, Hunderte und Tausende von Bienen ersetzt, welche sonst unter dem Baue hängen müßten, um die Brut gegen den Andrang der kalten Luft von unten zu schützen. Dzierzon Bztg. 1859 S. 2.

Antwort zu α. Der Zwitter ist im Lichten 15 Zoll hoch. Nehmen wir nun an, daß im Frühjahr der Raum bis auf zehn Tafeln verkleinert worden ist, so ist der bienenbewohnte Innenraum 15 Zoll hoch, 9 Zoll breit und 15 Zoll tief, mithin 2025 Cubikzoll groß. Bei meinem Ständer, der im Frühjahr gewöhnlich auf 16 acht Zoll lange Rähmchen in zwei Reihen über einander verkleinert wird, ist der bienenbewohnte Innenraum 16 Zoll hoch, 11 Zoll breit und 12 Zoll tief, mithin 2112 Cubikzoll groß, also fast ganz ebenso, wie der Zwitter. Wenn jedoch die Bienen „bald im Frühjahr auf dem Boden liegen", die Waben bis auf den Boden herab und diesen mit belagern sollen, so gehört dazu ein sehr starkes Volk. Bei mir wenigstens liegen „bald im Frühjahr" die wenigsten Völker auf dem Boden; was doch auch regelmäßig geschehen müßte, da der eine Zoll, um welchen im Frühjahr mein Ständer höher als der Zwitter ist, der Kohl nicht verderben kann.

Antwort zu β. Liegen bei mir starke Völker bald im Frühjahr auf dem Boden, so habe ich niemals bemerkt, daß sich dann der Boden, weil die warmen Dünste sich an demselben verdichteten und flüssig ansetzten, stets feucht erhalte, vielmehr habe ich immer wahrgenommen, daß gerade dann der Boden sich recht trocken hält — natürlich weil die warmen Dünste sich nicht unten verdichten und zu Wasser werden, sondern aufwärts steigen. S. die exquisite besfallsige Abhandlung Pitras in der Bztg. 1857 S. 158—161. Heute, den 27. Februar 1860, wo ich dies schreibe, besuchte und untersuchte ich den Stand des Renbant Kalb und fand unter 22 Völkern in Beuten meiner Construction 5 dicht den Boden belagern, diese Böden aber ganz vollkommen trocken.

Antwort zu γ. Herabgefallene Brocken verzuckerten Honigs können die Bienen in meinem Stocke ebenso bequem auflösen, viel bequemer aber können sie von oben mit Kandisstücken und krystallisirtem Honig gefüttert werden.

Antwort zu δ. Die Wohnung reinigen, d. h. todte Bienen und Gemüll vom Boden durch das Flugloch hinaus expediren, können in meinem Stocke die Bienen noch bequemer, weil bei meinem Stocke das Flugloch unmittelbar über dem Boden und nicht, wie im Zwitter, 1 Zoll über demselben steht.

Antwort zu ε. Was Dzierzon damit sagen will, die Bienen vermöchten im Zwitter einen verhältnißmäßig größeren Raum als in anderen Stöcken zu erwärmen, verstehe ich nicht sicher. Falsch aber ist es ganz gewiß, denn den verhältnißmäßig größten Raum vermag ein Volk nicht in einem rechtwinkeligen Stocke, sondern im runden Chlinderstocke zu erwärmen. S. § XLVIII und Scholz auf Seite 223.

cc. Die Zwillinge halten sich trocken, ohne die Bienen nur im Entferntesten der Gefahr des Wassermangels auszusetzen. Tritt aber dennoch Wassermangel ein, so braucht man nur den darüber stehenden Stock mittels eingeschobener Keilchen zu heben (Dzierzon Bztg. 1858 S. 3) und es wird durch augenblickliche Abkühlung der dünnen Decke inwendig ein feuchter Niederschlag sich bilden. Stosch Bztg. 1858 S. 160.

Antwort. Daß alle Stöcke, auch der Zwitter unter Umständen der Durstnoth ausgesetzt sein können, werde ich § XLVIII klar beweisen, und Stosch selbst gesteht sogar im Nachsatze (was er im Vorderfatze geläugnet) zu, daß Durstnoth im Zwilling entstehen könne. Ist aber die Durstnoth erst eingetreten, so hilft die angegebene Procedur der eingeschobenen Keilchen so gut wie nichts. Davon habe ich mich, ohne jemals selbst einen Zwitter besessen zu haben, Mitte Februar 1859 zu Lambuchshof bei Klein zur Genüge überzeugt. Zu jener Zeit zeigten nämlich zwei Ständerbeuten Wassermangel; worauf ich, um die Stosch'sche Angabe zu prüfen, beiden Stöcken die Thüren wegnahm und statt dieser Bretter, die gerade mit dem Deckbrettchen des Brutraumes abschnitten, gab. Jetzt konnte nun die kalte äußere Luft ganz ungehindert auf die nur vierteljölligen Deckbrettchen des Brutraumes einwirken und es hätte sich ein nasser Niederschlag unter den Deckbrettchen bilden, den Bienen das nöthige Wasser liefern und der Durstnoth ein Ende machen müssen. Dem war aber durchaus nicht so, vielmehr

§ XXVII. Der Zwitterstock.

dauerte die Durstnoth so lange fort, bis ich in der § XLVIII gelehrten Weise half.

Ich ging bei diesem Versuche sehr vorsichtig zu Werke, indem ich nicht nur oben die Ritzen der übrigens mauerfest angekitteten Deckbrettchen, sondern auch die Ritzen der statt Thüren vorgestellten Brettchen rechts, links und oben mit flüssigem Wachse dicht verstrich, um dem Einwande, die warme Luft des Brutraumes sei oben oder hinten durchgeströmt und habe somit einen inneren Wasserniederschlag unmöglich gemacht, zu begegnen. Auch hinter die Thürbretter stellte ich noch dicke Mooskissen und machte so die Rückwand ebenso warm, wie die Vorderwand und die Seitenwände, damit man nicht sagen konnte, die warme Luft habe sich hinten an dem kühleren Brette als Wasser niedergeschlagen und sei so das Wasser den Bienen, ohne den Klumpen aufzulösen, nicht erreichbar gewesen.

dd. Durch Vergraben, Einstellen in einen trockenen Keller oder sonst ein passendes Local werden die Bienen allen schädlichen Einflüssen des Winters und dessen Gefahren zwar entzogen, aber nicht jeder Bienenwirth besitzt ein passendes Local und bei dem Einstellen und Wiederherausstellen kann man sich leicht übereilen, die Stöcke einstellen und sie der Gelegenheit, sich nochmals vor dem Winter zu reinigen, berauben, weil man schöne Tage nicht mehr erwartete, oder die Stöcke zu früh herausstellen, weil man einen freundlichen Tag sich versprach. Die Sonne aber versteckte sich unvermuthet, ein kalter Wind erhob sich, die lange am Ausfluge verhinderten und beim Herausstellen aufgestörten Bienen ließen sich vom Ausfluge nicht zurückhalten und fanden zu Tausenden auf dem kalten Boden den Erstarrungstod. Die Zwillinge kann man nun ohne diese Umstände und Gefahren, indem man sie ruhig auf ihrem Platze läßt, doch so vorrichten, daß sie sich wie in einem Keller versetzt befinden und allen Witterungswechseln und schädlichen Einflüssen entzogen in vollkommener Ruhe und Gemächlichkeit den Winter überleben. Es werden nämlich die beiden Nachbarstöcke eines jeden der vier Stockwerke etwa 3 Zoll auseinandergerückt, der Zwischenraum aber von beiden Seiten dicht ausgefüllt und geschlossen. Nur in der Mitte bleibt ein Theil des Zwischenraumes leer, so daß in der Mitte des Stockes von unten bis oben eine Röhre frei bleibt, durch welche die Luft aus der unterhalb befindlichen Grube ungehindert alle Stöcke, selbst das oberste Paar, durchströmen kann. Oben wird natürlich die Röhre geschlossen und der Raum über dem obersten Kastenpaare bis an das Dach mit Heu ꝛc. ausgefüllt. Ist nun die in der Rückwand jedes Kastens am Boden befindliche Oeffnung auch durch einen durchlöcherten Schieber geschlossen, das Flugloch aber so verkleinert, daß nur eine Biene aus- und eingehen kann, so werden die Bienen die Einwirkung der inneren Luft aus der Erdgrube viel stärker als die äußere empfinden und wohlbehalten das Frühjahr begrüßen; was doch ein Hauptvortheil dieser Stöcke ist. Dzierzon Bfreund S. 118 f.

Antwort S. die Antwort zu y. — Wie leicht ließe sich übrigens bei meinem aus einzelnen Beuten zusammengesetzten Zwölferstoße ganz dasselbe und noch mehr erreichen, wenn man zwischen den Stöcken (S. Seite 253 unter b) eine Erdgrube anbrächte und für den Winter die beiden Eingänge des Stoßes mit dicken Strohmatten verschlösse.

§ XXVII. Der Zwitterstock.

ee. Endlich wird noch der **Willkürbau** in dem dreizölligen Raume zwischen Wabenträgern und Deckel als etwas ganz Exquisites, namentlich für eine glückliche Ueberwinterung gepriesen. Da aber gerade dieser Willkürbau das denkbar Schlechteste ist und den Stock zum leibhaftigen Zwitter macht und deshalb einer weitläufigeren Besprechung bedarf, so wird dieser Punkt schicklicher unter der nun folgenden Position 4 abgehandelt.

4. Verschiedenes zum Zwitterstocke.

a. Daß der Willkürbau des oberen Raumes eine Todsünde gegen den Dzierzonianismus und, nachdem wir einmal die Beweglichkeit des Baues hatten, eine wahrhaft komische Krebsparade ist, springt in die Augen, ist aber auch von vielen der namhaftesten derzeitigen Bienenzüchter offen ausgesprochen worden. So von Scholz: Der Willkürbau im Zwillingsstock ist ein Widerspruch gegen das Dzierzonprincip. Bztg. 1858. S. 200. Derselbe: Der Willkürbau verdient mit Recht den Vorwurf, in die Consequenz des Dzierzonprincipes ein sehr großes Loch gestoßen zu haben. Bztg. 1859 S. 124. Graf Stosch: Die vollständige Beweglichkeit des Baues möchte ich um keinen Preis wieder aufgeben. Bztg. 1858 S. 100. Wernz: Es geht über meine Begriffe, wie man einen Stock, der drei Zoll Willkürbau im Haupte hat, noch einen Dzierzonstock nennen kann. Viel besser wäre es, sogleich die alten Magazinkasten und Strohkörbe aus der Rumpelkammer hervorzuholen, als mit Dzierzonschem Reisepasse auf Umwegen den Retourmarsch einzuschlagen. Bztg. 1858 S. 90. Derselbe: Muß ein beweglicher Bau als das Wesentlichste der Dzierzonmethode angesehen werden, so ist alles, was diesem Principe störend entgegentritt, also auch der Willkürbau, als ein Rückschritt zu betrachten. Bztg. 1850 S. 79. Derselbe und Werner: Der Willkürbau erschwert das Herausnehmen der unteren Tafeln ganz gewaltig und verursacht Sauerei und Manscherei. Bztg. 1858 S. 90. 92. Oettl: Wenn man unten Waben herausnehmen will und deshalb die Träger von den darauf gebauten Honigscheiben zuvor lostrennt, träufelt der Honig aus den durchschnittenen Zellen auf die Hände, Waben und Bienen herab. Das giebt eine schreckliche Matzerei! Ueberhaupt, läßt man den Zwilling nach Willkür oben ausbauen, dann logiren der Dzierzonianismus und der alte Schlendrian in einem Hause: jener zur ebenen Erde, dieser im ersten Stockwerke. Bztg. 1858 S. 138. Werner: Dzierzon ist endlich nach langem Kreislauf der verschiedensten Stockformen mit dem Zwillingsstocke wieder da angekommen, wo er ausgegangen, nämlich beim Lagerstock, nur mit dem Unterschiede, daß der letzte Lagerstock nur ein halber Dzierzonstock ist, während der erste ein ganzer war. Bztg. 1858 S. 93.

Hufe (mündlich zu mir): Was mit dem Zwilling gewonnen sein soll, begreife ich trotz aller der leidenschaftlichen weitschichtigen Expectorationen Dzierzons nicht. Und der Willkürbau! Das müßte beim Auseinandernehmen eines honigreichen Stockes, besonders wenn er noch recht jungen, eben erst Honig gefüllten Bau hätte, eine schöne Schweinerei geben! Solche Stöcke könnten mir gestohlen werden; da wollte ich lieber wieder zum alten Strohkorbe greifen, wo man es nicht besser wußte. Forstwart Kolb (in einem Privatbriefe an mich): Hier lacht Jeder über den Zwilling mit seinem wirr frisirten Rococcokopfe. Klein (mündlich vor einer Imkerversammlung am 15. August 1859): Der Baron von Berlepsch hat vollkommen Recht, der Zwilling ist ein elender Zwitter und nach der von Dzierzon erfundenen schrankartigen Sechs- resp. Zwölfbeute eine überaus komische Krebsparade. Wie konnte nur ein Dzierzon auf ein solches Ding verfallen, ein Kleines es gut heißen? Nun das will ich

b. jetzt untersuchen, d. h. ich will jetzt darthun, wie Dzierzon darauf kam, vom Ständer, den er wiederholt so angelegentlich empfohlen und in der schrankartigen Sechsbeute (S. Dzierzon Nachtrag u. s. w. S. 33 ff) zu so hoher Vollkommenheit gebracht hatte, wieder zum Lager und zwar zu einem monströsen Lager mit „Rococcofrisur" zurückzukehren und weshalb Kleine sich täuschen ließ und bestimmte. Dzierzon in seiner Manier (um nie etwas zurücknehmen zu müssen) hat sich darüber nirgends offen ausgesprochen, doch liest man sehr deutlich zwischen seinen Zeilen, daß es die aus der Durstnoth resultirende schlechte Ueberwinterung seiner Ständer war und daß er dem Honigraum im Haupte die Schuld der schlechten Ueberwinterung beimaß. So sagt er z. B. im Bienenfreund S. 172, daß sich seine Stöcke zu trocken hielten und daß die Bienen im Frühjahr nach Wasser förmlich lechzten.

Kleine hingegen erklärt sich wie allenthalben so auch hier offen, deutlich und bestimmt, indem er sagt: der im Haupte des Ständers befindliche entleerte Raum, der sog. Honigraum, bietet eine große Gefahr für eine gute Durchwinterung, weil dadurch den Bienen ein unentbehrliches Lebenselement, das Wasser, entzogen wird. Denn wie sorgfältig ich auch jenen Raum abzuschließen bemüht war, die Dünste fanden immer ihren Weg dahin, wie mir der Moder am eingestopften Heu, oder, wenn ich in einen leer gelassenen Honigraum schaute, die dicksten Wassertropfen an dem Deckel und den Wänden augenfällig zeigten. Der Zwillingsstock hat mir das ganz einfache Geheimniß einer guten Durchwinterung im Dzierzonstock gelöst. In dem willkürlich ausgebauten Raume finden die Bienen stets nach Bedürfniß an der Decke und den Wänden tropfbar gewordenes Wasser. Kleine Bztg. 1857 S. 182 f.

Man sieht also deutlich, daß Dzierzon (mit Kleine) glaubte, der Durstnoth und der daraus folgenden schlechten Ueberwinterung wäre sofort und radical abgeholfen, wenn der Honigraum über dem Brutraume entfernt und es so den warmen aufwärts steigenden Dünsten des Brutraumes unmöglich gemacht würde, sich an einer den Bienen unzugänglichen Stelle tropfbar anzusetzen. Er schloß zweifelsohne also: Reicht der Wachsbau bis unmittelbar an die Decke des Stockes hinauf, so müssen sich die Dünste hier als Wasser sammeln und den Bienen stets erreichbar sein, ganz wie im alten Strohkorbe. Dann sind aber oben über den Wabenträgern keine Deckbrettchen anwendbar; denn ist zwischen Deckbrettchen und Deckel auch nur ein zollhoher leerer Raum, so sammelt sich wieder in diesem Raume die Feuchtigkeit, und die Bienen, weil durch die Deckbrettchen abgesperrt, können solche so wenig erlangen, als in einem hohen Honigraume. Die Wabenträger dicht unter dem Deckel anzubringen, geht nicht, weil dann die Waben meist nur mit äußerster Schwierigkeit, manchmal auch gar nicht herauszukriegen sein würden. Einen leeren Raum aber, und wäre er noch so klein, zwischen Wabenträgeroberflächen und Deckel bauen die Bienen unter allen Umständen aus (Dzierzon Bztg. 1859 S. 226), und es übriget daher nichts, als den Bienen einen kurzen Willkürbau zu gestatten. Ist nun ein solcher Willkürbau einmal nicht zu vermeiden, wenn der Stock als tauglich zur Ueberwinterung hergestellt werden soll, so ist es ziemlich gleichgiltig, ob dieser Raum einen oder mehrere Zoll hoch ist. Ja, es ist sogar besser, drei Zoll zu nehmen, weil dann schwerlich in diesen Raum Brut kommen dürfte, die Bienen somit desto sicherer das nöthige Winterfutter über sich haben müssen. Dzierzon Bienenfreund S. 107. Kleine Bztg. 1858 S. 209. 270 und besonders Dzierzon Bztg. 1859 S. 226, wo er sagt: würde der obere für den Willkürbau bestimmte Raum weggelassen und würden die Wabenträger dicht unter der Decke angebracht, so wäre der Zwilling verpfuscht und kaum werth, besetzt zu werden. Denn auch ein noch so kleiner Abstand wird doch ausgebaut, selbst ein kleiner Riß mit Kitt ausgefüllt.

So und nicht anders ist die Entstehung des Zwitters mit Willkürbau im Haupte zu erklären. Aber Dzierzon war nebst Kleine bezüglich des Grundes und der Ursache des Entweichens der warmen wasserhaltigen Luft aus dem Brutraume und des Anschlagens als Tropfen an den Wänden des oben befindlichen Honigraumes im Irrthum. Denn liegen die viertelzolldicken, allenthalben glatt und winkelrecht gehobelten Deckbrettchen auf dem Brutraume, sind sie dicht angekittet und in den schmalen Ritzen, wo sie aneinander oder an die Wände des Stockes stoßen, dicht ausgekittet (was die Bienen stets aufs Accurateste besorgen), so ist der Brutraum mit einem festen Deckel versehen und die warmen Dünste können durch diesen Deckel, den oben die Deckbrettchen bilden, so wenig als durch den Deckel des Zwitters entweichen. Die warmen Dünste strömen aber nach hinten, nach der Thüre, weil wegen der Ritzen, die sich stets zwischen der Peripherie der Thüre und dem Falze, in welchem die Thüre steht, befinden und befinden müssen, und wegen der meist dünneren Thüre, als die Wände der Beute sind, hier die kühlste Stelle ist. Kommen nun im Ständerstocke die warmen Dünste hier an, so steigen sie in dem stets vorhandenen verticalen, oft ziemlich breiten Ritze zwischen der Fläche der letzten Waben und der Thüre aufwärts, kommen im Honigraume an, breiten sich hier aus und bilden endlich, indem sie abkühlen, mehr oder weniger starke Tropfen. Ist der Stock aber bis unter die Decke ausgebaut, hat er keinen leeren oberen Honigraum, nun dann können die Dünste freilich nicht in den Honigraum aufsteigen, aber sie schlagen sich ebenso wenig an der Decke des Stockes als Tropfen an, sondern entweichen theilweise durch die Ritzen zwischen der Peripherie der Thüre und dem Falze, theilweise schlagen sie sich als Wasser an der Innenseite der Thüre nieder, weil die Ritzen zwischen der Peripherie der Thüre und dem Falze bei weitem keine so große bequeme und schnelle Passage bieten, als der verticale Ritz im Ständer zwischen der letzten Wabenfläche und der inneren Thürfläche nach dem Honigraum zu. Die Dünste daher hinten an der Thüre länger aufgehalten werden und deßhalb Zeit haben, sich theilweise als Wasser an die Thüre anzusetzen.

Für die Bienen sind aber jene Niederschläge ganz ebenso verloren, als wenn sie in einen Honigraum entströmten und dort als Tropfen sichtbar würden, und es ist nichts denn eitel Täuschung, wenn Dzierzon und Kleine glauben, im Ständerstocke mit Honigraum entwichen die Dünste, im bis unter die Decke ausgebauten Lager (Zwitter) schlügen sie sich am Deckel an. Sie entweichen im Zwitter, wenn die Thüre nicht gehörig verwahrt ist, ebenso gut, nur bemerkt man da, abgesehen vom Niederschlag an der inneren Thürfläche, nicht, wo sie hinkommen, weil sie sich in der freien Luft verlieren.

Es ist also nicht der obere Honigraum des Ständers die Ursache der schlechten Ueberwinterung des Dzierzonstockes, sondern **die Thüre, d. h. die gewöhnliche Beschaffenheit der Thüre**, ist es. Ist die Thüre ebenso warm, wie die Stockwände, sind die Ritzen der Peripherie der Thüre und des Falzes, in welchem sie steht, dicht vermacht und ist der verticale Ritz zwischen der letzten Wabe und der inneren Thürfläche fest verschlossen, so kann die wärmere Luft weder im Ständer mit Honigraum oben, noch im bis an die Decke ausgebauten Lager aus dem Sitze der Bienen heraus und wird sich dann im Zwitter an dem Deckel, im Ständer unter den Deckbrettchen, die der Deckel des Ständers im Winter sind, anschlagen.

§ XXVII. Der Zwitterſtock. 279

Wie dem Verlorengehen der warmen Dünſte an der Thüre vorzubeugen iſt, werde ich im Kapitel über Ueberwinterung (§ XLVIII) genau lehren; hier genügt es hervorzuheben, daß im Vorſtehenden die völlige Zweckloſigkeit des Willkürbaues für eine gute Ueberwinterung nachgewieſen iſt.

c. Bei einem Achterſtoße von Zwittern fliegen nach jeder Himmelsgegend zwei Völker und alle Thüren befinden ſich über oder unter den Fluglöchern. Bei allen Operationen während des Fluges fliegen daher die Bienen zweier Völker dem Geſichte des Züchters vis-à-vis aus (Wernz Bztg. 1858 S. 175) und können leicht wild werden. Ferner beirrt der Züchter die Bienen im Fluge, kann die junge Königin beim Ausfluge oder der Rückkehr verleiten, ſich auf einen falſchen Stock zu ſchlagen, muß in der Sonne braten ꝛc. Wie bequem und zweckmäßig dagegen Alles bei meinem aus Einzelſtändern componirten Zwölferſtoße!

c. Wie leicht kann die Königin, wenn man ſolche ausfangen will, ſich in den Willkürbau flüchten; wo ſie dann natürlich nicht zu erlangen iſt. Wernz Bztg. 1859 S. 79.

d. Das Flugloch ſteht ganz falſch in der Mitte einer Langſeite. Das Flugloch muß ſtets von der Thüre, die ſich hinten befindet, möglichſt entfernt ſtehen. Steht es aber in der Mitte einer Langſeite, ſo beeinträchtigt dieſe Stellung den Honigertrag gar ſehr. Die Bienen legen nämlich, wie ſchon wiederholt geſagt worden iſt, ihr Brutneſt in der Nähe des Flugloches an. Steht nun das Flugloch in der Mitte einer Langſeite der Beute, ſo dehnt ſich im Sommer die Brut nach rechts und links zu ſtark aus, weil die Wärme, vom Brutneſte ausſtrahlend, ſich rechts und links gleichmäßig vertheilt.

Steht dagegen, wie in meiner Beute, das Flugloch am äußerſten Ende der Beute, b. h. möglichſt weit von der Thüre entfernt, ſo kann die Brut ſich nur nach einer Richtung hin ausdehnen, und es wird dann überhaupt nicht ſo übermäßig viele Brut angeſetzt, weil es nach dem entgegengeſetzten Ende, nach der Thüre zu, immer kühler wird. Daß auf dieſe Weiſe die Beuten honigreicher werden müſſen, liegt eben ſo auf der Hand, wie daß die unzweckmäßigſte Stelle für das Flugloch, die ſich nur erſinnen läßt, die Mitte der Langſeite iſt. — Auch hinten an und in der Thüre, um bieß hier beiläufig zu bemerken, wo Dzierzon in ſeinem ſechzehnfächerigen Pavillon (S. Dzierzon Nachtrag u. ſ. w. S. 47 ff.) die Fluchlöcher hat, ſtehen ſie ſchlecht und unzweckmäßig. Denn aus dieſer Stellung entſteht der Nachtheil, daß man beim Oeffnen der Thüre gleich aufs Brutneſt, alſo auf den groß den Bienen, ſtößt und deshalb ſchwierigeres Hantiren hat. Steht dagegen das Flugloch in der Fronte, der Thüre gerade gegenüber, oder bei mehrfächerigen Pavillons in den Seitenfächern am äußerſten, der Thüre thunlichſt entfernten Ende einer Langſeite, ſo hat man, wie ſich's gehört, hinten den Honig und vorn die Bienen. Mit dem Flugloche an der Thüre, ſagte der alte Jacob Schulze, ſpielt man verkehrte Welt. S. von Berlepſch Bztg. 1857 S. 42.

e. Waben von 12 Zoll Länge an bloßen Stäbchen, wie im Dzierzonſchen Zwitter, ſind zu ſchwierig tractabel.

f. Durch die runden, Brillengläſern ähnlichen Löcher an den die Honigräume abgrenzenden Verſchlußbrettchen kriecht die Königin, ſobald es ihr an Zellen im Brutraum fehlt, regelmäßig durch. Der Rendant Kalb zu Gotha, ein höchſt intelligenter Imker und Beſitzer des zweitſchönſten Standes im Herzogthum, rief mir entgegen, als ich am 31. Juli 1859 in ſeinen prächtigen Bienengarten eintrat: „Baron, die Königinnen ſind in allen acht Zwillingen in die Honigräume ſpazlert und haben daſelbſt eine entſetzliche Drohnenhecke angelegt, während in den Stöcken Ihrer (meiner) Conſtruction

XXVII. Der Zwitterstock.

unter 26 Stöcken nur eine einzige Königin im Honigraume gewesen ist. Gestern wollte ich Bruttafeln aus einem Zwilling herausnehmen, stand aber schon nach der zweiten Tafel ab, weil der Honig wie aus einem Durchschlag herabträufelte und mich besudelte. Sehen Sie da meinen Rock, die Aufschläge bäken (i. e. kleben) von Honig. Diese Zwillinge müssen in diesem Herbste unbedingt fort. Wie ich aber auch nur so albern sein konnte, einen Versuch mit solchen augenfällig nichtsnutzigen Stöcken zu machen. Durch die Auctorität Dzierzons und Kleines ließ ich mich hinters Licht führen".

Summa summarum: Der Zwitter verdankt seine Entstehung einem Irrthum, zeigt, wo man ihn nur besieht, nirgends den allergeringsten Vorzug, wohl aber viele sehr bedeutende Nachtheile gegen andere intelligent construirte Beuten. Darum à bas mit ihm.

An hang. Will man einmal durchaus den Honigraum nicht über dem Brutneste, wohin er naturgemäß gehört, sondern hinter demselben haben, d. h. will man keine Ständer-, sondern durchaus eine Lagerbeute, nnd zwar eine thunlichst einfache und nur mit einer Wabenlage versehene, haben, so construire man dieselbe also:

a. Seitenwände und Fronte bestehen aus 1½ zölligen, Boden und Deckel aus ¾ zölligen etwas überspringenden Brettern, ganz wie beim Ständer. S. Figur 12 und das dazu Gesagte auf Seite 233.

b. Der Innenlichtenraum ist 17¾ Zoll hoch, 11 Zoll breit und 26¼ Zoll tief.

c. Die Seitenwände enthalten inwendig ein 16½ Zoll vom Boden der Beute beginnendes Fugenpaar.

d. Die Rähmchen sind 16 Zoll lang. S. Figur 24; nur bleibt hier der viertelzöllige Vorsprung in der Mitte der beiden Schenkel hüben und drüben weg.

Da das Fugenpaar 16½ Zoll von unten beginnt, so bleibt zwischen dem Boden der Beute und den Rähmchenuntertheilen ¾ Zoll Platz, weil ¼ Zoll von der Länge der Rähmchen, die Dicke der Rähmchenobertheile, sich über der 16½ zölligen Höhe befindet. S. Seite 235 unter e. ¾ Zoll leerer unterer Raum muß, wo kein Schub vorhanden ist, im Winter sein.

Wer sich keiner Rähmchen, sondern bloßer Stäbchen bedienen will, muß natürlich den Raum in zwei Wabenlagen eintheilen, da 16 Zoll lange Waben an bloßen Stäbchen absolut nichts taugen.

e. Der Falz hinten, in welchen die Thüre zu stehen kommt, ist ganz wie beim Ständer 1 Zoll tief und ½ Zoll breit. S. Seite 238 unter h und Fig. 12 auf S. 233.

f. Die Thüre besteht aus einem entsprechend großen inwendig verglaseten, außen verblendeten Holzrahmen oder auch nur aus einem zollbicken, mit Hirnleisten versehenen Brette.

g. Das Flugloch steht in der Fronte unmittelbar über dem Boden der Beute.

h. Von der 26¼ zölligen Tiefe des Innenlichtenraumes fallen 15 Zoll (vom Fugloche aus hinterwärts nach der Thüre zu) für 10 Rähmchen auf den Brutraum.

i. Der Brutraum wird vom Honigraum abgegrenzt durch ein ½ Zoll dickes, 11 Zoll breites und 16¾ Zoll langes Brettchen, das an den beiden oberen Enden viertelzöllige Vorsprünge hat, mit welchen es in den Fugen steht. 4 Zoll von unten und 4 Zoll von oben befinden sich in dem Brettchen Quereinschnitte, die so groß sind, daß sie Arbeitsbienen hindurchpassiren, die Königin aber nicht hindurchpassiren lassen. Ueber diesen Quereinschnitten befinden sich zinkene, durch Häkchen aufwärts gehaltene Kläppchen. Will man den Honigraum absperren, so läßt man die Kläppchen herab vor die Quereinschnitte.

Fig. 39.

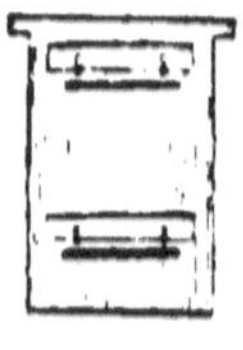

§ XXVII. Der Zwitterstock.

Fig. 40.

Da es jedoch seine Schwierigkeit hat, die Quereinschnitte so zu machen, daß die Königin dieselben nicht zu passiren vermag, so kann man auch unten an das Brettchen einen 3 Zoll langen, ½ Zoll im Lichten hohen zinkenen Canal anbringen, durch welchen die Königin schwerlich hindurchmarschiren wird.

Der Canal reicht zwar 3 Zoll in den Honigraum hinein, genirt aber die Rähmchen nicht, da der leere Raum zwischen den Rähmchenuntertheilen und dem Boden der Beute ¾ Zoll beträgt, die Rähmchen also über dem Canale noch Platz genug haben.

k. Sind vom Innenlichtenraum 15 Zoll für 10 Rähmchen des Brutraumes und ½ Zoll für das Vorsatzbrettchen absorbirt, so bleibt für den Honigraum noch 10¾ Zoll, also Platz für 7 Rähmchen.

l. Auf die Rähmchen kommen 26¼ Zoll lange, ¼ Zoll dicke Deckbrettchen und vor diese wird ein ¾ Zoll hohes Klötzchen geschoben. S. Figur 15 auf S. 236.

Bei der Einwinterung wird diese Lagerbeute ganz ebenso behandelt wie die Ständerbeute. S. § XLVIII und oben unter 4, b auf Seite 277. Wer jedoch trotzdem fürchten sollte, die warmen Dünste könnten durch die Deckbrettchen entweichen und es könnte die Dursmoth entstehen, der brauchte nur im Spätherbste die Deckbrettchen abzunehmen und ein 1 Zoll dickes, entsprechend breites und langes, mit Hirnleisten versehenes Brett aufzulegen, das in der Mitte etwa 1½ Zoll ausgetieft und in der Austiefung mit farblosem (bloßem) Firniß wiederholt tüchtig ausgestrichen wäre. Dann könnten die warmen Dünste nach oben, weil das Brett bis an die Decke der Beute reicht, nicht entweichen, das Brett aber auch wegen des Firnißüberzuges keine Feuchtigkeit einsaugen, und die Bienen müßten auf diese Weise stets unmittelbar über ihren Bau wässerigen, ihnen stets erreichbaren Anschlag finden, geradeso wie im alten Strohkorbe oder im Zwitterstocke. Ich lasse ein solches Brett, das auch bei Ständern zu gebrauchen wäre, hier aufzeichnen. Die Austiefung steht hier nach oben, gehört jedoch, wie eben gesagt, wenn das Brett aufgelegt ist, nach unten.

Fig. 41.

m. Will man diese Lagerbeuten im Freien vereint aufstellen, so müssen sie, wie die desfallsigen Ständer, nicht nur in der Front, sondern auch in beiden Seitenwänden ein Flugloch, also drei Fluglöcher, haben. S. Figur 27 auf Seite 252. Stellt man drei solche Lagerbeuten n e b e n e i n a n d e r und dreifach übereinander und dies von zwei Seiten, so hat man einen trefflichen Achtzehnerstoß, äußerlich ganz ähnlich dem Zwölferstoß. S. Figur 28 und 29 auf Seite 253.

n. Aber diese Lagerbeuten sind auch Zwillings-, Nachbar- oder Nebenbeuten im wahren (nicht im zwitterhaften) Sinne des Worts, da, sobald zwei derselben dicht nebeneinander stehen, stets ein seitliches Flugloch der einen mit einem seitlichen Flugloche der andern genau correspondirt. Wer daher Werth auf die Dinge, die D z i e r z o n als wesentliche, allein durch das Loch in der Rückseite seines Zwitters zu erreichende gepriesen hat, legen sollte, der brauchte an meiner Lagerbeute nur das Flugloch in der Front wegzulassen und solche z. B. als Achtzehnerstoß, wie der Grundriß auf der folgenden Seite andeutet, aufzustellen.

§ XXVII. Der Zwitterstock.

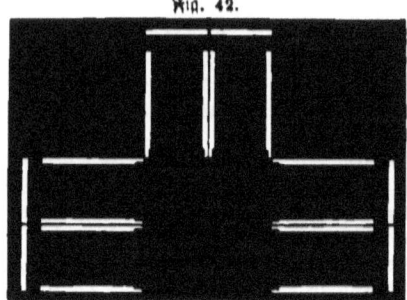

Fig. 42.

Diese Figur zeigt 6 Beuten, dreimal je zwei nebeneinander stehend. Werben nun die Stöcke dreifach übereinander gesetzt, so ist der Achtzehnerstoß fertig und jede einzelne der achtzehn Beuten kann als Nachbarstock à la Dzierzon behandelt werden,

α. ohne den absurden Wirrbau im Haupte zu haben,
β. ohne das Flugloch an falscher Stelle zu haben,
γ. ohne die Königin ungehindert in den Honigraum spazieren zu sehen und
δ. ohne beim Hantiren sich die Bienen ins Gesicht fliegen zu lassen.

Wer eine Erdgrube haben wollte, könnte diese in der Mitte des Raumes zwischen den Beuten anbringen und brauchte nur vor die Oeffnung des Stoßes eine Stroh- oder Holzthüre zu setzen.

Doch ich gebe selbst gar nichts auf diese Stöcke, weil der Ständer der naturgemäße und bei weitem leichter tractabele Stock ist.

Habe ich im § XXVI den Stock beweglichen Baues, wie er derzeit sonder jeglichen Zweifel am vollkommensten existirt, beschrieben und habe ich im vorstehenden § XXVII den Dzierzonschen Zwitterstock als ein durchaus verfehltes Ding mit unwiderleglichen Gründen gezeigt, so bin ich doch nicht dumm genug, um mir einzubilden, Dzierzon werde mir auch nur ein Jota concediren. Ich weiß, daß er, in seiner allbekannten Weise in Sophismen und Verdrehungen sich gefallend, über mich herfallen, mich aushöhnen und wie einen lausigen rotznäsigen Gassenjungen tractiren wird. Diesen Spaß gönne ich ihm aus ganzem Herzen, denn auch mir werden seine Capriolen nicht geringes Vergnügen bereiten, sintemalen ich sicher bin, daß ihm Niemand, außer etwa solchen, die sich bereits beim Zwitterstocke mit compromittirt haben, beistimmen wird, und daß der Zwitterstock der Rumpelkammer unrettbar verfallen ist.

Wer sich nicht widerlegen lassen will, den will am wenigsten ich widerlegen, der ich aus dem alten Thomas von Aquin längst gelernt habe, daß der Wille unbekehrbar ist.

Ein überaus komisches Spiel aber ist es, daß man genöthigt war, den Stock mit beweglichen Waben gegen den Erfinder desselben zu vertheidigen und in seiner ganzen Ausdehnung aufrecht zu erhalten. Warum aber war es denn nöthig? Darum, weil Berlepsch, der treueste dankbarste fleißigste Schüler Dzierzons das unverzeihbare Verbrechen begangen hatte, in der Construction des Stockes mit beweglichen Waben die Palme zu erringen, den Meister zu übertreffen und in der Bienenzeitung und der ganzen Imkerwelt allgemeine besfallsige Anerkennung zu finden. Das war dem Meister unerträglich; darum mußte, des Schülers wegen, etwas Neues als weit besser, als ein *non plus ultra* auspo-

§ XXVII. Der Zwitterstock.

saumt und mußte der gefährliche, ruhmräuberische Schüler jahrelang bei jeder nur irgend möglichen Gelegenheit gefoppt, gekränkt, verhöhnt, gemaßregelt **und vor dem Imkerpublikum herabgesetzt werden**. So lese man z. B. Dzierzons, von den plumpsten Sophismen starrende, Philippica gegen mich in Nr. 5 der Bzlg. von 1858 nach, um sich bis zur Evidenz zu überzeugen, daß **Alles** lediglich darauf abzielte, mich in der Achtung der Leser der Bienenzeitung herabzudrücken. Berlepsch darf — das ist Dzierzons Tendenz — nichts können, nichts sein. Er kann, er ist aber doch etwas, und, was Objectivität anlangt, sicherlich ein gut Theilchen mehr als der Meister.

Wahrlich — Gott ist mein Zeuge — es wurde mir schwer, sehr schwer, diesen Paragraph XXVII zu schreiben, aber es war nöthig, es war meine Imkerpflicht, da der Spuk, die Frechheit mit dem Zwitter, dem besten Stocke (risum teneatis amici!), kein Maß mehr kannte **und Alle eingeschüchtert hatte**. Niemand wagte mehr, den Mund gegen den Zwitter aufzuthun, fürchtend, in ähnlich empörender Weise, wie der milde würdige Oettl, beschimpft zu werden. Mich wähnte man verschollen; aber, Gott Lob! noch lebe ich. Als Phönix bin ich aus der Asche jugendlicher und muthiger denn zuvor aufgeflogen. Der Fehdehandschuh liegt hingeworfen da; wer Lust hat, hebe ihn auf.

§ XXVIII.
Wohnungen der Bienen mit unbeweglichen Waben.

Obwohl nur allein der Dzierzonstock, d. h. der Stock mit beweglichen Waben, eine in jeder Hinsicht rationale Zucht ermöglichet, so müssen doch in einem Lehrbuche, das einigermaßen auf Vollständigkeit Anspruch machen will, auch die Bienenwohnungen mit unbeweglichen Waben erörtert werden, theils weil diese Wohnungen zur Zeit noch sehr bedeutend in der Majorität sind, theils weil viele Züchter nur langsam und allmälig zu den ersteren überzugehen gedenken. Und wahrlich „Eile mit Weile", des Kaiser Augustus Devise, ist auch hier ein goldenes Wort. Denn man kann auch mit andern als Dzierzonstöcken vielen Honig gewinnen und bis auf einen gewissen Punkt rationale Zucht betreiben; ja es haben sich sogar nicht wenige enthusiastische Anhänger des Dzierzonstockes durch ihr übereiltes Beseitigen aller Stöcke unbeweglichen Baues empfindlichen Schaden bereitet. Auch wird und kann der Dzierzonstock niemals allgemein werden, sondern wird stets das Eigenthum der intelligenten Züchter bleiben, weil viele Menschen geistig so paubre und schlummerig und körperlich so täppisch und unbeholfen sind, daß sie niemals lernen werden, mit diesem Stocke vortheilhaft zu manövriren.

Im Folgenden will ich nun Winke geben, wie Stöcke unbeweglichen Baues besser als bisher eingerichtet und benutzt werden können. Denn irrationaler, als auch jetzt noch fast überall in Deutschland geimkert wird, zu imkern, ist kaum möglich. Natürlich kann ich auf den ganzen unendlichen Schwall von Wohnungen unbeweglichen Baues, die größtentheils nur in unwesentlichen Kleinigkeiten unter sich verschieden sind, nicht eingehen, sondern muß mich auf die verbreitetsten Formen beschränken.

1. Klotzbeuten.

Die Klotzbeute ist die roheste Nachahmung des Naturzustandes. Man sägte einen Baum des Waldes, in welchem sich ein Bienenvolk angesiedelt hatte, über und unter dem Sitze der Bienen durch, schaffte den herausgeschnittenen „Klotz" nach dem Hause, stellte ihn auf und hatte so einen bienenbesetzten Klotz oder Stock; denn Stock bedeutet auch einen dicken nicht zu langen Holzklotz. S. Heyse Handwörterbuch der deutschen Sprache, Band II. S. 1097. Nachdem man später, um dies hier beiläufig zu bemerken, auch andere Bienenwohnungen, z. B. bretterne Kasten, stroherne Körbe u. s. w. einführte, behielt man die ursprüngliche, einmal geläufige Benennung „Stock" bei und nannte jede Bienenwohnung Bienenstock oder schlechtweg Stock.

§ XXVIII. Wohnungen der Bienen mit unbeweglichen Waben.

Der aus dem Walde nach der menschlichen Wohnung gebrachte Klotz oder Stock war aber nicht zu zeideln und man schnitt sich daher für zu erwartende Schwärme andere Klötze zurecht, höhlte sie **backtrogähnlich** aus, setzte vor die Mündung der Höhlung, um seiner Zeit zu dem Honig gelangen zu können, ein abnehmbares Brett, und hatte so eine Klotzbeute d. h. einen inwendig **backtrogähnlich** ausgehöhlten Klotz. Beute = großer Backtrog. S. Heyse Handwörterbuch u. s. w. Band I. S. 189.

Je nachdem man nun den ausgehöhlten Klotz senkrecht oder wagerecht postirte, entstand eine stehende oder liegende Klotzbeute.

In beiden Beutenarten gedeihen die Bienen erfahrungsmäßig vortrefflich und liefern reiche Honigernten, sowohl weil die Klötze den gehörigen Raum gewähren, um ein Volk sich mächtig entwickeln zu lassen, als auch weil die dicken Wände wie im Winter gegen grimme Kälte so im Sommer gegen erschlaffende Hitze schirmen. Nur die Behandlung der Bienen ist in solchen unbeholfenen Klötzen äußerst erschwert und es läßt sich, **wie sie zur Zeit construirt sind**, an denselben wenig thun, wohl aber lassen sich nicht unwesentliche Verbesserungen mit Leichtigkeit anbringen.

a. Stehende Klotzbeuten.

Gewöhnlich ist die Oeffnung des Klotzes, vor welcher das Vorsatzbrettchen steht, zu schmal, so daß man die seitwärts stehenden Waben nur unbequem erlangen kann. In der Lausitz sah ich Klotzbeuten, deren Oeffnungen nicht vier Zoll breit waren, und ich konnte gar nicht begreifen, wie es nur möglich gewesen war, von einer so schmalen Oeffnung aus die Klötze inwendig tief seitwärts hinein auszuhöhlen. Die Verfertiger mußten jedenfalls handgeschickter gewesen sein als die Imker; denn als ich einem Bauer spaßweise ein Stück **frisch auszuschneidenden** Scheibenhonigs zum Verspeisen ablaufen wollte, antwortete der in seiner Kunst ergraute Imicus mit höchst seriöser Miene, daß es ihm leid thue, meinem Honigappetite nicht genügen zu können, da es „jetzt" (es war im September; die Schnittmaltraitage geschieht à la Dzierzon — den man übrigens nicht einmal den Namen nach dort kannte — erst Ende März) dazu nicht die Zeit sei und er, ohne große, den Stock im Winter ruinirende Lücken zu schaffen, zu den Honigscheiben nicht gelangen könne; auch sei Zeideln eine gar schwere Arbeit, die Niemand ohne einen Gehülfen (mich sah er natürlich nicht für voll an) auszuführen vermöge.

Die Vorsatzbrettchen reichten nicht einmal bis unter die Decke des Klotzes, sondern über dem Ende der Oeffnung befand sich oben ein etwa 9 Zoll hoher ausgehöhlter Raum, dessen Inhalt nicht **von hinten**, d. h. von dem weggenommenen Vorsatzbrettchen aus, sondern nur **von unten**, d. h. wenn der ganze Klotz ausgeschnitten und cassirt wurde, zu erreichen war. Als ich, mich dumm stellend, den Bauer fragte, ob es nicht zweckmäßiger wäre, die Oeffnung bis unter die Decke gehen zu lassen, um auch den Honig im Haupte ausschneiden zu können, antwortete er lächelnd: „Lieber Herr, das geht nicht; wir (i. e. Bienenväter und Bienenkenner) wissen, daß oben (aus dem Haupte) niemals etwas herausgeschnitten werden darf, sonst geht der Stock vor die Hunde (verloren)." Es ist merkwürdig, wodurch sich dieser Irrwahn, man dürfe einer Klotzbeute keinen Honig aus dem Haupte entnehmen, in allen Ländern, wo Klotzbeuten gehalten werden, verbreitet hat (S. z. B. Aßmuß, den Moskauer. Bztg. 1860 S. 12), da doch gerade bienennaturgemäß der Honig im Haupte aufgespeichert wird, daher der Ueberschuß auch aus dem Haupte zu entnehmen ist, und dieses Entnehmen, zu rechter Zeit vorgenommen, völlig unschädlich und die einzige naturgemäße Zeidelung einer stehenden Klotzbeute ist.

286   § XXVIII. Wohnungen der Bienen mit unbeweglichen Waben.

Wer Klotzbeuten besitzt und sie forthalten will, — wozu ich nur rathen kann — erweitere die Oeffnung („den Spalt", wie ich sagen hörte) möglichst breit und zwar bis unter die Decke hinauf, vermache das Flugloch, wenn es sich, wie bei den Klötzen jenes Bauers, in der Mitte der Höhe befindet und bringe es unmittelbar über dem Boden, 4 Zoll breit und ½ Zoll hoch, dem Vorsatzbrettchen gerade gegenüber an. Etwa 2 Zoll über diesem Flugloche stemme man ein zweites 1 Zoll breites und ½ Zoll hohes Flugloch ein (weshalb dieses, wird sich gleich ergeben). Inwendig richte man sich einen Honigraum ein, indem man ein die innere Weite der Höhlung ausfüllendes Brett ⅔ der Höhe des Innenraumes einschiebt.

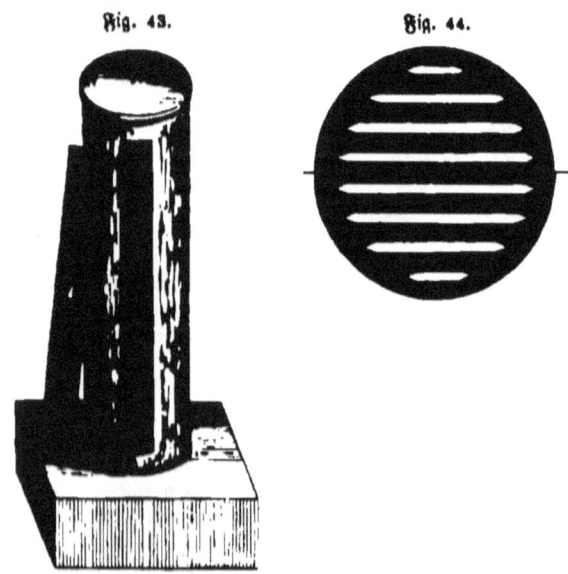

Fig. 43.   Fig. 44.

Figur 43 zeigt die Klotzbeute, von der hintern Oeffnung aus gesehen. Das Vorsatzbrettchen steht neben der Beute, an diese angelehnt. Figur 44 zeigt das den Honigraum abgrenzende Brettchen separat.

Beträgt also z. B. der Innenraum der Beute 36 Zoll Höhe, so wird das den Honigraum abgrenzende Brett 24 Zoll vom Boden und 12 Zoll von der Decke zu stehen kommen. Genau in der Mitte der Rundung des Brettes, unter welches, damit es nicht herabrutschen kann, einige feste Stifte einzuschlagen sind, wird eine gerade Linie vertical (d. h. von links nach rechts) gezogen, die das Brett in der Mitte halbirt. Neben dieser Linie werden zu beiden Seiten rechts und links in halbzölliger Entfernung Durchschnitte gemacht, so daß zwischen den beiden halbzölligen Durchschnitten ein zollbreiter Holzstreif bleibt. Von den äußeren Enden dieser Durchschnitte kommen in zollbreiter Entfernung wieder halbzöllige Durchschnitte u. s. w. Sind die Durchschnitte geschehen, so steht, die Enden derselben ausgenommen, zwischen zwei Durchschnittsspalten allemal ein Zoll Brett: gerade so breit, als eine Wabe ist, und das ganze Brett bildet also

§ XXVIII. Wohnungen der Bienen mit unbeweglichen Waben. 287

gleichsam mehrere (zusammenverbundene) Wabenträger. Nun werden die zollbreiten Holzstreife mit Wabenstreifen auf der nach dem untern Theile (dem Brutraum) der Beute zugekehrten Seite beklebt. Dadurch führt der unten eingebrachte Schwarm gerade, von links nach rechts laufende Waben auf, die später bequem anderweit, hauptsächlich für Dzierzonstöcke benutzt werden können. Die Beute erhält also sog. w a r m e n Bau, der mir bei Ständern lieber als kalter ist. Wollte man aber die Einschnitte in das den Honigraum abgrenzende einzuschiebende Brett statt von links nach rechts von vorn nach hinten anbringen und so kalten Bau herstellen, so würden die mittleren Waben immer an das Vorsatzbrettchen angebaut und bei jeder Oeffnung desselben abgerissen werden. Wer jedoch absolut kalten Bau haben will, der bringe das Flugloch, statt dem Vorsatzbrettchen gerade gegenüber, seitwärts von demselben an.

Da der Breitedurchmesser des den Honigraum abgrenzenden Brettes größer ist, als der Durchmesser der hinteren Oeffnung der Beute, so muß das Brett senkrecht eingebracht und erst im Inneren der Beute wagerecht gelegt werden.

Bevor das Volk den Brutraum dicht ausgebaut hat, werden oben auf die Einschnitte schmale Holzstreife gelegt, damit die Wärme nicht zu sehr oben abströmt und die Bienen nicht etwa vorzeitig oben zu bauen beginnen. Erst wenn der Brutraum gehörig ausgebaut ist, werden die Holzstreife weggenommen und so den Bienen der Honigraum geöffnet. Dabei thut man wohl, dann auch oben auf die stehengebliebenen zollbreiten Brettstreife (gleichsam Wabenträger) Wabenstreife aufzulegen oder (mit Gummi; s. Seite 250 f.) aufzukleben, weil, abgesehen von der zu erzielenden Regelmäßigkeit des Baues, die Bienen, haben sie den Brutraum bereits ausgebaut, im Honigraume viel lieber von unten nach der Decke als von der Decke nach unten zu bauen, auch den Bau früher in Angriff nehmen. S. Seite 97 und 250.

Auf diese Weise die Einschnitte eingesägt und die stehengebliebenen Brettstücke unten und oben beklebt, passen die Ausschnitte des Brettes genau auf die Gänge zwischen den Waben des (unteren) Brutraumes, und so wieder die Gänge des Brutraumes genau auf die Gänge des (oberen) Honigraumes; wodurch die Bienen vermögen, selbst bei der größten Kälte, wenn sie im Brutraume ausgezehrt haben sollten, aufwärts in den Honigraum zu rücken.

Will man im Sommer die Königin vom Honigraume absperren, so muß man die Durchgänge bis auf einen gänzlich und den einen so weit verlegen, daß nur ein so schmaler Riß verbleibt, welchen zwar die Arbeitsbienen passiren können, nicht aber die dickere Königin. Dieß ist jedoch nur dann anzurathen, wenn man bei Oeffnung des Honigraumes g e w i ß w e i ß, daß im Brutraume sich hinlänglicher Winterbedarf befindet, denn sonst würde das Volk, wenn es unten ausgezehrt hätte, leicht vom Honig abgesperrt werden.

Bei der Einwinterung werden die Waben 2 Zoll vom Boden aufwärts weggeschnitten, damit die während des Winters herabfallenden Bienen und das Gemüll Platz haben, und es wird das untere Flugloch geschlossen, das obere bis jetzt verschlossene aber geöffnet, um sicher zu sein, daß das Flugloch durch todte Bienen nicht verstopft und so dem Volke die nöthige Luft nicht entzogen werden könne.

Hat im Frühjahr die Volltracht einige Zeit begonnen und sieht man, daß die Beute keinen Platz mehr zur Honigablagerung hat, so wird der Honigraum ausgezeidelt, natürlich Brut, die man etwa dort fände, geschont. F r ü h e r, d. h. im Herbste oder im Frühjahr vor der Zeit der Tracht, darf dieß nur geschehen, wenn man gewiß weiß, daß im Unterbau sich Honig genug für das Bedürfniß des Volkes befindet.

288 § XXVIII. Wohnungen der Bienen mit unbeweglichen Waben.

In diesem Falle ist ein Zeideln im Herbste oder im frühen Frühjahr sogar besser, weil die Beute dadurch, wenn man den Honigraum mit Stroh und dergl. dicht ausstopft, wärmer wird.

Entfernt man im Frühjahr vor dem ersten Reinigungsausfluge unten die todten Bienen und allen Unrath, schließt das obere Flugloch und öffnet das untere, köpft resp. schneidet nach dem Abgange des Vorschwarms alles erreichbare Drohnenwachs weg, so hat man Alles gethan, was sich an solchen Stöcken thun läßt.

Schwärme in den entleerten oder leeren Honigraum hinaufzutreiben und oben auszuschöpfen, rathe ich dem Anfänger nicht, weil die Operation einen Meister erfordert. Der Anfänger halte sich bei diesen Wohnungen an natürliche Schwärme, lasse aber, auf Schwärme lauernd, die Bienen nicht müssig vorliegen, sondern öffne den Honigraum oder schneide denselben, wenn er bereits gefüllt sein sollte, etwa zu ⅔ von oben nach unten aus, d. h. er schneide, wenn der Honigraum 12 Zoll hoch sein sollte, die Honigwaben 8 Zoll lang, von der Decke nach unterwärts gemessen, weg, so daß unten noch 4 Zoll bleiben. Ganz aber schneide er den Honigraum nicht aus, damit, wenn etwa die Tracht plötzlich zu Ende gehen und sich im Brutraume nicht sattsamer Honigvorrath befinden sollte, der obere dem Volke verbleibt. Es brauchte dann nur oben noch ein zweites undurchlöchertes Brett auf den stehen gelassenen Honig aufgelegt und der leere darüber befindliche Raum für den Winter ausgestopft zu werden. Ebenso wäre zu verfahren, wenn der Honigraum am Ende der Tracht nicht völlig ausgebaut sein sollte, man aber befürchtete, daß sich im Brutraum nicht hinlänglicher Bedarf vorfände.

Bis jetzt habe ich blos Anleitung gegeben, wie eine leere stehende Klotzbeute für ein aufzunehmendes Volk zu verbessern sei, und es fragt sich noch, ob man nicht auch etwas an denjenigen Beuten, die bereits mit Bienen bevölkert sind, thun könne. Viel läßt sich hier nicht thun. Reicht jedoch das Vorsetzbrett bis unter die Decke, so kann man auch jetzt einen separaten Honigraum anbringen, wenn man nach Beginn der Volltracht die Beute ⅓ von oben herab ausschneidet, ein durchlöchertes Brett auflegt u. s. w. Doch, wie gesagt, viel nützt dieses Beginnen nicht und ist kaum der Mühe werth.

b. Liegende Klotzbeuten.

Noch weit unbeholfener sind die liegenden Klotzbeuten, die ich auch in der Lausitz und im Posenschen sah. Bei diesen

Fig. 45.

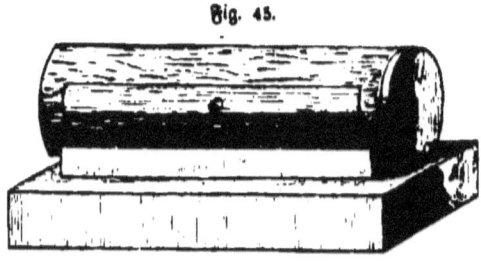

ist gleichfalls die Oeffnung möglichst breit und der ganzen Länge des Innenraumes nach zu machen und sind sie durch veränderte Stellung des Flugloches in stehende Klotzbeuten umzuwandeln und wie diese dann weiter zu behandeln. Ist aber ein sol-

§ XXVIII. Wohnungen der Bienen mit unbeweglichen Waben.

ches Ungeheuer bereits mit Bienen bevölkert, so könnte man auch hinten durch Vorschiebung eines durchlöcherten Brettes einen Honigraum herstellen, freilich in den meisten Fällen wohl ohne sonderlichen Nutzen.

2. **Bretterne untheilbare Lagerstöcke.**

Ich habe auf meinen Reisen diese augenfällig unsinnigen Stöcke

Fig. 46.

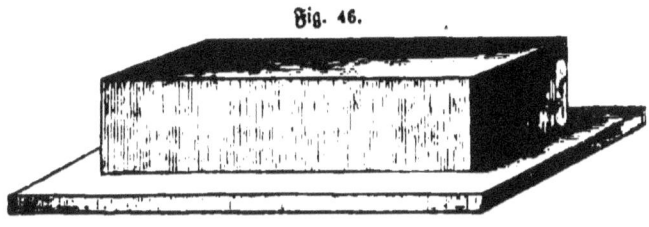

in verschiedenen Gegenden, z. B. in Kärnthen, ziemlich verbreitet gefunden. Sie waren zwischen 36—40 Zoll lang, 7—15 Zoll breit und 8—12 Zoll hoch, oft aus kaum ³/₄ zölligen Brettern gefertiget, hatten einen unbeweglichen (fest aufgenagelten) Deckel, beweglichen Boden (Standbrett) und hinten an der schmalen Seite ein abnehmbares Brett. Manche hatten aber auch dieses nicht einmal, sondern waren nur von unten zugänglich.

Beim Zeideln werden sie mit dem Deckel nach unten gelegt, so daß das nun aufwärts stehende Gebäude allenthalben zu erreichen ist. Alles leere Wachs und aller erreichbare Honig wird weggeschnitten. Winter und Sommer, wie versichert wurde, stehen sie frei, und allenthalben fand ich die Stände mit der Fronte gerade der Mittagssonne exponirt.

Daß nur in Gegenden mit einem milden Klima und wo die übergütige Natur auch die scheußlichste Maltraitage der Bienen zu neutralisiren weiß, Bienenzucht und Nutzen aus derselben in solchen Stöcken und bei solcher Methode auf die Dauer möglich ist, bedarf keines Beweises. Hier in Thüringen würden die Bienen, wollte man sie in solche Stöcke bringen und so bornirt behandeln, in wenigen Jahren ausgestorben sein.

Sobald ein solches Stockmonstrum leer ist, muß es alsogleich auseinander geschlagen werden, und müssen die Bretter desselben anderweit zur Anfertigung von Stöcken mit beweglichen Waben verwendet werden. Eine derartige Metamorphose ist leicht und wenig kostspielig, da man das Material hat.

So lange sich Bienen in einem solchen Ungeheuer befinden, schütze man es im Sommer gegen die heißen Sonnenstrahlen und im Winter gegen grimme Kälte. Letzteres kann man, will man nicht in ein Ueberwinterungslocal gehen, am leichtesten dadurch bewerkstelligen, daß man dicke Strohmatten allenthalben außen an den Kasten stellt.

Uebrigens verstümmele man das Bischen Brutwachs unten nicht, stelle den Kasten, damit todte Bienen und Unrath Platz finden, während der Winterung auf einen 1½ Zoll hohen hölzernen Rahmen (zwischen Unterfläche des Stockes und Standbrett) und schneide nach Beginn der Volltracht hinten so viel Honig heraus, als man erlangen kann.

Um jedoch solche Stöcke so schnell als nur möglich los zu werden, stelle man sie, sobald sie recht volkreich geworden sind, auf den Deckel mit der Mündung nach oben,

290 § XXVIII. Wohnungen der Bienen mit unbeweglichen Waben.

setze einen leeren gleichen Kasten auf, trommele den Unterstock, was bei dieser Art von Stöcken spielend zu bewerkstelligen ist, ab, stoße den Treibling aus dem Kasten aus, lasse ihn in einen zweckmäßigen Stock einlaufen, gebe diesem die Stelle des Mutterstockes, dem Mutterstock eine ganz neue Stelle, schneide am 22. oder 23. Tage, nachdem alle Arbeiterbrut ausgelaufen ist, den Mutterstock total aus, benutze Honig und Wachs, kehre beim Ausschneiden die Bienen nebst der jungen Königin in einen zweckmäßigen, gehörig vorgerichteten Stock und stelle den neuen Stock an die Stelle des cassirten Ungethüms.

Anhang. Stehende untheilbare Stöcke aus Holz habe ich nirgends angetroffen; doch zweifele ich nicht, daß auch sie vorkommen werden. Denn was wäre wohl zu absurd, um nicht schon in dem Kopfe eines Bienenhalters ausgeheckt worden zu sein! Ebenso habe ich theilbare bretterne Lagerstöcke, die allerdings besser als die untheilbaren wären, nirgends angetroffen.

3. Strohene Lagerstöcke.
a. Untheilbare.

Diese kommen in sehr vielen Gegenden, auch bei uns in Thüringen hier und da, vor, sind meist 32—48 Zoll lang und theils gleich weit, theils vorn am Flugloch weniger weit als hinten am Deckel. Alle sind rund und haben mithin weder abnehmbaren Boden noch abnehmbaren Deckel und sind entweder allein von hinten oder auch zugleich von vorn, wo das Flugloch befindlich, zugänglich. Ich habe welche, die zwischen 10 bis 13 Zoll gleichmäßigen Rundedurchmesser hatten, andere wieder, wo vorn am Fluglloche der Rundedurchmesser kaum 7 Zoll betrug, sich aber allmälig nach hinten bis auf 16, ja bis 18 Zoll erweiterte, gesehen.

Fig. 47.

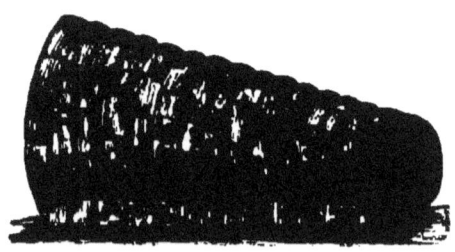

Fig. 48.

§ XXVIII. Wohnungen der Bienen mit unbeweglichen Waben.

Ganz allgemein, wo ich diese Stöcke, Walzen genannt, traf, herrschte der Glaube, daß sie bedeutend honigreicher als Ständer wären. Fragte ich jedoch nach dem „Warum" des größeren Honigreichthums, so blieb man mir stets die Antwort (die ich übrigens natürlich selbst sehr wohl wußte,) schuldig; fragte ich aber, warum man, wenn diese Walzen erfahrungsmäßig bedeutend honigreicher als Ständer wären, nicht lauter solche, sondern der Mehrzahl nach, wie ich sähe, kleine Ständer hielte, meinte man, das ginge nicht, weil die Lager zu wenig und besonders zu spät schwärmten, nicht immer glücklich überwinterten, auch, wenn sie nur mit einem Schwarme bevölkert würden, mindestens zwei Sommer Zeit brauchten, um voll gebaut zu werden und selten vor dem dritten Sommer Ausbeute lieferten, während der Ständer in einem Sommer „fertig" wäre. Darum müsse man nur einen Theil Walzen als Honigstöcke halten.

Ich glaube über diese Walzen nichts Besseres, Treffenderes und Practischeres sagen zu können, als wenn ich das wiedergebe, was der selige Jacob Schulze am 4. Juli 1854 auf der Thüringer Imkerwanderversammlung zu Mühlhausen vortrug. Er sagte dem Sinne nach.

Die Biene will den Honig oben, über dem Brutneste, haben; daher sind Lagerstöcke, wo die Form des Stockes die Biene zwingt, den Honig meist hinterwärts aufzuspeichern, gegen die Natur der Biene. Aber sie sollen honigreicher, vortheilhafter sein? Wäre dies wahr, so müßten ihnen die Ständer allerdings Platz machen. Ich läugne aber entschieden, daß Lagerstöcke honigreicher und somit vortheilhafter als Ständer sind, obwohl ich zugebe, daß man auf Ständen, wo Lager und Ständer gehalten werden, die letzteren fast immer honigreicher und ergiebiger als erstere findet. Der Grund davon liegt aber bei Leibe nicht in der liegenden Stockform, sondern α) in dem viel, oft mehr als drei und viermal größeren Innenraum des Lagerstockes, β) in der Bevorzugung des Lagers gegen den Ständer bei Besetzung des ersteren und γ) in der gewöhnlich ganz verkehrten Behandlung und ganz verkehrten Beschaffenheit des Ständers. Gebt mir 20 theilbare Ständer des Herrn Präsidenten Busch, meinem Nachbar gebt 20 Lager, die aber — das muß ich zur Bedingung machen — eben nicht mehr Innenraum als meine 20 Buschständer (S. unter 5, a und § XXIX 3, c.) haben, dann gebt Jedem von uns 20 gleich starke Schwärme und ich verwette Haus und Hof, daß ich nach 4—5 Jahren nicht nur mehr Honig in den Töpfen, sondern auch mehr Stöcke auf dem Stande als mein Nachbar habe.

In dem Lagerstock, der unter 4000 nie, oft aber sogar bis gegen 6000 Cubikzoll Innenraum besitzt, bringt man gewöhnlich 2—3 Vorschwärme, läßt auch wohl später noch einige kleine Nachschwärme dazu laufen, giebt also einem solchen Stocke mindestens so viel Volk als 2—3 Ständern. Natürlich entwickelt das mächtige Volk bald einen mächtigen Bau und speichert, da die Temperatur, je weiter der Bau nach hinten rückt, desto kühler wird, die Königin mithin das Brutnest beschränkt, mehr Honig auf, als das Volk in dem meist kaum 1200 bis 1400 Cubikzoll Innenraum haltenden Ständerchen, das in seinem kleinen Raum den Bau nur nach unten hin, wo die Königin naturgemäß ihr Eierlegequartier hat, vergrößern kann. Ist das Ständerchen endlich vollgebaut und legen sich die Bienen vor, so wird ihm flugs ein Untersatz applicirt, damit das Volk ja nicht versäume, allen disponibeln Honig zum Wachs-, meist zum Drohnenwachsbau nutzlos zu verwenden.

Im Herbste wird der Untersatz, natürlich honigleer, meist nur mit flatterhaften Waben mehr oder weniger gefüllt, weggenommen und es werden einige leere Wachsscheiben lucrirt; wodurch das an sich schon weit schwächere Volk des Ständers noch mehr benachtheiligt wird gegen das Volk des Lagers, weil dieses seinen ganzen Bau behält, jenem hingegen noch ein Theil des Baues geraubt wird. Im nächsten Jahre schwärmt das Ständerchen ein-, zwei- und dreimal, die Schwärmchen werden wieder in Ständerchen gebracht und wenn der Herbst kommt und das Jahr nicht besonders günstig war, sind Frau Mutter und Fräulein Töchterchen mager wie die mageren Kühe Pharaos, während die jungfräuliche Walze als stolze muthige Amazone dasteht, oft über einen Centner wiegt und 50 Pfund Scheibenhonig abgeben kann. Ist das ein Wunder? Muß das nicht so sein? Ja, ein Wunder wäre es, wenn es anders wäre.

Aber selbst angenommen, es würde ein Lager von 4500 und ein Ständer von 1000 Cubikzoll Innenraum mit einem gleich großen Schwarme besetzt, so wird der Lager über den Ständer, wenn nicht besondere Zufälle die Sachlage verändern, doch im zweiten und dem folgenden Jahre triumphiren, weil beim kleinen Ständer der zu kleine Raum, das dadurch bedingte viele Schwärmen und das widersinnige Untersetzen keine bedeutende Honigaufspeicherung zuläßt. Bringe ich dagegen den Schwarm anfänglich in zwei Busch'sche, sechs Zoll hohe und vierzehn Zoll lichtenweite Ringe, so hat das Volk im ersten Jahre vollauf zu thun und wird nur in sehr guten Jahren seinen Raum dicht ausbauen. Gebe ich dann im zweiten Jahre bei Beginn der Volltracht nach behutsamer Ablösung des Deckels dem Stocke einen dritten Ring oben auf, so habe ich, sobald dieser Ring, was sehr schnell geschieht, ausgebaut ist, einen Ständer, der nun mit dem Lager in jeder Weise wetteifern und denselben durchschnittlich überflügeln wird. Hat der Ständer diese Größe, so hört alles Vergrößern des Stockes selbst unbedingt auf, und nun komme ich mit Aufsätzen, ohne daß ich den Deckel abnehme, sondern nur den Spund herausziehe, oder Hinter- und Nebensätzen auf einem Doppelbrette (S. die Figuren 55 und 56 am Ende dieses §), zapfe so den überflüssigen Honig, ohne den Stock selbst im Mindesten zu irritiren, ab, und wenn ich einen Schwarm haben will, so warte ich nicht, bis es dem Stocke nach 2—3 wöchentlichem Vorliegen gefällig ist, zu schwärmen oder auch nicht, sondern ich trommele Ihre Majestät mit einer tüchtigen Heerschaar heraus. Was macht aber mein Nachbar, wenn er Honig aus seinem Lager haben will? Er schneidet hinten Honig heraus. Das geht allerdings; er ist aber doch nicht sicher, ob es der Königin nicht gefallen hat, sich weit hinterwärts zu ziehen und dort eine Hecke anzulegen. Das geschieht besonders im zweiten Jahre sehr häufig, wenn der Lager erst so recht volkreich ist, die Wärme überall bedeutend ist und eine schlechte oder nur mittelmäßige Tracht viele Zellen honigleer läßt. Und wie kriegt mein Nachbar einen Schwarm? Er ist so gut und wartet, bis es dem Lager gefällig ist, ihm einen solchen zu geben; denn hat der Lager warmen Bau, so ist er gar nicht, hat er kalten Bau, so ist er nur sehr schwierig und niemals ohne Gefahr, daß das schwere Gebäude zusammenbreche, abzutreiben. Weiter: Kommt während des Winters oder im Frühjahr ein Ständer zurück, verliert er vieles Volk, was bei einzelnen Stöcken jedes Jahr vorkommt, ist ihm sein Haus zu groß geworden, verzagt er in demselben, so stelle ich ihn gemächlich auf den Kopf, schneide ihm den untersten, ja, wenn er gar zu schwach geworden sein sollte, auch noch den zweiten (mittleren) Kranz weg und schaffe ihm so ein für ihn angemessenes Quartier. Die Kränze hebe ich auf und benutze sie als Auf-, Hinter- oder Nebensätze für die volkreichsten Stöcke oder lasse sie von diesen nur bis zur Volltracht gegen die Wachsmotten schützen und rein halten, gebe sie dann dem Stocke wieder, verstelle diesen mit einem recht starken und in 10—12 Tagen sitzt er selbst voll Brut, ist volkreich und wieder der alte. Was macht mein Nachbar mit seinem herabgekommenen Lagerstocke? Er schneidet so viel Wachs weg als übrig ist, beraubt so den Stock des größten Theils

§ XXVIII. Wohnungen der Bienen mit unbeweglichen Waben.

seiner Meubels (die Wachswaben sind die Meubels der Bienenwohnung) und wenn er ihn später bei Beginn der Volltracht verstellt, müssen die Bienen Wachswaben bauen, statt Honig aufspeichern zu können. Während mein Ständer vielleicht in 4 Tagen schon 20 Pfund schwerer geworden ist, wiegt der Lager kaum 4 Pfund mehr. Geht mir im Winter oder Frühjahr ein Ständer ganz ein, so habe ich sogleich 3 fertige Auf-, Hinter- oder Nebensätze, mit welchen ich die Frühjahrshonigtracht mächtig ausbeuten kann. Was fängt mein Nachbar mit seinem eingegangenen Lager an? Er bricht die Waben aus oder hebt ihn bis zur Schwärmzeit auf und läßt ihn bis dahin von Motten zerfressen.

Im Spätherbste bei der Einwinterung setze ich meinen Ständer einfach auf ein 1 1/2 bis 2 Zoll hohes Kränzchen und bin fertig. Mein Nachbar muß bei seinem Lager unten mühsam die Waben verkürzen; im Frühjahr bei der Auswinterung hebe ich meinen Ständer auf ein reines Flugbrett und bin fertig; mein Nachbar muß mühsam mit einer Krücke die todten Bienen und das Gemüll herausscharren, und ehe er sich's versieht, haben die Motten doch, wenn das Volk nicht sehr mächtig ist, ihr Verheerungswerk im hintern Theile begonnen.

Endlich, wie viel Prozent Lagerstöcke gehen im Winter mehr ein oder kommen wenigstens stark herunter als Ständer? Die entschiedenste Erfahrung sagt wenigstens, daß die Ueberwinterung im Lager weit mißlicher und weit schwieriger als im Ständer ist. Das läugnen auch die enragirtesten Lobpreiser der Lagerstöcke nicht; an einer glücklichen Ueberwinterung aber ist Alles gelegen.

Anders gestaltet sich freilich die Sache bei Lagern mit beweglichen Waben; von diesen rede ich aber nicht, und meine Walzen, 18 an der Zahl, liegen nun schon seit 20 Jahren, statt im Bienenhause, auf dem obersten Boden. Solche Stöcke taugen nichts, weil große gut behandelte theilbare Ständer in jeder Hinsicht besser sind.

Das ohngefähr war Schulze's Ansicht von den Lagern und ist unbedingt auch meine Ansicht.

So lange sie mit Bienen besetzt sind und sich gut halten, behalte man sie, stutze vor der Einwinterung mit einem langen Messer die Waben unten etwa 2 Zoll ein, entferne im Frühjahr mit einem Krückchen todte Bienen und Gemüll und schneide nach Beginn der Volltracht den von hinten erlangbaren Honig aus. Sind sie aber leer, so mache man es wie Schulze und bringe sie auf „den obersten Boden".

Will man sie aber doch durchaus wieder besetzen, so zeichne man ihnen wenigstens vor Einbringung des Volkes den sog. kalten oder Längs-Bau vor, d. h. man klebe oben mehrere Wabenstreife, in der Richtung vom Flugloche nach hinten zu laufend, an; denn mit dem sog. warmen oder Quer-Bau ist die Ueberwinterung in langen strengen Wintern gar zu mißlich. Bei dem Ankleben der Wabenstreife sei man aber ja accurat und befolge die bei dem Glockenstülper auf Seite 298 gegebene Anweisung.

Einen andern Rath ertheilt Dzierzon, indem er sagt: Man bringe rechts und links in dem leeren Lager Leistchen, die sich durch Stifte leicht befestigen lassen, an, und der Bau ist der ganzen Länge nach, wenn man auf die Leistchen mit Wabenstreifen beklebte Stäbchen auflegt, beweglich eingerichtet. Ja, sogar eine schon bienenbesetzte Walze kann man mit beweglichem Bau versehen, wenn man im ersten Jahre die hintere, im zweiten Jahre die vordere Hälfte oder umgekehrt ausschneidet und bei jedem Schnitte den ausgeleerten Theil mit Leistchen versieht. Bztg. 1858 S. 257. Abgesehen davon, daß in einer Walze, die sich von vorn nach hinten bedeutend erweitert, ein beweglicher Bau, da immer eine Wabe größer als die andere ist, so gut als nichts nützt, würde auch

§ XXVIII. Wohnungen der Bienen mit unbeweglichen Waben.

durch Dzierzons Rath warmer Bau, der erfahrungsmäßig für eine glückliche Durchwinterung bei Walzen so hinderlich ist, hervorgerufen.
b. Theilbare.
α. Walzenförmige.

Sie bestehen aus einzelnen aneinander gesetzten und unter sich verklammerten Strohkränzen, die hinten und vorn mit einem runden Deckel geschlossen sind, sehen gerade so aus, wie untheilbare gleichweite (weshalb eine besondere Abbildung unterbleibt) und haben mit geringen Modificationen dieselben Nachtheile wie jene.

Haben sie kalten Bau, b. h. laufen die Waben längs von vorn nach hinten und nicht quer von links nach rechts, so rathe ich, sie im Sommer in Ständer umzuwandeln in der Weise Christ'scher Ableger. Angenommen, eine solche Walze wäre 36 Zoll lang und bestünde aus 6 Kränzchen, so schneide man mit einem Draht zwischen der Fuge des dritten und vierten Kränzchens durch, halbire den Stock, stelle den hintern Theil, nachdem ihm an der Durchschnittsstelle das Wachs, damit es nicht auf dem Standbrette aufliege, ¾ Zoll gekürzt ist, aufrecht als Ständer auf ein mit einem eingeschnittenen Flugloche versehenes Brett; ebenso den vordern Theil, nachdem der vordere Deckel abgenommen ist. Dieser vordere Deckel kommt dann als Deckel auf die Durchschnittsstelle, die nun der oberste Theil wird. Einstweilen bringe man die Ableger auf die Halbscheit, bis daß man weiß, welcher die Königin hat, stelle dann den beweiselten auf die volle Stelle des alten Stockes, ziehe den Spund des Deckels heraus und gebe ihm einen Aufsatz; den unbeweiselten aber verstelle man mit einem andern vollkrelchen Stock u. s. w. Nach 5—6 Tagen, wo fast immer schon Bau in dem Aufsatze sich befinden wird, nehme man denselben ab und befestige 2 Kränzchen darunter. Dann treibe man den alten Stock ab, lasse den Treibling in den Stock mit dem Aufsatze einlaufen, stelle diesen an die Stelle des alten Stockes und benutze den alten abgetriebenen, indem man ihn auf ein Doppelbrett neben oder hinter einen starken Stock stellt, als Honigmagazin. Ebenso trommele man den verstellten Theil am 15. oder 16. Tag, oder auch früher ab, wenn man früher eine Königin tüten hört, stelle den Treibling gleichfalls an die Stelle des abgetriebenen Mutterstockes und benutze diesen gleichfalls als Honigmagazin.

Auf diese Weise gewinnt man zwei junge starke Schwärme, zwei bebaute Stöcke als Honigmagazine und ist ein Ungethüm vom Stande los.

So lange ein solcher Stock bevölkert ist, ist seine Behandlung ganz gleich der bei untheilbaren Walze, nur daß man hin und wieder einen oder mehrere ganze Kränzchen hinten honiggefüllt abschneiden und leere dafür wieder ansetzen kann.

β. Thorförmige.

Diese Stöcke sind von Riem construirt und Thorstöcke genannt worden, weil sie ganz die Form eines durch eine dicke Mauer gehenden, oben gewölbten Thores haben. Die Stöcke sind aus einzelnen, aus 2—3 Strohwülsten bestehenden Theilen zusammengesetzt, haben hinten und vorn einen abnehmbaren Deckel (Thür) und halten, wenn sie nicht durch viele Ansätze zu sehr in die Länge gezogen sind, eigentlich die Mitte zwischen Lagern und Ständern. Sie gewähren erfahrungsmäßig eine vortreffliche Ueberwinterung, lassen sich auch mindestens ebenso bequem als Stülper behandeln, nur haben sie das Unangenehme, daß sie, weil die untern Enden der Seitenwände nur hie und da aneinandergeklammert und nicht als ein Ganzes fest verbunden sind, bei nur einiger Schwere, wenn man sie aufkippt oder aufhebt, nicht recht zusammenhalten wollen und sich schmiegen und biegen. Ich schlage daher vor, sie untheilbar und dadurch fest zu machen; denn die Theilbarkeit nützt bei diesen Stöcken doch rein gar nichts, und un-

§ XXVIII. Wohnungen der Bienen mit unbeweglichen Waben. 295

theilbar gemacht, können sie, wie sich weiter unten zeigen wird, einigermaßen dzierzonisirt werden.

So viele Wülste fest aneinandergenäht, daß der Stock etwa 21 Zoll lang wird, dürften genügen. Werden die Seitenwände des Stockes unten zwischen einen zwei Zoll hohen und einen Zoll dicken Holzrahmen, der vorn auch das Flugloch enthält, gestellt und mit Drähten, die durch den Holzrahmen gehen, fest angezogen, so muß der Stock feststehen.

Fig. 49.

Man könnte den Rahmen nur aus drei Theilen herstellen, das hintere Querstück desselben fehlen und die hintere Thüre bis auf das Standbrett herabgehen lassen. Dadurch würde aber die Festigkeit wieder insofern beeinträchtigt werden, daß sich dann der Rahmen hinten nach auswärts oder einwärts ziehen und die gleichmäßige innere Weite alteriren könnte. Es ist daher besser, dem Rahmen auch das hintere Stück zu geben und die hintere Thüre auf diesem Stücke, wie bei der Musterbeute (S. Figur 12 auf Seite 233) auf dem Schube, aufstehen zu lassen. Scheinbar wird dadurch die Herausnahme der Waben etwas erschwert, aber wenn man das hintere Stück des Rahmens nur einen Zoll statt zwei Zoll hoch, oder noch besser aus einem schmalen Eisenstreif, fertigen läßt, so braucht man die Waben beim Herausnehmen und Einsetzen nur etwas zu heben, um keinen Anstoß zu haben.

Bevor man den Strohstock auf den Rahmen befestiget, mache man die Wände bis auf etwa zehn Zoll Höhe wie Figur 49 zeigt, senkrecht und lasse erst von da an die Wölbung möglichst halbkreisförmig beginnen. Dieß läßt sich nicht schwierig auf die Weise bewirken, daß man einen der inneren Lichtenbreite entsprechenden, 21 Zoll langen und etwa 10 Zoll hohen Brettkasten (Boden und Deckel braucht er nicht zu haben) fertiget, den Strohstock 24 Stunden unter Wasser hält, dann über diesen Kasten spannt und durch Drücken, Pressen und Klopfen in die gewünschte Form bringt. Ganz naß läßt sich dem Strohstocke leicht diese Form geben, und bleibt er auf dem Kasten so lange aufgespannt resp. durch mehrere von beiden Seiten angenagelte Lattenstücke festgehalten, bis daß er wieder völlig trocken geworden ist, so behält er die ihm im nassen Zustande gegebene Form und kann nun im Innern einigermaßen dzierzonisirt werden. Dzierzon hat sogar empfohlen, solche Stöcke neu zu fertigen, hat vielfältige Abbildungen davon gegeben und sich in vielem Lobe über dieselben, als seien es wahre Stöcke beweglicher Waben, ergossen. S. Dzierzon Bztg. 1851 S. 33 ff. Davon kann nun freilich selbstverständlich nicht die Rede sein, da in der Wölbung sich kein Stäbchenrost anbringen läßt und die Stöcke daher vollkommene beweglichen

§ XXVIII. Wohnungen der Bienen mit unbeweglichen Waben.

Baues niemals sein können. Es wird sich Niemand solche Stöcke neu anfertigen lassen, sondern es handelt sich nur darum, die alten, die Jemand einmal besitzt, möglichst zu verbessern.

Zehn Zoll vom Standbrette aus gerechnet, da wo die Wölbung beginnt, befestigt man zu beiden Seiten Leistchen, um Dzierzonsche Stäbchen auflegen zu können. Meine Rähmchen wähle man aber nicht, denn es wird sehr schwer halten, die für Rähmchen unerläßliche innere Genauigkeit in solchen Stöcken zu bewerkstelligen. Werden die Stäbchen mit Deckbrettchen belegt und werden später, wenn der untere Raum gehörig ausgebaut ist, den Bienen Durchgänge nach oben gegeben, so dient der gewölbte Raum als Honigmagazin. Freilich bleibt das Ganze eine Stümperei, eine Zwittergestalt zwischen einem Stocke mit beweglichen und einem mit unbeweglichen Waben; mehr jedoch läßt sich nicht erreichen.

Der Thorstock, selbst in seiner ursprünglich Riem'schen Gestalt, betrachtet man ihn als Lagerstock, ist immer die beste mir bekannte Lagerstockform, natürlich bezüglich unbeweglichen Baues. Denn er läßt sich von unten, von vorn und von hinten behandeln, kann beliebig vergrößert und verkleinert, kann, er mag kalten oder warmen Bau haben, abgetrommelt werden u. s. w. Man sei daher ja behutsam in Cassirung besetzter Thorstöcke, zumal sie erfahrungsmäßig so trefflich überwintern.

So lange solche Stöcke in ihrer ursprünglich Riem'schen Gestalt mit Bienen besetzt sind, ist ihre Behandlung ziemlich gleich der der Walzen, nur daß man vor der Einwinterung unten kein Wachs wegzuschneiden braucht, sondern die Stöcke auf etwa 1½ Zoll hohe Rahmen stellen kann.

4. Untheilbare Ständerstöcke.

a. Der Glockenstülper oder der Zuckerhut.

Fig. 50.

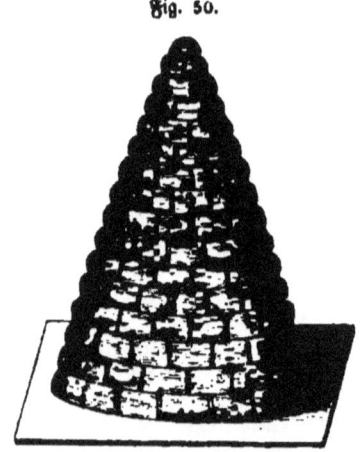

Eine für den Honiggewinn unzweckmäßigere Stockform zu ersinnen, dürfte unmöglich sein. Da hör' ich aber den ganzen schwefelnden Bienenhaltertroß in den Schlaraffenländern, in welchen außer gebratenen Tauben auch Honigklumpen in die aufgesperrten Mäuler geflogen kommen, wuthentbrannt schreien: was sagst du da naseweis-superkluger Berlepsch, der Glockenstülper ist der bei uns seit Jahrhunder-

§ XXVIII. Wohnungen der Bienen mit unbeweglichen Waben.

ten wohl erprobte Stock, mittels welches wir mehr Pfunde Honig, denn du Lothe, ernten! Glaub's euch aufs Wort, denn ihr braucht ja nur die Mäuler etwas aufzusperren, um Honig zu schnappen, weit dürft ihr sie freilich nicht aufsperren, sonst erstickt ihr, während ich, wollt' ich den Mund selbst bis hinter die Ohren aufreißen, doch nichts als Luft in den Magen bekommen würde. Haltet es, intelligente Leser, mir, der ich in den Bienen bin, lebe und webe, zu Gute, daß ich malitiös werde, wenn ich an die grenzenlose Dummheit und den noch grenzenloferen Dünkel erinnert werde, mit welchem die Bienenhalter der honigfließenden Lande jeden Fortschritt mit stumpfer Apathie ignoriren und uns Fortschreiter höhnisch-mitleidig belächeln. In jenen Gegenden existirt keine Bienenzucht, wohl aber eine ausgedehnte Bienenschlächterei und Honigschweinerei. Man denke nur an das ekelhafte, oft sogar stinkende Sauzeug von Honig, das wohl eine Sau fressen, kein Mensch aber essen kann, so als „Tonnenhonig" aus jenen Gegenden zu uns importirt und von Pfefferküchlern und Destillateurs vermanscht wird! Wie leicht ließe sich dort das schönste Product in drei- und viermal größerer Menge gewinnen, wenn nur mit etwas Verstand geimkert würde. Aber der Glockenstülper, diese wahre Hanswurstenkappe, gilt als Ideal und der Stock mit beweglichen Waben, mit dem man dort Wunder wirken könnte, wird als eine unpractische Spielerei oder auch wohl Absurdität verlacht! Man möchte aus der Haut fahren oder mit Knüppeln Raison in die dicken Rischel bringen!

Die Bienen wollen erwiesenermaßen den Honig im Haupte haben. Um dieß thunlichst zu verhindern, um ja die Bienen möglichst wenig Honig aufspeichern zu lassen, hat Mephistopheles einen Stock ersonnen, der kein Haupt, sondern eine Spitze hat. In der Mitte will die Biene ihr Arbeiter-, unten und seitwärts ihr Drohnenbrutnest. Auch für Beengung des Arbeiterbrutnestes ist das Möglichste geleistet; nur unten für Drohnenheckerei überschwenglicher Platz gewährt. Dabei spricht der bocksfüßige Schalk: Vor allem müssen sich die Bienen vermehren, müssen schwärmen; denn je mehr Stöcke, desto mehr Honig. In keinem Stocke aber schwärmen die Bienen mehr als in dem meinigen, und damit auch nach dem Abgang der Schwärme die Arbeiter fleißig auf die Weide ausfliegen und Honig sammeln können und nicht mit Erwärmung und Fütterung der Brut sich zu beschäftigen brauchen, habe ich für Hervorbringung vieler Drohnen, Brüter und Wärmflaschen, gesorgt. Laßt euch ja von Dzierzon, Berlepsch und anderen Schaftköpfen nicht zur Drohnenvertilgung bestimmen, glaubt ja nicht, daß mein etwa 1500 Cubitzoll Innenmaß haltender Schwarmstock zu klein ist. Der Erfolg lehrt's und hat's gelehrt. Ihr erntet mit meinem Stocke alle Jahre eine Menge Honig, jene Charlatane meist nur wenig, oft gar keinen.

So Mephistopheles, grinset sich ins Fäustchen und die Dummheit glaubt ihm auf's Wort; sieht sie doch den jährlichen vielen Honig.

Unter den Bienenzüchtern gilt der Lucas'sche Kugelstock seit lange als Ausgeburt eines kranken Hirns, als die absurdeste Stockform, und doch ist dieser Stock bezüglich der Honiggewinnung weit zweckmäßiger als der schlechteste aller, der in honigreichen Gegenden dominirende kleine Glockenstülper.

So lange eine solche Narrenkappe bienenbesetzt ist, läßt sich weiter nichts thun, als ihr einen passenden Strohkranz unterzusetzen, damit ihr Innenraum gegen 2500 Cubitzoll betrage, sie auf ein Doppelbrett zu stellen, mit Neben- oder Hintersatz zu versehen, und es ihr anheim zu geben, ob sie schwärmen oder Honig eintragen will.

Ist sie aber leer und will man sie nicht in den Ofen spediren, was jedenfalls das Zweckmäßigste wäre, so schneide man die Spitze „die Chinesische Mütze" bis dahin weg, wo der innere Lichtenraum wenigstens 8 Zoll Durchmesser beträgt, vernähe das

§ XXVIII. Wohnungen der Bienen mit unbeweglichen Waben.

Stroh an der Schnittstelle wieder, drehe den Stock um, flechte auf die früher untere, nun obere Mündung so viel Strohwülste hinzu, daß der Stock gegen 2500 Cubikzoll Innenraum enthält und lege einen platten, mit Spundöffnung versehenen Deckel auf.

Ehe man einen Schwarm in einen so verbesserten Stülper einbringt, nehme man den Deckel ab und beklebe denselben auf der inwendigen Seite mit Wabenstreifen, damit das Volk einen geitrechten Bau, d. h. gerade Tafeln, herabführe. Bei dem Aufkleben der Wachsstreife ist große Accuratesse nöthig, d. h. es muß zwischen zwei aufgeklebten Wachsstreifen genau ein halber Zoll Platz bleiben. Denn klebt man die Streife weiter von einander, so schieben die Bienen unten, wo das eigentliche Brutnest beginnt, Wachskeile dazwischen, weil der leere Raum ihnen zu breit ist, und klebt man sie enger zusammen, so schroten sie die Bienen größtentheils ab, weil eine Tafel einschließlich der Zwischengänge nicht unter 1½ Zoll betragen darf, und bauen dann wirr durcheinander, wie es ihnen gerade beliebt. S. von Berlepsch Bztg. 1854 S. 98. Um aber gerade von oben nach unten gehende Waben zu erhalten, muß man zu den aufzuklebenden Streifen nur Brutwachs, d. h. solches Wachs wählen, in welchem die Bienen schon wenigstens einmal Brut erzogen haben; denn nur dieses hat die normale zöllige Breite. Hat man solche Waben nicht, so kann man auch schmälere oder breitere Waben verwenden, wenn man bei ersteren die Zwischenräume zwischen den Streifen entsprechend breiter läßt, bei letzteren, d. h. bei den Streifen mit längeren Honigzellen, mit einem scharfen Messer die Zellen von beiden Seiten soweit wegschneidet, daß eine nur zöllige Dicke bleibt. S. Seite 249.

b. Der Ehrenfels'sche Stülper.

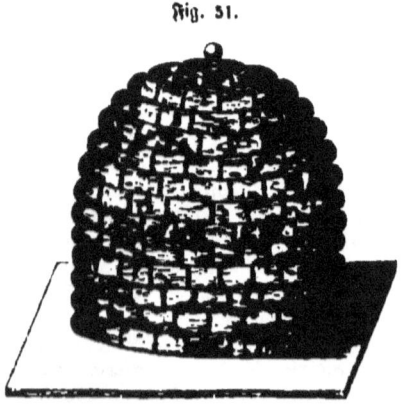

Fig. 51.

Dieser ist in Oesterreich, namentlich in der Gegend um Wien, ziemlich verbreitet, ist allerdings weit besser als der Glockenstülper, taugt aber an sich auch nichts. Er muß durch einen Untersatz, wo er 2500 Cubikzoll Innenraum nicht hat, auf dieses Maß gebracht werden und man muß sehen, wie man vor Einbringung des Schwarmes oben im Haupte, da er gleich dem Glockenstülper keinen Deckel hat und es bei ihm nicht räthlich ist, durch Abschneiden der oberen Wülste einen Deckel zu bilden, Wachsstreife anbringt, um einen regelmäßigen Bau zu erzwingen. Sonst ist seine Behandlung mit der des Glockenstülpers gleich.

§ XXVIII. Wohnungen der Bienen mit unbeweglichen Waben.   299

e. Der Traubenstülper.

Fig. 52.

Der traubenförmige Sitz der Bienen zur Zeit der Herbst- und Winterruhe im Stocke und die Traubenform, die jeder an einem freien Zweige hängende Schwarm bildet, zeigen, welche innere Form der Wohnung ein Bienenvolk haben will, nämlich eine traubenförmige, d. h. eine Wohnung, die oben ziemlich abgeplattet nach unten zusammengezogen, im Haupte also bedeutend weiter als an der Basis ist und einer unten abgestumpften Traube ähnelt. Und eine solche Wohnung ist unser alter oben abgezeichneter Thüringer Traubenstülper, dessen weiterer oberer Raum Platz zur gehörigen Honigaufspeicherung gewährt und dessen unterer engerer Raum die Brut-, namentlich die Drohnenbrut in dem naturgemäßen Verhältnisse zum Honig und der ganzen Oeconomie des Biens hält. Ich sage, namentlich die Drohnenbrut, denn diese steht, um dieß nochmals zu sagen, naturgemäß an dem von dem Honig entferntesten Raume, und dieser Raum ist beim Traubenstülper am engsten. Es ist daher der Traubenstülper, hat er nur den gehörigen Cubikinhalt, der eigentlich und einzig bienennaturgemäße Stock. Aber nicht Alles, was naturgemäß ist, ist deshalb auch für den Menschen am vortheilhaftesten, und so steht der Traubenstülper, sobald von kunstgerechter Zucht die Rede sein soll, nicht nur dem Stocke mit beweglichen Waben, sondern auch zweckmäßig construirten theilbaren Stöcken mit unbeweglichen Waben nach, obwohl er unter allen Ganzstöcken, Lagern und Ständern, der beste und bei Uebergängen zum Dzierzonstock unter allen Ganzstöcken zuletzt zu cassiren ist.

Hat ein Traubenstülper nicht den gehörigen Innenlichtenraum, so nehme man, wenn der Stock besetzt ist, zur Zeit der Volltracht den Deckel ab und gebe durch einen entsprechenden Aufsatzkranz den fehlenden Raum, ist er aber bienenleer, so lasse man das Fehlende oben aufflechten.

5. Theilbare Ständerstöcke.

a. Aus runden Ringen zusammen gesetzte.

Diese Ringe sind von sehr verschiedener Lichtenweite und sehr verschiedener Höhe. Es giebt solche, die kaum 4, andere die bis 8 Zoll hoch sind, und die Lichtenweite differirt von etwa 8—16 Zoll.

Um einen Stock herzustellen, müssen so viele Ringe aufeinandergesetzt werden, daß der Gesammtlichtenraum

§ XXVIII Wohnungen der Bienen mit unbeweglichen Waben.

Fig. 53.

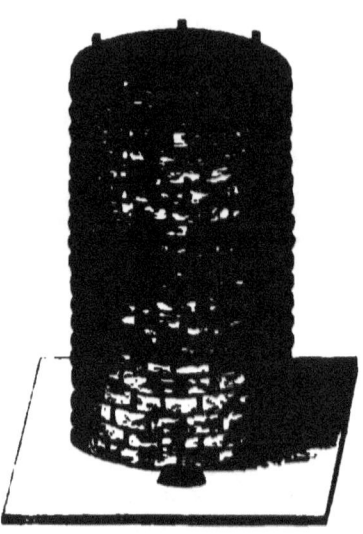

gegen 2500 Cubikzoll beträgt. Sind jedoch die Ringe sehr eng, so würde, wollte man 2500 Cubikzoll Innenraum herstellen, ein unförmlicher Thurm entstehen. Man muß sich daher in diesem Fall, wenn man bis auf 24 Zoll Höhe gegangen ist, ohne den bezeichneten Cubikinhalt erreicht zu haben, mit einem geringeren Raume begnügen, denn zu hohe enge Stöcke überwintern erfahrungsmäßig fast eben so schlecht wie zu lange niedrige. Die zweckmäßigste Höhe eines Ringes dürfte 6 Zoll und die zweckmäßigste Weite 14 Zoll, wie Busch wollte, sein, so daß drei Ringe einen Stock bilden. Ueber die Zweckmäßigkeit der weiten Wohnungen s. S. 247 unter L.

Vor Einbringung des Schwarmes beklebt man den Deckel mit Wachsstreifen, wie ich auf Seite 298 angegeben habe. Will man jedoch dieß nicht, so kann man auch im obersten Ringe einen Stäbchenrost anbringen und auf diesen den Deckel auflegen. Doch wird der dadurch erreichte Vortheil kaum die Mühe der Rostbeschaffung lohnen, da an ein Herausnehmen einzelner Waben doch nicht zu denken ist. Es genügt eine Vorrichtung, die einen geordneten Bau gerade herablaufender Tafeln bewirkt.

Vielleicht könnte man auf die Idee gerathen, in jedem Ringe einen Stäbchenrost anzubringen, so daß, wäre ein Ring abgetrennt, ein Herausnehmen der einzelnen Waben zwar immer sehr mühsam und schwierig, aber doch möglich wäre. Man würde aber dadurch keinen irgend bedeutenden practischen Vortheil erlangen. Denn da die Waben bei der Rundung des Ringes sämmtlich unter sich ungleich sind, so müßte eine herausgenommene Wabe immer wieder an dieselbe Stelle eines anderen Ringes gebracht werden.

Wann aber sollte das wohl bei besetzten Stöcken erforderlich und nützlich sein! Und bei Stöcken, die zwar bebaut aber bienenleer sind, kann man, sobald die einzelnen Ringe mittels eines dünnen Drahtes getrennt sind, jede Wabe ebenso gut unversehrt herausbekommen, als hinge sie an einem Stäbchen.

§ XXVIII. **Wohnungen der Bienen mit unbeweglichen Waben.**

Damit jedoch der Wachsbau innerlich feststehe, stecke man etwa von 7 zu 7 Zoll zwei runde Stäbe so durch das Stroh, daß sie sich inwendig rechtwinkelig überkreuzen, lasse aber die Enden der Stäbe etwa einen Zoll außen zum Strohe herausstehen, damit solche bei Ausschneidung der Ringe zuvor entfernt und so die Tafeln, die man vielleicht für Dzierzonstöcke anderweit verwenden will, möglichst ganz herausgebracht werden können. Beim Entfernen der Stäbe hüte man sich aber, diese herauszuziehen zu wollen. Das geht manchmal sehr schlecht, weil nicht allein die Wachstafeln vielmal fest an die Stäbe angebaut, sondern die Stäbe, namentlich an den Wänden, sehr fest angeharzt sind. Man muß daher eine Drahtzange nehmen, mit derselben die vorstehenden Enden der Stäbe festfassen und dieselben, ehe man sie herauszieht, **herumdrehen**. Dann bekommen die Tafeln an den Stellen, wo die Stäbe waren, nur kleine runde Löcher, während, zieht man die Stäbe mit Gewalt heraus, die Waben sich oft zusammenschieben, ja, wenn kalte Witterung herrscht und das Wachs recht spröde ist, reißen.

b. **Aus viereckigen Holzkästchen zusammengesetzte Ständer.**

Fig. 54.

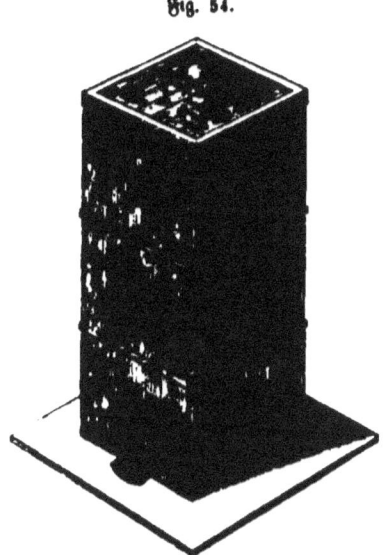

Gewöhnlich werden diese Kästchen nach ihrem energirtesten Empfehler **Christ** und der von demselben befolgten **Behandlung** solcher Kästchenstöcke „**Christ'sche Magazinkästchen**" genannt. In neuester Zeit sind sie förmlich in die Acht erklärt worden, aber **theilweise** mit größtem Unrecht, weil die allerdings völlig widersinnige **Christ'sche Behandlung** seiner sog Magazinstöcke nicht ausschließt, die Kästchen rational zu gebrauchen. Dieß geht **sehr gut** und diese Kästchen sind **sehr gut**. Denn sind sie aus dürrem weichen Holze, Weiden-, Aspen-, am besten Erlen- oder Pappelbrettern,

302 § XXVIII. Wohnungen der Bienen mit unbeweglichen Waben.

gut gearbeitet, so daß sie dicht aufeinander schließen und keine Ritzen lassen, haben sie die gehörige Lichtenweite von etwa 11 Zoll und sind sie gegen 6 Zoll hoch, so sind mir, ist noch der Deckel gut construirt, aus solchen Kästchen gebildete Stöcke die liebsten unter dem ganzen Troß der gewöhnlichen Stöcke, und stehen nur Stöcken aus viereckigen Strohkränzchen nach, die aber wegen der schwierigen Herstellung viereckiger Form aus Stroh nur äußerst selten vorkommen.

Sind die Wände aus welchem Holze nur 1½ Zoll dick, so geben sie bezüglich der Wärme gewöhnlichen, oft nicht einmal zolldicken Strohkränzen nichts nach, wogegen sie im Sommer ihrer Kühle wegen sich besonders empfehlen. Ferner lassen sie sich, und darauf lege ich das Hauptgewicht, mit größter Leichtigkeit dem Dzierzonstocke am ähnlichsten einrichten, da man nur in jedes Kästchen oben an zwei entgegengesetzten Seiten einen Falz auszuschneiden und mit Wachsstreifen beklebte Stäbchen, ja sogar Rähmchen, einzuhängen braucht. Dann bekommt man im ganzen Stocke lauter gleich große allenthalben wieder verwendbare Waben.

Sollten jedoch die Kästchen zu niedrig, etwa nur gegen 4 Zoll hoch sein, so ist es besser, nur ein Kästchen um das andere mit Stäbchen zu versehen.

Auch von diesen Kästchen müssen so viele aufeinander gesetzt werden, daß der Innenraum gegen 2500 Cubikzoll beträgt. Bei 11—12 zölliger Weite und 6 zölliger Höhe reichen also drei Kästchen aus.

Eine besondere Schwierigkeit bildet bei diesen Stöcken der Deckel, weil er sich zu leicht wirft, abspringt u. s. w. und deshalb entweder fest aufgeschroben (was seine Nachtheile resp. Unbequemlichkeiten hat), oder aus Stroh, das in einen Rahmen von Holz gefaßt ist, hergestellt werden muß. Letztere Deckel hatte ich zuletzt, als ich noch solche Stöcke besaß.

6. Berechnung des Innenlichtenraumes der Stöcke.

Ich gab an, ein Stock müsse etwa 2500 Cubikzoll Lichtenraum haben. Diese Angabe gründet sich bei mir auf die langjährige Erfahrung, daß diese Größe für einen Ständerstock unbeweglichen Baues, ausschließlich des Honigraumes (von welchem unter 7 die Rede sein wird), die zweckmäßigste ist. Bei viereckigen Stöcken ist die Berechnung sehr leicht. Ist z. B. ein Kästchen 12 Zoll im Quadrat lichtenweit, so hält es 144 Quadratzoll Fläche, bei sechszölliger Höhe also 864 Cubikzoll. Drei solcher Kästchen bilden also einen (2592 Cubikzoll Lichtenraum großen) Stock. Weit schwieriger, ja gewöhnlichen Züchtern meist ganz unmöglich, ist die Berechnung runder, namentlich nicht gleich weiter Stöcke. Mit allen runden Stöcken half ich mir auf die Weise, daß ich einen viereckigen gegen 2500 Cubikzoll lichtenweiten Stock voll Getreide schüttete und dann dasselbe in den zu berechnenden runden Stock eingoß. Da sah ich nun, wie der runde gleich oder ungleich weite zu dem viereckigen Stock sich verhielt, und ließ dann vom runden Stocke, wenn die Differenz über 100 Cubikzoll betrug, — so genau kommt es nicht darauf an — so viele Strohwülste wegnehmen, als unausgefüllt blieben, oder ließ so viele aufnähen, als noch erforderlich waren. Das letztere erfuhr ich dadurch, daß ich den Rest des Getreides, der nicht in den Strohkorb hineinging, in einen runden Ring, der der oberen Weite des Strohstockes entsprach, einschüttete und die Strohwülste, die das Getreide bedeckte, abzählte resp. abmaß.

7. Honigraum und Doppelbrett.

Ist ein gegen 2500 Cubikzoll lichtengroßer theilbarer oder untheilbarer Ständer (über die Lager habe ich bereits das Nöthige gesagt) bis auf das Standbrett herab vollgebaut, so ist er als Stock „fertig", d. h. er hat nun seine normale Größe er-

§ XXVIII. **Wohnungen der Bienen mit unbeweglichen Waben.** 303

reicht und wird, braucht er ferneren Raum, nur in der Weise vergrößert, daß ihm ein Raum gegeben wird, welcher mit dem eigentlichen Stock **nicht unmittelbar zusammenhängt** und in welchen die Königin nicht wohl gelangen kann. Es wird daher einem fertigen Stock **niemals ein Untersatz, ebenso niemals ein Aufsatz, der unmittelbar mit demselben durch** Abhebung des Deckels und Zwischenschiebung eines Kästchens oder Kränzchens **verbunden wäre,** gegeben. Ein solches Raumgeben, b. h. ein Anbringen eines **abgesonderten Honigraumes bei Ständern unbeweglichen Baues,** ermöglichet am leichtesten und zweckmäßigsten „das **Doppelstandbrett**".

Fig. 55

Man betrachte solches; es ist höchst einfach und leistet doch alles, was bei Ständern unbeweglichen Baues geleistet werden kann. In der Mitte ist das Brett in zwölfzölliger Länge und vierzölliger Breite ³/₄ Zoll tief ausgehöhlt. Die beiden Enden der zwölfzölligen Länge (a. a.) münden kurz aufwärts aus und in der Mitte des Canales ist ein entsprechend breites, 6 Zoll langes und ¼ Zoll dickes Brettchen festgenagelt und eingelassen (b. b.), so daß die innere Höhe des verdeckten Canales nur ½ Zoll beträgt: übrig groß, um die Bienen hindurchpassiren zu lassen. In der Mitte quer durch das eingelassene Brettchen (b. b.) geht ein schmaler Ritz (c. c.), so breit wie der Canal, also 2½ Zoll. So lange auf dem Doppelstandbrette kein Honigmagazin steht, wird dieser Ritz durch ein eingesetztes Blech- oder Zinkstückchen verschlossen, das man bei Aufsetzung des Honigmagazins herauszieht und so die Passage herstellt.

Wird das Doppelstandbrett **längs** gelegt, so kommt das Honigmagazin, das aus einem bedeckelten Kästchen, Kränzchen oder sonst einem Gefäße bestehen kann, **hinter den Stock,** wird es **quer** gelegt, so kommt das Honigmagazin **neben den Stock** zu stehen. Im Resultat sind beide Lagen **ganz gleich**; nur hat das Querlegen des Doppelstandbrettes den nicht unbeträchtlichen Vortheil, daß von der einen Hälfte aus, wird sie zum Aufstellen eines Honigmagazins nicht gebraucht, nach Schließung des Verbindungscanales ein zweiter zur späteren Vereinigung bestimmter Stock einstweilen fliegen kann.

Wer in seinen runden Stroh- oder viereckigen Holzständern selbst keine Fluglöcher hat, sondern gewohnt ist, die Bienen aus einem in das Standbrett eingeschnittenen Flugloche ausfliegen zu lassen — was in mancher Hinsicht vortheilhaft ist —, der muß das Doppelbrett

§ XXVIII. Wohnungen der Bienen mit unbeweglichen Waben.

Fig. 56.

also herstellen lassen, daß es drei Fluglöcher (a. a. a.) hat, damit, mag es längs oder breit (quer) gelegt werden, immer ein Flugloch nach der Fronte zu ausmündet. Natürlich müssen die Fluglöcher, die nicht gebraucht werden, verstopft sein.

Daß dieses Doppelstandbrett von sehr großem Nutzen ist, ja fast möchte ich sagen, daß dieses Brett allein eine rationale Zucht, so weit eine solche mit Ständern unbeweglicher Waben möglich ist, möglich macht, lehrt indirect die Natur und das Leben des Biens, direct aber wird der Beweis im weiteren Verlaufe des Werkes an denjenigen Stellen geführt werden, wo von der Zucht in Ständern unbeweglicher Waben detaillirt zu handeln ist, so daß ich hier an dieser Stelle nicht nöthig habe, ausführlicher über den Nutzen dieses Brettes und über die Zucht in Ständern unbeweglichen Baues zu sprechen.

§ XXIX.
Derzeitige Methoden mit dem Ständerstock unbeweglichen Baues.

Fast überall in Deutschland werden die Bienen in Ständern, meist untheilbaren, gehalten und auf hundert Ständer kommen gewiß noch nicht fünf Lager; überhaupt ist die Bienenzucht in der ganzen Welt im Allgemeinen eine Zucht in Ständerstöcken. Ich muß daher kurz mittheilen, welche Methoden, abgesehen von der Dzierzon'schen, mit den Ständern (unbeweglichen Baues) zur Zeit in denjenigen Gegenden betrieben werden, für welche dieses Buch bestimmt ist, d. h. in solchen Gegenden, deren Tracht mit der Raps- und Baumblüthe beginnt und mit Eintritt der Roggenernte ihr völliges Ende erreicht hat, denen also Herbstnahrung fehlt und in denen Wanderzucht nicht betrieben wird. In diesen Gegenden kommen, abgesehen von einzelnen intelligent geleiteten Zuchten, mit dem Ständer unbeweglichen Baues eigentlich nur zwei Methoden vor, die Schwarmmethode nämlich und die gemischte Methode, wie ich sie nennen möchte. Gewöhnlich wird zwar noch von einer Magazinmethode als dritter Methode gesprochen; doch existirt sie eigentlich als besondere, selbstständige Methode nicht, sondern gehört unter die gemischte.

1. Die Schwarmmethode.

Die Bienenhalter stellen kleine, 1000 bis höchstens 1500 Cubikzoll Innenraum haltende Stöckchen, gewöhnlich untheilbare Strohstülperchen und nur seltener runde theilbare Strohkränzchen· oder viereckige theilbare Holzkästchenstöcke, auf, füttern im Frühjahr, wenn Hunger, wie fast immer bei einem Theile der Stöckchen, eintritt, mit flüssigem Honig, überlassen das Weitere dem lieben Gott und lauern auf Schwärme. Sobald ein Stock geschwärmt hat, bekommt er einen Untersatz (gewöhnlich einen großen viereckigen Holzkasten, der nicht selten „zum Staate" hinten ein Fensterchen hat), „damit's keinen Afterschwarm giebt". Natürlich läßt sich der Stock, wenn die Witterung dem Schwärmen günstig ist, durch den Untersatz nicht im Mindesten beirren, und oft regnet es auf solchen Ständen Nachschwärme. Nur die gar zu kleinen und die, welche nach Johanni (24. Juni) fallen, werden je zwei vereint, sonst wird jeder Schwarm einzeln aufgestellt. Alle Stöcke, welche bis Johanni noch nicht geschwärmt haben, erhalten Untersätze, ebenso die bis dahin vollgebauten Schwärme. Ist ein Volk mit seinem Wabenbau nur etwas weiter in den Untersatz herab, so wird sofort ein zweiter applicirt.

§ XXIX. Derzeitige Methoden mit dem Ständerstock unbeweglichen Baues.

In schwarmreichen Jahren verdreifachen sich zuweilen die Stöcke; die durchschnittliche jährliche Vermehrung in Gegenden der letzten Klasse ist jedoch nur etwa 100 bis 120 Procent. Zwischen dem 10. bis 15. August geht's an's Abschwefeln. Als Opfer fallen „die besten und die schlechtesten"; die mittlere Sorte von 24—30 Pfund Bruttogewicht (doch ausschließlich des Staubbrettes und der etwaigen Untersätze) erhält Pardon. Freilich können diese gestrengen Herren nur in solchen Jahren dermaßen verfahren, wo ausnahmsweise der Juli, also das Ende der Tracht, ergiebig war, in den bei weitem meisten Jahren müssen „die besten" Gnade vor ihren Augen finden, weil alle schlecht sind.

Die pardonnirten Zuchtstöckchen behalten ihre Untersätze „bis Michaeli" (29 September). Dann werden diese weggenommen, natürlich meist ganz leer oder nur mit leeren, flatterhaft herabgebauten Waben versehen; aus den Körbchen selbst wird das Wachs unten „drei Finger breit" weggeschnitten, „damit im Winter das Flugloch nicht zufriert", und der Bienenvater ist für das laufende Jahr mit seiner Kunst, nicht aber mit seinem Lamento „über das schlechte Jahr" fertig.

Die Schwarmmethode, die in anderen Gegenden von der hier beschriebenen insoweit abweicht, als niemals vor Beginn der Haidetracht untergesetzt wird, ist nirgends, selbst in den reichsten Gegenden nicht, eine rationale, sondern ein Lotteriespiel, eine Bienenhalterei auf gut Glück hin, bei der es heißt „bald reich, bald arm, bald gar nichts' und es auf einen zufälligen glücklichen Schluß der Weide ankommt. „Ende gut, Alles gut", denn sagt Brüning, der in einer sehr reichen Gegend wohnt: Meine Stöcke können nach zwölf Wochen der allerbesten Tracht zur Hälfte verhungert sein, zur Hälfte nicht drei Pfund Honig durchschnittlich haben. Brüning Bztg. 1852 S. 76. Das ist freilich schrecklich, aber schrecklich durch die schrecklich irrationale Methode, wonach man Generationen über Generationen von Bienen erzeugen, den jungen Schwarm, der vielleicht 2—3 Pfund Honig aus dem Mutterstocke mitgenommen hatte, bis zum letzten Augenblick massenhaft brüten und Honig vergeuden läßt, um am Ende zur Gewinnung von einem halben Pfund Honig die theuer erzeugten Bienen abzuschlachten, als könne man ihre Felle wie Ochsenhäute auf den Markt bringen. Den honigbeladenen Schwarm vom Baume herab in einen Sack zu stecken und auszupressen, würde im Vergleich zu einem solchen Resultate ein glänzendes genannt werden können. Schwärmen lassen, was schwärmen will, ist freilich die einfachste aber auch einfältigste Methode. S. Dzierzon Bztg. 1854 S. 94 f.

Wie eine so unsinnige Methode sich Jahrhunderte hindurch bis auf den heutigen Tag erhalten, ja weitaus dominiren konnte, ist nur aus der bis auf Dzierzon fast totalen Unkenntniß der Natur und des Wesens der Biene und des Biens und dem schlummerköpfigen Schlendrian, in welchem sich die meisten Söhne Adams so behaglich fühlen, erklärlich. Die Schwärmler wissen, daß das schrankenlose Schwärmen „das größte Hinderniß" (Brüning Bztg. 1845 S. 33) für einen sicheren Gewinn ist, sie schämen sich nicht, Geständnisse, wie das oben referirte Brünings zu machen, und in den allerreichsten Gegenden, wie im Lüneburgischen, den jährlichen Durchschnittsreinertrag per Zuchtstock auf 2 Gulden oder 1 1/3 Thaler anzugeben, d. h. sie schämen sich nicht, zu gestehen, daß eine Zucht, die im Frühjahr z. B. 50 Stöcke umfaßt, nur 100 Gulden jährlichen Durchschnittsreinertrag gewährt (S. Lahmeyer Bztg. 1845 S. 107), während sich die Stöcke nutzlos bipliciren und quadrupliciren (Lahmeyer a. a. O.) und dem Besitzer eine unsägliche Menge Arbeit und Verdruß verursachen; wie

§ XXIX. Derzeitige Methoden mit dem Ständerstock unbeweglichen Baues. 307

dieß Kleine in der Bztg. 1859 S. 3—6, 15—18 und 27—30 trefflich dargethan hat. Zwei Gulden jährlicher Durchschnittsreinertrag per Zuchtstock ist aber bei rationalem Betrieb selbst in dem honigarmen Thüringen eine Lumperei.
Jene Bienenhalter ahnen nicht, daß hauptsächlich die kleinen Körbe das übermäßige Schwärmen bedingen und den Bienen zur zweiten Natur werden lassen; denn ist es nicht wahrlich gar zu naiv, wenn Brüning sagt: Meine gewöhnlichen Körbe haben gegen 1300 Cubikzoll, einige 1600; Körbe von 2000 Cubikzoll gelten hier für Ungeheuer. Bztg. 1847 S. 66.
Wann wird denn nur endlich in den honiggesegneten Ländern ein Züchter erstehen, der, theoretisch gehörig durchgebildet, den Stock mit beweglichen Waben practisch zu handhaben versteht, um der Lehrer des Beispiels zu werden und zu zeigen, daß mit der beweglichen Wabe allen bisherigen Mißständen leicht und radical abzuhelfen ist! Dort durch Schrift zu belehren, daran habe ich längst verzweifelt, weil der Dünkel je-Verständniß hindert. Schade, tausendmal Schade, daß der so höchst intelligente, der Theorie durch und durch kundige Brüning sich in der Praxis nicht zurecht findet; wie dieß jeder seiner Artikel in der Bienenzeitung klar zeigt. Er muß mit den Bienen nicht gehörig verkehren können, nicht gehörig handgewandt sein.

2. Die gemischte Methode.

Weit besser, wenn auch, an sich betrachtet, nichts weniger als gut, ist die gemischte Methode. Die kleinen untheilbaren Stülper sind meist dieselben, doch findet man hier schon mehr theilbare Stöcke, ja die theilbaren Stöcke oft in überwiegender Mehrzahl und sogar ausschließlich. Die kleinen Stülperchen bleiben aber nicht so klein als Zuchtstöcke, denn es wird ihnen ein Holzkasten oder ein untergesetzter Strohkranz belassen, und die Kränzchen- oder Kastenstöcke werden so vergrößert, daß sie oft gut 2500 Cubikzoll Innenraum enthalten und als höchst respectabele Zuchtstöcke dastehen. Sind sie im nächsten Frühjahr noch zu klein, so werden sie vom Schwärmen durch ferneres Untersetzen, bis daß sie die gehörige Größe erreicht haben, abgehalten. Es ist nämlich in Gegenden der letzten Klasse das Abziehen des Erstschwarms mit der alten fruchtbaren Königin fast immer (Ausnahmen sind sehr selten) zu verhindern, wenn man gleich bei Beginn der Tracht einen Untersatz gibt und die Waben nicht bis auf das Standbrett herab bauen läßt, sondern zuvor einen anderweiten Untersatz giebt.
Gewöhnlich wird die Hälfte der Stöcke zu Honigstöcken bestimmt, d. h. es wird die Hälfte der Stöcke während des ganzen Sommers auf die eben angegebene Weise am Schwärmen gehindert. Die andere Hälfte der Stöcke, wenn sie die gehörige Größe haben, erhält des Schwärmens wegen bis Johanni keinen Untersatz, ebenso unterbleibt das zwecklose Untersetzen gleich nach Abgang des Erstschwarmes, und ein geschwärmter Stock erhält nur dann einen Untersatz, wenn er sich später wieder vorlegen sollte. Die Vorschwärme werden einzeln aufgestellt, die Nachschwärme aber tüchtig. oft 3—4, vereiniget. Im August werden die schwersten und leichtesten abgeschwefelt und Michaeli die Untersätze der Standstöcke so weit weggenommen, als sie nicht noch wenigstens schwach von Bienen besetzt sind. Im Frühjahr werden die Stöcke unten 1/3 ausgeschnitten.
Solche Zuchten, obwohl nach dem heutigen Stande der Bienenwissenschaft als rational nicht anzuerkennen, erhalten sich doch sicher und liefern ziemliche Durchschnittserträge. Ich kenne viele solche Stände, z. B. einen des H. Oekonom Zink zu Warza bei Gotha, der, auf 30 Mutterstöcke basirt, bereits seit länger als 50 Jahren (er erbte vom Vater auf den einzigen Sohn) besteht und laut Ausweises der Zink'-

308 § XXIX. Derzeitige Methoden mit dem Ständerstock unbeweglichen Baues.

schen Aufschreibungen einen jährlichen Durchschnittsreinertrag von circa 40 Thaler gewährt.

Bei dieser Methode weichen einzelne Züchter in einzelnen Puncten ab. Manche tödten nicht, sondern vereinigen die Bienen der überzähligen zu cassirenden Stöcke mit den zu überwinternden; Manche setzen nicht blos unter, sondern zuweilen auch nach Abhebung des Deckels oder bloßer Auszügung des Zapfens auf; Manche schneiden im Frühjahr oder auch schon im Herbste oben Kästchen oder Ringe honiggefüllt ab, wenn der Stock Ueberschuß hat, und zideln im Frühjahr die Stülper oben aus; Manche schneiden nie leeres Wachs weg, wie z. B. Busch und A. Braun; Manche, wie wieder die beiden eben Genannten, wintern die Stöcke noch größer, bis auf 4000 Cubikzoll Innenraum mit einem Gewichte von oft 100 Pfund, ein, lassen den Stöcken auch im Frühjahr bei der Zeidlung noch 25—35 Pfund Honig, vermehren nur so viel als zur Completirung des Standes nöthig ist und ernten Honig nur durch oben abgeschnittene Kränze. Andere treiben auch Schwärme ab, wenn solche zu lange auf sich warten lassen, Andere weichen in einzelnen Puncten noch anders ab.

3. Die Magazinmethode.

Die sog. Magazinmethode ist von Christ auf's Tapet gebracht worden, existirt aber meines Wissens nur auf dem Papier, nirgends in der Wirklichkeit, da sie auf die Dauer practisch unausführbar ist. Dieß durchschaute schon von Ehrenfels sehr richtig, indem er sagt: Die Magazinbienenzucht erhält sich nirgends. S. dessen Bienenzucht u. s. w. S. 308.

Das Charakteristische und Specifische der Magazinzucht besteht darin, daß dem aus einzelnen Holzkästchen oder Strohkränzchen gebildeten Stocke honiggefüllte Kästchen oder Kränzchen oben genommen und leere unten gegeben werden und daß das Schwärmen durch fortwährendes Untersetzen, sobald das unterste Kästchen oder Kränzchen zur Hälfte ausgebaut ist, systematisch verhindert und die Normalzahl des Standes durch Ableger erhalten wird, indem man volkreiche Stöcke entweder halbirt, oder etwa drei volkreichen Stöcken den untersten Kranz oder Kasten abschneidet, die drei Theile mit einander verbindet und so einen neuen Stock (gemischten Ableger) herstellt. S. Christ Anweisung u. s. w. 6. Aufl. S.62—70, 72—78, 103—108. Wer in irgend einer Weise — allenfalls ein aufgesetztes Gläschen ausgenommen — hiervon abweicht, ist kein wahrer Magazinzüchter mehr. S. Christ a. aa. OO. und 70—72. Die wahre Magazinzucht ist aber nur die Christ'sche, weil Christ zuerst diese Methode empfahl und detaillirt in seinem angezogenen Buche exponirte. Wer also ein Magazinzüchter heißen und sein will, der darf nicht etwa blos diesen oder jenen Stock à la Christ behandeln, sondern er muß lauter Kästchen- oder Kränzchenstöcke besitzen und alle Stöcke wie Christ behandeln — um ebenso wie Christ baldigst Fiasco zu machen.

Nun hört man aber immer noch von Magazinbienenzucht sprechen und einzelne der achtbarsten Mitarbeiter der Bienenzeitung empfehlen die Magazinzucht. Diese Herren verwechseln die Begriffe und nennen Alles Magazinzucht, was nicht gewöhnliche Schwarm- oder Dzierzonzucht ist. So z. B. Busch, Oettl, Rothe, Bartels, Raden, A. Braun u. s. w. Bald setzen diese Herren unter, bald auf, bald haben sie theilbare bald untheilbare Wohnungen, bald lassen sie schwärmen bald trommeln sie ab 2c., glauben aber doch, weil sie keine Stöcke abschwefeln und den Honig fast nur durch abgenommene Aufsätze ernten, Magazinzüchter zu sein, während ihre Methode ganz einfach unter die gemischte gehört, da ein fester consequenter Plan, ein

§ XXIX. Derzeitige Methoden mit dem Ständerstock unbeweglichen Baues. 309

Befolgen eines bestimmten einigen und einzigen Systems, wie zum Beispiel bei der Schwarmzucht, auch im Entferntesten nicht ersichtlich ist. Da jedoch diese Herren theilweise, d. h. in Behandlung einzelner ihrer Stöcke, wenigstens insofern christmagazinmäßig imkern, daß sie immer nur leere Kränze oder Kasten untersetzen und honiggefüllte oben abschneiden (S. A. Braun Bztg. 1856 S. 132), so will ich hier das Bienennaturwidrige und gegen den heutigen Standpunct der Bienenwissenschaft absolut Verstoßende der Magazinimkerei kurz darthun.

Die sechs oben genannten Herren werden, da sie mit dem heutigen Standpunkte der Bienenwissenschaft völlig vertraut sind, zugeben, daß der Bien naturgemäß den Honig oben, das Arbeiterbrutnest in der Mitte und das Drohnenbrutnest in Gemeinschaft mit dem fortgesetzten Arbeiterbrutnest unten haben will. Schneiden sie nun oben honiggefüllte Kästchen oder Kränzchen ab und geben dafür unten leere, so bringen sie das Arbeiterbrutnest in das Haupt und zwingen so die Bienen in oft alte und theilweise pollengefüllte Zellen Honig abzulagern. Während sie aber die Tafeln des Arbeiterbrutnestes in das Haupt schieben, schieben sie das Drohnenbrutnest in die Mitte, in das Herz des Stockes, und stellen dadurch den Bienen die grausame Alternative, im frühen Frühjahr entweder wider ihre Natur Drohnen zu erbrüten oder Drohnentafeln, wenn solche die Königin mit Eiern nicht besetzt, nutzlos mit zu erwärmen, weil die Brut der Wärme wegen im Schlusse und Zusammenhange steht und deßhalb leeres dazwischen stehendes Drohnengetäfel mit erwärmt werden muß. Welchen Nachtheil das Eine oder das Andere hat, brauche ich diesen Herren nicht weitläufig zu exponiren, da sie sowohl wissen, daß die Drohnen lediglich und allein zur Befruchtung der Königin dienen, daher im frühen Frühjahr völlig zwecklos, ja sogar der Oekonomie des Biens als nutzlose Fresser schädlich sind, als auch, daß an den Stellen, wo die Bienen leere Drohnentafeln zu belagern und zu erwärmen gezwungen sind, bei naturgemäßer Behandlung des Stockes Tausende von Arbeitern erbrütet werden könnten und würden; durch deren Ausfall die Volksvermehrung, die Hauptsache im Frühjahr, sehr empfindlich beeinträchtigt wird. Aber nicht allein, daß das vorhandene Drohnenwachs bald in das Herz des Stockes kommt, bauen auch die Bienen in den Untersätzen wieder vieles Drohnenwachs, weil sie nun einmal naturgemäß das Drohnenwachs unten haben wollen. Dadurch erhält der Stock übermäßig vieles Drohnenwachs und in Folge dessen eine übermäßige Zahl von Drohnen, deren Erziehung und spätere Ernährung vielen Honig kostet. Die Drohnenheckerei ist bei der Magazinzucht ganz ungeheuerlich.

Das wollen nun aber diese Herren nicht zugeben und Bartels (Bztg. 1856 S. 186) sagt, in sehr weiten Magazinen käme Drohnenwachs niemals in's Brutnest, sondern stünde an den Seiten und diene deßhalb größtentheils zur Honigablagerung, und Busch (Honigbiene S. 149) behauptet gar, Magazine erzeugten weniger Drohnen als andere Stöcke.

Diese Behauptungen streiten gegen die evidenteste Erfahrung. In früheren Jahren, wo auch ich, aber nicht lange, einen Theil meiner Stöcke magazinmäßig behandelte, verlängerten starke Völker in der Raps- und Baumblüthe in 14 Zoll im Quadrat lichtenweiten Kästchen, die also größer als die größten Busch'schen runden Ringe waren, selbst die mittleren Bruttafeln oft fußlang mit Drohnenwachs und erzeugten in diesen und den bereits oberwärts stehenden Drohnentafeln eine solche Drohnenmasse, daß die Luft erdröhnte und bei der Drohnenschlacht nicht selten der Boden vor den Stöcken zollhoch mit Leichen bedeckt war.

Aber diese Herren sollen sich mit ihren eigenen Worten schlagen.

310   § XXIX. Derzeitige Methoden mit dem Ständerstock unbeweglichen Baues.

a. Raben sagt, daß in seinen großen weiten Magazinen die Drohnen schon im März zu hunderten flugbar seien. Bztg. 1851 S. 56. Diese Drohnen können doch absolut nur im Herzen des Stockes, im eigentlichen Frühlingsbrutneste, erbrütet werden und die Königin muß die Eier schon im Februar legen. Legt aber wohl im Februar eine gesunde Königin naturgemäß Drohneneier? Gewiß nicht, sondern sie legt um diese Zeit nur Drohneneier, wenn ihr magazinische Widernatur Drohnenwachs in's Arbeiterbrutnest geschoben hat.

b. Bei A. Braun zu Volkenroda sah ich im Mai 1854 einen magazinmäßig behandelten weiten Strohriesen, der so gewaltig war, daß die ausströmenden Bienen wohl 12—15 Zoll weit vom Flugloche noch einen breiten schwarzen Streif bildeten. Gegen 1 Uhr aber spie der Coloß eine solche Fluth von Drohnen mit aus, die so bröhnten, daß Braun, ich und Günther fast schreien mußten, um uns gegenseitig hörbar zu machen. Denken Sie sich, sagte Braun zu mir, schon am eilften April flogen die Drohnen in Menge. S. A. Braun Bztg. 1854 S. 197 und von Berlepsch Bztg. 1856 S. 187. Also waren auch diese Drohnen durch widernatürlich ins Arbeiterbrutnest verrücktes Drohnenwachs entstanden.

c. Busch, der bekanntlich bis 16 Zoll lichtenweite runde Magazine hatte, sagt wörtlich: Der merkwürdigste Fall ereignete sich bei mir im Jahre 1841 und zwar in Sondershausen. Ich hatte meine Ständer in drei Reihen übereinander stehen und fand bei plötzlich eingetretenem naßkalten Wetter Ende Mai vor dem Bienenhause überall unreife Drohnenbrut von allen Stadien. Vor dem einen Stocke in der untersten Reihe lag sie in ziemlich großem Umkreise auf der Erde, hier und da einen Zoll hoch, wie ich noch nie in meinem Leben gesehen hatte. Aber es sollte meine Verwunderung noch steigen. Einem Stocke in der obersten Reihe hatte ich kurz vorher einen Kranz von drei Zoll Höhe untergesetzt, und er flog aus zwei Fluglöchern, dem untersten auf dem Flugbrette und dem drei Zoll darüber befindlichen. Jetzt aber bemerkte ich, daß er nicht mehr aus dem untersten flog, und ließ ihn sofort aufheben. Was entdeckte ich da? Fast das ganze untergesetzte und noch leere Kränzchen von drei Zoll Höhe war voll von todten unreifen und reifen Drohnen und von Drohnenbrut, und ein abscheulicher Gestank drang mir entgegen. Busch Honigbiene S. 151 f.

Jeder Commentar ist hier überflüssig.

Das Treffendste, was ich je über Magazinerei gehört habe, sprach einst der alte drollige Jacob Schulze, als er sich beim Schmiedemeister Nordmann zu Höngeda bei Mühlhausen etwas benebelt hatte; in welchem Zustande er stets überaus heiter und witzig war. Er sagte, als wir auf dem Nordmann'schen Stande ein thurmhohes Magazin, in welchem aber verteufelt wenig aufmagazinirt war, untersuchten: Wer zuerst gerathen hat, einem Bienenstocke den Kopf abzuschneiden und ihm dafür nochmals Beine zu geben, der hat selbst keinen Kopf gehabt. Mit Magazinen, da bleibt mir drei Schritt vom Leibe; das sind Drohnenhecken und Männer ohne Kopf mit Beinen unten und oben. Wer das Brutnest nach oben treibt, der weiß nicht, wie die Bienen logiren wollen. S. von Berlepsch Bztg. 1856 S. 80.

Dieß dürfte genügen, das absolut Naturwidrige der Magazinbienenzucht zu beweisen. Wenn aber einzelne Imker sich bei der magazinmäßigen Behandlung einzelner Stöcke doch eines Erfolges erfreuen und sich dessen rühmen (S. A. Braun Bztg. 1856 S. 132), so beweist das weiter nichts, als daß sich die zähe Natur des Biens in großen weiten Stöcken viel und viel mehr bieten läßt, als in kleinen engen Stöcken, wo die Freude bald ein Ende haben würde; für die Nützlichkeit und Zweckmäßigkeit

§ XXIX. Derzeitige Methoden mit dem Ständerstock unbeweglichen Baues. 311

der Methode selbst beweist es gar nichts. Diese Herren bemerken nämlich den
Nachtheil der magazinmäßigen Behandlung nicht, weil sie dennoch vielen Honig ernten. Denn bei so gewaltigen und sonst so pfleglich und trefflich behandelten Stöcken
der oben genannten sechs Herren möchte ich den Bienenmeister sehen, der im Stande
wäre, zu sagen, so oder so viel Honig würde mehr vorhanden sein, wenn nicht magazinmäßig behandelt worden wäre. Sie erhalten, wie gesagt, auch dann vielen Honig
und nehmen bei der Reichlichkeit der Ernte das lucrum cessans nicht wahr. Und ver-
gleichen sie vollends ihre Resultate mit denen anderer Bienenzüchter, die in kleinen
engen Stöcken imkern, vielleicht gar Schwarmbienenzucht treiben, und sehen sie der
Sache nicht bis auf den tiefsten Grund, so müssen sie schließen wie sie schließen,
d. h. so müssen sie der Magazinerei das Wort reden. Daraus aber, daß man etwas
(subjectiv) nicht wahrnimmt, folgt nicht, daß es auch (objectiv) nicht ist und daß
die Magazinerei à la Christ nicht wider die Natur und gegen den heutigen Standpunct der Bienenwissenschaft verstößt. S. von Berlepsch Bjtg. 1856 S. 132. Sehr
wahr sagt Dzierzon: Statt den Bienen durch fortgesetztes Untersetzen Gelegenheit zu
geben, den Wachsbau immer weiter nach unten auszudehnen, ist es beinahe besser, sie
müßig vorliegen zu lassen, und keine Zucht ist naturwidriger als die Magazinzucht.
Bjtg. 1859 S. 38.

Erste Periode.

Von der Auswinterung bis zur Honigtracht.

§ XXX.
Auswinterung und nächste Zeit.

1. Hat der Winter die Bienen lange in den Stöcken gefangen gehalten, so lasse man sie, wenn nach Petri Stuhlfeier (22. Februar) an einem nicht windigen Tage der Reaumur'sche Thermometer mindestens sechs Grad über Null zeigt, fliegen und sich reinigen; denn zu langes Innensitzen verursacht oft die Ruhr (S. Seite 129 unter α.) und ruhrkranke Völker kommen sehr zurück, stechen lange und gehen zuweilen endlich ganz ein. Doch braucht man mit der Auswinterung nicht zu hastig zu sein, indem die Bienen, wie ich aus sicherer Erfahrung weiß, wenigstens fünf Monate ihren Unrath bei sich behalten können. Man lasse daher die Bienen bei plötzlich eintretendem Thauwetter und warmer Luft, wenn **frisch gefallener Schnee liegt**, so daß er weich und lose ist und Dächer, Zäune, Bäume und andere Gegenstände damit bedeckt und behangen sind, nicht ohne dringendes Bedürfniß ausfliegen. Es ist weniger die Kälte des Schnees, als seine blendende Farbe, sein Glanz, wodurch er den Bienen verderblich wird. Sie werden **geblendet**, irre gemacht und in Verwirrung gebracht, so daß sie sich nicht zurecht finden und bei dem ungewöhnlichen Anblick ihren Standort nicht erkennen und auffinden können. Weil der Schnee das Sonnenlicht stark reflectirt, glauben sie gegen die Sonne zu fliegen, während sie in den Schnee fahren und erstarren, ehe sie sich orientiren können. Ist dagegen der Schnee in Folge früheren Thauwetters oder Regens bereits hart geworden, hat er vielleicht auch schon eine etwas graue Farbe angenommen, sind die Dächer und andere erhabene Gegenstände davon frei, so schadet er den Bienen wenig oder gar nicht. Sie können sich dann von demselben fast noch besser als vom nassen Boden wieder erheben, und außerdem sind die erstarrten Bienen auf demselben leicht zu sehen und aufzulesen. Freilich ist es am besten, wenn die Bienen, so lange der Boden mit Schnee bedeckt ist, in vollkommener Ruhe erhalten werden können. Wenn aber die Witterung übrigens zum Reinigungsausfluge günstig ist, ein solcher den Bienen, weil nach einem langen Winter Ausbruch der Ruhr zu befürchten ist oder Stöcke unruhig werden, sehr heilsam wäre, so gestatte man den Ausflug, befreie aber zuvor die Dächer über den Stöcken von Schnee, damit diese für die Bienen das gewohnte Aussehen haben, schaufele den Schnee weg oder klopfe ihn, wenn er lose ist, in der nächsten Umgebung der Stöcke etwas fest und siebe oder streue Asche, Sand, Spreu u. dergl. darüber, um ihm die blendende Farbe zu nehmen. Von nahen Bäumen und Zäunen schüttele man den Schnee ab. Ist die Luft ruhig und warm und

scheint die Sonne, so werden dann nicht viele Bienen liegen bleiben, indem sie selbst auf dem Schnee sich sonnen und wieder auffliegen können. S. Dzierzon Bfreund S. 166 f. v. Berlepsch Bztg. 1855 S. 4 f.

2. Es ist vortheilhaft, wenn man am Tage des ersten Reinigungsausfluges, ehe dieser selbst beginnt, die Flugbretter wechselt, um die Bienen ihre Todten nicht selbst austragen zu lassen, oder bei Stöcken mit festem Boden die Todten und das Gemüll mit einem Krückchen entfernt. Bei keiner Arbeit nämlich sind die Bienen so linkisch und täppisch als beim Bestatten ihrer Todten. Sie fallen mit denselben auf den kalten nassen, oft noch schneebedeckten Boden, können sich nur schwer und langsam von ihrer Bürde, weil sich die Häkchen an den Füßen der todten Bienen nicht selten an ihren Leibern irgendwo festsetzen, losmachen und werden oft neben den Leichen Leichen. S. Dzierzon Bfreund S. 17. v. Berlepsch Bztg. 1855 S. 5.

Bei dem Wechsel der Flugbretter verfährt man am besten also, daß man dem ersten Stocke das Flugbrett wegnimmt und ihm dafür ein neues giebt. Dann stößt oder kehrt man von dem Flugbrette des ersten Stockes die Todten und das Gemüll ab, dreht das Brett um und setzt den zweiten Stock darauf u. s. w. Bei dieser Operation muß man möglichst schnell zu Werke gehen, jedoch ohne zu poltern, und thut daher wohl, sich eines Gehilfen zu bedienen. Stehen die Stöcke so weit voneinander, daß man zwischen zwei Stöcke ein Flugbrett legen und einen Stock darauf setzen kann, so geht es auch allein; stehen die Stöcke aber dicht nebeneinander, so ist ein Gehilfe fast unentbehrlich. Dann muß nämlich der Gehilfe, während man selbst den Stock vom Brette ab- und in die Höhe hebt, das schmutzige Flugbrett wegnehmen und ein gereinigtes unterschieben. Ich sagte, man müsse bei dieser Operation sich sputen. Denn wenn die Bienen erst anfangen auszuspielen, geht es nicht wohl mehr, und oft beginnen sie schon in der ersten Stunde, die Bretter selbst zu reinigen. Ueberwintert man die Stöcke auf dem Staube, so wechsele man die Bretter resp. krücke den winterlichen Unrath hervor, ehe man die Laden 2c. öffnet; hat man sie aber in einem Winterlocale, so nehme man gleich in diesem und nicht erst auf dem Staube die Bodenreinigung vor, weil durch den Transport bis nach dem Staube die Bienen unruhig werden und sich, namentlich in volkreichen Stöcken, auf die Standbretter herabziehen. S. von Berlepsch Bztg. 1855 S. 5.

Das Gemüll 2c. werfe man nicht weg, sondern sammele es in einem größeren Gefäße und siebe es durch. Das weiße oder gelbliche Schrot rührt von den Wachsdeckeln her, womit die ausgezehrten Zellen geschlossen waren, und enthält reines Wachs. S. Dzierzon a. a. O.

3. Hat man die Stöcke in einem besonderen Winterlocale gehabt, so stelle man sie genau wieder auf ihre alten Stellen; denn die Bienen vergessen selbst nach der längsten Winterruhe ihren Standplatz nicht, wodurch, wenn die Stöcke nicht wieder auf ihre alten Standplätze kommen, oft schädliches Verirren der Bienen erfolgt. S. Seite 141 unter o.

4. Ist der Reinigungsausflug vorüber, so beobachte man seine Stöcke recht genau, um etwa weisellose oder weiseluntaugliche bei Zeiten zu entdecken.

Dauert bei einem oder dem anderen die Unruhe bis gegen Abend fort, kommen nach eingestelltem Vorspiel noch Bienen zum Flugloche heraus, laufen an dem Stocke herum, fliegen ab und kehren kurz und rasch um, so ist dringender Verdacht der Weisellosigkeit da. Noch dringender wird derselbe, wenn ein Stock, statt zu

§ XXX. Auswinterung und nächste Zeit. 317

summen oder zu brausen, heult. Der Unterschied dieser Töne läßt sich dem Anfänger nicht beschreiben, er muß ihn an den Stöcken selbst lernen.

Als ich noch Strohkörbe hatte, ging ich Abends nach dem ersten Ausfluge in das Bienenhaus, legte an jeden Stock behutsam das Ohr und schlug mit dem gekrümmten Zeigefinger mäßig an. Diejenigen Stöcke, welche, statt aufzubrausen und sich bald wieder zu beruhigen, zu heulen begannen, bezeichnete ich als der Weisellosigkeit im höchsten Grade verdächtig, und in zehn Fällen war der Verdacht mindestens neunmal gegründet. Bei Dzierzonstöcken bezweckt man dasselbe, wenn man die Thüre öffnet und etwas Rauch einbläst. Heult das Volk, so ist es verdächtig.

Selbst Stöcke mit unfruchtbaren oder drohnenbrütigen Königinnen lassen bisweilen den Klageton der Weisellosigkeit hören; ja, die mit ganz unfruchtbaren Königinnen thun es ziemlich regelmäßig, zwar nicht am Tage des ersten Ausfluges, sondern wenn später ein recht sonniger warmer Tag kommt und die Bienen recht fliegen und etwas Pollen eintragen können. Am Abend gerieten sie sich dann ganz wie weisellose Stöcke. Den Grund davon suche ich in der reger gewordenen Sehnsucht der Bienen nach Brut, und in den drohnenbrütigen, bei welchen das Heulen freilich viel seltener, aber mitunter doch auch, sich hören läßt, scheinen die Bienen gewahr zu werden, daß sie nicht die rechte Brut haben. Man thut daher wohl, das eben beschriebene abendliche Ohranlegen und Klopfen auch später nach schönen Tagen Abends zu wiederholen. von Berlepsch Bztg. a. a. O.

5. Sobald die Bienen sich gereiniget haben, suchen sie, mitunter noch an demselben, bestimmt aber am nächsten flugbaren Tage Wasser herbeizuschaffen, um den zur Brutfütterung zu verwendenden Honig gehörig flüssig machen und verdünnen zu können. Bei dem Wasserholen kommen aber viele Bienen an Bächen ꝛc. um. Es ist daher sehr vortheilhaft, den Bienen Wasser in die Nähe ihrer Wohnungen an einen windstillen Ort hinzustellen. Damit sie jedoch das Wasser auch finden und sich an diese Stelle für lange gewöhnen, locke man sie anfangs durch flüssigen Honig, den man daselbst etwas erwärmt und mit Strohschnitzeln bedeckt hinstellt, herbei und versüße in den ersten Tagen das Wasser etwas durch Honig oder eingeworfene Kandiszuckerstückchen.

Auch später kann man das Wasser etwas versüßen; doch ist dieß nicht gerade nöthig, unterbleibt sogar besser, um keine Veranlassung zu Räuberei zu geben, wenn man merkt, daß auch Bienen nachbarlicher Stände dasselbe besuchen; was gewiß ist, sobald die Bienen nicht in gerader Richtung nach dem heimischen Stande zu abfliegen. Haben sich die Bienen einmal an eine solche Stelle zum Wasserholen gewöhnt, so fliegen sie fast nirgends wo anders des Wasserholens wegen hin. S. von Berlepsch Bztg. 1855 S. 5 f.

Das Wasser kann man in irdene mehr lange und flache als tiefe und hohe Gefäße, z. B. Bratpfannen, schütten und in dasselbe, damit die Bienen nicht ertrinken, Moos, Schwämmchen oder sonstige Gegenstände werfen. Am zweckmäßigsten habe ich flache Bratpfannen befunden, die einen ganz wagerechten Boden und rechtwinkelige Ecken haben. Schüttet man in diese Wasser und legt auf solches ein den ganzen Wasserspiegel bedeckendes, mit vielen kleinen Löcherchen und Ritzchen versehenes dünnes Brettchen, so saugen die Bienen das Wasser auf, während das Brettchen sich in dem Verhältniß, wie das Wasser abnimmt, senkt. Ist das Gefäß leer, so braucht man nur wieder Wasser aufzuschütten, und das Brettchen hebt sich von selbst.

6. Im Frühjahr, wo sich oft die Sonne plötzlich hinter Wolken birgt, erstarren leider nur zu oft viele Bienen. Der sorgsame Bienenvater wird diese zu jeder Zeit auflesen und sie den schwächsten Körben nach ausgezogenen Spünden oben auf das Gewirk, oder Dzierzonstöcken in den Honigraum, etwas mit flüssigem Honig besprengt, legen, wodurch sie von selbst bald wieder zum Leben gelangen. Schwachen Stöcken kann man auf diese Weise nicht unerheblich helfen; denn wenn auch nicht alle Bienen bei ihnen bleiben, so bleibt doch immer ein Theil.

7. An schönen Tagen nach Mitte März untersuche man sämmtliche Körbe, ob sie weiselrichtig sind, d. h. man sehe nach, ob bedeckelte Arbeiterbrut dasteht. Am bequemsten macht sich diese Untersuchung, wenn man sich eine Cigarre anzündet, dem zu untersuchenden Stock einen Zug Rauch in das Flugloch giebt, behutsam aufkippt, noch einige Züge zwischen die Waben bläst, vom Stande herabhebt und auf den Deckel und so stellt, daß das Sonnenlicht zwischen die Waben fällt. Die anrückenden Bienen treibt man mit Rauch zurück. Dabei kann man, um noch besser sehen zu können, die Waben mit der Hand etwas nach einer Seite biegen. Sieht man keine Arbeiterbrut, so muß die Untersuchung nach etwa acht Tagen wiederholt werden. Beim Aufkippen betrachte man das Standbrett. Findet man nämlich, was sehr oft der Fall ist, auf demselben auch nur eine herausgerissene Arbeiternymphe, so braucht weiter nicht untersucht zu werden, weil dann der Korb weiselrichtig ist. Dzierzonstöcke mit unbeweglichem Boden müßte man auseinandernehmen. Ich bin jedoch hiervon aus Gründen, die im § XLVII entwickelt sind, im Frühjahr kein Freund und thue es nur, wenn triftige Veranlassungen vorliegen, z. B. wenn eine Beute der Weisellosigkeit wirklich verdächtig ist.

8. Auf schwache oder der Weisellosigkeit verdächtige Stöcke habe man besonders Acht und verenge das Flugloch so, daß nur eine Biene aus- und eingehen kann. Dies ist das sicherste Mittel, Räuberei zu verhüten, und es ist, wie schon auf Seite 163 unter 2 gesagt ist, zehnmal leichter, Räuberei nicht ausbrechen zu lassen, als ausgebrochene wieder zu dämpfen. Schwache Körbe resp. Stöcke mit unbeweglichen Waben, wenn sie dennoch stark und wiederholt angefallen werden sollten, cassire man, d. h., schneide sie aus, bewahre das Wachs an einem kühlen Orte sorgfältig auf, tödte die Königin, wenn man sie anderweit nicht zu benutzen weiß, und lasse die wenigen Bienen sich in die Nachbarstöcke einbetteln, oder sonst hingehen, wohin sie wollen. Das Bischen Brut kann man einem starken Korbe in einem Kästchen über das Spundloch setzen und dort ausbrüten lassen.

Manche Bienenschriftsteller rathen, schwache Körbe, von deren Weiselrichtigkeit man überzeugt sei, mit den stärksten zu verstellen. Ich habe in früheren Jahren diesen Rath oft probirt, bin aber belehrt worden, daß ein solches Verfahren, abgesehen von der Gefahr, in welche die beiderseitigen Königinnen gebracht werden, im März und April öconomisch falsch ist, indem dem starken Stocke mehr geschadet als dem schwachen genützt wird. Denn nicht selten treten noch kalte Nächte ein, der volkreich gewesene Stock, der so viele Bienen verloren hat, kann seine Brut nicht sämmtlich mehr bedecken, viele stirbt ab und der Stock kommt sehr zurück. S. Spitzner Korbbienenzucht 3. Aufl. S. 123 f. Ueberhaupt kann ich Anfängern nicht genug rathen, mit schwachen Stöcken im Frühjahr, so bald sich Räuber an denselben zeigen, kurzen Proceß zu machen. Sie nützen ihm nichts, und ehe er sich's versieht, ist die Räuberei im vollsten Zuge und er verliert nicht selten selbst seine wenigen guten Stöcke; wie dieß alles schon Spitzner (Korbbienenzucht 3. Aufl. S. 121) des Wohlmeinendsten und Nachdrücklichsten die Anfänger gelehrt hat.

§ XXX. Auswinterung und nächste Zeit.

9. Ganz anders verhält es sich mit schwachen Dzierzonbeuten. Diese cassire ich im Frühjahr, wenn sie weiselrichtig sind, nie, sondern verstärke sie auf die Weise, daß ich von Zeit zu Zeit den stärksten Völkern Bruttafeln entnehme und den schwachen einstelle. Dieses Verstärken erfordert jedoch große Vorsicht, sonst kann es sehr schädlich werden. Denn mit dem bloßen Einstellen von Brutwaben ist es nicht gethan, weil die schwachen Völker die vermehrte Brut nicht würden belagern können. Sie würde zu dieser Jahreszeit absterben und man könnte dadurch die Völker zum Auszuge veranlassen. Man muß daher anfänglich nur eine Tafel mit dem Ausschlüpfen möglichst naher Brut wählen und die daran sitzenden Bienen mit übersiedeln, zugleich aber auch die Bienen von zwei bis drei Bruttafeln einer anderen mächtigen Beute der zu verstärkenden hinzukehren. Zwar gehen von den alten Bienen die meisten auf den Mutterstock zurück, ein Theil jedoch bleibt, und die jungen, deren an solchen Tafeln immer viele sitzen, bleiben sämmtlich, weil sie noch nicht ausgeflogen waren. Nach etwa 6—7 Tagen wiederhole ich das Manöver mit zwei Bruttafeln und der Stock ist curirt. Die Königin sperre ich bei jedesmaligem Zubringen von Bienen 2—3 Tage ein, denn gerade die jüngeren Bienen fallen am ersten eine fremde Königin feindselig an.

Ist die schwache Beute eine transportabele, so bewirke ich die Verstärkung auf einmal, indem ich aus mehreren starken Beuten etwa 4—5 recht brutvolle Waben mit allen daransitzenden Bienen einstelle, von etwa noch 4—5 anderen Brutwaben die Bienen dazukehre und die Beute etwa 12—14 Tage in einen Keller oder ein sonstiges dunkeles kühles Gemach einstelle. Während dieses Prison laufen viele junge Bienen aus und wenn ich die Beute wieder auf den Stand bringe, behält sie, auch wenn sich viele der älteren Bienen wieder verfliegen, doch Volk genug, um die vorhandene Brut belagern und im Brutgeschäfte gehörig fortfahren zu können.

Selbst eine einzelne fruchtbare Königin, in deren Besitz man z. B. durch nöthige Kassation eines gar zu herabgekommenen Strohkorbes oder durch einen zugeflogenen Hungerschwarm gelangt, ist für den Dzierzonlauer im Frühjahr werthvoll, und ich würde gern das Stück mit 1 Thlr. bezahlen, weil, habe ich eine fruchtbare Königin, das Herstellen eines Volkes Kinderspiel ist. Ich will daher mittheilen, wie ich verfahre, wenn ich im März oder April zufällig in den Besitz einer fruchtbaren Königin gelange. Ich nehme dann eine leicht transportabele Einbeute, hänge in diese fünf Brutwaben mit allen Bienen aus den stärksten Beuten, kehre die Bienen von noch 6—8 Brutwaben, die ich mehreren Beuten entnehme, ab, gebe die nöthigen leeren und Honigwaben hinzu, stelle die Königin in einem Weiselkäfig 2—3 Tage zwischen zwei Waben und bringe die Beute 12—14 Tage in Prison. Nach dieser Zeit auf den Stand gebracht, ist die Beute fertig.

Will ich das Volk in ein eingegangenes Fach einer intransportabelen Beute haben, so nehme ich die Waben mit den Bienen gleich beim Herausbringen der Einbeute aus dem Prison einzeln heraus, hänge sie in das Fach und Alles ist in Ordnung.

Noch will ich bemerken, daß, befindet sich das schwache zu verstärkende Volk in einem Fache einer intransportabelen Beute und wird es von Räubern schon heimgesucht, es nicht gerathen ist, die Verstärkung auf dem Stande und in dem Fache selbst vorzunehmen, weil die Räuber oft nicht ablassen, und bei der Unruhe, die in Folge des Verstärkens immer einige Zeit eintritt, nur zu leicht die Oberhand gewinnen können. Ich nehme dann die wenigen bienenbesetzten Waben eines solchen

Faches heraus, hänge sie in eine transportabele Beute, verfahre, wie oben angegeben, weiter und hänge später das aus dem Prison zurückgebrachte verstärkte Volk wieder in das einstweilen entleerte und fluglochgeschlossene Fach ein.

10. Im Frühjahre geht mitunter einem Volke der Honig aus und man findet die Bienen todt. Gewöhnlich sind sie auch wirklich todt, aber nicht immer; denn ehe sie sterben, erstarren sie zuvor, und man kann ein solches Volk, hat die Erstarrung noch nicht länger als 36—48 Stunden gedauert, wieder ins Leben zurückrufen, wenn man es in ein etwa 15—17 Grad über Null Reaumur erwärmtes Zimmer bringt. Man stellt den Stock auf den Kopf und wirft die etwa auf dem Bodenbrette regungslos liegenden Bienen zwischen die Waben. Fangen einzelne Bienen an, sich zu regen, so braucht man nur etwas flüssigen Honig auf die Bienen zu sprengen, um oft fast alle bald wieder aufleben zu sehen. Werden erst einzelne Bienen munterer, so muß das Zimmer ganz dunkel gemacht werden, damit sie nicht abfliegen und verloren gehen.

Hört man endlich ein lebhaftes Summen, so muß man das Zimmer abkühlen oder den Stock an einen kühlen Ort bringen.

Daß die Bienen wieder aufleben, hat seinen Grund darin, daß zu jener Jahreszeit, wo die Temperatur so niedrig steht, daß die Bienen nicht ausfliegen können, diese zuvor erstarren und dann erst sterben. Ist nämlich der Honigvorrath im Leibe aufgezehrt, so fehlt die wärmeerzeugende Kraft; die Bienen vermögen nicht, die zu ihrem Leben nöthige Wärme weiter zu erzeugen, die Kälte dringt in den Haufen ein, die Bienen werden allmälig regungsloser, rühren sich endlich gar nicht mehr, sind erstarrt und scheintodt und sterben bald den wirklichen Tod des Erfrierens. Im Sommer hingegen oder zu einer Zeit, wo die Bienen ausfliegen können, braucht man sich keine Mühe zu geben, ein todtes Volk wieder aufersehen zu lassen. Dann ist es wirklich todt und verhungert. Denn ist der Honig zu Ende, so werden die Bienen erst flugunfähig, dann wird das Gehen schwerfällig, die Bewegungen werden immer mehr gelähmt, zuletzt rühren sie sich gar nicht mehr, d. h. sind todt. S. Dönhoff Bztg. 1857 S. 77 f.

11. Sehr oft finden sich im Frühjahr Völker, die aus diesem oder jenem Grunde einen Theil ihrer Mannen verloren haben und denen deshalb ihr Logis zu groß geworden ist. Sind die Völker in Wohnungen beweglichen Baues, so werden sie am besten nach der unter 9 gelehrten Art verstärkt. Aber der Anfänger kann dieß selten bewirken, weil er in der Regel keine oder nicht genugsame anderweite mächtige Beuten besitzt, denen er ohne Schaden das zur Verstärkung nöthige Material entnehmen könnte. Er muß daher solchen Völkern ihr Logis verkleinern, d. h. er muß die überflüssigen, von den Bienen nicht wenigstens schwach besetzten Tafeln herausnehmen, die hinten entstehende Lücke nach Vorsetzung eines Brettchens mit warmhaltigen Stoffen und ebenso den Honigraum füllen. Denn behält ein herabgekommenes Volk den ganzen Raum seiner Wohnung, so sitzt es zu kühl und verkümmert meist, während es fast immer wieder zu Kräften kommt, wenn ihm die Wohnung angemessen verkleinert, mithin gehörig warm gemacht wird. Später, wenn das Volk sich erholt, werden die Tafeln einzeln nach und nach wieder zurückgegeben. Ueberhaupt ist das einstweilige Herausnehmen der überflüssigen Tafeln im Frühjahr bei allen Stöcken von wesentlichem Nutzen, wie ich schon auf Seite 159 erwähnt habe.

§ XXX. Auswinterung und nächste Zeit.

Befindet sich solch ein schwaches Volk in einer Wohnung mit unbeweglichen Waben, und ist die Wohnung theilbar, aus einzelnen Kästchen oder Kränzchen bestehend, so schreibe man die überflüssigen unteren Kästchen oder Kränzchen weg, zerstöre aber dabei den Wachsbau derselben ja nicht, um später das einstweilen Genommene unversehrt zurückgeben zu können. In untheilbaren Stöcken unbeweglichen Baues ist nichts zu thun; denn den Bau, wie Manche rathen, unten größtentheils wegzuschneiden, wäre das denkbar Verkehrteste, indem man dadurch den Stock nur noch kühler machen und das Volk durch Beraubung des größten Theiles seines Baues, der ihm später nicht wiedergegeben werden könnte, unfehlbar ins Verderben bringen würde.

§ XXXI.
Die Fütterung.

1. Die Nothfütterung.

Auch dem erfahrensten Praktiker kann es begegnen, daß hin und wieder im Frühjahr einzelnen Stöcken der Honig auszugehen droht und solche, sollen sie nicht zu Grunde gehen, gefüttert werden müssen. Besonders aber haben die Anfänger ihre liebe Noth mit der Fütterung, weil sie gewöhnlich zu honigarme Stöcke einzuwintern pflegen, theilweise auch einwintern müssen, weil sie keine Auswahl haben.

Die Nothfütterung geschieht nun fast immer auf folgende Art: Es wird eine Partie Honig, meist polnischer oder amerikanischer Tonnenhonig, weil heimischer nicht zu bekommen, auch viel theurer ist, auf dem Feuer flüssig gemacht, etwa mit $\frac{1}{4}$ Wasser vermischt, in einen Teller gegossen, mit Strohschnitzeln zur Verhütung des Beschmierens und Ersaufens der Bienen überstreut und Abends unter den Stock gesetzt.

Diese Art des Fütterns ist unbedingt zu verwerfen, weil sie **unzweckmäßig, gefährlich und zu theuer** ist.

a. Sie ist **unzweckmäßig**, weil bei der Nothfütterung nichts bezweckt werden kann, als den Bienen soviel Futter zu reichen, als sie für ihre Leibesernährung und zum ordnungsmäßigen Fortgang des Brutgeschäftes bedürfen. Bei der Fütterung mit **flüssigem** Honig aber verführt man die Bienen, in zu früher Jahreszeit die Brut zu stark auszudehnen, indem man sie, wie von Ehrenfels sagt, glauben macht, die Natur gäbe, was der Mensch gibt. Dadurch wird viel Honig consumirt, denn die Brut kostet viel Honig. Möchte darum sein, wenn nur dadurch die Stöcke auch recht an Volk zunähmen. Oft aber ist sogar das Gegentheil der Fall. Durch die viele Brut nämlich in so früher Zeit werden die Bienen genöthigt, viel auszufliegen, theils um Pollen und Wasser herbeizuschaffen, theils um sich zu reinigen, und es gehen in den oft noch rauhen Tagen nicht selten mehr Bienen verloren als erbrütet werden. Mit einem Wort: Die Erfahrung lehrt, daß starker Brutansatz im März, durch **flüssiges Futter** künstlich hervorgerufen, nichts taugt. Diese Fütterungsmethode ist aber

b. auch **gefährlich**, weil sie gar zu leicht die Veranlassung zur Räuberei gibt und weil, wenn ausländischer resp. amerikanischer oder polnischer Honig dazu verwendet wird, man stets Gefahr läuft, seine Stöcke faulbrütig zu machen. S. Seite 134 f. unter d.

Wie sollen aber die Anfänger füttern, wenn sie versiegelte Honigwaben, die selbstredend das naturgemäßeste Futter sind, nicht besitzen? Mit unaufgelöstem Kandiszucker, welches unschätzbare Futter zuerst Weigel (Bztg. 1845 S. 13) bekannt machte, und welches ich also zu reichen rathe.

Ist das Spundloch im Strohkorbe nicht mindestens zwei Zoll im Durchmesser weit, so nimmt man ein scharfes Taschenmesser, schneidet das Spundloch bis auf diese Weite aus und schnitzt oder sägt sich ein gleich großes rundes Brettchen zurecht, mit welchem die Oeffnung, wenn nicht mehr gefüttert werden soll, wieder geschlossen wird. Dann nimmt man vier dünne Brettstückchen, etwa vier Zoll im Quadrat lichtengroß, und nagelt diese zu einem Kästchen, das weder Boden noch Deckel hat, zusammen. Dieses Kästchen stellt man über das Spundloch und verschmiert es, wo es auf dem Stroh aufsitzt, außen mit Lehm, damit es feststeht. Nun setzt man dasselbe mit Kandiszuckerstücken aus, legt ein angefeuchtetes Läppchen darüber und deckt es mit einem gut aufsitzenden Brettchen zu. Damit das Brettchen nicht etwa durch den Wind abgeworfen werde, braucht man es nur mit einem schweren Gegenstande, z. B. einem halbfaustgroßen Steine, zu beschweren. Die Bienen werden den Kandis nach Bedürfniß auflösen und man hat nur nöthig, das Läppchen, das am besten aus doppelter zusammengenäheter Leinwand besteht, etwa einen Tag um den andern wieder anzufeuchten, damit es den Bienen nicht an der zur Auflösung des Zuckers nöthigen Feuchtigkeit fehlt, und neue Zuckerstücke aufzulegen, wenn die alten verzehrt sind. Läßt man es nicht an Feuchtigkeit fehlen, so wird von dem Zucker fast gar nichts als Schrot herabgeworfen. Geschieht dies aber doch, so sammle man das Schrot, löse es in Wasser auf und verfüttere es flüssig. Meist lösen es übrigens die Bienen später selbst auf, indem sie sich an wärmeren Tagen unten darüber legen und es aufsaugen.

c. Es ist aber die Fütterung mit flüssigem Honig auch zu theuer und verhält sich gegen unaufgelösten Kandiszucker etwa wie $2^2/_3$ zu 1.

Unter den verschiedenen deßfalls von mir angestellten Versuchen theile ich nur folgenden mit. Am 1. März 1854 nahm ich zwei Dzierzonstöcken, deren Volk wohl gleich zahlreich war, alle Honigwaben weg und gab ihnen dafür leere. Den einen fütterte ich mit flüssigem Honig, den andern mit Kandiszuckerstücken. Am 20. April waren $3^1/_4$ Pfund Zucker und $9^1/_2$ Pfund Honig, von welch letzterem jedoch etwa noch 1 Pfund Vorrath in den Zellen stand, verzehrt. $8^1/_2$ Pfund Honig = 1 Thlr. 21 Sgr., $3^1/_4$ Pfund Zucker = 19 Sgr., also Kostenverhältniß etwa wie $2^2/_3$ zu 1. S. von Berlepsch Bztg. 1855 S. 7.

Bei Dzierzonstöcken hebt man das mittlere Deckbrettchen ab, setzt das Futterkästchen auf, bedeckt den leeren Raum vor und hinter demselben und verfährt sonst ganz so wie bei Strohkörben.

Manche (z. B. Dzierzon, Nachtrag u. s. w. S. 73 f.) empfehlen, statt des Zuckers, Honig, der bereits nicht mehr flüssig ist, sondern sich wie Butter schneidet, zu verfüttern. Hat man solchen Honig und will man ihn als Futter gebrauchen, so schneide man aus den Honigtöpfen Stücke heraus, setze diese rings um das Spundloch und drücke sie an die Seiten und in die Ecken des Kästchens recht fest mit den Fingern an. Ich habe diese Fütterung einige Male versucht und dabei gefunden, daß man mit Kandis etwas über $1/_4$ billiger wegkömmt. Ein Beispiel wird die Sache klar

machen. Im Frühjahr 1853 mußte ich wegen des vorhergängigen totalen Miß-
jahres (ein gräßliches Hagelwetter hatte am 26. Mai 1852 alles weit und breit
verwüstet) meine sämmtlichen Stöcke füttern. Ich nahm des Versuchs wegen sechs
gleich große und gleich volkstarke Körbe und fütterte auf obige Weise drei mit Kandisstücken und drei mit verbuttertem Honig Ein Loth eigenen Vorrath hatte kein
Stock, denn sie waren sämmtlich schon während des Winters, wo sie sich in einem
Keller befanden, mit Kandis gefüttert worden. Vom 3. März bis 15. April hatte
ich 11½ Pfund Honig und 8 Pfund Zucker mit diesen Stöcken verfüttert. 8 Pfund
Zucker = 1 Thlr. 23 Sgr., 11½ Pfund Honig = 2 Thlr. 9 Sgr. S. von
Berlepsch Bztg. 1855 S. 7.

Da bei der Rothfütterung der Kandis nichts zu wünschen übrig läßt, so übergehe ich die übrigen Honigsurrogate.

2. Speculationsfütterung.

a. Da es an sich klar ist, daß die Stöcke je mehr Ertrag liefern werden, besto
volkreicher sie schon bei Beginn der Honigtracht sind, so strebten von jeher die intelligenten Züchter dahin, im Frühjahr den Volkreichthum durch Kunst zu steigern.
Am wichtigsten ist dies in denjenigen Gegenden, wo die Tracht schon früh sehr
reich ist, aber auch früh wieder aufhört, wie z. B. bei uns in Thüringen, wo die
Haupttracht Anfangs Mai mit der Rapsblüthe beginnt, alle Tracht mit dem Anlegen der Sense an den Roggen vorbei ist. Hier ist frühzeitiger Volkreichthum
außerordentlich wichtig, weniger in Gegenden, wo die beste Tracht erst im Juni
oder gar Juli beginnt und länger, vielleicht bis tief in den September hinein andauert. In solchen Gegenden haben die Bienen Zeit, sich allmälig ohne menschliche
Beihülfe tüchtig zu bevölkern, um die Weide gehörig ausbeuten zu können.

b. Um nun eine frühzeitigere Volksvermehrung zu bewirken, muß man den Bienen die gehörige Zeit vor dem muthmaßlichen Beginn der Volltracht dasjenige in
reichster Menge, wenn sie's nicht selbst haben, reichen, dessen sie bedürfen, um möglichst viele Brut ansetzen zu können. Zu vielem Brutansatz sind sie aber dreierlei
benöthiget: Honig, Pollen und Wasser. Sind sie im Herbste gehörig honigreich eingewintert, so haben sie im Frühjahr Honig genug und Wasser finden sie, wenn
günstige Witterung (und nur dann brüten sie stark) viele Ausflüge gestattet, im
Ueberfluß, aber an Pollen in gehöriger Masse gebricht's im Frühjahr fast immer.
Diesen muß man ihnen daher in ausgiebigster Weise reichen — im Getreidemehl,
das den Pollen vollkommen ersetzen kann.

Diese Frühlingsmehlfütterung, von den Russen schon sehr lange angewendet, ist in
Deutschland erst einige Jahre bekannt, hat sich aber trotzdem schon als ausgezeichnet
bewährt. Es fragt sich daher nur, wann, auf welche Weise und mit welchem
Mehle zu füttern ist.

c. Wann soll mit Mehl gefüttert werden? Man beginne die Fütterung
nicht zu früh, denn vieler Brutansatz in sehr früher Zeit taugt nichts, wie auf
S. 322 unter a gelehrt wurde. Ich beginne mit der Mehlfütterung in den letzten
Tagen des März, weil bei mir in der Regel die Volltracht, die Rapsblüthe, Anfangs Mai eintritt, und setze die Fütterung fort, bis daß die Bienen, sattsam Pollennahrung in der Natur findend, das Mehl nicht mehr nehmen.

d. Auf welche Weise soll gefüttert werden? Ich nehme einige leere,
möglichst tiefe Dzierzonbeuten, stelle solche an windstillen Orten etwa 20 Schritt
vom Bienenstande auf, entferne die Thüren, stopfe möglichst alte feste Drohnenwaben an einer Seite voll Mehl, indem ich solches mit der flachen Hand fest in die

§ XXXI. Die Fütterung.

Zellen einstreiche, und lehne an die drei inneren Wände der Beuten drei Tafeln, mit der vollgestopften Seite auswärts gerichtet, schräg an.

Das Mehl einfach auf den Boden zu streuen, ist nicht zu empfehlen, weil den Bienen auf einem ebenen Körper die Anhaltspunkte zum Firiren der Füße fehlen, die ihnen auf den Rändern der Zellen gegeben sind. An schönen sonnigen Tagen leeren die Bienen die Tafeln in kurzer Zeit, und ich mußte sie oft an einem Tage drei- bis viermal füllen. Vor dem Wiederfüllen kehre ich die Tafeln um und klopfe mit der Hand den von Bienen ungenießbaren Rückstand, welchen ich als Viehfutter verwende, aus.

Anfänglich wollen die Bienen nicht recht an das Mehl; ich setze daher an dem Tage, wo ich die Mehlfütterung beginnen will, vorher ein Gefäß mit erwärmtem, starkriechendem Honig an die Stelle, an welcher ich Mehl füttern will, nehme den Honig, wenn er recht dicht von Bienen überlagert ist, weg und stelle nun die Mehlwaben in die leeren thürlosen Beuten ein. Die Bienen fallen jetzt auf das Mehl und beginnen bald die Höschenbildung.

Auf diese Weise verfütterte ich z. B. im Frühjahr 1857 gegen 480 Pfund Mehl; wovon jedoch etwa der vierte Theil, die gröberen Bestandtheile des Mehles enthaltend, nicht weggetragen wurde. Nehme ich nun an, es seien 120 Pfund Rücksatz geblieben und 6 Pfund verstiebt (nur sehr wenig konnte verstieben, da die Mehlwaben ganz hinten in den tiefen Beuten standen), so trugen die Bienen 354 Pfund in die Stöcke. Es waren aber 100 Beuten und 6 bäuerliche Strohkörbe, die ich 3 Beuten gleichstellen will, welche trugen; mithin fallen auf 103 Beuten 354 Pfund Mehl oder auf die Beute durchschnittlich etwa 3 Pfund 14 Loth.

Ich bin überzeugt, daß durch diese Fütterung meine Stöcke nicht nur bald sehr volkreich wurden, sondern auch, daß dadurch außerordentlich an Honig gespart wurde. Denn als ich 1857 mit der Mehlfütterung begann, besaßen alle meine Beuten nur noch wenig Honig (1856 war bei mir ein äußerst schlechtes Jahr), und ich hatte mich auf einen Kandiszuschuß von 300 bis 400 Pfund gefaßt gemacht. Der Honig nahm aber von jetzt an nur langsam ab und ich brauchte nur elf Pfund Kandis zu verfüttern. Die Sache ist nicht schwer zu begreifen, da das Mehl vielen Zuckerstoff enthält, der bei der Verdauung durch den Magensaft ausgesogen wird. S. Küchenmeister Bztg. 1857 S. 257.

Bei der Mehlfütterung gewähre man den Bienen aber auch zugleich Wasser, dessen sie jetzt besonders viel bedürfen, nur stelle man die Wassergefäße in einiger Entfernung vom Mehle, und nicht etwa, wie Bartels (Bztg. 1858 S. 79) räth, zwischen dem Mehle auf; sonst würde das Wasser bald Kleister werden, indem der feine durch das Schwirren der Bienen sich bildende Mehlstaub auf die Wasserflächen niederschlagen müßte. Auch ist die Voraussetzung Bartels, die Bienen sögen Wasser ein, um mittels desselben das Mehl zu Höschen zu ballen, unrichtig. Denn bei der Höschenbildung verwenden die Bienen flüssigen Honig, wie man sich genau durch den Honigbeigeschmack des in den Zellen stehenden Mehles überzeugen kann. Eine Biene, die jetzt Wasser trägt, trägt auf demselben Ausfluge kein Mehl, und eine Biene, die Mehl trägt, trägt kein Wasser. Das Wasser wird eingetragen, um den Honig zu verdünnen, damit er zur Speise und zur Futtersaftbereitung tauglich wird. Von diesem wasserverdünnten Honig, den man im Frühjahr in der unmittelbaren Nähe des Brutnestes stehen sieht, nehmen dann diejenigen Bienen, welche Mehl oder Pollen tragen wollen, etwas zu sich, um es als Klebmittel bei der Höschenbildung durch den Mund wieder von sich geben zu können. S. von Berlepsch Bztg. 1858 S. 80.

e. **Mit welchem Mehle soll gefüttert werden?** Ich habe bisher nur mit Roggen- und Weizenmehl gefüttert und das Welzenmehl vortheilhafter gefunden, weil die Bienen bei dem Roggenmehl weit mehr Rückstände ließen. Je feiner (S. Helene Lieb Bztg. 1859 S. 173) das Weizenmehl war, desto vollständiger wurde es weg getragen. Kindler empfiehlt Hafermehl als das beste und vortheilhafteste. S. Bztg. 1857 S. 257. Er mag recht haben, da das Hafermehl das süßeste ist. S. Bartels Bztg. 1858 S. 79.

f. Die Mehlfütterung hat aber die große Unannehmlichkeit, daß alle Stöcke eines Ortes an dem Schmause Theil nehmen und daß daher an Orten, wo viele Bienenstände existiren und wo z. B. ein Anfänger von nur einigen Stöcken Mehl füttert, während die anderen Bienenzüchter dies nicht thun, die eigenen Bienen nicht den zehnten Theil erhalten. Es wäre daher sehr wichtig, wenn man das Mehl auf eine bequeme Weise innerhalb der Stöcke füttern könnte. Ich habe zwar deßfallsige Versuche gemacht, die aber kein gutes Resultat hatten. Denn stellte ich das Mehl unter oder über den Bau, so wurde wenig, meist gar nichts, davon genommen, und stopfte ich es in Waben und brachte diese an den Sitz der Bienen, so wollte es mit dem Ausleeren des Mehles auch nicht recht vorwärts. Auch halte ich von dem Einhängen mehlgefüllter Tafeln in die Nähe des Brutnestes an sich nichts, weil bei einer großen Zucht die Sache äußerst zeitraubend und lästig ist und die Stöcke zu oft beunruhiget werden müssen, was ihnen schädlich ist. Die Biene, der im Sommer Beunruhigungen gar nichts schaden, will im Winter und Frühjahr Ruhe haben und das öftere Beunruhigen und Abbrechen der Deckbrettchen zu dieser Zeit ist absolut schädlich.

Scholz knetet $^2/_3$ Mehl, $^2/_3$ gestoßenen Zucker und $^1/_3$ dünnflüssigen Honig mit Zuguß von wenig lauem Wasser zu einem Teig, füllt denselben in schmale, einer dicken Wurst ähnliche Säckchen von grober Sacktuchleinwand, aus der immer kreuz und quer der dritte Faden ausgezogen ist, so daß die dadurch entstandenen Löcher von der Größe eines Stecknadelkopfes dicht nebeneinander sind und den Bienen das Futter von allen Seiten zugänglich ist. Die Säckchen bindet er oben zu und legt sie auf den Stäbchenrost gerade über den dichtesten Sitz der Bienen, nachdem er sie vor dem Auflegen recht schnell in warmes Wasser getaucht hat. Er versichert, daß diese Säckchen nach einigen Tagen ganz leer seien. S. Scholz Bztg. 1858 S. 78 f.

Obwohl ich die Sache noch nicht probirt habe, so glaube ich doch, sie empfehlen zu können, immer aber bleibt das Problem noch zu lösen, wie man das Mehl, ohne es mit Honig oder Zucker versetzen zu müssen, auf bequeme Weise innerhalb der Stöcke verfüttern kann.

In neuester Zeit werden noch einige Gegenstände als treffliches Bienenfutter genannt.

a. **Zermahlene mit Wasser zu einem Brei vermengte Oelkuchen.** Eb. Langguth: Im Mai 1857 fiel zwei Bienenwirthen im Departement Var in Frankreich der ungewöhnlich eifrige Flug ihrer Bienen und die Schwere der Ladung, mit der sie heimkehrten, auf. Sie zerbrachen sich den Kopf, wo die Bienen ihre reiche Ernte gefunden haben möchten und gingen am andern Morgen, als die Bienen wieder sehr emsig flogen und trugen, der Richtung des Fluges nach. Bald kamen sie bei

§ XXXI. Die Fütterung.

einem Landgute an, wo eine große Partie von Oelkuchen zerschlagen und mit Wasser gemengt war, um als Dünger verwendet zu werden. Hier saßen die Bienen am Rande der mit der erwähnten Flüssigkeit gefüllten Tonnen und sammelten so eifrig wie möglich. Bztg. 1858 S. 69 f. Dagegen berichten Möller (Bztg. 1858 S. 246), Wolf (Bztg. 1859 S. 84) Scholz (Bztg. 1859 S. 46), Göfiler (Bztg. 1859 S. 128) und Franz Hofmann (Bztg. 1859 S. 45), daß die Bienen dieses Futter, trotz aller von ihnen angewandten Mühe, nicht genommen hätten, und Hofmann sagt jedenfalls richtig: Jene Bienen, über welche aus Frankreich die erste Nachricht gekommen ist, sogen nichts als Wasser aus.

β. **Trädern von Kanariensaamen mit Wasser zu einem Brei vermengt.** Helene Lieb: Vor Kurzem las ich in der Moldauischen Agriculturzeitung einen von einem in Jassy lebenden Franzosen verfaßten Artikel, nach welchem in der Provence die Trädern des Kanariensaamens, mit Wasser zu einem dünnen Brei verdünnt, als Futter für die Bienen verwendet und von diesen mit unglaublicher Gier verspeist werden sollen. Ich habe zwar selbst noch keinen Versuch mit diesen Trädern gemacht, halte die Sache aber für wahrscheinlich; denn ich erinnere mich, daß, als ich vor mehreren Jahren im Frühjahr einige Kasten mit Oelfarbe anstreichen ließ, meine Aufmerksamkeit durch ein Knappern an den Kasten rege wurde. Die Kasten waren noch nicht gut trocken, und ich sah meine Bienchen sehr emsig die Farbe herunternagen und sich davon blaue Höschen bilden. Ich glaube, daß das mit Indigo und Bleiweiß gemengte Leinöl die Bienen anzog und daß sie auch anderes Oel und ölhaltige Trädern, wie die des Kanariensaamens, einsammeln. Bztg. 1858 S. 69.

Franz Hofmann reichte einem Volke, das keinen Honig mehr hatte, diesen Brei. Es starb bald; woraus er schließt, daß dieser Brei von den Bienen nicht genossen werde. S. Bztg. 1859. S. 45. Diesen Schluß ich sicher unrichtig; denn die Bienen genießen erwiesenermaßen zur eigenen Leibesernährung (S. Seite 105 f) Pollen und doch können sie von bloßem Pollen nicht leben, sondern sterben sehr bald, wenn sie nicht auch Honig neben dem Pollen haben. Es ist also immer möglich, daß jener Brei, gleich dem Getreidemehl, den Pollen verträte. Ob dem freilich in Wirklichkeit also ist, das ist eine andere Frage, die erst dann an Wahrscheinlichkeit gewänne, wenn durch exacte Versuche festgestellt wäre, daß die Bienen diesen Kanariensaamenträderbrei wirklich genössen. Sie, meine hochgeehrte Madame Lieb, die Sie die Sache zuerst verlautbarten, dürften auch wohl die Güte haben, dieselbe weiter zu verfolgen.

g. Will ein Imker seine Stöcke noch mehr treiben, so füttere er dieselben etwa vom 12. April an, aber ja nicht früher, stark und wiederholt mit dünnflüssigem Honig. Er schafft ihnen so gleichsam eine künstliche Tracht, eine honigende Natur, wodurch die Königin, da das Mehl den Pollen vertritt, Brut in noch größerer Menge ansetzen wird. Der Instinkt, der die Bienen leitet, sich stark zu vermehren, sobald die Blüthen ihre Kelche mit nectarischem Trank credenzen, wird getäuscht, und was der Mensch giebt, nimmt er für Spende der Natur. Daß also zu diesem Zwecke nur flüssiges Futter tauglich ist, leuchtet von selbst ein, und es fragt sich daher nur noch, da der Zeitpunkt des Fütterungsbeginnes bereits angegeben ist, wie viel, auf welche Weise und welche Stöcke speculativ mit flüssigem Honig gefüttert werden sollen.

h. **Wie viel soll gefüttert werden?** Je mehr, desto besser, doch reichen drei Pfund pro Stock hin.

i. **Auf welche Weise soll gefüttert werden?** Hat man inländischen Honig, so nimmt man pro Stock 3 Pfund, läßt das Quantum bei mäßiger Wärme, z. B. in einer Ofenröhre, aber ja nicht auf dem lohen Feuer, flüssig werden, gießt ein Pfund heißes Wasser hinzu und rührt mit einem Löffel alles wohl um, damit das Wasser sich mit dem Honig gehörig mische und verbinde. Dann reicht man, wo möglich an warmen Abenden nach schönen flugbaren Tagen, auf einmal je ein Pfund in dreitägigen Zwischenräumen. Angenommen also, man begänne am 12. April, so würde etwa wieder am 15., 18. und 21. zu füttern sein. Starke Portionen auf einmal sind nöthig, weil diese Fütterung eine reichliche Tracht nachahmen soll, und mit kleinen Portionen, etwa täglich, effectuirt man so viel wie nichts. Hat man keinen inländischen Honig, so wird derselbe auch hier durch den Kandis vollkommen ersetzt. Den Kandis übergieße man mit Wasser und löse denselben auf einer heißen Platte oder auch auf dem Feuer auf. Hier reicht jedoch auf 3 Pfund Zucker 1 Pfund Wasser nicht aus, weil sich viel Wasser verkocht und man kann auf 3 Pfund Zucker auch 3 Pfund Wasser nehmen.

Ob man das Futter warm oder kalt reicht, ist im Erfolge gleichgültig; nur deshalb gab ich es immer warm, weil es so von den Bienen schneller weggetragen wird. Ebenso gleichgültig für den Erfolg ist es, ob das Futter von oben oder von unten gereicht wird. Doch rathe ich auch hier der Bequemlichkeit und Reinlichkeit wegen nur zur Fütterung von oben. Füttert man nämlich um diese Zeit von unten, so werden beim Einschieben und Ausziehen der Futtergeschirre fast jedesmal Bienen zerdrückt und es regnet oft Stiche, indem um diese Zeit die Bienen stärkerer Stöcke die unteren Waben schon belagern und beim Herausnehmen der Geschirre noch dicht auf denselben sitzen und leicht wild werden. Um aber die Fütterung mit flüssigem Honig oder Zucker von oben bewerkstelligen zu können, habe ich mir runde, sechs Zoll im Durchmesser weite und 3½ Zoll hohe Schüsselchen

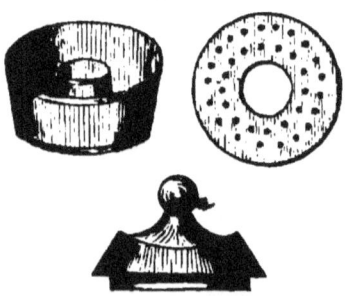

mit abnehmbarem Deckel vom Töpfer fertigen lassen. Von der Mitte des Bodens aus erhebt sich eine 2¼ Zoll hohe, 1½ Zoll im Rundburchmesser weite, unten und oben offene Röhre, durch welche die Bienen, wenn man bei Aufsetzung des Schüsselchens diese Röhre auf das Spundloch eines Strohkorbes oder in einer Dzierzonbeute auf ein abgehobenes Deckbrettchen aufpaßt, auf- und niederspazieren können. Wenn man das futtergefüllte Schüsselchen, welches mit einem neben demselben abgebildeten dünnen durchlöcherten Brettchen, damit die Bienen nicht ersaufen, bedeckt sein muß, aufsetzt, so braucht man nur den Finger in das Futter

§ XXXI. Die Fütterung.

einzutauchen und einige Tröpfchen in die Röhre hinuntergleiten zu laſſen, um die Bienen alsbald, leckermäulig koſtend, einzeln heraufkommen zu ſehen. Sollten die Bienen hin und wieder während der Nacht das Futter nicht aufgezehrt haben, ſo kann das Schüſſelchen am Tage ohne Gefahr ſtehen bleiben, weil fremde Bienen bei dem gut aufſitzenden, unten gleichfalls abgebildeten Deckel nichts von dem Futter merken können.

k. Welche Stöcke ſoll man füttern? Nur die ſtarken, denn nur dieſe ſind im Stande, viele Brut anzuſetzen; was ſchwache, und wenn man ſie noch ſo reichlich füttert, nicht vermögen. Bei ſchwachen Völkern iſt das Futter völlig vergeudet.

Daß die ſpeculative Fütterung in der Weiſe, wie ſie hier gelehrt iſt, Volksvermehrung und frühzeitiges Schwärmen hervorbringt, und daß ſie daher dem Anfänger, dem an mehreren und möglichſt frühzeitigen Schwärmen alles gelegen ſein muß (denn ehe man Honig ernten kann, muß man erſt eine Partie Stöcke haben), zu empfehlen iſt, leugnet meines Wiſſens Niemand, wohl aber wird hier und da die öconomiſche Nützlichkeit der ſpeculativen Honigfütterung beſtritten, d. h. es wird in Abrede geſtellt, daß das aufgewendete Futter ſich bezahlt mache. Und unter dieſen vereinzelten Opponenten treffen wir auch den Meiſter Dzierzon. Leider habe ich nie comparative Verſuche mit ſpeculativ gefütterten und ſich ſelbſt überlaſſenen Stöcken gemacht und bin daher außer Stande, mit beſtimmten Zahlen aufzuwarten. Ich dächte aber doch, es läge auf der Hand, daß, wenn man einem Stocke durch ſpeculatives Honigfüttern nur 3000 Bienen zwölf Tage früher (was ſelbſt Dzierzon wohl nicht leugnen dürfte) verſchaffen kann, und dieſe Bienen gerade in der üppigſten Trachtzeit auftreten, ſie auch vermögend ſein werden, drei Pfund Honig mit etwas Zinſen zu erſtatten. Ja meines Bedünkens wuchern die Bienen mit ihrem besfalligen Pfunde beſſer als der getreue Hausvater im Evangelio. S. von Berlepſch Bztg. 1855. S. 17.

l. Dönhoff ſagt: Der Traubenzucker verdient den Vorzug vor dem Kandiszucker, da er weit weniger koſtet und derſelbe Zucker iſt, der einen Hauptbeſtandtheil des Honigs ausmacht, deshalb auch Honigzucker genannt wird. Er eignet ſich ſowohl zur Fütterung in kochendem Waſſer aufgelöſt als auch unvermiſcht, wie er aus der Fabrik kommt, wo er mit Waſſer angefeuchtet iſt. Die Bienen zehren bieſen Zucker bei letzterer Fütterungsweiſe langſam auf, ohne daß, wie beim Kandiszucker, viel verloren geht. Am Rhein beſtehen Fabriken, die den Traubenzucker im Großen herſtellen, z. B. eine der Herren Remy und Eſpenſcheid zu Neuwied, die den Centner zu 8½ Thlr. (das Pfund 2½ Sgr.) loco Neuwied liefern. Bztg. 1857. S. 274. Aus eigener Erfahrung vermag ich nichts zu bekunden, halte jedoch die Sache der Beachtung für ſehr werth.

m. Baron Ehrenfels empfiehlt, außer Waſſer, noch zwei Beimiſchungen zum flüſſig zu verfütternden Honig, nämlich Wein oder Milch, je nach Zeit und Zweck der Fütterung.

α. Wein, ſagt er, für alle thieriſche Organismen ein geiſtiges Mittel, das die Lebenskraft weckt und hebt, iſt auch bei den Bienen, beſonders bei der Auswinterung, anwendbar. Inſofern der Wein nur mäßig, nicht als berauſchendes, ſondern nur als Kraft, Muth und Thätigkeit weckendes Mittel, hauptſächlich nach langer Winterruhe, angewendet wird, iſt er auch aus phyſiſchen Gründen zu rechtfertigen. Nach der erſten Reinigung, bei der Ruhr, iſt er Medizin; bei Anfällen von Räubern Muth und Kraft weckendes, bei Volksarmuth künſtlich erwärmendes Mittel. Allein nur ſüße Weine, b. h. ſolche Weine, die alle Weinſäure neutraliſirt haben und nach vollzogener geistiger Gährung gleichsam stille stehen und Geist und Süße im milden Bunde vereinen, sind brauchbar, und ein Pfund Honig verträgt einen Eßlöffel voll solchen Weines. S. von Ehrenfels Bienenzucht u. s. w. S. 264 f.

Ich habe in früheren Jahren lange von Ehrenfels'schen Sonnencultus getrieben und gläubig auch alle seine Weindogmen befolgt, kann aber versichern, nirgends und niemals auch nur den geringsten Vortheil (freilich auch keinen Nachtheil) davon gehabt zu haben. Ich habe mit den süßesten spanischen Weinen und echtem Tokayer Ausbruch den Immen Libationen, streng nach Ehrenfels'schem Ritus, gebracht — ohne Erfolg; jetzt bin ich so klug, solchen Nektar mir selbst zu libationiren.

β. Die Römer, sagt von Ehrenfels ferner, fütterten als brutbeförderndes Mittel Honig, zum vierten Theile dem Gewichte nach mit frisch gemolkener süßer Schafmilch vermischt. Dieses Mittel ist auf die alten Zeidlerzünfte als geheimes Beförderungsmittel, ihre Zuchtstöcke vor Johanni alle unfehlbar zum Schwärmen zu bringen, übergegangen und ist noch heute hier und da in Anwendung. Die Sache ist probat; denn Schafmilch, die fetter als Kuhmilch, und auch fette Kuhmilch, wie sie drei Monate nach der Kalbung ist, hat öligte Theile, die den Bienen Wachsstoff geben und, mit Honig versetzt und in Futtersaft verwandelt, eine nahrhafte Speise für die Brut liefern. Bei comparativen wiederholten Versuchen, d. h. bei Stöcken, die ich mit milchvermischtem und bei Stöcken, die ich mit wasservermischtem Honig fütterte, stellte sich bei der Milchbeimischung, wenigstens bezüglich der Brutvermehrung, ein viel günstigeres Resultat als bei der Wasserbeimischung heraus. S. von Ehrenfels Bienenzucht u. s. w. S. 265 f.

Ich habe nach dieser Anweisung wohl zwanzigmal mit Milch gelte gebliebener Kühe, also mit der allerfettesten Milch, gefüttert, aber niemals einen Vortheil (Dönhoff Bzlg. 1859 S. 134.) gegen Wasserbeimischung, wohl aber ein mal (nämlich das letzte Mal, seitdem ich dann von weiteren Versuchen abstand) durch diese Milchbeimischung fünf Stöcke verloren. Der Honig gerieth, weil er nicht sämmtlich rasch verbraucht wurde, in Gährung, sah fast blau aus und schmeckte widerlich süß-säuerlich und die Stöcke gingen gemach ein. Ganz natürlich; denn jede Milch gährt, besonders an einem warmen Orte, sehr bald, bringt mithin den Honig, dem sie beigemischt ist, mit in Gährung, treibt die Leiber der solches Futter genießenden Bienen dick auf, macht sie zugleich verstopft und läßt sie elendiglich sterben. Ich warne daher gegen Milchzusatz und empfehle das naturgemäße Wasser derart, daß man flüssig gemachten Honig nie ohne ein Sechstel bis ein Viertel des Gewichts Wasserzusatz füttert. Der Honig enthält Wassertheile; diese verflüchtigen sich und die Bienen müssen, namentlich wenn der Honig vor der Wiederflüssigmachung stark crystallisirt war, viel Wasser zumischen, um denselben in seine ursprüngliche Beschaffenheit zurückzuversetzen. Mischet man daher Wasser und zwar um so mehr, je crystallisirter der Honig ist, bei, so ist unsere Kunst Natur.

§ XXXII.
Der Frühlingsschnitt.

Die Wahrheit des von Busch in der Bzeitung 1846 S. 39 ausgesprochenen Satzes „der Frühlingsschnitt ist der Ruin der Bienenzucht honigarmer Gegenden" liegt so nahe und muß sich Jedem, welcher mit nur einigem Nachdenken imkert, ganz von selbst aufdrängen, daß es schier unbegreiflich wäre, wie das Beschneiden, d. h. das Verstümmeln der leeren Waben unten und das Herausmaßen des Honigs oben, immer noch fast allgemein gebräuchlich sein könnte, wenn man nicht wüßte, welchen Terrorismus die Gewohnheit über die Sterblichen übt. Denken ist nicht Jedermanns Sache, aber die Affennatur ist Jedem gleichsam erbsündlich angeboren, und im gedankenlosen Nachmachen ist das Menschengeschlecht außerordentlich gelehrig.

In honigarmen Gegenden hängt das Wohl und Wehe der Stöcke von ihrem Zustande bei Beginn der Volltracht ab. Sind sie hier nicht schon volkreich, so werden sie die oft nur wenigen Trachttage nicht gehörig benutzen können und werden, wenn nicht in seltenen Fällen einmal der Juli honigreich ist, arm bleiben. Wie aber können sie um jene Zeit, durchschnittlich $\frac{1}{3}$ Mai, volkreich sein, wenn man ihnen den größten Theil der Brutzellen, wie gewöhnlich geschieht, Ende März oder im Anfang April wegschneidet? Die Sache ist so selbstverständlich, so offenbar, so mit Händen zu greifen, daß ich kein Wort weiter sagen würde, wenn nicht gerade mehrere der bedeutendsten Imker der Neuzeit das Gegentheil behauptet und den schärfsten Frühlingsschnitt empfohlen hätten. Ich muß daher die Schädlichkeit des Frühlingsschnittes sowohl beweisen, als auch die Gründe für die Nützlichkeit desselben widerlegen; wobei ich das Wegschneiden der leeren von dem Wegschneiden der honiggefüllten Tafeln, so weit thunlich, getrennt halten will, weil oft nur eins von beiden vorgenommen wird und weil das Wegschneiden honiggefüllter Tafeln, geschieht es nicht zu früh, bei weitem weniger schädlich ist.

A. Der Frühlingswachsschnitt.
1. Beweis der Schädlichkeit und Widernatürlichkeit des Frühlingswachsschnittes.
a. Vor Allem fragt es sich, wozu die Wachswaben bestimmt sind. Doch offenbar hauptsächlich zum Brutansatz und zur Honigaufspeicherung. Schneidet man nun die leeren Waben weg, so kann nicht eher wieder Brut angesetzt werden, bevor nicht neue Waben gebaut sind. Wird aber den Stöcken bei Beginn der Saalweiden-

blühe, also Ende März, spätestens Anfangs April, wie Dzierzon (Bztg. 1857 S. 27) empfiehlt, alles leere Wachs weggeschnitten, so frage ich, wo die Bienen in Thüringen und sehr vielen anderen Gegenden, in welchen vor dem ersten Drittel des Mai keine neuen Tafeln gebaut werden, die Brut erziehen sollen? Bis zur Obstbaum- und Rapsblüthe giebt es in diesen Gegenden keine Tracht, mit dieser Blüthe aber tritt auch sogleich die üppigste Volltracht ein. Wo sollen die Bienen den Honig oblagern, wenn der Stock keine leeren Zellen hat? Allerdings bauen jetzt stark beschnittene Stöcke, wenn sie noch volkreich sind, sehr rasch, aber die meisten neugebauten Zellen werden statt mit Honig mit Brut gefüllt, weil die Königin, die jetzt die Vollkraft ihrer Fruchtbarkeit entwickeln will, der es aber wegen des früheren Schnittes an leeren Zellen zum Eierlegen fehlt, den Wachsbauern gleichsam an der Ferse hängt und jede kaum angefangene Zelle mit einem Ei besetzt. Daß also die Brut zwischen der Saalweiden- und Obstbaum- resp. Rapsblüthe (b. h. von Ende März bis ein Drittel Mai) außerordentlich gehemmt und von der Obstbaum- resp. Rapsblüthe an der Honigertrag nicht minder beeinträchtigt wird, ist so klar, daß es eigentlich schade um's Papier ist, noch ein Wort weiter niederzuschreiben.

b. Dadurch, daß in der Zeit von Ende März oder Anfang April bis ⅓ Mai, also mindestens einen Monat hindurch, ein stark beschnittener Stock nur wenig oder, wenn ihm vollends nach Dzierzons (s. a. a. O.) Anweisung mit dem leeren Wachse auch das bereits brutbesetzte bis auf den Honig hinauf weggeschnitten wird, so gut wie gar nicht, da er in diesem Falle nur die ausgezehrten Honigzellen mit Brut zu besetzen vermag, brüten kann — ich sage, durch ein solches widernatürliches Verfahren muß ein Stock bei Beginn der Volltracht volkärmer sein als ein unbeschnittener. Tritt aber, was gar nicht so selten der Fall ist, zur Zeit der Baum- und Rapsblüthe unflugbare kalte Witterung ein, so daß die Stöcke nicht oder nur wenig bauen können, so werden sie bald so volkarm und kommen so elendiglich zurück, daß sie sich in demselben Jahre nicht wieder erholen, nicht schwärmen, keinen Ertrag liefern, ja nicht einmal ihren Ausstand gewinnen. Sie sind dann so gut wie ruinirt. Sind sie dagegen unbeschnitten, besitzen sie hinlängliches Gebäude, haben sie schon viele Brut eingesetzt, die theils schon ausgelaufen ist, so überwinden sie solche widerwärtige Witterungsverhältnisse und stehen, sobald neue Nahrungsquellen fließen, in Kraft und Macht da. S. Busch Monatsblatt 1841 S. 38. Scholtz Bztg. 1852 S. 102. Raben Bztg. 1854 S. 271. — Daß stark beschnittene Stöcke meist gar nicht oder nur spät schwärmen, die Schwärme fast nie ausständig, sondern sog. „Qualbienen" werden, wußte schon Spitzner (krit. Geschichte u. s. w. Bd. II. S. 152 f.).

Im Jahre 1851 konnten hier in Thüringen wegen des ununterbrochen im Mai wehenden kalten Nordostwindes die Bienen die Frühlingsweide des Rapses und der Obstbäume nur an einem einzigen Tage benutzen, sonst saßen sie immer in den Stöcken gefangen und waren kaum im Stande, in den Mittagsstunden aus der allernächsten Nähe Wasser zu tragen. Meine und des alten Jacob Schulze Stöcke, gegen 200 an der Zahl, welche sämmtlich unbeschnitten geblieben waren, überstanden diese Calamität sehr gut, gaben im Juni während der Esparsettblüthe eine Menge Schwärme und am Ende der Saison wurde durch Cassation der überzähligen und Abhebung einiger honiggefüllten Auf- und Hintersätze eine ganz hübsche Honig- und Wachsernte gemacht, wogegen auf vielen Ständen, deren Besitzer „am grünen Donnerstag tüchtig geräumt und geschnitten hatten", viele

§ XXXII. Der Frühlingsschnitt.

Völker während der Malcatastrophe starben, viele so bienenarm wurden, daß sie noch im Juni gemach eingingen resp. den Räubern erlagen. Fast nirgends fiel ein Schwarm und im Herbste waren die übrig gebliebenen Mutterstöcke federleicht und für den Schwefel reif. Man schrie rings um uns her über ein so schlechtes Bienenjahr, wie noch keins dagewesen, während ich und Schulze dem Jahrgange das Prädicat „gut mittelmäßig" geben konnten.

c. Daß die Bienen im Frühjahr die Zellen unten nicht allein zur Brut, sondern auch zur einstweiligen Ablagerung des Honigs gebrauchen, ist gewiß. Zur Zeit der Rapstracht, der ersten im Jahre und gewiß der eminentesten, die es in deutschen Landen gibt, haben die Bienen selten im Haupte Zellen genug, um die überschwengliche Nectarmasse dort unterbringen zu können. Wer die Richtigkeit dieser Behauptung prüfen will, der nehme nur einen volkreichen unbeschnittenen Strohkorb in den Nachmittagsstunden eines warmen trachtreichen Tages vom Brette und halte ihn schräg. Alsbald wird er den Nectar wie Brunnen aus den unteren, oft untersten Zellen hervorquellen und abträufeln sehen. Auf diese Weise habe ich einige Male flache Schüsseln mit reinem Rapsnectar gefüllt, um meiner Schwester, die mir, dem caelebs, in Seebach die Wirthschaft führte, eine Freude zu machen, wenn sie eben Damen bei sich sah.

d. Hat es sich bei mir klar herausgestellt, daß im Durchschnitt nicht beschnittene Stöcke gegen 14 Tage früher schwärmten oder zum Abtrommeln fähig wurden als beschnittene, selbst wenn ich das Beschneiden erst kurz vor Beginn der Honigtracht vornahm. Was aber 14 Tage früher bei einem Schwarme zu sagen haben, brauche ich sicherlich selbst Anfängern nicht zu sagen. S. Busch Monatsblatt 1841 S. 38 und Haupt ebendas. S. 172 f.

e. Lieferten mir durchschnittlich nicht beschnittene Stöcke einen weit höheren Ertrag als beschnittene. S. b. Ich habe mehrere beßfallige comparative Versuche gemacht, von denen ich hier nur zwei mittheilen will.

α. Am 15. Mai 1852, wo der Raps in vollster Blüthe stand, wog ich am Morgen vor Beginn des Fluges zwei große starke Strohkörbe. Der eine, Busch soll er heißen, wog 38¼ Pfund, der andere, Dzierzon sei sein Name, der etwas volkreicher schien, 34 Pfund. Nun schnitt ich den Dzierzon bis aufs Kreuz aus. Am 22. gab Busch einen 4⅜ Pfund wiegenden Schwarm. Am 27. früh wog Dzierzon, der bei der überreichen, an keinem Tage unterbrochenen Tracht wieder völlig ausgebaut war, 66¾ Pfund, Busch, trotz er geschwärmt hatte, 77 Pfund. S. von Berlepsch Bztg. 1855 S. 15.

β. Im Mai 1857 bei Beginn der Volltracht nahm ich dem stärksten meiner hundert Völker alle Tafeln bis auf die brutbesetzten heraus und gab dafür Rähmchen mit Anfängen. Am Ende der Tracht hatte dieses colossale Volk den Brutraum wieder dicht ausgebaut und auch noch gegen 8 Pfund in dem Honigraume angesetzt. An Ausbeute lieferte es — Nichts; denn die acht im Honigraume befindlichen Pfunde reichten kaum hin, um den Brutraum auf 40 Pfund Honig zu bringen. So unergiebig war kein Volk der übrigen 99 gewesen, denn auch die geringsten Völker, denen keine leeren Tafeln genommen worden waren, besaßen, vorausgesetzt, daß sie nicht geschwärmt hatten, im Brutraume Ueberschuß, und das stärkste Volk der 99, also dasjenige, welches der Mächtigkeit nach auf das Versuchsvolk folgte, gab mir, ohne daß ich ihm leere Waben in den Honigraum eingestellt gehabt hätte, nach Belassung von etwa 40 Pfund zum eigenen Bedarf, 56 Pfund Scheibenhonig.

Unmöglich kann ich an dieser Stelle die schönen, schlagenden Versuche des Grafen Stosch übergehen.

γ. Im Frühjahr 1857 ließ der Graf eine zu Bohrau befindliche Klotzbeute unbeschnitten. Sie lieferte einen Riesenschwarm (3½ Thlr.) und 36 Pfund Honig (6 Thlr.), rentirte also 9½ Thlr. Im Frühjahr 1858 schnitt er derselben Beute am 15. April 1 Pfund Wachs (½ Thlr.) weg und die Beute lieferte, obwohl das Jahr 1858 das Jahr 1857 zu Bohrau noch übertraf, an Honig nichts und einen Spätschwarm, der am Ende der Tracht höchstens 1 Thlr. werth war; rentirte also 1½ oder 8 Thlr. weniger als im Jahre zuvor.

δ. Neben dieser Klotzbeute stand 1858 ein Kastenstock, den der Graf unberührt ließ. Kastenstock und Klotzbeute hatten junge vorjährige Königinnen und flogen im Frühjahr gleich stark. Der Kastenstock lieferte 34 Pfund Honig = 5 Thlr. 20 Sgr., die Klotzbeute 1½ Thlr., also 4 Thlr. 5 Sgr. weniger.

ε. Am 28. April 1858 schnitt er aus zwei Beuten 2 Pfund Wachs, zwei andere ließ er unberührt. Die unbeschnittenen lieferten zwei Schwärme (7 Thlr.) und 40 Pfund Honig (6 Thlr. 20 Sgr.), in summa 13 Thlr. 20 Sgr., die beschnittenen 30 Pfund Honig (5 Thlr.) und 2 Pfund Wachs (1 Thlr.), in summa 6 Thlr., also per Beute 3 Thlr. 25 Sgr. weniger als die unbeschnittenen. S. Graf Stosch Bztg. 1858 S. 222 f.

Der Grund dieses enormen Ausfalles im Ertrage liegt einfach darin, daß die Stöcke, denen im Frühjahr leeres Wachs weggeschnitten wird, nicht Gefäße genug haben, um zur Zeit der reichsten Tracht den Honig unterbringen zu können.

f. Die Bienen bauen zwar meist und am schärfsten Nachts, sie bauen jedoch auch am Tage, wie uns die in Traubenform unter dem Bau hängenden, sehr oft Wachsblättchen zwischen den Bauchringen zeigenden Bienen und die Fortschritte, die der Bau am Tage macht, beweisen. Nachts bauen nämlich viele derjenigen jüngeren Bienen mit, welche am Tage Honig und Pollen trugen, am Tage bauen aber nur diejenigen jungen Bienen, die auf Tracht noch nicht ausfliegen. Aber auch die älteren und alten Bienen bauen am Tage, wenn der Wachsbau keine Vorräthe mehr faßt. In diesem Falle des Raummangels haben die Bienen an trachtreichen Tagen nur die Wahl, entweder nichts zu thun, weil sie Honig und Pollen nicht unterbringen können, oder, wenn Platz im Stocke zum Bauen vorhanden ist, zu bauen. Sie thun nach fleißiger Bienennatur letzteres. Die Bienen können aber an einem Tage weit mehr eintragen, als der Wabenbau einer Nacht faßt. Man stelle nur während üppiger Tracht einem bauenden Volke eine oder mehrere leere Waben, selbst weit getrennt von dem übrigen Bau, am Morgen ein und man wird sie am Abend honiggefüllt finden. Würden die Bienen den Honig wohl dort abgelagert haben, wenn sie in ihrem Bau Platz gehabt hätten? Gewiß nicht. Wenn sie nun diese Waben nicht gehabt hätten, wo wäre dann der Honig geblieben? Größtentheils in den Blumen, kleinstentheils würde zum Wachsbau verwendet worden sein. S. Graf Stosch Bztg. 1858 S. 221.

g. Wird durch den Wachsschnitt die Erzeugung massenhafter Drohnen begünstiget. Denn zu keiner Zeit sind kräftige Völker zur Erbauung von Drohnenscheiben geneigter als im Frühjahr. S. Hofmann aus Ochsenfurt Bztg. 1859 S. 252. Schneidet man jetzt drei Quadratfuß unteren Bau weg, so wird allermindestens ein Quadratfuß Drohnenwachs erbaut, und in einem Quadratfuß Drohnenwachs können und werden mindestens 3000 Drohnen, faule Fresser, erbrütet. 3000 Drohnen

§ XXXII. Der Frühlingsschnitt.

aber zehren etwa so viel als 9125 Bienen und man hätte also einen hübschen Nachschwarm während des ganzen Sommers nicht blos nichts nützend, sondern auch noch schmarotzend im Stocke. S. § XLII, 3, b. Wenn daher Dzierzon empfiehlt, die Drohnenbrut nach Möglichkeit zu verhindern (Bztg. 1846 S. 42 und 1847 S. 58) und dennoch dem schärfsten Frühlingswachsschnitt das Wort redet, so bringt er sich dadurch in unlösbaren Widerspruch.

h. Kostet das Erbauen der neuen Tafeln vielen Honig.

i. Wird durch das Beschneiden das Brutnest zu weit nach oben geschoben, weil die Königin, so lange neuer Bau nicht aufgeführt ist, jede oben von Honig leer werdende Zelle zu besetzen genöthiget wird, wodurch natürlich die Stöcke honigärmer bleiben müssen.

2. **Widerlegung der hauptsächlichsten für den scharfen Frühlingsschnitt vorgebrachten Gründe.**

a. Zu altes Wachs muß man wegschneiden, weil die Bienen in demselben theils gar nicht brüten können, theils nur ungern und spärlich brüten. S. Dzierzon Bztg. 1848 S. 3 f.

Antwort. Stöcke unbeweglichen Baues mit zu altem Brutneste soll man im Herbste cassiren und statt ihrer junge nachgezogene einwintern, in Stöcken beweglichen Baues aber soll man nach Beendigung der Tracht oder sonst wann die zu alten Tafeln herausnehmen und jüngere dafür einstellen. — Uebrigens braucht man wegen Erneuerung der Bruttafeln nicht zu ängstlich zu sein, da ich aus langer Erfahrung weiß, daß sie mindestens 6 Jahre ganz vollkommen tauglich sind.

b. Ebenso muß man während des Winters schimmelig gewordenes Wachs wegschneiden, weil es die Bienen als ihnen unbrauchbar später wegschroten.

Antwort. Das thun sie, falls das Wachs nicht durch zu große Nässe morsch geworden ist, nicht, sondern putzen es, sobald sie es nur erst belagern, schnell und schneller als sie es bauen, wieder blank. S. Busch Bztg. 1845 S. 125. Dönhoff Bztg. 1859 S. 43.

c. Den Schnitt muß man bei Beginn der Saalweidenblüthe, also Ende März oder Anfangs April, vornehmen und sich dabei nach der Volksstärke des Stockes richten derart, daß demselben gerade nur so viel Bau belassen wird, als das Volk, nachdem es sich wieder beruhiget hat, zu umschließen im Stande ist. Dadurch werden die Bienen zu größerem Fleiße veranlaßt, als wenn die Tafeln unbeschnitten belassen werden. S. Brüning Bztg. 1849. S. 22. Scholz Bztg. 1856 S. 81 f. Thieme Bztg. 1857 S. 224. Dzierzon Bztg. 1851 S. 59 und 1858 S. 28. Schiller Bztg. 1858 S. 171.

Antwort. Es ist oben gesagt, daß die Bienen bei uns vor dem Mai, d. h. vor der Obstbaum- und Raps-Blüthe nicht bauen, weil es früher Tracht nicht giebt. Ein so maltraitirter Stock kann also wenig oder gar nicht brüten, weil ihm wenig oder keine Brutzellen belassen sind; er kommt entsetzlich zurück und wenn bei Beginn der Maitracht ein nicht beschnittener Stock von Volk strotzt, in der Minute hundert und mehr Sammler aussendet und an einem Tage 4—10 Pfund schwerer wird, ist der beschnittene volkarm, sendet nur einzelne Sammler aus, und wenn man ihn am Morgen wiegt und am Abend wieder, so ist er oft kaum ½ Pfund, oft auch gar nicht, schwerer geworden. Ganz natürlich; denn der nicht beschnittene Stock brütet von der Zeit an, wo der beschnittene wenig oder gar nicht mehr brüten konnte, gehörig fort und hat vielleicht bei Beginn der Maitracht 15,000 bis 20,000 Bienen mehr als der stark beschnittene, in welchem die Bienen wie ein Häufchen Unglück eng zusammenkauern müssen, um nur die wenige bis an die Spitzen der gräulich verstümmelten Tafeln reichende Brut durch Kälte nicht absterben zu lassen. S. v. Berlepsch Bztg. 1855 S. 14. v. Ehrenfels Bienenzucht S. 172. Matuschka Beiträge u. s. w. Bd. II. S. 80. 127.

Das soll nun freilich nach Schiller und Dzierzon ganz anders sein. Ersterer behauptet, nicht beschnittene Stöcke blieben stets in der Entwickelung gegen beschnittene zurück, bis Ende Mai sei das Volk so zusammengeschmolzen und die Brut so gering, daß sie volle vier Wochen brauchten, um sich zu erholen und ans Schwärmen zu denken (Schiller Bztg. 1858 S. 172); letzterer sagt, Stöcke, denen zur Zeit der Saalweidenblüthe alles leere und alles mit Brut besetzte Wachs weggeschnitten und nur der Honig im Haupte belassen werde, bauten sofort eifrigst neue Tafeln und setzten viele Brut an, weil die Bienen aus Honig, den sie besäßen, schon Wachs zu bereiten und Tafeln zu erbauen wüßten, wenn sie nur Pollen und Wasser tragen könnten (Dzierzon Bztg. 1857 S. 27 f.), eilten auch einem unbeschnittenen in der Entwickelung voraus. (Derselbe Bienenztg. 1851 S. 59.).

Solche Dinge sind denn doch zu arg und gar keiner ernsten Widerlegung werth. Bezüglich der Schillerschen Behauptungen verweise ich auf 1, d. und bezüglich der Dzierzonschen frage ich: Wäre es nicht, selbst zugegeben, was entschieden nicht der Fall ist, daß dermaßen gräulich verstümmelte Stöcke sofort eifrig Tafeln bauten und viele Brut erzögen, — wäre es nicht, frage ich, im denkbar höchsten Grade unvortheilhaft, die Bienen zu zwingen, ihre vorjährigen Honigvorräthe zum Wachsbau zu verwenden. Wollte man dieß einmal, dann sollte man lieber Ende März, zu welcher Zeit, wie Dzierzon auch sagt (S. Bfreund S. 17), die Saalweide oft schon blüht, die Bienen in ganz leere Stöcke bringen, den Honig der alten Stöcke auslassen, gut mit Mehl und Wasser verquirlen und den Bienen in den leeren Stöcken reichen. Dann hätten sie gleich alles zum Bau Erforderliche beisammen und es hinge nicht mehr von der Witterung ab, ob sie Pollen und Wasser tragen könnten! Doch solche Dinge sind nicht einmal der Persiflage werth, beweisen aber, wohin sich der Oppositionsgeist, der *par tout* Recht haben und Recht behalten will, treiben läßt. Dzierzon ließ sich nämlich nur durch mich zu obiger Behauptung treiben und suchte, als ich thu in der Bztg. 1857 S. 28 in einer Anmerkung die Widersinnigkeit nachwies, durch eine sophistische Interpretation in der Bzeitung 1857 S. 62 seine Worten anders zu deuten.

Fleißiger aber soll der Schnitt die Bienen machen? Davon habe ich niemals das Geringste bemerken können, wohl aber habe ich bemerkt, daß stark beschnittene Stöcke fast immer schwächer als unbeschnittene flogen, weil erstere im Brutansatz zurückgeblieben waren, auch, statt zu sammeln, Wachs bauen mußten, um Honiggefäße zu erhalten. S. Graf Stosch Bienenztg. 1858 S. 10. 222 f. 225. Im Frühjahr zur Raps- und Esparsettblüthe sind alle gesunde Stöcke, gleichviel ob beschnitten oder unbeschnitten, außerordentlich thätig und jeder Stock leistet das Mögliche. Erst gegen Johanni. wenn die Weide kärglich zu werden anfängt, lassen sehr starke honigreiche Stöcke im Fleiße nach, und ich habe mit der Wage vielmals evident constatirt, daß Nachschwärme im Juli $^1/_2$—$^3/_4$ Pfund täglich zunahmen, während Stöcke, die bereits 70—80 Pfund wogen, auch kein Loth schwerer wurden. Der Grund davon ist aber nicht etwa das viele Wachsgebäude, sondern der

§ XXXII. Der Frühlingsschnitt.

Mangel an Raum zur Honigabsetzung und die erschlaffende Hitze mächtiger Völker. Das ist im Frühjahr ganz anders; da leiden die Völker weder an Hitze, noch fehlen ihnen leere Zellen.

d. Die Bienen eines beschnittenen Stockes hängen sich im Klumpen unter die Waben und erzeugen, diese weiter bauend, viel Wärme, wodurch die Königin zu größerer Eierlage veranlaßt wird. Dzierzon Bienenztg. 1848 S. 3.

Antwort. Mag größere Wärme erzeugt werden, die Königin aber wird deswegen eine größere Fruchtbarkeit gewiß nicht entwickeln, weil zu einer Zeit, wo Nahrung und Witterung den Bienen die Weiterführung des Baues gestatten, die Wärme in den Stöcken, an sich und ohne daß gebaut wird, groß genug ist, um die Königin nach Kräften Eier absetzen zu lassen. Denn wenn es keine Weide gibt und die Witterung nicht warm ist, baut selbst das colossalste Volk nicht. Nun bemerke man aber, wie Dzierzon mit sich in den crassesten Widerspruch geräth, wenn er, wo er den Zwitterstock vertheidiget, sagt: das Volk liegt bald im Frühjahr auf dem Boden, kann einen verhältnißmäßig größeren Raum besetzen und erwärmen, indem der Boden des Stockes, bis auf welchen der Bau herabreicht, Hunderte, ja Tausende von Bienen ersetzt, welche sonst unter dem Bau hängen müßten, um die Brut gegen den Andrang der kalten Luft von unten zu schützen. Bztg. 1859 S. 2. Hier verwirft er unbewußt den Schnitt, weil er im Eifer der Vertheidigung des Zwitters es ganz vergaß, daß er den schärfsten Frühlingswachsschnitt, um mir zu opponiren, als einen Cardinalpunkt empfohlen hatte.

e. Die Königin besetzt neue Zellen rascher als alte und die Stöcke werden also durch den Schnitt volkreicher S. Jähne Bienenztg. 1849 S. 168.

Antwort. Ist eitel Täuschung! Da die Königin erst zur Zeit der Volltracht ihre Legevollkraft entwickelt, so muß sie natürlich in einem stark beschnittenen Stocke jede neue kaum begonnene Zelle besetzen, weil sie andere entweder gar nicht oder wenigstens nicht in hinreichender Menge findet. Um diese Zeit besetzt sie aber auch alte Waben Zelle für Zelle, wie man sich in Beuten mit beweglichen Waben leicht überzeugen kann.

f. Der Frühlingsschnitt ist das einfachste und wohlfeilste Mittel, sich eine Menge leere Tafeln zu verschaffen, an welchen es ohne Frühlingsschnitt bei der Spättracht für die Honigablagerung fehlen würde. Da nun beschnittene Stöcke ebenso früh schwärmen und ebenso vielen Honig tragen als unbeschnittene, so folgt, daß die weggeschnittenen Tafeln reiner Gewinn sind. S. Dzierzon Bztg. 1857 S. 28 und 1858 S. 25.

Antwort. Gegenden der letzten Klasse haben keine Spättracht, d. h. keine August- und Septembertracht, so daß man in diesen die im Frühjahr weggeschnittenen Tafeln nur im Juli für die Honigräume der mächtigsten Völker verwenden könnte. Allerdings würden sie treffliche Dienste leisten, theils weil die Bienen zur Unterbringung des Honigs überhaupt nicht zu bauen brauchten, theils weil bekanntlich im Juli, selbst bei reichster Tracht, weit langsamer als im Mai und Juni gebaut wird. Aber das, was man durch die Tafeln im Juli, wo noch dazu die Tracht meist nur sehr mäßig ist, mitunter ganz fehlt, gewinnen dürfte, hätte man

durchschnittlich gewiß doppelt und dreifach schon während der üppigen Frühlingstracht verloren; denn das Wachs wird, wie Graf Stosch (Bztg. 1858 S. 9)
sehr richtig sagt, am theuersten producirt, wenn es während der üppigsten, am
billigsten, wenn es während mäßiger Honigtracht erzeugt wird, weil dann die
Bienen darüber das Honigeintragen möglichst wenig versäumen. In
Gegenden der letzten Klasse aber versäumen sie, wie oben auf Seite 332 unter c.
dargethan worden ist, am meisten während der üppigen Frühlingstracht. Es ist
daher an sich klar, daß beschnittene Stöcke nicht so vielen Honig als unbeschnittene
tragen können und daß die im Frühjahr weggeschnittenen Waben reiner Gewinn
nicht sind, ganz abgesehen davon, daß beschnittene Stöcke durchschnittlich später als
unbeschnittene schwärmen, wie gleichfalls oben auf S. 332 unter d. gesagt ist.

13. **Der Frühlingshonigschnitt.**
Soll man die Stöcke aber auch oben nicht beschneiden, d. h. soll man im Frühjahr keinen Honig, wenn die Stöcke solchen übrig haben sollten, ausschneiden?
Nein; denn von Strohkörben soll man den Honig stets nur bald nach beendigter
Tracht, wie ich im § XLIII nachweisen werde, entweder durch Cassation ganzer
überzähliger Stöcke oder durch Abhebung von Auf-, Hinter- oder Nebensätzen ernten. Im Frühjahr soll man den Strohkörben etwaigen überschüssigen Honig lassen,
weil selbst im Haupte, wenn hier Waben herausgeschnitten werden, gern Drohnenwachs erbaut und mit Brut besetzt wird, und weil durch das Ausschneiden des
Honigs Lücken im Haupte entstehen, die den Stock, da alle im Herzen, im Brutnest, erzeugte Wärme oberwärts strömt, sehr abkühlen. Dadurch wird das Brutgeschäft, das Fundament im Frühjahr für das spätere Gedeihen und Nutzenbringen
des Biens, stark beeinträchtiget, fast noch mehr aber durch das Entnehmen des Honigs selbst. Denn im Frühjahr richten die Bienen die Menge ihrer Brut nach
den Honigvorräthen ein und setzen unter sonst günstigen Verhältnissen die meiste
Brut an, wenn sie sich im Besitze beträchtlicher Honigvorräthe wissen. Auch ist der
Honig, den die Bienen behalten, nichts weniger als verloren, und man begriffe
nicht, wenn man nicht wüßte, daß er aus reiner Sucht nach Rechthaberei und aus
Oppositionslust gegen mich geschehen wäre, wie Dzierzon sagen konnte: Ueber-
flüssigen Honig muß man im Frühjahr wegschneiden, sonst vergeuden ihn die Bienen. Sie zehren nämlich davon viel stärker, weil sie,
um leere Zellen zur Brut zu gewinnen, volle Honigzellen aufbrechen und räumen müssen. Durch diese Nothwendigkeit gezwungen,
nehmen sie mehr Honig, als erforderlich wäre, in ihre Leiber auf,
wo er natürlich den Weg jeder genossenen Speise geht. Bztg. 1857 S.
25 und 62. S. auch Mehring Bztg. 1859 S. 246 f.

Grundfalsch; denn fehlt es den Bienen wegen zu großen Honigvorraths an Brutzellen, so beschränken sie die Brut, d. h. sie setzen gerade so viel Brut an als die leeren Zellen erlauben, niemals aber zehren sie stärker und räumen Honigzellen deshalb aus,
um größeren Platz zum Brutansetzen zu erhalten. Müßten dann nicht alle volkreiche
mit kräftigen Königinnen versehene „Pudelmützen," denen stets der gehörige Raum zum
Brutabsetzen fehlt, im Frühjahr ihr Bischen Honig schnell vergeuden und verhungern?
Und doch sehen wir sie, wenn sie Michaeli 30 Pfund Bruttogewicht hatten, fast immer
ohne alle Fütterung die nächstjährige Tracht erleben! Oftmals habe ich im März und
April sog. Honigklötze, d. h. Stöcke, die im Verhältniß zu ihrem Lichtenraum ungewöhnlich viele Tafeln mit Honig gefüllt, nur wenige leer haben, von 8 zu 8 Tagen
gewogen und mich überzeugt, daß sie nicht nur nicht mehr, sondern bedeutend

§ XXXII. Der Frühlingsschnitt. 339

weniger zehrten als Stöcke, die viel leeres Wachs hatten. Ganz bienennaturgemäß! Denn Stöcke mit vielem leeren Wachse, vorausgesetzt, daß sie eine rüstige Königin, viel Volk und hinlänglichen Honigvorrath besitzen, setzen mehr Brut an und verbrauchen deshalb mehr Honig als Stöcke, denen es an Brutzellen gebricht, weil die Ernährung der Brut vielen Honig erfordert. Ebendeshalb verbrauchen den meisten Honig sehr honig- und volkreiche Stöcke, die zugleich sehr viel leeres Wachs haben, weil dann Brutansatz und, dem entsprechend, Honigconsumo enorm sind. Ein solcher großer Stock wurde bei mir in dem höchst günstigen April 1848 fast 15 Pfund leichter, gab aber auch schon am 11. Mai einen 6 Pfund 3 Loth schweren Schwarm. S. von Berlepsch Bztg. 1857 S. 26. — Uebrigens wird kein rationaler Züchter Honigklötze, außer im Falle äußerster Noth, sondern nur solche Stöcke, die neben hinlänglichem Honig auch hinlängliches leeres Wachs besitzen, einwintern und daher im Frühjahr keine Stöcke haben, denen es an leeren Zellen zur Ansetzung der Brut gebräche; was nur geschehen könnte, wenn man à la Dzierzon den Wachsbau bis auf den Honig unbarmherzig wegschnitte. Aber selbst dann könnte von einem „Honigvergeuben, um leere Zellen zur Brut zu gewinnen, einem Ausräumen der Honigzellen des Bruteinschlages wegen" nicht die Rede sein, weil selbst so gräulich verstümmelte Stöcke, bevor sie neue Zellen zu bauen vermögen, nur diejenigen Zellen mit Brut besetzen, die durch nöthiges, ordnungsmäßiges Zehren nach und nach leer werden.
Aus Dzierzonstöcken entnehme ich im Frühjahr auch nie Honig b. h. ich lasse den Beuten allen Honig, den sie bei Beginn der Volltracht noch im Brutraume haben. Wenn man jedoch um diese Zeit gern etwas Honig haben will oder wenn man früher zur Unterstützung hungeriger Völker Honig haben muß, so kann man ohne Schaden volle Tafeln entnehmen, wenn man sogleich leere wieder dafür substituirt oder den leeren Raum einstweilen mit warmhaltigen Materialien ausfüllt. Beim Dzierzonstocke soll man die Haupthonigernte aus dem abgesonderten Honigraume machen und diese fällt gleichfalls bald nach dem Ende der Tracht. S. § XLIII, B und von Berlepsch Bztg. 1855 S. 16.

§ XXXIII.
Umlogiren eines Volkes.

1. Viele Anfänger können die Zeit gar nicht erwarten, bis sie alle Stöcke mit unbeweglichen Waben los sind und lauter solche mit beweglichen Waben besitzen und haben daher ein früher von mir in der Bienenzeitung mitgetheiltes Verfahren, ein Umlogiren par force zu bewerkstelligen, mit Jubel begrüßt, sich aber meist später hinter den Ohren gekratzt. Ich warne die Anfänger gegen Ueberstürzung und übereiltes Abschaffen der Strohkörbe nochmals (s. Seite 284). Sie mögen mir glauben, daß es gerade die Strohkörbe sind, die durch ihre jährlichen Schwärme oder Treiblinge, bei der Leichtigkeit der Ueberwinterung, hauptsächlich eine gute Dzierzonzucht auf die Beine bringen. 20 Dzierzonbeuten, richtig behandelt, liefern allerdings mindestens so viel Honig als 80 gute „Pudelmützen", aber es ist viel leichter, 80 gute Pudelmützen als 20 gute Dzierzonstöcke herzustellen. Erst wenn man eine gehörige Anzahl gut ausgebauter Dzierzonbeuten besitzt, beseitige man jede andere Wohnung als dann nicht mehr in einen rationalen Betrieb passend; früher aber ja nicht; bis dahin benutze man die Strohkörbe als Packesel.

So steht die Sache öconomisch. Will aber Jemand doch Strohkörbe früher in Dzierzonbeuten übersiedeln, so thue er es wenigstens zu keiner andern Zeit als kurz vor Beginn der Tracht, also gegen Ende April, Anfang Mai. Um diese Zeit haben die Körbe den wenigsten Honig, so daß sich die Arbeit am leichtesten und reinlichsten macht, und die Störung am wenigsten schadet, weil bei der bald eintretenden Tracht leicht Alles von den Bienen wieder ausreparirt und in guten Schluß und Ordnung gebracht wird. Das Verfahren selbst ist folgendes.

2. Man stellt in einiger Entfernung vom Bienenstande einen Tisch hin, schafft den auszuschneidenden Strohkorb, nachdem man ihm zuvor, wie einem abzutreibenden, in das Flugloch einige Züge Rauch gegeben hat, auf denselben, löst den Deckel schonend ab und schneidet dann den Korb mit einem starken scharfen englischen Gartenmesser an zwei entgegengesetzten Stellen von oben bis unten durch. Während man den Schnitt, der ziemliche Gewalt erfordert, führt, hält ein Gehilfe den Korb fest, damit er nicht rutschen kann. Die Schnitte werden hüben und drüben so geführt, daß der Stock gerade zwischen zwei Tafeln in zwei Hälften sich theilt. Die Hälften legt man nun mit dem Stroh nach unten auf den Tisch, löset die Tafeln einzeln aus und kehrt die Bienen mit einer Feder oder einem kleinen Handbesechen in die Dzierzon-

§ XXXIII. Umlogiren eines Volkes.

beute ein. Nun schneidet man die von Bienen entblößten Tafeln zurecht und baut Rähmchen aus. Am besten thut man, wenn man die einzufügenden Wabenstücke etwas völlig schneidet, die Rähmchenuntertheile etwas unterwärts ausdehnt und das Wabenstück fest einzwängt. Die Dehnung resp. Erweiterung des Rähmchens geschieht am leichtesten, wenn man das Messer in die linke Hand nimmt, solches unten fest auf die innere Fläche des Rähmchenuntertheiles aufdrückt und mit den Fingern der rechten Hand das Obertheil des Rähmchens erfaßt und nach oben dehnt, während der Gehilfe das Wabenstück einsetzt. Auf diese Weise stehen die meisten Waben sogleich ganz fest im Rähmchen. Wo dieß jedoch nicht der Fall ist, wie meist da, wo zur Füllung des Rähmchens mehrere Stücke verwendet sind, muß der Bau dadurch im Rähmchen festgehalten werden, daß man dasselbe je nach Bedürfniß einmal oder mehrere Male mit Pfennigsband umbindet. Dann hängt man die Rähmchen in gehöriger Ordnung in die Beute, legt die Deckbrettchen auf u. s. w., stellt die Beute an die Stelle des cassirten Strohkorbes und bindet nach etwa zwei Tagen, bis wohin die Bienen Alles fest angebaut haben, die Bänder der Tafeln los und drückt etwa nicht gehörig innestehende mit der Hand zurecht.

Man nehme aber zum Festbinden ja keinen Zwirn, weil diesen die Bienen sehr leicht zerfressen, ehe die Wabe festgebaut ist und sie so aus dem Rähmchen fällt. Klein, welcher 1854 unter meiner und Günthers Beihilfe 20 Strohkörbe umlogirte, sagt: Beim Ausschneiden gingen nicht hundert Bienen verloren und ich konnte gar nicht begreifen, wie ich nicht selbst auf das Durchschneiden der Strohkörbe verfallen war, indem man auf diese Weise fast jede Wabe ganz herausbekommt. Freilich gehört etwas Geschick dazu, und man muß die brennende Cigarre stets im Munde haben, um die Bienen, so wie sie böse werden wollen, sofort wieder einschüchtern und besänftigen zu können; denn mit Kappe und Handschuhen läßt sich absolut nichts ausrichten. S. Gottlieb Klein Bztg. 1855 S. 55.

3. Wie gesagt, so kann derjenige seine Strohkörbe umlogiren, welcher die Zeit nicht erwarten will und Rähmchen besitzt. Mit bloßen Stäbchen geht ein solches Verfahren nicht, weil man Honig- und Brutwaben nur schwierig an bloßen Stäbchen befestigen kann. Es fragt sich jedoch, wie dies mit einzelnen Waben zu bewerkstelligen ist, da viele Bienenzüchter nur Stäbchen besitzen und nicht selten gern eine Honig- oder Brutwabe an ein solches befestigen wollen. Die leichteste und sicherste Methode, eine schwere Honig- oder Bruttafel an einem bloßen Stäbchen zu befestigen, ist folgende: Man nimmt aus einem volkreichen Stocke zwei übereinanderstehende Waben heraus, schiebt in das untere Fugenpaar ein leeres Stäbchen ein, setzt auf dieses die Wabe, nachdem sie zuvor unten, wo sie aufsitzen soll, glatt geschnitten ist, verkehrt auf, hängt die nächste Wabe davor und steckt zwischen die verkehrt stehende Wabe auf beiden Seiten kleine halbzolldicke Pflöckchen ein, damit sich die Wabe nicht an eine der Nachbarinnen anlegen kann. Nach 24 Stunden zieht man die Pflöckchen wieder heraus, dreht die Wabe, die nun ganz fest unten aufgebaut ist, mit dem Stäbchen um und hängt die untere Wabe, welche einstweilen nicht eingehängt werden konnte, wieder ein.

Auf diese Weise habe ich früher, ehe ich die Rähmchen erfand, viele Waben an bloßen Stäbchen befestigt und selbst jetzt bei Rähmchen, wo man die nicht ganz feststehenden Waben, wie oben gezeigt, durch Umbindung mit schmalem Pfennigsbande in regelrechter Stellung erhalten kann, stelle ich diejenigen Rähmchen, deren eingesetztes Wachs noch zart und weich und oben theils honiggefüllt ist, stets erst 24 Stunden verkehrt ein. Denn sonst drücken sich die Waben leicht durch die obere

Schwere, die noch vermehrt wird, sobald die arbeitenden Bienen sich oben anhängen. Noch leichter bekommt man übrigens schwere Waben in Rähmchen fest, wenn man diese eine Nacht längs in einen Honigraum, in welchem sich bereits Bienen befinden, verkehrt auf die Deckbrettchen stellt. Am andern Morgen ist alles festgebaut und wenn ja hie und da eine Wabe nicht ganz lothrecht im Rähmchen einstehen sollte, kann man sie leicht lothrecht drücken. S. von Berlepsch Bztg. 1857 S. 156.

4. Am vortheilhaftesten wird das Cassiren der Strohkörbe erst in der Schwärmzeit vorgenommen, und es sollte deshalb das deßfallsige Verfahren erst dort vorgetragen werden. Ich will jedoch, um den Gegenstand nicht zu zerstückeln, dasselbe hier vorausgreifend mittheilen.

Man nimmt das Zerschneiden des Strohkorbes am 22. oder 23. Tage nach dem Abgange des Vorschwarms oder Trieblings, wo alle Bienenbrut ausgelaufen ist, vor, hängt in eine Dzierzonbeute aus andern Beuten 3 — 4 Brutwaben ohne Bienen, vielleicht auch noch einige leere Waben, wenn man solche hat, dann Rähmchen oder Stäbchen mit Wachsanfängen ein und kehrt die Bienen aus dem zu cassirenden Stocke dazu. Den Honig aus dem Strohkorbe macht man sich zu Nutze und die leeren Waben stellt man in einem Siebe oder einem sonstigen Gefäße in einiger Entfernung vom Bienenstande auf, um sie von den Bienen vollends rein auslecken zu lassen, klebt sie dann in Rähmchen oder an Stäbchen und verwendet sie beliebig und nach Bedürfniß für Dzierzonstöcke.

Freilich werden so hergerichtete Beuten nur selten noch ihren Ausstand eintragen und man muß im Herbste mit Honigwaben nachhelfen, oder, wenn man solche nicht übrig hat, mehrere Beuten zu einer winterungsfähigen vereinigen.

§ XXXIV.
Ordnen der Tafeln vor Beginn der Honigtracht.

Diejenigen Beuten, deren Brutnest völlig ausgebaut und drohnenwachsrein ist, lasse ich vor Beginn der Honigtracht möglichst ungestört. Sobald aber das Aufblühen des Rapses und somit die Honigtracht nahe bevorsteht, nehme ich ein Ordnen der Tafeln vor, das ich, namentlich bei **tieferen Ständern oder Lagern**, als **höchst honigeinträglich** empfehlen kann.

Es ist bekannt, daß die Bienen im Frühjahr gewöhnlich die Brut im Herzen des Stockes, in den mittleren Tafeln, **beginnen** und sie von da aus nach den hinteren und vorderen Tafeln allmälig weiter ausdehnen. Ist nun die Königin sehr fruchtbar und die Witterung der Brut besonders günstig, d. h. feuchtwarm und nicht gar zu honigreich, so geschieht es, daß oft bald der ganze Brutraum von Brut starrt und die Bienen gar keinen Platz haben, um Honig abzusetzen, wenn plötzlich die Honigtracht sehr reich wird. Man könnte vielleicht einwenden: „was schadet die viele Brut, die Bienen haben ja die dritte Etage, den Honigraum, dorthin mögen sie gehen, um Honig abzusetzen, und sie werden um so eher sich dorthin begeben und um so mehr Honig absetzen, je stärker sie sind". Ja, das wäre ganz schön, wenn das Honigaufspeichern nur so ginge. Hat man aber keine leere Tafeln, um die Honigräume damit auszuhängen, so müssen die Bienen erst **Tafeln bauen**, und das geht so schnell nicht. Bei der immensen Honigmaterie der Rapsblüthe können sie gar vielmal mehr Tafeln mit Honig füllen als Tafeln bauen. Sie vermögen dann, müssen sie für den Honig erst die Zellen bauen, bei weitem nicht das einzutragen, was sie eintragen würden, wenn sie hinlängliches leeres Wachs hätten. Der Honigverlust, der aus dem Mangel an leerem Wachse entsteht, ist **sehr groß**. Aber selbst abgesehen davon, müssen doch die Bienen vor Allem Vorräthe zum eigenen Bedarf für die lange Zeit von Ende Juli oder Anfang August bis ⅓ oder ½ Mai aufspeichern. Haben sie diese im Herbste nicht im Brutraum, so ist man so gut und giebt sie ihnen. Woher? Aus dem Honigraume, könnte man antworten, nimmt man volle Tafeln heraus und vertauscht sie mit leeren des Brutraumes. Geht wieder nicht so leicht. Denn wenn man den Bienen unten im Brutraume alles Drohnenwachs, wie es eine rationale Züchtung erheischt, nimmt, bauen sie dessen außerordentlich viel im Honigraum, und man bekommt daselbst nur selten eine Tafel mit reinem Arbeiterwachs. Nimmt man nun Tafeln aus dem Honigraume und stellt sie in den Brutraum, so besudelt man den Brutraum wieder, den man kaum erst mit Mühe gereinigt hatte. Wollte man aber die honiggefüllten im Herbste unten eingestellten Drohnenwaben im Frühjahr wieder mit Arbeiterwaben wechseln, so hätte das zwei Nachtheile. Erstens würde man sich theilweise oder ganz um die Honigernte bringen, und zweitens würde oft Drohnenbrut in die Tafeln kommen, ehe man sie wieder herausnehmen könnte. Denn vor Ende April oder Anfang Mai dürfte das Herausnehmen nicht geschehen, weil sonst der Stock immer Gefahr liefe, zu verhungern, und um diese Zeit haben mächtige Völker bereits Drohnenbrut in Masse angesetzt, wenn sie Drohnenzellen besitzen. Und diese würden sie besitzen in den größtentheils ausgezehrten Zellen der Drohnenwaben.

Es ist daher von außerordentlichem Vortheile, wenn man kurz vor Beginn der Volltracht die sämmtlichen Stöcke völlig auseinander nimmt und die brutbesetzten Waben ganz nach vorn stellt, wo das Flugloch sich befindet. Finde ich z. B. in einem Stocke acht mehr oder weniger brutbesetzte Waben, so stelle ich vier in die untere und vier, unmittelbar darüber, in die obere Etage des Brutraumes. Um möglichst deutlich zu sein, will ich die Tafeln jeder Etage in Gedanken von 1 bis 12 numeriren und die Nummer 1 vorn am Flugloche beginnen lassen. Die Bruttafeln wären also 1—4 in der unteren und 1—4 in der oberen Etage. 5 u. s. w. in der oberen Etage werden Honigwaben, wenn solche noch vorhanden sind, und unten kommen natürlich leere Waben hin. Auf diese Weise kann die Königin die Brut nur nach einer Richtung, nur nach hinten, ausdehnen, und die jetzigen Bruttafeln der oberen Etage 1—4 werden später mit Honig gefüllt, da die Bienen naturgemäß den Honig über dem Brutraum haben wollen.

Vor Beginn der Volltracht kann man die Brut nicht genug steigern, mit Beginn der Volltracht muß aber in dieser Beziehung weislich Maß gehalten werden, damit die Bienen, namentlich in der ersten und immensesten Honigtracht, Platz zur Honigablagerung finden. Der Bienenstock muß viele, aber nicht zu viele Bienen haben, und zu viele werden es leicht, wenn die Brut sich gar zu schrankenlos ausbreiten kann; was namentlich in tieferen Stöcken geschieht, wenn wenig honigreiche, aber der Brut sehr günstige Witterung längere Zeit enthält.

Dieses Herausnehmen der sämmtlichen Waben kurz vor Beginn der Volltracht hat auch noch den großen Vortheil, daß man die etwa noch vorhandenen kleineren Stückchen Drohnenwachs wegschneiden und durch Arbeiterwachs ersetzen und so die Drohnen, die jetzt schon angesetzt, ja theilweise dem Auslaufen nahe sind, unterdrücken kann. S. von Berlepsch Bztg. 1854. S. 264.

Zweite Periode.

Von Beginn bis Ende der Honigtracht.

§ XXXV.
Verschiedene Geschäfte aus dieser Periode.

A. Wohnungen mit unbeweglichen Waben.

Da ich über die Zucht in stehenden und liegenden Klotzbeuten so wie über Lagerstöcke aller Art schon im § XXVIII das Nöthige gesagt habe, beziehen sich meine folgenden Auslassungen nur auf theilbare oder untheilbare Ständer, also auf aus einzelnen Strohkränzchen oder Holzkästchen zusammengesetzte Stöcke und auf Stülpkörbe, gleichviel ob allenthalben gleich weit oder ob unten oder oben weiter.

1. Sobald der Raps oder der Apfelbaum in voller Blüthe steht, die Volltracht also da ist, muß man vor Allem die volkschwachen Stöcke verstärken, indem man die volkärmsten mit den volkreichsten verstellt. Diese Arbeit muß man aber vornehmen, wenn die Volltracht schon einige Tage gedauert hat, und zu einer Tagesstunde, etwa zwischen 10 und 11 Uhr, wo die Bienen so recht ermüdet und schwer beladen mehr angefallen als angeflogen heim kommen. Dann ist von einem gegenseitigen Eichanfallen oder einem Gefährbetwerden der Königin keine Rede. Ich habe auf diese Weise gewiß mehrere Hundert Stöcke, der alte Jakob Schulze, der diese Methode über 30 Jahre befolgte, hat wohl gegen 1000 Stöcke verstellt, und keiner von uns hat jemals eine Feindseligkeit irgend einer Art erlebt. Aber, wie gesagt, der rechte Moment, wo die Bienen gleichsam honigtrunken sind, muß abgewartet werden, und dann hat sich mir dieses Verstellen immer als höchst vortheilhaft herausgestellt. Denn nur auf diese Weise ist es ohne einen zweiten Stand möglich, schwache Stöcke unbeweglichen Baues, vorausgesetzt, daß sie eine gesunde Königin haben, gehörig zu verstärken und zu starkem Brutansatz zu befähigen; wodurch allein es möglich wird, daß sie es noch zu etwas bringen und Nutzen gewähren können. Solche Stöcke, die vielleicht im ganzen Sommer nicht zehn Pfund schwerer geworden wären und im Herbste hätten cassirt oder stark gefüttert werden müssen, waren oft schon nach drei Tagen 15—18 Pfund schwerer und schwärmten nach 2—3 Wochen freiwillig oder konnten abgetrommelt werden.

Dieses Verstellen erklärte der alte Jacob Schulze als eine Hauptbedingung einer rationalen Zucht und als das einzige Mittel, von schwachen Stöcken unbeweglichen Baues Nutzen zu ziehen. Er sagte dem Sinne nach: Und wenn ich früher im Herbste bei der Einwinterung noch so streng zu Werke ging, nur volkreiche Stöcke einwinterte, und wenn die Durchwinterung und das Frühjahr noch so günstig waren, immer hatte ich bei Beginn der Volltracht mehr oder weniger schwache

Stöcke, die, sich selbst überlassen, entweder während des ganzen Sommers vollschwach bleiben oder wenigstens, um sich gehörig bevölkern zu können, bis zum halben Juli Zeit gebrauchten; wo es dann oft nichts mehr einzutragen gab. Fast immer mußte ich solche Stöcke cassiren oder stark füttern; Nutzen gewährten sie mir nur äußerst selten. Ganz anders, seit ich sie mit den stärksten verstelle; jetzt liefern sie mir, wenn der Jahrgang überhaupt ergiebig ist, auch Nutzen, weil sie nach der Verstellung bald starke Stöcke werden, ohne daß die verstellten stärksten Stöcke zu schwachen herabsinken. Allerdings fliegt der verstellte starke Stock einige Tage sehr bedeutend schwächer, weil er sehr viele Trachtbienen verliert und nur sehr wenige erhält, und nimmt an Gewicht nicht zu, ja meist sogar ab. Das schadet aber nichts, da seine Bienen im schwachen Stocke arbeiten und dort nicht nur denjenigen Honig eintragen, den sie ohne Verstellung in ihren alten Stock getragen haben würden, sondern auch **neues Leben schaffen und starken Brutansatz veranlassen**. Der verstellte starke Stock bleibt immer ein starker Stock, denn er steckt voll Brut und junger Bienen; jeden Tag, jede Stunde verlassen eine Menge Bienen die Zellen, und nach längstens 5—6 Tagen sieht man nicht, daß er geschröpft worden ist. Man kann daher nicht einwenden, daß man bei diesem Verfahren aus der rechten Westentasche einen Thaler herausnähme und in die linke stecke — nein, man nimmt aus einer Tasche einen Thaler und steckt deren zwei und mehr in die andere.

2. Alle Stöcke kommen, wenn sie sich nicht schon daselbst befinden, bei Beginn der Honigtracht auf das Doppelbrett (f. Fig. 55 f. auf S. 303 f.) und erhalten, sobald die Volltracht etwa 3 Tage eingetreten ist, einen **Aufsatz**. Dieser Aufsatz besteht entweder aus einem Holzkästchen oder Strohkränzchen und muß, wo er auf dem Deckel des Unterstockes nicht fest und dicht aufsteht, entweder an den Seiten mit Lehm verschmiert oder auf ein zwischen Deckel und Aufsatz gelegtes Brett, das in der Mitte ein mit dem Spundloche des Unterstockes correspondirendes rundes Loch hat, gestellt werden.

Um die Bienen zu veranlassen, desto früher ihre Arbeit im Aufsatze zu beginnen, muß man an dasjenige Stäbchen des Aufsatzes, welches sich gerade über dem Spundloche des Unterstockes befindet, statt bloßer Anfänge entweder eine ganze leere bis auf das Spundloch herabreichende Wabe oder wenigstens ein etwa zwei Zoll breites Wachsstreifchen, das am besten bis in das Spundloch hineinreicht, ankleben. An diesem Streifchen laufen dann die Bienen in die Höhe und beginnen, sobald sie im Unterstocke keinen Platz mehr haben und Tracht- und Witterungsverhältnisse ein Bauen gestatten, bald von oben herab weiter zu bauen, was sie weit später thun, wenn ein solches Streifchen nicht bis an das Spundloch herabreicht und so gleichsam den Bau in Schluß bringt.

Nach 4—5 Tagen fortdauernder guter Tracht sieht man nach, ob die Bienen von dem Aufsatze gehörig Besitz genommen und gehörig in demselben zu arbeiten begonnen haben. Steht der Aufsatz ohne Lehmschmiere auf, so kann man ihn einfach abheben und von unten in denselben einsehen. Sollte dabei das bis in das Spundloch herabreichende Wabenstreifchen, weil es bereits an dem unteren Wachsbau befestiget wäre, unten abreißen, so schadet das gar nichts. Die Bienen repariren den Schaden in der ersten Viertelstunde. Ist der Aufsatz dagegen mit Lehm an der Verbindungsstelle beschmiert, so zieht man oben den Spund heraus, wo man dann schon so ziemlich sehen wird, ob sich viele Bienen in dem Aufsatze befinden. Sieht man, daß viele Bienen in demselben lagern und daß bereits schon

§ XXXV. Verschiedene Geschäfte aus dieser Periode.

größere Wabenstücke gebaut resp. mit Honig gefüllt sind, so stellt man den Aufsatz nicht wieder oben auf, sondern sofort nach geöffnetem Kanale unten auf das Doppelbrett hinter den Stock, entfernt die fast immer in dem Spundloche des Mutterstockes sich befindlichen Zellen, steckt den Spund wieder ein und nimmt das Zwischenbrett weg oder beseitiget, wo dieses nicht war, die Rudera der Lehmschmiere.

Jedenfalls wird der Anfänger nun zwei Fragen auf dem Herzen haben: a. warum soll ich das Honigmagazin, wenn es später doch hinter den Stock kommen soll, anfänglich oben aufstellen? und b. warum soll ich nicht überhaupt das Honigmagazin für immer oben haben, da ja die Bienen naturgemäß den Honig im Haupte, über ihrem Brutneste, haben wollen und dadurch das Doppelbrett erspart werden könnte?

Antwort zu a. Wollte man das Honigmagazin gleich anfänglich hinterstellen, so würden die Bienen, wären sie nicht sehr stark und wäre die Tracht nicht sehr reich, länger zögern, ehe sie davon Besitz nähmen und zu bauen begännen, weil sie nur ungern in einem Hintersatze, der nur durch einen Kanal mit ihrem Stocke in Verbindung steht, zu arbeiten beginnen. Statt in einem solchen Hintersatze zu arbeiten, liegen sie oft lieber eine Woche und länger müßig vor dem Stocke. Ist aber bereits Bau im Hintersatze und wird bereits darin gearbeitet, so fahren sie dann in demselben ebenso fleißig weiter fort als in einem Aufsatze.

Antwort zu b. Das Aufsetzen, d. h. das Belassen des Honigmagazins oben für die ganze Trachtzeit, hat sich mir aus zwei Gründen ganz entschieden dem Hintersetzen nachstehend bei allen Stöcken mit unbeweglichen Waben erwiesen.

α. Die Bienen wollen, wie schon wiederholt gesagt wurde, naturgemäß ihre Honigvorräthe im Haupte des Stockes, über dem Brutneste, haben und tragen daher, wenn ihnen oben ein von ihrem Stocke separirter Raum gegeben wird, oft allen Honig in diesen. Ist dann die Tracht vorbei und nimmt man den Aufsatz ab, so findet man je nach der Stärke des Volkes und der Günstigkeit der Tracht in demselben entsprechenden Honig, wogegen der Unterstock, der eigentliche Stock, meist honigarm und nicht winterungsfähig ist.

Hat man jedoch den Stock für den Herbst zum Cassiren bestimmt, so rathe ich, das Honigmagazin während der ganzen Trachtzeit oben zu belassen; nur muß man dann in das Spundloch ein rundes genau an den Seiten anschließendes Brettchen legen, das den unteren Gängen (Zwischenräumen zwischen den Tafeln) genau correspondirende Einschnitte enthält, die zwar die Bienen, nicht aber die dickere Königin durchlassen. Man gewinnt dann zwar nicht mehr Honig als durch das Hintersetzen, wohl aber mehr Honig in jungen weißen Tafeln.

Dieß Auflegen eines Brettchens mit schmalen Durchgängen ist sehr wichtig, wenn das Honigmagazin für immer oben bleiben soll. Denn sobald es der Königin im Unterstocke an Zellen zum Eierabsetzen zu mangeln beginnt, was gewöhnlich bei volkreichen Stöcken ziemlich bald eintritt, so verläßt sie das Brutlager, sucht im Stocke nach leeren Zellen, spazirt gar zu gern durch das Spundloch in den Aufsatz und besetzt dort sofort jede leere Zelle mit einem Ei. Daß aber dann der ganze Zweck des separaten Honigraumes vereitelt ist, liegt auf der Hand; ja dann beginnt gewöhnlich eine gräuliche Drohnenheckerei, da die Bienen, haben sie unten im Stocke kein oder nur sehr wenig Drohnenwachs, oben im Honigmagazin vieles Drohnenwachs bauen. Stellt man dagegen zu rechter Zeit den in Besitz genommenen Aufsatz hinter, so wird die Königin nur in äußerst seltenen Fällen (vielleicht in funfzig Fällen kaum einmal) durch den engen etwas langen Kanal, der eben deshalb von mir etwas eng und lang construirt ist, in den Hintersatz sich begeben, da sie nicht gern von den Waben auf das Bodenbrett und noch ungerner durch einen engen Kanal geht.

3. Ist ein Auf- oder Hintersatz vollgebaut, so wird er in die Höhe gehoben und ihm ein Untersatz, aber ja nicht etwa nach Abhebung des Deckels des Aufsatzes ein zweiter Aufsatz, gegeben, weil die Bienen in diesem Falle in einem Untersatze weit fleißiger als in einem Aufsatze arbeiten und hier der Untersatz wegen Entferntseins der Königin sonst unschädlich ist.

4. Schwärmt ein mit einem Auf- oder Hintersatze versehener Stock und verstellt man ihn nicht mit einem volkreichen Stocke, so bedarf er eines Honigmagazins nicht mehr, da er nun durch die täglich auslaufende Brut Zellen genug zur Honigablagerung erhält. Man kann daher einem solchen Stocke das Honigmagazin wegnehmen und einem andern, der noch keins hat, aber eben eines solchen benöthiget wird, geben. Freilich muß man in den ersten Stunden nachsehen, ob nicht etwa Feindschaft zwischen den Bienen entsteht. Entsteht diese, so muß man entweder durch Rauch Frieden stiften, oder etwas warmen dünnflüssigen Honig zwischen die Waben und auf die Bienen des auf- oder hintergesetzten Honigmagazines gießen.

5. Solche Auf- und Hintersätze können auch ganz vortrefflich für Schwärme oder Treiblinge verwendet werden, vorausgesetzt, daß sie nicht zu vieles Drohnenwachs enthalten oder daß dieses zuvor herausgeschnitten wird. Für diesen Zweck nimmt man einem Stocke ein solches ganz oder theilweise ausgebautes Kästchen oder Kränzchen ab, gibt dafür ein neues leeres, stellt das abgenommene irgendwo etwa eine Stunde lang auf, läßt die meisten darin befindlichen Bienen sich verfliegen, jagt mit Rauch die zurückbleibenden heraus oder läßt sie durch ein Betäubungsmittel (§ XLIV, B.) fallen, setzt zwei leere Kästchen oder Kränzchen unter, verbindet solche gehörig mit dem obersten gefüllten, trägt den so hergerichteten Stock auf einen glatten Sandplatz, holt den Schwarm oder Treibling herbei, wirft ihn durch einen kräftigen Stoß auf die Erde dicht vor den Stock, dem vorn zwei Hölzchen Behufs schnelleren und bequemeren Einpassirens der Bienen untergelegt werden, und läßt das Volk einmarschiren.

6. Wer mit seiner Dzierzonzucht recht rasch vorwärts kommen will, der läßt sich viereckige deckel- und bodenlose, 8 Zoll hohe (oder wie sonst die Höhe seiner Waben beschaffen ist), 11 Zoll breite und 12 Zoll lange, oben mit einem Falz versehene Kästchen, also Kästchen fertigen, in welche acht Stäbchen oder Rähmchen eingehängt werden können. Hat man die Stäbchen oder Rähmchen, natürlich mit den gehörigen Wabenanfängen beklebt, eingehängt, so legt man oben ein entsprechendes Brett als Deckel auf und verfährt wie unter 2 und 3 angegeben ist. Auf diese Weise erhält man eine Menge prächtiger Honigwaben, die man nach Ende der Tracht den Dzierzonstöcken zutheilen kann. — Hat man Rähmchen, so beklebe man ja, wie auf Seite 250 gelehrt ist, auch wenigstens die Untertheile derselben, indem so die Bienen am frühesten von unten nach oben zu bauen beginnen, und man dann nicht nöthig hat, entweder eine ganze Tafel oder wenigstens einen bis auf das Spundloch herabreichenden Wachsstreif anzubringen, obwohl dieß auch jetzt, wenn man leere Tafeln genug hat, zweckmäßig ist.

B. Wohnungen mit beweglichen Waben.

1. Auch bei diesen, wenn es Einzelbeuten sind, kann das auf Seite 347 erwähnte Verstellen Anwendung finden, nur muß man, wenn man Dzierzonbeuten

§ XXXV. Verschiedene Geschäfte aus dieser Periode. 351

mit Strohkörben oder sonst unter sich sehr unähnliche und die Fluglöcher nicht in gleicher Höhe habende Beuten verstellt, die im § XXXIX, A., 3., a. gegebenen Winke befolgen. Ich verstärke jedoch nur höchst selten Dzierzonbeuten durch Verstellen, sondern fast immer durch Einstellen von Tafeln mit vieler dem Auslaufen naher Brut.

2. Muß man allen Beuten, sobald die Bienen ziemlich dicht hinten an der letzten, der Thüre zunächst stehenden Wabenfläche lagern, den Honigraum öffnen, um die Bienen auch nicht eine Stunde am Bauen oder Honigaufspeichern zu hindern. Es ist besser, die Honigräume 8 Tage zu früh als eine Stunde zu spät zu öffnen.

Der Anfänger wird freilich, solange er möglichst stark vermehren muß, wenig in die Honigräume erhalten, ihr Oeffnen kostet aber kein Geld und hin und wieder wird doch einer benutzt werden.

Wie oben gesagt, zögern die Arbeitsbienen stets etwas, ehe sie in dem Honigraume ihre Arbeit beginnen, nnd man muß sie deshalb in den Honigraum locken. Dieß geschieht beim Dzierzonstock höchst leicht und einfach dadurch, daß man aus dem Brutraume desselben oder eines anderen Stockes eine Brutwabe mit einer leeren vertauscht und die Brutwabe in den Honigraum hängt. Von einer solchen nehmen die Bienen in der ersten Stunde Besitz und arbeiten rührig weiter; denn wo Brut ist, da ist auch erhöhte Thätigkeit und in ihrer unmittelbaren Nähe bauen die Bienen viel emsiger. S. Dzierzon Bienenfreund S. 149.

3. Ist ein Honigraum ausgebaut, so entleere man ihn, warte damit aber nicht, bis alle, auch die hintersten, Waben bedeckelt sind. Die noch unbedeckelten Honigwaben oder die leeren Waben kann man wieder einhängen und nur die vollen behalten.

§ XXXVI.
Die Fortpflanzung im Ganzen oder das Schwärmen.

A. Das regelmäßige Schwärmen.

1. Wenn einige Zeit nach Eintritt reicher Tracht alle Waben des Bienenstockes mit Arbeiter- und verhältnißmäßig mit Drohnenbrut und Honig reichlich gefüllt sind, die Arbeitsbienen sich verzwei-, verdrei- und vervierfacht haben, die Wohnung zu enge zu werden beginnt und bei warmer Witterung die Hitze in derselben einen hohen Grad erreicht, treibt der Instinkt das jetzt in seiner Vollkraft stehende Bienenvolk, wie jedes andere Thier, zur **Fortpflanzung** — im weiteren Sinne. Ich sage „im weiteren Sinne"; denn beim Bienenvolk muß eine doppelte Fortpflanzung unterschieden werden: eine **im engeren Sinne**, welche dazu dient, einzelne Wesen zur Erhaltung des Volkes selbst hervorzubringen, eine andere **im weiteren Sinne**, durch welche ein Ganzes, **ein neues und zweites Volk**, hervorgeht. Das Bienenvolk, sehr treffend auch **der Bien** genannt, als ein Ganzes betrachtet, ist ein zweigeschlechtliches Thier, ein Thier, in dem Mannheit und Weibheit vereint sind, das sich also durch sich selbst, wie viele andere zweigeschlechtliche Thiere, fortzupflanzen vermag.

Die einzelnen Bienen, die der Bien nach und nach in immer größerer Zahl hervorbringt und in sich behält, sind gleichsam des Mutterthieres wachsende Leibesfrucht, die endlich nach erlangter Reife im Gebäract des Biens, d. h. im Schwärmact, als Junges, als selbstständiges Thier geboren wird. Würde der Bien sich nicht als ein Ganzes fortpflanzen können, so würden die Bienen bald von der Erde verschwinden, da nicht das Einzelwesen, hier der einzelne Bien, sondern nur die Gattung fortbesteht. Die Begattung ist in der ganzen Natur nur das Bestreben der Einzelwesen, ihre Gattung zu erhalten. Fühlt also, wollt' ich sagen, ein Bien den Fortpflanzungstrieb im weiteren Sinne, so beginnen die Arbeitsbienen an verschiedenen Stellen des Stocks, bald nur 3—4, bald 15—20 und mehr Weiselwiegen zu erbauen, welche die Königin binnen 1—5 Tagen (damit die Nymphen nicht auf einmal flügge werden) mit Eiern besetzt. (Burnens war so glücklich zu sehen, wie eine normale Königin ein Ei in eine angefangene Weiselwiege legte. Huber-Kleine Heft 2 S. 180.) Sobald eine oder die andere dieser Wiegen bedeckelt ist und die Made in eine Nymphe und wirkliche Königin sich zu verwandeln anfängt, wittert die alte Königin Nebenbuhlerinnen, wird ängstlich und unruhig, weil die Natur den Königinnen den tödtlichsten gegenseitigen Haß

§ XXXVI. Die Fortpflanzung im Ganzen oder das Schwärmen.

angeschaffen hat, und zwei Königinnen, äußerst seltene Fälle abgerechnet (S. Seite 21 unter c.), sich nebeneinander nicht dulden und nicht früher ruhen, als bis eine getödtet oder gewichen ist.

Die Königin sucht die Weiselwiegen zu zerstören, aber die Arbeitsbienen lassen dieß nicht geschehen, und so räumt sie denn das Feld und verläßt etwa 6—7 Tage vor dem Ausschlüpfen der reifsten jungen Königin aus der Wiege mit dem größten Theile der Arbeitsbienen und einer Partie Drohnen, wenn solche die Zellen schon verlassen haben und flugbar sind, den Stock, um ein neues Reich zu gründen. Dabei nehmen die Arbeitsbienen kurz vor dem Abzuge nicht unbedeutende Honigportionen in ihre Blasen auf, um Proviant und Mittel zum Wachsbau zu besitzen, wenn in der ersten Zeit unflugbare Witterung eintreten sollte.

Wollen die Bienen nach dem Abgange des einen Schwarmes nicht mehr schwärmen, so zerstören sie die Weiselwiegen einige Tage zuvor, ehe eine Königin reif wird, bis auf eine. Bald geht die junge Königin hervor, hält ihre Befruchtungsausflüge und der Bien ist, wenn die Befruchtung gelingt, wieder in Ordnung.

2) Wollen aber die Bienen einen zweiten, dritten u. s. w. Schwarm geben, so lassen sie die Weiselwiegen unversehrt, und die erste Königin, welche zur Reife gelangt, beginnt in der Zelle zu quaken, d. h. Töne hervorzubringen, die wie „qua h, qua h" klingen und welche man an stillen Abenden, wenn man das Ohr an den Stock legt, deutlich vernehmen kann. Diese Quaktöne dauern oft nur kurze Zeit, denn sie sind lediglich Fragtöne. Die flügge gewordene Königin will nämlich die Zelle verlassen, getraut sich aber nicht früher, bevor sie nicht die Gewißheit erlangt hat, daß keine Nebenbuhlerin sich frei im Stocke befindet. Erst wenn sie nach mehrmaligem Fragen eine Antwort nicht erhält, weiß sie sich sicher, öffnet den Zellendeckel und kriecht hervor. Bald bemerkt sie die Weiselzellen und fängt sofort an zu tüten, d. h. Töne hervorzubringen, die wie „tüht, tüht" klingen, und die man noch deutlicher als die Quaktöne hören kann. Erhält sie jedoch, wenn sie mehrere Male getütet hat, keine Antwort, d. h. hört sie kein Quaken in den Zellen, weil die Nymphen noch nicht reif sind, so stellt sie das Tüten ein und läuft im Stocke herum, um die Weiselzellen aufzubeißen und die darin befindlichen Nymphen zu tödten; woran sie jedoch von den Arbeitsbienen, die sie verjagen und wegbeißen, verhindert wird. Bald aber wird eine oder werden mehrere Königinnen in den Zellen flügge und fragen quakend an. Sofort erhalten sie von der freien Königin durch „tüht, tüht" Antwort und hüten sich wohl, die Zellen zu verlassen. Sie bleiben also von selbst aus Furcht in den Wiegen, nicht aber werden sie, wie seit Huber (S. Huber-Kleine Heft 2 S. 188) Viele, z. B. von Morlot (Bienenzucht S. 5) behaupten, von den Arbeitsbienen in den Zellen gefangen gehalten, indem die von den Königinnen gebissenen Oeffnungen immer wieder mit Wachsstäben verklebt würden.

Nun beginnt aber eine fast ununterbrochene Musik, die man an stillen Abenden 3—4 Schritt vom Stocke hört, indem die freie Königin, wie rasend, Tag und Nacht an allen Orten des Stockes umherrennt und mit kurzen Unterbrechungen tütet, während die in den Zellen sitzenden Königinnen, oft 2, 3 und mehr auf einmal, quaken. Diese Musik geht gegen 1—2 Tage fort und wird, je mehr die Königinnen erstarken, desto vernehmlicher und lauter. Dann zieht die freie Königin, wenn die Witterung nicht gar zu ungünstig ist, mit einem Theile der Bienen schwärmend aus. Jetzt verstummt, weil eine freie Königin nicht mehr im Stocke ist, das

Tüten eine Weile, das Quaken aber dauert fort, und wenn nach einiger Zeit kein Tüten darauf antwortet, machen die in den Zellen sitzenden, sich nun sicher fühlenden Königinnen Anstalt, auszuschlüpfen. Diejenige, der es zuerst gelingt, aus der Zelle zu kommen, fängt sofort an, zu tüten, worauf die übrigen, weil sie wieder eine Nebenbuhlerin frei im Stocke hören, in den Zellen zurückbleiben — und das Stück spielt nun von neuem ganz in der alten Weise so lange und so oft noch ein Schwarm abgesendet werden soll.

Wird endlich das Schwärmen aufgegeben, so reißen die Arbeitsbienen die Königinnen aus den Zellen, erstechen oder tödten sie sonst oder jagen sie zum Flugloche hinaus. Die freie Königin weiß sich nun, da kein Quaken mehr hörbar ist, als die einzige, stellt das Tüten ein, hält in den nächsten Tagen ihre Befruchtungsausflüge u. s. w.

Dieß ist der regelmäßige Hergang beim Schwärmen, und die Bienenzüchter nennen die Schwärme mit der alten fruchtbaren Königin Vor- oder Erstschwärme, die mit einer jungen unfruchtbaren Nachschwärme und zwar Zweit-, Dritt-, Viert- u. s. w. Schwärme, je nach der Reihenfolge ihres Erscheinens. Auch werden die Nachschwärme Afterschwärme genannt, welch ganz unpassender Ausdruck jedoch zu vermeiden ist.

3. Bei diesem regelmäßigen Hergange des Schwärmens kommen jedoch öfters Abweichungen vor, die am füglichsten gleich hier mitgetheilt werden, bevor zu dem unregelmäßigen Schwärmen und zu den mit dem Schwärmen im Zusammenhange stehenden Fragen übergegangen wird.

a. Der Vorschwarm geht nicht immer 6—7 Tage vor dem Ausschlüpfen der ersten jungen Königin ab, weil das Wetter das Ausschwärmen oft hindert.

Vorschwärme sind bezüglich der Witterung viel kürziger als Nachschwärme und gehen nur an schönen Tagen in den schönsten Stunden, meist zwischen 10—2 Uhr, ab; doch habe ich an sehr warmen windstillen Tagen auch schon Morgens zwischen 8 und 9 und Nachmittags nach 4 Uhr Vorschwärme erhalten. Man kann sagen, in der Regel gehen Vorschwärme Vormittags, Nachschwärme Nachmittags ab. Wenn aber Donhoff (Bztg. 1859 S. 181.) das in der Regel früher am Tage erfolgende Abgehen der Vorschwärme daraus zu erklären sucht, weil Mutterstöcke, die den Vorschwarm geben, volkreicher seien als Stöcke, die den Nachschwarm geben, daß mithin bei der mit der Zunahme des Tages zunehmenden Wärme die zum Schwärmen nothwendige Wärme in den Stöcken bei Vorschwärmen schon in den Vormittagsstunden, in den weniger bevölkerten Stöcken, die nachschwärmen wollen, erst Nachmittags einträte oder daß die jungen Königinnen ein größeres Wärmebedürfniß, als die alten, hätten, so ist dieß ganz sicher falsch, da ich in meinem Leben wohl hundert Nachschwärme, aber auch nicht einen einzigen Vorschwarm an kühlen Tagen erhalten habe.

Hindert das Wetter den Abgang des Schwarmes längere Zeit, so daß die Königinnen in den Zellen der Reife sehr nahe kommen, so werden sie in der Regel von den Arbeitsbienen herausgerissen und das Volk giebt das Schwärmen auf, oder setzt später von neuem Weiselwiegen an. Manchmal, jedoch selten, lassen die Bienen auch bei schlechter Witterung die Weiselwiegen stehen; wo dann, wenn eine junge Königin in einer Zelle zu quaken beginnt, die alte Königin, gleich einer jungen, frei im Stocke sich befindlichen, tütet. Mir sind jedoch bei meiner langen und großen Praxis nur zwei Fälle bemerkbar geworden, d. h. ich habe nur zweimal sicher feststellen können,

§ XXXVI. Die Fortpflanzung im Ganzen oder das Schwärmen. 355

daß die tütende Königin die alte fruchtbare war. Einen dritten Fall theilt Ludwig Huber in der Bztg. 1857 S. 154 f. mit, und Dzierzon erzählt einige Fälle, wo die alte Königin mit einer jungen zugleich abschwärmte, wo also eine fruchtbare und eine unbefruchtete Königin sich beim Erstschwarm befanden. S. Dzierzon Bztg. 1852 S. 121. Auch Tilly (Bztg. 1852 S. 29) kam ein solcher Fall vor.

Die Regel ist, daß, wenn der Vorschwarm nicht wenigstens zwei Tage vor der Reife einer jungen Königin abgehen kann, die Weiselbrut zerstört und das Schwärmen, wenigstens einstweilen, aufgegeben wird. Ganz falsch aber ist, wenn viele Bienenschriftsteller, selbst ein von Ehrenfels (S. dessen Bienenzucht u. s. w. S. 45) und Oettl (S. Klaus 3. Aufl. S. 44) lehren, daß, wo die alte fruchtbare Königin wegen widrigen Wetters nicht ausschwärmen könne, diese von den Arbeitsbienen gewöhnlich getödtet werde.

Einen seltenen Ausnahmsfall erlebte Dzierzon. Eine Beute ließ in Zwischenräumen von etwa 5 Tagen drei starke Schwärme ab, ohne daß das Brutansetzen die geringste Unterbrechung erlitten hätte. Die Eierlage dauerte nach wie vor fort. Die alte Königin hatte sich also hartnäckig im Stocke behauptet und ließ die jungen ausschwärmen. S. Dzierzon Bztg. 1848 S. 14.

b. Obwohl die Arbeitsbienen die Weiselwiegen bewachen und gegen die Angriffe der freien Königin beschützen, indem sie diese davon wegjagen, resp. nicht daran lassen, so gelingt es doch hin und wieder der freien, namentlich der noch unbefruchteten Königin, eine Weiselwiege aufzubeißen und die darin sitzende Königin herauszureißen oder zu erstechen. So referirt Franz Huber (S. Huber-Kleine Heft 2 S. 139); ich selbst habe dieß jedoch niemals gesehen, b. h. ich habe niemals gesehen, daß eine Königin, so lange der Stock das Schwärmen noch nicht aufgegeben hatte, eine Weiselwiege zerstört hätte. Nach dem Aufgeben des Schwärmens hingegen habe ich nicht selten Königinnen Weiselwiegen zerbeißen und die Nymphen herausziehen gesehen.

c. Nicht immer verläßt die zuerst ausgelaufene junge und sich allein frei im Stocke befindliche Königin nach 1—2 Tagen schwärmend den Stock; sehr oft auch erst später und mitunter tütet und quakt es 5—6 Tage unaufhörlich in einem Stocke und es erfolgt, selbst beim schönsten Wetter, doch kein Schwarm. Ja von Bose erzählt sogar, daß es 1857 beim prächtigsten Wetter in einem seiner Stöcke elf Tage tütete und quakte und ein Schwarm doch nicht abging. S. von Bose Bztg. S. 277.

d. Bei Zweit-, Dritt- und folgenden Schwärmen ist nicht immer blos eine Königin, sondern sind deren öfters zwei und mehr. Einmal fand ich bei einem einzigen Nachschwarme acht Königinnen und Spitzner bei einem sehr starken Nachschwarme, der erst 14 Tage nach dem wegen Verunglückens der alten Königin heimgegangenen Erstschwarme fiel, deren sogar einundzwanzig. S. Spitzner kritische Geschichte u. s. w. Band 2 S. 24. In der Regel haben jedoch auch die Nachschwärme nur eine Königin.

Das Vorhandensein mehrerer Königinnen bei einem Nachschwarme erklärt sich daraus, daß während des Schwarmtumultes nicht selten mehrere Königinnen aus ihren Wiegen herausbrechen und dem Schwarme folgen. Besonders haben Dritt- und folgende Schwärme oft mehrere Königinnen, weil jetzt die Königinnen schon länger in den Zellen saßen, sehr erstarkten und besto schneller hervorbrechen konnten.

e. Zwar läuft stets nur eine junge Königin frei im Stocke umher, mitunter sind jedoch mehrere außerhalb der Wiegen im Stocke, diejenigen nämlich, welche während des Schwarmauszuges herausschlüpften, sich aber verspäteten und dem Schwarm nicht mehr folgen konnten.

Die Arbeitsbienen schlagen sich jedoch bald ins Mittel, tödten die überflüssigen oder treiben sie zum Stocke hinaus. Bei dieser Gelegenheit kommen aber auch häufig Kämpfe zwischen den Königinnen vor. Denn sobald sich zwei begegnen, packen sie sich im Nu und immer wird eine erstochen, wenn es der sich besiegt fühlenden nicht gelingt, sich loszuwinden. Auch wenn die Bienen das Schwärmen aufgegeben haben und die flügge in den Zellen sitzenden Königinnen herausreißen und tödten wollen, entwischt mitunter ein Schlachtopfer. Dann entsteht eine förmliche Jagd, die ich mehrmals durch die Glasfenster mit angesehen habe. Die Königin, wohl wissend, welches Loos ihrer harrt, reißt aus, die Bienen verfolgen sie; an den Füßen oder Flügeln gefaßt, schreit sie kläglich, und einmal dauerte mich eine so sehr, daß ich sie befreite, in einen Weiselkäfig einlaufen ließ, Tags nachher ihr Bienen und Bau beigab und, da sie sich glücklich befruchtete, einwinterte.

B Das unregelmäßige Schwärmen.

1. Oft macht ein sehr volkreicher Bien keine Anstalt zum Schwärmen, d. h. er setzt keine Weiselwiegen an, weil die Witterung oder sonstige Verhältnisse zur Schwarmvorbereitung nicht besonders günstig waren. Nun tritt aber mit einem Male das schönste Wetter und die reichste Tracht ein. Schwärmvorbereitete Stöcke desselben Standes stoßen Schwärme ab, die Bienen des nicht schwärmvorbereiteten Stockes hören den Schwarmton, werden angesteckt, machen Revolution im Innern des Stockes und stürzen schwärmend hervor. Die Königin, wie es der Pseudoregentin einer democratischen Monarchie geziemt, beeilt sich als die dienstwilligste dem Volke zu gehorsamen, und der Schwarm ist da, hängt am ersten besten Baume.

Ich glaube nicht, daß ein solcher Schwarm im Naturzustande vorkommt, d. h. ich glaube nicht, daß ein isolirt wohnendes Volk, ohne Weiselwiegen angesetzt und bedeckelt zu haben, einen Vorschwarm geben wird. Denn mir kamen solche Schwärme stets nur vor, wenn bereits einer oder mehrere schwärmvorbereitete Stöcke kurz zuvor geschwärmt hatten oder noch im Schwärmact begriffen waren. Daß aber auf reich besetzten Bienenständen solche Vorschwärme und zwar oft fallen, davon habe ich mich durch Herausnahme aller Waben nach Abgang des Schwarmes aufs Bestimmteste überzeugt. Keine Spur einer Weiselwiege für den Augenblick, aber am andern Morgen schon brutbesetzte Arbeiterzellen zum Umformen in Weiselwiegen in Angriff genommen.

Solche Stöcke geben in der Regel auch einen oder mehrere Nachschwärme, weil, ehe eine junge Königin zum Vorschein kommt, der größte Theil der Brut ausgeschloffen ist.

2. Wenn zur Schwärmzeit die alte fruchtbare Mutter eines volk- und brutreichen Biens mit Tode oder sonst wie abgeht, so schwärmt ein solcher gewöhnlich ein- oder mehrmal. Das Verhalten ist ganz dasselbe wie bei regelmäßigen Nachschwärmen. Die Imker nennen den ersten Schwarm eines solchen Biens, weil ihm wie jedem Nachschwarm ein Gesang (ein Tüten und Quaken) vorausgeht, Singervorschwarm.

3. Als Abnormität kommen in außerordentlich seltenen Fällen zu ganz ungewöhnlicher Zeit Miniaturschwärmchen zum Vorschein. Verliert nämlich ein Bien

§ XXXVI. Die Fortpflanzung im Ganzen oder das Schwärmen.

seine fruchtbare Königin früh oder spät im Jahre, so setzen die Arbeitsbienen 2—3 Weiselwiegen an und lassen nicht selten alle stehen, auch wenn eine Königin bereits ausgekrochen ist. Tritt jetzt besonders warme und schöne Witterung ein, so zieht die Königin, aber, wie gesagt, nur in äußerst seltenen Fällen, mit einem Händchen voll Bienen als Schwärmchen aus. Ich erhielt ein solches am 9. April 1846 und ein zweites am 26. April 1848. Gleich mir erhielt Spitzner in länger als dreißig Jahren nur zwei solche Schwärmchen, eins am 8., eins am 12. Mai. S. Spitzner krit. Geschichte Band 2 S. 169.

Die Schriftsteller über Bienenzucht nennen diese Schwärmchen „Nothschwärmchen". Diese Bezeichnung ist aber höchst unzutreffend, denn man sieht nicht ab, wo die Noth, die zum Schwärmen zwänge, liegen soll, wenn man nicht mit Magerstedt ins Blaue hinein behaupten will, sie würden von der stärkeren Partei „genöthiget", auszuziehen. S. Magerstedt pract. Bienenvater 3. Aufl. S. 373.

Vielleicht könnte man sie „Uebereilungs- oder Leichtsinnsschwärmchen" nennen? Der alte Jacob Schulze, der diese Schwärmchen auch kannte, nannte sie in seiner zarten lyrischen Ausdrucksweise „Hurenschwärmchen", konnte aber die Benennung auch nicht rechtfertigen und lachte mit, als ich ihn auslachte.

§ XXXVII.
Verschiedene Fragen, das Schwärmen betreffend.

1. Gibt es sonst noch von den vorher bezeichneten verschiedene Schwärme?

Nein, obwohl man in Bienenschriften noch von Jungfernvorschwärmen, Jungfernnachschwärmen, Singerjungfernschwärmen und Hungerschwärmen liest. Unter Jungfernvorschwarm verstehen die Bienenzüchter den Schwarm, den ein gewöhnlicher Vorschwarm noch in demselben Jahre mit der alten Königin giebt, unter Jungfernnachschwarm den Nachschwarm eines Vorschwarms und unter Singerjungfernschwarm denjenigen, den ein Vorschwarm noch in demselben Jahre, nachdem die alte Königin gestorben oder sonst abgängig geworden ist, mit einer jungen Königin ausführt und der sich durch Tüten und Quaken vorher ankündiget. Erstere beide sind mit gewöhnlichen Vor- und Nachschwärmen, letzterer ist mit einem Singervorschwarm völlig identisch. Hungerschwärme sind aber gar keine Schwärme, weil dadurch ein Volk sich nicht in zwei Völker theilt, sondern aus Hunger seine Wohnung verläßt, das Weite sucht oder sich auf besetzte Stöcke wirft und sich einzubetten (deshalb auch Bettelschwärme genannt) sucht. S. Spitzner Korbbienenzucht 3. Aufl. S. 143. Sie legen sich oft an eine Säule des Bienenhauses an und versuchen, in den nächsten Stock aufgenommen zu werden; was ihnen auch mehrentheils gelingt, indem sie sich gleichsam bittweise mit dem gewöhnlichen Brausen dem Flugloche nähern und in dasselbe einziehen. Selten werden sie todt gestochen. S. Spitzner krit. Geschichte u. s. w. Band 2 S. 176 f.

Das Verlassen einer Wohnung geschieht übrigens nicht blos aus Hunger, sondern auch aus anderen Ursachen, besonders wenn die Wachsmotten den größten Theil der Waben zerfressen und eingesponnen haben.

2. Welches sind die Anzeichen der Schwärme?
a. Der Schwärme mit fruchtbaren Königinnen.
α. Als ein entferntes Vorzeichen kann das Erscheinen der Drohnen betrachtet werden. Denn kein Stock gibt einen ordentlichen oder unvorbereiteten Vorschwarm, der nicht bereits Drohnen, oder wenigstens bedeckelte Drohnenbrut besitzt, da die junge Königin im Mutterstocke und die Königinnen in den etwaigen Nachschwärmen unfruchtbar bleiben müßten, wenn sie keine Männchen zur Zeit ihrer Begattungsausflüge anträfen, und das Bienenvolk, das eine Welt für sich bil-

§ XXXVII. Verschiedene Fragen, das Schwärmen betreffend. 359

bei, sich nicht darauf verlassen darf, daß die junge Königin auch von einer Drohne eines anderen Stockes befruchtet werden kann.

β. Ein näheres Vorzeichen des Schwärmens ist das Vorliegen. Aber es ist auch höchst trügerisch; denn oft liegen die Bienen 3—4 Wochen vor und schwärmen doch nicht.

γ. Ein ziemlich sicheres Vorzeichen aber ist es, wenn man besetzte, besonders eine oder die andere bereits bedeckelte Weiselwiege im Stocke sieht. Bleibt jetzt die Witterung günstig, so erfolgt ziemlich sicher in den ersten Tagen der Schwarm.

Anzeichen eines an demselben Tage, in derselben Stunde abgehenden Schwarmes, die aber gleichfalls, bis auf eins, sämmtlich mehr oder weniger trügerlich sind:

a. Wenn die Bienen zwischen 9—11 Uhr schon anfangen, sich stark vorzulegen, namentlich wenn viele Bienen aus dem Stocke herausquellen und sich vorlegen statt abzufliegen.

b. Wenn der Stock plötzlich im Fluge bedeutend nachläßt.

c. Wenn von der Tracht honig- oder pollenbeladen ankommende Bienen, statt in den Stock einzumarschiren, sich auf den vorliegenden Klumpen hängen, oder in den Stock zwar einmarschiren, bald aber, ohne die Tracht abgelegt zu haben, wieder herauskommen.

b. Wenn schon gegen 11 Uhr Drohnen fliegen.

e. Wenn einzelne Bienen sich schütteln, als wollten sie sich einer Bürde entledigen; wenn sie sich einzeln oder paarweise im Kreise drehen, tanzen, mit den Köpfen gegen ein Centrum gewendet. S. Spitzner krit. Geschichte u. s. w. Bd. 2 S. 185 f.

f. Wenn einzelne Bienen mit Hastigkeit aus dem Flugloche herausstürzen, nicht abfliegen, sondern sich auf die Vorlieger begeben, hier unter Schütteln des ganzen Körpers und Schlagen der Flügel mit der größten Schnelligkeit bald hierhin bald dorthin sich wenden, bald zwischen die Vorlieger sich bohren, bald wieder hervorkommen, so den ganzen Haufen der Vorlieger durchkreuzen und zuletzt durch das Flugloch in den Stock zurückstürzen. Dieses Zeichen ist fast sicher. S. Scholtiß Bzig. 1847 S. 77.

g. Wenn die vorliegenden Bienen sich plötzlich und schnell in den Stock zurückziehen. Dieses Anzeichen ist ganz sicher; die Bienen stürmen nur in den Stock, um sich für den Schwarmauszug voll Honig zu saugen. Nach wenigen Minuten kommt der Schwarm sicher.

b. Der Schwärme mit unfruchtbaren Königinnen.

Hier gibt es nur ein und zwar ein ziemlich sicheres Vorzeichen, nämlich wenn es im Stocke recht laut tütet.

Anhang. In Thüringen und in den meisten Gegenden Deutschlands zieht eine Königin in dem Jahre, in welchem sie geboren ist, nicht wieder schwärmend aus. Mir ist in meiner langen und großen Praxis auch nicht ein einziger Fall vorgekommen, daß ein Stock mit einer heurigen Königin geschwärmt hätte. In Gegenden mit lange anhaltender Tracht jedoch, z. B. in der Lüneburger Heide, schwärmen auch heurige Königinnen wieder aus.

3. Gibt die Königin oder geben die Arbeitsbienen das Signal zum Schwarmabzuge?

Franz Huber hat zweimal gesehen, daß die alte fruchtbare Königin die letzte Veranlassung zum Schwarmabzuge gab durch lebhaftes Hin- und Herlaufen, welches die Arbeitsbienen in dieselbe Bewegung versetzte und welches zuletzt in ein Hinausstürzen aus dem Flugloche und Abschwärmen überging S. Huber. Kleine Heft 2 S. 184 ff.

Andere lassen die Arbeitsbienen den Anfang machen und die Königin nur im Tumulte mit fortreißen.

Obwohl ich eine fruchtbare Königin, so oft ich auch in Glasstöcken danach spähte, niemals vor dem Schwarmabzuge habe unruhig hin und her laufen sehen, setze ich doch in Hubers Mittheilungen nicht den geringsten Zweifel und glaube gleichfalls, daß die fruchtbare Königin theils durch unruhiges Hin- und Herlaufen, theils, und wohl in den meisten Fällen, (denn manche altersschwache, kaum noch kriechende Königin vermag gar nicht, sich schnell zu bewegen, überhaupt ist Laufen b. i. schnelles Bewegen nicht Sache fruchtbarer Königinnen) durch gewisse ängstliche Töne ihre Besorgniß ausdrückt und den Arbeitsbienen die Nothwendigkeit anzeigt, früher oder später auszuziehen, weil es wegen der Weiselwiegen länger im Stocke zu bleiben für sie gefährlich sei. S. Dzierzon Bztg. 1857 S. 22. Denn ganz abgesehen von den Fällen, wo auf größeren Ständen, wenn erst mehrere Stöcke geschwärmt haben oder schwärmen, sich der Arbeitsbienen nachbarlicher Stöcke eine sichtbarliche Schwärmlust bemächtiget und diese es hier sind, welche die unvorbereiteten Vorschwärme veranlassen (S. Seite 356), giebt es directe Beobachtungen, die beweisen, daß auch die Arbeitsbienen das Signal zum Abzuge des Schwarmes gaben.

Am 3. Juli 1845 lag ein kleiner Stülper dermaßen vor, daß die Bienen selbst den Deckel dicht belagerten. Daneben stehend und den Schwarmabzug jeden Augenblick erwartend, sah ich, wie auf einmal oben auf dem Deckel mehrere Bienen sich im Kreise zu drehen begannen. Es sah aus, als tanzten sie paarweise. Diese Bewegungen wurden von Secunde zu Secunde lebhafter und ausgebreiteter und endlich begannen die Bienen oben auf dem Deckel zu schwärmen. Nun schwärmten erst alle vom Deckel ab, dann an der Vorderseite des Korbes von oben nach unten, während am Flugloche noch völlige Ruhe herrschte. Erst als hier die Bienen abzuschwärmen begannen, stürzte das Volk auch aus dem Innern des Korbes hervor. Kaum war dieser Schwarm in der Luft, als urplötzlich sämmtliche Bienen des stark vorliegenden Nachbarstockes mit unglaublicher Hast in ihren Stock hineindrangen (um sich mit Honig zu versehen) und nach einigen Minuten schwärmend wieder herausgestürzt kamen. Auch zu andern Zeiten habe ich ziemlich oft gesehen, daß das Schwärmen außen am Stocke begann, so daß also die Königin das unmittelbare Signal zum Abmarsch nicht gegeben haben konnte. Busch erzählt: Ein Ständer lag vor und hatte einen starken, fußlang herabhängenden sogenannten Bart. Nicht drei Schritte entfernt stand ich Morgens gegen eilf Uhr und fand die Bienen ganz ruhig. Auf einmal fiel unten am Barte ein Klümpchen von zehn bis funfzehn Bienen herab, und plötzlich flogen die nächsten Bienen an denjenigen, die herabgefallen waren, und mit ihnen der Klumpen, von dem noch viele kleinere Ballen in der Unruhe an die Erde fielen, ab und der Schwarm war da. S. Busch Honigbiene S. 106. Ja, es schwärmen sogar in seltenen Fällen Stöcke, die gar keine Königin haben. So erzählt Wittekind, daß am 1. Juni 1856 die fruchtbare Königin einer seiner Beuten beim Schwärmen flügellahm zur Erde gefallen und von ihm beseitiget worden sei, daß aber trotzdem die Bienen am 2., 3. und 4. ej. ohne Königin ausgeschwärmt, natürlich aber, wie das erste Mal, wieder heimgegangen seien. S. Wittekind

§ XXXVII. Verschiedene Fragen, das Schwärmen betreffend.

Bztg. 1857 S. 223. Ganz denselben Fall hatte ich 1846, wo mir ein Stock, dessen alte flügellahme Königin ich am 10 Mai beim Schwärmen todt gedrückt hatte, am 11. und 12. fünfmal ausschwärmte. Auch Dzierzon berichtet, daß ein Volk gegen Mittag ausgeschwärmt sei, dem er früh 7 Uhr die Königin genommen gehabt habe. Dzierzon Bztg. 1857 S. 22. S. auch Raben Bztg. 1847 S. 27.

Diese Fälle erklären sich also, daß ein Theil der Bienen auf den Verlust der Königin nicht achtete und, einmal schwärmlustig, schwärmte, in der Hoffnung, die Königin werde folgen. Die älteren Bienen kümmern sich nämlich im Sommer wenig oder gar nicht um die Königin (S. Seite 174), und ältere Bienen werden es seien, welche in solchen Fällen das irrige Schwärmen beginnen und dann auch andere jüngere mit sich fortreißen.

Bei Schwärmen mit jungen noch unbefruchteten Königinnen läßt sich obige Frage weniger bestimmt entscheiden. Denn die junge Königin rennt den ganzen Tag, wie besessen, im Stocke umher und tütet. Einige Male habe ich allerdings gesehen, daß die junge Königin ganz zuerst aus dem Stocke kam und ihr das Volk nun nachstürzte; was anzudeuten scheint, als ob in diesen Fällen die Königinnen den unmittelbaren Impuls zum Schwarmabzuge gegeben hätten. Sie konnten aber auch bei ihrer außerordentlichen Flüchtigkeit, als der Tumult im Stocke losging, nur vorausgeeilt und an der Spitze des Schwarmes erschienen seien. Ueberhaupt ist zwischen einer jungen unbefruchteten und einer alten fruchtbaren Königin ein Unterschied wie zwischen einer kecken Ballettänzerin und einer seriösen steifen Matrone.

Wenn aber Wernz daraus, daß zwei schon wiederholt aus ihren Wohnungen flüchtig gewordene Nachschwärme, obwohl er die Königinnen in Weiselkäfigen gefangen hielt, dennoch ausschwärmten, schließt, das Signal zum Schwärmen gehe jedesmal von den Arbeiterinnen aus (S. Bztg 1858 S. 122), so scheint mir dieß unrichtig geschlossen zu sein. Denn gerade weil gefangen und durch die Gefangenschaft belästiget und geängstiget, mochten die Königinnen Töne hören lassen, die ihr Verlangen nach Freiheit und Flucht bekundeten und so das Volk zum Ausschwärmen verleiteten und antrieben.

4. **Wie verhält sich beim Schwarmauszuge die alte fruchtbare, wie die junge unbefruchtete Königin?**

a. Beim Abgange des Vorschwarms kommt die alte fruchtbare Mutter niemals zuerst aus dem Stocke, sondern in der Regel, wenn bereits die Hälfte des Schwarmes abgeflogen ist, selten früher oder später. Nicht leicht kriecht sie in den Stock zurück, thut sie es aber, so kommt sie an demselben Tage nicht wieder hervor. Ist sie erst abgeflogen, so kehrt sie niemals in den Stock zurück, und wenn der Schwarm heimkehrt, so ist sie sicher verloren gegangen. Denn nur zu oft ist sie wenig oder gar nicht flugfähig, fällt irgendwo nieder und wird von den Bienen nicht gefunden.

b. Ganz anders verhält sich die junge unbefruchtete Königin. Gewöhnlich kommt sie, wenn das Schwärmen kaum begonnen hat, hervor, manchmal sogar zuerst, seltener erst in der Mitte oder gegen das Ende des Schwärmactes. Häufig kriecht sie zwei- bis dreimal in den Stock zurück; manchmal fliegt sie endlich ab, manchmal auch nicht und die Bienen kehren zurück. Ich habe Fälle erlebt, wo der Schwärmact eines Nachschwarmes eine volle Viertelstunde dauerte durch das fortwährend Ein- und Auslaufen der Königin. Mitunter, obwohl gewöhnlich auch nicht, schwärmt sie, wenn das Schwärmen endlich eingestellt wird, noch an demselben Tage heraus. Selbst abgeflogen und sich schon in der Luft unter dem Schwarme befindend, kehrt sie doch nicht selten wieder nach Hause zurück. Zur Erde, wie die fruchtbare, fällt sie fast nie, weil fast alle jungen Königinnen pfeilschnell fliegen können.

c. Bei Vor- und Nachschwärmen, wenn die Königin nicht beim Schwarme ist, kehren die Bienen mitunter gleich von der Luft aus in den Stock zurück, mitunter legen sie sich an und gehen erst retour, wenn sie gewahr werden, daß die Königin nicht unter ihnen ist.

d. Hat der Nachschwarm mehrere Königinnen, so hängen sich die Bienen zuweilen an mehreren Stellen an und bilden so mehrere Schwärmchen. Legen sie sich aber, wie in der Regel, an einer Stelle an, so erstechen sich die Königinnen nicht selten am Schwarmklumpen selbst oder werden von den Bienen erstochen, in der Regel aber werden die überflüssigen Königinnen erst dann von den Bienen beseitigt, wenn der Schwarm in eine Wohnung gebracht ist. Ich sagte, wenn beim Nachschwarm mehrere Königinnen seien, so bildeten sich zuweilen mehrere Schwärmchen. Das ist allerdings richtig; gewöhnlich aber vereinigen sich die verschiedenen Schwärmchen wieder, wenn man sie nicht rasch einfängt, weil die Bienen derjenigen Königin, welche sich längere Zeit frei und in tütend unter ihnen befand, schon anhängen. Davon habe ich mich dadurch überzeugt, daß, wenn ich beim Schwärmen die zuerst herauslaufende Königin wegfing und dann noch eine oder mehrere nachfolgten, der Schwarm fast immer wieder nach Hause ging, selbst wenn er sich schon angehängt hatte, ja schon eingefaßt war. Dasselbe hatte schon Gundelach (S. dessen Naturgeschichte u. s. w. S. 81) beobachtet.

5. Welche Bienen ziehen mit dem Schwarme ab?

Dem Schwarme folgen keine die Brut versorgende Bienen. Diese bleiben ruhig auf den Waben und kümmern sich im Mindesten nicht um den Schwarmtumult. Nur die älteren, eben müßig vor oder in dem Stocke sich befindlichen und diejenigen Trachtbienen, die bei Abgang des Schwarmes zufällig zu Hause sind, ziehen ab. Daher behält der Mutterstock stets Volk genug, indem die jüngsten und alle eben auswärts beschäftigten Bienen dem Mutterstock verbleiben.

6. Wählt die Königin den Ort zum Schwarmanlegen oder thun dieß die Bienen?

Gewöhnlich thun dieß die Bienen, indem sie nach längerem kreisförmigen Umherfliegen sich an einer Stelle massenhaft niederzusetzen beginnen und ihnen die Königin folgt. Sehr oft habe ich gesehen, daß, wenn ein Schwarm an einem niedrigen Zwergbäumchen schon ziemlich dicht sich angelegt hatte und ich davor stand, die Königin erst angeflogen kam. Freilich fangen die Bienen immer da sich niederzulassen an, wo sie die Königin in der Nähe wissen. Fliegt also die Königin z. B. in südlicher Richtung vom Mutterstocke, so setzt der Schwarm sich an einem südlich liegenden Gegenstand, fliegt sie in östlicher Richtung vom Bienenstand, so setzt der Schwarm sich an einem nach Osten liegenden Gegenstande an. S. Dönhoff Bztg. 1857 S. 77. Mitunter ergreift aber auch die Königin die Initiative, setzt sich irgendwo nieder und die Bienen folgen. Dies kommt besonders häufig bei Vorschwärmen vor, weil die fruchtbaren Königinnen weniger lange zu fliegen vermögen.

7. Warum legt sich der Schwarm an?
Erstens um sich zu sammeln und zu vergewissern, daß er die Königin zwischen sich habe, und zweitens um dann von da aus eine Wohnung zu suchen oder eine bereits gefundene zu beziehen.

8. Wie sucht der Schwarm eine Wohnung?
Die meisten Bienenzüchter behaupten, die schwärmlustigen Stöcke suchten jedesmal, bevor der Schwarm aus dem Stocke auszöge, durch ausgesendete Spurbienen oder Quartiermacher eine Wohnung, andere, es geschähe dies stets erst, wenn der Schwarm sich bereits angelegt habe und endlich noch andere, die neue Wohnung werde bald noch vom Mutterstocke aus, bald erst von der Schwarmtraube aus gesucht. Diese letzte Ansicht ist offenbar die richtige, wie sich aus dem Folgenden, in welchem ich im Allgemeinen Einiges über die Spurbienen mittheilen will, ganz von selbst ergeben wird.

Alljährlich um die Schwärmzeit sieht man an Löchern und Ritzen alter Gebäude, Mauern, Bäume u. s. w. Bienen, oft in ziemlicher Quantität; sie kriechen, scheinbar etwas suchend, ein und aus, laufen ängstlich auf und nieder, fliegen ab und an, schwirren wie ein wirkliches Volk umher, und man muß schon ziemlich mit dem Leben der Bienen vertraut sein, um diese sog. Spurbienen von einer wirklichen Colonie sofort unterscheiden zu können.

Man darf sich übrigens nicht wundern, wenn man diese Spürer oft in Ritzen und Löchern antrifft, die auch für das kleinste Nachschwärmchen nicht Raum haben würden, oft kaum 1 Zoll tief und ½ Zoll breit sind. Denn die Bienen finden in der Nähe unserer Dörfer und Städte nur selten Höhlungen, die zur Aufschlagung einer Wohnung tauglich sind, und müssen daher mit dem vorlieb nehmen, was sie finden. Wo die Bienen zu Hause sind, d. h. im dunkelen Walde, da finden sie auch in den Höhlungen der Bäume leicht eine taugliche Wohnung.

a. Die Spurbienen bleiben niemals über Nacht aus, sondern gehen Abends in ihre Stöcke zurück, nicht auf einmal, sondern nach und nach und sind sämmtlich, sobald vor den Bienenständen der Flug eingestellt ist, aus ihren Löchern und Ritzen verschwunden.

b. Am Morgen erscheinen sie nicht gleich mit dem Beginn des Fluges an den Bienenständen in ihren Quartieren, sondern erst nach und nach, wenn die Sonne etwas höher gerückt ist. An kühlen Tagen erscheinen theils gar keine, theils nur wenige.

c. Bei plötzlich eintretendem Regen oder Sturm (Gewitter) eilen sie schleunig, wie die Bienen auf dem Felde, nach ihren Stöcken.

d. Sie erscheinen um die Schwärmzeit und sind mit Ende derselben, meist aber schon früher, wieder verschwunden.

e. Durch Bestreuen mit Kreide habe ich festgestellt, daß nicht selten in ein und derselben Ritze der Seebacher Ritterburg Bienen aus 3—4 Stöcken sich befanden. Dies war jedoch nur dann der Fall, wenn mehrere besetzte Ritzen oder Löcher nahe beisammenlagen. Hier bissen sich die Spürer öfters, stachen sich auch einzeln todt.

f. Von ihren Ritzen aus besuchen sie die Weide nicht, denn niemals sieht man eine mit Höschen oder findet die Honigblase stärker gefüllt. Tausende habe ich zerdrückt und bei den meisten in den Honigblasen so gut wie keinen Honig gefunden, beträchtlichen niemals. Dagegen unterhalten sie durch beständiges Hin- und Herfliegen ein Commercium mit ihren Stöcken. Denn mitten am Tage gepudert, sah ich einzelne vor dem Stande ankommen.

g. Immer sind es Bienen eines Stockes, der seinen Erstschwarm mit der alten fruchtbaren Königin in den ersten Tagen geben könnte. Niemals, so viel ich mir auch Mühe gab, habe ich feststellen können, daß sie einem Stocke, der einen Nachschwarm oder Singervorschwarm geben wollte, angehört hätten. Hieraus erklärt sich auch, warum sie schon vor Ende der Schwärmzeit wieder verschwinden; sie verschwinden, sobald keine Vorschwärme mehr abgehen wollen; mit den Nachschwärmen haben sie nichts zu schaffen.

Aus diesen in vielen Jahren und mit vieler Mühe gemachten Wahrnehmungen erhellt, daß die Spurbienen Mitglieder schwärmlustiger Stöcke sind. Wenn nun ferner thatsächlich feststeht, daß oft Schwärme in solche Höhlungen, theils ohne sich vorher auch nur anzulegen, einzogen, so steht weiter fest, daß manche Stöcke vor dem Abziehen der Schwärme Bienen aussenden, um eine Wohnung aufzuspüren. Viele Schwärme, darunter nach meinen Erfahrungen alle mit jungen Königinnen, werden es aber wohl erst thun, wenn sie als Schwarmtraube dahängen und ihnen von dem Menschen eine Wohnung nicht angewiesen wird. Einmal habe ich bestimmt festgestellt, daß ein Schwarm, und zwar einer mit fruchtbarer Königin, eine Wohnung erst von der Schwarmtraube aus aufspürte und wirklich bezog. S. v. Berlepsch Bztg. 1852 S. 49 f., wo ich sieben von mir angestellte Versuche, die aber sehr entgegengesetzte Resultate lieferten, mitgetheilt habe.

Ebenso theilt Panse einen Fall mit, aus dem ganz entschieden folgt, daß mancher Schwarm erst von der Schwarmtraube aus sich eine Wohnung sucht. Er sagt: Am 22. Mai 1846 Nachmittags 5 Uhr hing sich ein fremder Schwarm etwa 30 Schritt von meinem Bienenstande entfernt an. Ich ließ ihn über Nacht hängen und fand ihn am anderen frühen Morgen dicht zusammengeballt und wie erstorben. Gegen 8 Uhr bemerkte ich, daß einzelne Bienen nach dem Bienenstande flogen, bald aber zurückkehrten. Bei näherer Betrachtung sah ich, daß sie in einen leeren Strohkorb flogen, schnell wieder herauskamen und nach dem Schwarme zurückkehrten. Gegen 10 Uhr, bis zu welcher Zeit das Hin- und Herfliegen zwischen Schwarm und Korb immer stärker geworden war, brach der ganze Schwarm auf und zog in den Korb ein. Bztg. 1848 S. 92.

Noch ein höchst interessanter Fall, den gleichfalls Panse mittheilt, beweist klar, daß manche Schwärme aufs Geradewohl ausziehen, sich anlegen und dann erst eine Wohnung aufsuchen. Panse erzählt: Am 19. Juni 1846 Nachmittags um 2 Uhr befanden sich zwei Fischer zwischen Greifswald und Wolgast auf einem kleinen Boote etwa ¼ Meile weit vom Strande in der Ostsee, als sie plötzlich einen Bienenschwarm langsam über dem Wasser nach dem festen Lande zu fliegen sahen. Sie ruderten rasch nach und kamen zugleich mit dem Schwarme am Strande an, wo sich dieser, der aller Wahrscheinlichkeit von Rügen gekommen war und eine Seereise von 4—5 Meilen zurückgelegt hatte, dicht am Meere auf den Sand warf und fast regungslos liegen blieb. Bztg. 1847 S. 77. Ist hier nun wohl anzunehmen, daß Spurbienen vor dem Auszuge des Schwarmes über das Meer wegflogen, um eine Wohnung auszuspüren?

In den Bienenschriften und der Bienenzeitung finden sich ferner viele Fälle angeführt, in welchen Schwärme durchgingen und leere Wohnungen bezogen. So von Rentsch: Ein Bauer besaß nur einen Stock, der ihm im Winter eingegangen war. Er ließ den Stock auf dem Stande und im Sommer bezog ihn ein Schwarm aus einem eine halbe Stunde entfernten Dorfe, ohne vorher sich angelegt zu haben. Bztg. 1851 S. 103. Auch Andere referiren, daß ihnen fremde

§ XXXVII. Verschiedene Fragen, das Schwärmen betreffend. 365

Schwärme zugeflogen seien, nachdem mehrere Tage zuvor Bienen die Wohnungen gereiniget, oft dicht besetzt und gegen andere Competenten tüchtig vertheidigt hätten. S. Stöhr Bztg. 1851 S. 27 f. Panse Bztg. 1848 S. 92. Rothe Bztg. 1849 S. 143. Bänsch Monatsblatt 1841 S. 151 f. Süß: In einem Hause fanden sich unter den Dielen viele Bienen ein und zwei Tage nachher kam ein Schwarm und hielt seinen Einzug. Monatsblatt 1841 S. 48. Wurm: Zwei mit leeren Tafeln versehene Körbe wurden mehrere Tage von Bienen besucht, worauf dann in jeden Korb ein Schwarm einzog. Monatsblatt 1842 S. 7.

Dieß alles beweist zur Evidenz, daß die Spurbienen wirklich etwas Reales und nicht ein bloßes Hirngespinnst, wie viele Bienenschriftsteller wollen, sind.

9. **Wie werden die in den Zellen flügge sitzenden Königinnen ernährt?**

In den Zellen haben sie kein Futter, deshalb beißen sie, sobald sie reif geworden sind, mit ihren Beißzangen an einer Seite der Wiege, dicht unter dem Deckel, eine schmale von oben nach unten gerichtete Ritze, durch welche sie den Rüssel von Zeit zu Zeit hervorrecken und sich von den Arbeitsbienen füttern lassen. Diese Ritze dient ihnen auch zugleich, um sauerstoffhaltige Luft in ihr Gefängniß ein-, stickstoffhaltige ausströmen zu lassen. Ohne diese Ritze würden sie bald verhungern oder ersticken müssen, denn als ausgebildetes Inject bedürfen sie Nahrung und Luft.

10. **Wie öffnen die ausschlüpfenden Königinnen ihre Zellen?**

Dieß ist wahrhaft bewunderungswürdig und ich war erstaunt, als ich es am 26. Juni 1853 zum ersten Male sah. An jenem Tage hatte ich eine Weiselwiege in der Hand, in welcher eine stark quakende Königin saß. Ich hielt die Zelle an das Ohr und hörte, wie es in derselben förmlich rappelte. Bald gewahrte ich, daß die Königin die eine Beißzangenhälfte am Futter- und Luftritzchen hervorbrachte und in unglaublicher Schnelligkeit hervorkam, indem sie den Deckel der Zelle mit der Zange rund herum durchschnitt. Offenbar drehte sie sich in der Zelle im Kreise und hatte den Rand derselben von dem Ritzchen an zwischen der Beißzange, so daß eine Hälfte der Zange außerhalb, eine Hälfte innerhalb der Zelle sich befand. Betrachtet man nun den Cocon, der in den Zellen aller quakenden Königinnen sich ganz unverletzt befindet, so muß man staunen, wie ein so kleines Thier im Stande ist, eine so feste Hülle so schnell zu durchschneiden. Völlig schneidet die Königin den Deckel jedoch nicht ab, sondern ein Theilchen läßt sie stehen, an dem der Deckel, wie an einem Scharnier, hängen bleibt. Hat sie nämlich den Deckel größtentheils durchgeschnitten, so hebt sie denselben mit dem Kopfe ab, kriecht heraus und hat deshalb nicht nöthig, den ganzen Deckel abzuschneiden. Später habe ich das Auslaufen, ich möchte lieber sagen, das „Ausbrechen" der Königinnen sehr oft gesehen. S. von Berlepsch Bztg. 1854 S. 19 f.

Wenn freilich die Königin noch nicht lange in der Zelle flügge gesessen, geht das Oeffnen des Deckels viel langsamer, weil sie noch nicht so kräftig ist. Immer aber geht es viel schneller, als wenn sich eine Arbeitsbiene oder Drohne herausnagt, weil überhaupt die Königin, wenn sie sich selbst herausbeißt, rüstiger als eine Arbeitsbiene oder Drohne hervorgeht.

Mitunter scheinen die Arbeitsbienen die Zeit gar nicht erwarten zu können, bis daß die Königin ausläuft, und öffnen ihre Zelle, ehe sie ganz reif ist. Ich habe wenigstens manchmal Königinnen unter den Bienen gefunden, die noch so zart waren, daß sie schwerlich selbst die Zelle geöffnet haben konnten. Gesehen habe ich es freilich nicht, daß eine solche Königin von den Bienen aus der Zelle gleichsam genöthigt wurde.

11. **Warum klingen die Ruftöne der Königinnen verschieden, wie werden sie hervorgebracht und was bedeuten sie?**

a. Der Unterschied im Klange der Töne rührt daher, daß die Tüttöne im Stocke, die Quaktöne in der Zelle hervorgebracht werden, erstere also ihre Schwingungen frei ausbreiten, mithin heller klingen können, letztere in ihren Schwingungen durch die sie umschließende Zelle gehindert werden, mithin gedämpft klingen. Je älter die Königinnen werden, desto vernehmlicher werden die Töne, und wenn hin und wieder Königinnen vier bis fünf Tage und noch länger in den Zellen gefangen sitzen müssen, so klingen die Töne statt „quah, quah," wie „hau, hau" oder wie ein gedehntes „gluh, gluh".

b. Hervorgebracht werden diese Töne durch Auspressen der Luft aus den auf beiden Seiten der Brust befindlichen Tracheen (Luft- oder Athmungsröhren), wodurch die Königin einen besonderen Apparat im Innern der Tracheen in Schwingungen setzt. Burmeister und andere Naturforscher haben diese Stimmapparate bei den Hautflüglern, worunter auch die Biene gehört, nachgewiesen. Diese Töne entstehen daher weder durch den Mund, der bei allen Insecten stumm ist, noch durch Schwingungen der Flügel, wie Dönhoff, noch durch Aneinanderreiben der zweiten und dritten Rückenschuppe, wie Gundelach behauptet. S. Dönhoff Bztg. 1856 S. 27 f. und Gundelach Nachtrag u. s. w. S. 28.

Ich habe ziemlich oft eine Königin, die ich tüten hörte, auf der Wabe aus dem Stocke genommen und betrachtet. Sie läuft auf derselben umher, sucht sich hin und wieder unter die Bienen zu verstecken, und wenn sie tütet, steht sie still, klammert sich mit den Vorderfüßen an eine Zelle und drückt Kopf, Brust und Hinterleib fest auf die Wabe. Dabei kann man deutlich sehen, daß von einem Aneinanderreiben der Rückenringe so wenig wie von einem tönenden Schwingen der Flügel die Rede sein kann. Die Rückenringe rühren sich nicht, und die Flügel liegen meist gekreuzt, und bewegen sich kaum merklich (welche geringe Bewegung lediglich daher rührt, weil das Tüten den ganzen Körper anstrengt), und Herwig hob beim Abgange eines Vorschwarms die Königin auf, „die nicht einmal die Spur eines Flügels hatte", trotzdem aber wiederholt in seiner Hand tütete. Herwig Bztg. 1850 S. 99. Aber selbst zugegeben, daß die in Schwingungen gesetzten Flügel einen so reinen, vollen, scharf abgegrenzten Ton hervorrufen könnten, so müßten doch durch jede Berührung der Flügel, z. B. durch Anliegen am Körper, Berührung einer Biene oder der entgegenstehenden Zellenwand, die Tonwellen augenblicklich unterbrochen werden. Folglich können die Quaktöne auf diese Weise unmöglich hervorgerufen werden, weil es in der Zelle gar keinen Raum zur freien Schwingung der Flügel geben kann. S. Kleine Bztg. 1853 S. 148 und Bztg. 1856 S. 91.

c. Obwohl auf Seite 353 schon gesagt worden ist, warum die Königinnen tüten und quaken, so muß dieser Gegenstand hier doch nochmals besprochen werden, theils weil an jener Stelle, um den Vortrag nicht zu unterbrechen, nicht Alles zu wissen Nöthige gesagt wurde, theils weil unter den Bienenzüchtern noch manche beßfallsige Irrthümer herrschen.

Das Quaken der zuerst reifen Königin in der Zelle geschieht aus Vorsicht und Furcht, um nicht mit einer zweiten Königin zusammenzustoßen, das Tüten

§ XXXVII. Verschiedene Fragen, das Schwärmen betreffend. 367

außerhalb der Zelle ans Eifersucht und Haß gegen die in den Zellen sitzenden; das quakende Antworten in den Zellen aus Haß und Wuth, etwa wie ein Hund hinter dem Thore unter demselben tüchtig gegen einen andern außen stehenden hervorbellt, sich aber wohl hütet, herauszukommen, so leicht er auch unter dem Thore wegkriechen könnte.

d. Man hat vielfach geläugnet, daß die zuerst flügge werdende Königin, ehe sie auslaufe, in der Zelle quake, und behauptet, daß, bevor nicht eine Königin ausgelaufen sei und tüte, auch keine in den Zellen quake, und daß immer die tütenden Töne vorangingen. Die Königin, die zuerst ausgelaufen sei, tüte, weil sie Nebenbuhlerinnen in den Zellen wittere, und die in den Zellen, sobald sie reif geworden seien, quakten, weil sie eine ausgeschlossene Nebenbuhlerin hörten und nun die Zelle aus Furcht nicht zu verlassen wagten. Diese Lehre ist falsch; daher will ich hier die Beobachtungen mittheilen, die mich das Quaken der zuerst flügge werdenden Königin in der Zelle und den Grund davon entdecken ließen.

Ich hatte Anfangs Juli 1854 zehn Fächer meiner Achtundzwanzigbeute entweifelt, um dem enormen Brutansatze auf einige Zeit Einhalt zu thun. Jedem Fache fügte ich jedoch sofort eine bedeckelte Weiselwiege in die hinterste Tafel ein, so daß ich an den Fenstern die Wiegen sämmtlich sehen konnte. Eines Abends saß ich in der beleuchteten Beute und hörte auf einmal eine Königin quaken. Dieß befremdete mich, weil eine ausgelaufene nirgends sein konnte. Ich horchte und fand endlich das Fach, in welchem es quakte; es war eins, wo ich eine Weiselwiege eingefügt hatte, und in dieser quakte es. Nun verwendete ich kein Auge mehr von der Stelle. Das Quaken dauerte über eine Stunde, dann kam die Königin hervor und alles war still.

Ich hatte mir vorgenommen, vom nächsten Morgen ab mit meinem Bienenmeister Günther abwechselnd die übrigen Wiegen zu beobachten. Dieß war jedoch nicht nöthig; denn als wir früh in die Beute traten, hörten wir bald zwei Königinnen in zwei verschiedenen Fächern quaken. Gegen 6 Uhr schon lief eine Königin aus und sofort trat in diesem Fache Stille ein. Bald lief auch die zweite aus, putzte sich, ließ sich putzen und füttern, begab sich dann nach den innern Gemächern ihrer Burg und fing an, hellauf zu tüten. Lange hörten wir dieß und überzeugten uns, daß kein Quaken darauf antwortete. Dann nahmen wir das Fach Rahmen für Rahmen auseinander und fanden sechs theils schon bedeckelte theils noch offene Weiselwiegen. Die Bienen hatten also, was sie sehr oft thun, trotz ich ihnen bei Wegnahme ihrer Königin eine schon bedeckelte Weiselwiege gegeben hatte, doch selbst noch Wiegen angesetzt und die ausgelaufene Königin witterte nun Nebenbuhlerinnen und tütete. Antwort konnte sie freilich noch nicht erhalten, weil die Nymphen noch unreif waren. S. von Berlepsch Bztg. 1854 S. 20 f.

e. Dzierzon und Gundelach meinen, das Tüten der freien Königin habe auch den Zweck, die Bienen für sich zu gewinnen. S. Dzierzon Bfreund S. 42 und Gundelach Naturgeschichte S. 78 und Nachtrag S. 29 ff. Das glaube ich nicht. Denn die Natur hat es so eingerichtet, daß die zuerst auslaufende Königin dem Volke angehören soll. Deshalb wird sie auch aufgenommen, wenn ihr auch die Bienen nicht dieselbe Anhänglichkeit und Aufmerksamkeit wie einer fruchtbaren beweisen. Wollten die Bienen die Königin nicht, so würde ihr all ihr Tüten nichts helfen, sondern sie würde so gut massacrirt werden, wie jede später sich hervorwagende. Und das Quaken, welches doch auch nur ein Tüten in der Zelle ist, müßte dann auch ein Bestreben, sich Anhang zu verschaffen, sein. Was geschieht aber, wenn eine Königin nach mehrtägigem eifrigsten Quaken etwa die Zelle verläßt, so lange eine Königin im Stocke ist? Sie wird sofort eingeschlossen und massacrirt. Dzierzon und Gundelach scheinen durch die Beobachtung, daß Königinnen solcher Stöcke, denen man, z. B. durch Verstellen, plötzlich viele fremde Bienen zufliegen läßt, öfters tüten, auf ihre Ansicht gekommen zu sein. Hier ist das Tüten aber offenbar Verlegenheit und Angst, wie auch beim Abtrommeln und sonstigen gewaltsamen Operationen, namentlich wo viel Rauch angewendet werden muß, öfters Königinnen, doch offenbar aus Angst, tüten.

l. Unrichtig ist es, wie sich schon aus dem im § XXXVI auf Seite 354 f. unter a Mitgetheilten ergibt, wenn viele Bienenzüchter behaupten, nur die junge unfruchtbare Königin, die Nebenbuhlerinnen wittere, tüte, nicht aber eine fruchtbare und alte. Ich habe gar oft fruchtbare alte Königinnen tüten hören, ebenso Dzierzon und Andere. So brachte z. B. Dzierzon im März 1854 ein halb erstarrtes Völkchen in die Stube und die anderthalbjährige Königin tütete wiederholt, offenbar aus Aengstlichkeit und Verlegenheit. S. Dzierzon Bztg. 1854 S. 87. Ebenso tütete eine Königin, welche Dönhoff während einer Nacht mit wenigen Arbeiterinnen in einer Schachtel gefangen gehalten hatte, am Morgen, als er eine Tafel mit Bienen aus dem Stocke, welchem die Königin entnommen war, in die Stube holte und die Königin auf dieselbe laufen ließ. S. Dönhoff Bztg. 1858 S. 133.

12. Wer zerstört die überflüssigen Weiselwiegen?

In der Regel geschieht dieß durch die Arbeitsbienen, aber auch die Königin zerstört solche, wenn sie ausgelaufen ist und die übrigen Wiegen bis dahin von den Arbeitsbienen noch nicht zerstört waren. Ich habe dieß, wie schon auf S. 355 unter b gesagt, mehrere Male gesehen und dabei die außerordentliche Schnelligkeit und Kraft bewundert, mit welcher die Königin die Zelle an der Seite aufbeißt und die Made herausreißt. Sie führt mit ihren Beißzangen Schnitte wie mit einem Messer, und ich verarge es keinem meiner Leser, wenn er mir nicht früher glaubt, als bis er das Wunder mit eigenen Augen gesehen haben wird. Ich würde es selbst nicht glauben und für möglich halten, wenn ich es nicht wiederholt gesehen hätte. Dzierzon sah das Aufbeißen der Weiselzellen durch die Königin auch vielmals und einmal war die Zerstörerin noch so jung und zart, wie er sagt, daß man nicht hätte glauben sollen, daß die Außenwelt auf sie schon einen Eindruck gemacht hätte. Aber die Eifersucht ist naturgemäß gerade in der Jugend, wo die Königinnen sich gegenseitig weichen müssen, in der größten Stärke vorhanden und vermindert sich mit der Zeit, weshalb alte Königinnen, namentlich außer der Schwärmzeit, sich eher gegenseitig vertragen. S. Dzierzon Bztg. 1854 S. 87. Auch ein Böhmischer Tagelöhner sah eine Königin Weiselwiegen an der Seite aufbeißen. S. Bztg. 1854 S. 120.

13. Werden die überflüssigen Königinnen durch Zweikämpfe oder durch die Arbeitsbienen beseitigt?

Franz Huber (S. Huber-Kleine Heft 2 S. 140 f.) und nach ihm von Morlot (S. dessen Bienenzucht u. s. w. S. 25—31) behaupten, daß, wo mehrere Königinnen in einem Stocke seien, diese stets so lange unter einander kämpften, bis nur noch eine übrig sei. Andere hingegen, z. B. Spitzner (s. krit. Geschichte Bd. 2 S. 64 ff. 99 ff.), läugnen die königlichen Kämpfe ganz und lassen das Beseitigen der überflüssigen Königinnen stets durch die Arbeitsbienen geschehen. Beide Meinungen sind offenbar falsch und es ist ganz gewiß, daß die überflüssigen Königinnen

§ XXXVII. Verschiedene Fragen, das Schwärmen betreffend.

in der Regel von den Arbeitsbienen, aber ausnahmsweise auch durch gegenseitige Kämpfe beseitiget werden.

Daß die königlichen Zweikämpfe nur Ausnahmen sind, erhellt schon daraus, daß nur sehr selten zwei oder mehr Königinnen frei im Stocke sind, daß diese Freiheit aber auf sehr kurze Zeit beschränkt ist, abgesehen von den seltenen Seite 21 unter c erwähnten Fällen, wo zwei fruchtbare Königinnen in einem Stocke sich befinden.

a. Es ist ausgemacht, daß die Töne der freien Königin wie „tüht, tüht", der in der Zelle sitzenden wie „quah, quah" klingen. Nun hört man aber stets nur eine Königin tüten, und so viele hundert Male ich auch stundenlang gehorcht habe, niemals habe ich zwei Königinnen tüten, wohl aber 3—4 quaken gehört. Hieraus könnte man schließen, daß niemals zwei Königinnen außerhalb der Zellen in einem Stocke wären. Dieß wäre aber unrichtig; denn zwei und mehr Königinnen kommen auf folgende Weisen frei im Stocke vor.

α. Wenn zwei Königinnen in den Zellen zufällig ganz zu gleicher Zeit flügge werden, so laufen sie auch zu gleicher Zeit aus, weil auf ihre Quakanfragen keine Tütantworten erfolgen.

β. Wenn, was aber sehr selten geschieht, die freie Königin eine Weile nicht tütet und eine schon länger in der Zelle flügge sitzende glaubt, die freie Königin sei ausgeschwärmt, und deshalb die Zelle verläßt. Von diesem Falle überzeugte ich mich auf folgende Weise. Die tütende Königin saß ganz oben auf der hintersten Wabe und sog Honig aus einer Zelle. Als sie den Kopf hervorbrachte, reichten ihr Bienen die Rüssel, fütterten sie, wahrscheinlich mit Speisesaft, nahmen sie in einen Kranz zwischen sich, beleckten und beliebkosten sie. Darüber vergingen mehrere Minuten. Ziemlich am Ende der Tafel befand sich eine Wiege mit einer quakenden Königin, und ich sah durch die Glasscheibe, wie sich mit einmal der Deckel bewegte und die Königin hervorkam. Sie tütete, aber im Nu, wie aus der Pistole geschossen, kam die obere Königin herabgestürzt, und ehe ich nur das Fenster geöffnet hatte, lagen beide schon im wüthendsten Kampfe auf dem Boden der Beute.

γ. Wenn während des Schwarmtumultes mehrere Königinnen aus den Zellen hervorbrechen, sich aber verspäten und dem Schwarm nicht mehr folgen können.

δ. Wenn die Bienen beim Aufgeben des Schwärmens die flüggen Königinnen aus den Zellen reißen und tödten wollen, hin und wieder aber eine entwischt und zwischen das Volk läuft. Dieß passirt häufig, denn ich habe es wohl 3—4 mal gesehen. S. Seite 356 unter e.

ε. Wenn eine Königin bei den Befruchtungsausflügen oder beim Rückgehen des Nachschwarmes ihren Stock verfehlt und in einen beweiselten gelangt.

Nur in diesen Fällen sind Zweikämpfe möglich. Wie selten aber werden sie wirklich statt finden? Denn die Arbeitsbienen haben nichts Eiligeres zu thun, als sofort alle Königinnen einzuschließen. Ich sage „alle", denn sie schließen auch diejenige Königin, die sie für die ihrige anerkennen, ein, um sie gegen die Nebenbuhlerschaft zu schützen, die Nebenbuhlerin oder Nebenbuhlerinnen aber schließen sie ein, um sie zu tödten. Die Königinnen haben deßhalb fast gar keine Gelegenheit, zusammen zu stoßen. Aber es kommt vor und zwar am häufigsten in dem unter c erwähnten Falle. Jetzt sind nämlich die Bienen in Aufregung und kümmern sich eine Zeitlang nicht um die Königinnen, so daß diese Gelegenheit finden, ähnlich als wenn mehrere sich unter dem Schwarmklumpen befinden, sich zu begegnen. Begegnen sie sich aber, so beginnt auch sofort der Kampf auf Leben und Tod. Sie packen sich, wie schon oben gesagt, fallen auf den Boden herab und der Kampf hat nicht früher ein Ende, bis daß eine erstochen ist oder sich losgemacht und geflohen ist. Die Siegende dreht sich auf ihrem Opfer und zieht den Stachel wieder heraus. So viele hundert Male ich auch sah, daß überzählige Königinnen von den Arbeitsbienen entweder sofort erstochen oder in einem Knäul langsam zu Tode gemartert wurden, so habe ich königliche Kämpfe im Stocke kaum 4—5 mal gesehen, und zwar, den Fall unter β ausgenommen, immer kurz nach dem Abgang eines Nachschwarmes. Desto öfter aber habe ich mir das Vergnügen gemacht, sich junge Königinnen bekämpfen und todt stechen zu lassen. Brachte ich zwei unter ein Glas, so begann auch sofort der Kampf und endete stets mit dem Tode einer Königin. Einige Male auch erstachen sich beide wechselseitig.

Solche Kampfspiele eignen sich ganz besonders zur Belustigung auf Vereinstagen. So ließ ich z. B. am 5. Juli 1854 auf dem Seebacher Vereinstage zwei junge Königinnen unter ein auf einem Präsentirteller stehendes Glas und zeigte, als die Königinnen sehr bald sich gepackt hatten, dasselbe den einzelnen Mitgliedern vor. Dies erregte außerordentliches Interesse, namentlich als der Kampf zu Ende war, die eine Königin todt auf dem Teller lag und ich die andere, um zu zeigen, daß sie unversehrt sei, im Saale herumfliegen ließ.

Der gegenseitige Haß der Königinnen ist ganz unbeschreiblich und am allerärgsten in der Jugend und wenn sie kaum die Zelle verlassen haben. Im Alter nimmt er ab, und im Herbste, wo es keine Brut in den Stöcken mehr giebt, habe ich öfters Königinnen unter Gläser gebracht, ohne daß sie sich sofort bekämpften. In den meisten Fällen geschah es erst nach längerem Zögern, ja erst nach 10—12 Stunden. In dieser Beziehung hat auch Gundelach schöne Versuche gemacht. S. Gundelach Naturgesch. S. 83.

Einst flogen mir zwei mächtige Hauptschwärme zusammen und ich fand die beiden fruchtbaren Königinnen unter dem Schwarmklumpen auf der Erde liegen und sich, wie kämpfende Bienen, im Kreise drehen. Ich wollte sie auseinander bringen, aber vergebens. Da nahm ich sie endlich und warf sie in eine wassergefüllte Gießkanne. Nun ließen sie los und glücklich war noch keine gestochen, so daß ich zwei Schwärme machen konnte.

Bei zusammengeflogenen Nachschwärmen und überhaupt bei Nachschwärmen, die mitunter 4—6 und noch mehr Königinnen haben, habe ich ziemlich oft gesehen, wie sich zwei Königinnen auf dem Schwarmklumpen packten und kämpfend zur Erde herabrollten. Dasselbe sahen Klopfleisch und Kürschner. S. Die Biene u. s. w. S. 77.

§ XXXVIII.
Weiteres vom Schwärmen.

1. Wie sind die Stöcke zu behandeln, um von ihnen frühe und starke Schwärme hoffen zu können?

a. Solche Schwärme können nur Stöcke geben, welche schon volkreich aus dem Winter kommen, also schon volkreich eingewintert wurden. Diese machen, nachdem sie eine Menge Arbeiterbrut angesetzt haben, bei Zeiten entferntere Vorbereitungen zum Schwärmen, indem sie auch Drohnenbrut ansetzen, und endlich, nachdem ein größerer Theil derselben bedeckelt ist, Weiselzellen anlegen. Hierbei leitet sie der im Stocke herrschende Wärmegrad; denn je größer die Wärme ist, desto stärker und mächtiger fühlt sich das Bienenvolk, desto mehr denkt es auf Trennung durch Schwärmen, desto früher macht es Anstalt dazu. Auf das Schwärmen hat daher den größten Einfluß die Wohnung, die möglichst warmhaltig und nicht zu groß sein darf. Die dicht geflochtenen runden Strohkörbe, welche die Wärme zusammenhalten und gleichmäßig in dem ganzen Innenraum vertheilen und nur etwa 1600 bis 1700 Cubikzoll Innenraum enthalten, sind daher erfahrungsmäßig die besten Schwärmstöcke.

Im Stocke mit beweglichen Waben, und wäre er an sich noch so groß, können natürlich die Bienen sehr leicht auf einen kleineren Raum zusammengedrängt werden. Doch wäre dies, wollte man dadurch früheres Schwärmen oder Schwärme überhaupt erzwingen, absolut unöconomisch, da kein Volk jemals Mangel an Raum zum Wabenbau und zur Honigaufspeicherung leiden darf. Denn ist ein Stock voll, d. h. sind die Zellen theils mit Honig und Pollen, theils mit Brut besetzt, so können die Bienen selbst bei der reichsten Tracht so gut wie nichts eintragen. Es muß daher vom wahren Bienenzüchter dafür gesorgt werden, daß jeder Stock, selbst der schwärmlustigste kleinste Glockenstülper, zur Trachtzeit stets Platz zur Erweiterung seines Baues habe, um auch nicht einen Tag, ja nicht eine Stunde feiern und die Tracht unbenutzt vorbeigehen lassen zu müssen.

Nun glaube aber ja Niemand, daß dadurch andererseits Schaden entspränge. Denn wird der Stock durch den gegebenen Raum im Schwärmen aufgehalten oder auch von demselben ganz abgehalten, so schadet dies gar nichts, da, wie ich im nächsten Paragraph lehren werde, der Schwarm sehr leicht und zu jeder dem Imker beliebigen Zeit und Stunde künstlich hervorgebracht werden kann. Uebrigens lassen sich volkreiche Stöcke, auch wenn sie stets Raum zur Erweiterung ihres Gebäudes in einem abgesonderten, sogenannten Honigraume besitzen, vom Schwärmen doch nicht gänzlich abhalten und man wird bei recht schwärmgünstiger Witterung oft mehr Schwärme erhalten, als erwünscht sind. Bezüglich des Schwärmens denke ich: Schwärmt ein Stock, der Platz zur Weiterführung seines Gebäudes hat, so kann ich's nicht ändern, schwärmt er nicht, so ist es mir besto lieber, da ich die Vermehrung durch Kunst vollständigst in meiner Gewalt habe und die künstliche Vermehrung, bei welcher man in die Zucht Plan und Ordnung, die durch das Schwärmen nur zu oft zerstört wird, bringen kann, der natürlichen bei weitem vorzuziehen ist;

b. müssen die Stöcke im Frühjahr honigreich sein, da, soll viel Brut angesetzt werden, viel Honig vorhanden sein muß, indem zur Brut viel Honig erforderlich ist. Stöcke, die nur wenig Vorrath haben, setzen im Frühjahr, auch wenn sie volkreich sind, nicht viele Brut an und das Füttern, womit die Anfänger so gern helfen wollen, sollten sie bald satt kriegen, wenn sie vielen mageren Stöcken so viel geben wollten, als nöthig wäre, um sie in den Besitz reichlicherer Honigvorräthe zu bringen. Haben jedoch die Stöcke schon aus dem Herbste her reiche Honigvorräthe und sind sie dabei volkreich, dann leistet das Füttern mit flüssigem Honig, wie ich auf S. 327 unter g gelehrt habe, der Volksvermehrung und somit dem Schwärmen mächtigen Vorschub. S. Haupt Monatsblatt 1841 S. 173 f. Honig müssen die Stöcke zu allen Zeiten, hauptsächlich aber im Frühjahr, reichlich besitzen. Denn oft fällt noch im Mai, wo die Stöcke bereits im schärfsten Brutansatze begriffen sind, kalte unflugbare Witterung ein, und es lassen dann Stöcke mit reichen Honigvorräthen wenig, Stöcke mit geringen Honigvorräthen ganz außerordentlich im Brutansatze nach. Man muß also darauf bedacht nehmen, die Stöcke im Herbste recht honigreich einzuwintern; dann bekommt man im nächsten Jahre entweder bald starke Schwärme oder kann bald starke Treiblinge machen.

2. Was ist zu thun vor dem Schwärmen?

a. Man muß eine Partie Wohnungen für die zu verhoffenden Schwärme rechtzeitig gehörig in Ordnung bringen, damit man nicht, wenn plötzlich ein Schwarm erscheint, umherrennen und Alles erst zusammenraffen und zusammenstoppeln muß. Ehe man den Schwarm selbst in eine Wohnung bringt, untersuche man ja dieselbe sorgfältig, ob nicht etwa Kankergespinnste u. s. w. in derselben sich befinden oder sie einen widrigen Geruch, etwa durch Verunreinigung von Mäusen, habe; denn sonst wird der Schwarm fast immer wieder auszuziehen. Ich rathe daher, jede Wohnung, auch wenn nichts Auffallendes in derselben zu bemerken sein sollte, vor dem Einbringen des Schwarmes inwendig tüchtig mit einem Handbesen auszukehren und mit frischem Melissenkraut, das für die Bienen einen äußerst anziehenden Geruch hat, auszureiben.

b. Befinden sich etwa in der Nähe des Bienenstandes hohe Bäume, oder fehlt es ganz an bequemen Stellen, z. B. niedrigen Bäumchen, Stachelbeerbüschen, zum Schwarmansetzen, so räth Dzierzon, etwa 15--18 Schritt vom Stande 8—10 Fuß hohe Stangen aufzustellen und an solche Stücke dicker Eichen- oder sonstiger scharfiger dunkeler Rinde mittels einer Schnur zu befestigen, so daß die Rindenstücke, wenn der Schwarm sich daran gelegt hat, langsam herabgelassen werden können, um den Schwarm hinzutransportiren, wohin man ihn haben will. Die Bienen legen sich nach Dzierzon, besonders wenn die Rindenstücke mit Melisse stark eingerieben sind, an solche sehr gern an. S. Dzierzon Bfreund. S 140.

§ XXXVIII. Weiteres vom Schwärmen.

3. Was ist zu thun vom Beginn des Schwärmaktes an, bis daß der Schwarm sich ruhig angelegt hat?

a. Ist der Züchter bei Beginn des Schwärmaktes gegenwärtig, so stelle er sich neben, aber nicht vor den Stock, um den Abflug der Königin zu bemerken. Dies hat den Vortheil, daß man beim Vorschwarm gleich sieht, ob die Königin gehörig zu fliegen vermag, und beim Nachschwarm, ob er etwa mehrere Königinnen hat. Sieht man die Vorschwarmkönigin niederpurzeln, so hebe man dieselbe sofort auf, sperre sie in einen Weiselkäfig (den ein ächter Bienenzüchter stets in der Rocktasche tragen muß), hole eine leere Wohnung herbei und setze solche in dem Momente, wo man sieht, daß der Schwarm zurückzugehen beginnt und bereits Schwarmbienen wieder an dem Mutterstocke anfliegen, an die Stelle des Mutterstockes, lasse die Königin, wenn die heimkehrenden Bienen schon massenhaft angestürzt kommen, in den Stock — und man hat den Schwarm ohne alle Mühe. Früher lasse man aber die Königin nicht los, denn Ihre Majestät sind furchtsamen Naturells und könnten, wenn Allerhöchstdieselben eine stärkere Leibgarde noch nicht um sich sehen sollten, obermals ein kleines Purzelbäumchen zur Erde machen, das man vielleicht im Tumulte nicht bemerken dürfte.

Der leere Stock, den man an die Stelle des Mutterstockes setzt, muß dem Mutterstocke möglichst ähnlich sein, namentlich muß das Flugloch in gleicher Höhe stehen, sonst laufen die heimkehrenden Bienen suchend umher und marschiren theilweise in die Nachbarstöcke ein. Ueberhaupt ist es gut die Nachbarstöcke während eines Schwarmrückganges zu verblenden, d. h. entweder mit Tüchern zu bedecken oder an jeden Stock ein Standbrett schräg so anzulehnen, daß es etwa 10 Zoll über denselben hinausragt, ihn also von vorn theilweise versteckt. Haben sich die Bienen erst um die Königin gesammelt und hängen traubenförmig im Stocke, so kann man dieselben, wenn der Mutterstock etwa ein Strohkorb war und man den Schwarm gern in eine Dzierzonwohnung haben will, in eine solche überstebeln. Das Verblenden während des Schwarmrückzuges ist aber räthlich, weil die Bienen in der Aufregung und Verwirrung oft theilweise auf die Nachbarstöcke fallen und dort, wenn auch nur selten, (so doch manchmal, höchst unfreundlich aufgenommen und größtentheils abgestochen werden. Auch können sie, wenn es Bienen eines Vorschwarmes sind, die nachbarlichen Königinnen, falls diese noch nicht oder noch nicht lange befruchtet sein sollten, todt stechen oder doch wenigstens verstümmeln.

b. Sieht man, daß ein Erstschwarm zögert, sich anzulegen, oder fängt er an, retour zu gehen, so suche man sofort in der Nähe des Standes nach der Königin. Findet man sie, was freilich nur mitunter der Fall sein wird, so bringe man sie flugs in einen leeren Stock und verfahre sonst ganz, wie ich unter a gesagt habe. Sollte sich auch anfänglich nicht viel Volk um die Königin sammeln, weil der Schwarm vielleicht schon größtentheils oder ganz zurückgegangen sein sollte, so fliegen doch in den nächsten Tagen so viele Bienen zu, daß der Schwarm stark wird. Nur muß in diesem Falle der Schwarm in einem dem Mutterstocke ganz gleichen Stocke verbleiben, sonst stutzen die von der Tracht heimkehrenden Bienen, schlagen sich entweder theilweise sofort auf die ähnlicheren Nachbarstöcke, oder kommen, wenn auch in den Schwarm eingekehrt, wieder heraus und gehen an die vollgebauten Nachbarstöcke.

Zu a und b ist zu bemerken, daß dieses Verfahren nur anzurathen ist, α. wenn die Königin, ihre Flügellähme, die gar nichts schadet, abgerechnet, noch rüstig und munter ist und β. der Schwarm nicht nach dem 20. Juni fällt. Königinnen, denen man das Alter und die Abgelebtheit ansieht, werden am besten sofort beseitigt, wenigstens rathe ich nicht, eine solche in einen Stock mit unbeweglichen Waben zu bringen, weil in solchen Stöcken ihre nothwendige spätere Entfernung immer mit Schwierigkeiten verbunden ist. In einen Dzierzonstock mag man eine alte abgelebte Königin, wenn der Schwarm vor dem 20. Juni kommt, meinetwegen bringen, weil sie hier später leicht und zu jeder Zeit wieder zu beseitigen ist. Nach dem 20. Juni hat in der Regel bei uns ein Schwarm, soll er selbstständig bestehen, keinen Werth mehr, und ich mache daher mit flügellahmen Königinnen nach dieser Zeit kurzes Federlesen, indem ich sie todt drücke, falls ich sie nicht etwa anderweit zu benutzen wüßte.

Sehe ich dem Abgange eines Nachschwarmes zu, so drücke ich ohne weiteres jede zweite, dritte ꝛc. hervorkommende Königin todt.

c. Mitunter verstopft sich beim Schwarmabgang das Flugloch, namentlich wenn viele der plumpen unbehilflichen Drohnen mit abgehen. Man muß dann mit einem Hölzchen Luft machen, kann auch den Stock, wenn er einen beweglichen Boden hat, etwas aufkippen und ein Hölzchen unterlegen, damit die Bienen desto rascher herausströmen.

d. Sah der alte Jakob Schulze, daß sich ein Schwarm an eine unbequeme Stelle anlegen wollte, so spritzte er aus einer Handspritze Wasser nach jener Stelle und trieb den Schwarm regelmäßig von da weg; merkte er aber, daß ein Schwarm Miene machte, durchzugehen, so schoß er mit der Spritze über die schwärmenden Bienen und ließ das Wasser wie Regen auf die Bienen herabfallen. Seine Spritze bestand aus dickem Blech, war 2 Fuß lang und 1¼ Zoll in der Runde lichtenweit. Unten hatte sie viele feine Löcherchen und der Stempel war mit Leinwand umwunden. Er vermochte mit dieser Spritze das Wasser hoch in die Luft zu bringen und wegen der vielen kleinen Löcherchen, aus welchen es herausgepreßt wurde, dehnte es sich sehr aus und erschien in der Luft wie Regen. Eine fast gleiche Spritze hat Frankl. Bztg. 1848 S. 174. S. auch Gundelach Bztg. 1856 S. 174.

Ich selbst habe von der Spritze nur selten Gebrauch gemacht, weil meine Bienen stets äußerst bequeme Plätze zum Anlegen an den vielen niedrigen Zwergbäumchen u. s. w. meines Gartens hatten.

e. Ist ein Erstschwarm bereits in der Luft und geht ein zweiter los, so fallen beide Schwärme fast immer auf einen Klumpen. Ich stülpe daher, sobald die Königin des zweiten Schwarmes erscheint, ein Glas über solche, schiebe ein Kartenblatt unter und stelle die Gefangene einstweilen bei Seite. Die ausschwärmenden Bienen vereinigen sich ganz sicher mit den bereits in der Luft befindlichen. Kann ich die Königin im Glase nicht anderweit nützlich verwenden, so verfahre ich also: Ich fasse den Schwarm zu möglichst gleichen Hälften in zwei Stöcke und stelle mich mit der gefangenen Königin daneben. Sobald ich merke, daß ein Stock unruhig wird, also die Königin nicht hat, so lasse ich die Königin aus dem Glase in diesen Stock und der zweite Schwarm ist fertig, ohne daß ich zu dem oft mühsamen Theilen zu schreiten brauchte. Geht aber, während ein Erstschwarm in der Luft ist, ein Nachschwarm los, so drücke ich die Königin, wenn ich ihrer habhaft werden kann, sofort todt.

f. Hängt bereits ein Schwarm und ein zweiter geht los, so überdecke ich den hängenden mit einem Tuche oder abgebrochenen Büschen, weil sonst ein Zusammenfliegen auch häufig geschieht.

§ XXXVIII. Weiteres vom Schwärmen.

g. Höre ich, daß ein Schwarm durchgehen will, so schieße ich mit der Schulze'schen Spritze unbarmherzig Wasser über denselben, d. h. ich spritze so, daß die Tropfen wie Regen von oben herab auf die schwärmenden Bienen fallen müssen. Manchmal hielt ich dadurch den Wildfang und brachte ihn zum Anlegen, manchmal auch nicht. Das geübte Ohr hört an dem auffallend hellen Tone alsbald, ob ein Schwarm durchbrennen will. Wer den Schwarmton kennt, achte daher nur darauf, ob etwa der Ton der in der Luft kreisenden Bienen heller als gewöhnlich klingt, und sei dann auf der Hut. Alles Lärmen, Schlagen an Sensen, Klingeln, Schießen u. s. w. hilft gar nichts, um einen Schwarm zum Halten zu bringen.

Am meisten sind die Schwärme geneigt, durchzugehen, wenn die Stöcke so nahe mit hohen Gebäuden oder Bäumen umgeben sind, daß die Bienen, wenn sie auf das Feld zur Nahrung ausfliegen wollen, sich gleich vom Stocke aus hoch in die Luft erheben müssen. Sind sie einmal eines solchen Ausfluges gewohnt, so ist es auch beim Schwärmen nicht anders. Die herausstürzenden Bienen begeben sich gleich über alle Gebäude und Bäume in die Höhe und weil sie da keinen bequemen Ort zum Anlegen vor sich haben, geht es mitunter schnell weit von dannen. Vergl. Spitzner krit. Geschichte u. s. w. Band 2 S. 282 ff.

Uebrigens hat es im Allgemeinen mit dem Durchgehen nicht viel zu sagen. Mir sind in meiner langen und großen Praxis nur 2 Erstschwärme und etwa 10 Nachschwärme entflohen.

4. **Was ist zu thun vom Schwarmeinfassen bis zur Aufstellung des Schwarmes an seinen Standort?**

Das Schwarmeinfassen macht hin und wieder, wenn der Schwarm an einer recht schwierigen Stelle sitzt, selbst dem Meister zu schaffen, und es wird daher dem Anfänger sicher genehm sein, wenn ich wenigstens einige desfallsige belehrende Winke gebe. Ich sage „Winke", denn Niemand wird verlangen, daß ich alle Fälle, die beim Schwarmeinfassen möglicher Weise vorkommen können, aufzähle; was eine ebenso nutzlose als unmögliche Arbeit wäre, da, hätte ich 100 Fälle aufgeführt, noch hundert und mehr andere möglich wären.

a. Vor Allem verfahre man bei dem Schwarmeinfangen nicht zu hastig d. h. lasse den Schwarm, wenn nicht etwa der Abgang anderer zu vermuthen ist, sich erst gehörig beruhigen und zusammenziehen und gieße ihn dann aus der Brause einer Gießkanne etwas naß. Dadurch werden die Bienen viel geduldiger und man hat leichteres Hantiren.

b. Hängt der Schwarm nicht so, daß er ganz bequem sofort in seine Wohnung selbst geschüttet werden kann, so bediene man sich des vom alten Jacob Schulze erfundenen Fangbeutels: eines Dinges, das practischer nicht sein kann und in welches der Schwarm hinein muß und hinge er noch so schlecht.

Fig. 58.

Dieser Fangbeutel besteht aus zwei vier Fuß langen Stangen, an deren jede ein 3 Fuß langer Leinwandlappen angeschlungen und zusammengenäht ist. Die Lappen, welche oben, wo sie an den Stangen befestigt sind, 2 Fuß messen, verjüngen sich nach unten bis auf 5 Zoll. Von unten an werden sie bis 2 Fuß Höhe zusammengenäht, oben aber wird 1 Fuß offen gelassen, damit man die Mündung des Beutels, wenn man die Enden der Stangen in den Händen hat, beliebig vergrößern und verkleinern und es so möglich machen kann, den Fangbeutel an jede Stelle anzubringen. Am Ende der zusammengenähten Lappen bleibt die Oeffnung; an einem Lappen aber wird ein stärkeres Band, wie an einem gewöhnlichen Getreidesacke, angenäht, um die untere Mündung zubinden und wieder aufbinden zu können.

Will man nun einen Schwarm in diesen Beutel bringen, so bindet man mit dem Bande die untere Mündung mittels einer Schleife, die sich leicht wieder lösen läßt, zu, hält den Beutel unter den Schwarm und läßt sich solchen durch einen Gehilfen hineinschütteln oder, wenn er an einem festen Gegenstande, z. B. an einem dicken Baumstamme oder einer Wand, sitzt, hineinstreichen. Hat man den Schwarm im Beutel, so schlägt man rasch die Stangen zusammen, schüttelt durch stärkere Rucke die Bienen nach unten und wickelt den Beutel nach und nach, aber doch geschwind, während der Rucke um die beiden jetzt aneinander liegenden Stangen, bis daß der Schwarm einen Klumpen im Beutel, der nun an die Stangen anstößt, bildet. Dann hält man die Mündung des Beutels etwas in die Wohnung, in welche der Schwarm kommen soll, ein, bindet die Schleife auf und schüttet den Schwarm ein. Ist es ein Dzierzonstock, so muß man die Thüre schnell schließen, ist es ein Strohkorb, so muß das Standbrett schnell aufgelegt und der Korb herumgedreht werden. Während des Schließens der Thüre einer Dzierzonbeute oder des Umdrehens eines Strohkorbes liegt der Fangbeutel zur Seite, wird nachdem aber genommen und link gemacht, indem man die Stangen ergreift, die Mündung des Beutels nach oben in die Luft schwingt und durch den Schlitz fallen läßt. Die wenigen Bienen, die etwa in dem Beutel zurückgeblieben sein sollten, erhalten nun Freiheit und werden sich zu ihrer Königin begeben.

c. Sitzt der Schwarm in einem Zaune oder Gesträuppe, so treibe ich ihn, indem ich von einer Seite mäßig mit der Cigarre Rauch mache, auf die andere Seite. Dabei darf aber ja nicht zu stark gequalmt werden, indem sonst der Schwarm

§ XXXVIII. **Weiteres vom Schwärmen.** 377

leicht aufbrechen könnte. (Auch kann man sich statt des Rauches einiger Wermuth- oder in deren Ermangelung Brennnesselstengel bedienen, und mit diesen die Bienen langsam nach einer Seite hintreiben, so daß der Klumpen ziemlich frei hängt.) Dann halte ich den Fangsack mit weit von einander gespreizten Stangen, so daß der Einschnitt der Leinwand (der Schlitz) verschwindet und die obere Seite eine gerade Fläche bildet, unter den Schwarm und lasse den Schwarm von einem Gehilfen durch einen Stoß oder Ruck in den Beutel werfen u. s. w.

Fig. 59.

d. Sitzt der Schwarm an dem Schafte eines dicken Baumes, so schiebe ich die beiden Stangen des Fangsackes an beide Enden des Stammes, schlinge gleichsam den Beutel unter den Schwarm und lasse durch den Gehilfen denselben mit einer Schindel, Feder oder dergl. langsam einstreichen, jedoch so, daß die Rinde des Stammes möglichst unberührt bleibt, damit nicht Bienen zerquetscht und andere in Wuth gebracht werden. Wegen der Königin braucht man keine Sorge zu haben; diese sitzt nie am Stamme, sondern stets im dicksten Bienenklumpen. Hat man daher diesen, so kann man versichert sein, auch die Königin zu haben. Bei dem Abstreichen der Bienen sehe man aber ja darauf, daß von unten nach oben, und nicht etwa von oben nach unten gestrichen wird. Läßt man von oben streichen, so trifft der Span ꝛc. die Bienen vor die Köpfe, hat überhaupt mehr Widerstand und reizt die Bienen ganz entsetzlich.

e. Sitzt der Schwarm an einer Gebäudewand, so halte ich den Fangbeutel wie unter c und lasse die Bienen wie unter d einstreichen.

f. Sitzt der Schwarm auf einem Dache und kann ich wegen Schräge nicht wohl einen Strohkorb über denselben so aufsetzen, um die Bienen von selbst einziehen zu lassen, so halte ich den Fangbeutel wie unter c, d. h. breit, an der Stelle des Daches, wo nach der Traufe zu der Schwarmklumpen ein Ende hat, den Fangbeutel auf und lasse die Bienen, nachdem ich sie zuvor durch und durch naß gemacht habe, mit einem Handbesschen einkehren. Das Einfangen eines auf einem schrägen Dache liegenden Schwarmes macht oft viel zu schaffen.

g. Sitzt der Schwarm an einem Zweige eines höheren Baumes so, daß ich, wenn ich den Baum erklimme, den Fangsack nicht unterhalten kann, um den Schwarm durch den Gehilfen einschütteln zu lassen, so befestige ich nach des alten Jacob Schulze Manier an die Enden der beiden Stangen des Fangsackes noch zwei so lange Stangen, daß ich den Beutel unter den Schwarm halten kann.

h. Sitzt der Schwarm in einem hohlen Baume oder einer Mauer, so ist oft guter Rath theuer. In solchen Fällen untersuchte ich vor allem, ob der Schwarm über oder unter dem Ausfugloche lagerte, und bohrte dann, wenn es ein Baum war, mit einem stärkeren Druckbohrer ein Loch, je nach dem Sitze unter oder über dem Schwarme, jedoch so, daß der Bohrer noch in den Schwarm einmündete. Dann blies ich Rauch von Zunder und Wermuth durch dieses Loch. Manchmal brachte ich den Schwarm heraus, manchmal auch nicht. Konnte ich ein solches Loch nicht bohren, oder saß der Schwarm in einer Mauer, die ich nicht aufbrechen konnte, so blies ich Rauch durch das Einzugloch ein und versuchte, freilich nur zu oft vergeblich, auf diese Weise mein Heil. Vielleicht könnte in diesen Fällen Einbringung von Teufelsdreck u. s. w. den Schwarm zum Ausziehen bewegen?

i. Ist der Schwarm in der Wohnung, so lasse ich solche nicht lange in der Nähe der Schwarmstelle stehen, sondern bringe den Schwarm auf seine bestimmte Standstelle. Denn sowie der Schwarm in der Wohnung zur Ruhe kommt, lernen die Bienen sehr bald den Flug und fliegen ordentlich ein und aus bis zum Abend. Setzt man nun den Schwarm erst am Abend auf die für ihn bestimmte Stelle, so fliegen am andern Morgen die Bienen, die an der Schwarmstelle den Flug gelernt haben, bei ihrer Rückkehr aus dem Felde wieder bei der Schwarmstelle an, finden den Stock nicht und gehen so wenigstens für den Schwarm verloren. S. Oettl Klaus 3. Aufl. S. 238.

k. Fällt ein Vorschwarm und ein Nachschwarm zusammen, so bringe ich das Volk, sobald es einigermaßen in der Wohnung sich gesammelt hat, in einen dunkeln Keller oder an einen sonstigen ganz dunkeln Ort. Denn solche Völker ziehen wegen der ungleichartigen Königinnen nur zu gern wieder aus, müssen oft drei- bis viermal eingefangen werden und suchen wohl endlich gar das Weite. Am andern Morgen bringe ich das Volk auf seine Standstelle, aber auch dann nur, wenn es sich hübsch ruhig verhält, sonst lasse ich es noch 24 Stunden, natürlich immer mit offenem Flugloche, im Prison.

Warnen will ich jedoch gegen den Versuch, einen solchen Doppelschwarm zu theilen. Dazu gehört große Uebung und gewöhnlich wird aus einer Hälfte doch nichts, weil diejenigen Bienen, welche vom Vorschwarme zum Nachschwarme kommen, die unfruchtbare Königin abstechen oder wenigstens verstümmeln. Selbst das Aussangen der unfruchtbaren Königin hat für den Anfänger seine Schwierigkeit und erfordert den viel geübten Blick des Meisters. Auch nützt eine solche Theilung öconomisch gar nichts.

Uebrigens ist der Rath Spitzners, wo ein Vor- und Nachschwarm oder mehrere Nachschwärme zusammenfallen, nicht zu verwerfen, wenn er sagt: Gehen mir mehrere Schwärme, die ich nicht theilen will, zusammen, so werden dieselben, sobald sie sich ruhig zusammengelegt haben, von oben herab mit Tüchern umgeben, die mit großen Stecknadeln fest gemacht werden, daß nur eine kleine Oeffnung wie ein Flugloch bleibt, durch welche die noch herumschwärmenden Bienen hineinkommen können. In diesem Zustande lasse ich den Schwarmklumpen bis an den Abend, bis wo er sich eine Königin erkoren und die überflüssigen, die man auf den Tüchern oder der Erde finden wird, getödtet hat. Nun erst fasse ich den Schwarm ein. Es ist mir noch kein Schwarm aus solchen zusammengehefteten Tüchern wieder herausgegangen, so groß er auch gewesen. Fasset man aber solche Schwärme gleich ein, ehe sie über die Königin einig geworden sind, so gerathen sie oft in Unordnung, ziehen wieder aus, zerstreuen sich großentheils auf die Stöcke, ziehen auch wohl ganz davon. S. Spitzner krit. Geschichte u. s. w. Band 2 S. 281 f.

l. Sind dagegen zwei Erstschwärme zeitig im Jahre zusammengefallen, so wäre es Schade, eine fruchtbare Königin zu opfern. In diesem Falle theile ich, fasse jedoch den Klumpen nicht in einen Stock, sondern bringe denselben zu möglichst gleichen Theilen auf gutes Glück hin in zwei Stöcke. Oft bekomme ich in jeden Stock eine Königin; merke ich aber, daß ein Stock keine Königin hat, unruhig wird und die Bienen wieder aus dem Flugloche herauszulaufen beginnen, so stoße ich die Bienen des anderen Stockes, der beide Königinnen hat, rasch auf einen glatten festgestampften, von der Schwarmstelle entfernten Sandplatz oder ein großes

§ XXXVIII. Weiteres vom Schwärmen.

weißes Tuch und suche eine Königin. Diese bringe ich dann in den unruhigen Stock und stelle diesen ganz in die Nähe der Schwarmstelle. Alle Bienen, die noch herumfliegen oder sich wieder an der Schwarmstelle gesammelt haben, erhält nun dieser Stock, während die Bienen des andern mit der zweiten Königin ruhig von selbst wieder in ihren Stock, den ich dicht vor die Bienen an die Erde stelle, einlaufen.

m. Auf großen Ständen fallen aber hin und wieder eine Menge Schwärme zusammen; was besonders geschieht, wenn viele Stöcke schwarmfähig waren, mehrere auf einander folgende kalte Tage eintraten und nun plötzlich nach einem trüben Morgen gegen 10 Uhr die Sonne hell und warm durchbricht. Da regnet es oft Schwärme, und 1845 gingen mir neunzehn Erstschwärme, die innerhalb einer Viertelstunde erschienen, an einen Klumpen. Ebenso fielen Kaben im Jahre 1843 sechzehn Schwärme zusammen. Bztg. 1845 S. 10. Von einem gehörigen Theilen ist in solchen Fällen natürlich keine Rede mehr; aber man muß überhaupt das Zusammenfallen der Vorschwärme (Nachschwärme mögen dieß immerhin thun) zu verhindern suchen und sich deshalb mehrere Schwarmnetze anschaffen; wie auch ich nach der Erfahrung von 1845 that.

Das Schwarmnetz ist ein aus Fliegenleinwand oder einem andern ähnlichen luftigen und durchsichtigen Stoffe angefertigtes, durch ein viereckiges Gestell oder durch Reife ausgespannt gehaltenes Netz, von dem das eine Ende um das Flugloch des schwärmenden Stockes gelegt oder diesem übergeworfen wird, während das andere Ende an eine einige Fuß vor dem Stande angebrachte Stange befestiget wird.

Fig. 60.

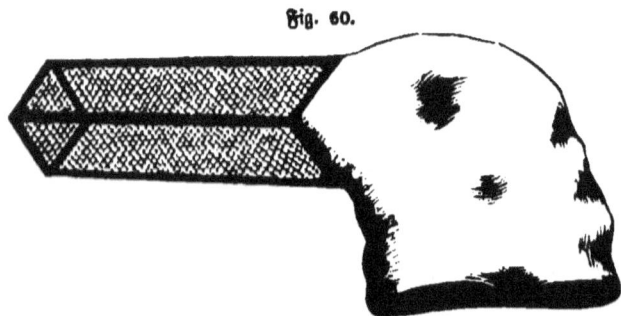

Befindet sich der ganze Schwarm im Netze, so wird dieses abgenommen und etwa im Schatten eines Baumes aufgehängt, bis sich die Bienen oben in Traubenform zusammengezogen haben, worauf man sie, wie einen Schwarm aus dem Fangbeutel, in die für sie bestimmte Wohnung bringt.

Die Nachschwärme fange man aber nur dann in das Schwarmnetz, wenn Gefahr vorhanden ist, daß sie mit einem Vorschwarme zusammenfallen könnten, sonst lasse man dieselben sich ja selbst vereinigen und erspare sich die Mühe, sie später vereinigen zu müssen.

In der Schwärmperiode, sagt Panse, lasse ich vor dem Bienenstande in der Entfernung einer Schwarmnetzlänge einzelne Pfähle in gerader Richtung einrammen; an diese werden je nach Höhe der Etagen des Bienenhauses Stangen in horizontaler Lage angebracht, an diesen das hintere Ende des Schwarmnetzes befeſtigt, während das vordere an dem ſchwärmenden Stocke ſo lange anliegt, als der Schwärmakt dauert, alsdann aber abgenommen und zugebunden wird. Bzlg. 1850 S. 13 f. und 1851 S. 147.

Die Anwendung des Schwarmneßes iſt gar nicht ſchwierig, die ganze Kunſt beſteht nur in der Wahl des rechten Augenblicks bei deſſen Anlegung an den ſchwärmenden Stock. Wird es zu früh angelegt, ſo wird der Schwarm dadurch oft ſtußig gemacht, wird es zu ſpät angelegt, ſo ſind ſchon zu viele Bienen in der Luft, vielleicht auch die Königin ſchon unter ihnen. Der wahre Moment iſt, wenn der Schwarm bereits ſcharf aus dem Flugloche treibt, ohne daß noch viele Bienen abfliegen. Jetzt läuft der Schwarm unaufhaltſam in das Netz ein. Dieſes darf jedoch nicht zu eilig, ſondern erſt dann abgenommen werden, wenn die letzten Bienen aus dem Stocke gezogen und einige zurückzulaufen Miene machen. S. von Ehrenfels Bzlg. S. 243.

n. Hat ſich ein Schwarm an eine recht bequeme Stelle angehängt, ſo reibe ich nach dem Einfaſſen dieſe Stelle tüchtig mit Meliſſe, hat er ſich an eine unbequeme angehängt, tüchtig mit Wermuth ein, um ſpätere Schwärme anzulocken oder abzuſcheuchen. Denn folgende Schwärme gehen nur zu gern an die Stellen, wo ſchon Schwärme hingen, weil immer noch einzelne Bienen ſich längere Zeit dort herumtreiben. Schon aus dieſem Grunde ſollten in jedem Bienengarten Meliſſen- und Wermuthbüſche ſich befinden. Göppl ſagt: Ich rieb in- und auswendig die Körbe tüchtig mit Meliſſenkraut ein und hielt ſie an Stangen u. ſ. w. unter die ſchwärmenden Bienen. Faſt alle Schwärme zogen in ſolche ein. Monatsblatt 1842 S. 13.

5. Wo ſtellt man den Erſtſchwarm auf?

Allemal an die Stelle des Mutterſtockes, da in unſeren Gegenden nur ſehr ſtarke Schwärme etwas leiſten können und die kleinen Nachſchwärme, faſt immer der Ruin der Mutterſtöcke und der Bienenzucht überhaupt, auf dieſe Weiſe, wie ich gleich zeigen werde, ſicher verhindert werden. Die Mutterſtöcke, bleiben ſie auf ihrem Standplatze ſtehen, werden durch die Nachſchwärme zu ſehr entvölkert, es währt zu lange, ehe ſie wieder eine fruchtbare Königin und jungen Nachwuchs von ihr erhalten und die Tracht iſt faſt immer, ehe dies geſchieht, vorbei. Die Nachſchwärme nehmen eine Menge Honig aus dem Mutterſtocke mit, die Mutterſtöcke tragen, während der Zeit, wo die Weiſel tüten und quaken, was oft bei mehreren Nachſchwärmen 10—14 Tage dauert, ſo gut wie nichts ein (die Bienen ſind bekanntlich nicht fauler im Eintragen, als wenn es im Stocke tütet und quakt), die Nachſchwärme bauen ihre Wohnung gewöhnlich nur halb und das oft nicht einmal aus, verwenden das Bischen Honig, das ſie eintragen, zum Wachsbau und Brutfutter und wenn der Herbſt herankommt, ſo iſt Alt und Jung federleicht und für den Schwefel reif. So und nicht anders iſt es in Thüringen und vielen Gegenden Deutſchlands. S. Buſch Bzlg. 1846 S. 39. Dzierzon ſage dagegen, was er wolle; er empfehle die Nachſchwärme noch ſo warm, ich entgegne ihm einfach, daß er von einer Gegend der letzten Klaſſe keine Idee hat, denn ſonſt könnte er nicht ſagen, daß er aus einer Bruttafel und einem Händchen voll Bienen die ſchönſten Stöcke erziehe (Bzlg 1859 S. 274) und könnte ein ſolches Verfahren nicht empfehlen. Wer bei uns ſo etwas thun wollte, der könnte Alles in der Welt verſtehen, von hieſiger Praxis bei uns aber verſtände er nichts. Beim Dzierzonſtock iſt nun allerdings auch bei uns das Nachſchwärmen nicht ſo ſchädlich wie bei Stöcken mit unbeweglichen

§ XXXVIII. Weiteres vom Schwärmen. 381

Waben, weil man am Ende der Tracht durch Zusammenstellen der gefüllten Tafeln sich so ziemlich helfen kann. Aber auch beim Dzierzonstock taugt bei uns das Nachschwärmen nichts, denn, wenn nicht einmal ein besonders honigreicher Juli, wie 1846 und 1855 eintritt, bringt man sich immer um allen Honigertrag.

Man sieht also, daß bei uns die kleinen Nachschwärme thunlichst verhindert werden müssen. Um aber dieß zu ermöglichen, kenne ich bei Stöcken mit unbeweglichen Waben nur ein einziges, aber auch ganz sicheres Mittel, nämlich den Vorschwarm auf die Stelle des Mutterstockes, diesen aber anderwärts aufzustellen. Denn die Räthe in Bienenschriften, dem geschwärmten Stocke einen Auf-, Hinter-, Neben- oder Untersatz zu geben, die Drohnenbrut zu köpfen oder ganz auszuschneiden, die überflüssigen Weiselzellen zu zerstören u. s. w., sind rein lächerlich.

Das Auf-, Hinter-, Neben- und Untersatzgeben hilft nichts, das Volk baut, bevor es nicht wieder eine fruchtbare Königin hat, nicht, die Sätze bleiben leer und es schwärmt, wenn es sonst schwärmen will, doch, und setzte man ein leeres Faß unter.

Ebenso hilft das Wegschneiden der Drohnenbrut gar nichts; auch kann man derselben nur sehr selten allenthalben beikommen, und wie man es machen soll, die überflüssigen Weiselzellen, was doch nur heißen kann, die Weiselzellen bis auf eine zu zerstören, weiß ich nicht. Denn stellt man den Stock auch auf den Deckel und zerstört die unten sichtbaren Weiselzellen, so stehen in zwanzig Fällen neunzehnmal weiter im Herzen des Stockes noch Wiegen, die man nicht sieht und deshalb nicht zerstören kann. Die Nachschwärme kommen doch, wenn sie sonst kommen wollen.

Durch das Stellen des Erstschwarmes an den Platz des Mutterstockes erhält der Schwarm fast alle Bienen, die den Flug schon kannten. Denn fast jede schon einmal ausgeflogen gewesene Biene, die am ersten oder den folgenden Tagen vom Mutterstocke ausfliegt, kehrt bei dem Rückfluge in den Schwarm ein, und dieser steht bald in einer Volksmenge da, wie wir sie in unserer Gegend haben müssen und wie sie die Erstschwärme an sich nur sehr selten haben. Es ist also das Verstellen des Mutterstockes nicht blos das beste Mittel, die verderblichen kleinen Nachschwärme zu verhindern, sondern auch den Erstschwarm so zu bevölkern, wie er bevölkert sein soll.

6. Wo stellt man aber den Mutterstock auf?

Busch räth, den Mutterstock an irgend einem vom Schwarme etwas entfernten Platze aufzustellen. Bztg. 1846 S. 38 und 1847 S. 84. Die Sache geht, und das Nachschwärmen wird so ziemlich sicher verhindert. Denn der Mutterstock, der von Stunde zu Stunde immer mehr Bienen verliert, stellt bald den Flug ganz ein, giebt alle Schwärmgedanken auf und beißt die überzähligen Weiselwiegen aus. Mitunter jedoch schwärmte mir auch ein also verstellter Stock einmal, ja zweimal nach.

Diese höchst seltenen Ausnahmen hätten nun allerdings nicht viel zu bedeuten und die Befürchtung und der Einwand Vieler, z. B. Dzierzons (Bienenztg. 1848 S. 47.), die Brut, wenigstens die jüngere, eines also verstellten Stockes erkühle und stürbe ab, ist durch Busch's und meine Erfahrung absolut widerlegt. Die Brut, die eine ganz außerordentliche Lebenszähigkeit hat, stirbt im

Sommer zur Schwärmzeit der Kühle wegen nicht ab. Sie läuft in der warmen Jahreszeit, wenn sie nur ernährt wird, ganz von selbst aus, und ernährt wird sie schon durch die jungen im Stocke zurückbleibenden Bienen, wenn es diesen nur nicht an Wasser gebricht. Dieses müssen sie aber haben, sonst kommt die Futtersaftbereitung bald in's Stocken und die kleine offene Brut muß verhungern, weil fast keine nach Wasser ausfliegende Biene heimkehrt. Will man daher Busch's Rath befolgen, so braucht man nur, bis daß der Stock wieder mäßig fliegt, auf das Spundloch nach herausgezogenem Spunde einen nassen Lappen zu legen und diesen stets naß zu erhalten. Der Mutterstock wird nach 3—5 Tagen schon wieder zu fliegen beginnen und sich in den meisten Fällen wieder erholen, auch weit seltener weisellos werden, als wenn er auf seinem Platze geblieben wäre und vielleicht noch 2—3 Nachschwärme gegeben hätte.

Weit zweckmäßiger jedoch hat sich mir aus langjähriger Erfahrung folgende andere Art des Verstellens erwiesen. Angenommen ein Anfänger besäße 9 Stöcke. Diese denke er sich von 1 bis 9 numerirt und nehme an, Nr. 3 hätte den Erstschwarm gegeben und einige andere, unter diesen z. B. Nr. 7, wären recht volkreich. Er stellt nun den Schwarm an die Stelle von Nr. 3, Nr. 3 an die Stelle von Nr. 7., Nr. 7 aber möglichst entfernt von seinem bisherigen Standplatze auf.

Auf diese Weise erhält der Schwarm, ganz wie bei dem Busch'schen Verfahren, fast alle Bienen aus Nr. 3, die schon einmal ausgeflogen waren, wogegen Nr. 3 fast alle Flugbienen aus Nr. 7 erhält und fast sicher nach 7 bis 9 Tagen einen mächtigen Schwarm mit junger Königin geben wird. Solche Nachschwärme, die oft doppelt so stark als ein Vorschwarm sind, lasse ich mir gefallen und halte sie der jungen Königinnen wegen höher als gleich starke Vorschwärme. Auch wird Nr. 3, ehe er schwärmt, da er mit jedem Tage weniger Brut zu ernähren hat, die Tracht aufs Beste ausbeuten und unter günstigen äußeren Verhältnissen bleischwer werden. Nr. 7, welcher nur Bienen verliert, aber keine erhält, kommt in die Lage, wie der verstellte Mutterstock beim Busch'schen Verfahren, jedoch mit dem großen Unterschiede, daß er eine fruchtbare Königin besitzt. Diese wird und muß in den ersten Tagen, wo der Stock den Flug einstellt, allerdings die Eierlage bedeutend beschränken, vielleicht ganz einstellen, beginnt aber sofort wieder rüstig mit derselben, sobald die Bienen den Flug wieder eröffnen, und nach 9—10 Tagen wird Nr. 7 wieder so volkreich wie zuvor sein. Anders mit dem nach Busch verstellten geschwärmten Stocke. Dieser wird, da er, sobald seine von der ausgeschwärmten Königin herrührende Brut sämmtlich ausgelaufen ist, lange keinen jungen Nachwuchs erhält, nach einiger Zeit immer volkärmer, ja oft zu volkarm werden.

Was wird aber aus Nr. 3, wenn er an der neuen Stelle den Zweitschwarm gegeben hat? Er wird mit dem Schwarm verstellt und nun an einer entfernten Stelle aufgestellt. Jetzt hat er gar keine offene Brut mehr zu versorgen, beißt sofort die überzähligen Weiselwiegen aus und wird so, wie der Busch'sche verstellte Stock nach dem Erstschwarme, aber doch insofern weit besser, als er, war inzwischen trachtreiche Witterung, bereits schwer geworden ist und hinsichtlich der Nahrung dem Winter getrost entgegen gehen kann, wenn es ihm auch mitunter an Volk, das ihm bei der Einwinterung leicht gegeben werden kann, fehlt.

§ XXXVIII. Weiteres vom Schwärmen. 383

Dieß ist die sicherste, vortheilhafteste, nie fehlschlagende Art des Aufstellens, und ich rathe dieselbe nicht blos dem Anfänger, sondern jedem Imker, der Stöcke mit unbeweglichen Waben hält.

7. **Ist dieses Verfahren auch beim Stock mit beweglichen Waben zu empfehlen?**

Ganz zu verwerfen ist es auch hier nicht; doch rathe ich nicht dazu, da man beim Stocke mit beweglichen Waben sichere Mittel besitzt, sowohl den Erstschwarm, wenn er die gehörige Volksstärke nicht haben sollte, durch Einstellen von Brutwaben rasch zu verstärken, als auch den Mutterstock vom Nachschwärmen auf andere Weise abzuhalten, indem man am 5. oder 6. Tage nach Abgang des Vorschwarmes, dem man einen besonderen neuen Platz angewiesen hat, die Tafeln des Mutterstockes einzeln herausnimmt und die Weiselwiegen bis auf eine, die als die reifste erscheint, zerstört. Dann muß das Volk wohl das Nachschwärmen bleiben lassen und sich auf Ansammlung von Honig und Pollen verlegen.

Man könnte auch gleich nach dem Abgange des Erstschwarmes die überflüssigen Weiselwiegen des Mutterstockes zerstören und würde, weil jetzt weniger Bienen im Stocke sind, leichtere Arbeit haben, als nach 5—6 Tagen. Aber gar nicht selten würde das Volk einen Strich durch die Rechnung machen. Es würde nämlich, wenn man das Zerstörungswerk so früh vornähme, oft neue (secundäre; f. S. 100 f. unter γ.) Weiselwiegen erbauen, und es würde die Königen, die aus der übrig gelassenen (primären) Wiege hervorginge, gar nicht so selten ausschwärmen, weil sie bei ihrem Ausschlüpfen oft schon bedeckelte Wiegen finden würde. Wartet man aber 5 bis 6 Tage, so läuft die Königin aus der primären Wiege aus, ehe, wenn wirklich noch neue Wiegen angesetzt werden sollten, eine derselben bedeckelt ist, und ein Schwarm gehört dann erfahrungsmäßig zu den größten Seltenheiten. Unbedeckelte Wiegen werden nämlich sehr bald beseitiget, wenn eine Königin ausgeschlossen ist.

8. **Wie verfährt man, wenn kleine Nachschwärme aber doch kommen?**

Diese können kommen, wenn das von mir gelehrte Verfahren des Verstellens der Mutterstöcke versäumt wurde oder wenn mehrmals mehrere Hauptschwärme zusammenfielen und die Theilung unterblieb oder mißglückte.

Für sich allein bringen solche Nachschwärmchen einmal nichts zu Wege und wo sie daher nicht in Stöcken mit beweglichen Waben durch Bruttafeln u. s. w. unterstützt und verstärkt werden können, bleibt nichts übrig, als mehrere zu vereinigen.

Die beste Art des Vereinigens ist die, welche in Thüringen von Alters her allgemein geübt wird, nämlich: Man macht Abends ein etwa einen Fuß tiefes, acht Zoll in der Rundung großes Loch in die Erde, nimmt den Korb, in welchem sich der zu vereinigende Schwarm befindet, stellt solchen über das Loch und wirft den Schwarm, indem man den Korb an zwei Seiten mit den Händen preßt, so ,daß die Daumen auf dem Deckel ruhen, etwa 5 Zoll in die Höhe hebt und kräftig und mit der ganzen Unterfläche gleichmäßig aufstößt, in das Erdloch. Und die wenigen Bienen, welche hin und wieder noch an dem Deckel oder den Wänden hängen, gleichfalls in das Loch zu bringen, schlägt man in demselben Augenblick, wo man den Korb aufgestoßen hat, mit beiden flachen Händen tüchtig auf den Deckel und an die Seiten, wo dann gewiß auch nicht eine Biene mehr im Korbe bleiben wird. Der Korb, mit welchem der Schwarm vereiniget werden soll, muß schon bei der Hand sein, um ihn sogleich, nachdem der Schwarm im Loche liegt, aufsetzen zu können. Ist dieß geschehen, so legt man unten um den Rand des Korbes rings ein Tuch, damit die aus dem Loche heraufschlaufenden Bienen in den Korb hinein müssen und keine Gelegenheit finden, sich etwa unten zwischen Erdboden und Korbrand durchzuzwängen. Am andern Morgen hebt man den Korb ab und die Vereinigung ist geschehen. Meist ist die Königin schon todt oder hängt wenigstens in einem Klümpchen, wie eine Wallnuß groß, unter den Bienen, so daß man das Klümpchen mit einem Hölzchen hervorheben kann.

Auf diese Weise habe ich unzählige Nachschwärme vereiniget und niemals sind mir Bienen erstochen worden. Auch ist gar keine Gefahr vorhanden, daß sich die Königinnen packen, todtstechen oder wenigstens verstümmeln könnten. Denn sobald die Königin unten aus dem Erdloche in den Stock heraufkommt, wird sie von den Bienen des oberen Stockes alsogleich in Empfang und Verwahrung genommen.

Man kann die zu vereinigenden Bienen auch betäuben, die Königin aussuchen, etwas dünnflüssigen Honig aufschütten und den Stock, der die Verstärkung erhalten soll, über die in einem Untersatze befindlichen betäubten Bienen stellen. Ich halte jedoch bei Stöcken, die einen abnehmbaren Boden haben, wo man also die Bienen aus einem Erdloche in dieselben einlaufen lassen kann, von Betäubung gar nichts. Bei Dzierzonstöcken freilich, die einen unabnehmbaren Boden haben, ist die Betäubung, wenigstens für den noch nicht hinlänglich gewandten Anfänger, ganz zweckmäßig, weil, wenn man das zu vereinigende Volk zum Flugloche oder zur geöffneten Thüre oder vom Honigraume aus einlaufen läßt, Todtstechereien gerade nicht zu den Seltenheiten gehören und man oft seine wahre Noth hat, selbst bei stärkster Räucherung, die Vereinigung friedlich zu erzwingen. Der Anfänger betäube daher die Bienen der Nachschwärme, welche er einem Dzierzonstocke mit unbeweglichem Boden zubringen will, mittels Schwefeläthers und dergl. (S. § XLIV, B. 1—5), besprenge sie, nachdem er zuvor die Königin ausgesucht und beseitiget hat, tüchtig mit dünnflüssigem Honig, nehme einige der hintersten Waben heraus und schütte nun die Bienen hinten zur Thüre hinein. Auch kann er sie in den Honigraum bringen und bis nach erfolgter Vereinigung ein Deckbrettchen abnehmen. Der Honiggeruch wird die Bienen des Stockes bald genug herbeilocken, sie werden die betäubten ablecken und dieselben, welche indessen wieder erwachen, unbeirrt nach ihren inneren Gemächern gelangen lassen.

Während des Tages muß der zu vereinigende Nachschwarm neben dem Stock stehen, zu welchem er gebracht werden soll, oder muß, wenn dazu auf dem Bienenstande kein Platz ist, in einen Keller oder sonstigen finsteren Ort gestellt werden. Denn wenn der zu vereinigende Nachschwarm entfernt steht, so lernen während des Tages zu viele Bienen den Flug und kommen am anderen Tage, wenn sie wieder ausfliegen, bei dem Stocke, wo sie ankommen sollen, nicht an.

Nachschwärme kann man aber nicht blos unter sich vortheilhaft vereinigen, sondern man kann sie auch Mutterstöcken, die durch das Schwärmen zu sehr entvölkert sind, zubringen. Nur versuche man nicht, einen Nachschwarm, selbst wenn man die Königin ausgesucht und getödtet haben sollte, seinem eigenen Mutterstocke zurückzubringen. In den meisten Fällen wird das Schwärmen doch noch fortgesetzt werden und man macht sich fast immer nur nutzlose Mühe. E. Busch Bztg. 1847 S. 149.

§ XXXVIII. Weiteres vom Schwärmen.

9. Wie behandelt man die Schwärme in der ersten Zeit?

Ist die nach dem Schwärmen folgende Witterung besonders günstig und honigreich, so ist an den Schwärmen gar nichts zu thun, ist aber die Honigtracht karg und die Witterung schlecht, so gewährt die Fütterung derselben den allergrößten Nutzen und man kann ohne alle Uebertreibung sagen, daß in diesem Falle ein Pfund gereichter Honig zehn Pfund einbringt.

Im Anfang geht der Wabenbau am schnellsten von Statten, allmälig aber läßt der Schwarm damit um so mehr nach, je mehr Bienen täglich verloren gehen, je mehr der Bau an Umfang gewonnen hat und je schwächer er daher belagert werden kann. Hat der Schwarm mit dem Bau erst ganz nachgelassen, so beginnt er mit demselben nicht früher wieder, als bis eine größere Menge junger Bienen ausgelaufen ist, welche bei späteren Schwärmen zu spät kommen, indem die Weide gewöhnlich vorüber ist. Man unterstütze daher, wenn es die Witterung nöthig macht, seine jungen Schwärme ja recht ausgiebig mit stark verdünntem Futter, damit sie recht eifrig bauen, so lange sie bauen wollen und bauen können. S. Dzierzon Bfreund S. 232 und v. Ehrenfels Bienenzucht u. s. w. S. 213 f.

§ XXXIX.
Die künstliche Fortpflanzung im Ganzen oder das Abtrommeln und Ablegen.

Wenn die Bienen immer schwärmten, wann und so viel wir es wollten, wäre die künstliche Vermehrung Thorheit, denn was die Natur freiwillig gewähret, braucht ihr durch Kunst nicht abgezwungen zu werden. Aber die Bienen schwärmen erfahrungsmäßig fast nie, wann und soviel wir wollen. Sehr oft sind die Stöcke gestopft voll Brut, Honig und Pollen, so daß die Bienen gar nichts mehr eintragen, ja größtentheils selbst in den Stöcken keinen Platz mehr finden können. Statt nun zu schwärmen, wie wir es wünschten, legen sie sich oft 2—3 Wochen müßig in dicken Klumpen außen vor die Stöcke, lassen die beste Tracht nutzlos vorüber gehen, stellen unsere Geduld auf eine harte Probe, schwärmen endlich oder schwärmen auch nicht. Wir büßen dadurch vielen Honig ein, erhalten die Schwärme zu spät oder auch gar nicht.

Wollen wir aber dem Honigverluste vorbeugen und den Bienen stets Raum zur Weiterführung ihres Gebäudes geben, so können wir in manchen Jahren lange warten, ehe ein Schwarm kommt. Die Bienen verlegen sich auf das Eintragen, fühlen, da sie Raum haben, kein Bedürfniß zum Schwärmen und schwärmen wenig oder gar nicht. Auf jedem Stande aber muß eine jährliche Vermehrung stattfinden, d. h. auf jedem Stande müssen jährlich neue Völker entstehen, sonst kann der Stand nicht bestehen, da alljährlich durch Weisellosigkeit u. s. w. Völker abgängig werden. Besonders benöthiget sind der Entstehung neuer Völker alle diejenigen Imker, die ihren Stand noch nicht auf die Normalzahl gebracht haben, d. h. die noch nicht so viele Stöcke besitzen, als sie gewillt sind, alljährlich einzuwintern. Solche Züchter kommen in Gegenden, wo die Bienen erfahrungsmäßig wenig oder spät schwärmen, mittels natürlicher Schwärme nur schwer, langsam oder auch gar nicht zu ihrem vorgesteckten Ziele. Dagegen kann dies Ziel durch künstliche Erzeugung selbstständiger Völker leicht und sicher erreicht werden, und es ist daher in die Augen springend, daß die künstliche Vermehrung der natürlichen des Schwärmens weit vorzuziehen ist. Bei jener brauchen wir nicht zu warten, bis es den Bienen gefällig ist, zu schwärmen, wir haben nicht nöthig, sie wochenlang nutzlos verliegen und die beste Tracht versäumen zu lassen, wir brauchen uns nicht nach den Launen der Bienen zu richten, sondern wir können sie, sobald ihr Zustand eine Theilung des einen Volkes in zwei Völker erlaubt, sofort zwingen, dieß zu thun. Auf die Weise können wir in unsere Imkerei Zucht und Ord-

§ XXXIX. Die künstl. Fortpflanzung im Ganzen ob. das Abtrommeln u. Ablegen.

nung bringen, nach einem Plane arbeiten, eine Zucht betreiben. Wenn daher viele Bienenhalter und Schriftsteller über Bienenzucht gegen die künstliche Vermehrung warnen und dieselbe als eine nicht natürliche bezeichnen, so ist dieß der einfältigste Einwand, der sich nur denken läßt. Denn Zucht besteht eben darin, daß wir uns durch Kunst, durch unseren Verstand, die Natur bis auf einen gewissen Grad unterthan machen, die Natur zwingen, ihre Gewohnheiten bis auf einen gewissen Grad zu unserem Nutzen zu ändern, das Thier, mit dessen Pflege wir uns befassen, unseren Zwecken möglichst dienstbar zu machen. Dzierzon Bztg. 1859 S. 37. Anderntheils beweist jener Einwand aber auch, daß die Aufsteller desselben die der Bienennatur angepaßten künstlichen Vermehrungsweisen nicht kennen.

A. Das Abtreiben oder Abtrommeln.

Dieß besteht darin, daß man die alte fruchtbare Königin mit einem, etwa die größere Hälfte betragenden Theile der Bienen aus dem Bau und dem Stocke heraus- und in einen leeren hineintreibt, um hier einen eigenen Haushalt zu beginnen. S. Dzierzon Bfreund S. 44.

Das Verfahren muß sich natürlich nach der Stockform richten, muß anders sein bei Ständern, anders bei Lagern, anders bei Stöcken mit abnehmbarem, anders mit unabnehmbarem Boden. Ich will nun vor Allem das zweckmäßigste Verfahren bei der gewöhnlichsten Stockform, dem Strohständer, beschreiben.

1. Abtreiben eines Ständerstrohstockes.

Liegt der abzutreibende Stock schon stark vor, so setzt man ihm Abends ein Kränzchen unter, welches die vorliegenden Bienen, welche sich während der Nacht einziehen werden, aufzunehmen vermag, und befestiget solches gehörig mit Klammern oder auf eine sonstige Weise.

Ist der Stock aber ein Stülper mit Holzreif unten, so muß das Kränzchen so beschaffen sein, daß der Holzreif in die Mündung etwas einsinkt und so verklammert oder sonst befestiget werden kann. Wenn übrigens das Kränzchen recht fest anhängt und der Stock später geschickt umgedreht wird, ist eine besondere Befestigung weiter nicht nöthig. Während der Nacht ziehen sich die vorliegenden Bienen in das Kränzchen und man hat am andern Morgen bei der Arbeit keine Last mit denselben. Wenn man jedoch erst größere Gewandtheit und Sicherheit im Umgange mit den Bienen erlangt hat, so kann man auch die Procedur mit dem Kränzchen ganz entbehren und die vorliegenden Bienen vor Beginn des Abtreibegeschäftes in den leeren Korb, in welchen der Treibling hinein soll, einkehren. Ich bin kein Freund dieser Kränzchenuntersatzweise, weil man gewöhnlich schon am andern Morgen die Waben in das Kränzchen hinein verlängert gebaut findet und nun diese Verlängerung wegschneiden muß. Auch kann man ohne die Kränzchenprocedur gegen Abend abtreiben, was oft sehr erwünscht ist.

Man stellt in die Nähe des Bienenhauses einen niedrigen Stuhl ohne Lehne und auf diesen ein leeres Kränzchen. Neben den Stuhl legt man den leeren Stock, in welchen der Treibling kommen soll, ein längeres Handtuch, zwei Trommelhölzer und die gestopfte Rauchpfeife. Mit der brennenden Cigarre im Munde geht man nun zum abzutreibenden Stocke, giebt ihm einige Züge Rauch in das Flugloch, kippt ihn behutsam etwas auf und bläst noch einige Züge Rauch unter die Bienen, damit sie ruhig bleiben. Dieß ist durchaus nöthig; denn läßt man den abzutreibenden Stock erst wild werden, dann sei Gott gnädig. Den etwas aufgekippten Stock läßt man wieder nieder, nachdem man während des Aufklippens zwei fingerstarke Hölzchen, um nicht Bienen zu zerquetschen und andere dadurch in Zorn zu versetzen, untergelegt hat, hebt ihn vom Flugbrette ab, trägt ihn nach dem Stuhle und setzt ihn verkehrt, d. h. mit der Mündung nach oben, mit dem Deckel nach unten, auf das leere Kränzchen des Stuhles, damit er fest steht, und der Spund Raum hat, sich zu verbergen. Auf den abzutreibenden Stock setzt man den leeren, Mündung auf Mündung, verstopft die Fluglöcher beider Stöcke, befestiget sie aneinander durch einige eingespießte Nägel, damit sie während des Klopfens sich nicht verrücken können, und bindet da, wo sie auf einander stehen, das Handtuch um. Passen sie jedoch so aufeinander, daß eine Biene nicht zwischen durchkriechen kann, so bleibt der Handtuchverband weg.

Sitzen etwa noch einige Bienen außen am Korbe, so kehrt man sie mit einem Handbesen ab. Sie können dann auf die Stelle des Mutterstockes, wo einstweilen ein leerer Stock aufgestellt wird, fliegen und sich da einstweilen herumtreiben. Nun beginnt man am vollen Stocke ganz unten rings herum zu klopfen und hält damit etwa 4 Minuten an, pausirt dann etwa 2 Minuten und fährt da weiter fort, wo man mit dem Klopfen aufgehört hat. Also, hat man zum ersten Male unten vom Deckel an gerechnet bis 6 Zoll aufwärts geklopft, so klopft man nun vom sechsten bis etwa zehnten Zoll, aber immer allmälig von unten nach oben rückend, 2—3 Minuten, legt hierauf das Ohr an den Stock und horcht, ob die Bienen brausend aufwärts in den leeren Stock zu ziehen beginnen. Hört man dies, wie es fast immer der Fall sein wird, so rückt man mit dem Klopfen, immer in Absätzen von 2 Minuten, höher, bis man da angekommen ist, wo beide Stöcke auf einander stehen. Merkt man aber nach den ersten 5—6 Minuten, daß die Bienen nicht recht aufwärts rücken wollen, so zwängt man mit einem Instrumente den Deckel des abzutreibenden Stockes an einer Stelle so weit ab, daß die Spitze der Rauchpfeife (S. Figur 6 auf S. 126) eingesteckt werden kann, bläst mäßig Rauch ein und trommelt nach 2—3 Minuten wieder, abermals von unten anfangend. Hat der abzutreibende Stock mehrere Fluglöcher, so kann man auch den Rauch durch das oberste, jetzt unterste Flugloch einblasen. Ist man mit Trommeln fertig, so läßt man den Korb mit dem Treibling noch etwa 3 Minuten auf dem Mutterstocke stehen und setzt ihn dann an die Stelle, wo der abgetriebene Stock stand. War ein Kränzchen am abgetriebenen Stocke, so muß dieses natürlich mit dem Treiblingsstocke abgehoben werden, weil in demselben immer viele Bienen sich befinden werden; später, wenn sich die Bienen gehörig zusammengezogen haben, wird das Kränzchen beseitigt.

Der Anfänger wird zur ganzen Operation wohl eine halbe Stunde gebrauchen; ist er erst Meister, so geht es mit der Hälfte Zeit ab.

Speciell will ich noch Folgendes bemerken:

a. Die Klopfer dürfen nicht zu schwach sein, damit man nicht nöthig hat, zu heftig anzuschlagen; runde etwa 14 Zoll lange, einen Zoll Durchmesser dicke Stäbe aus recht schwerem, z. B. eichenem, Kernholze sind die besten. Die meinigen habe ich mit weichem Leder überziehen lassen, damit die Schläge nicht so grell auffallen, trotzdem aber innerlich die nöthige Erschütterung hervorbringen.

b. Es ist vortheilhaft, die auf dem Flugbrette des Mutterstockes sich lagernden Bienen in den für den Treibling bestimmten Stock zu kehren. Sie fangen nämlich alsbald zu brausen an und locken so gleichsam die unteren Bienen mit der Königin zu sich herauf.

c. Ich habe zwar sehr viele Stöcke ohne Gehilfen abgetrommelt, denn gewöhnlich trommelten ich und Günther an verschiedenen Stellen, weil wir oft in einem

§ XXXIX. Die künstl. Fortpflanzung im Ganzen od. das Abtrommeln u. Ablegen.

Tage 20 und mehr Treiblinge auf verschiedenen, oft stundenweit von einander entfernten Ständen fertig bringen wollten. Dem Anfänger ist jedoch ein Gehilfe anzurathen:

α. beim Umdrehen des oft schweren Stockes. Am besten geht freilich das Umdrehen allein — aber nur für den gewandten Meister;

β. beim Trommeln selbst. Während desselben ist es nämlich unumgänglich nothwendig, daß der leere Stock beständig festgehalten und auf den vollen aufgedrückt werde, sonst wird er durch die Schläge seiner Leichtigkeit wegen zu sehr erschüttert und es werden dadurch die aufrückenden Bienen und die Königin stutzig. Zwar läßt sich das Festhalten des Oberstockes auch ohne Gehilfen bewirken, wenn man mit der linken Hand fest auf den Deckel drückt. Aber dann kann man nur mit einer Hand klopfen und ist in seinen Bewegungen etwas gehemmt. Den Meister genirt das weiter nicht, wohl aber den noch unsicheren Anfänger.

d. Man hüte sich ja, bald unten, bald oben, bald in der Mitte zu klopfen; wodurch gemeiniglich das ganze Unternehmen vereitelt wird, weil man dadurch veranlaßt, daß die Königin bald da-, bald dorthin, bald auf-, bald abwärts läuft und am Ende den Stock doch nicht verläßt. Man muß mit dem Klopfen, wie schon wiederholt gesagt, unten anfangen und ganz allmälig aufwärts rücken, unten aber am längsten klopfen. S. Fuckel Bienenzucht u. s. w. 2. Auflage S. 110.

e. Viele Bienenschriftsteller, z. B. Fuckel (a. a. O. S. 109) rathen, den Treibling auf ein ganz glattgehobeltes schwarz angestrichenes Brett zu stellen, nach etwa 10 Minuten das Brett zu betrachten, um zu sehen, ob Eier darauf liegen. Die durch das Abtreiben überraschte Königin kann nämlich ihre Eier nicht lange zurückhalten und läßt deren bald mehrere fallen, die man auf dem schwarzen Brette sehr leicht und deutlich sehen kann. Die Sache ist ganz gut, aber nicht gerade nöthig. Denn sollte die Operation mißlungen sein, so sieht man das sehr bald an der Unruhe der Bienen.

Was soll ich aber thun, wird der Anfänger fragen, wenn die Operation hin und wieder wirklich mißlungen ist? Rasch die unruhigen Bienen nochmals auf den Mutterstock setzen und nochmals zu trommeln beginnen. Jetzt wird fast jedesmal die Königin mit noch einer nicht geringen Menge Bienen in den Oberstock laufen, weil die unruhigen Bienen des Oberstockes gewaltig brausen und die des Unterstockes mit Macht anlocken. Sollte aber auch dies nichts helfen, weil die Königin absolut nicht aus dem Bau wollte, oder sollte vielleicht gar keine Königin darin sein, weil der Stock eben im Königinwechsel begriffen wäre, so bliebe nichts übrig, als den mißlungenen Treibling eine Strecke weit vom Bienenstande aufzustellen und die Bienen auf den Mutterstock, der seine alte Stelle wieder erhalten hätte, zurückfliegen zu lassen. Ein Rest Bienen wird aber im Stocke bleiben, die ganz jungen Bienen nämlich. Diese stoße man auf ein Brett und poche sie vor dem Flugloch ihres Stockes ab.

f. Ein solcher Treibling unterscheidet sich von einem Erstschwarm nur dadurch, daß die Bienen nicht wissen, was ihnen geschehen ist, daher nicht an jedem beliebigen Platze aufgestellt werden können, weil sie sonst größtentheils auf den Mutterstock zurückfliegen würden; was die Bienen eines natürlichen Schwarmes nicht thun. Denn das Schwärmen ist ein Act des Instinctes. Das Volk eines Schwarmes bleibt daher an jeder Stelle, welche dem Stocke in demselben Bienenhause angewiesen wird (S. Vogel Bztg. 1857 S. 113), der Treibling aber muß unter allen Umständen, soll er nicht wenigstens eine halbe Stunde weit transportirt werden, an die Stelle des Mutterstockes kommen. Mit dem abgetriebenen Mutterstocke, der sich von einem geschwärmten Stocke nur dadurch unterscheidet, daß er gewöhnlich noch keine Weiselzellen angesetzt hat, verfährt man ganz so, wie ich im vorigen § auf Seite 382 unter 6 angegeben habe. Wäre daher der Stock Nr. 3 abgetrommelt, so bekäme Nr. 3 den Platz von Nr. 7 ꝛc. Der Schwarm mit der jungen Königin würde erst den 15. oder 16. Tag, aber dann desto mächtiger, kommen.

g. Ich sagte, ein Treibling müsse, würde er nicht aus dem Flugkreise der Bienen wegtransportirt, unter allen Umständen an die Stelle des Mutterstockes kommen. Dagegen rathen Andere, den Treibling auf die Halbscheit zu stellen, d. h. neben den Mutterstock dergestalt aufzustellen, daß der Mutterstock etwas auf die Seite gerückt wird, so daß nun Mutterstock und Treibling jeder die Hälfte desjenigen Platzes einnehmen, den früher der Mutterstock allein inne hatte. Abgesehen davon, daß oft zu einer solchen Aufstellung gar kein Platz vorhanden ist, hat sie sich mir auch als ganz entschieden verwerflich dargestellt. Denn man glaube ja nicht, daß sich die Bienen stets gehörig in zwei gleiche Hälften theilen und daß jeder Stock die Hälfte bekommen würde. Unter zehn Fällen erhält neunmal der Mutterstock die meisten Bienen, der Treibling wird zu schwach und kann in Folge dessen nicht gehörig bauen. Viele Bienen, die in den Treibling einfliegen, kommen wieder herausgelaufen und gehen in den Mutterstock, weil dieser voll Gebäude, jener unten leer ist; was die Trachtbienen, die sich den Teufel um die Königin scheeren, stutzig macht. Auch büßt man, was noch ein Hauptpunkt ist, den Vortheil ein, den Treibling möglichst stark zu bekommen und den Mutterstock an dem Abstoßen kleiner Nachschwärme zu verhindern. S. Seite 382.

2. **Abtreiben anderer Stöcke.**

a. Hölzerne Magazinstöcke und sonstige hölzerne Ständerstöcke mit abnehmbarem Boden werden auf ganz ähnliche Weise abgetrieben und behandelt, und es wäre gewiß überflüssig, in dieser Beziehung noch besondere Anweisungen zu geben. Nur das will ich bemerken, daß man sich hier statt der Klopfstäbe hölzerner Hämmer zu bedienen und bald Rauch einzublasen hat, da die dicken Holzwände die Erschütterungen weniger fühlen lassen.

b. Bei Ständerstöcken mit unabnehmbarem Boden, wie ihn gewöhnlich die Dzierzonstöcke haben, läßt sich das Abtrommeln nur so bewerkstelligen, daß der Honigraum geleert, die Deckbrettchen über dem Brutraume weggenommen, ein den Honigraum ausfüllendes dünnes Kästchen verkehrt, d. h. mit der Oeffnung nach unten, eingeschoben und die Bienen nun von unten nach oben durch Klopfen und unten unter den Bau gebrachten Rauch hinaufgetrieben werden. Obwohl die Gassen oben wegen des Honigs sehr verengt sind, so steigen die Bienen doch in den meisten Fällen mit der Königin hinauf, wenn man gehörig, d. h. nicht zu stark und nicht zu schwach, räuchert, namentlich wenn man etwas Wachs mit verbrennen und verdampfen läßt; welcher Geruch den Bienen äußerst widrig ist. Der so hinaufgejagte Schwarm kann bequem in dem Kästchen herausgezogen werden. Damit die Bienen sich bequemer und fester im Kästchen anhängen können und beim Hervorziehen nicht abfallen, klebe man auf dem Boden des Kästchens, der bei der verkehrten Stellung zum innern Deckel wird, einige Wabenstücke an, lasse auch die Innenwände des Kästchens möglichst rauh. S. Dzierzon Bfreund S. 45.

§ XXXIX. Die künstl. Fortpflanzung im Ganzen ob. das Abtrommeln u. Ablegen.

Ich empfehle jedoch dem Anfänger diese Art der Vermehrung im Dzierzonstock mit unbeweglichem Boden nicht. Denn es hat immer seine Schwierigkeiten, die Königin durch die engen Honiggassen nach oben zu jagen; nur zu oft wird das Manöver vergeblich sein. Auch hat man gar nicht nöthig, hier par force abzutreiben, da, wie ich gleich zeigen werde, die Vermehrung auf andere Weise weit sicherer erzielt werden kann.

c. Bei Lagerstöcken aller Art mit abnehmbarem Boden ergiebt sich das Verfahren des Abtreibens gleichfalls ganz von selbst.

d. Lagerstöcke aller Art mit unabnehmbarem Boden sind nur allenfalls abzutrommeln, wenn sie kalten Bau haben, d. h. wenn die Tafeln mit der scharfen Seite nach vorn zu stehen. Denn haben sie warmen Bau, so würde selbiger bei dem unerläßlichen Aufrichten und dem Klopfen fast immer zusammenbrechen; auch würde die Königin, die, statt in offener Gasse aufwärts rücken zu können, um viele Tafeln herumkriechen müßte, nur sehr selten in den aufgesetzten Stock einlaufen. Aber selbst Lager mit kaltem Baue, wenn der Boden unabnehmbar ist, verschone man ja mit Abtrommeln, denn nur zu oft bricht, ehe man sich's versieht, das Gebäude zusammen und der Stock ist ruinirt.

3. Einiges Allgemeine zum Abtreiben.

Was ich bisher über das Abtreiben gesagt habe, bezieht sich fast ausschließlich auf Stöcke mit unbeweglichen Waben, namentlich auf Strohständer, und ich habe daher nöthig, noch Einiges bezüglich des Stockes mit beweglichen Waben, bei welchem sich Manches anders gestaltet, mitzutheilen. Ich weiß, daß viele Bienenzüchter alle Stöcke mit unbeweglichen Waben nach und nach abschaffen und sich nur der Stöcke mit beweglichen Waben bedienen wollen. Diese werden also wie die meisten Schwärme, so auch die meisten Abtreiblinge in Dzierzonbeuten einbringen, und sie könnten sich in ihren Erwartungen gar sehr täuschen und sich großen Schaden thun, wenn ihnen die kleinen Kunstgriffe, die nur lange Erfahrung lehren kann, unbekannt blieben.

a. Vor Allem glaube man ja nicht, daß, wenn der Strohständer Nr. 3 (S. Seite 390) abgetrieben, der Treibling in eine elegante Dzierzonbeute gebracht und diese an die Stelle der Nr. 3 gesetzt wird, alle Bienen, die vom Treibling, und alle Bienen, die vom versetzten Mutterstocke ausfliegen, bei der Rückkehr in die Dzierzonbeute einkehren werden. Die Bienen des Treiblings, die nicht wissen, was ihnen geschehen ist, fliegen, ohne sich durch Kreisabflüge ihren Stock betrachtet und ihren Standplatz gemerkt zu haben, geradeaus nach der Weide, und wenn sie beladen heimkehren, gucken sie den neuen Stock, wie die Kuh das neue Thor, an, weil sie, statt ihres ihnen wohlbekannten Strohkorbes, eine hölzerne, ganz anders geformte und aussehende Wohnung antreffen. Ebenso machen es diejenigen Bienen, welche sich vom abgetriebenen Mutterstocke nach der alten Stelle verfliegen. Einzelne aller dieser Bienen fliegen allerdings nach einigem Zögern in das Flugloch ein, viele aber schlagen sich sofort auf die ähnlichen nachbarlichen Strohkörbe, viele fallen unter dem Flugloche, das bei der Dzierzonbeute oft einige Zoll höher als bei dem Strohkorb steht, zwar an, laufen aber größtentheils, statt am Dzierzonstocke hinan und in dessen Flugloch hinein, an die Nachbarstrohstöcke. Oeffnet man dann nach 1—2 Tagen die Dzierzonbeute in der frohen Hoffnung, eine kolossale, fast Alles erfüllende Bienentraube darin zu erblicken, so sieht man ein Träubchen, ein Häufchen Unglück, hängen. Man muß daher die Dzierzonbeute einem Strohkorbe möglichst ähnlich machen; was am Leichtesten dadurch geschieht, daß man einen alten Strohkranz durchschneibet, naß macht, zwischen mit Steinen beschwerten Brettern brettartig preßt und davon eine Blende an der Frontseite des Dzierzonstockes bis auf das Flugloch herab anbringt. Nach 3—4 flugbaren Tagen rückt man die Blende etwas nach aufwärts, geht mit jedem Tage einige Zoll höher und nimmt sie endlich nach 8—10 Flugtagen ganz weg.

Aber mit der Blende allein ist es noch nicht gethan, da nichts die heimkehrenden Bienen mehr beirrt, als wenn sie ihr Flugloch an anderer als gewohnter, namentlich höherer Stelle antreffen. Sie fliegen da an, wo sie anzufliegen gewohnt sind und laufen, wie schon gesagt, statt zum Flugloch hinein, in die Nachbarstöcke. Das Flugloch der Dzierzonbeute muß daher genau so hoch zu stehen kommen, als das Flugloch des abgetrommelten Strohkorbes stand. Wie macht man aber dies, da das Flugloch einer Dzierzonbeute oft höher als das eines Strohkorbes steht? Einfach also, daß man schon vom Frühjahr her seinen Strohkörben unter die Standbretter so viel untergelegt, daß, ist diese Unterlage entfernt, das Flugloch des Dzierzonstockes genau in gleiche Höhe des ehemaligen Strohkorbflugloches zu stehen kommt.

Dieselbe Vorsicht ist auch bei einem natürlichen, aus einem Strohkorbe gekommenen, in eine Dzierzonbeute eingebrachten und auf die Stelle des Mutterstockes gesetzten Schwarme nöthig, weil sonst die meisten später vom verstellten Mutterstocke nach der alten Stelle fliegenden Bienen nicht in die Dzierzonbeute, sondern in die Nachbarstrohkörbe eingehen würden; wodurch die Verstellung des Mutterstockes nicht nur keinen Nutzen, sondern sogar noch Schaden bringen würde.

Bei Anfertigung der Dzierzonbeuten sehe man darauf, daß die Fluglöcher aller Beuten gleich hoch vom Boden zu stehen kommen.

b. Hat man eine Dzierzonbeute abgetrieben und den Treibling wieder in eine Dzierzonbeute gebracht, so ist, wenn die Beute, in welche der Treibling kam, andersfarbig angestrichen ist, gleichfalls Vorsicht nöthig. Selbst die bloße verschiedene Farbe macht die Bienen stutzig. Angenommen nun, ein Anfänger besäße 5 Dzierzonbeuten mit beweglichen Böden und hätte Nr. 2, die roth angestrichen, abgetrieben, hätte aber den Treibling in eine grüne Beute gebracht, so hefte er ein rothes Papierblatt auf der Front an und verfahre sonst, wie unter a angegeben ist. Die versetzte Mutterbeute muß natürlich gleichfalls verblendet werden, je nachdem selbige an die Stelle eines Strohkorbes oder einer andern andersfarbigen Dzierzonbeute gesetzt wird.

c. Oft klagten mir Anfänger, daß es ihnen schwer falle, einen Treibling, den sie, von einem Strohkorbe gemacht, einstweilen in einem Strohkorbe hätten, in eine Dzierzonbeute einzubringen. Das Verfahren ist höchst einfach folgendes: Hat man den Treibling fertig und hat er sich oben am Deckel des Strohkorbes traubenförmig zusammengezogen, so hängt man je nach Bedürfniß entweder blos die untere oder auch beide Etagen des Brutraumes der zu besetzenden Dzierzonbeute mit Stäbchen oder Rähmchen aus, öffnet die Thür und legt hinten unter dieselbe einige Holzscheite oder dergleichen, so daß die Thüröffnung etwa im 45 grädigen Winkel aufwärts gerichtet ist. (Bei Rähmchen, die sich nicht verrücken können, stellt man die Beute einfach auf die Frontseite, b. l. die Flugstockseite, so daß die Thüröffnung wagerecht nach oben steht; wodurch man bequemeres Hantiren hat.) Dann nimmt man den Strohkorb, in welchem sich der Treibling befindet, zieht die Pflöcke oder Nägel, mit welchen der Deckel befestigt ist, möglichst behutsam heraus, hebt den Deckel wagerecht langsam ab, hält ihn schräg über die Thüröffnung der Beute, wirft mit einem Ruck den ganzen daran hängenden Bienenklumpen in die Beute und kehrt sofort die nicht abgefallenen Bienen mit einem Handbeschen hinterdrein. Nun nimmt man den entdeckelten Strohkorb, in welchem sich stets an den Seiten noch viele Bienen befinden, dreht denselben um, hält ihn gleichfalls über die Thüröffnung, kehrt die Bienen in die Beute, schließt die Thüre und bringt die Beute an ihren Standplatz.

Nach einigen Stunden sieht man nach, ob die Bienen sich gehörig in dem für sie bestimmten untern Raum versammelt haben. Sollte dies nicht der Fall sein und sollten sie, wie oft geschieht, oben am Deckel oder an den Seiten hängen, so bläst man sie tüchtig mit Cigarrenrauch an, kehrt sie mit dem Beschen auf die Wabenträger herab, räuchert noch etwas und kehrt immer zu, bis daß sie sich in den für sie bestimmten Raum begeben haben, legt die Deckbrettchen auf und Alles ist in bester Ordnung.

Der Anfänger könnte auch die Deckbrettchen schon vor dem Einbringen des Treiblings auflegen und die Bienen des Treiblings gleich in den für sie bestimmten Raum bringen. Dadurch würde er sich aber den Raum zum Operiren beengen, gar manchmal die Königin über die Deckbrettchen einfallen lassen und später doppelte Mühe haben. Ist jedoch ein Züchter erst recht sicher in seinen Operationen, dann lege er die Deckbrettchen zuvor auf, befestige sie aber durch ein quer übergespreiztes, an beiden Wandseiten fest anklemmendes Stäbchen, damit sie bei dem Emporrichten der Beute nicht abrutschen können. Ich verfahre immer so und gehe eine Wette ein, den Treibling in 30 Secunden, ohne daß 100 Bienen falsch fallen, eingebracht zu haben. Uebung macht den Meister.

d. Daß für die Treiblinge ganz dasselbe gilt, was bezüglich der Schwärme im § XXXVIII auf Seite 385 unter 9 gesagt ist, ist an sich ersichtlich; ja Treiblinge bedürfen der Fütterung, wenn bald nach ihrer Herstellung schlechte Witterung einfällt, noch mehr als Schwärme, da sie weit weniger Honig, als jene, aus dem Mutterstocke mitnehmen. Sie fallen zwar auch, sobald das Klopfen losgeht, über den Honig her, haben jedoch nicht Zeit genug, sich gehörig zu verproviantiren.

e. Endlich muß ich darüber Anweisung geben, wann zur Anfertigung von Treiblingen geschritten werden kann. Dieser Zeitpunkt ist im Allgemeinen nach den einzelnen mehr oder weniger günstigen Jahren, noch weit mehr aber nach der Beschaffenheit der einzelnen Stöcke sehr verschieden. 1846 konnte ich schon am 30. April mit Trommeln beginnen, 1845 mußte ich bis zum 21. Juni warten; 1846 konnte ich meinen besten Stock Nr. 78 (Nicolai I.), wie gesagt, schon am 30. April abtrommeln, während Nr. 11 (Mohammed II.) dies erst am 9. Juni zuließ. Der abzutreibende Stock muß schwärmfähig sein, d. h. muß so sein, daß, flöge ein freiwilliger Schwarm ab, er dies vertragen könnte, da das Abtreiben nichts ist als ein künstliches Schwärmenlassen.

Es muß daher der Stock α. ausgebaut, β. so volkreich sein, daß die Bienen alle Gassen zwischen den Tafeln bis auf das Standbrett herab und dieses selbst dicht belagern und γ. die Brut bis auf die untersten Spitzen der Tafeln stehen haben. Früher ist kein Stock mit Vortheil abzutreiben. Uebrigens kann man schon an äußeren Zeichen sehen, ob die Klopfer in Bewegung gesetzt werden dürfen. Sieht man nämlich, daß bei einem Stocke Morgens vor Sonnenaufgang (ein Bienenzüchter, so wie überhaupt jeder thätige Mensch, darf gesunden Leibes die Sonne nie im Bette aufgehend erleben) noch ein halbfaustgroßes Klümpchen Bienen vor dem Flugloche lagert, so kann man ganz unbedenklich zu den Klopfern greifen, wenn man zugleich — aber das ist unerläßlich — einen zweiten gleichartigen Stock besitzt, an dessen Stelle der abgetriebene gestellt werden kann. Der Anfänger nehme sich aber ja in Acht, daß er sich in der Baum- und Rapsblüthe nicht durch das Vorliegen der Stöcke am Nachmittage und Abend irre führen lasse. Hier ist die Wärme, noch mehr aber die überschwengliche Tracht (was ist ein blühendes Buchweizenmeer gegen ein nur zehn Morgen großes Rapsfeld auf üppigem, reich mit der Achse und dem Hordenschlag gedüngten Boden? Fast ein Nichts!). Die Bienen sind jetzt wie betäubt, sind ermüdet und setzen sich, um frische Luft zu genießen, einige Zeit vor ihre Stöcke, wie wir an schwülen Tagen und nach vieler Arbeit Abends vor unseren Häusern ausruhen. Tritt später die Nachtkühle ein, so ziehen sich die Bienen, gleich uns, in ihre Wohnungen zurück. Wenn aber am kühlen Morgen noch Bienen, auswärts lagern, so ist dies ein untrügliches Zeichen, daß der Stock seine Bewohner nicht mehr sämmtlich zu beherbergen vermag und daß man daher getrost zum Abtreiben schreiten kann. Ein ebenso sicheres Zeichen ist es, wenn die Bienen Morgens noch stark in dem Honigraume oder in dem An- oder Hintersatze lagern, wohl gar daselbst zu bauen begonnen haben.

Der Anfänger weiß nun, wann er abzutreiben hat; sollte er jedoch einmal bei einem Stocke zweifelhaft sein, so treibe er lieber 8 Tage zu spät, als 3 Tage zu früh ab. Das zu frühe Abtreiben ist außerordentlich schädlich, weil der Ableger nicht stark genug wird und der Mutterstock noch nicht genugsame Brut hat, um, trotz des Zufluges fremder Bienen, den Verlust seiner Königin ohne fühlbaren Mangel an Volk ertragen zu können.

f. Bezüglich der Tageszeit, wann das Abtreibegeschäft vorzunehmen sei, sind die Gelehrten nicht einig. Dzierzon und Viele rathen, das Geschäft vorzunehmen, wenn die Bienen im schärfsten Fluge seien, weil man dann am wenigsten durch Stechereien belästiget werde und größtentheils junge Bienen erhalte. Das ist zwar ganz richtig, aber das Abtreiben ist gerade zur Zeit des schärfsten Fluges am mißlichsten, weil gerade die jungen Bienen am schlechtesten in die Höhe laufen und die Königin, wenn nicht viele Bienen sie gleichsam mit sich nach aufwärts fortreißen, gern unten sitzen bleibt. Je voller der Stock von Bienen ist, desto leichter läuft er, desto sicherer gelingt das Abtreiben. Der Anfänger glaube mir und treibe nur früh, ehe die Bienen den Flug beginnen, oder gegen Abend, wenn die Bienen anfangen, den Flug einzustellen, ab. Dann wird ihm das Manöver fast nie mißlingen, ganz gewiß aber sehr oft, wenn er Mittags bei vollem Fluge trommelt.

B. Das Ablegen.

1. Bestand das Abtreiben darin, die Königin mit einem Theile des Volkes aus ihrem Stocke zu jagen, ohne dem Stocke von seinem Wachsbaue etwas zu entziehen, so ist das Ablegen die Theilung der Bienen und des Wachsgebäudes eines Stockes in zwei Hälften.

Es muß von selbst einleuchten, daß das Ablegen eine weit gewaltthätigere Operation als das Abtreiben ist, die, soll sie nicht mehr schaden als nützen, Seitens des Bienenbesitzers die vollkommenste Vertrautheit mit der Naturgeschichte der Bienen und ihrem Leben und Weben voraussetzt. Denn wer so kühn in den künstlichen Bau der Bienen eingreift, muß auch genau wissen, wie er einzugreifen hat. So lange daher ein Bienenbesitzer bezüglich der Theorie sich noch nicht ganz sicher ist, so lange er hier nicht Alles völlig klar durchschauet, verzichte ja auf alles Ablegen, sonst wird er immer im Blinden herum-

§ XXXIX. Die künstl. Fortpflanzung im Ganzen ob. das Abtrommeln u. Ablegen. 395

tappen, aufs Gerathewohl hin agiren und fast immer, statt Nutzen, Schaden stiften. Aber selbst noch so große Kenntnisse der Natur und des Lebens der Bienen und des Biens reichen nicht aus, wenn die Stöcke, welche abgelegt werden sollen, nicht so construirt sind, daß eine der Natur und dem Leben der Bienen angemessene Theilung **möglich** ist. Selbstverständlich sind daher alle untheilbaren Stöcke mit unbeweglichen Waben absolut unablegbar; aber auch theilbare mit unbeweglichen Waben taugen zum Ablegen nicht, und alle Ablegekünstler bis auf Dzierzon, der den Stock mit beweglichen Waben erfand, wenigstens zuerst gehörig tractabel herstellte, sind zu Schanden geworden. Christ und seine Schüler mit ihren Magazinen legten ob, priesen das Verfahren als die zweckmäßigste Vermehrungsart aus vollen Backen an, konnten aber mit ihren Zuchten nicht vorwärts kommen, erhielten keinen Ertrag und mußten, um ihre Stände vor gänzlichem gemachen Untergange zu retten, zu fortwährendem Ankauf von Schwärmen ihre Zuflucht nehmen.

Ich will nun das Christ'sche, in Deutschland eigentlich allein geübte Ablegeverfahren kurz beschreiben und dann ebenso kurz das völlig Bienenwidernatürliche desselben zeigen.

2. **Die Christ'schen Ableger.**

a. Es wird ein z. B. aus vier sechs Zoll hohen Holzkästchen oder Strohkränzchen bestehender vollgebauter und volkreicher Magazinstock genommen, in die Fuge zwischen dem zweiten und dritten Kästchen oder Kränzchen ein Meißel, etwa einen Zoll tief, eingezwängt und mit solchem etwas gehoben, damit die Verkittung losspringt und Raum entsteht, um mittels einer stärkeren Clavierseite, welche an beiden Enden hölzerne Griffe hat, den Stock an dieser Stelle durchschneidend halbirent und zuvor zur Vermeidung möglicher Zerquetschung der Königin Rauch einblasen zu können. Ist die Durchschneidung geschehen, so wird jede Hälfte auf einen auf einem Standbrette stehenden Untersatz gestellt, dem deckellosen Theile ein Deckel aufgelegt und werden beide auf die Halbscheit des früher einen Stockes gebracht. S. **Christ Anweisung u. s. w. 6. Aufl. S. 103 ff.**

Nun frage ich aber, was soll aus solchen Stöcken werden? Nur einer hat die Königin: entweder der, welcher aus beiden oberen, oder der, welcher aus beiden unteren Kästchen oder Kränzchen gebildet wurde.

α. Hätte der früher obere Theil die Königin, so würde er sich allerdings bald wieder erholen und bei einem nicht gar zu ungünstigen Sommer winterungsfähig werden, weil er bei den meisten Honig, der sich bei Ständermagazinen fast ausschließlich im Haupte befindet, enthielte und ihm wegen der Königin sich die meisten Bienen zugesellen würden. Hätte er aber die Königin nicht, so wäre er so gut wie verloren; denn die meisten Bienen würden dann zum andern Stocke gehen, sein Volk würde bald elenbiglich zusammenschmelzen, weil er sehr wenig Brut haben könnte, da die Brut unter dem Honig steht und deshalb sich fast ausschließlich im anderen Theile befinden müßte. Gar nicht so selten würde er nicht einmal zur Erbrütung einer jungen Königin taugliche Brut besitzen und weisellos bleiben müssen; denn die Brut rückt von oben nach unten, und zur Zeit, wo Theilung eines Magazines möglich ist, wird sich oft im dritten Ringe, von unten gezählt, der bei der Theilung der untere des einen Theiles wird, offene Brut gar nicht mehr finden.

β. Hätte aber der früher untere Theil die Königin, so wäre er von Geburt aus ein Monstrum, weil er die Brut und alles Drohnenwachs widernatürlich im Haupte hätte. Er würde zwar bauen, aber nur das Brutnest vergrößern und in den meisten Fällen am Ende der Tracht honigarm sein. Hätte er aber die Königin nicht, so würde er zwar anfänglich Honig in die aufgelaufenen Brutzellen eintragen, gar bald aber so vollkarm werden, daß er nichts mehr zu leisten vermöchte. Denn angenommen, die Theilung wäre am 10. Juni geschehen, so könnten im glücklichsten Falle gegen den 20. Juli die ersten jungen Bienen auslaufen. Diese würden aber, da die junge Biene etwa erst nach 16 Tagen auf Tracht ausfliegt (S. Seite 174 unter b), so gut wie nichts mehr eintragen, weil meist Ende Juli Ende der Tracht ist. Bauen würde der Stock im glücklichsten Falle etwa vom 1. Juli an, wo die junge Königin fruchtbar sein könnte.

Mag also der früher obere oder früher untere Theil die Königin haben, unter allen Umständen ist ein Theil so gut wie verloren und man hat am Ende der Tracht fast immer nur e i n e n guten Stock, den man vor der Theilung meist schon b e f f e r hatte.

b. Die zweite Art der Christ'schen Ableger besteht darin, daß man von zwei Magazinen das unterste Kästchen oder Kränzchen abschneidet, beide aufeinandersetzt, oben einen Deckel auflegt, einen Untersatz mit Standbrett giebt und den neu creirten Stock auf die Halbscheit eines der beiden verkürzten Magazine stellt. S. C h r i s t a. a. O. S. 107 f. Ein solcher Ableger steht ganz dem unteren die Königin nicht habenden Theile nach dem Verfahren unter a. gleich, ist jedoch weniger schädlich, da zwar zwei Mutterstöcke geschwächt, keiner jedoch ruinirt wird.

c. Vielleicht könnte man auf den Gedanken gerathen, zweckmäßiger zu verfahren und solche Ableger doch in guten Gang zu bringen, wenn man bei Halbirung eines Stockes denjenigen Theil, welcher die Königin nicht hätte, mit einem anderen kräftigen Stocke nach dem auf Seite 382 gelehrten Verfahren verstellte, und mit Ablegern, die aus den untersten Kästchen oder Kränzchen zweier Stöcke gemacht würden, ebenso verführe. W e n i g e r Schaden würde man dann allerdings anrichten, immer aber bliebe in beiden Fällen derjenige Ableger, der aus dem u n t e r e n Theile eines halbirten Magazines oder der aus zwei unten abgeschnittenen Kästchen oder Kränzchen zweier Stöcke gebildet worden wäre, ein M o n s t r u m, weil er Brut und Drohnenwachs im Haupte hätte.

Summa: Das Ablegen in Stöcken mit unbeweglichen Waben ist ein plumper Eingriff in den Bienenstaat (S. S p i tz n e r krit. Geschichte u. s. w. Band 2 S. 296—305), absolut zu verwerfen und dem Abtrommeln absolut nachzusetzen.

3. Die D z i e r z o n 'schen Ableger oder die Ableger in Stöcken mit b e w e g l i c h e n W a b e n.

Ganz anders gestaltet sich die Ablegersache in Stöcken, wo man j e d e Wabe j e d e s Stockes zu jeder Zeit einzeln erlangen kann. Hier liegt es auf der Hand und bedarf keines Beweises, daß bei gehöriger K e n n t n i ß der Natur und des Lebens der Bienen und des Biens künstlich neu creirte Stöcke bestens gedeihen müssen, d. h. so gedeihen müssen, wie es Witterung und Trachtverhältnisse möglich machen.

Ferner ist es ebenso selbstverständlich, daß neue Stöcke, d. h. A b l e g e r, auf hundertfältige Weise gefertiget werden können und daß zu dieser Zeit diese, zu jener Zeit jene, unter diesen Umständen diese, unter jenen Umständen jene W e i s e des Ablegens die zweckmäßigste und vortheilhafteste ist, und daß das, was Besitzer großer Musterstände von hundert und mehr mächtigen Beuten mit größtem Vortheile hinsichtlich des Ablegens effectuiren, für einen Anfänger, der nur einen oder einige Stöcke mit beweglichen Waben besitzt, zum allerkleinsten Theile ausführbar

§ XXXIX. Die künstl. Fortpflanzung im Ganzen ob. das Abtrommeln u. Ablegen. 897

oder vortheilhaft sein kann. Ich werde deshalb in Folgendem hauptsächlich auf Anfänger Rücksicht nehmen.

a. Wenn ein Anfänger nur eine einzige Beute besäße, auch über keine leeren Tafeln zu verfügen und keine Strohkörbe als Packesel daneben hätte, so verfahre er beim Ablegen also:

α. Zwischen 12 und 2 Uhr, wenn die Bienen im schärfsten Fluge sind, holt er eine leere Beute herbei, nimmt aus der vollen die Tafeln einzeln heraus und hängt sie auf den Wabenknecht, bis daß er auf einer Tafel die Königin sieht. Ist diese Tafel, wie fast immer, eine Bruttafel, so setzt er sie sammt der Königin sogleich in die leere Beute und reiht ihr noch vier andere Bruttafeln, die theilweise noch unbedeckelte Brut (S. Richter Bztg. 1858 S. 269) enthalten können, mit allen daran sitzenden Bienen an. Sollten jedoch die Bruttafeln in ihren oberen Theilen gar keinen oder nur wenig Honig enthalten, so hängt er eine Honigwabe als die vorderste in die Beute und läßt nur vier statt fünf Brutwaben folgen. Hinter die Brutwaben kommen so viele Stäbchen oder Rähmchen mit Wabenanfängen, als eine Etage erfordert, also in meiner Musterbeute (S. Seite 233) sieben. Dann richtet er durch irgend eine Vorkehrung die Beute mit der Thüröffnung so weit nach oben, daß er bequem eine Tafel über die Oeffnung halten und die Bienen in die Beute einkehren kann, nimmt von den noch vorhandenen Bruttafeln des alten Stockes eine nach der andern, kehrt alle daran sitzenden Bienen in den Ableger, schließt die Thüre und stellt den Ableger an die für ihn bestimmte Stelle; die jedoch dem Mutterstocke nicht zu nahe sein darf, indem sonst immer viele Bienen zu dem Ableger mit der Königin sich begeben würden. Die Deckbrettchen werden am besten erst nach einigen Stunden aufgelegt, weil anfänglich die Bienen oft dick oben auf den Wabenträgern liegen und sich nicht so leicht, wie später, hinunter räuchern lassen.

Auf diese Weise bekommt der Ableger fast alle jungen Bienen, welche, da sie noch nicht ausgeflogen waren, bei ihm bleiben. Schon nach 3—4 Tagen wird der Flug ein ganz artiger sein; auch wird der Wachsbau bald rüstig in Angriff genommen werden, und die Königin, welche anfänglich mit ihrer Eierlage auf die Zellen, aus welchen junge Bienen ausliefen, beschränkt war, findet in den neu gebauten Zellen Gelegenheit zu größerer Eierlage. — Damit jedoch nicht etwa wegen Wassermangels die offene, besonders die ganz junge Brut in den ersten Tagen verderbe oder von den Bienen ausgesogen werde, stelle er ein kleines ganz flaches Schüsselchen mit Wasser so lange auf den Boden der Beute, bis der Flug einigermaßen lebhaft geworden ist.

Der alte Stock, dem die Tafeln wieder eingehängt werden, kommt wieder auf die alte Stelle oder wird am besten, wenn es angeht, während der Ablegeoperation von seiner Stelle gar nicht entfernt. Ihm fliegen alle auf der Weide befindlichen Bienen wieder zu, so wie auch die meisten der älteren, welche mit in den Ableger gekommen sind. Nach 9 bis 10 Tagen muß der alte Stock auseinander genommen und müssen die Weiselwiegen bis auf eine zerstört werden, damit nicht etwa ein Schwärmchen komme.

Riesen werden nun in unserer Gegend allerdings in den meisten Jahren beide Stöcke nicht werden, denn wenn es am Besten hergehen soll, wird die Tracht ein Ende haben. Das läßt sich aber nicht ändern, weil wir einmal in einer Gegend der letzten Klasse leben.

Ist die Befruchtung der jungen Königin in der alten Beute glücklich vor sich gegangen und ist die Tracht vorbei, so werden beide Beuten **gleich gemacht**, d. h. es werden die Honigwaben gleichmäßig vertheilt, derjenigen Beute aber, welche das wenigste Volk hat, verhältnißmäßig mehr Brutwaben gegeben. Also wenn der eine Stock Hans, der andere Kunz hieße, Hans 12, Kunz 6 Honigwaben hätte, so würden dem Hans 3 genommen und Kunz gegeben. Wäre aber Kunz der volkreichere, so müßte er nach Verhältniß von seinen Brutwaben an Hans abgeben, wenn Hans nicht selbst viele Brut besäße.

Bei diesem Wabentausche müssen jedoch die Bienen zuvor von den Tafeln wieder in ihren resp. Stock gekehrt und die Tafeln bienenfrei dem anderen Stocke zugetheilt werden, weil sonst leicht die Königin von den fremden Bienen abgestochen oder wenigstens beschädiget werden könnte.

Sollte der Jahrgang so schlecht ausgefallen sein, daß für zwei Beuten Winternahrung nicht vorhanden wäre, so muß der Anfänger entweder bei Zeiten zum Ausfüttern schreiten, oder beide Beuten wieder zu einer vereinigen, wobei er wenigstens leere Tafeln für das nächste Jahr gewinnt. Ebenso muß er beide Stöcke schon früher wieder vereinigen, wenn die Befruchtung der jungen Königin mißglückt sein sollte.

β. Alles recht schön, wird mancher Anfänger denken; wie aber, wenn ich bei dem Geschäfte des herzustellenden Ablegers die Königin nicht finde, was mir, dem Ungeübten, doch leicht begegnen könnte? Was soll ich dann thun? Antwort: Brut- und Honigtafeln gleichmäßig vertheilen, d. h. so viele Brut- und Honigtafeln, als in die neue Beute kommen, in die alte zurückstellen, resp. darin belassen. Hat also z. B. der alte Stock 16 Brut- und 8 Honigtafeln, so erhält jeder 8 Brut- und 4 Honigtafeln mit allen daran sitzenden Bienen und beide Stöcke werden auf die Halbscheit gesetzt. Bald wird ein Stock unruhig werden und es sich von Viertel- zu Viertelstunde deutlicher herausstellen, welcher die Königin hat. Weiß dies der Anfänger endlich gewiß, was spätestens am Abend nach eingestelltem Fluge der Fall sein wird, so nimmt er am andern Tage, wenn die Bienen bereits schärfer fliegen, die Tafeln des beweiselten Stockes bis auf 5 Bruttafeln heraus und kehrt die an den herausgenommenen Tafeln sitzenden Bienen in den Stock zurück. Ist dies geschehen, so nimmt er auch die Waben des weisellosen Stockes heraus und kehrt die Bienen, namentlich von den die jüngeren Bienen enthaltenden Brutwaben, in den beweiselten. Dann stellt er den wieder zusammengehängten, ziemlich bienenleeren (unbeweiselten) Stock genau auf die Stelle, wo der früher eine Stock, bevor er in zwei getheilt wurde, stand, setzt den beweiselten auf einen entfernten Platz und verfährt in allem Uebrigen ganz wie unter α. gesagt ist.

γ. Beide Proceduren α und β setzen freilich schon gehörige Gewandtheit im Umgange mit Bienen voraus, die der Anfänger nicht immer so bald hat. Getraut er sich daher weder die Königin zu finden, noch Bienen von Tafeln abzukehren, so theile er, wenn er das unsichere Schwärmen nicht abwarten will, den Stock einfach, wie unter β angegeben ist, stelle beide Stöcke auf die Halbscheit und rücke, wenn er erst den weisellosen kennt, diesen der alten Stelle näher, den beweiselten entfernter. Kann er aber auch dieß nicht, so ist ihm nur zu rathen, sich der Dzierzonstöcke ehebaldigst wieder zu entschlagen; denn so viel muß Jeder, der Befähigung zur Bienenzucht besitzt, in 14 Tagen können, und kann er es in 14 Tagen nicht, so lernt er es auch in 14 Jahren nicht. Ein solcher Tolpatsch bleibe ja beim alten Strohkorbe, wappne seine Visage mit Drahtharnisch

§ XXXIX. Die künſtl. Fortpflanzung im Ganzen ob. das Abtrommeln u. Ablegen. 399

und ſeine Pfoten mit Blochhandſchuhen und halte auf guten Vorrath an Schwefel. Oeconomiſcher freilich würde er jedenfalls agiren, wenn er die Bienenzucht etwa mit der Ferkelzucht vertauſchte.

δ. Vielleicht wird Mancher den Kopf ſchütteln und fragen: Wäre es aber nicht zweckmäßiger ſo zu verfahren, daß man von vorn herein auf kein Abkehren der Tafeln ſich einließe, ſondern die Königin mit etwa 5—6 bienenbeſetzten Bruttafeln im alten Stocke ließe, mit dem übrigen Material den Ableger herſtellte und beide Stöcke auf die Halbſcheit brächte und da beließe. Dann würde der Flug keiner Beute unterbrochen, was mit der einen nach dem Verfahren von α reſp. β ſtets der Fall iſt? Nein, denn nach meinen Erfahrungen erhält dann der unbeweiſelte Theil weniger Bienen, namentlich weniger alte Bienen und wird nicht ſo honigreich wie nach der Procedur α. Auf Gewinnung hinlänglicher Honigwaben muß aber der Anfänger vor allem hinarbeiten, denn der Stock mit der alten Königin bekommt nur zu oft ſeinen Ausſtand nicht, weil er den meiſten Honig zum Wachsbau verbraucht, auch weniger Honig aufſpeichern kann, weil die fruchtbare Mutter, wenn die Tracht nicht eminent iſt, faſt jede neu erbaute Zelle, ehe ſie nur fertig iſt, mit einem Ei beſetzt. Erhält dagegen der alte Stock durch die Verſetzung des Ablegers mit der fruchtbaren Königin faſt die ſämmtlichen älteren, alſo die Trachtbienen, ſo trägt er in der Zeit, bis daß die junge Königin wieder Brut eingeſetzt hat, eine große Honigmenge ein, wenn anders Witterung und Tracht gut ſind. Dabei wende man ja nicht etwa ein, es müßten in dem alten Stocke, da ihm die jungen, die Brut und die den innern Haushalt beſorgenden Bienen faſt ſämmtlich entzogen wären, ſo viele Trachtbienen zu Hauſe bleiben und ſich nothgedrungen mit Beſorgung der Brut u. ſ. w. beſchäftigen, als junge Bienen zum Ableger gebracht worden wären. Dem iſt nicht ſo, obwohl allerdings in den erſten Tagen Trachtbienen zu Hauſe bleiben müſſen, aber vielleicht kaum der zehnte Theil ſo viel, als junge Bienen, die jetzt im Ableger bei der Königin ſind, ohne Theilung zu Hauſe geblieben ſein würden. Denn die Brut, wie Dzierzon überaus richtig ſagt, will im Sommer mehr ernährt als erwärmt ſein, und, wenn's ſein muß, ernähren tauſend Bienen ebenſo viel Brut als zehn Tauſend. Auch iſt von Tag zu Tag weniger Brut zu ernähren und nach 10 Tagen, wo alle bedeckelt iſt gar keine mehr, abgeſehen davon, daß täglich, ja ſtündlich eine Menge junge Bienen die Zellen verlaſſen und ſich bald dem Brutgeſchäfte widmen.

Durch die Procedur des Ablegens α. müſſen alle Bienen, die jungen und die alten, par force die größt mögliche Thätigkeit entwickeln und ich halte dieſe Art des Ablegens für den Beſitzer nur einer einzigen Beute für die zweckmäßigſte, wenn er den Stock wegen Unbeweglichkeit des Bodens nicht abtrommeln kann. Kann er aber dieß, ſo iſt das Abtrommeln vorzuziehen. Er ſtelle dann den Treibling auf die Stelle des Mutterſtockes und dieſen (nach Buſch'ſcher Manier) auf eine entfernte Stelle. S. Seite 381 unter b.

ε. Hat ein ſolcher Anfänger leere Tafeln, ſo ſtelle er ſie dem alten entweiſelten Stock ein, um demſelben im Falle reicher Tracht Honiggefäße zu gewähren, da ein entweiſelter Stock, bevor die Königin wieder fruchtbar iſt, wenig oder nicht baut, deſto fleißiger aber Honig trägt.

ζ. Hat endlich der Anfänger neben ſeinem einen Dzierzonſtocke ſowohl leere Tafeln als auch gut beſetzte Strohkörbe, ſo iſt das Ablegeverfahren α. nicht zu empfehlen. Dann laſſe er ja ſeine Dzierzonbeute in Ruhe, ſuche von derſelben möglichſt viele Honigtafeln zu gewinnen, mache von ſeinen Strohkörben Treiblinge, bringe fie in mit leeren Tafeln mehr oder weniger ausftaffirte Beuten und verfahre fonft wie auf S. 391 ff. angegeben ift.

b. Angenommen, Jemand befäße neben mehreren Strohkörben 5 gut ausgebaute und gut bevölkerte Dzierzonbeuten. Wie wäre hier mit dem Ablegen zu prozediren? In diesem Falle rathe ich, von den Dzierzonstöcken gar keine eigentlichen Ableger zu machen, sondern also zu verfahren: Man trommelt die Strohkörbe nach und nach ab, nimmt, sobald ein Treibling fertig ist, den 5 Dzierzonbeuten 5 Bruttafeln, kehrt die Bienen in ihre resp. Beuten zurück, hängt die Tafeln in eine leere Beute, bringt den Treibling ein, stellt diesen an die Stelle des abgetriebenen Strohkorbes u. s. w. u. s. w. In etwa 3 Wochen könnte man 10—12 Treiblinge gefertiget und jeder Dzierzonbeute durchschnittlich 10—12 Brut- oder auch leere Tafeln entnommen haben. Auf diese Weise werden die Ableger wie mit Dampf vorwärts kommen, und das Entnehmen der Bruttafeln schadet den Dzierzonbeuten nur wenig oder gar nicht, da sie die fruchtbaren Königinnen behalten und daher rasch wieder neue Waben bauen und Brut ansetzen werden. Bei dem Entnehmen der Bruttafeln muß man natürlich auf die Stärke der Beuten sehen, der einen mehr, der andern weniger entnehmen, so daß im Laufe der ganzen Vermehrungszeit die stärkste Beute vielleicht doppelt so viel Waben als die schwächste hergeben muß.

So lange man noch Strohkörbe hat, rathe ich, diese möglichst als Packesel zu benutzen. Auf diese Weise kommt man am allerschnellsten und leichtesten in den Besitz eines tüchtigen Standes Dzierzonscher Beuten.

c. Hat ein Züchter endlich keine Strohkörbe resp. keine Stöcke mit unbeweglichen Waben mehr, so bewerkstellige er die Vermehrung also: Besitzen die Beuten bewegliche Böden oder ist er sonst im Stande, sie abzutreiben, so behalte er auch jetzt das Abtreiben (neben dem natürlichen Schwärmen) als die einzige Vermehrungsart bei, hänge jedem Treibling entweder vorräthige leere oder in Ermangelung dieser 5—6 brutbesetzte, andern Beuten als der abgetriebenen, entnommene Waben ein, setze den Treibling an die Stelle der abgetriebenen Beute u. s. w. u. s. w. Kann er aber die Beute nicht abtreiben, so ablegere er also: Er nimmt eine leere Beute, ich will annehmen, eine Beute meiner Construction (S. Figur 12 auf Seite 233) und hängt dieselbe mit zwanzig brutbesetzten Waben im Brutraume vollständig aus. Die Waben entnimmt er den mächtigsten Beuten und läßt alle Bienen daran sitzen, achtet aber darauf, daß er keine Königin mit verhängt. Er hat nun ein kolossales Volk, aber ohne Königin, das auch größtentheils, er könnte es placiren wohin er wollte, beisammen bleiben würde, weil die bei weitem meisten an den Brutwaben sitzenden Bienen junge, die noch nicht ausgeflogen, sind. Täglich wird die Volksmasse, auch wenn sich die alten Bienen verflogen haben, immer kolossaler und bald liegen die Bienen dick im Honigraume oder vor dem Flugloche. Trotzdem rathe ich, einem solchen Ableger keine neue Stelle anzuweisen, sondern ihn mit einer mächtigen Beute zu verstellen. Fast immer fällt nach 15—16 Tagen ein so riesiger freiwilliger Schwarm mit junger Königin, wie die meisten Leser wahrscheinlich in ihrem Leben keinen gesehen haben. Schwärme von 7—8 Pfund, also doppelt so stark wie die stärksten Strohkorbersschwärme, sind gewöhnlich und ich erlebte sogar, daß ein Schwarm von $9\frac{1}{4}$ Pfund Schwere fiel. Solche Riesenschwärme sind im Stande, in acht Tagen eine ganze Beute mit den schönsten Arbeitertafeln auszubauen.

§ XXXIX. Die künstl. Fortpflanzung im Ganzen ob. das Abtrommeln u. Ablegen.

Einen solchen Ableger lasse man ja auch zum zweiten Male schwärmen; auch dann kommen noch Schwärme, größer als der größte Strohkorbervorschwarm. Und wenn man endlich in eine solche Beute, der nach Abgang des zweiten Schwarmes, wenn das Tüten und Quaken fortdauert, alle Weiselwiegen weggeschnitten werden müssen, sieht, so findet man, war die Tracht nur einigermaßen, gewaltige Honigmassen, die von Tag zu Tag zunehmen, bis von der jungen Königin wieder Brut da ist. Ich habe solche Ableger gemacht, die, als ich sie zusammenhing, nicht 4 Pfund Honig hatten, aber nach 3 Wochen 70 Pfund und mehr besaßen und alle Tafeln bis auf die Spitzen honiggefüllt hatten, so daß ich genöthigt war, um nur der Königin Raum zum Eierabsetzen zu verschaffen, eine Partie Honigwaben mit leeren zu vertauschen, oder, wo ich leere Waben nicht hatte, den Bienen vorn am Flugloche Platz zum Bauen zu machen.

Auch haben mir solche Kolossableger, ehe sie schwärmten, 30 und mehr Pfund Honig in die Honigräume getragen, wenn ich dort leere Tafeln einstellen konnte.

Keine Art des Ablegens ist in jeder Hinsicht vortheilhafter als diese, aber man kann mit Vortheil zu dieser Art erst schreiten, wenn man eine tüchtige Partie mächtiger Beuten besitzt. Thut man es früher, so kommt man mit der Vermehrung nicht rasch genug vorwärts, und so schädlich auch eine übergroße Vermehrung ist, so muß doch jeder Anfänger darnach trachten, sobald als möglich die sich gesetzte Normalstockzahl zu erreichen, da, so lange ein Stand noch in der Vermehrung begriffen ist, von einem Ertrage nicht die Rede sein kann.

§ XL.
Vermischtes zum Schwärmen, Abtrommeln und Ablegen.

Was ich bis jetzt über das Schwärmen, Abtrommeln und Ablegen mitgetheilt habe, setzt lauter einzelne, also transportabele, Stöcke und nur einen einzigen Bienenstand voraus. Wesentlich anders gestaltet sich die Sache bei mehrfächerigen unbeweglichen Beuten und wo dem Züchter ein zweiter Stand zu Gebote steht, d. h. wo er seine Treiblinge oder Ableger auf einen wenigstens ½ Stunde entfernten Stand bringen kann und will. Ich habe daher in dieser Beziehung und auch sonst noch gar Manches zu eröffnen, was ich hier bunt durcheinander reihen will.

1. **Wie entdeckt man einen Stock, der geschwärmt hat?**
Oft findet man einen Schwarm, den man nicht abziehen sah, irgendwo hängen, ohne zu wissen, aus welchem Stocke er hervorkam. Um dies zu ermitteln, nimmt man von dem Schwarmklumpen eine Partie Bienen und schleudert sie vor dem Bienenstand hoch in die Luft. Theilweise fliegen sie auf den Mutterstock zurück, spazieren aber nicht alsogleich ein, sondern setzen sich zuvor in die Nähe des Fluglochs und fangen an, zu sterzen und zu flügeln. S. Schoittiß Bienenztg. 1849 S. 188.

2. **Wie bringt man einen Schwarm in ein Fach einer unbeweglichen Beute?**
So fragten mich sehr oft Anfänger, die meinen Stand besuchten. Das Verfahren kann sehr verschieden sein, und ich mache es in diesem Augenblick so, eine ¼ Stunde nachher ganz anders. Hier will ich nur das sanfteste, wenn ich so sagen darf, und für den unsicheren Anfänger bequemste und sicherste Verfahren mittheilen, obwohl ich selbst dasselbe, als mir viel zu langweilig, niemals anwende. Man betrachte dieses

§ XL. Vermischtes zum Schwärmen, Abtrommeln und Ablegen.

Fig. 61.

Kästchen. Es hat einen äußeren Umfang von 16½ Zoll Höhe, 12 Zoll Länge und 11 Zoll weniger einige Linien Breite. Die hintere Seite, scheinbar die Thüre, steht nicht in einem Falze, wie bei Figur 12 (Seite 233 und 238 unter b), sondern einfach und lose zwischen den hinten falzlosen Wänden und wird durch 4 Pflöckchen, die durch die Seitenwände des Kästchens in die Hinterseite eingreifen, gehalten, damit diese weder in den leeren Innenraum des Kästchens noch nach außen fallen kann. Die der Hinterseite gegenüberstehende, auf der Abbildung nicht sichtbare Seite, also die Vorderseite, ist offen, so daß, wird das Kästchen mit der offenen Vorderseite auf ein entsprechend großes, mit einem eingeschnittenen Flugloche versehenes Standbrett gesetzt, man ein kleines Lagerbeutchen erhält, das aber doch groß genug ist, um den stärksten Schwarm zu bergen. Die scheinbare Thüre ist nun der bewegliche Deckel des Beutchens geworden.

In dieses Kästchen resp. Beutchen wird der Schwarm eingebracht. Hat er sich gehörig gesammelt, so trägt der Imker das Kästchen nach dem Fache, das er besetzen will und das er zuvor mit den nöthigen Stäbchen oder Rähmchen ausgehängt hat. Nun hebt er das Kästchen vom Standbrette, dreht es behutsam um und schiebt es rasch mit der Mündung in die Thüröffnung des zu besetzenden Faches. Da es aber etwas Raum braucht, um unten fest aufstehen zu können, so dürfen einstweilen die drei hintersten Stäbchen oder Rähmchen nicht eingehängt sein. Die Bienen, die durch das Umdrehen schon aus ihrer Verbindung gelöst sind und auf dem Boden wirr durcheinander liegen, werden großentheils herausfallen, vorwärts laufen und an die Stäbchen oder Rähmchen sich anhängen. Um dies jedoch noch mehr zu beschleunigen und um das Kästchen möglichst bald bienenleer zu bekommen, damit es entfernt und die Thüre in das Fach eingestellt werden kann, zieht man die vier Pflöckchen heraus, und schiebt die Hinterseite, solche am Knöpfchen fassend, langsam und behutsam vorwärts, so daß alle Bienen in das Fach hinein müssen. Die Bienen, welche bei Abnahme des Kästchens noch vorn an demselben und an der inneren Fläche der Hinterseite hängen, kehrt man rasch in das Fach ein.

Das Kästchen ist für meine Musterbeute (S. Seite 233) eingerichtet und muß natürlich bei anders construirten Beuten andere entsprechende Dimensionen haben.

Damit sich die Bienen, wenn das Kästchen als Beutchen auf dem Standbrette steht, oben gut anhängen können, ist es nöthig, die Innenfläche der Hinterseite möglichst rauch zu machen, etwa durch Beraspelung.

Das ganze Kunststück bei dieser Art des Einbringens besteht darin, daß man in dem Momente, wo man das mit der Mündung nach oben stehende Kästchen aufrichten und in das Fach einstellen will, keine Bienen herausfallen läßt. So lange daher der Anfänger noch nicht handsicher ist, setze er das Ende des Kästchens in das Fach und richte dasselbe erst jetzt schnell in die Höhe. Dann gelangen die herausfallenden Bienen dahin, wohin sie kommen sollen, nämlich in das Fach.

3. **Wie besetzt man aber ein Fach einer mehrfächerigen unbeweglichen Beute, wenn ein natürlicher Schwarm nicht zu Gebote steht, von demselben Stande aus?**

Ganz ähnlich wie auf Seite 397 unter α angegeben ist. Man nimmt nämlich aus einer kräftigen Beute 5 Brutwaben mit möglichst reifer Brut heraus, kehrt die Bienen in die Beute zurück und hängt die Waben in das zu besetzende Fach.

Dann geht man an diejenige Beute, von welcher man den Treibling gewinnen will, nimmt die Tafeln einzeln heraus, hängt sie auf den Wabenknecht, bis daß man die Königin sieht, kehrt dann alle Bienen einschließlich der Königin von allen Brutwaben in das unter 2 beschriebene Kästchen, trägt dasselbe nach dem zu besetzenden Fache und verfährt sonst ganz wie unter 2 angegeben ist.

Die Königin kann man auch, statt in das Kästchen einzukehren, einstweilen in einen Weiselkäfig sperren und später auf die Brutwaben des zu besetzenden Faches laufen lassen, ehe man das Kästchen einsetzt.

War die Beute, aus welcher ein Treibling (Ableger ist es nicht) herausgekehrt wurde, eine bewegliche, so verstellt man solche nach Wiedereinhängung der abgekehrten Waben mit einer andern volkreichen Beute, und verfährt mit derselben weiter, wie auf Seite 382 gelehrt ist; war es aber gleichfalls ein Fach einer unbeweglichen Beute, so müssen, um ein späteres Schwärmen zu verhindern, die Weiselwiegen bis auf eine am 9. oder 10. Tage zerstört werden.

4. Wer Gelegenheit hat, Kunstschwärme mindestens eine halbe Stunde entfernt aufzustellen, wird in der Vermehrung noch rascher vorwärts kommen, weil er manche Arten der künstlichen Vermehrung in Anwendung bringen kann, die auf einem und demselben Stande unausführbar sind. Die eigentlichen auf Seite 388 beschriebenen Treiblinge wegzutransportiren und die abgetriebenen Mutterstöcke an ihren Stellen stehen zu lassen, empfehle ich nicht. Denn theils wird man nur selten den Treibling so volkstark bekommen, wie er in unserer magern Gegend sein muß, theils wird man dann fast immer seine Plage mit kleinen Nachschwärmchen haben, wenn die abgetriebenen Stöcke unbewegliche Waben haben, man also die Weiselzellen später nicht bis auf eine zerstören kann. Aber, wie gesagt, man kann bei Disposition über eine zweite entfernte Standstelle noch einige Vermehrungsarten mit Vortheil anwenden, die ich jetzt mittheilen will.

Man nimmt eine recht volkreiche Beute, wenn sie eben im schärfsten Fluge ist, auseinander, sucht die Königin, sperrt sie in einen Weiselkäfig, hängt hierauf alle Waben wieder ein, und stellt die gefangene Königin einstweilen auf die Wabenträger ihrer Beute. Gegen Abend holt man eine leere Beute herbei, schließt das Flugloch, hängt in die Beute mehrere leere Waben oder in Ermangelung solcher auch lauter Stäbchen oder Rähmchen mit bloßen Anfängen, rafft vorliegende Bienen, Bienen aus den Honigräumen, oder wo man sonst Bienen zu bekommen weiß,

§ XL. Vermischtes zum Schwärmen. Abtrommeln und Ablegen.

zusammen, bringt sie in die Beute, bis daß ein tüchtiger Schwarm beisammen ist, stellt die Königin im Weiselkäfig auf die Wabenträger, schließt die Thüre, transportirt den Schwarm auf einen entfernten Stand und öffnet dort das Flugloch.

Solche Kunstschwärme fertigt man deshalb am besten gegen Abend, weil um diese Zeit am Leichtesten Bienen zusammenzuraffen sind und die zusammengerafften am Wenigsten während der Operation abfliegen. Die nöthigen Königinnen muß man jedoch schon am Tage ausfangen, damit sie bei Herstellung der Ableger bereit sind, weil sonst bald eintretender Dunkelheit wegen nicht viel mehr zu Wege gebracht werden könnte, wenn man jetzt erst die Königinnen ausfangen müßte.

Beim sofortigen Transportiren eines solchen Kunstschwarmes auf den entfernten Stand ist darauf zu sehen, daß die aufgeregten Bienen nicht etwa aus Mangel an Luft ersticken und daß der Käfig mit der Königin nicht herunterfalle. Um letzteres unmöglich zu machen, braucht man beim Einstellen der Waben den Käfig nur an einen Wabenträger mittels eines schwachen Drahtes festzuschlingen, und ersteres, das Ersticken, das bei geschlossener Thüre und vielen Bienen nur zu leicht eintritt, fällt auch nicht vor, wenn während des Transportes, statt der Thüre, ein mit Siebdraht ausgefüllter Rahmen einsteht. Während der Nacht beruhigen sich die Bienen und am anderen Morgen kann man die Königin loslassen. Ich transportire jedoch solche Kunstschwärme erst am zweiten Abend (s. gleich unten) auf den entfernten Stand, habe daher diese Vorkehrungen gar nicht nöthig.

Kunstschwärme dieser Art mache ich sehr gern, weil sie selbst nicht nur rein wie gefunden sind, sondern sogar den Honigertrag noch bedeutend steigern. Denn die Beuten, denen man die fruchtbaren Königinnen ausfängt, werden, weil sie bald keine Brut mehr zu ernähren haben, weit honigreicher als sie beim Verbleiben der Königinnen geworden sein würden (schwärmen auch nach 15—16 Tagen fast sicher und weit sicherer als wenn sie ihrer fruchtbaren Königinnen nicht beraubt worden wären), und diejenigen Stöcke, denen man die Bienen zu solchen Kunstschwärmen nimmt, spüren den Abgang gar nicht, ja oft ist er ihnen, weil die Hitze dadurch vermindert und in Folge davon der Fleiß gesteigert wird, sogar noch nützlich.

Ich fertige in der Zeit vom 10.—24. Juni fast jeden Abend 4—5 solche Kunstschwärme auf folgende überaus leichte, wahrhaft spielende Weise.

Habe ich in die zu besetzenden Beuten einige mit Arbeiterwachs ausgebaute Rähmchen, oder, wenn ich diese nicht mehr habe, lauter mit bloßen Wabenanfängen versehene eingehängt und die Königinnen aufgestellt, so setze ich eine Beute mit geschlossenem Flugloche auf einen glatten Sandplatz und nehme die Thüre ab. Während des Tages habe ich schon allen denjenigen Fächern und Einzelbeuten, denen ich Bienen entnehmen will, statt der Glasthüren (an welche die Bienen sich nie so dick wie an hölzerne anhängen) hölzerne, nach der Innenseite recht rauch geraspelte Thüren eingestellt.

Nun gehe ich nach der nächsten starken Beute, hebe die Thüre behutsam aus, trage sie nach der zu bevölkernden Beute und werfe alle ansitzenden, oft so viel als ein halber Pudelmützenstrohkorbschwarm betragenden Bienen, indem ich die Thüre dicht hinter der offenen Beute kräftig mit einer unteren Ecke auf den Boden stoße, ab. Sofort fangen die erschreckten Bienen an in die Beute einzulaufen. Die abgepochte Thüre gebe ich dem Gehilfen, welcher sie auf der rauchen Innenseite mit einem in verdünnten Honig getauchten Kinderwaschschwamm rasch bestreicht und ihrer Beute wieder einsetzt.

Durch den Honiggeruch angelockt, ist die Thüre nach einigen Minuten schon wieder dick mit Bienen belagert. Während der Gehilfe die erste Thüre bestreicht und ihrem Fache wieder einsetzt, hole ich die Thüre des zweiten Faches herbei, poche die Bienen ab und gebe auch diese Thüre dem Gehilfen. So geht es fort, bis daß ich so viele Bienen zusammen habe, als mir gut dünkt. Dann wird eine zweite zu besetzende Beute in die Nähe gestellt und mit dieser ebenso manövrirt.

Angenommen, ich hätte 20 Thüren zum Abstoßen bestimmt und wäre mit der zwanzigsten fertig, so fange ich mit der ersten wieder an und so weiter.

Sind die Bienen einmarschirt, so schließe ich die Beuten und lasse sie auf einen entfernten Stand — nein in einen Keller transportiren, öffne die Fluglöcher und halte die Völker bis zum nächsten Abend hier gefangen. Es hat dies den Vortheil, daß ich am andern Morgen, ohne nach dem zweiten Stande gehen zu müssen, die Königinnen besetzen kann, daß die Bienen, wenn sie am Abend des andern Tages wegtransportirt werden, völlig beruhiget sind und sobald der Tag anbricht, wie jeder natürliche Schwarm zu fliegen und zu arbeiten beginnen. Allerdings büße ich dadurch einen Tag Tracht ein, aber die erwähnten Vortheile schlage ich höher an als diese Einbuße.

Manchmal fliegen beim Abpochen der Thüren viele Bienen ab, statt in die Beute einzulaufen. Sobald dies Abfliegen einigermaßen erheblich wird, gieße ich die auf den abgenommenen Thüren hängenden Bienen zuvor aus der Brause einer kleinen Kindergießkanne tüchtig naß; wo sie dann das Abfliegen schon bleiben lassen.

In den letzten Jahren habe ich jedoch die Bienen von den Thüren gar nicht mehr auf die Erde abgepocht, sondern sogleich in die mit der Mündung nach oben gerichteten zu besetzenden Beuten eingekehrt. Diese Operation geht noch rascher von Statten, erfordert aber etwas mehr Gewandtheit.

Auch verfiel ich in den letzten Jahren auf etwas, wodurch ich mir die nöthigen Bienen zu den zu machenden Ablegern noch leichter als von den Thüren verschaffte. Ich leerte nämlich am Tage die Honigräume der allermächtigsten Beuten und schob in dieselben, nach Abhebung des mittleren Brutraumdeckbrettchens, dünnwandige Kästchen, mit der Mündung nach unten, ein. Oben klebte ich in die Kästchen, um die Bienen desto schneller aufwärts zu locken, einige Wabenstreife an. Abends hingen diese Kästchen voll Bienen, die beschäftigt waren, die Wabenstreife weiter zu bauen, und es genügte ein einziger Schlag eines solchen Kästchens hinten auf die Thüröffnung der zu besetzenden Beute, um alle Bienen in die Beute fallen zu lassen. Zwei, höchstens drei solche Kästchen voll Bienen gaben den kolossalsten Ableger, und ich gehe eine Wette ein, daß, habe ich die zu besetzende Beute bereits vorgerichtet, ich binnen zwei Minuten den Ableger fertig haben will.

Solchen mächtigen Beuten fing ich durch Einschiebung der Kästchen so lange Bienen ab, bis in den Kästchen nur noch wenige hingen. Eine bessere Manier, sich große Bienenmassen Behufs Ablegeranfertigung zu verschaffen, kenne ich nicht.

Freilich — und dies ist wohl zu beachten, — muß man, ehe man auf diese Weise mit Vortheil operiren kann, bereits eine ziemliche Partie vollstrotzender Beuten besitzen, sonst wird es nichts und das Ganze bleibt eine mehr schädliche als nützliche Spielerei.

Noch leichter und noch rascher geht die Herstellung solcher Kunstschwärme, wenn man, ohne die dazu erforderlichen Königinnen starken Beuten ausfangen zu müssen, anderweit über fruchtbare Königinnen zu disponiren hat. Wie man zu solchen gelangt, siehe weiter unten.

5. Oft kommt man bei Nachschwärmen oder sonst (z. B. wenn man Zellen, in denen es quakt, ausschneidet, wo dann die Königin nach einigen Minuten herausläuft) in den Besitz einer jungen, noch unbefruchteten Königin und es haben mehrere Bienenzüchter vorgeschlagen, diese dann in der unter 4 beschriebenen Weise zu Ablegern zu benutzen. Ich halte von allen Ablegern mit noch unbefruchteten Königinnen sehr wenig, weil sie nur zu oft mißglücken und man die Bienen auf keine Weise bewegen kann, eine unbefruchtete Königin anzunehmen. Dzierzon räth, die Bienen erst ihre Weisellosigkeit fühlen, in starkes Toben und Heulen kommen zu lassen und dann ihnen die unbefruchtete Königin zulaufen zu lassen, wo sie "friedlich begrüßt" werde. S. Dzierzon Bfreund S. 51. Manchmal wird's geschehen, sehr oft und meistens aber nicht. Die Königin wird gepackt, entweder sofort erstochen oder langsam im Knäuel zu Tode gemartert, und die Bienen zerstreuen sich in alle Winde. Mir fällt es seit Jahren nicht mehr ein, mit einer unbefruchteten Königin mittels Zubringung von Bienen einen Kunstschwarm machen zu wollen, weil ich weiß, daß die Sache meist mißlingt. Uebrigens sagt Dzierzon selbst, daß, wo man fruchtbare Königinnen nicht habe, die Kunstschwärme vortheilhafter mit Weiselzellen als mit unbefruchteten Königinnen herzustellen seien. S. Dzierzon Bfreund S. 52.

6. Hat man keine fruchtbare Königinnen und will man solche starken Beuten nicht ausfangen, so kann man auch mittels Weiselzellen vortreffliche Ableger herstellen, nur muß man dann möglichst große Bienenmassen zubringen, manche Vorsichtsmaßregeln beobachten und vor allem sich eine Partie bedeckelte Weiselzellen verschaffen.

a. **Wie verschafft man sich Weiselzellen?**

Höchst leicht dadurch, daß man 9—10 Tage vorher, ehe man Ableger mit Weiselzellen herstellen will, eine starke Beute abtreibt und nach meiner Manier mit einer andern starken verstellt. S. Seite 382. Bei diesem Verfahren kann man mit Sicherheit darauf rechnen, später mindestens 8—10 Weiselwiegen zu finden, nur darf man mit der Verwendung der Wiegen den zehnten Tag nicht verstreichen lassen, weil, will der Stock nicht schwärmen, er dann in der Regel dieselben bis auf eine zerstört, oder, will er schwärmen, bald eine Königin die Wiege verläßt und die in den Wiegen sitzenden Königinnen so reif werden, daß sie zu Ablegern oft nicht mehr verwendet werden können. Denn ist eine Königin in der Zelle erst flügge geworden und quakt sie, so läuft sie, sobald sie mit ihrer Zelle aus dem Stocke gebracht wird und kein Tüten mehr hört, aus, und man hat dann statt einer dem Auslaufen nahen Weiselzelle eine unbefruchtete Königin, die, wie unter 5 gesagt ist, nur gar zu oft todt gestochen wird.

b. **Wie verwendet man möglichst viele Weiselzellen?**

Meist stehen mehrere an einer Tafel, oft ziemlich nahe, beisammen, und man könnte, ohne die einzelnen Zellen auszuschneiden und einzeln zu verwenden, oft nur wenige Ableger herstellen, indem man einem einzigen Ableger eine Tafel mit mehreren Weiselzellen geben müßte, während doch eine einzige ausreicht. Man muß daher so viele Tafeln mit Weiselzellen bestiften, als man Ableger machen will, und natürlich der Beute, welcher man die Weiselzellen und die Tafeln mit Weiselzellen entnimmt, eine Weiselzelle belassen und für die entnommenen Tafeln andere Tafeln aus anderen Beuten einstellen.

Man kann auch die Weiselzellen, um sie desto bequemer und sicherer einzeln benutzen zu können, an gewissen Stellen erbauen lassen. Kleine: Bestimme ich eine

Wabe zur Weiselerzeugung, so entferne ich von derselben die Bienen, schneide, wo nöthig, unten die leeren Zellenreihen bis an die mit Maden besetzten Zellen weg, nehme eine vorräthige noch offene Weiselzelle, hebe mit einem Hölzchen etwas Futterbrei, der in Weiselzellen stets im Uebermaß angehäuft liegt, heraus, streife diesen am innern Rande der auserwählten, mit kleinen Maden besetzten Arbeiterzellen ab und bin so gewiß, daß nun diese Arbeiterzellen in Weiselzellen umgeformt werden. Auf diese Weise erreiche ich, daß an dem unteren Theile der Wabe die Weiselwiegen als in regelrechten Abständen herabhängende Zapfen ausgeführt werden, deren einzelne Ablösung keine Schwierigkeit hat. Bztg. 1858. S. 199.

Um das Geschäft des Ausschneidens der Weiselzellen bequem abmachen zu können, kehre ich die Bienen von den Tafeln, an welchen sich mehrere Weiselwiegen befinden und denen ich solche ausschneiden will, ab, nehme mich jedoch in Acht, daß ich die Tafeln nicht zu sehr erschüttere, weil die Weiselnymphen viel loser als Arbeiter- und Drohnennymphen in den Zellen liegen, bei Umdrehungen der Tafeln hin- und herfallen und an den Flügeln, die sich zuletzt bilden und lange ganz weich bleiben, leicht beschädigt werden können. Zum Ausschneiden selbst bediene ich mich eines dünn- und ziemlich langklingigen Federmessers und schneide mit der Wiege selbst etwa einen Quadratzoll Bau aus, jedoch nicht in runder, sondern, wo es irgend angeht, in dreieckiger Form. Solche Stücke stehen dann in der neuen Wabe am festesten, viel fester als runde, und es ist immer gut, wenn man die eingefügten Weiselwiegen etwas fest einbringt, damit sie nicht, wenn die Bienen die Räthe festbauen wollen, herabfallen. Das bloße Ausschälen der Weiselwiegen taugt gar nichts, da so eingefügte Zellen nur zu leicht herunterfallen oder von den Bienen heruntergeworfen werden. S. Vogel Bztg. 1857 S. 149 f. Nur wenn ich nicht anders kann, d. h. wenn die Zellen zu dicht neben einander stehen, mache ich aus der Roth eine Tugend, gebrauche aber dann beim Einfügen die Vorsicht, daß ich die Spitze meines Taschenmessers heiß mache und an die nachbarlichen Arbeiterzellen, diese nach der eingefügten Weiselzelle biegend, bringe. Es schmilzt dann der Rand der Arbeiterzellen und bindet die Weiselzelle fest.

Lädire ich, wenn ich zwei dicht neben einander stehende Weiselzellen trennen muß, die eine d. h. schneide ich die Weiselzelle an einer Stelle durch, so daß die Made zu sehen ist, so lege ich auf die Oeffnung ein dünnes Wachsblättchen, welches ich mir durch Abkneipen einiger Zellenränder zwischen dem Daumen und Zeigefinger forme, vielleicht noch mit der Messerklinge etwas dünner ziehe, und kitte dieses durch die mäßig erwärmte Spitze des Taschenmessers fest und luftdicht auf. Es geht dann die Königin eben so munter wie aus jeder anderen Zelle hervor.

Die Lücken in den Tafeln, aus welchen ich Weiselzellen ausschneide, fülle ich sofort wieder und zwar verwende ich dazu meist diejenigen Stücke, die aus den Waben, in welche ich die Weiselzellen einfüge, herausgeschnitten sind. Ich nehme daher auf der Wabe, in welche ich einfügen will, „das Maß", d. h. ich lege das die ausgeschnittene Weiselzelle enthaltende Stück darauf und schneide ein gleich großes heraus. Habe ich dieses Stückchen eingefügt und scheint es mir nicht ganz fest zu stehen, so nehme ich ein kleines Stricknadeldickes, unten gespitztes Hölzchen und steche von oben aus der Wabe in das Stückchen ein. Werden bei dem Ausschneiden des Zellenstückes und dem Einstecken des Hölzchens besetzte Arbeiterbrutzellen verletzt, so läßt sich das nicht ändern und ist der Rede nicht werth.

Nun will ich den Fall annehmen, ich wollte acht Ableger mit Weiselzellen machen, fände in der Weiselwiegenbeute die nöthige Zahl von 9 (eine muß der Beute

§ XL. Vermischtes zum Schwärmen, Abtrommeln und Ablegen. 409

verbleiben). Die 8 zu den Ablegern zu verwendenden stünden aber auf drei Tafeln, so müßte ich 5 Wiegen ausschneiden und anderen Tafeln einfügen. Anfänglich nahm ich die drei die Weiselwiegen enthaltenden Tafeln aus der Beute heraus, kehrte die Bienen in dieselbe zurück, gab drei Brutwaben aus anderen Stöcken, schloß die Beute und ging mit meinen drei weiselwiegenbesetzten Waben in ein Gartenhaus, schnitt 5 Zellen heraus, reparirte die Ausschnitte wieder, holte aus anderen Stöcken 5 Brutwaben herbei und fügte jeder eine Weiselwiege ein, so, daß ich nun 8 Tafeln je mit einer Weiselwiege hatte. Dieß Verfahren erkannte ich jedoch sehr bald als ein unpraktisches, weil die von den Thüren oder sonst zusammengerafften Bienen sehr oft die Weiselwiegen, statt festzubauen, zerstörten, wogegen sie diejenigen Weiselzellen, welche unausgeschnitten in den Waben blieben, meist immer respectirten. Seitdem füge ich die Weiselzellen anderen Beuten entnommenen Waben, in welchen sich theilweise noch Eier oder wenigstens junge Brut befinden, ein und stelle diese Waben einstweilen, etwa 5—6 Stunden, in den Brutraum der Weiselwiegenbeute, während ich so lange die überzähligen Waben derselben in den Honigraum hänge. Nach dieser Zeit sind die ausgeschnittenen und eingefügten Stückchen, an welchen sich die Weiselwiegen befinden, festgebaut und solche Wiegen werden dann, zu Ablegern verwendet, fast nie zerstört.

Bei endlicher Herstellung solcher Ableger verfahre ich also: Ich hänge in solche nur eine einzige Tafel mit Brut, diejenige Tafel nämlich, an welcher sich die eingefügte Weiselwiege befindet und welche zugleich Eier und offene Brut enthält. Denjenigen Beuten jedoch, in welche eine Tafel mit nicht ausgeschnitten gewesener Weiselwiege, die also zur event. Erziehung einer Königin taugliche Brut nicht mehr hat, gekommen ist, hänge ich eine zweite Brutwabe mit Eiern resp. kleiner Brut ein. Dieß thue ich nämlich deßhalb, um den Bienen, wenn etwa doch in der ersten Aufregung die Weiselzelle zerstört werden sollte, die Möglichkeit zu geben, sich eine Königin zu erbrüten. Habe ich leere Tafeln, so stelle ich 2 höchstens 3 hinter die eine oder die zwei Brutwaben, dann lasse ich Rähmchen mit bloßen Anfängen folgen. Das Beigeben einiger leerer Tafeln ist von Nutzen, weil die Bienen dann sofort Zellen haben, um Honig abzusetzen, giebt man aber viele leere Tafeln, so können die Bienen zwar vielen Honig absetzen, werden aber anfänglich, d. h. bevor die Königin ausgelaufen ist, ja selbst einige Tage nachher, entweder gar nicht oder fast nur Drohnentafeln bauen, wogegen sie, haben sie nur wenig Bau und sind sie sehr stark, gleich anfänglich scharf zu bauen beginnen und wenn auch etwas doch nur wenig Drohnenwachs aufführen.

Bezüglich des Einbringens der Bienen in solche Beuten verfahre ich ganz wie unter 4 gelehrt ist, lasse die Beuten jedoch stets 24 Stunden in einem Keller stehen, damit sich die Bienen etwas beruhigen können. Den Transport, während welches sie stets wieder aufgeregt werden, lasse ich nie zu einer anderen Zeit als gegen Abend vornehmen, so daß die Beuten auf dem entfernten Stand ankommen, wenn die Nacht bereits einzutreten beginnt und keine Biene mehr abfliegt. Denn nur zu oft stürzen solche Bienen, werden sie am Tage auf dem entfernten Stand aufgestellt, zum Flugloche heraus, verfliegen sich oder schlagen sich größtentheils auf Nachbarstöcke. Kommen sie aber schon bei eintretender Dunkelheit an, so beruhigen sie sich während der Nacht wieder und beginnen am andern Morgen den ordnungsmäßigen Flug. Immer aber thut man wohl, solche Beuten möglichst isolirt aufzustellen, da, wenn zwei nahe beisammen stehen, die Völker gar zu gern zusammenlaufen.

Noch muß ich bemerken, daß solche zusammengeraffte Bienen meist nur sehr wenig Honig bei sich haben und daher sehr bald verhungern würden. Enthält daher die Bruttafel nicht zugleich eine Partie Honig, so ist das Beigeben einer Honigwabe unerläßlich.

Hängt die Brut- resp. Honigtafel nur an einem Stäbchen, nicht in einem Rähmchen, so ist beim Transport Vorsicht nöthig, damit dieselbe nicht abreiße, denn nicht immer ist sie schon an den Seiten wieder fest angebaut. Es ist daher räthlich, die Beute bei dem Transport so zu stellen, daß die scharfe Seite der Tafeln nach vorn steht. Dann können dieselben weniger schaukeln und ein Abreißen ist wenig oder gar nicht zu befürchten.

7. Auf ganz gleiche Weise kann man auch Ableger aus bloßen Brutwaben machen. Ich empfehle solche jedoch durchaus nicht, da es zu leicht ist, sich Weiselzellen zu verschaffen und da es bei bloßen Brutwaben zu lange dauert, ehe die Königin erscheint und fruchtbar wird und bis dahin das Baugeschäft doch nicht gehörig von Statten geht.

8. Auf Seite 390 habe ich zwar gesagt, ich hielte es nicht für vortheilhaft, einen gewöhnlichen Treibling auf einen entfernten Stand zu transportiren. Im Allgemeinen ist dies auch ganz richtig, aber Ausnahmen können vorkommen, d. h. es können Fälle vorkommen, wo man sehr wohl thut, den Treibling, hat man einen zweiten Stand, zu transportiren, z. B.

a. man hätte einen Treibling gemacht und wüßte, daß man am Abend von Thüren oder sonst woher noch eine Menge Bienen bekommen könnte, um den Treibling tüchtig zu verstärken, so rathe ich, also zu verfahren: Ist der Treibling fertig und ist man überzeugt, daß er die fruchtbare Königin hat, so setze man ihn etwa eine Viertelstunde an die Stelle des abgetriebenen Stockes, lasse ihm von diesem noch eine Partie Bienen zufliegen und transportire ihn dann in einen Keller, während der abgetriebene Mutterstock mit einem recht volkreichen verstellt wird. Auf diese Weise wird der volkreiche Stock zwar eine Menge Bienen verlieren, aber seinen Flug doch nicht ganz einstellen, weil ihm vom abgetriebenen Stocke Bienen zufliegen und sich so desto früher wieder in seiner alten Macht zeigen. Abends rafft man eine Partie Bienen zusammen und bringt sie dem Treiblinge zu. Da ein solcher Treibling eine fruchtbare Königin hat, sich mithin ruhig verhält, so kann er noch an demselben Abend oder am andern Morgen recht früh wegtransportirt werden.

9. Sollen bei uns die Arbeitsbienen in dem Jahre, in welchem sie geboren sind, noch etwas eintragen, und die Tracht wenigstens 2—3 Wochen benutzen können, so müssen die Eier, aus welchen sie entstehen sollen, spätestens den 10.—15. Juni gelegt sein. Denn in der Regel ist Ende Juli die Tracht vorbei. Nun braucht aber die Biene vom Ei bis zum Ausschlüpfen aus der Zelle 20 Tage und etwa 16 Tage noch, ehe sie nach Tracht (s. Seite 174 f. unter b) ausfliegt. Es liegt daher auf der Hand, daß das Hauptkunststück bei uns darin besteht, so zeitig als möglich fruchtbare Königinnen, umgeben von starker Volkszahl (denn nur dann werden viele Eier gelegt), zu gewinnen. Wie aber gewinnt man diese? Etwa durch frühzeitiges Abtreiben oder Ablegen? Davon halte ich gar nichts; denn fast nie sind frühzeitig die Stöcke so volkreich, daß der Treibling oder Ableger viele Bienen bekommen und der Mutterstock viele behalten könnte. Wollte man früh schon mit dem Verstellen helfen, so würde man auch mehr Schaden haben als der gewonnene Treibling werth wäre. Ich suche mir daher auf andere

§ XL. Vermischtes zum Schwärmen, Abtrommeln und Ablegen.

Weise bald, d. h. gegen ⅔ bis Ende Mai, eine Partie fruchtbare junge Königinnen zu verschaffen. Dann können die von diesen Königinnen erzeugten Bienen wenigstens von Johanni an eintragen. Mein Verfahren ist folgendes:

Ich habe mir eine Partie Miniaturbeutchen, die nur 4 Waben fassen, fertigen lassen. In solche hänge ich vom 20. April an eine leere, zwei Brut- und eine Honigwabe ein, kehre aus den stärksten Beuten etwa ⅔ Berliner Quart Bienen hinzu und stelle die Beutchen in einen Keller. Nach 8—9 Tagen untersuche ich sie, um zu sehen, ob in allen Weiselzellen angesetzt sind. Stets finde ich in den bei weitem meisten Weiselzellen, wo aber hin und wieder keine angesetzt sind, da gebe ich eine aus einem anderen Beutchen, welches mehrere hat. Dann kommen die Beutchen wieder in den Keller und bleiben dort im Ganzen sechzehn Tage, es müßte denn ausnahmsweise in einem Jahre die Tracht früher eintreten; wo ich die Beutchen dann auf einen entfernten Stand transportiren lasse. Gibt es aber keine Tracht, so sitzen sie im Keller am allersichersten. Beim endlichen Herausbringen aus dem Keller untersuche ich die Beutchen abermals und selten finde ich eins ohne Königin. Sind dieselben später für Fächer unbeweglicher Beuten bestimmt, so bringe ich die Völkchen gleich bei der Untersuchung in die Fächer, sollen sie aber in einzelne Beuten kommen, so lasse ich sie theils bis zur geschehenen Befruchtung ihrer Königinnen in den Beutchen oder bringe sie auch wohl gleich in größere Beuten, indem ich sie in solchen sowie in den Fächern abgrenze.

Haben die Völkchen auf ihren neuen Stellen einen Tag geflogen, so untersuche ich sie wieder, um zu sehen, wie viel sie noch Volk enthalten; denn von den alten bei Herstellung der Völkchen vorhandenen Bienen verfliegt sich immer ein Theil wieder. Gestattet es die Volkszahl einigermaßen, so hänge ich jetzt jedem Ablegerchen eine Wabe mit möglichst reifer Brut, von der aber alle Bienen sorgfältig abgekehrt sind, ein und warte die Befruchtung der Königinnen ab. Sind die Königinnen fruchtbar, so schreite ich zur weiteren Verstärkung. Erst gebe ich jedem Stöckchen eine Brutwabe (immer mit möglichst reifer Brut und ohne Bienen), nach 5—6 Tagen zwei, nach noch fernern 3—4 Tagen vier und mehr. Auf diese Weise kann man Völkchen zur warmen Jahreszeit wie mit Dampf in mächtige Völker verwandeln. Wegen Verkühlung resp. Absterbens der Brut braucht man keine Sorge zu tragen, wenn man nur den hinteren und oberen Raum gehörig warm, z. B. mit Heu, Werg u. s. w., ausstopft.

Die zur Verstärkung nöthigen Tafeln entbehren um diese Zeit, etwa Ende Mai, die stärksten Stöcke sehr leicht und auf diese Weise gebildete Völker stehen etwa 12—16 Tage nach Beginn der Volltracht in großer Macht da und haben noch Zeit genug, unter günstigen Verhältnissen massenhaften Honig aufzuspeichern und ihr Haus mit dem schönsten Bienenwachse, da sie heurige Königinnen besitzen, auszubauen.

Beim Einstellen dieser Völkchen in den Keller bringe ich feine Gitter vor den Fluglöchern an, so daß zwar hinlängliche Luft eindringen, aber keine Biene herauskommen kann. Oft gerathen nämlich die Bienen bei solchen Operationen in Aufregung und laufen selbst in der Dunkelheit heraus, namentlich wenn sie sich auf ein nahe stehendes Stöckchen, welches sie lärmen hören, schlagen können.

Man könnte solche Völkchen auch, nachdem sie etwa 2 Tage im Keller campirt haben, auf einen entfernten Stand transportiren und daselbst bis daß die Königinnen befruchtet wären belassen. Ich thue dieß jedoch nicht, theils, weil so kleine

Völkchen, bevor sie eine Königin besitzen, zu leicht den Räubern erliegen, theils um die Mühe des Hin- und Hertransportirens und die Wege wegen des öfteren Nachsehens zu ersparen.

Uebrigens hüte man sich ja, daß man nicht zu voreilig an Herstellung solcher Völkchen geht. Denn hat man nicht bereits früh im Jahre, $^2/_3$ April, eine Partie recht volkreicher Beuten, so wird man nicht viel ausrichten, oder seinen Standvölkern mehr Schaden zufügen, als die Beutchen werth sind. Denn nimmt man im April einem Stocke eine Brutwabe und 1000 Bienen, so greift ihn dieß mehr an, als wenn er Ende Mai 6 Brutwaben und 10,000 Bienen hergeben muß.

Eine andere Art, bald junge fruchtbare Königinnen zu gewinnen, die Dzierzon empfiehlt, besteht darin, daß man frühzeitig, also gegen $^2/_3$ April, etwa 2 kräftige Stöcke entweiselt, die alten fruchtbaren Königinnen sofort zu Ablegern benutzt und nach 9—10 Tagen die entweiselten Stöcke in so viele Theile zerlegt, als man Tafeln mit daran hängenden Weiselzellen findet oder sonst Weiselzellen verwenden kann. S. Dzierzon Theorie und Praxis 3. Aufl. S. 204.

10. Noch eine Art, während des ganzen Sommers immer fruchtbare Königinnen vorräthig zu haben, gibt gleichfalls Dzierzon an. Ich habe mir, sagt er etwa, eine Zwölfbeute mit 12 ziemlich kleinen Fächern gebaut. Diese 12 Völker sind einzig dazu bestimmt, mir die fruchtbaren Königinnen für meine Ableger zu liefern. Etwa gegen Ende Mai, wenn die Zeit der künstlichen Vermehrung beginnt, wird einigen dieser Völker die vorjährige fruchtbare Königin genommen. Nach 8—10 Tagen entweisele ich wieder mehrere andere, gebe aber einem jeden derselben eine von den bereits angesetzten überflüssigen Weiselzellen aus den zuerst entweiselten Fächern, so daß die jungen Königinnen 8—10 Tage früher, als sonst, erscheinen. Sind diese befruchtet und haben sie eine tüchtige Partie Brut angesetzt, so können sie wiederum zu anderweitigem Gebrauche weggenommen werden. Auf diese Weise kann in einem Sommer ein schwaches Volk 3—4 fruchtbare Königinnen hergeben und doch, weil jede Königin, bevor sie weggenommen wird, eine Menge Brut ansetzt, stark genug bleiben, um selbstständig zu überwintern. Wird hin und wieder ein Fach weisellos oder zu schwach, so ist leicht aus andern Fächern zu helfen. S. Dzierzon Bztg. 1848 S. 53 f.

Ein solches Verfahren kann nur einem Imker, der die Zucht im Großen betreibt, nützlich sein; immer aber bleibt das Anfertigen von Treiblingen oder Ablegern mittels Zusetzens kaum erst fruchtbar gewordener Königinnen ziemlich so mißlich und beschwerlich als mittels noch unbefruchteter. S. Seite 407 unter 5. Denn ich habe hundertfältige Erfahrungen, daß Bienen, die an eine ältere fruchtbare Königin gewöhnt waren, eine kaum erst fruchtbar gewordene geradeso feindlich behandelten als eine noch unbefruchtete, theils gar nicht annahmen oder sich nur nach langem Widerstreben dazu bequemten. Den Grund dieser Erscheinung suche ich darin, daß die Königinnen mit dem Alter einen stärkeren und den Bienen immer angenehmeren Geruch bekommen und daß das größere oder geringere Vorhandensein oder auch das noch gänzliche Fehlen dieses melissenartigen Geruches, den bei älteren, so recht eierschwangeren Königinnen selbst das menschliche Riechorgan wahrnimmt, die große Verschiedenheit des Benehmens der Bienen gegen eine zugesetzte Königin bedingt, wenn auch die große Behendigkeit und das Umherrennen junger Königinnen etwas beiträgt. Denn es steht erfahrungsmäßig fest, daß je älter die Königin desto leichter ihre Annahme Seitens der Bienen aller

§ XL. Vermischtes zum Schwärmen. Abtrommeln und Ablegen. 413

Art ist. So recht alte Königinnen, die kaum noch kriechen können, werden niemals abgestochen.

Um nun diese Vermuthung, daß der von der Königin ausstrahlende Geruch das Entscheidende sei, zu prüfen, machte ich im Sommer 1857 den Versuch, daß ich auf einem nahe vor dem einen meiner Bienenstände stehenden Tische eine alte fruchtbare und eine junge noch unfruchtbare Königin — etwa einen Fuß von einander — zerquetschte und den Saft auf einen etwa thalergroßen runden Raum mit dem Zeigefinger tüchtig aufrieb, während ich die Rudera der Kadaver entfernte. Bald fanden sich Bienen ein und nach fünf Tagen saßen noch Bienen an der Stelle, wo die fruchtbare Königin zerquetscht worden war, während die Stelle mit dem Safte der unfruchtbaren nur am ersten Tage von einigen Bienen, die aber immer rasch wieder abflogen, besucht wurde.

11. Ueber eine ganz besondere Art von Ablegern wird am zweckmäßigsten erst im § XLII gesprochen.

12. Oft fragten mich Anfänger, wie viel Procent neue Völker man jährlich creiren könne. Die Beantwortung dieser Frage ist sehr wichtig, kann aber nur richtig gegeben werden mit Berücksichtigung a. der Beschaffenheit der Gegend und der Trachtverhältnisse an sich, b. der mehr oder weniger günstigen Verhältnisse der Zeit, in welcher die Vermehrung geschehen kann, und des Volk- und Honigreichthums der Stöcke, welche die Vermehrung gewähren sollen, c. der Beschaffenheit der Wohnungen, in welchen sich die Völker befinden, und in welche die neuen eingebracht werden sollen und endlich d. ob der Züchter die Zahl seiner einzuwinternden Stöcke noch vermehren oder ob er im Herbste seine Stockzahl wieder auf eine bestimmte Ziffer zurückführen will. Diese vier Punkte sind höchst wichtig und nur, wenn sie alle gehörig berücksichtiget werden, ist eine wenigstens einigermaßen bestimmte Antwort auf diese höchst wichtige Frage möglich.

Antwort zu a. In unserer Gegend mit nur kurzer Tracht kann selbstverständlich nur eine mäßige Vermehrung stattfinden; anders in Gegenden von langer Tracht. Näheres läßt sich im Allgemeinen über diesen Punkt nicht sagen.

Antwort zu b. Ist bei uns die Maitracht (Baum- und Rapsblüthe) gut ausgefallen, sind die Stöcke bereits schwer und bienenreich geworden und läßt sich die Witterung auch im ersten Drittel des Juni gut an, so kann die Vermehrung stärker betrieben werden, als wenn die Maitracht schlecht ausfiel und die Stöcke honigarm blieben, wenn auch vielleicht ziemlich bienenreich wurden. Ist ferner die Witterung in der Zeit, in welcher vermehrt werden kann, rauh, können die Bienen wenig oder nicht fliegen, wenig oder nichts tragen, so kann nur mit größter Vorsicht zu einer mäßigen Vermehrung geschritten werden, selbst wenn die Mutterstöcke honig- und bienenreich sein sollten, weil die neu creirten Völker Gefahr laufen, zu verkümmern.

Antwort zu c. Haben die Wohnungen, namentlich die, in welche die neuen Völker gebracht werden sollen, unbewegliche Waben, so darf unter allen Umständen weit weniger vermehrt werden, als wenn die Wohnungen bewegliche Waben haben. In Wohnungen letzterer Art kann man den neuen Völkern sogleich eine tüchtige Mitgift an Zellen, Honig und Pollen geben, was in Wohnungen ersterer Art, hat man nicht etwa bebaute Körbe aus der vorjährigen Saison, nicht angeht. Ebenso kann man, wenn man viele neue Völker in Wohnungen mit beweglichen Waben gebracht hat und der Jahrgang schlecht und mager ausgefallen sein sollte. am Ende der Tracht sich leicht und fast ohne Schaden wieder helfen, indem man durch Zusammensetzung der besten Waben z. B. aus zehn Völkern fünf macht. Das läßt sich wieder mit Wohnungen unbeweglicher Waben entweder gar nicht oder nur höchst unvollständig und bienenwidernatürlich bewerkstelligen. Ueber letzteres siehe § XLIII, A. am Ende.

Antwort zu d. Da neben dem Vergnügen der End- und Hauptzweck der Bienenhaltung möglichst große Honiggewinnung ist und erfahrungsmäßig bei uns ein nicht geschwärmter oder künstlich nicht getheilter Stock, wenn ihm stets Gelegenheit gegeben wird, in einem der Königin unzugänglichen Raume Tafeln zu bauen und Honig aufzuspeichern, durchschnittlich bedeutend mehr als bei geschehener Theilung mit seinen Kindern einträgt, so ergibt sich von selbst, daß derjenige Imker, der bereits bei seiner Zahl Winterungsstöcke angekommen ist, nur mäßig d. h. nur so viel vermehren darf, als nöthig ist a. zur Completirung der Normalzahl, die sich jedes Jahr durch Weisellosigkeit u. s. w. etwas reducirt, β. zur Gewinnung junger Stöcke, um dafür andere, die bereits zu alte Tafeln im Brutneste haben, entweder ganz zu cassiren, oder die Tafeln der neuen Stöcke, indem diese im Herbste wieder cassirt werden, mit zu alten anderer Stöcke zu vertauschen oder in die Honigräume zu größerem Honiggewinn einzustellen und γ. um junge Königinnen zur Wechselung mit zu alten zu erhalten. Hier reicht eine Vermehrung von etwa 33½ Procent aus, d. h. hier reicht es aus, daß der, welcher z. B. 36 Mutterstöcke halten will und diese im Herbste 1859 bereits hatte, im Laufe des Sommers 1860 bis auf etwa 48 vermehrt. (Wernz will dann nur eine Vermehrung von 25 Procent; Bztg. 1859 S. 89.) In dieser Zahl sind jedoch die im § XLII unter 2, c. erwähnten Ablegerchen nicht mit einbegriffen. Wer aber seine Normalzahl noch nicht besitzt, muß stärker vermehren, weil er erst dann, wenn er jährlich nach dem Ende der Tracht seinen Stand wieder auf die Normalzahl reduciren kann, durchschnittlichen Reinertrag haben wird und deßhalb bestrebt sein muß, so schnell als thunlich bei seinem Ziele anzugelangen.

Der Anfänger lasse sich nicht täuschen, wenn er etwa, so lange sein Stand noch in der Vermehrung begriffen ist, in diesem oder jenem Jahre einmal einen kleinen Ertrag erzielen sollte. Es werden schon Jahre kommen, wo er diesen Ertrag, oft mit den wucherlichsten Zinsen, wieder hergeben muß.

Angenommen, Jemand besitzt erst 14 Völker, will aber bis auf 36 Mutterstöcke gehen, so rathe ich, wenn er nur Stöcke mit beweglichen Waben hinfüro besetzen will, im nächsten Jahre. vorausgesetzt, daß die Völker gut durch den Winter kommen und die Maitracht nicht zu schlecht ausfällt, den Stand frischweg bis auf etwa 34 Stöcke zu vermehren. Im Herbste wird so schon ein Theil für weisellose und nicht winterungsfähige abgehen und es werden doch wohl kaum 25 in den Winter kommen. Eine solche Vermehrung ist, so lange man nur vermehren, nicht ernten will, auch bereit ist, nöthigen Falls Futter zuzuschießen, nicht zu stark.

Hieße Jemand freilich Hans Schlendrian, besäße 14 Strohkörbe mit unbeweglichen Waben und wollte bis auf 34 in einem Sommer vermehren, so wäre das ein Lotteriespiel und das Ziehen einer Niete am wahrscheinlichsten, da bei uns eine Vermehrung von 150 Procent in Stöcken mit unbeweglichen Waben fast immer sich so stellt, daß im Herbste Alt und Jung zum Verhungern ist.

Wer 14 gewöhnliche Strohkörbe besäße und die jungen Völker wieder in gewöhnliche Strohkörbe bringen wollte, könnte höchstens um 50 Procent, also bis auf 21 Stöcke vermehren.

§ XL. Vermischtes zum Schwärmen, Abtrommeln und Ablegen. 415

So ist es in unserer Gegend, in anderen Gegenden mag es anders sein.

13. Endlich muß ich noch darüber sprechen, wie zu verfahren ist, wenn Jemand durch Abtreiblinge und Ableger oder Schwärme bereits die sich vorgesetzte Zahl junger Völker besitzt und noch Schwärme erfolgen. In manchen und gerade in mittelmäßigen Jahren befällt mitunter die Bienen eine solche Schwärmlust, daß alles Raumgeben ober-, seit- oder hinterwärts nichts hilft und die Bienen, statt in den Honigräumen zu bauen und Honig aufzuspeichern, schwärmen. Solche Schwärmjahre waren in hiesiger Gegend die höchst mittelmäßigen Jahre 1843 und 1849, namentlich aber 1843. In jenem Jahre schwärmte jeder Stock, der eine nicht heurige Königin hatte, sobald er mit dem Baue auf das Standbrett herabgekommen war, und ¾ aller Vorschwärme gab Mitte Juli Jungfernschwärme, theilweise auch noch einen oder zwei Jungfernnachschwärme. Die Stände der Schlendrianisten triplirten, ja quadruplirten sich; als aber der Herbst herankam, waren alle Stöcke federleicht und für den Schwefel reif. Im Frühjahr 1844 war in der ganzen Umgegend, außer bei mir und dem alten Jacob Schulze, für 1000 Thlr. kein Loth inländischer Honig zu haben und Schulze verkaufte endlich das Pfund mit 12½ Sgr.

Wie aber verfuhren wir, daß wir Honig ernteten? Also: Nachdem bei Schulze, der 150, und bei mir, der ich 100 Strohständer hielt, sich die Stöcke bis 200, resp. 140 vermehrt hatten, ließen wir keine Vermehrung mehr zu. Schulze, der nur wenige Doppelbretter (s. Seite 303 f.) besaß, verfuhr auf zweierlei Weise.

a. Er faßte jeden Schwarm separat in einen Strohkorb und transportirte ihn, sobald er sich nur einigermaßen beruhiget hatte, in einen Keller. Abends holte er die Schwärme (an manchen Tagen fielen 15 und noch mehr) hervor, brachte sie in sein Gärtchen, in welchem er schon die nöthige Zahl „Vereinigungslöcher" gemacht hatte, hob die Körbe hoch in die Höhe, guckte die Bienenklumpen in denselben an und stellte so viele Schwärme, drei, vier, ja fünf, auf einen Trupp, als er in einen großen Korb bringen konnte. Dann schlug er von einem Trupp einen Schwarm nach dem andern, ausgenommen den im größten Korbe, möglichst rasch in das Loch, setzte den in dem großen Korbe auf das Loch, ließ in der Nacht die Völker sich vereinigen, stellte am Morgen das vereinigte Volk an die Stelle eines Stockes, von dem er wußte, daß er eine heurige schon fruchtbare Königin besaß und setzte den abgeschwärmten Stock einem am Tage zuvor geschwärmten Stocke, nachdem er zuvor diesem den Spund herausgezogen hatte, auf.

Schon beim Einfassen sah er darauf, daß in den großen Korb ein großer Schwarm und zwar ein solcher mit fruchtbarer Königin kam.

Auf diese Weise bleibt regelmäßig die zu oberst sitzende Königin am Leben, und es ist ein Abwürgen aller Königinnen nicht zu befürchten; was leicht eintreten kann, wenn die zu oberst sitzende Königin eine noch unbefruchtete ist.

Die Bienen geben in solchen Fällen immer einer fruchtbaren Königin den Vorzug. Sitzt nun eine noch unbefruchtete oben, so muß diese herunter und dann kann es leicht passiren, daß auch alle fruchtbaren massacrirt werden.

Bei diesem Verfahren erhielt er keinen Zuwachs an Stöcken, wohl aber kolossale Schwärme, die im Stande waren, in wenigen Tagen ihre großen Körbe auszubauen und im Laufe der Saison so vielen Honig aufzuspeichern, als eben Mutter Natur gewährte. Zugleich aber erhielt er durch die aufgesetzten Körbe Honigmagazine und verstärkte die Stöcke gewaltig.

b. Vereinigte er auf die angegebene Art mittels des Erbloches Schwärme mit solchen alten Stöcken, die früher geschwärmt hatten und die ihm entweder als weisellos geworden verdächtig waren oder von denen er wußte, daß sie bereits wieder eine fruchtbare junge Königin besaßen.

Ich verfuhr bezüglich von b. ganz ebenso, bezüglich von a. aber so, daß ich einen Stock, von dem ich gewiß wußte, daß er bereits wieder eine junge fruchtbare Königin hatte auf ein Doppelbrett brachte und einen geschwärmten Stock entweder hinter oder neben, wie gerade des Platzes wegen das Doppelbrett lag, stellte, diesem den Spund auszog und noch einen zweiten Stock aufsetzte.

Stöcke mit heurigen, bereits fruchtbaren Königinnen wählten wir, um ihnen Schwärme zuzubringen oder geschwärmte Stöcke auf-, neben- oder hinterzusetzen, um gewiß zu sein, nicht abermals Schwärme zu provociren. Denn hier in Thüringen schwärmt absolut kein Stock und wenn er noch so kolossal ist, der eine diesjährige Königin besitzt. Den Grund dieser Erscheinung sehe ich freilich nicht ein, ich versichere aber bestimmt, daß die Sache sich so verhält, und zwar nicht blos bei uns in Thüringen, sondern auch in den meisten Gegenden Deutschlands. Denn sogar von Ehrenfels, der in verschiedenen, sehr honig- und schwarmreichen Gegenden imkerte, sagt: Stöcke mit diesjährigen Königinnen schwärmen in der besten Zeit und bei der besten Nahrung in demselben Jahre niemals. S. von Ehrenfels Bienenzucht u. s. w. S. 138 und 234.

Das Jahr fiel, wie schon gesagt, höchst mittelmäßig aus und in den Auf-, Neben- und Hintersätzen waren keine großen Honigmassen aufgespeichert, doch hatten fast alle so viel und mehr Honig, um im Herbste Völker mit jungen Königinnen, die zu leicht waren, in solche übertreiben und auf diese Weise treffliche winterungsfähige Stöcke gewinnen zu können.

Als ich Anfangs October meinen ganzen Stand wieder auf 100 Stöcke reducirt hatte, erntete ich nach Ausweis meines Bienentagebuches 416 Pfund ausgelassenen Honig, 31 Pfund Scheibenwachs (damals hatte uns Dzierzon von unserer Dummheit, leere Waben einzuschmelzen, noch nicht erlöst) und 13 bebaute Körbe für das nächste Jahr. Im Frühjahr 1844 mußte ich freilich aus Roth (was ich speculativ verfütterte, gehört nicht hierher) 198 Pfund Honig verfüttern, so daß mir reiner Ueberschuß nur 218 Pfund Honig = 36⅓ Thlr., 31 Pfund Wachs = 12½ Thaler, summa 48 Thlr., 27 Sgr. (die bebauten Körbe gehören in die Rechnung des nächsten Jahres), brutto blieb: allerdings, an sich betrachtet, ein spottschlechtes, aber ein glänzendes Resultat in Vergleich zu denjenigen Bienenhaltern, die nach dem alten Schlendrian verfahren und über die Gebühr vermehrt hatten. Diese sahen im Frühjahr 1844, wie schon im Herbste 1843, wo sie die Zahl ihrer Stöcke unter die des Frühjahrs 1843 reduciren mußten, nur Jammer und Elend, mußten eine Menge Honig kaufen, verloren noch viele Stöcke und standen bei Beginn der Tracht 1844 meist alle um 60 Procent tiefer als bei Beginn der Tracht 1843, d. h. wer im Mai 1843 zehn Stöcke gehabt hatte, hatte deren im Mai 1844 etwa noch vier.

Ich habe hier meine und Schulze's Proceduren etwas weitschichtig beschrieben, um alle Imker, welche in mageren Gegenden wohnen, durch ein Beispiel zu warnen, unter keinen Umständen eine übergroße Vermehrung zuzulassen, sobald der Stand erst seine Normalzahl Mutterstöcke besitzt. Bis dahin freilich muß etwas gewagt und, wenn das Wagniß mißlingt, schon im Herbste mit dem Geldbeutel nachgeholfen werden.

§ XL. Vermischtes zum Schwärmen, Abtrommeln und Ablegen.

c. Bei Stöcken mit beweglichen Waben kann man freilich das zu viele Schwärmen weit leichter unschädlich machen, ja durch dasselbe den Honigertrag sogar noch steigern. Denn man hat dann weiter gar nichts nöthig, als daß man α. diejenigen Schwärme, welche man mit andern Stöcken, die eine diesjährige bereits fruchtbare Königin besitzen, nicht vereinigen will oder kann, auf einen Sandplatz ausstößt, die Königinnen ausfängt und tödtet (dann müssen die Bienen in den alten Stock zurück) und daß man β. nach etwa 5—6 Tagen den geschwärmten Stock, wenn er eben im schärfsten Fluge ist, auseinander nimmt und die Weiselwiegen bis auf eine zerstört. Dann müssen die Bienen die Nase vom Schwärmen lassen und werden mehr Honig eintragen, als sie sonst eingetragen haben würden.

§ XLI.
Zusetzen der Königinnen.

1. Man sperrt die zuzusetzende Königin in einen Weiselkäfig, stellt solchen auf den Bau mit den Drähten aufwärts und sieht von Zeit zu Zeit nach, ob sich die Bienen mit der Königin befreundet haben. So lange sie den Käfig dicht belagern, dabei unruhig sind, mit den Köpfen auf die Drähte bohren, oder zwischen den Drähten hindurch zu stechen suchen, einen zischenden Ton von sich geben, wenn man den bienenbelagerten Käfig an das Ohr hält, und nur mit Mühe vom Käfig abzubringen sind, hegen sie noch Feindschaft gegen die Königin. S. Rothe Bztg. 1857 S. 153. Sitzen sie dagegen mehr einzeln und ruhig auf den Drähten, spreizen sie dabei die Flügel etwas aus, so ist die Befreundung sicher erfolgt. Trotzdem ist es nicht räthlich, die Königin so ohne Weiteres zu befreien, d. h. aus dem Käfig heraus- und unter die Bienen einlaufen zu lassen, indem sie durch die plötzliche Befreiung gewöhnlich bestürzt wird, rasch zu laufen beginnt, auch wohl Angsttöne ausstößt und dadurch die Bienen oft verdutzt, so daß sie feindlich angefallen, abgestochen oder wenigstens beschädiget wird. Man nehme daher, sobald man sieht, daß die Bienen sich mit der Königin befreundet haben, den Weiselkäfig ab, ziehe das Kläppchen desselben etwa ½ Zoll weit auf und klebe über die Oeffnung ein dünnes Wachsblättchen.

Damit das über die Schieberöffnung zu klebende Wachsblättchen desto fester hafte und nicht abfallen könne, räth Hübler, die Spitze eines Messers etwas zu erhitzen und so die Anlöthung zu bewirken. Bztg. 1856 S. 53. Es geht auch ohne Erhitzung, wenn man nur mit der Spitze des Messers das Wachs recht fest auf- und etwas auseinanderdrückt. Wohl thut man, in das aufgeklebte Wachsblättchen ein Ritzchen zu schneiden, um den Bienen den Anfang und die Anweisung zum Durchbeißen zu geben. Bald werden sie das Ritzchen erweitern, einzeln zu der Königin sich begeben und Ihre Majestät gleichsam herausführen. Jetzt spazirt die Königin getrost und langsam unter das Volk und ist keiner Gefahr mehr ausgesetzt. — Natürlich muß man den mit dem Wachsblättchen versehenen Käfig so stellen, daß das aufgeklebte Wachsblättchen gerade über den Zwischenraum zweier Waben zu stehen kommt, damit die Bienen Behufs der Durchnagung an das Wachs gelangen können.

2. Manche rathen, die Königin gar nicht einzusperren, sondern ohne Weiteres unter die Bienen laufen zu lassen, sobald diese durch Heulen und Toben den Ver-

§ XLI Zusetzen der Königinnen.

lust der früheren Königin anzeigten. In der Angst und Trostlosigkeit sähen die Bienen in der neuen Königin einen Rettungsengel, dem sie freudigst huldigten. S. Lange Bztg. 1855 S. 97 f. Manchmal ists so, manchmal und öfters nicht, daher vorhergängiges Einsperren immer räthlich.

3. Oft befreunden sich die Bienen mit der Königin sehr leicht und bald, oft nur schwierig und erst nach 2—3 Tagen, ja mitunter sind die Bienen so widerspenstig, daß man die Königin 8 Tage und länger eingesperrt halten muß.

Das leichtere oder schwierigere Befreunden hängt, neben andern bis jetzt unerklärten Ursachen, sowohl von dem Zustande des Volkes als dem der Königin ab.

a. Hat ein weiselloses Volk keine zur Erziehung einer Königin taugliche Brut mehr, befindet sich unter demselben auch keine eierlegende Biene, ist es sich der Weisellosigkeit bewußt, und die zuzusetzende Königin eine vorjährige oder noch ältere, so erfolgt die Annahme sofort. Anders schon, wenn die Königin eine erst kurze Zeit fruchtbare oder eine noch unbefruchtete ist. Jetzt ist die Befreundung schon schwieriger und erfolgt nicht immer sogleich.

b. Hat das weiselloje Volk zur Nachzucht einer Königin taugliche Brut, aber noch keine Weiselwiegen angesetzt, so wird eine alte Königin fast immer sogleich angenommen. Besitzt das Volk aber bereits Weiselzellen, besonders bedeckelte, so hängt es diesen oft schon zu sehr an, und sticht die Königin, selbst nachdem sie sich schon mehrere Tage unter den Bienen befand und schon viele Eier legte, noch ab. Noch schwieriger wird eine noch nicht lange fruchtbare oder eine noch unbefruchtete Königin angenommen. Man thut daher in diesem Falle immer wohl, den Stock auseinander zu nehmen und alle Weiselwiegen zu zerstören, ehe man die Königin von den Bienen befreien läßt.

c. Am leichtesten wird jede Königin angenommen, wenn man die Bienen in einen leeren Stock bringt. Hier sind sie verlegen, fügsam und fühlen sich als Fremdlinge, während sie sich im ausgebauten Stocke als Herren im Hause betrachten. S. Dzierzon Bztg. 1857 S. 2.

4 Der Weiselkäfig

Fig. 62.

darf nicht zu klein, sondern muß so groß sein, daß die Königin in demselben sich bequem bewegen und umwenden und durch die Drähte gefüttert werden kann. Deshalb dürfen die Drahtsprossen weder zu dicht aneinander, noch so weit von einander, daß die Königin (oder eine Arbeitsbiene) den Kopf durchstecken und dazwischen hängen bleiben kann, stehen. Auf einen Zoll können ohngefähr 12 Drähte kommen. — Um die Königin bequem ein- und ausbringen zu können, ist im Boden ein in einem Falze laufendes Kläppchen angebracht.

Fig. 63.

Diese Figur zeigt den Boden des Weiselhauses mit halbaufgezogenem Kläppchen.

§ XLII.
Beschränkung der Brut und des Wachsbaues.

1. Die Bienen dürfen nicht nutzlos brüten und bauen.
Dies ist eine der wichtigsten **practischen** Lehren der gesammten Imkerei. Viele Tausende von Centnern Honig könnten jährlich in Deutschland mehr geerntet werden, wenn alle Bienenzüchter diese Lehre befolgten; und ich sage gewiß nicht zu viel, wenn ich behaupte, daß in den meisten Jahren die Bienenzüchter alten Schlages **blos deshalb** auf ihren Ständen wenig oder gar keinen Honig ernten, oft noch zuschießen müssen, weil sie die Bienen **nach Belieben brüten und bauen lassen**, ja sogar durch unverständige Behandlung (Untersetzen) zu nutzlosem Brüten und Bauen noch **veranlassen und nöthigen**.

Zur Brutversorgung gehört neben Honig und Pollen **Futtersaft** und zum Bauen gehört **Wachs**; zur Bereitung des Futtersaftes und Wachses aber gehört Honig und Pollen. Wird also viel Honig zum Brutfutter und zum Wachse nutzlos verwendet, so kann natürlich weniger Honig von den Bienen aufgespeichert und von dem Züchter weniger geerntet werden. Wird aber viel Honig für die Brut gebraucht? Gewiß. Im Frühjahr nach stärker begonnenem Brutansatze braucht ein Stock oft in einer Woche doppelt so viel als im Herbste und Winter in einem Monat; und je zahlreicher die Brut allmälig gegen den Mai hin wird, desto größer ist der Verbrauch von Honig; wovon sich Jeder im Dzierzonstocke leicht durch den Augenschein überzeugen kann. Ebenso gehört zur Wachserzeugung viel, sehr viel Honig. Dieß ist schon oben auf Seite 91—94 bewiesen, und ich will hier nur noch daran erinnern, daß ein in eine leere Wohnung gebrachter Schwarm solche vielleicht in 12—14 Tagen, wenn die Witterung dem Bauen besonders günstig ist, ziemlich ausbaut, aber oft nicht 3 Pfund Honig aufspeichert, während ein gleich starker, mit gehörigem Bau versehener Stock, der in dieser Zeit nicht brütet und nicht baut, zwanzig und mehr Pfund Honig einträgt.

Uebrigens ist es, wie Dzierzon sehr treffend bemerkt, in **practischer** Hinsicht gleichgültig, ob zur Futtersaft- und Wachsbereitung mehr Honig oder mehr Pollen nöthig ist. Denn hätten auch Busch (Honigbiene S. 222 ff.) und Andere recht, welche den Futtersaft vorzugsweise, ja fast ausschließlich aus Pollen bereitet werden lassen, so müssen sie doch unter allen Umständen zugeben, daß der Pollen den Bienen nicht von selbst, wie Manna den Kindern Israels in der Wüste vom Himmel, in die Zellen fällt, sondern daß solchen die Bienen ebenso wie den Honig von ben Blüthen sammeln und in die Zellen tragen müssen. Und daß die Bienen z. B ein Pfund Pollen leichter sammeln können als ein Pfund Honig, wird Niemand behaupten wollen. Denn wenn ein mächtiges Volk in der Rapsblüthe bei windstiller nicht zu heißer Witterung 10 Pfund und mehr Honig in einem Tage eintragen kann, so wird es 10 Pfund Pollen bei aller Kraftanstrengung und unter den günstigsten Verhältnissen, wie in der Rapsblüthe, wo der Pollen in überschwenglicher Masse vorhanden ist, schwerlich in einer Woche zusammenzubringen vermögen. Denn um auch nur eine Zelle mit Pollen zu füllen, sind gar viele, jedenfalls weit mehr Höschenpaare erforderlich, als volle Honigladungen. Und bringt man ferner in Anschlag, daß aus dem Pollen nur ein Extract gezogen, der größte Theil davon aber als Auswurf ausgeschieden wird, so kommt die Futtersaft- und Wachsbereitung durch Pollen noch viel theurer zu stehen, als wenn wir beide Substanzen aus bloßem Honig bereiten lassen, der jedenfalls im Leibe der verdauenden Bienen keinen so großen Rückstand läßt als der Pollen. Futtersaft und Wachs müssen nun einmal von den Bienen bereitet werden; diese müssen die Materialien herbeischaffen und verarbeiten. Futtersaft- und Wachsbereitung nehmen nun einmal die Kraft und die Zeit der Bienen in Anspruch. Zeit aber ist auch hier Capital, ist Honig, den die Bienen eintragen und aufspeichern könnten und würden, wenn sie nicht Pollen einzutragen brauchten. Es ist daher nicht nur der bei dem nutzlosen Brüten und Bauen verwendete Honig verloren, sondern auch der kommt in Ausfall, der anstatt des Pollens und während der Zeit der Futtersaft- und Wachsbereitung eingetragen und aufgespeichert sein würde. S. Dzierzon Bfreund S. 100 und Bztg. 1855 S. 19.

Die auf S. 91—94 mitgetheilten Versuche beweisen, daß die Bienen, um ein Pfund Wachs aus bloßem Honig zu bereiten, etwa 20 Pfund Honig, und um ein Pfund Wachs aus Honig und Pollen herzustellen, etwa 13 Pfund Honig nöthig haben. Wollte man nun aber auch annehmen, daß nur 10 Pfund Honig zu einem Pfund Wachs gehörten, so würde man doch bei jedem Pfund nutzlos erzeugten Wachses 1 Thlr. 5 Sgr. einbüßen (1 Pfund Wachs = 15 Sgr., 10 Pfund Honig = 1 Thlr. 20 Sgr.), abgesehen davon, daß die Bienen viele Zeit auf den Wabenbau verwenden, die sie auf das Sammeln verwenden könnten und wenigstens theilweise (die Bienen bauen meist Nachts) verwenden würden.

Wie viel aber Honig und Pollen für die Brut erforderlich ist, möge eine Berechnung beweisen.

Ich nahm aus einer Beute ein nicht zu altes, acht Zoll langes und eilf Zoll breites, mit bedeckelter Brut überall besetztes Rähmchen und fand durch die Wage, daß es 1 Pfund 12 Loth wog. Nun wog ich ein anderes mit leerem weder älterem noch jüngerem Wachse ausgebautes Rähmchen und erhielt ½ Pfund Gewicht. Acht Rähmchen mit bedeckelter Brut wiegen also 11 Pfund, und acht mit leerem Wachse 4 Pfund, mithin fallen sieben Pfund auf das Brutgewicht. Diese 7 Pfund Gewicht müssen doch durchaus aus denjenigen Stoffen entstanden sein, aus welchen das Futter besteht oder bereitet wird, da nur Gott allein die Welt aus Nichts geschaffen hat, in der Welt aber aus Nichts Nichts wird und Alles, was ohne Gottes directe Schöpferkraft wird, mindestens eben so viel von auswärts in sich aufgenommen haben muß, als es selbst wiegt. Denn Alles, was wächst, wächst nicht durch sich selbst ernährt, sondern ernährt durch ein Anderes. S. von Berlepsch Bztg. 1856 S. 43.

§ XLII. Beschränkung der Brut und des Wachsbaues. 423

Ein neugeborenes Kind wiegt gewöhnlich gegen 6 Pfund, während der der Mutter eingeflößte männliche Same kaum 2 Loth wiegt, mithin muß der mütterliche Körper 5 Pfund 30 Loth Gewichtstoff hinzufügen. Ebenso ist es bei der Bienenbrut.

Die Sache ist zu interessant und practisch zu wichtig, um nicht eine Berechnung darüber aufzustellen, wie viel ein mächtiges Volk in einem Sommer an Honig und Pollen für die Brut ohngefähr bedarf.

Ein Rähmchen der oben angegebenen Art hat auf beiden Seiten gegen 3700 Zellen (S. Seite 246 unter α.). Betrachtet man nun nur in der Zeit vom 22. April bis 1. August, also während 100 Tage, eine große mächtige Beute, so wird man im Durchschnitt allermindestens täglich acht solche Rähmchen mit Brut besetzt finden. Die Brut erneuert sich aber alle 20 Tage (S. Seite 46 unter 4), also in 100 Tagen fünfmal; mithin hätte eine solche Beute schon in 100 Tagen nöthig, 35 Pfund Futter zu verwenden. Rechnet man nun auf die Zeit vor dem 22. April und nach dem 1. August nur 10 Pfund, so beträgt das jährliche Futtergewicht 45 Pfund.

Diese 45 Pfund sind theils Futtersaft, theils Honig, Pollen und Wasser, und es müssen daher, will man das Consumo von Honig und Pollen berechnen, einestheils die Procente, welche bei der Futtersaftbereitung von den Rohstoffen Honig und Pollen verloren gehen, aufgerechnet, anderestheils die Procente des eingetragenen mitverwendeten Wassers abgerechnet werden. Mit Sicherheit ist keines von beiden in Zahlen bestimmbar, man greift aber bezüglich des Honig- und Pollenconsumo gewiß nicht zu hoch, wenn man die verloren gehenden Procente des Honigs und Pollens mit denen des mitverwendeten Wassers compensirt und 45 Pfund als Gewicht des verbrauchten Honigs und Pollens annimmt.

Weiter: Wiegt die bedeckelte Brut acht solcher Rähmchen 7 Pfund, so wiegen 3700 Nymphen, wie viele etwa ein Rähmchen enthält, 28 Loth, und es verbrauchen etwa 132 Nymphen 1 Loth oder 1000 Nymphen etwa 7½ Loth Honig und Pollen.

Damit stimmen directe von mir gemachte Versuche wenigstens annähernd überein.

a. Am 16. Mai 1857 früh 10 Uhr nahm ich 8 völlig brutleere Waben, die aber theilweise mit Honig und Pollen gefüllt waren und 9 Pfund 20 Loth wogen, hing sie in eine leere Beute, brachte ein genau 1½ Pfund schweres Volk mit noch unbefruchteter Königin hinzu, stellte ein Wassernäpfchen unter und brachte die Beute in eine sehr kühle, ganz dunkele Kammer der Ritterburg. Am 28. b. früh 10 Uhr, also nach genau 12 Tagen, wogen die Waben noch 9 Pfund 1 Loth, so daß die Bienen also 19 Loth verzehrt hatten.

b. Am 16. Mai 1857 früh zehn Uhr nahm ich sieben theils leere theils mit Honig und Pollen gefüllte Waben und eine achte Wabe, in welcher 1018 Eier standen. Die 7 ersteren Waben wogen netto 10 Pfund. Ich hing alle acht Waben in eine Beute, brachte ein genau 1½ Pfund schweres Volk mit noch unbefruchteter Königin hinzu und setzte die Beute in dieselbe Kammer. Am 28. b. früh zehn Uhr wogen die 7 brutleeren Waben noch 8 Pfund 18 Loth, waren also um 1 Pfund 14 Loth leichter geworden. Dieß war jedoch nicht alles consumirt, denn in der Brutwabe, die jetzt nur bedeckelte Brut enthielt, stand flüssiger Honig. Ich wog deshalb diese Wabe, ließ dann den Honig durch Bienen austragen und stellte dadurch fest, daß sich 18 Loth übertragener Honig darin befunden hatten. Mithin hatten die Bienen für sich und die Brut 28 Loth verbraucht. Verbrauchte nun das brutlose Volk unter a. für sich 19 Loth, so fallen hier 9 Loth auf 1002 Nymphen (mehr fand ich nicht). — Vergl. auch Dönhoff Bztg. 1859 S. 278 Nr. IV.

2. Nun fragt es sich, wie man zu verfahren hat, um die Bienen nicht auf Kosten des Honiggewinnes Tafeln bauen und Brut ansetzen zu lassen, d. h. welche Vorkehrungen man zu treffen hat, um die Bienen zu hindern, daß sie nicht wegen des Bauens und Brütens weniger Honig aufspeichern, als sie aufgespeichert haben würden, wenn sie zu gewissen Zeiten des Jahres und an gewissen Stellen des Stockes weniger oder gar nicht gebaut oder gebrütet hätten.

Antwort. Man läßt die Bienen im Dzierzonstock, wenn der Brutraum ausgebaut und von dem Drohnenwachse nach Möglichkeit gereiniget ist, niemals wo anders als im abgesonderten Honigraume, und im Strohkorbe, wenn er vollgebaut ist, niemals wo anders als im Hinter-, Neben- oder Aufsatze bauen, hält die Königin von diesen Räumen abgesperrt und entfernt sie Ende Juni gänzlich aus dem Stocke.

Um dieß zu ermöglichen, verkürzt man

a. im Frühjahr niemals den Wachsbau. Denn in beschnittenen Stöcken bauen die Bienen bei Beginn der Honigtracht die Lücken wieder aus und verwenden vielen Honig, ohne dadurch Vorrathskammern zur Honigaufspeicherung zu gewinnen. Denn der bei der Volltracht ihre Vollfruchtbarkeit entwickelnden Königin fehlt es wegen des Schnittes an leeren Zellen, sie hängt den bauenden Bienen gleichsam an der Ferse und besetzt fast jede halbfertige Zelle mit einem Ei; wie dieß schon auf Seite 332 gesagt worden ist. War aber der Wachsbau nicht beschnitten, so hat die Königin in den vorderen Tafeln Platz zur Brut, die Bienen in den hinteren Platz zur Honigaufspeicherung;

b. erweitert den vollgebauten Stock, wenn er seine gehörige Größe erreicht hat, niemals nach unten, d. h. bei gewöhnlichen Stöcken, man gibt niemals einen Untersatz, weil hier der neue Bau auch fast ausschließlich zur Brut verwendet wird. Haben die Bienen Lust zu bauen, so mögen und werden sie dieß schon in dem Honigraume oder dem Nebensatze thun, und wenn sie auch dort weniger bauen als im stark beschnittenen Brutraume, so ist dieß immer besser, als wenn sie den Brutraum großentheils mit Drohnenwachs ausbauen und dadurch zu vieler Drohnenbrut Veranlassung geben. S. von Sagny Bztg. 1857 S. 82;

c. richtet seine Stöcke so ein, daß die Königin nicht in den Honigraum oder den Hinter-, Neben- oder Aufsatz gelangen kann, weil sonst wieder zu viele Zellen mit Brut, zu wenig mit Honig gefüllt werden.

d. Bei uns ist die Tracht Ende Juli, spätestens im ersten Drittel des August vorbei, und es können daher alle Bienen, welche aus Eiern entstehen, die erst von Ende Juni an gelegt werden, nichts mehr eintragen, da das Ei bis zur Biene 20 Tage und die Biene vom Verlassen der Zelle bis zum Einsammeln etwa 16 Tage Zeit gebraucht. S. Seite 174 f. unter b. Nimmt man nun die Königin gegen Ende Juni weg, so hört aller Brutansatz sofort auf, die Bienen haben bald keine Brut mehr zu versorgen und können und werden deshalb alle ihre Thätigkeit so lange auf das Honig- und Pollensammeln verwenden, bis daß sie von der jungen Königin wieder Brut zu ernähren haben; was frühestens gegen Schluß der Weide

§ XLII. Beschränkung der Brut und des Wachsbaues.

möglich sein kann. Die vielfältigste Erfahrung hat mich gelehrt, daß also behandelte Stöcke durchschnittlich 12—20 Pfund Honig am Ende der Tracht mehr hatten als andere, denen die Königin nicht genommen wurde.

e. Bei dem Entweiseln verfahre ich also: Ich nehme die Tafeln heraus und hänge sie auf den Wabenknecht, bis daß ich die Königin finde. Dann bringe ich dieselbe in ein kleines nur vier Waben fassendes Beutchen, dem ich eine Honigwabe und drei Rähmchen mit Wabenanfängen eingehängt habe, und kehre eine entsprechende Menge Bienen von den Brutwaben hinzu.

Solche Stöckchen bringt man am besten auf einen entfernten Stand, man kann sie aber auch auf demselben Stande aufstellen, nur muß man dann recht viele Bienen einkehren, weil die alten fast alle wieder heimkehren. Am Ende der Tracht haben diese Völkchen fast immer ihre drei Rähmchen mit dem schönsten Arbeiterwachse ausgebaut und mit Brut besetzt, auch etwas Honig aufgespeichert.

Die entweiselten Stöcke nehme ich nach 9—10 Tagen abermals auseinander und zerstöre die Weiselwiegen bis auf eine, damit keine Schwärme erfolgen können, wodurch natürlich der ganze Zweck der Operation vereitelt würde. Am Ende der Tracht untersuche ich alle entweiselte Stöcke. Jeden, den ich weisellos finde, curire ich auf der Stelle also, daß ich aus den kleinen Ablegerchen 5—6 Bruttafeln mit allen daran sitzenden Bienen einhänge, dafür ebenso viele leere oder volle (wenn der Stock solche im Brutraume übrig hat) Waben zurückbehalte, eine Königin aus einem kleinen Beutchen in einem Weiselkäfig sperre und dem Stocke in der gewöhnlichen Weise zusetze.

Die übrig bleibenden kleinen Beutchen lasse ich bis zur Herbstreduction, einige sogar bis kurz vor der Einwinterung, stehen, weil mitunter noch spät ein Stock weisellos wird, bringe dann die Bienen in die schwächsten Stöcke und drücke die überflüssigen Königinnen todt. Die Bienen der cassirten Beutchen halte ich so lange in denselben gefangen, bis daß sie ihre Weisellosigkeit stark bekunden. Dann stoße ich die Beutchen mehrmals kräftig mit einem Ende des Bodens in schräger Richtung auf den Sand, damit die Bienen auf einen Klumpen zusammenfallen, öffne schnell die Thüre, besprenge ebenso schnell die Bienen mit dünnflüssigem Honig, poche sie nochmals tüchtig zusammen und schleudere sie in die Honigräume der schwächsten Stöcke. Von hier aus laufen sie bald schnurrend in den Brutraum und nur höchst selten werden einige todt gestochen.

Anfänger, welche die Zahl ihrer Zuchtstöcke noch vermehren wollen und müssen, können aus mehreren solchen kleinen Stöckchen einen guten Ueberwinterungsstock zusammenhängen.

Auf die angegebene Weise kann ich freilich nicht alle Beuten behandeln, sondern nur die volkreichen, bei denen das Entnehmen einer Partie Bienen von 5—6000 Stück kaum oder gar nicht zu bemerken ist. Denn wollte man schwachen oder abgeschwärmten resp. abgetriebenen Stöcken, die eben wieder in der Volksvermehrung begriffen sind, die Königinnen, wenn auch ohne Bienen, nehmen, so würde man die Stöcke an der gehörigen Bevölkerung hindern, und ein Entweiseln wäre bei solchen Stöcken nur dann, wenn man sie später ganz cassiren oder wieder gehörig mit Volk bestiften wollte, vortheilhaft, weil alle gegen Ende Juni entweiselte Stöcke honigreicher werden.

Früher hielt ich nach dem Rathe Dzierzons die Königinnen bis gegen Ende der Tracht in einem Weiselkäfig auf dem Baue gefangen. Dieß thue ich jedoch seit einigen Jahren gar nicht mehr aus folgenden Gründen:

α. Man muß auch bei diesem Verfahren die Stöcke am 9. oder 10. Tage nochmals innerlich untersuchen und alle Weiselwiegen zerstören; man hat daher dieselbe Mühe ohne dieselben Vortheile, wie sich gleich ergeben wird. Das nochmalige Untersuchen ist aber nöthig, weil die bei weitem meisten Völker bei Gefangenschaft ihrer Königinnen Weiselwiegen ansetzen und, wenn solche nicht zerstört werden, oft junge Königinnen erbrüten, mitunter sogar schwärmen.

β. Ich habe bemerkt, daß manche Königin, wenn ich sie während der starken Eierlage einsperrte und länger gefangen hielt, litt und vor der Zeit einging.

γ. Ich gewinne auf diese Weise keine Wachstafeln. Der Einwand, daß ich dagegen aber mehr Honig gewänne, weil dem Stocke 5—6000 Bienen, die das Ablegerchen braucht, mehr verbleiben, ist nicht stichhaltig, weil einem mächtigen Volke, das nur zu oft an übergroßer Hitze leidet, ein Entnehmen eines so geringen Theiles seiner Bienen nur eine Wohlthat ist, die seinen Fleiß steigert. Auch trägt ja das Ablegerchen Honig ein und in den vortrefflichen Jahren 1855, 1857 und 1859 hatte ich solche Ablegerchen, denen ich schon nach 8 Tagen eine größere Wohnung geben mußte und die am Ende der Tracht 6—8 Pfund Honig hatten.

δ. Erhalten die Stöcke keine jungen Königinnen. Freilich ist nicht jede junge Königin besser als eine schon ältere, weil manche von Jugend auf eine geringere Fruchtbarkeit hat. Man bekommt aber durch das Entweiseln viele Königinnen und hat bei der Herbstreduction die Auswahl, so daß man nur Königinnen, die sich gehörig fruchtbar gezeigt haben, behalten kann.

ε. Waren die Stöcke, denen ich die Königin nur einsperrte, bei der Einwinterung meist zu volkarm. Denn bei uns legen alle vorjährige Königinnen im August nur noch schwach, und am schwächsten, wenn sie lange eingesperrt gewesen sind, während junge, eben erst fruchtbar gewordene jetzt noch eine Menge Eier absetzen, auch die Eierlage viel länger als alte fortsetzen, so daß solche Stöcke im Herbste fast immer mit vielem und jungem Volke versehen sind.

Wollte man einwenden, daß dann die ganze Mühe vergeblich sei, weil die spätere Brut den mehr aufgespeicherten Honig wieder consumire, so widerspricht dem durchaus meine Erfahrung. Allerdings consumirt auch die spätere August- und Septemberbrut nicht wenig Honig, aber dieses Consumo beträgt nicht das durch die Entweiselung gewonnene plus, weil die Bienen jetzt, wo es Nichts mehr einzutragen giebt, bei der Ernährung der Brut keine Zeit mehr, wo sie Honig sammeln könnten, verlieren. Die Honigconsumtion der Brut ist es bei Leibe nicht allein, warum während der besten Zeit stark brütende Stöcke weit weniger Honig aufspeichern als entweiselte, sondern eine Hauptschuld liegt im theilweisen Versäumen der Tracht. Auch scheint es mir fast so, als verbrauchten die Bienen den meisten Honig zur Brut, wenn die Tracht am reichsten, der Honig am flüssigsten ist.

Anhang. Die ausgelaufenen jungen Bienen gehören so lange auch zur Brut, bis daß sie an den Arbeiten des Stockes Theil nehmen. Ehe dies aber geschieht, vergehen 3—4 Tage. (früher befassen sie sich selbst mit der Brutversorgung und dem Baue nicht), und in dieser Zeit verbrauchen sie vielen Honig. Denn sie kommen dünn und mager, bei weitem nicht völlig ausgebildet, aus den Zellen, lassen sich von den Bienen Honig reichen oder saugen denselben begierig aus den offenen Zellen. S. Dzierzon Bztg. 1851 S. 178. Kleine Bztg. 1853 S. 73.

Ja, könnte ich den Honig aus den Blüthen durch Maschinen, statt durch Bienen, ausziehen lassen, oder könnten die Bienen, statt zu brüten und zu bauen, nur Ho-

§ XLII. Beschränkung der Brut und des Wachsbaues. 427

nig sammeln und wären sie unsterblich, so wollte ich selbst in Thüringen das Heidelberger Faß bald voll Honig haben.
3. Der Drohnenbrutansatz muß wo möglich gänzlich verhindert werden.

a. Im § XII auf Seite 80—82 ist bewiesen, daß die Drohnen lediglich und allein zur Befruchtung der Königinnen dienen, sonst nichts zum Gedeihen des Bienenstaates beitragen, sondern faule Bäuche und arge Schlemmer sind. Der rationale Züchter muß daher in den Waben der Bruträume seiner Dzierzonstöcke kein Drohnenwachs dulden und es dadurch der Königin unmöglich machen, viele Drohnen zu erzeugen. Ich sage „viele", denn eine kleine Zahl wird sich immer finden, da die Bienen, wenn man alle ganze Drohnentafeln entfernt und alle Stücke Drohnenwachs aus den Tafeln herausschneidet und dafür gleich große Stücke Arbeiterwachs einfügt, die kleinsten Eckchen und Winkelchen zum Bau von Drohnenzellen benutzen, welche die Königin sofort mit Eiern besetzt. S. Wernz Bztg. 1857 S. 82. Und wenn die Königin sieht, daß alle Stricke reißen, setzt sie selbst in etwas größere Arbeiterzellen Drohneneier ab, in solche nämlich, die sich unmittelbar unter den Wabenträgern oder auf den Räthen zusammengestückelter Tafeln oder sonst wo befinden; ja sogar in gewöhnliche Arbeiterzellen setzt sie dann Drohneneier. S. Seite 59 unter d.

Die von mehreren Bienenzüchtern geäußerte Befürchtung, es würden bei einem solchen Wüthen gegen die Drohnen nicht genug Befruchter vorhanden sein, ist völlig unbegründet. Denn hätte ein Stock auch nur 50 Drohnen, so hätten 30 Stöcke schon 1500: übrig genug, um die jungen Königinnen eines Standes von 100 und mehr Stöcken zu befruchten. Hätte aber ein Stock, ja hätte mein ganzer Stand von 100 und mehr Stöcken auch nicht eine einzige Drohne, und wären 100 und mehr Königinnen zu befruchten, so würde dies, existirten nur einige Stöcke mit Drohnen in nicht zu weiter Entfernung, nicht nur nichts schaden, sondern desto besser für den Honigertrag sein. Denn Drohnen und Königinnen schweifen weithin in der Luft aus (S. Seite 35), die Befruchtung geschieht wohl nur selten in der Nähe des Stockes und die Bauern müßten dann ihre Bienenbullen gratis für mich springen lassen, wie ich ihnen die Rinderbullen so lange vorhalten mußte.

b. Um zu sehen, wie sich die Honigconsumtion der Drohnen sowohl zu der der Bienen als auch an sich verhalte, nahm ich am 6. August 1853 zwei Beutchen und hing in jedes eine mit vielem unbedeckelten Honig versehene Tafel, deren Gewicht ich mir genau notirte, ein, betäubte die Bienen eines zu cassirenden Strohkorbes, brachte in das eine Beutchen 1000 Bienen, in das andere 1000 Bienen und 1000 Drohnen, setzte jedem Völkchen, damit es ruhig bleiben sollte, eine fruchtbare Königin im Weiselkäfig bei und stellte beide Beutchen in einen dunkeln Keller. Am 18. August, also nach 12 Tagen, war die Honigwabe des Beutchens, welches nur Arbeitsbienen erhielt, etwa 4 Loth leichter geworden, wogegen das Gewicht desjenigen Beutchens, welches Arbeitsbienen und Drohnen enthielt, etwa 16½ Loth abgenommen hatte, so daß also eine Drohne etwa soviel wie 3¹/₄ Biene, oder 320 Drohnen so viel als 1000 Bienen verzehren. Hat nun ein Stock nur 2000 Drohnen 84 Tage lang zu ernähren, so sind dazu 5 Pfund 15 Loth Honig erforderlich. Diese Rechnung ist aber gewiß zu niedrig gesetzt, weil die Drohnen, wenn sie sich nicht in gezwungener Ruhe, wie bei dem Versuche, befinden, sondern fast täglich wiederholte Ausflüge machen, sicher viel mehr consumiren werden.

Ebenso ist alles Futter für die Drohnenbrut vergeudet. Zur Drohnenbrut ist aber noch mehr Futter als zur Arbeiterbrut erforderlich, wie man aus dem großen Gewichte einer bedeckelten, besonders noch nicht lange bedeckelten Drohnenbrutwabe entnehmen kann. Vergleicht man mit bloßer Hand das Gewicht einer bedeckelten Drohnen- und einer bedeckelten Arbeiterbrutwabe, deren Zellen und Brut gleich alt sind, so fühlt man sehr deutlich das bedeutend größere Gewicht der Drohnenbrutwabe.

4. Wie wird die Drohnenbrut verhindert?

a. **In Stöcken mit unbeweglichen Waben.**

α Vor allem warne ich gegen die Lehre, die man in manchen Bienenschriften findet, im Frühjahr, etwa Anfangs April, alles erreichbare Drohnenwachs wegzuschneiden. Ein solches Verfahren ist geradezu schädlich; denn Stöcke, die eine nicht heurige Königin haben, bauen, namentlich im Frühjahr, fast immer da wieder Drohnenwachs, wo es weggeschnitten wurde.

β. Sobald ein Stock mit unbeweglichen Waben den Erstschwarm gegeben hat, oder abgetrommelt worden ist, köpfe man mit einem langen, recht scharfen Messer alle erreichbare Drohnenbrut, d. h. schneide die Kuppen der bedeckelten Drohnenzellen und somit in denselben die Köpfe der Drohnennymphen ab. Die Bienen reißen die Nymphen aus den Zellen, saugen allen noch brauchbaren Saft aus, und neue Drohnenbrut kann in die Zellen nicht kommen, weil vor der Hand keine Königin sich im Stocke befindet. Sollte noch nicht alle erreichbare Drohnenbrut bedeckelt sein, um geköpft werden zu können, so muß der Stock nach etwa 10 Tagen nochmals besichtigt und die Drohnenbrut nochmals unter's Messer genommen werden. Das erreichbare Drohnenwachs selbst aber gleich nach Abgang des Schwarmes oder Treiblings ganz auszuschneiden, ist nur rathsam, wenn der geschwärmte oder abgetriebene Stock mit einem andern volkreichen Stocke nicht verstellt wird. Denn geschieht dieses und ist das Drohnenwachs bereits ausgeschnitten, so wird nur zu häufig sofort wieder Drohnenwachs gebaut, weil die Masse der Bienen den Stock dicht erfüllt, baulustig wird und, da sie keine Königin haben, fast nur Drohnenwachs bauen (S. Seite 98 unter η_1.). Bleibt hingegen der geschwärmte oder abgetrommelte Stock auf seinem Platze stehen oder wird er nach der Busch'schen Manier (S. Seite 381) verstellt, so baut er, bevor er wieder eine Königin hat, nur höchst selten, und man kann daher in diesen Fällen sofort zum Wegschneiden des Drohnenwachses schreiten. Bei Stöcken hingegen, die nach meiner Manier (S. Seite 382) mit andern volkreichen verstellt sind, schneidet man das Drohnenwachs, wenn der Stock schwärmte, nach 8 Tagen, wenn er abgetrieben wurde, nach 14 Tagen, heraus oder auch früher, sobald man eine junge Königin tüten hört. Baut der Stock nun, so baut er nur Arbeiterwachs.

Das Wegschneiden des Drohnenwachses zu den angegebenen Zeitpunkten hat auch den großen Vortheil, daß man später ohne weitere Untersuchung etwaige Weisellosigkeit sofort entdecken kann. Denn wird der Stock weisellos, so baut er entweder gar nicht oder nur wieder Drohnenwachs, wird aber die Königin befruchtet, so baut er alle Lücken mit Arbeiterwachs aus und man hat für's nächste Jahr einen Zuchtstock mit nur sehr wenigem oder auch wohl gar keinem Drohnenwachs.

γ. Eine Hauptsache ist noch, daß man die jungen Schwärme oder Ableger so stark macht, daß sie gleich im ersten Sommer ihre Wohnung bis herunter auf das Staubbrett ausbauen. Dann bauen selbst Völker mit nicht heurigen Königinnen

§ XLII. Beschränkung der Brut und des Wachsbaues. 429

nur wenig Drohnenwachs. Ist hingegen der junge Stock nur zu ½ oder ⅔ ausgebaut, so geht er im nächsten Frühjahr, wenn er stark ist, oft auf allen Tafeln zu Drohnenzellen über, zieht sie bis auf das Standbrett herab und erzeugt massenhafte Drohnen.

b. In Stöcken mit beweglichen Waben.

α. Bei Dzierzonstöcken kann man unter gleichen Verhältnissen ganz ähnlich verfahren, daß man die Waben des Stockes nach dem Schwärmen oder Abtreiben einzeln herausnimmt. Tafeln, die nur oder fast nur Drohnenwachs enthalten, stelle ich in den Honigraum, nachdem ich zuvor die bedeckelte Brut geköpft habe. Befinden sich in den Zellen nur Maden oder Eier, so nehme ich solche nach einiger Zeit wieder heraus und köpfe die nun bedeckelte Brut. Die enthaupteten Drohnen lassen sich zwar aus den Zellen leicht herausklopfen; es ist dieß jedoch nicht vortheilhaft, sondern man thut besser, das Herausschaffen der Nymphen den Bienen selbst zu überlassen, es sei denn, daß die Nymphen schon dem Ausschlüpfen ziemlich nahe wären. Die jüngeren noch wässerigeren Nymphen werden von den Bienen, ehe sie aus dem Stocke geschafft werden, begierig ausgesogen, und es wird die ausgesogene Flüssigkeit anderweit als Brutfutter verwendet. Nur stelle man Waben, die die Bienen selbst leeren sollen, in solche Honigräume, in welchen bereits viele Bienen arbeitend sich befinden, damit das Geschäft des Aussaugens und Hinaustransportirens rasch beendet werde und die Maden nicht etwa in Fäulniß übergehen; sonst lasse man die Waben so lange im hinteren Theile des Brutraumes, bis sie geleert sind.

β. Von Tafeln hingegen, die nur wenig Drohnenwachs oder wenigstens mehr Arbeiter- als Drohnenwachs enthalten, schneide ich zu den oben angegebenen Zeiten das Drohnenwachs weg und überlasse den Bienen die spätere Ausfüllung mit Arbeiterwachs.

γ. Bei Stöcken, die eine nicht heurige Königin besitzen, muß man die gemachten Lücken sofort mit Arbeiterwachs ergänzen, d. h. man muß gleich große Stücke Arbeiterwachs zurecht schneiden und solche in die Lücken eindrücken. Um die Größe der Stücke richtig zu treffen, muß man „das Maß nehmen", d. h. man muß das herausgeschnittene Stück Drohnenwabe auf eine bereit gehaltene Arbeiterwabe legen und von dieser ein gleich großes, gleich geformtes Stück etwas völlig abschneiden, damit es gleich fest eingezwängt werden und bei dem Anbauen durch die Bienen nicht herausfallen kann. Dieß geht nun freilich nur mit Rähmchen immer; bei bloßen Stäbchen geht es nicht immer. Doch läßt es sich auch hier sehr oft bewerkstelligen, wenn die zu reparirende Wabe in die obere (zweite) Etage gesetzt wird. Dann hat man durch den Wabenträger der unteren Wabe und die Wände des Stockes auch gleichsam einen Rahmen und kann das Stück so einfügen, daß es fest steht. Ist die Wabe brut- und honigleer und soll sie in die untere Etage kommen, so muß man Wachs flüssig machen, das einzufügende Stück, so weit es an die Wabe anzuliegen kommt, in das Wachs eintauchen, leise andrücken und etwas halten, bis das Wachs erkaltet ist.

δ. Das Reinigen des Brutraumes von allem Drohnenwachs ist aber nicht so leicht als man vielleicht glauben könnte. Denn selbst das Entfernen ganzer Drohnentafeln und das Ausrepariren nur theilweise Drohnenzellen enthaltender Tafeln nützt in solchen Stöcken, die eine nicht heurige Königin besitzen und denen man den Brutraum nicht völlig mit Arbeitertafeln füllen kann, gleich dem bloßen

Wegschneiden, nichts, sondern ist sogar schädlich, weil die Bienen in den leeren Räumen fast immer wieder vieles Drohnenwachs bauen. Kann man daher die Bruträume solcher Stöcke nicht sofort mit drohnenwachsreinen Tafeln füllen, so mache man gute Miene zum bösen Spiele, und lasse die Bienen während des Sommers Drohnenwachs bauen und Drohnen erbrüten, bis die Bruträume voll gebaut sind, und sehe dann zu, wie man im Herbste oder nächsten Frühjahre, wo man vielleicht Arbeitertafeln aus zu cassirenden Strohkörben oder aus nicht winterungsfähigen Dzierzonstöcken besitzt, zurecht kommt.

ε. Als ich erst meinem Ziele, 100 Dzierzonbeuten in den Bruträumen völlig ausgebaut zu haben, näher kam, verfuhr ich während des Sommers also: Ich nahm aus den stärksten und vollsten Beuten alle Tafeln bis auf die vorderste in beiden Etagen heraus, hing Rähmchen mit Wabenanfängen ein, kehrte die Bienen nebst Königin in die Beuten zurück und ließ sie sich von neuem anbauen. Die Bienen, in den Zustand eines Schwarmes versetzt, bauten nicht nur sehr schnell, sondern auch fast nur das schönste Arbeiterwachs, und ich gewann auf diese Weise eine Menge wunderschöner Tafeln.

Die abgekehrten, meist brutbesetzten Tafeln der ausgeleerten Stöcke reparirte ich, wo es wegen des Drohnenwachses nöthig war, aus und machte die schwächsten Stöcke „fertig", d. h. ich stellte die schwächsten Stöcke in den Bruträumen völlig mit drohnenwachsreinen, meist brutbesetzten Tafeln aus. Bald waren diese durch die massenhaft auslaufende Brut mächtige Völker geworden und konnten nun selbst, wenn es noch Tracht gab, ausgekehrt werden, um neue Tafeln zu bauen.

Bei diesem etwas gewaltsamen Verfahren ist aber große Vorsicht nöthig, um das gehörige Maß nicht zu überschreiten. Denn nur zu leicht kann man auf diese Weise zwar viele schön ausgebaute, aber honigarme Beuten sich schaffen. Bringt man jedoch die abgekehrten Waben sofort in andere besetzte Stöcke, die brutbesetzten in die Bruträume, mit leeren vertauschend, die leeren und theilweise honiggefüllten in die Honigräume, so wird man wenig oder gar keinen Ausfall an Honig haben, indem nun die mächtigen Völker Gefäße zum Aufspeichern des Honigs gewinnen.

ζ. Etwas kann auch dadurch ausgerichtet werden, daß man zu der Zeit, wo die Bienen scharf bauen, einem recht mächtigen Volke, auch wenn es eine nicht heurige Königin hat, viele Waben mit Drohnenzellen resp. Drohnenbrut aus anderen Stöcken, die man „fertig" gemacht hat, oder die heurige Königinnen besitzen, hinten nach der Thüre zu einstellt, und vorn nach dem Flugloche zu Stäbchen oder Rähmchen mit Wabenanfängen gibt. Vorn in der Nähe des Flugloches haben die Bienen an sich nicht gern Drohnenwachs und bauen jetzt solches hier um so weniger, als sie fühlen, daß sie Drohnenzellen im Ueberfluß besitzen. Auch bauen sie in diesem Falle ungemein rasch und weit rascher, als wenn man sie hinten bauen läßt, weil ihnen leere Räume zwischen dem Flugloche und dem fertigen Baue äußerst unlieb sind. S. Schiller Bztg. 1856 S. 64.

η. Der Tischler Mehring zu Frankenthal in Rheinbaiern hat eine von ihm für 11 Gulden oder 6½ Thaler (s. Redaction der Bztg. 1859 S. 8) zu beziehende Presse erfunden, mittels welcher sich die Mittelwand der Wabe mit den Arbeiterzellenböden auf beiden Seiten herstellen läßt. Von der Peripherie dieser Böden aus führen die Bienen die Zellenwände auf und vollenden die Zellen in gewöhnlicher Weise. Mehring Bztg. 1859 S. 68 f. Hofmann aus Ochsenfurt Bztg. 1859 S. 253 f.

§ XLII. Beschränkung der Brut und des Wachsbaues.

Die Wachsblätter für die Presse läßt man sich von einem Wachszieher möglichst dünn, etwa wie feines Notenpapier fertigen.

Beim Anheften der gepreßten Blätter an die Rähmchen oder Stäbchen muß man es wie die Kinder machen, wenn sie ein Papierblatt aufrecht auf den Tisch stellen wollen; sie machen nämlich Einschnitte und biegen diese rechts und links um, daß das Blatt auf der nun breiten Basis stehen kann. So werden in ein Wachsblatt 4 Einschnitte, je einen halben Zoll tief, gemacht, diese abwechselnd nach rechts und links gebogen und das Blatt auf die Mitte des Wabenträgers senkrecht aufgedrückt, nachdem man es zuvor mit Gummi (s. Seite 251) bestrichen hat. S. Weßler Bztg. 1860 S. 72 f. Am besten dürfte man wohl das Blatt befestigen, wenn man mit der etwas erwärmten Spitze eines Messers die Ausschnitte gleichsam auflöthete.

Der Lichtenraum meines Rähmchens ist 10 Zoll breit und 7½ Zoll hoch (s. S. 246 unter α); es muß daher das gepreßte Wachsblatt, soll es das Rähmchen völlig ausfüllen, 10 Zoll breit und 8 Zoll hoch sein. Noch besser dürfte es jedoch sein, die Presse so zu fertigen, daß 10 Zoll breite und 8½ Zoll lange Blätter hervorgehen, um das Blatt auch auf das Rähmchenuntertheil fest auffitten und ihm dadurch eine ganz feste senkrechte Stellung geben zu können.

Auf diese Weise kann man den Bienen das Bauen von Drohnenzellen geradezu unmöglich machen, wenn man die Rähmchen mit solchen gepreßten Wachsblättern ausfüllt und die ausgeschnittenen Stücke Drohnenwachs aus schon fertig gebauten Tafeln durch gleich große Stücke solcher Blätter ersetzt. S. Hofmann a. a. O.

Ich hätte von dieser Mehring'schen Presse schon auf Seite 251, wo ich des Mehring'schen Stempels zum Aufdrücken von Wachslinienanfängen zu Arbeiterzellen gedachte, sprechen sollen, unterließ es jedoch dort, weil ich, als ich jenes schrieb, noch kein bepreßtes Wachsblatt gesehen hatte, und durch das, was ich vom Stempel kannte, verführt wurde, zu glauben, die Sache sei Nichts. Erst vor wenigen Tagen habe ich ein bepreßtes Blatt, wie es aus der Presse hervorgegangen und ein desgleichen, an welchem die Bienen die Zellen bereits fertig gebaut hatten, gesehen und mich auf den ersten Blick überzeugt, daß die Sache probat und im höchsten Grade wichtig ist. Denn abgesehen von Anderem hat man es nun in seiner Gewalt, das Bauen von Drohnenzellen gänzlich zu verhindern; auch hat man nicht mehr nöthig, Streife fertiger Waben auf die Träger aufzukleben.

Eine Presse selbst habe ich noch nicht gesehen, an dem gesehenen bepreßten Blatte aber erkannt, daß die Presse vervollkommnet werden kann und muß. Ich habe daher bereits mit dem hiesigen äußerst geschickten Graveur Curt, welcher sämmtliche Holzschnitte in diesem Werke gefertigt hat, gesprochen und von demselben die bestimmte Versicherung erhalten, daß Pressen aus Holz oder Stahl, die Blätter von 10 Zoll Breite und 8½ Zoll Länge ganz rein und deutlich drückten, leicht hergestellt werden könnten; was ich hiermit Herrn Mehring zur gefälligen Beachtung imkerfreundlichst notificire.

5. Sollen auch die schon ausgelaufenen Drohnen vertilgt werden?

Sehr viele Bienenschriftsteller rathen, die Drohnen mittels einer Drohnenfalle wegzufangen. Bei diesem Abfangen muß aber der Zustand der Stöcke genau unterschieden werden. Stöcke mit nicht heuriger Königin setzen, so lange sie die Drohnen noch dulden, oft wieder Drohnenbrut an, wenn ihnen die Drohnen weggefangen sind, so daß also hier das Abfangen offenbar schädlich ist. Auch ist eine vorgehängte Drohnenfalle der gewöhnlichen Art das beste Mittel, einen Stock, dessen Königin eben die Befruchtungsausflüge hält, weisellos zu machen. Bei Stöcken jedoch, die eben den Vorschwarm gegeben haben oder abgetrommelt sind, oder bei denen man gewiß weiß, daß sie heurige bereits fruchtbare Königinnen besitzen, ist das Wegfangen der Drohnen allerdings von Nutzen.

Die beste mir bekannte Drohnenvertilgung ist folgende: Man schiebt einen blechernen oder zinkenen Canal in das Flugloch, der dasselbe genau ausfüllt und so eingerichtet ist, daß die eine Hälfte mit dem Flugloche außen abschneidet und nur die Arbeitsbienen, die andere Hälfte etwa 3 Zoll lang hervorragt und auch die Drohnen auspassiren läßt. Bei der Rückkehr finden die Drohnen die hervorragende Röhre nicht wieder und gehen außerhalb des Stockes bald verloren. S. Czerny Bztg. 1860 S. 61.

Dritte Periode.

Vom Ende der Honigtracht bis zur Einwinterung.

---

§ XLIII.
Verschiedene Geschäfte aus dieser Periode.

A. Wohnungen mit unbeweglichen Waben.

1. Bei Beginn der Roggenernte wog ich nach Beendigung des Fluges einen mir als recht emsig bekannten, noch nicht dicht ausgebauten und noch nicht schweren Schwarm und setzte das Wiegen allabendlich fort, bis ich nach einem schönen Tage fand, daß der Schwarm an Gewicht nicht nur nicht mehr zu-, sondern abgenommen hatte; wodurch ich des völligen Endes der Tracht für das laufende Jahr gewiß war. Einen Schwarm und zwar einen solchen, der noch nicht dicht ausgebaut und noch nicht schwer war, nicht aber einen älteren schwereren Stock wog ich, weil ein älterer schwererer Stock oft wegen Raummangels oder Hitze nichts mehr aufspeichert, während ein daneben stehender Schwarm noch ½—¾ Pfund täglich schwerer wird. Leichter aber mußte der Stock, etwa ¼ Pfund während eines schönen Tages, geworden sein, weil, solange ein Stock bei schönem Wetter, wo er eintragen kann, das Gewicht noch hält, es noch so viel Tracht giebt, als er zum eigenen Haushalt bedarf, man bis dahin also die Stöcke durch keinerlei Manipulationen am Eintragen hindern darf.

2. Hatte ich die Gewißheit, daß die Tracht vorbei war, so wurden alle Stöcke des ganzen Standes genau gemustert: a. hinsichtlich der Weiselrichtigkeit, b. hinsichtlich der Volksmenge und c. hinsichtlich des Gewichtes; worauf ich diejenigen Stöcke, welche ich einwintern wollte, mit L, die, welche ich cassiren wollte, mit II. bezeichnete, die Hintersätze (Nebensätze hatte ich während des Sommers nie, da ich in dieser Zeit kein Doppelbrett quer legte) der Stöcke II. abhob und sie nach aufgezogenen Canälen mit allen darin befindlichen Bienen hinter die Stöcke I., besonders hinter solche setzte, welche ihren Bedarf bis zur nächsten Frühlingstracht nicht völlig besaßen, um den Bienen Gelegenheit zu geben, das Fehlende aus den Hintersätzen in den Hauptstock zu tragen.

Stand hinter einem Stocke I. schon ein Honigmagazin, so zog ich aus solchem den Spund heraus und setzte das zweite obenauf.

Um feindlichen Anfällen der Bienen zu begegnen, goß ich vor dem Hintersetzen etwas dünnen warmen Honig zwischen die Waben des Magazines und pochte an dem Hauptstocke. Bald witterten die Bienen desselben Honig, gingen durch den Kanal und vereinigten sich während des Schmauses friedlich.

Das Translociren der Magazine der zu caffirenden Stöcke nahm ich hauptsächlich deshalb vor, um später die Honigernte auf einmal abmachen zu können, aber auch um die Bienen der zu caffirenden Stöcke zu hindern, vielen Honig aus den Magazinen in den Hauptstock zu tragen und bei diesem Transporte Honig zu vergeuden oder Honig aus reinen weißen Tafeln in ältere schwärzere zu versetzen. Aus demselben Grunde ließ ich auch die Magazine aller Stöcke, die ich überwintern wollte und die Honig genug hatten, nicht dahinter stehen, sondern zog die Spunde aus, hob die Magazine hinten ab, setzte sie oben auf und schloß die Kanäle. Ebenso verfuhr ich nach einigen Tagen mit denjenigen Magazinen, die ich zu caffirenden Stöcken weggenommen und zu überwinternden, genug honigreichen hintergesetzt hatte, nachdem ich gewiß war, daß die fremden Bienen zu ihren Stöcken zurückgeflogen waren oder sich in den neuen Stöcken eingebürgert hatten.

Die Magazine derjenigen Stöcke, welche Honig austragen sollten, kamen nur dann oben auf, wenn die Hauptstöcke gehöriges Gewicht durch Austragen von Honig aus denselben erlangt hatten.

Bekam ich durch Vorfinden von Brut im Hintersatze Verdacht, daß die Königin sich in demselben befinde, so betäubte ich die Bienen, brachte die ev. vorhandene Königin in den Hauptstock, translocirte den bienenleeren Satz und ließ ihn so lange hinten stehen, bis daß die Brut ausgelaufen war, um die Königin nicht etwa zu veranlassen, weitere Brut anzusetzen; was selbst in dieser Zeit öfters noch geschieht, wenn der Satz oben auf steht; auch schlagen mitunter die Bienen dann oben im Aufsatze ihren Sitz auf.

In den letzten Jahren meiner Bienenzucht mit Stöcken unbeweglichen Baues, wo ich auch schon Dzierzonstöcke besaß, bestanden meine Auf- und Hintersätze lediglich aus viereckigen Holzkästchen, in welchen sich Rähmchen befanden. Mit diesen verfuhr ich natürlich ganz anders und also, daß ich die Deckel der Kästchen abnahm, die Waben heraushob und die Bienen abkehrte. Fand ich in einem Kästchen Brut, vielleicht auch die Königin, so brachte ich die brutbesetzten, von Bienen entleerten Waben sofort in bevölkerte Dzierzonstöcke und gab die Königin ihrem Stocke zurück.

Alle weisellose Stöcke, die noch nicht als Hintersätze auf den Doppelbrettern standen, kamen jetzt dahin, und nur dann oben auf, wenn sie neben gehörigem Winterungsgewicht einen recht guten und besseren Bau als die Unterstöcke hatten, weil das Volk oft seinen Sitz im Aufsatzstock aufschlägt.

Völker, die so wenig Vorrath hatten, daß sie ersichtlich nicht bis gegen Mitte October reichten, betäubte ich sofort, drückte die Königinnen, wenn ich sie nicht zur Curirung weiselloser Stöcke gebrauchen konnte oder wollte, todt und behandelte sie dann wie brutbesetzte Hintersätze.

War ich so weit fertig, so legte ich die Doppelbretter derjenigen zu überwinternden Stöcke, denen eine Verstärkung an Volk am dienlichsten war, quer, gab den zu überwinternden Stöcken die gehörige Richtung und stellte die zu caffirenden Stöcke daneben auf das Doppelbrett. Die Verbindungscanäle blieben natürlich geschlossen, die Fluglöcher der nebengesetzten zu caffirenden Stöcke aber geöffnet.

Die Verstellung nahm ich am Morgen eines voraussichtlich warmen hellen Tages vor und beobachtete während der Flugzeit die Bienen, um zu sehen, ob die sich verfliegenden Bienen etwa angefallen und todt gestochen würden. Begann mitunter an einem Stocke ein Kampf, so stellte ich durch Rauch bald Frieden her, indem

§ XLIII. Verschiedene Geschäfte aus dieser Periode.

ich den Stock aufkippte und mehrere kräftige Züge Cigarrendampf zwischen die Waben blies; was nöthigenfalls nach einiger Zeit wiederholt wurde. Wegen Abstechens der Königin hatte ich keine Bange; denn um diese Zeit werden Königinnen von zufliegenden Bienen nicht abgestochen oder feindlich angefallen, weil die zufliegenden Bienen immer nur einzeln ankommen, sich sofort fremd fühlen, bittend schnurren und froh sind, selbst mit heller Haut davon zu kommen.

So ließ ich die Stöcke stehen, nachdem ich noch allen nicht sehr mächtigen die Fluglöcher verengt hatte, bis gegen Mitte October und beobachtete nur während dieser Zeit, ob sich etwa noch ein weiselloser vorfand, der natürlich sofort auf ein Doppelbrett als Hintersatz kam.

Jetzt (12.—18. Octbr.) schnitt ich Abends, wenn die Bienen den Flug eingestellt hatten, allen denjenigen zu cassirenden Stöcken, deren Baue ich nicht für das nächste Jahr aufheben wollte, nach abgenommenem Deckel allen von oben erreichbaren Honig aus, indem ich die Bienen mit Cigarrenrauch nach unten trieb. Ich nahm dabei die Stöcke vom Stande und brachte sie etwas entfernt vom Bienenhause auf einen Gartentisch, um das Zeidelgeschäft möglichst bequem vornehmen zu können und nicht etwa durch Verzetteln von Honig im Bienenhause Räuber auf den Stand zu locken. Hatte ich einem Stocke den Honig oben ausgeschnitten, so befestigte ich den Deckel wieder und brachte den Stock auf seine Standstelle im Bienenhause zurück. War ich in 5—6 Abenden fertig, so begann ich, nun ganz sicher keine Brut mehr zu treffen, das Austreiben oder Betäuben der Bienen Behufs Verstärkung der Zuchtstöcke. Durch ein solches vorausgängiges Ausschneiden des Honigs wird dieses Geschäft ganz außerordentlich erleichtert; denn die Bienen sitzen dann nur zwischen den breiteren Gassen der unteren Tafeln, oder in dem leeren Raume unter dem Deckel, können sich nicht zwischen die engen Honiggassen zwängen und welchen und fallen so viel leichter. Beim Vereinigen verfuhr ich also:

a. Entweder nahm ich einen zu cassirenden, nun oben ausgeschnittenen Stock ohne Flugbrett vom Stande, setzte ihn auf einen Stuhl auf ein einfaches Flugbrett mit einem leeren Untersatz und blies durch das Spundloch mehrere kräftige Züge Cigarrenrauch ein, um die etwa an dem Deckel und den leeren oberen Seiten sitzenden Bienen zu demüthigen. Dann löste ich den Deckel ab, kehrte alle etwa noch an demselben und den Seitenwänden sitzenden Bienen auf das Wachsgebäude und trieb mit Cigarrenrauch das Volk in den leeren Untersatz. (Wer nicht Tabak raucht oder nicht die gehörige Perfection im Rauchen erlangt hat, muß sich der Rauchmaschine bedienen.) Bei der Räucherung, die sehr schnell von Statten ging, konnte ich immer bemerken, wenn die Bienen hinunter waren, weil ich durch die breiteren Gassen bequem hindurchsehen konnte. Nun hob ich den Stock etwas in die Höhe, ließ ihn ein- bis zweimal kräftig auf den von einem Gehilfen festgehaltenen Untersatz, damit die unten an den Waben klumpenhaft hängenden Bienen hinabfielen, besprengte das Volk im Untersatze gehörig mit dünnflüssigem Honig, brachte dasselbe unter den vom Doppelbrett abgehobenen Hauptstock und rückte diesen auf die Halbschelt, so daß beim nächsten Flugtage die Bienen beider Stöcke in den Hauptstock einfliegen mußten. Am nächsten Morgen war die Vereinigung erfolgt und meist fand ich schon die zugebrachte Königin todt auf dem Boden.

b. Oder ich nahm einen zu cassirenden Stock Abends, wenn es schon zu dunkeln begann, von seinem Standbrette, stellte ihn im Bienenhause auf den Kopf, d. h. mit dem Deckel nach unten, mit der Mündung nach oben, legte ein kleines, etwa

3 Zoll hohes Sätzchen auf, goß ½ Pfund dünnflüssigen warmen Honig zwischen die Waben und setzte den Stock, der das Volk erhalten sollte, oben auf. Die Bienen des oberen Stockes, durch den Honiggeruch angelockt, gingen massenweise in den Unterstock; die Bienen des Unterstockes wußten nicht, daß ihr Stock verkehrt stand, trugen den Honig gleichfalls in den Oberstock, und am andern Morgen war die Vereinigung meist schon geschehen und die Königin des Unterstockes Leiche. War jedoch in seltenen Fällen die Vereinigung noch nicht erfolgt, so stellte ich während des Tages den Oberstock vorn, den Unterstock hinten auf ein Doppelbrett mit aufgezogenem Verbindungscanale und wiederholte Abends die Procedur.

Das Zwischensetzen eines leeren Sätzchens zwischen die beiden zu vereinigenden Stöcke ist nöthig, weil, wenn die Waben beider Stöcke dicht aufeinander stehen, am Morgen die Bienen gewöhnlich nicht sämmtlich im Oberstocke sich befinden, sondern viele noch auf und zwischen den Waben des Unterstockes sitzen, indem sie beide Stöcke als einen Stock betrachten. Das Zwischensätzchen darf aber auch nicht zu hoch sein, sonst erfolgt die Vereinigung auch nicht immer, weil die Bienen des oberen Stockes, wenn sie unten bald keinen flüssigen Honig mehr finden, die Verbindungsketten nach unten auflösen und ein Theil der Bienen des unteren Stockes mit der Königin unten sitzen bleibt.

c. Oder ich ließ die Bienen durch ein Betäubungsmittel (s. § XLIV, B.) in einen Untersatz fallen, suchte die Königin aus oder auch nicht, besprengte das Volk mit warmem flüssigen Honig und setzte solches dem zu verstärkenden Stocke unter.

Fand ich mitunter das Volk in den Aufsätzen, so verfuhr ich wie unter b, nur daß ich hier das Zwischensätzchen wegließ und, nachdem ich den Honig eingegossen hatte, an dem nunmehrigen Untersatze, dem früheren Aufsatze, klopfte, als wollte ich den Stock abtreiben. Manchmal, wenn es nicht gelang, nahm ich am nächsten Morgen zur Betäubung meine Zuflucht.

Am ersten warmen Tage, wenn die Bienen vorspielten, nahm ich die Aufsätze oben ab, schloß die Spundlöcher im Deckel und setzte sie hinter, nachdem ich die Kanäle geöffnet hatte. Gegen Abend hob ich alle Hintersätze in die Höhe, bog sie dem Lichte zu und sah, ob sie bienenleer waren. Diejenigen, in welchen sich gar keine Bienen mehr befanden, nahm ich nun weg, denen, in welchen sich noch wenige Bienen befanden, schob ich an beiden Seiten und hinten kleine Keilchen unter, damit die Luft in die Sätze eindringen konnte. Am nächsten Morgen war äußerst selten noch eine Biene darin, und ich hatte nun die Honig- und Wachsernte des Jahres auf einmal beisammen.

Was ich von den Magazinen und den ausgetriebenen cassirten Stöcken für das nächste Jahr benutzen wollte, reservirte ich und schritt nun zum Honigauslassen und dann zum Wachsauspressen. Darüber s. § XLV und XLVII.

Der Leser wird merken, daß ich fast alle diese Vorkehrungen traf, um sämmtliche Bienen der zu cassirenden Stöcke zu erhalten und den zu überwinternden zuzubringen. Da jedoch von vielen Bienenschriftstellern die Zweckmäßigkeit der Herbstvereinigung unbedingt bestritten und das Abschwefeln der Bienen der überzähligen Stöcke empfohlen wird, so soll im § XLIV, A. die Zweckmäßigkeit der Herbstvereinigung besonders besprochen werden.

3. An dieser Stelle will ich noch mittheilen, wie der alte Jacob Schulze verfuhr, wenn er das Ende der Jahrestracht gekommen wußte. Er ging dann ohne Verzug, also schon ½ August, an das Wegnehmen der Honigmagazine.

§ XLIII. Verschiedene Geschäfte aus dieser Periode.

b. h. an das Wegnehmen der Auf-, Hinter- und Nebensätze. Das möglichst baldige Wegnehmen der Honigmagazine hat nämlich den Vortheil, daß man die Bienen hindert, Honig aus denselben heraus- und in ihren eigentlichen Stock hineinzutragen. Denn sobald die Tracht vorbei ist und die Bienen Platz im Stocke erhalten, beginnen sie auch alsbald die Honigmagazine anzugreifen. Erst tragen sie den unbedeckelten Honig heraus, später brechen sie auch bedeckelte Zellen auf und räumen die Magazine immer mehr aus. S. Dzierzon Bfreund S. 83.

Das Abheben der Honigmagazine nahm er in den Nachmittagsstunden eines warmen sonnigen Tages vor, weil man zu dieser Zeit die in den Magazinen befindlichen Bienen am Leichtesten und Schnellsten herausjagen und nach ihren Stöcken zurückfliegen lassen kann. Dabei verfuhr er also: Er stellte in einiger Entfernung vom Bienenhause einen Tisch hin, ging nach dem Bienenhause, kippte einen Hinter-, Neben- oder Aufsatz behutsam etwas auf und gab einige Züge Cigarrenrauch zwischen die Waben, um die Bienen nicht wild werden zu lassen. Nun trug er den Satz nach dem Tisch, stellte ihn mit der Mündung nach oben, nahm die bereits bereit liegende Rauchmaschine, welche mit einem Gemisch von ⅔ Holzzunder und ⅓ gedörrten Wermuthsblättern gestopft war, und blies Rauch zwischen die Waben.

Die Bienen, denen der Wermuthsrauch unerträglich ist, nahmen auf diese Weise sehr schnell Reißaus und er hatte oft schon nach 3—4 Minuten den Satz völlig bienenleer. So behandelte er einen Satz nach dem andern, bis daß er mit allen fertig war.

Diese Operation des Ausräucherns mißlingt nie, nur darf man nicht zu viel Rauch auf einmal machen, damit die Bienen nicht, statt ausreißend abzufliegen, betäubt werden, sondern man muß piano, wie der Alte sagte, verfahren und den Rauch mehr an die Seiten als in die Mitte einblasen, so mehr unter die Bienen bringen und diese von unten nach oben empor- und heraustreiben.

Der Anfänger glaube aber ja nicht, daß man auch brutvolle Sätze auf diese Weise völlig von Bienen leer machen könne. Denn auf den Brutwaben befinden sich immer viele noch so junge Bienen, die noch gar nicht zu fliegen vermögen; ebenso sind alle die Brut mit Futter versorgenden und Futtersaft bereitenden Bienen nichts weniger als zum Fluge disponirt und lassen sich eher todt räuchern, als daß sie davon fliegen. In brutfreien Honigsätzen dagegen halten sich in einer Zeit, wo die Tracht vorüber ist, also auch nicht mehr gebaut wird, nur flugfähige, schon ältere und alte Bienen auf, die dem Wermuthrauche sehr schnell weichen. Da sich nun die Königin mitunter in den Aufsatz, mitunter, wenn auch sehr viel seltener, in den Hinter- oder Nebensatz begiebt und dort Brut ansetzt, so betrachtete Schulze beim Abheben die Auf-, Neben- und Hintersätze, indem er die Mündung dem Sonnenlichte zugekehrt hielt und die Bienen mit Pfeifen- oder Cigarrenrauch zurücktrieb, inwendig genau, ob sich etwa Brut darin befand. Sah er Brut in einem abgehobenen Hinter- oder Nebensatze, so setzte er diesen wieder an seine alte Stelle, stand die Brut aber in einem Aufsatze, so schloß er das Stöpselloch im Deckel des eigentlichen Stockes und brachte den Aufsatz nach Aufziehung des Kanals als Hinter- oder Nebensatz auf ein Doppelbrett.

Die bienenentleerten Honigsätze trug er in eine Kammer, stellte sie mit der Mündung nach oben und ließ die Fenster der Kammer etwa ½ Stunde offen, um den

einzelnen noch in den Sätzen sich befindlichen Bienen Gelegenheit zum Rückfluge nach ihren Stöcken zu geben.
Im Uebrigen verfuhr er gleich mir.
4. **Welche Stöcke wählte ich zur Ueberwinterung aus?**
a. Solche, welche zwischen 35 und 50 Pfund inneres Gut hatten. Noch schwerere cassirte ich, da zu schwere Stöcke zur Zucht nicht besonders tauglich sind, indem im nächsten Frühjahr die Königin nicht Zellen genug zum starken Brutansatz findet, auch im Winter die Bienen auf dem Honig zu kalt sitzen. Haben freilich recht honigreiche Stöcke zugleich auch recht viel leeres Wachs, so sind sie, vorausgesetzt, daß sie eine rüstige Königin und vieles Volk besitzen, freilich die allerbesten Zuchtstöcke, weil sie dann im nächsten Frühjahr, im Gefühle ihrer Macht und ihres Reichthums, bald und massenhaft Brut ansetzen. S. Seite 338 f.
b. Solche, welche sich während des Sommers immer volkreich und thätig gezeigt hatten, ohne daß ich ängstlich auf heurige Königinnen sah. S. B, 1, c. Volkreich nenne ich aber einen Stock, dessen Bienen im August nach Beendigung der Tracht, wenn man Morgens vor Sonnenaufgang den Stock aufkippt, noch dicht auf dem Flugbrette liegen.
c. Solche, welche voll und dicht ausgebaut waren. Es ist nämlich eine Hauptsache für eine glückliche Ueberwinterung, daß der Stock ein hinlängliches Wachsgebäude aufgeführt hat, damit er ein warmes Winterlager besitze und im Frühjahr Brut genug ansetzen könne, ehe Weide und Witterung es den Bienen möglich machen, den Wachsbau zu erweitern. Das Gebäude der einzuwinternden Zuchtstöcke darf zwar nicht zu alt, doch auch nicht zu jung und zart sein, weil es dann zu kühl ist. Zu späte Schwärme, sollten sie auch den Stock mit flatterhaften Waben so ziemlich ausgebaut haben, sind doch meist schlechte Zuchtstöcke. Ihr Bau ist zu zart, noch zu lückenhaft, namentlich sind die Seiten und Ecken nicht gehörig ausgebaut und die Gassen sind noch zu breit. Die Wärme entweicht daher zu sehr nach den Seiten, die Bienen sitzen kalt, zehren mehr, werden leichter ruhrkrank und ziehen, nachdem man sie glücklich bis in den März oder April gebracht hat, nur zu gern an einem schönen Tage aus. In einem älteren Baue dagegen überwintert selbst ein schwächeres Volk viel leichter. Die Ursache liegt in der größeren Wärme, weil in einem älteren Stocke alles dicht ausgebaut und verkittet ist, und weil die älteren Wachswaben der vielen in den Zellen befindlichen Nymphenhäutchen wegen die Wärme weit besser zusammenhalten; dann aber auch in dem größeren Vorrathe von Pollen, den ältere Baue zu enthalten pflegen, während in den Tafeln junger Stöcke sich oft nicht eine Zelle davon im Herbste findet. S. Dzierzon Bfreund S. 185 f.
d. Solche, welche ich aus mehreren Nachschwärmen gezogen hatte, weil diese Stöcke eine junge Königin und fast nie Drohnenwachs besitzen.
e. Solche, welche geschwärmt hatten, weil diese neben einer jungen Königin vielen Pollen zu besitzen pflegen. Wurden mir daher gehörig honigschwere abgeschwärmte, noch nicht zu alte Mutterstöcke weisellos, so brachte ich, sobald ich die Weisellosigkeit entdeckte, einen Schwarm hinzu oder cassirte einen anderen Stock, wenn ich einen Schwarm nicht mehr hatte, weil weisellose Stöcke immer vielen Pollen haben und, wieder gehörig bevölkert, erfahrungsmäßig fast immer im nächsten Jahre die besten Zuchtstöcke werden, am frühesten schwärmen oder abgetrommelt werden können.

§ XLIII. Verschiedene Geschäfte aus dieser Periode.

f. Eine solche Auswahl konnte ich freilich nicht in allen Jahren treffen. Denn es kamen Jahre vor, z. B. 1845, 1849, 1852, wo sich Stöcke, die 35 oder gar 50 Pfund inneres Gut hatten, ziemlich rar machten. Dann wählte ich aus, so gut es gehen wollte, winterte aber, selbst wenn ich die Zahl meiner Zuchtstöcke verringern mußte, keinen Stock ein, der nicht wenigstens so viel Honig besaß, daß er bis zur nächsten Frühlingsflugzeit, also etwa bis Mitte März, ausreichte, ohne gefüttert werden zu müssen. Bis dahin reicht aber ein Stock, ist er nicht gar zu volkreich und wird er gehörig durchwintert, bestimmt, wenn er Mitte October zehn Pfund Honig besitzt. Zehn Pfund Honig hat aber ein Schwarm, wenn sein inneres Gut 16, ein älterer Stock, wenn sein inneres Gut 20—22 Pfund wiegt. Ich hatte mir daher, um stets das innere Gut sicher bestimmen zu können, das Gewicht der leeren Kränzchen und Kästchen auf solchen selbst angemerkt.

g. Manchem Stocke half ich auch dadurch, daß ich ihm den Deckel abnahm, ein etwa drei Zoll hohes Kränzchen oder Kästchen, je nachdem es ein Stroh- oder Holzstock war, aufsetzte, solches mit Honigstücken cassirter Stöcke voll setzte und den Deckel darauf befestigte. Im Frühjahr bei Beginn der Honigtracht nahm ich dann das Aufsätzchen wieder weg, um den wirren Bau aus dem Stocke zu bringen, auch um die Symmetrie meiner Stöcke, die sämmtlich 18 Zoll hoch waren, und aus drei sechszölligen Strohkränzchen oder Holzkästchen bestanden, nicht zu stören. S. Seite 300 f.

h. Gegen alle Fütterung während der Winterruhe selbst habe ich mich immer möglichst gehütet; denn die Sache ist nicht nur höchst kostspielig, sondern auch mühsam und schwierig und mißlingt nur zu oft. Einmal jedoch mußte ich fast meinen ganzen Stand während des Winters (1852 auf 1853) füttern, weil am Ende der Tracht auch nicht ein einziger Stock Honig genug besaß, um ohne Fütterung das Frühjahr erleben zu können. Ich hatte in jenem Jahre, wollte ich den Stand nicht zu sehr verringern, auch nichts zu cassiren, so daß ich die Honigstücke der cassirten Stöcke den zu überwinternden hätte aufsetzen können. Denn außer einigen Maischwärmen hatte ich nicht einen Schwarm bekommen und an ein Abtreiben war nicht zu denken, da am 26. Mai 1852 ein grausiger Hagelschlag die Flur und Umgegend zur Wüste gemacht hatte. S. Seite 83 f.

Alten Vorrath an Honig hatte ich etwa 400 Pfund. Mit diesem fütterte ich einen Theil der Stöcke aus, d. h. ich erhöhte ihr Gewicht bis dahin, daß sie während des Winters keiner Fütterung bedurften. Dabei verfuhr ich also.

α. Den zu reichenden Honig, der durch das frühere Auslassen und die Zeit viele flüssige Theile verloren hatte, verdünnte ich mit Wasser. Auf ein Quart wieder flüssig gemachten Honigs nahm ich ein Fünftel Quart heißes Wasser und durchquirlte die Masse tüchtig, um Honig und Wasser gehörig mit einander zu verbinden.

β. Das Futter reichte ich Mitte August, damit die Bienen den meisten Honig noch bedeckeln konnten und nicht Gefahr liefen, durch Sauerwerden vielen unbedeckelten Honigs während des Winters ruhrkrank zu werden. Früher aber reichte ich das Futter nicht, um nicht die Königin zu starkem Brutansatz zu reizen.

γ. Das Futter gab ich in möglichst großen Portionen, um in einigen Abenden das Geschäft beendet zu haben und die Königin möglichst wenig zum Brutansetzen, wodurch wieder vieler Honig consumirt worden wäre, zu reizen; was unbedingt

Dritte Periode.

geschehen sein würde, wenn ich das Futter in kleinen Portionen gereicht und das Füttern längere Zeit fortgesetzt haben würde.

ö. In diesem Falle fütterte ich von unten, weil die Bienen während einer Nacht eine weit größere Futtermenge von unten wegtragen als von oben. Einem recht volkreichen Stocke kann man getrost 4—6 Pfund auf einmal untersetzen.

i. Wer in die Lage kommt, Stöcke „ausfüttern" zu müssen, der hüte sich aber ja vor amerikanischen, polnischen oder anderen Tonnenhonig. Denn dieses ekelhafte Sauzeug macht die Bienen, weil sie während des Winters nicht ausfliegen können, fast regelmäßig ruhrkrank, abgesehen von der Gefahr, die Faulbrut auf den Stand zu bringen. S. Seite 134 f. unter α und β. Hat man keinen guten Honig, so bleibt flüssig gemachter, etwas dicklig eingekochter Kandis als einziges, mir als tauglich bekanntes Surrogat übrig. Alle anderen mir bekannte Surrogate, als Malz- und Kartoffelsyrup, Birnsaft u. s. w., taugen für den Winter gar nichts und sind höchstens im Frühjahr, wo die Bienen öfters ausfliegen und sich reinigen können, zu gebrauchen.

k. Die meisten Stöcke, die ich im August 1852 mit Honig nicht ausfüttern konnte, fütterte ich während des Winters mit ganzen Kandisstücken von oben, wie bei der Frühlingsfütterung auf Seite 323 unter b angegeben ist. Alle Stöcke standen in einem trockenen Keller der alten Seebacher Ritterburg.

Bei der Trefflichkeit dieses Winterlocals kamen fast alle Stöcke gut in das Frühjahr; dennoch aber muß ich jeden Züchter warnen, ohne die größte Noth sich im Winter auf Kandisfütterung in ganzen Stücken einzulassen, da die Sache, abgesehen von der Kostspieligkeit, höchst mißlich ist, wie auch Kleine (Bztg. 1855 S. 9.) sagt. Denn ist das Winterlocal nicht ganz gut und sorgt man nicht mit größter Aufmerksamkeit dafür, daß die Leinwandläppchen über dem Zucker immer gehörig (aber auch nicht zu) feucht sind, so werden die Völker decimirt, ja gehen nur zu oft ganz ein. Wenn aber einzelne Züchter, z. B. Stöhr (Bztg. 1850 S. 162), die Kandisfütterung in ganzen Stücken während des Winters sehr rühmen, so beweist dies gar nichts, da diese Herren von einzelnen Fällen, wo die Sache gelang, auf das Allgemeine schließen. Allerdings ist der Kandiszucker zur Ueberwinterung weit besser als der Honigzucker (verzuckerter Honig), weil der Kandiszucker so viel Krystallisationswasser in sich enthält, daß die Krystallwände bald zerfließen, wenn er in eine höhere Temperatur kommt. Schon die Wärme der hohlen Hand, 29 Grad Reaumur, macht, daß der Kandiszucker an seiner Oberfläche schwitzt und dieselbe in Syrup oder Honig verwandelt. Auch hat er stark die Eigenschaft, die dem Honigzucker fast gänzlich abgeht, Wasser aus der Luft anzuziehen und einzusaugen. S. Jähne Bztg. 1849 S. 190. Doch, wie gesagt, trotzdem lehrt die Erfahrung, daß seine Flüssigkeit nur zu oft nicht ausreicht.

l. Nach diesem Exposé wird der Leser schon wissen, wie er zu verfahren hat, und ich will nur gegen die leidige Sucht fast aller Anfänger warnen, zu volk- und honigarme und zu wenig ausgebaute Stöcke einzuwintern, in der Hoffnung, recht bald viele Stöcke zu besitzen. Ich versichere, daß dieß der sicherste Weg ist, lange, sehr lange nur wenige zu besitzen und statt Vergnügen nur Verdruß von der Bienenzucht zu haben. Solche Lumpenstöcke sind geschenkt, wenn man sie einwintern soll, viel zu theuer und gehen, selbst wenn sie das Frühjahr erleben, meist noch verloren; auch sind sie die beste Gelegenheit, daß der Anfänger sich Räuberei auf den Hals ladet und vielleicht Alles verliert. Ich weiß zwar recht wohl, daß meine Worte in den Wind gesprochen sind, da der Drang bei den Anfängern, Alles einwintern zu wollen, fast unwiderstehlich ist. Gesagt hab' ich's; wer nicht hören will, der mag fühlen und durch Schaden klug werden. — Sehr gut auch Dzierzon: Zu leichte Stöcke mit wenigem Volke und geringem Baue nehme man ja nicht in den Winter. Sie verzehren nur, was die guten Stöcke eintragen, und ziehen, weil sie merken, daß sie doch nichts vor sich bringen können, am ersten schönen Frühlingstage zu leicht aus. Alle auf sie verwandte Mühe, aller ihnen gereichte Honig ist rein verloren. Bztg. 1850 S. 18.

m. Hier will ich noch gegen ein Verfahren bei der Einwinterung, das in vielen Bienenschriften sehr empfohlen wird, warnen, nämlich gegen das sog. Kopuliren zweier magerer Kränzchen- oder Kästchenstöcke. S. Figur 53 und 54 auf Seite 300 f.

Man denke sich zwei solche Stöcke, deren jeder aus zwei 6 Zoll hohen Sätzen besteht und deren jeder etwa 6 Pfund Honig hat, nach Abnahme des Deckels des einen Stockes aufeinandergesetzt und zu einem Stocke gemacht. Dieß ist ein ganz bienenwidernatürliches Verfahren. Denn der Honig steht nun theils im Haupte, theils in der Mitte. Schlagen die Bienen ihren Wintersitz unter der unteren Honigschicht auf, so sitzen sie kalt, weil die Wärme in den verhältnißmäßig zu großen oberen Raum entströmt, und laufen Gefahr, wenn sie die untere in der Mitte des Stockes befindliche Honigschicht ausgezehrt haben und um diese Zeit gerade starke, sie am Weiterrücken und Auflösen des Klumpens hindernde Kälte herrscht, zur oberen nicht aufsteigen zu können und zu verhungern. Schlagen sie aber den Sitz unter der oberen Honigschicht auf, so ist die Gefahr des Verhungerns dieselbe. Unter allen Umständen aber haben die Bienen im nächsten Frühjahr ein elendes Brutnest. Denn wäre selbst die untere Honigschicht ausgezehrt, so passen die längeren Honigzellen nicht zur Brut und müssen von den Bienen erst abgebissen und zu Brutzellen hergerichtet werden, was so schnell nicht geschieht und deshalb den Brutansatz bedeutend beeinträchtigt.

B. Dzierzonbeuten.

Nach beendigter Tracht entleere ich sofort alle Honigräume, d. h. ich nehme alle in den Honigräumen befindliche Tafeln, mögen sie ganz oder theilweise honiggefüllt sein, heraus, damit der Honig von den Bienen nicht in den Brutraum geschafft werden kann. (S. Seite 439 a. A.). Die an den herausgenommenen Tafeln sitzenden Bienen kehre ich in die Beuten zurück, bringe die Tafeln in eine Kammer und hänge sie dort auf eigends dazu eingerichtete Repositorien einstweilen auf. Dann schreite ich zur Untersuchung der Brutäume und zur Cassirung der überzähligen Völker, d. h. ich reducire meinen Stand auf 100 Völker, die ich in einer Achtundzwanzigbeute, zwei Zwölfbeuten und acht Sechsbeuten halte. 5—6 Völker lasse ich jedoch bis kurz vor der Einwinterung in Einzelbeuten stehen, um für den Fall später noch eintretender Weisellosigkeiten kein Fach der hundert leer einwintern zu müssen. Was ich von diesen 5—6 Völkern etwa bis zur eigentlichen Einwinterung nicht gebrauche, kassire ich gegen ½ November, indem ich die Königinnen tödte, die Bienen den volksschwächsten Beuten zubringe und die Tafeln aufbewahre.

Ich untersuche Beute für Beute in den Brutäumen durch Herausnehmen der Tafeln, um mich von dem Zustande a. des Honigvorrathes, b der Volksmenge, c. der Königin und d. des Baues eines jeden einzelnen Faches genau zu überzeugen.

a. Jedem Volke laſſe ich gegen 32 Pfund Honig oder acht eilf Zoll breite und acht Zoll lange Tafeln mit Honig. Den Ueberſchuß entnehme ich, aber ſtets nur in ganz vollen, niemals in nur theilweiſe gefüllten Tafeln, um nicht nöthig zu haben, auch nur eine leere Zelle eindrücken zu müſſen.

b. Die Volksmenge zeigt ſofort der Augenſchein.

c. Auf die äußere Geſtalt der Königin, ob ſie z. B. recht groß oder hell iſt, gebe ich an ſich nichts, ſondern betrachte nur die Brut genau. Iſt dieſe im Verhältniß zur Volksſtärke und der Menge der leeren Zellen recht zahlreich vorhanden, ſteht ſie namentlich geſchloſſen, Zelle für Zelle, ſo iſt die Königin gut, auch wenn ſie klein und ſchwärzlich ſein ſollte. Eine ſolche Königin vertauſche ich nur dann mit einer andern, wenn ich größere und ſchönere, mir als ebenſo fruchtbar bekannte habe. Iſt hingegen die Brut nur ſpärlich vorhanden, ſteht ſie nicht geſchloſſen, ſondern finden ſich mehr oder weniger leere Zellen zwiſchen den brutbeſetzten, ſo wird die Königin, ſie mag noch ſo groß und ſchön und erſt heurig ſein, beſeitigt. Ebenſo muß natürlich jede Königin weichen, welche die Arbeiterzellen mit Drohnenbrut durchſpickt hat, weil ihr baldiger Abgang gewiß iſt. Auch auf das Alter der Königinnen gebe ich blitzwenig und hüte mich wohl, eine zwei-, ja eine dreijährige, wenn ſie ſehr fruchtbar iſt, mit einer jüngeren, von der ich nicht ganz gewiß weiß, daß ſie gleichfalls ſehr fruchtbar iſt, zu vertauſchen. Denn gar manche Königin iſt im dritten Sommer jünger als eine andere im erſten. Weiß ich daher, daß eine Königin ſehr fruchtbar iſt und ſehe ich bei der Einwinterung, daß ſie äußerlich körperlich noch rüſtig iſt, ſo ziehe ich ſie einer jungen, von der ich große Fruchtbarkeit nicht gewiß weiß, unbedingt vor, und hätte ſie bereits 3 Sommer fungirt. Sie kann im nächſten Sommer noch eine erſtaunliche Fruchtbarkeit entwickeln, ja ſogar im fünften Sommer noch. S. Seite 68 unter δ und 69 unter α. Nur beſeitige ich unbedingt jede Königin, ſobald ſie glänzend ſchwarz zu werden und unbeholfen zu kriechen anfängt, weil dann das Ende der Fruchtbarkeit nahe bevorſteht.

d. Alle zu alte, für die Brut nicht wohl mehr taugliche Waben werden entfernt und mit jüngeren vertauſcht.

Meine 100 Beutenfächer (ſ. Seite 222 unter 8) ſind von 1 bis 100 numerirt. Bei dem Ordnen fange ich jedoch nicht mit Nr. 1 an, ſondern mit denjenigen Nummern, die mir als weiſelloſe bekannt ſind. Weiſelloſe Völker habe ich um dieſe Zeit (Mitte Auguſt) immer, weil ich des größeren Honiggewinnes wegen Ende Juni und Anfangs Juli viele entweiſele (ſ. Seite 424 f.), die ſich nicht alle wieder glücklich beweiſeln. Mit den weiſelloſen Fächern verfahre ich alſo.

Ich ſchaffe eine ſtarke junge Einbeute herbei, nehme die Tafeln heraus, hänge ſie auf den Wabenknecht, fange die Königin aus und ſperre ſie in einen Weiſelkäfig. Dann hänge ich auch die Tafeln des weiſelloſen Volkes auf den Wabenknecht und bringe die brutbeſetzten Waben der Einbeute in die untere Etage des Brutraumes des weiſelloſen Faches. Geſetzt alſo, die Einbeute hätte 7 Brutwaben, ſo kommen dieſe in die untere Etage von 1—7 (1 beginnt vorn am Flugloche), dann folgen 8—12 leere oder nur theilweiſe gefüllte Waben. In die obere Etage kommen 1—8 Honigwaben und 9—12 gleichfalls leere oder nur theilweiſe gefüllte. Mit dem Honig geize ich nie und es kommt mir gar nicht darauf an, einem Volke 6—8 Pfund Honig über den Bedarf zu laſſen, da ich weiß, daß er im Stocke am Beſten aufgehoben iſt. —. Natürlich werden alle Bienen an den Waben der

§ XLIII. Verschiedene Geschäfte aus dieser Periode. 445

Einbeute, die in das weisellose Fach kommen, belassen und nur die von den übrig bleibenden Waben in das Fach hineingekehrt. Die Königin wird auf gewöhnliche Weise zugesetzt. Ist jedoch das weisellose Volk drohnenbrütig, so verfahre ich, wie auf Seite 148 f. unter β angegeben ist.

In beweiselten Fächern vertausche ich diejenigen Königinnen, welche ich weghaben will, und vertheile bei der Untersuchung die Brutwaben der überzähligen Einzelbeuten, diese so nach und nach cassirend.

In den zu cassirenden Beuten finden sich aber immer theilweis brutbesetzte Tafeln, die noch zu zart und dünn, auch noch nicht gehörig fertig gebaut sind, ebenso in den Fächern zu alte Tafeln, die noch Brut enthalten. Diese Tafeln stelle ich zusammen in mehrere Einzelbeuten, bringe eine Partie Bienen, aber keine Königin, von cassirten Beuten hinein, mache so gleichsam einige Brutableger und stelle diese da auf, wo cassirte Einzelbeuten standen. Zehn Tage nachher zerstöre ich alle Weiselwiegen und kehre nach drei Wochen, wenn alle Brut ausgelaufen ist, die Bienen von den Tafeln ab, hebe sie für das nächste Jahr auf und bringe die Bienen den volksschwächsten Fächern zu.

So kann freilich nur der verfahren, welcher seinen Stand nicht weiter vermehrt, sondern bereits bei seiner sich gesetzten Zahl von Mutterbeuten angekommen ist (s. Seite 413 f.), nicht aber der Anfänger. Ich will mir daher einen Anfänger denken, der nur wenige, z. B. acht, bevölkerte Dzierzonbeuten besäße, und lehren, wie dieser zu verfahren hat.

Er muß gleichfalls jede Beute untersuchen, um sich über Honigvorrath, Volksmenge und Beschaffenheit der Königin und des Baues zu vergewissern. Hat er eine Beute untersucht, so notirt er sich das Nöthige, um nicht irre zu werden; zum Beispiel: Nr. 1. a. Honig, 24 Pfund. Das Honiggewicht muß er oberflächlich nach dem Augenmaße bestimmen und dabei eine 8 Zoll lange und 11 Zoll breite Honigwabe mit 4 Pfund berechnen. b. Volksmenge, mittelmäßig. c. Königin, gut. d. Waben, 20 Stück. Ist er mit allen 8 Beuten fertig, so addirt er die Pfunde Honig und die Zahl der Tafeln zusammen. Angenommen nun, er hat in 8 Beuten 85 Pfund Honig in 80 völlig fertig gebauten Tafeln, so darf er nur 5 Beuten einwintern und muß drei cassiren, weil eine Dzierzonbeute nicht unter 16 Tafeln bei der Einwinterung haben soll und bei 17 Pfund Honig im kommenden Frühjahr doch noch gefüttert werden muß. Völlig fertig gebaut aber müssen die Tafeln sein, da nicht ganz fertige zur Ueberwinterung nichts taugen. S. Seite 440 unter c.

Nun werden die zu überwinternden Beuten „gleich gemacht", d. h. es wird jede mit 17 Pfund Honig in 16 Tafeln versehen und es werden die Bienen und die Brut der drei zu cassirenden Beuten den schwächsten zugetheilt. Denjenigen Beuten also, die über 17 Pfund Honig und über 16 Tafeln besitzen, wird der Ueberschuß genommen und denen, die weniger haben, zugleich mit den Tafeln der zu cassirenden Beuten gegeben.

Will ein Anfänger Dzierzonbeuten mit flüssigem Honig ausfüttern, so thut er sehr wohl, die Königin während der Fütterung und noch einige Tage nach derselben gefangen zu halten, weil dadurch dem erneuten starken Brutansatze, der wieder vielen Honig consumiren würde, am Besten vorgebeugt wird.

Hier ist schließlich wegen des Auflegens der Deckbrettchen noch Einiges zu bemerken, das jedoch erst im Capitel der Ueberwinterung (§ XLVIII, 16 und 17) gehörig verständlich werden wird.

Die 18¼ Zoll langen Deckbrettchen, welche bisher auflagen (s. S. 245 am Ende) sind nicht wieder aufzulegen, sondern andere. Um die Sache anschaulich zu machen, denke man sich in der Beute nur 16 Waben, 8 in der untern und 8 in der oberen Etage des Brutraums, so daß die vier hintersten Waben jeder Etage fehlen. Jetzt werden 3 Deckbrettchen, à 3½ Zoll breit und 12 Zoll lang, von der Thür aus längs nach vorn aufgelegt. Das mittlere Brettchen besteht aus 3 Stücken, 3½, 5 und 3½ Zoll lang, von denen das fünfzöllige in die Mitte zu liegen kommt. So hängen 16 Tafeln bedeckt im Brutraume; die übrigen 8 hängt man dahinter, bedeckt oder unbedeckt, was um diese Jahreszeit gleichgültig ist.

Nun hüte man sich aber, ohne die dringendste Noth eine Beute vor der Einwinterung wieder auseinanderzunehmen und die bald fest gekitteten Deckbrettchen loszusprengen. Das „warum" wird im § XLVIII deutlich werden.

§ XLIV.
Herbstvereinigung und Betäubungsmittel der Bienen.

A. Herbstvereinigung.

1. Bei uns in Thüringen und in so vielen Gegenden Deutschlands, wo die eminenteste Tracht im ganzen Jahre, die Raps- und Baumblüthe, in der Regel schon Anfangs Mai eintritt, alle Tracht aber Anfangs August vorbei ist, bedarf es keines Beweises, daß nur Stöcke etwas Gehöriges leisten und Gewinn bringen können, die schon bei Beginn der Tracht volkreich sind. Frühzeitiger Volkreichthum ist aber jedenfalls am Sichersten dadurch zu bewirken, daß man die Stöcke möglichst volkreich einwintert. Dieß ist jedoch bei uns ohne Herbstvereinigung bei vielen Stöcken nicht möglich, weil bei uns die Brut zu bald beschränkt und ganz eingestellt wird. Auch gehen im August und September, wo an schönen Tagen die Bienen, vergeblich nach Nahrung suchend, weit umher fliegen, viele verloren, und es ist leider nur zu oft der Fall, daß Stöcke, selbst mit den fruchtbarsten Königinnen, im Herbste nicht sonderlich volkreich sind. Es wäre daher öconomisch durchaus falsch, die Bienen der im Herbste zu cassirenden überzähligen Stöcke abzuschwefeln, da bei rationaler Zucht während des Sommers höchstens um $33\frac{1}{3}$ Procent vermehrt werden darf. S. Seite 413 f.

2. Recht volkreiche, verstärkte Stöcke überwintern erfahrungsmäßig am besten; denn ein schwaches Volk hat im Winter seine Noth, den Stock hinlänglich zu erwärmen. Die Bienen müssen durch Bewegungen den Athmungsproceß erhöhen, um dadurch mehr Wärme zu entwickeln; aber der Athmungsproceß ist ein Verbrennen des Kohlenstoffes und die Bienen müssen mehr zehren, um diesen entwickeln zu können, ebenso wie wir mehr Kohlen im Ofen verbrennen müssen, wenn wir die Temperatur in unseren Stuben erhöhen wollen. Ist nun aber eine große Menge Bienen in einem Stocke, so entwickeln diese, ohne irgend eine Anstrengung, den nöthigen Wärmegrad; sie sitzen ruhig und zehren wenig. S. Gundelach Bztg. 1856 S. 223.

3. Wenn aber auch ein Stock, der eine nicht gar zu große Wohnung hat, nicht gerade eine sehr große Menge Bienen zu besitzen braucht, um gut durch den Winter zu kommen, so wird er doch allen Gefahren des Winters um so sicherer trotzen, je volkreicher er ist, wenn er nur den erforderlichen Honig besitzt. Ist der Winter streng und sonst den Bienen verderblich, so wird der stärkste Stock am besten

widerſtehen und im Frühjahr immer noch ſtark ſein; iſt der Winter aber gelind, dann deſto beſſer. S. Dzierzon Bfreund S. 188.

4. Zehrt ein Volk, das 20,000 Bienen hat und dem man noch 10,000 zu bringt, nicht um ⅓, ſondern nur ſehr unbedeutend mehr; ja oft zehrt ſogar ein ſtarkes Volk weniger als ein ſchwaches.

5. Stark aus dem Winter kommende Stöcke ſetzen bald viele Brut an und ſind ſtrotzend von Volk, weil die Königin ihre Eierlage hauptſächlich nach der Maſſe des Volkes, beſonders im Frühjahr, einrichtet. Je mehr Volk daher im Frühjahre in einem Stocke iſt, deſto mehr Eier legt die Königin. Sollten aber bei Beginn der Volltracht auch nur die wenigſten der im Herbſte zugebrachten Bienen noch leben, ſo ſind ſie es doch indirect geweſen, die die Volksmenge bewirkt haben. S. Lewanderski Bztg. 1855 S. 71.

6. Ganz anders freilich geſtaltet ſich die Sache in ſehr honigreichen Gegenden, wo die Bienen vom erſten Frühling bis in den Herbſt hinein Tracht die Hülle und Fülle finden und ſich mithin ſtark, oft auf das drei-, vierfache und darüber, vermehren. Hier hat der Züchter im Herbſte die reichſte Auswahl der volkreichſten Stöcke und hier iſt das Abſchwefeln der überzähligen Völker ebenſo ökonomiſch richtig, wie ihr Lebenlaſſen und Zubringen zu den zu überwinternden ökonomiſch falſch wäre. Es würden dann übergroße Maſſen Volks in einzelne Stöcke kommen, ja die Bienen würden gar nicht alle in die Stöcke hinein gehen. Die Vorräthe würden bald verzehrt werden und die Ueberwinterung eine ſchlechte ſein; denn ſind viele Bienen zweckmäßig, ſo ſind zu viele — wie alles zu viel — ſchädlich. Ich habe öfters verſuchsweiſe Stöcke im Herbſte übervölkert, d. h. ſo volkreich gemacht, daß die Bienen noch im December in einer Traube unter dem Baue im leeren Unterſatze hingen. Sie überwinterten jedesmal ſchlecht, hatten oft ⅔ Todte, wurden ruhrkrank und zehrten außerordentlich vielen Honig. Und wollten die Züchter jener geſegneten Gegenden nur die Hälfte ihrer Stöcke, die ſie im Herbſte beſitzen, einwintern und ſolchen im Frühjahr den Honigüberſchuß auszeideln, ſo würden ſie ſich bald der Bienen nicht erwehren können. Die Stöcke würden ſich in einem Decennium ſo vermehren, daß bald noch mehr Völker, als jetzt abgeſchwefelt werden, den Hungertod erleiden müßten, da auch die reichſte Tracht ihre Grenzen hat. Ohne Abſchwefeln iſt in ſolchen Gegenden Honig, ſo lange der Dzierzonſtock nicht eingeführt und eine rationale Zucht mit dieſem nicht bekannt iſt, auf die Dauer ſo wenig zu erbeuten als heute auf Nowa Semlja.

7. Mit dem Dzierzonſtocke, wenn man die Naturgeſchichte und das Leben und Weben der Bienen genau kennt, iſt freilich nirgends ein Abſchwefeln nöthig und ich wollte ſelbſt auf Cuba meinen Kopf pariren, daß ich mit 100 Dzierzonſtöcken, die ich bei Beginn der Tracht ausſtellte, ohne eine Biene abzuſchwefeln, am Ende der Tracht dreimal ſo viel und mehr Honig in Fäſſern haben wollte, als mein Nachbar, der 100 Strohkörbe ausſtellte und abſchwefelte. Intelligenz läßt ſich aber nicht ancommandiren, ſondern nur langſam, äußerſt langſam verbreiten, da nun einmal der liebe Gott im Austheilen ſcharfen klaren Verſtandes ſo äußerſt ſparſam zu Werke geht. Es iſt daher ganz verkehrt, wenn viele Bienenſchriftſteller den Bienenzüchtern des Banats, der Bukovina u. ſ. w. rathen, ihre Völker im Herbſte, ſtatt abzuſchwefeln, zu vereinigen. Das ſollte was Schönes werden! So lange in ſehr honigreichen Gegenden der kleine Strohſtülper dominirt und die Imker von

§ XLIV. Herbstvereinigung und Betäubungsmittel der Bienen.

rationaler Zucht nichts verstehen, ist das Abtödten absolut nöthig, wenn ein Gewinn erzielt und die Zucht Bestand haben soll.

8. Dzierzon und Andere erklären das Abtödten aber für unmoralisch. Falsch! Im Banat ist's nicht unmoralischer, als das Abschlachten eines fetten Ochsens, denn die dortigen Bienenbesitzer wissen Honig nicht anders als durch Abtödten zu gewinnen. Sie mögen und werden sich keine Gewissensscrupel machen, sintemal jegliches Thier und was sich regt auf Erden unterthan dem Menschen ist bis auf den Tod. S. 1. Mos. I. 28. Und in honigarmen Gegenden ist es auch nicht unmoralisch, sondern dumm; denn die Mörder wissen nicht, was sie thun und haben daher Anspruch auf Christi Fürbitte: Vater vergieb ihnen, denn sie wissen nicht, was thun. S. Luc. XXIII. 34.

9. Endlich will ich noch das Urtheil von von Ehrenfels, welcher in der reichen Gegend bei Wien imkerte, über das Abtödten mittheilen, um zu zeigen, daß das Abtödten nicht absolut, sondern nur relativ, d. h. bezüglich der Beschränktheit der Züchter, nöthig ist. Er sagt: Die Arbeitsbiene hat bei mir auch da, wo Arbeit und Tracht aufhören, einen großen Werth und einen beinahe größeren als im Frühjahr, wo sie durch lebhafte Eierlage einer gesunden Königin leichter zu ersetzen ist, als vor Winter, wo sie nicht ersetzt werden können. Das alte Sprüchwort „im Frühjahr ist jede Biene einen Kreuzer werth" wird bei mir dahin erweitert, daß im Herbst jede Biene zwei Kreuzer werth sei. Alle, welche aus übel verstandener Oeconomie das Tödten ausüben oder empfehlen, verstehen die rationale Bienenzucht nicht. S. von Ehrenfels Bienenzucht u. s. w. S. 175.

B. Betäubungsmittel.

Obwohl ein geschickter Züchter beim practischen Betriebe der Imkerei die Betäubung der Bienen recht wohl entbehren kann, so müssen doch in einem Lehrbuche über Bienenzucht die Betäubungsmittel und Betäubungsmethoden angegeben werden, da mancher Anfänger durch Betäubung seine Völker am Leichtesten vereinigen wird und man bei wissenschaftlichen Versuchen das Betäuben oft gar nicht entbehren kann.

1. Das bekannteste Mittel, die Bienen eines Stockes zu betäuben, ist der Bovist oder Blutschwamm. Ich stellte, als ich mich noch des Bovistes bediente, den Stock, dessen Bienen ich betäuben wollte, auf einen Tisch und stopfte, wenn er mehrere Fluglöcher hatte, alle bis auf das unterste zu. War der Stock bis auf das Standbrett ausgebaut, so stellte ich ihn auf einen Untersatz, um den herabfallenden Bienen Platz zu gewähren. Die Bovistschwämme brachte ich unter das Messer meiner Tabakschneidmaschine und zerkleinerte sie hier so wie grob zerschnittenen Varinas. Beim Einstopfen in die Rauchmaschine (s. Figur 6 auf Seite 126) mischte ich, um den Brand sicher lebendig zu erhalten, etwa zum sechsten Theil klein geschnittenen Pfeifenschwamm bei, zündete durch ein vor die Mündung der Maschine gelegtes glimmendes Stück Pfeifenschwamm die Mischung an, schraubte die Rauchmaschine zu, steckte das Rohr derselben in das Flugloch und blies etwa eine Minute lang Rauch ein. Hierauf schloß ich das Flugloch und ließ den Stock etwa 5 Minuten, binnen welcher Zeit die Bienen sicher betäubt waren, ruhig stehen. Dann schlug ich mehrmals kräftig mit den Händen an die Seiten und auf den Deckel des Stockes, um die lose zwischen den Waben hängenden Bienen zum Herabfallen zu bringen. Hingen doch noch hie und da Bienen zwischen den Waben, so bog ich solche, nachdem ich den Stock umgekippt hatte, mit der Hand etwas auseinander und suchte die Bienen mit einer Feder herauszustreichen.

450   Dritte Periode.

2. **Schießpulver.** Kleine: Ein Zischmännchen, das an seiner Basis 1 Zoll Durchmesser und 1½ Zoll Höhe hat, genügt zur Betäubung eines starken Volkes. Die ganze dabei nöthige Kunstfertigkeit besteht in der richtigen Anfertigung des Zischmännchens, daß es weder zu naß, noch zu trocken ist, weil es in beiden Fällen seinen Zweck nicht erfüllt. Im erstern Falle löscht es aus, im zweiten pufft es zu rasch auf und bringt keine vollständige Betäubung hervor, und hier wie dort muß man die Procedur von neuem beginnen. Bztg. 1855 S. 9.

Suba: Den zu betäubenden Stock stellt man auf einen nicht zu hohen Untersatz und bringt an das Zischmännchen ein längliches Stückchen Schwamm, das man vorn anzündet und welches das Zischmännchen bald lospuffen läßt. Im Herbste, wenn die Bienen schon dicht geschlossen sitzen, bleibt fast immer ein Häufchen belebt und brausend zwischen den Waben und man muß daher zuvor die Bienen durch Klopfen 2c. recht beunruhigen, daß sie sich auseinander begeben. Um hierzu Zeit zu haben, braucht man nur den Zündschwamm etwas lang zu machen, damit das Zischmännchen nicht zu bald lospufft. Bztg. 1855 S. 23.

3. **Salpetersaure Pottasche.** Kiefer: Man löst 15 Grammes in einer gewissen Quantität Wasser auf. In diese Auflösung taucht man sodann eine handvoll gehechelten Flachses, und bedient sich desselben, nachdem Alles wohl getrocknet ist, zum Einräuchern. Schnell fallen die Bienen betäubt herab. Bztg. 1856 S. 48.

4. **Schwefeläther oder Chloroform.** Dönhoff: Man gießt etwa zwei Drachmen Aether oder Chloroform auf ein Stück Badeschwamm und legt dieses unter den wohlverschmierten Stock. Alsdann klopft man in Zwischenräumen an den Stock, um die betäubten Bienen besser zum Fallen zu bringen. In etwa fünf Minuten ist die Betäubung geschehen. Bztg. 1855 S. 10.

Ich habe die unter 1, 2 und 4 angegebenen Mittel probirt und gebe dem Schwefeläther oder Chloroform den Vorzug; am wenigsten gefiel mir die Operation mit dem Pulverzischmännchen.

5. Wer sich des Schwefeläthers oder Chloroforms bedienen will, dem rathe ich zu folgender Vorrichtung.

Fig. 64.

Unter dieses, drei Zoll Rundburchmesser habende, oben grob durchlöcherte blecherne Gefäß wird der durchnäßte Schwamm gelegt; wodurch man verhindert, daß die herabfallenden Bienen den Schwamm bedecken und dadurch die Wirkung des Narkotikon für das Ganze schwächen, sich selbst aber zu stark betäuben.

§ XLV.
Das Honigauslassen.

1. Viele Bienenzüchter glauben, die Beschaffenheit des Honigs hänge von der Farbe der Zellen, in welchen er aufgespeichert liege, ab, d. h. sie glauben, daß je dunkeler die Wabe, desto dunkeler und unschmackhafter der Honig, je heller die Wabe, desto heller und schmackhafter der Honig sei, weil sie in dem Irrthum befangen sind, die durch die Ausdünstung der Bienen und die von der Brut zurückgelassenen Nymphenhäutchen dunkel und schwarz gewordenen Zellen theilten nicht nur ihre Farbe, sondern auch ihren bittern, ranzigen Geschmack dem Honige mit, indem der flüssige Honig Bestandtheile der Zellen auflöse und in sich einsaugend aufnähme. Der Honig in den ältesten schwärzesten und der in den jüngsten weißesten Tafeln hat aber, wenn er aus derselben Pflanze, z. B. der Esparsette, eingesammelt wurde, so lange er sich in den Zellen befindet, in allen Zellen ganz dieselbe Farbe und ganz denselben Geschmack, und Verschiedenheit der Farbe und des Geschmacks entsteht erst durch die Weise, auf welche der Honig durch den Menschen aus den Zellen ausgeschieden wird. Es ist daher höchst wichtig, die Methode zu kennen, durch welche der Honig unverändert oder doch wenigstens am wenigsten verändert aus den Zellen auszuscheiden ist.

2. Man nimmt diejenigen Tafeln und einzelne Stücke, die nur flüssigen, noch nicht crystallisirten Honig enthalten, bringt sie unter eine Wachspresse und läßt den Honig in ein Gefäß laufen. Auch kann man denselben aus solchen Tafeln, wenn man sich der Presse nicht bedienen will, zwischen den Händen ausdrücken und in ein Gefäß laufen lassen. Hat der so gewonnene Honig etwa zwei Tage ruhig gestanden, so schwimmen alle Wachs- und Pollentheilchen, welche sich mit ausgedrückt haben, oben auf, können leicht und bequem abgeschöpft werden und unten befindet sich der Honig ganz hell und rein. Auf diese Weise behandelt bleibt der Honig ganz unverändert und gerade so, wie er in den Zellen war.

3. Die übrigen Honigwaben, die crystallisirten und stärker mit Pollen vermischten Honig enthalten, behandele man also: Man nehme einen großen Steinguttopf mit starken Henkeln, der unten unmittelbar über dem Boden mit einer etwas längeren Schnepfe versehen ist, schließe die Schnepfenöffnung mit einem Korkstöpsel, drücke die Honigwaben in den Topf hinein, stelle solchen in einen Kessel mit Wasser, bringe das Wasser zum Sieden, rühre die Wabenmasse, sobald sie weich zu werden anfängt, mit einem starken Quirl oder dergl. fleißig um und setze die

Feuerung unter dem Keſſel fort, bis daß die Maſſe im Topf ganz dünnflüſſig geworden iſt und ſich nur die feſteren Theile älterer Waben, die vervielfältigten Nymphenhäutchen, noch zeigen. Dann hebe man den Topf aus dem Keſſel, laſſe ihn etwa 24 Stunden irgendwo ruhig ſtehen, mache in die oben ſich gebildete ſtarke Kruſte ein etwa einen Zoll Durchmeſſer großes rundes Loch bis auf den Honig hinab, ſtelle den Topf auf einen Stuhl ſo, daß die Schnepfe über den Stuhlſitz etwas hinausreicht, ziehe den Kork heraus und laſſe den Honig in untergeſetzte Gefäße ſo lange auslaufen, bis daß er anfängt, trübe zu werden.

Auf dieſe Weiſe gewonnener Honig iſt nur wenig verändert, weil das lohe Feuer keine Wirkung auf ihn äußerte, ſondern er nur allmälig durch das heiße, ihn umgebende Waſſer ſich auflöſte.

Alle andern Arten des Honigauslaſſens ſtehen den beiden unter 2 und 3 beſchriebenen nach.

4. Die Rückſtände bei beiden Arten des Honigausſcheidens ſtelle man wieder in dem Topfe in einen Keſſel mit heißem Waſſer, ſchütte aber in den Topf ſelbſt etwa die Hälfte Waſſervolumen, als die Maſſe groß iſt, mache Alles nochmals möglichſt dünnflüſſig, laſſe es abkühlen und in der alten Weiſe ablaufen. Jetzt haben ſich alle früher zurückgebliebenen Honigtheile ausgeſchieden und mit dem Waſſer amalgamirt, und man erhält ein ſehr ſüßes Honigwaſſer, das man entweder zur Honigbicke einkochen und als geringeren Honig aufbewahren oder zu Meth (ſ. Seite 453) verwenden kann.

5. Den gewonnenen Honig ſchütte man in ſtarke, inwendig gut glaſirte Töpfe oder in gläſerne Gefäße, da der Honig in gewöhnlichen Thontöpfen leicht durchſchwitzt. Die Gefäße fülle man nicht bis dicht an den Rand, damit man noch eine etwa ³⁄₄ Zoll ſtarke Wachsdecke aufgießen kann. Dieſer Wachsüberguß ſchließt hermetiſch und iſt zur langen Conſervirung des Honigs weſentlich. Dann ſtelle man die dicht mit Papier oder beſſer mit Schweinsblaſe überbundenen Gefäße an einen kühlen Ort, wo ſich keine Ameiſen einfinden, ſchütze ſie im Winter gegen ſtarken Froſt, damit ſie nicht zerſpringen können, und ſei gewiß, wenn Gott Leben verleiht, den Honig im verzuckerten, aber ſonſt beſtem Zuſtande noch nach einem halben Jahrhundert zu finden; wie Stern in der Bienenzeitung 1849 S. 108 ein Beiſpiel mittheilt.

§ XLVI.
Meth- und Honigweinbereitung.

1. Methbereitung.

Dzierzon: Das süße Honigwasser koche man in einem Kessel bei fleißigem Abschäumen so lange, bis es ein frisches Hühnerei trägt, so daß die Spitze ein wenig aus der Flüssigkeit hervorsieht. Nun läßt man es abkühlen, füllt ein eichenes Faß beinahe voll damit, bringt es in mäßige Wärme von 10 bis 12 Grad Reaumur über Null und überläßt es, mit einem nassen Leinwandläppchen bedeckt, der Selbstgährung. Nach 6 Wochen bringt man den Meth auf ein kleineres Faß, wobei man das Letzte durch Löschpapier filtrirt. Was übrig bleibt, wird auf Flaschen gefüllt, welche blos mit zusammengedrehter Leinwand verstopft im Keller aufbewahrt werden. Die Gährung dauert auch auf dem zweiten Fasse, welches mit einem nicht ganz passenden Spunde leicht verstopft und mit einem Leinwandlappen überdeckt wird, fort. Der Meth legt sich darauf ein und muß aus den Flaschen aufgefüllt werden. Endlich nach Jahresfrist wird derselbe wieder auf ein anderes Faß gebracht, dieß fest verspundet und in den Keller oder an einen andern kühlen Ort gelegt. Das etwa Trübe muß sorgfältig filtrirt werden. Nach 6 Wochen hat sich der Meth vollkommen geklärt und gewährt ein gesundes Getränk. Auf Flaschen mit Harz verpicht hält er sich Jahre lang und nimmt an Güte immer mehr zu. Theorie und Praxis 3. Auflage S. 249.

2. Honigweinbereitung.

Dzierzon: In einem Kessel zerläßt man 30 Pfund Honig in 50 Quart Wasser. Dies wird zwei Stunden gelind gekocht, abgeschäumt, abgekühlt und überhaupt damit verfahren, wie bei dem Meth, nur mit dem Unterschiede, daß man eine Muscatennuß und ein Loth Zimmet gröblich zerstößt, in ein Leinwandbeutelchen bindet und dieses durch das Spundloch des Fasses in den gährenden Wein hängt, wodurch er einen sehr angenehmen Geschmack erhält. Der Wein wird dem spanischen Traubenwein sehr ähnlich und übertrifft ihn bei Weitem. Er stärkt den Magen, befördert die Verdauung, reinigt das Blut, ist heilsam für die Brust, überhaupt für die Gesundheit, wenn man täglich Vormittags davon etwas trinkt.

Noch eine andere Art Honigwein, welcher dem besten Madeira gleichkommt. Zwar ist die Bereitung mit mehr Mühe verbunden, aber einige Jahre auf Flaschen abgelegen, ist er werth, an Fürstentafeln getrunken zu werden.

Im blanken kupfernen Keſſel miſche man 25 Pfund Honig mit 50 Quart Fluß-
waſſer, laſſe es gelinde ſieden und ſchäume es dabei ab. Nach einer halben Stunde
ſchütte man nach und nach 3 Pfund feingeſtoßene Kreide unter beſtändigem Umrühren hinzu. Die ſich davon auf der Oberfläche bildende zähe Materie ſchöpfe
man ab, und wenn nichts mehr zum Vorſchein kommt, gieße man die Flüſſigkeit
in ein hölzernes Gefäß, damit durch Ruhe und Erkalten die Kreide ſich zu Boden
ſetzt. Sie wird dann behutſam abgegoſſen, daß alle Kreide zurückbleibt, wieder in
den gereinigten Keſſel gethan und 6 Pfund fein pulveriſirte, gut ausgebrannte Holzkohle hinzugemiſcht, womit die Flüſſigkeit zwei Stunden gelinde gekocht wird. Nun
wird ſie zum zweiten Male in das gereinigte hölzerne Gefäß gegoſſen, abgekühlt,
ſodann durch einen Spitzbeutel von Filz oder Flanell filtrirt. Sie wird dann wiederum in den Keſſel gethan und bis zum Sieden erhitzt. Unterdeß nimmt man das
Weiße von 25 Stück Hühnereiern, ſchlägt es mit Waſſer zu Schaum und ſetzt es
der Flüſſigkeit nach und nach zu. Dadurch wird dieſelbe vollkommen gereinigt, indem es die etwa zurückgebliebenen Kohlentheilchen und alle ſonſtigen Unreinigkeiten
aufnimmt und als Schaum abnehmen läßt. Die Kreide nimmt die Säure und die
Kohle den Wachsgeſchmack weg. Hat nach dem Zuſetzen des Eiweißes die Flüſſigkeit noch eine Stunde gelinde gekocht, ſo läßt man ſie erkalten, füllt ſie auf ein
Faß, doch nicht ganz voll, ſo daß ein kleiner Raum am Spundloche bleibt, deckt
das Spundloch mit einem Stückchen reiner Leinwand zu und überläßt es der
Selbſtgährung. Weiter verfährt man wie bei der Methbereitung.

Im Faß geklärt und auf Flaſchen gefüllt, hält ſich der Wein über 50 Jahre.
Kühle Keller, von 3—4 Grad Wärme, ſind eine Hauptſache dabei. Die Flaſchen
werden in feuchten Sand gethan, welcher von Zeit zu Zeit mit Salzwaſſer begoſ-
ſen wird. Theorie und Praxis 3. Auflage S. 249—251.

Ich ſelbſt habe niemals Meth oder Honigwein bereitet.

§ XLVII.
Das Wachsauslassen.

1. Die auszulassenden oder auszupressenden Waben werden klein zerstückelt in einen Kessel mit vielem Wasser gethan und so lange tüchtig gekocht, bis die ganze Masse einen flüssigen, von allen Stücken ganz feinen Brei bildet; wovon man sich durch fleißiges Umrühren und Fühlen mit einer sog. Rührkrücke überzeugen muß. Unterdessen ist die Presse aufgestellt worden, unter welche eine flache weite Gelte oder ein anderes derartiges Gefäß, etwa $2/3$ mit kaltem Wasser gefüllt, gesetzt wird. S. Scholz Bztg. 1857 S. 104.

Zum Wachsauspressen auf die alte gewöhnliche Art kann jede Presse gebraucht werden, weil es nur darauf ankommt, daß die Presse die gehörige Kraft besitzt und daß sie schnell auspreßt, damit der Brei nicht abkühle und deshalb weniger Wachs ausfließen lasse. Ich halte es deshalb auch für durchaus überflüssig, hier eine bestimmte Presse zu beschreiben und abzubilden. In der Bienenzeitung sind viele beschrieben, die beste wohl von Scholz im Jahrgang 1857 S. 105.

Sehr wichtig bei der Presse ist der Preßsack.

a. Schindler: die gewöhnlichen Preßsäcke aus grober Leinwand taugen nichts, weil sie nur zu oft, wenn das Pressen eben am Besten hergehen soll, zerplatzen. Ich bediene mich deshalb nach dem Rathe von Scholz (Bztg. 1857 S. 106) eines aus feinem Hanfbindfaden grob, etwa mit erbsengroßen Löchern, gestrickten, zum Zubinden oben an der Mündung mit einer Schnur versehenen Sackes, der inwendig mit Leinwand ausgefüttert ist, um die Träbern beim Pressen desto sicherer im Sacke zurückzuhalten. Es darf aber diese innere Leinwandausfütterung, dieser innere Leinwandsack, mit dem äußern Bindfadensacke nur an der Mündung zusammengenäht werden, damit der Leinwandsack sich beim Entleeren herausstülpt; wodurch das Abschaben der Träbern erleichtert wird. Bztg. 1860 S. 21.

b. Hammer: Mein Preßsack besteht aus einem Gewebe von Pferdehaaren, sogenanntem Haartuch der Oelmüller, mit feinem Hanfbindfaden zusammengenäht. Da jedoch das Haartuch sehr steif ist und sich, zumal wenn der Sack gefüllt ist, schwer zubinden läßt, so wird an der Mündung des Sackes ein etwa fußlanger Ansatz von starker fester Leinwand angebracht. Dieser Leinwandansatz muß, damit das Haartuch sich nicht auftrobbeln kann, drei Zoll in den Sack hineingerückt und daselbst fest angenäht werden. Ist der Sack mit dem gekochten Wachsbrei gefüllt, so wird der Leinwandansatz, ohne zugebunden zu werden, oben über den Sack zusammengelegt, so daß dieser beim Preßdrucke weder aufgehen noch zerplatzen kann. Ein solcher Sack hält eine ungeheure Gewalt aus und ist von sehr langer Dauer. Bztg. 1857 S. 234 f.

Diesen Hammerschen Preßsack kann ich aus Erfahrung als ganz ausgezeichnet empfehlen. Denn im Frühjahr 1859 preßten auf dem Tambuchshof Klein, ich und Günther mittels eines solchen Sackes während zweier Tage unter einer gewaltigen Presse 131 Pfund Wachs aus. Der Sack blieb völlig unversehrt.

c. Früher bediente ich mich stets eines bloßen derb und fest gewebten Leinwandtuches, welches ich in den Preßkasten so einlegte, daß dasselbe allenthalben über die Wände des Kastens etwas überhing, den Innenraum des Kastens also am Boden und an allen vier Seiten vollständig deckte. Nun schüttete ich die heiße Wachsbreimasse ein, schlug das Tuch erst an den beiden Breit-, dann an den beiden Schmalseiten über die Masse her und preßte los. Auf diese Weise kam, wie beim Hammerschen Verfahren, ein Zerplatzen niemals vor. Reldhardt, der ebenso verfährt, empfiehlt statt der Leinwandtücher Bastmatten von Javakaffeesäcken, die sehr dauerhaft und à Stück 5 Sgr. bei jedem Materialisten zu haben seien. Bztg. 1858 S. 241.

So viel von der Presse. Nun das weitere Verfahren des Wachsauspressens mittels des Hammerschen, zur Zeit jedenfalls besten Sackes.

Ist die in dem Kessel befindliche Wabenmasse zerkocht, so bringt man den Sack weit geöffnet in den einstweilen deckellosen Preßkasten, füllt den Sack mit Brei, schlägt den Leinwandansatz über, legt den Preßdeckel auf und preßt so lange, bis kein Wachs mehr fließt und an dem unter das noch triefende Loch gehaltenen Finger sich kein Wachsüberzug mehr darstellt, sondern blos noch ein wenig braune Jauche zu sehen ist. Wird das in dem untergesetzten Gefäße befindliche Wasser durch den Zufluß der Jauche und des Wachses endlich zu warm und unrein, so wird solches ausgegossen und durch kaltes reines ersetzt, um das Wachs immer rein und hellgelb sich aufsetzen zu lassen.

Ist der Sack ausgepreßt, so werden die Trabern ausgeschüttet und es wird das auf dem Wasser schwimmende Wachs mit den Händen zu Ballen gedrückt und einstweilen, bis der Kessel leer ist, bei Seite gelegt. Hat man endlich alles Wachs ausgepreßt, dann bringt man die Ballen in ein Gefäß mit reinem so warmem Wasser, daß es die Hand noch vertragen kann (s. Dettl Bztg. 1857 S. 178), durchknetet die Masse tüchtig, damit sich die Jauche und alle noch darin befindliche Unreinigkeit absondere und das Wachs rein und hellgelb werde. Das Durchkneten muß längere Zeit und derart geschehen, wie die Weiber frisch gewonnene Butter in kaltem Wasser durcharbeiten, um sie von der Buttermilch zu befreien.

Das endlich rein geknetete Wachs wird geballt und in ein Sieb oder auf ein Korbgeflecht gelegt, damit das Wasser ablaufe. Dann werden die Ballen in den Honigauslaßtopf (s. Seite 451) gethan, in einen Kessel mit kochendem Wasser gesetzt und dort unter Erhaltung eines starken Feuers so lange belassen, bis daß sie zerflossen sind und zum Fluß heiß geworden ist. Unterdessen werden glatte Schüsseln oder sonstige irdene flache Gefäße, die man mit kaltem Wasser inwendig befeuchtet, am Boden auch etwa ½ Zoll füllt, bereit gehalten und der heiße Wachsfluß durch ein feines Leinwandtuch in solche eingegossen (filtrirt), so daß keine Unreinigkeiten mehr in das Wachs kommen können und das nachher erhärtete Wachs

§ XLVII. Das Wachsauslassen.

im schönsten reinsten Weißgelb ohne jede Strieme sich darstellt. S. Scholz Bztg. 1857 S. 105 f. Man darf aber das Wachs nicht aus der unten auf dem Boden befindlichen Schnepfe, wie den Honig, abfließen lassen, sondern man muß es oben langsam und gleichmäßig ausgießen und damit aufhören, sobald sich in dem Topfe der dickere Bodensatz zeigt und der Wachsfluß nicht mehr hell erscheint. Bald ist das Wachs erkaltet und wird als Kuchen aus den Gefäßen gelöst.

Den Bodensatz im Topfe schüttet man zu den Träbern und ballt diese zu sog. Wachsballen.

2. Ein zweites Verfahren des Wachsausscheidens ist folgendes. Heubel: Nach der de Gelieu'schen Anweisung (Bztg. 1853 S. 2 f.) stopfe ich die zerbröckelten Waben und die Rückstände von der Honigernte in zwei Fuß lange und drei Viertel Fuß Durchmesser weite Leinwandsäckchen so fest als nur thunlich und lege diese Säckchen in einen leeren eingemauerten Kessel, je nach dessen Größe 3—5, auf Holzstückchen, um sie mit der Wand des Kessels nicht in zu dichte Berührung zu bringen, beschwere sie mit einigen platten Steinen, damit sie sich nicht erheben können, gieße kaltes Wasser bis etwa 4 Zoll über die Steine auf, schüre das Feuer unter dem Kessel und erhalte stets einen starken Brand. Kocht das Wasser, so trete ich zum Kessel, sehe wie das schöne gelbe Wachs heraufsteigt und schöpfe es zeitweilig mit einer blechernen Kelle ab in einen daneben stehenden großen Topf. Hat dieses Kochen und zeitweilige Abschöpfen zwei Stunden gedauert, während welcher Zeit die aufliegenden Steine zuweilen mit einem Stocke etwas niedergedrückt werden müssen, so ist der größte Theil des Wachses schon ausgeschieden und die Säckchen sind ganz lapp geworden und zusammengefallen. Nun wird ein Säckchen nach dem anderen mit einer Feuerzange herausgelangt, in die bereits nebengestellte Wachspresse gelegt und mit leichter Mühe der Rest des Wachses ausgepreßt, so daß die zurückbleibenden Träbern, weil sie alles Wachses baar und ledig geworden sind, sich kaum noch zu Ballen formen lassen. Ist das Wasser im Kessel nach Löschung des Feuers erkaltet, so sammelt sich das noch darin befindliche Wachs oben als Scheibe, wird abgenommen und gleichfalls in den Topf gethan. Nun wird etwas klares Wasser in den Topf gegossen, das Wachs wieder heiß gemacht (wobei jedoch, damit es nicht überkoche, Vorsicht zu beobachten ist) und durch ein feines Leinwandtuch in jede beliebige Form gegossen — und man hat wunderschönes lichtgelbes reines Wachs. Bztg. 1859 S. 6 f.

Ich habe diese Art des Wachsausscheidens nie versucht, doch gefällt mir die folgende ähnliche Brauns, Pfarrers zu Roxheim in der Pfalz, obwohl ich auch über diese aus Erfahrung nichts bekunden kann, besser.

3. Braun: Um das Wachs rein und vollkommen von den übrigen Bestandtheilen der Waben zu trennen, sind zwei Factoren nöthig: eine Presse und siedendes Wasser. Beide verbinde man durch folgende, in den Kessel mit dem siedenden Wasser selbst einzusetzende, durchaus von Eisen zu fertigende Presse.

Fig. 63.

Die zerbröckelten Wabenstücke und die Rückstände des ausgelassenen Honigs werden in Säckchen, nach Heubel'scher Art, gestopft und die Säckchen zwischen die Preßplatten gelegt. Siedet das Wasser und bemerkt man nach einiger Zeit, daß sich Wachs auf der Oberfläche des Wassers zeigt, so wird die Schraube der Presse, anfänglich gemach und dann immer stärker, in Bewegung gesetzt, bis man fühlt, daß die Säckchen fest zwischen den Platten eingeklemmt sind und die Schraube nicht recht mehr wirken will.

Da die Preßplatten mit vielen Löcherchen versehen sind, so kann das Wachs nicht nur aus den Säckchen an den Seiten, sondern auch unten und oben durch die Preßplatten austreten und oben auf dem Wasser erscheinen und sich völlig von den Trübern scheiden.

Das ausgeschiedene Wachs wird, wie bei Heubel, oben abgeschöpft.

Der Erfolg wird's beweisen, was eine solche in siedendem Wasser stehende Presse leistet. Bztg. 1858 S. 11 f. und 108.

Ich habe die Braun'sche Presse, deren Größe natürlich nach der Größe des resp. Kessels einzurichten ist, etwas verändert und das Verfahren mit derselben nach meinem Gutbünken angegeben. pp. Braun bitte ich nun imkerfreundlichst, sich in der Bienenzeitung zu erklären, ob ich in seinem Sinne weiter verfahren bin.

Andere Arten des Wachsausscheidens, so noch in den Bienenbüchern und der Bienenzeitung angegeben sind, darf ich billig übergehen.

Vierte Periode.

Ein- und Ueberwinterung.

§ XLVIII.
Die Ein- und Ueberwinterung.

1. Unsere Biene ist erwiesener Maßen eingeboren in den mittäglichen heißen Landen der alten Welt, wo ein fast ewig heiterer Himmel ihr gestattet, das ganze Jahr hindurch mit nur sehr geringen Unterbrechungen in linden Lüften sich zu tummeln. Aber schon früh führte sie die menschliche Cultur mit sich in nördlichere Lagen, und hier ist sie wegen Rauheit und Kälte des Klima genöthiget, oft drei bis sechs Monate in ihrer Wohnung zu verbleiben — wider ihre Natur. Denn daß ein so langes Innesitzen wider die ursprünglich der Biene angeschaffene Lebensweise, wider ihre angeborene Natur ist, zeigt allein schon der Umstand, daß sie keinen Winterschlaf hat, wie andere ihr nah verwandte, hierlands eingeborene Insecten. Sie liegt nicht, wie die Horniffe und Wespe, im Winter nahrungslos im Schlaf, sondern ist wach und zehrt Tag aus Tag ein, nur ist ihre Lebensthätigkeit wegen der ihr auferlegten Gefangenschaft herabgestimmt. Dringt jedoch Kälte stärker auf sie ein, so steigt ihre Lebensthätigkeit; sie zehrt nun stärker und weiß sich durch kräftigere Respiration und sonstige Körperthätigkeit zu schützen und sich ihr Element, Wärme, zu erzeugen. Aber sie vermag der Kälte doch nur bis auf einen gewissen Höhegrad und nur für eine gewisse Zeitdauer zu widerstehen. Wird die Kälte zu streng und hält sie zu lange an, so geht oft das Volk verloren oder leidet wenigstens so sehr, daß seine Kraft gebrochen ist und es den Frühling nur schwach und siechend erlebt.

Ist daher die lange Winterruhe und die oft grimme Kälte in nördlicheren Lagen eine Naturwidrigkeit, in welche die Cultur des Menschen die Biene versetzt hat, so ist es auch Sache der Cultur, der Biene ihren widernatürlichen Zustand so leicht als möglich überwindbar zu machen. Dieß längst erkennen haben die rationalen Imker sich bemüht, der Biene im Winter möglichsten Schutz gegen Kälte und Beunruhigung zu gewähren. Sie haben deshalb ihre Wohnungen möglichst warmhaltig gemacht, solche im Winter noch umhüllt und vor den Bienenhäusern Laden angebracht und während der Winterruhe geschlossen, oder die Wohnungen in dunkele Kammern, Keller oder Erdlöcher eingestellt.

2. Mit denjenigen Imkern, die da behaupten, gewöhnliche dünne Strohkörbe überwinterten am besten ganz frei auf dem Sommerstande, ist nicht zu streiten, da sie durch diese einzige Behauptung ihre totale Unkenntniß der Natur der Biene verrathen.

Am allerschädlichsten ist das freie Durchwintern auf Süßständen. Ich habe in dieser Beziehung eine Menge zufälliger Beobachtungen gemacht, auch eigene desfallsige Versuche angestellt, von welchen ich wenigstens einen mittheilen will.

Am 15. October 1844 jagte ich aus vier Strohkörben, die ich hier der Deutlichkeit wegen Busch, von Ehrenfels, Spitzner und Rambohr benennen will, heraus und wog hierauf dieselben. Busch, der schwerste, wog 66 Pfund, und auf dasselbe Gewicht brachte ich auch seine Cameraden, indem ich entsprechend schwere eichene Klötzchen auf die Deckel legte und festband. Nun ließ ich aus Langula vom alten Jacob Schulze, der eben seine überzähligen Stöcke cassirte, vier Völker, deren jedes auf genau 4 Pfund Bienen gebracht worden war, nach Seebach schaffen und in die entleerten Körbe einlaufen. Genau gleich starke Völker brachte ich in jeden Korb, um in jedem genau gleich viele Zehrer zu haben, und Völker von einem entlegenen Stande wählte ich, damit sich keine Bienen verfliegen sollten. Auf einer von meinen damaligen Bienenhäusern entfernten improvisirten bedachten Staffelage stellte ich Busch und v. Ehrenfels mit den Fluglöchern gerade nach Süden, Spitzner und Rambohr mit den Fluglöchern gerade nach Norden auf.

So blieben die Körbe stehen bis zum 28. November. Jetzt wurde v. Ehrenfels mit einer dicken, festgeflochtenen Strohstürze überdeckt, jedoch so, daß rings um die Seiten des Korbes ein etwa 2½ Zoll breiter leerer Raum blieb, die Bienen aber dunkel und von der unmittelbaren Communication der äußeren Luft abgeschnitten saßen. Rambohr mußte in einen trockenen Keller der alten Seebacher Ritterburg spazieren, wogegen Busch mit dem Flugloche nach Süden, Spitzner mit dem Flugloche nach Norden ganz frei im Bienenhause stehen blieben.

Bis gegen Ende Januar 1845 war der Winter schneelos und gelinde; denn der Thermometer schwankte stets zwischen 2 Grad unter und 2 Grad über Null. Ende Januar aber fiel eine gewaltige Schneemasse, es trat nun starke, ja oft grimmige Kälte ein, die bis zum 23. März ohne Unterbrechung andauerte und diesen Winter zu den härtesten machte, den ich nach 1829 und bis heute erlebte. (1860)

Die Versuchsstöcke blieben unberührt bis zum 25. März, wo die eingekellerten herausgebracht wurden. An diesem Tage nämlich schien die Sonne bei Windstille fast heiß, und alle meine Stöcke spielten gewaltig aus und reinigten sich vollständig. Nach dem Ende des Tagesfluges wurden die Versuchsstöcke gewogen. Das Resultat war:

a. Rambohr (eingekellert) war 6 Pfund 13 Loth leichter geworden und hatte nur sehr wenig Volk verloren.

b. v. Ehrenfels (mit einer festen Strohstürze überdeckt auf dem Stande) war 8 Pfund leichter geworden und hatte gleichfalls nur wenig Volk, doch etwas mehr als Rambohr, verloren.

c. Spitzner (mit dem Flugloche nach Norden frei auf dem Stande) war 12 Pfund 31 Loth leichter geworden und ziemlich zur Hälfte ausgestorben.

d. Busch (mit dem Flugloche nach Süden frei auf dem Stande) war 20 Pfund 2 Loth leichter geworden, hatte bei noch beträchtlichem Honigvorrath nur noch wenig Bienen, die aber sämmtlich tobt waren. Ihn hatte jedoch die Kälte nicht direct getödtet, sondern nur indirect durch die Sonne, welche im März jenes Jahres oft warm, ja sogar fast heiß schien (am 20. März 12 Uhr Mittags zeigte der Thermometer in der Sonne 17 Grad über Null, im Schatten 1½ Grad unter Null und Abends 10 Uhr stand er 17 Grad unter Null), die Bienen herauslockte und in der kalten Temperatur im Schatten auf dem ellenhohen Schnee zu

§ XLVIII. Die Ein- und Ueberwinterung.

Grunde gehen ließ. Am 20. März flog der Stock noch, starb aber nun wahrscheinlich bald, weil die nur noch wenigen übrigen Bienen die nöthige Wärme im Innern nicht mehr zu erzeugen vermochten.

Wie verderblich also die Sonne! Ferner: Oft liegt gegen Petri Stuhlfeier noch frisch gefallener lockerer Schnee, der Thermometer zeigt im Schatten 2—3 Grad unter Null, in der Sonne aber bei hellem Himmel während der Mittagsstunden 12—15 Grad über Null. Schaarenweise stürzen die Bienen heraus, fahren geblendet in den Schnee oder erstarren im Schatten. Ein einziger solcher Tag, eine einzige solche Stunde reicht hin, um einen ganzen Stand zu entvölkern, bis tief in den Sommer hinein siechen und viele Völker gemach ganz eingehen zu lassen. Solche Tage, die gar nicht so selten vorkommen, sind mörderischer, als ein ganzer Monat mit sibirischer Kälte, und ich habe mehrere Male an solchen Tagen gesehen, daß 200—300 Schritt im Umkreise die Schneedecke mit Bienen besäet war, wenn unverständige Bienenhalter ihre Stöcke auf Südständen frei überwinterten und nach längerer Ruhe plötzlich ein solcher Tag eintrat.

Ist also die schutzlose Ueberwinterung dünnwandiger Wohnungen, besonders auf Südständen, in unserem Klima (in einem milden ist es freilich anders; s. Deus Bztg. 1860 S. 62) durchaus zu verwerfen, so fragt es sich, ob es zweckmäßiger sei, die Stöcke auf dem Stande selbst gegen Kälte und Beunruhigungen während des Winters zu schützen oder sie in ein besonderes Winterlocal einzustellen.

3. Ich entscheide mich für den Schutz auf dem Stande selbst, vorausgesetzt, daß die Localität dazu geeignet und man gegen Diebstahl geschützt ist. Meine Gründe sind folgende.

a. Es ist den Bienen erfahrungsmäßig höchst nützlich, wenn sie während des Winters mitunter einmal ausfliegen und sich reinigen können. Sie ertragen dann, wenn das Frühjahr sich verzögert, ein längeres Innesitzen viel besser. Nun treten aber in manchen Jahren selbst im December und Januar so schöne Tage ein, daß die Bienen mit Lust und ohne alle Gefahr ausfliegen können. Heute am 2. Januar 1860, wo ich dieß schreibe, flogen hier zu Gotha die Bienen des Rendant Kalb wie im Sommer. Stehen die Stöcke auf dem Sommerstande, so braucht der Züchter nur die Verschlußladen zu öffnen, um seine Völker sehr bald, wenn sie Bedürfniß haben, ausspielen zu sehen. In wenigen Minuten sind die Laden aufgeklappt, in wenigen Minuten Abends wieder zugeklappt. Wie anders aber, wenn die Stöcke in einem besonderen, oft entfernt gelegenen Locale eingestellt sind? Wie mühsam ist hier, besonders bei einer größeren Zahl von Stöcken, das Umhertransportiren, ja wie gefährlich oft! Der Imker verspricht sich einen freundlichen Tag und bringt die Stöcke heraus. Unvermuthet aber versteckt sich die Sonne, ein kalter Wind erhebt sich, die lange am Ausfluge verhinderten und beim Herausstellen aufgestörten Bienen lassen sich vom Ausfluge nicht zurückhalten und finden zu Tausenden auf dem kalten Boden den Erstarrungstod. S. Dzierzon Bfreund S. 118. Stehen dagegen die Stöcke gut verwahrt auf dem Sommerstande, so sind diese Fährlichkeiten leicht zu vermelden.

b. Wie oft bringt man im Februar seine eingestellt gewesenen Stöcke auf den Sommerstand zurück und sieht sie beim schönsten Wetter lustig fliegen, während oft nach wenigen Tagen wieder starke Kälte herrscht, wo sie abermals zurücktransportirt werden müssen! Auch hat nicht Jeder ein geeignetes Ueberwinterungslocal, das, soll es nicht mehr schaden als nützen, nothwendig völlig dunkel und gegen alle Beunruhigungen völlig geschützt sein muß.

4. **Wie soll man die Stöcke auf dem Stande selbst gegen Kälte und Beunruhigungen schützen?**
a. Strohkörbe.
Sind die Wände sehr warmhaltig, etwa zweizöllig auf der Oettl'schen Maschine gefertiget, so ist ein weiterer Schutz als Schließung der Laden wohl kaum nöthig. Sind dagegen die Wände, wie gewöhnlich, kaum drei Viertel Zoll dick, so halte ich sog. Ueberstürzen für den bequemsten und zweckmäßigsten Winterschutz.

Diese Ueberstürzen werden so gefertiget, daß sie sich über den Stock hinweg stülpen lassen und daß zwischen den Außenwänden des Stockes und den Innenwänden der Stürze 2½ Zoll Raum bleibt. Beträge also z. B. die äußere Rundung des Stockes im Durchmesser 14 Zoll, so müßte die innere Rundung der Stürze im Durchmesser 16½ Zoll groß sein. Zwischen dem Deckel des Stockes und dem Deckel der Stürze muß der gleiche Raum bleiben. Zur Stürze nimmt man Stroh und läßt dieses gegen 2 Zoll dick, lose und lässig flechten. Fluglöcher kommen nicht in die Stürze und außen wird sie mit Kuhmist abgeglättet. Durch die Stürze an sich, besonders aber durch die Luft zwischen Stock und Stürze, wird die Kälte abgehalten, und zugleich gewährt der innere Raum den Bienen hinlängliche Lebensluft. Von Zeit zu Zeit, wenn große Kälte nicht herrscht, kann man unten an einer Stelle des Randes der Stürze nur ein kleines Hölzchen unterschieben, um allenfalls nöthige frische Luft einströmen zu lassen.

Uebrigens sei man wegen des Erstickens der Bienen aus Mangel an Luft im Winter so lange ganz außer Sorge, bis die Bienen nicht durch irgend eine Veranlassung (stärkere Wärme, Beunruhigung ꝛc.) aus ihrer Lethargie aufgestört sind. Jetzt tritt allerdings, wenn es an nöthiger frischer Luft gebricht, bald Gefahr des Erstickens ein, weil sie nun mehr Sauerstoff verbrauchen, sonst aber brauchen die Bienen im Winter verteufelt wenig Luft. Sehr gut sagt schon Spitzner: Im Winter will die Biene wenig von der äußern Luft haben, indem sie im Herbste alle etwaigen Ritzen ꝛc. mit propolis verstopft und nur einigermaßen große Fluglöcher verengt. Spitzner Korbbienenzucht 3. Aufl. S. 92.

Im Jahre 1789 waren in Apulien sämmtliche Bienenstöcke so eingeschneit, daß selbst ihr Standort nicht mehr bemerkt werden konnte. Man hielt sie für verloren; als jedoch nach 16 Tagen die Schneemasse sich aufgelöst hatte und mildes Wetter eintrat, zeigten sie sich munter und gesund. Krit Bztg. 1848 S. 138. Ebenso waren Göppls Bienen im Winter 1842/43 völlig unter Schnee vergraben, ohne den mindesten Schaden zu leiden. Göppl Bztg. 1845 S. 90. In Sans riß am 2. Februar 1845 eine herabstürzende Schneelawine einen Korb des Pfarrers Imseng vom Stande und verschüttete ihn. Ende März war der Schnee so weit weggethaut, daß der Korb zum Vorschein kam. Die Bienen befanden sich im allerbesten Wohlsein. S. Supersaxo Bztg. 1856 S. 143. Schiller stopfte einer volk- und honigreichen Walze das Flugloch fest zu, verstrich alle sonstigen Fugen und Ritzen mit Lehm und brachte sie in einen Keller. Nach fast viermonatlicher Ruhe befand sie sich vollkommen gesund. Schiller Bztg. 1858 S. 157. Günther vergrub, wie er mir erzählte, im Winter 1857/58 in Erfurt einen Stock, der nicht 3 Pfund Honig hatte, an einer trockenen Stelle in einem Garten derart, daß er die Erde allenthalben dicht um den Stock drückte, so daß auch keine Rede von Erneuerung der Luft im Stocke sein konnte. Nach ziemlich vier Monaten grub er den Stock wieder aus, fand die Bienen im besten Wohlsein, kein Schock todte und vom Honig war nur unmerklich gezehrt. Also nur keine Bange wegen Luftmangels, so lange die Bienen ungestört unter der Stürze sitzen.

Ehe man den Stock mit einer Stürze umgiebt, setze man ihn auf ein etwa 2 Zoll hohes Kränzchen, damit herabfallende Bienen 2c. während des Winters hier Platz finden und nicht zwischen den Waben hängen bleiben. Das Kränzchen habe unten ein Flugloch. Wenn nämlich die Bienen während des Winters an einem schönen Tage ausfliegen sollten, so würden sie, den Einflug unmittelbar auf dem Boden gewohnt, das nun 2 Zoll höher stehende Flugloch ihres Stockes nicht wohl treffen, unten umherlaufen und wohl theilweise erstarren.

Dzierzoneinzelbeuten.

Sind bei ihnen die Wände nicht warmhaltig genug, so sind viereckige Stürzen gleichfalls am zweckmäßigsten. Ueber die Vorrichtungen an den Thüren ist schon auf Seite 446 gesprochen worden und wird auf Seite 474 f. noch weiter davon gehandelt werden.

5. Das Einstellen in einen nicht dumpfigen Keller, eine Erdgrube oder ein anderes ruhiges finsteres Local hat freilich in einer Beziehung auch wieder seine Vorzüge. Indem man hier die Temperatur stets am gleichmäßigsten erhalten kann. Denn wie es für denjenigen, der in einer warmen Stube sitzt, ganz gleichgültig ist, ob die äußere Luft 4 oder 20 Grad unter Null hat, ob es schneit, regnet, stürmt oder ob die Sonne scheint, so ist es eingestellten Stöcken ebenfalls gleichgültig, wie der Winter beschaffen ist, da sie allen Einflüssen und Wechseln der Witterung entzogen sind. Keller und Erdgruben sind dann anderen Localen noch vorzuziehen, weil sich in ihnen die Temperatur am gleichmäßigsten erhält und die Bienen noch weniger zehren. Ich selbst habe früher meine Stöcke mit dem allergünstigsten Erfolge in einem Keller überwintert, in einer Erdgrube jedoch nie, weil ich über zu prächtige Keller zu disponiren hatte.

Bezüglich der Erdgruben sagt Göppl: Ich ließ im Herbste 1851 eine Grube graben, ungefähr 4 Fuß tief, in die ich 15 Stöcke einstellte. Alle Stöcke waren sehr honigarm und schwach, einige hatten kaum 3 Pfund inneres Gut. Ueber die Grube legte ich Querbalken und über diese Bretter. Auf die Bretter brachte ich Erde und soviel Stroh, daß das Regen- und Schneewasser nicht durchbringen konnte. Dies geschah Anfangs November 1851, und als ich am 14. Februar 1852 die Grube öffnete, fand ich alle Stöcke munter und gesund. Nicht einmal der wenige Honigvorrath war aufgezehrt, und der Volksabgang war so gering, daß unter allen 15 Stöcken nicht 400 Todte lagen. Bztg. 1852 S. 138.

In Podolien und andern Gegenden Rußlands, z. B. im Dniesterthal, wo Zuchten von 400—1000 Stöcken vorkommen, werden die Bienen regelmäßig in Erdgruben, die man gewöhnlich vorher stark ausbrennt, überwintert. S. Dzierzon Bztg. 1845 S. 70 1847 S. 148 und 1850 S. 27.

6. Unumgänglich nöthig aber, um dies nochmals zu wiederholen, ist bei Strohkörben, Dzierzonbeuten und überhaupt allen Stöcken das Schließen der Laden, um Sonne und Vögel z. B. Spechte, Meisen, welche sich an den Fluglöchern pickend und störend herumtreiben, abzuhalten. Denn neben großer Kälte ist den Bienen im Winter nichts schädlicher als Beunruhigungen. Nun weckt aber die Sonne selbst bei starker Kälte, wenn sie ungehindert auf den Stock und in das Flugloch scheint, die Bienen aus ihrer Ruhe, verleitet sie, ihr Winterknäuel zu lösen und einen Versuch zu machen, sich ihres Unrathes zu entledigen. Natürlich sind alle, die ab-

fliegen, verloren, aber auch im Stocke erstarren eine Menge, ehe sie sich wieder gehörig zusammenziehen können.

Sehr gut sagt Dzierzon: Oeftere Störungen, mögen sie durch Mäuse, Vögel, Gepolter oder durch die in das Flugloch fallenden Sonnenstrahlen verursacht werden, in deren Folge die Bienen auseinander laufen und sich enthäufen, haben nicht nur den Nachtheil, daß mehr gezehrt wird und die Gesundheit der Bienen allmälig leidet, weil sich mehr Unrath in ihren Eingeweiden ansammelt, indem sie zugleich auch die Feuchtigkeit, welche sie an den Waben und Wänden antreffen, in sich saugen, sondern es gehen auch Bienen, selbst wenn sie nicht ausfliegen, im Innern dadurch verloren, daß sich einzelne im Stocke verlaufen oder herunter stürzen und erstarren, ehe sie sich wieder zu den anderen begeben können oder beim Zusammenziehen in ein immer dichteres und kleineres Knäuel erstarrt zurückbleiben, indem eine breite Tafel, welche keinen Durchgang hat, es ihnen oft unmöglich macht, auf die andere Seite und in die andere Gasse zu gelangen, um mit dem Haufen in Schluß und Zusammenhang zu bleiben. Diese Nachzügler, denen der Rückzug abgeschnitten ist, kriechen dann gewöhnlich in die Zellen und sterben darin; wodurch dem Stocke für die Zukunft viele saure und verdrießliche Arbeit bereitet wird, indem die todten Bienen oft nur durch Zerbeißen der Zellen aus denselben herausgeschafft werden können. Bfreund S. 193. Vergl. auch Kleine Bztg. 1856 S. 146.

Zusammengesetzte Stöcke, die intransportabel sind, müssen natürlich in den Wänden so warmhaltig gemacht werden, daß ein weiterer Schutz nicht nöthig ist.

So behandelt, werden die Völker bei geringer Zehrung und geringem Volksverlust meist den Winter überstehen. Ich sage „meist", denn trotz aller dieser Vorsichtsmaßregeln gegen Kälte und Beunruhigung fordert der Winter doch seine Opfer und zwar um desto mehr, je länger und strenger er ist.

7. Ich winterte früher meine Stöcke in einem Gewölbe der alten Seebacher Ritterburg durch, das völlig frostfrei und dabei trocken wie eine Stube war, und doch hatte mitunter ein Stock bei der Auswinterung viele Todte, war einer ruhrkrank, einer ausgestorben. Drei Dinge waren mir unerklärlich.

Erstens, daß ein Volk hin und wieder bei noch vielem Honigvorrathe gänzlich abstarb.

Zweitens, daß unter gleichstarken Völkern das eine oft das Doppelte und Dreifache gegen das andere zehrte und das jedesmal das stärker zehrende die meisten Leichen hatte.

Drittens, daß sich unter anscheinend ganz gleichen Verhältnissen der eine Stock während des ganzen Winters trocken hielt, wogegen der andere näßte, die Waben mit Schimmel anliefen ꝛc. und daß jedesmal der nässende Stock mehr Todte hatte und mehr zehrte, und zwar, daß Tod und Zehrung um so erhöhter waren, je stärker die Nässe.

Die Nässe der Stöcke schrieb ich übermäßigem Brodem. der aus Mangel an Luft entstände, zu, weil fast immer die volkreichsten Stöcke am ersten und stärksten näßten. Ich fing daher an, um den Brodem oben abströmen zu lassen, die Spunde herauszuziehen. — Es änderte sich nichts zum Besseren.

Da kam der Dzierzonstock, der Stock mit beweglichen Waben. Bei seiner Einwinterung legte ich auf des Erfinders Anweisung die Deckbrettchen hohl, um sowohl allem Brodem Ausgang zu gewähren als auch um die Bienen niemals vom Honig abzusperren, und sah bei den sechs Zoll dicken, inwendig moosgefütterten Doppelwänden meines Pavillons getrost dem Winter entgegen. Er kam, aber auch

§ XLVIII. Die Ein- und Ueberwinterung.

jetzt blieb es so ziemlich beim Alten, d. h. hin und wieder starb mir ein Volk, obwohl es noch Honig genug hatte, ab, zehrte eins unverhältnißmäßig mehr als das andere, hielt sich ein und das andere Fach auffallend naß. Und immer war die Nässe um so stärker, je mehr es Tobte gab und gezehrt wurde. Besonders gegen das Frühjahr hin schwitzten die Glasfenster mancher Fächer so stark, daß das Wasser inwendig am Glase herab auf den Boden lief, oben am Deckel im leeren Honigraume sich ganze große Wassertropfen bildeten und aufgelegte Heu- oder Strohmatten naß und muffig wurden. Fast immer waren es wieder die stärksten Stöcke, die zuerst und am stärksten näßten, und ihr völliger Untergang beschleunigte sich nur, wenn ich, glaubend, die Luft im Brutraume sei verdorben, viel lüftete.

Im Ganzen genommen war meine Ueberwinterung im Dzierzonstocke weit schlechter als im alten Strohkorbe.

8. Aber gerade diese unleugbare Thatsache, daß bei mir und allen meinen Bienenfreunden die Völker im Dzierzonstocke schlechter als im Strohkorbe durchwinterten, brachte mich auf die rechte Bahn, um das Warum der Erscheinungen zu ergründen und das Wie der Abhülfe zu finden. Ich ahnte, daß Form und Construction des Stockes von wesentlichem Einflusse auf glückliche Durchwinterung sein müsse. Denn in meinen Pavillons konnte weder Brodem, noch Kälte, noch Absperrung vom Honig die Ursache des Herabkommens oder Todes eines Volkes sein.

So oft ich über die Ueberwinterung nachdachte, immer schloß ich also: Das Bienenvolk braucht zu seiner Existenz dreierlei: Honig, Pollen und Wasser. Das Erste und Zweite nimmt es mit in den Winter und das Dritte, das Wasser, kann ihm auch nicht fehlen, ja es muß es oft im schädlichen Ueberflusse haben, da manche Stöcke wie gebadet sind und gerade diese die meisten Leichen haben, wenn sie nicht gar ganz aussterben.

Endlich jedoch brachte mich im Frühjahr 1855 eine Erscheinung auf den Gedanken, daß Wassermangel trotz der Nässe der Stöcke meistentheils die Ursache schlechter Ueberwinterung sein müßte. In jenem sibirischen Frühjahr nämlich, wo die Bienen im März und April nur an sechs Tagen ausfliegen konnten, fand ich hie und da den Honig in Körnern stark heruntergeschroten, was sogleich, wenn die Bienen ausfliegen und Wasser tragen konnten, aufhörte. Auch andere hier nicht weiter interessirende Vorkommenheiten ließen mich an der Richtigkeit meiner Vermuthung schon damals kaum noch zweifeln. Ich sprach über die Sache mit meinem genialen Schüler, dem Fabrikbesitzer Gottlieb Eberhardt zu Mühlhausen, und wir beschlossen, gemeinschaftlich weitere Forschungen anzustellen, in der Bienenzeitung jedoch nichts zu verlautbaren, bevor wir nicht unserer Sache völlig gewiß sein und sichere Abhülfe gefunden haben sollten.

Merkwürdiger Weise sollten wir an ein und demselben Tage, dem 21. Januar 1856, Jeder selbstständig und vom Andern getrennt, die Gewißheit unserer Vermuthung finden, mit Augen an den Glasfenstern unserer Pavillonsfächer sehen.

Der 21. Januar 1856 war ein milder Tag, jedoch kein so milder, daß die Bienen hätten fliegen können. Wir gingen in unsere Pavillons und sahen hier, daß einige Fächer auffallend lebhaft waren und daß in denselben bei achtzehnzölliger Tiefe die Bienen gedrängt hinten am Glase bis sechs Zoll hoch in den Honigraum hinauf saßen und — den Schweiß, das Wasser begierig vom Glase aufleckten. Und das waren gerade Völker, die schon länger näßten und die wohl schon ein Drittheil ihrer Mannen verloren hatten. Jetzt wußten wir gewiß, daß Wassermangel die hauptsächlichste Ursache einer schlechten Ueberwinterung ist, und daß daher nichts Bienennaturwidrigeres erdacht werden kann als die Winterlüftung. Ich sage, wir entdeckten einen großen Uebelstand bei der Ueberwinterung, sahen aber auch sofort sonnenklar die Abhülfe.

9. Ich setze als zugegeben voraus, daß die Biene zum Betriebe ihres Haushaltes neben Propolis nur die oben angegebenen drei Materien, Honig, Pollen und Wasser, bedarf, und frage, ob Jemand jemals in einem Stocke auch Wasservorräthe, auch mit Wasser gefüllte Zellen, gefunden hat? Gewiß nicht und darum nicht, weil die Biene in ihrem Geburtslande fast täglich ausfliegen und so stets für das laufende Bedürfniß Wasser holen kann. Honig und Pollen findet sie auch in ihrer Heimat, wo die glühende Sonne oft monatelang alle Blüthen austrocknet und versengt, nicht immer, deßhalb mag Gott den Trieb in sie gelegt haben, Honig und Pollen, nicht aber auch Wasser auf Vorrath zu sammeln. Wahrscheinlich würde sie, wäre sie für Thüringen ursprünglich erschaffen, auch Wasser aufspeichern und die wassergefüllten Zellen gleich Honigzellen mit Wachsblättchen verspünden.

Wo aber bekommt die Biene in nördlicheren Ländern während der oft so langen Zeit, wo sie im Stocke gebannt sitzt, ihren Wasserbedarf her? Offenbar nur aus drei Quellen: a. aus den im Honig befindlichen Wassertheilen, b. aus dem wässerigen Niederschlage, der sich an kühleren Stellen des Stockes durch Ausstrahlen und Ausathmen der Wärme des Bienenkörpers bildet und c. aus den winzigen, kaum nennenswerthen Wassertheilchen, welche die atmosphärische in den Stock einbringende Luft enthält. Wie aber, wenn der Honig durch Länge der Zeit sich so verdichtet, daß die Wassertheile desselben größerentheils entwichen, kleinerentheils gebunden sind? Wird die Biene dann im Stande sein, die gebundenen Wassertheile des Honigs zu lösen? Werden sie ausreichen? Und, sollten sie nicht ausreichend sein, wird der Körper der Bienen vermögen, das Fehlende auf die Länge aufzubringen, oder wird er bald austrocknen, verkommen und verdursten? Nur die Erfahrung kann hier antworten.

Das Leben der Biene ist in unserem Klima am meisten herabgestimmt in den Monaten November und December. Dringt in dieser Zeit nicht Kälte auf sie ein, die sie, um nicht zu erfrieren, zu erhöhter Thätigkeit zwingt, so vegetirt sie fast nur wie eine Pflanze. Sie sitzt meist regungslos, und wenn man in dieser Zeit behutsam das Ohr an einen Stock legt, so erscheint er wie todt, oder man vernimmt höchstens ein ganz leises, kaum hörbares Murmeln. Das Leben der Biene ist auf ein minimum herabgesunken und die Zehrung ist, wie ich mich wiederholt überzeugt habe, jetzt bei weitem am geringsten im ganzen Jahre. Alles sehr natürlich, weil in dieser Zeit das Brutgeschäft ruht, mithin die im Stocke gehaltenen Bienen gar nichts zu thun, ihr Leben am wenigsten zu bethätigen haben. Wassermangel dürfte in dieser Periode schwerlich eintreten, wenigstens kam mir bis jetzt kein Beispiel vor. Anders, sobald die Königin zu legen beginnt, was in manchen Stöcken schon Anfangs Januar, ja um Weihnachten geschieht. Jetzt müssen die Bienen größere Portionen Honig und Pollen verschlucken, um Futtersaft in ihren Leibern bereiten zu können, sie müssen die Brut in den einzelnen Zellen füttern, die Zellen bedeckeln, mit einem Worte, es wird allmälig wieder Leben im Bienenstaate, und mitunter stellt sich schon Mitte Januar bei einem Stocke Wassermangel ein. Was Wunders, denn die Bienen brauchen zu nichts mehr Wasser als zur Bereitung des Futtersaftes, wenn sie frischen Honig aus Blüthen nicht tragen können. Sehen wir sie nicht im Frühjahr zu Tausen-

§ XLVIII. Die Ein- und Ueberwinterung.   469

den an Bächen und Pfützen, sehen wir nicht, wie sie oft in einem Tage ganze Schüsseln, die man ihnen voll Wasser in die Nähe ihrer Wohnungen setzt, leer saugen? **Die sicheren untrüglichen Vorboten des im Beginn begriffenen Wassermangels sind herabgeschrotene Honigkörnchen oder starkes Schwitzen der Thürfenster bei einer äußeren Temperatur über Null.** Noch zwar geht es eine kurze Zeit, denn die Bienen legen sich brausend dicht um den Honig und machen so durch forcirte Respiration und daraus resultirende höhere Wärmegrade denselben flüssig. Zugleich saugen sie das Wasser, welches sich durch ihre forcirte Respiration an den Wänden des Stocks und sonst bildet, ein. Aber jetzt sind sie auch schon im vollsten Zuge, sich unfehlbar aufzureiben. Denn je mehr sie ihren Körper anstrengen, desto mehr und früher versiecht die Flüssigkeit desselben; er trocknet förmlich aus und es bildet sich endlich fast gar kein Niederschlag mehr. Nun beißen sie in der Angst ganze Honigwaben Zelle für Zelle auf, um Wassertheilchen auszusaugen. Es reicht aber nicht aus; sie saugen die jüngere Brut aus, bebrüten kein Ei mehr, wenn auch die Königin in der Eierlage noch einige Zeit fortfährt. Alles umsonst! Sie gerathen förmlich in Verzweiflung, heulen absatzweise, besonders sobald man den Stock im geringsten erschüttert, wie weißfellos, zerstreuen sich, wenn sie zu große Kälte daran nicht hindert, im ganzen Stocke, laufen suchend überall umher, besudeln sich gegenseitig, werden ruhrkrank und stürzen theilweise zum Flugloch hinaus. Tod und Verderben herrscht nun schon, schon liegen die Leichen finger- ja handhoch auf dem Boden und das Volk ist verloren, wenn nicht sehr bald milde Witterung Ausflüge nach Wasser gestattet, oder der Imker ihnen Wasser reicht. Geschieht letzteres, so fallen die Bienen begierig über das Wasser her und in höchstens zwei Stunden ist die Ruhe wieder hergestellt. Die zerstreut sitzenden Bienen ziehen sich wieder traubenförmig zusammen und das häufige Sterben hat ein Ende.

Die Richtigkeit der so eben vorgetragenen Thatsachen ist unzweifelhaft, ist evident; denn ich und Eberhardt haben die Durstnoth (welchen Namen ich in der Bztg. 1857 S. 99 jenem Zustande gab) in den Monaten Januar bis April 1856 und Januar bis März 1857 gewiß siebenzig bis achtzigmal gesehen und in allen Stadien aufs genaueste beobachtet und verfolgt. Wir haben sechsmal die Durstnoth absichtlich hervorgerufen und sie dann theils im Entstehen, theils im weiteren Verlaufe, theils in der zwölften Stunde geheilt.

10. Diese Thatsachen erklären alle Fragen, welche man bezüglich der Ueberwinterung zu beantworten sich bis auf meine und Eberhardts Entdeckung (zuerst Bztg. 1857 S. 97—104 mitgetheilt) vergebens bemüht hat.

Erste Frage. Weshalb findet man mitunter bei der Auswinterung ein Volk gänzlich abgestorben, das noch bedeutende Honigvorräthe besitzt und bestimmt nicht erfroren oder durch Absperrung vom Honig zu Grunde gegangen ist?

Antwort. Weil die Bienen endlich keine Feuchtigkeit mehr haben, um den verzuckerten Honig lösen zu können und so elendiglich verdurstend sterben müssen. Die Krystalle des Honigzuckers (des verzuckerten Honigs) sind nämlich sehr fein und dicht und enthalten nur sehr wenig durch Wärme lösbares Krystallisationswasser eingeschlossen. S. Zähne Bztg. 1849 S. 190 f.

Zweite Frage. Warum zehrt mitunter während des Winters unter zwei gleich starken Völkern das eine doppelt und dreifach so viel als das andere?

Antwort. Weil das eine Volk aus Wassermangel in Aufregung geräth, seine Kräfte anstrengt, die Honigwaben aufbeißt, aussaugt, und so mehr Honig verzehrt und noch mehr Honig herabschrotend vergeudet, während das andere Volk, von diesem Mangel nicht befallen, ruhig vegetirt.

Dritte Frage. Warum hält sich unter anscheinend ganz gleichen Verhältnissen ein Stock oft den ganzen Winter hindurch trocken, während der andere mehr oder weniger näßt?.

Antwort. Weil der eine Stock Wassermangel bekommt, der andere nicht. Das frühere oder spätere Eintreten des Wassermangels kann verschiedene Ursachen haben. Der eine Stock kann mehr flüssigen Honig als der andere haben, kann später oder spärlicher zu brüten beginnen, kann die Wärme nirgends bedeutend abströmen lassen, so daß sich mehr Niederschlag bilden kann u. s. w. Aus diesen Gründen auch bekommen die meisten Stöcke, bevor sie wieder ausfliegen können, gar keinen, wenigstens keinen den Bienen schädlichen und dem Züchter äußerlich bemerkbaren Wassermangel, und überhaupt wird der Wassermangel in Gegenden, wo die Bienen bis spät in den Herbst hinein Blüthensaft eintragen können, weit seltener eintreten als in Gegenden, wo alle Tracht, wie in den meisten Gegenden Thüringens, schon im Juli, spätestens im ersten Drittel des August, ein Ende hat. Hier natürlich ist im Winter der Honig mehr verdichtet, gegen das Frühjahr hin oft schon durchweg verzuckert, namentlich wenn die Esparsette, deren Honig am schnellsten candirt, die Haupttracht lieferte.

Vierte Frage. Warum hat unter zwei gleich starken Völkern das stärker zehrende stets die meisten Leichen?

Antwort. Weil das stärker zehrende Volk aus Wassermangel unruhig wird, seine Kräfte bei den Auflösungsversuchen des verzuckerten Honigs mehr anstrengt, aber dennoch theilweise dem Durste und sonstigen daraus resultirenden und damit zusammenhängenden widerwärtigen und widernatürlichen Verhältnissen unterliegen muß.

Fünfte Frage. Warum zehrt jedesmal der nässende Stock mehr und warum hat er um so mehr Leichen, je länger und stärker er näßt?

Antwort. Weil, wie oben erwiesen, die Nässe durch forcirte Respiration und sonstige Körperthätigkeit entsteht. Je stärker und länger daher respirirt und sonst gearbeitet werden muß, desto mehr ist Kraftaufwand und Zehrung nöthig und stärkere Absorbirung des Lebens die Folge. Je stärker sie nämlich athmen, desto mehr Kohlensäure athmen sie aus, desto mehr ist also Ersatz an Nahrungsstoffen nöthig. S. zur vierten Frage. Es ist also nicht die Nässe, welche so viele Bienen ungesund macht und sterben läßt, sondern sie werden ungesund und sterben, weil sie durch forcirtes widernatürliches Respiriren und Kraftaufwenden Nässe erzeugen, ohne dabei auf die Dauer die nöthige für sich erlangen zu können. Der nässende Stock hat Mangel an Nässe, der nicht nässende Nässe genug.

Sechste Frage. Warum nässen die volkreichsten Stöcke meist am ersten und stärksten?

Antwort. Weil sie theils wegen ihrer Volksmenge, theils wegen früheren und stärkeren Brutansetzens des meisten Wassers bedürfen, deshalb am ersten an Wassermangel leiden.

Siebente Frage. Warum beschleuniget sich der Untergang eines nässenden Stockes, wenn man stark lüftet, z. B. einer Dzierzonbeute ein oder mehrere Deckbrettchen abnimmt?

Antwort. Weil jetzt die Wärme rascher und stärker abströmt und sich sonach weniger nasser Niederschlag bilden kann.

§ XLVIII. Die Ein- und Ueberwinterung. 471

Achte Frage. Weshalb fordert der Winter desto mehr Opfer, je länger und strenger er ist?

Antwort. Weil die Bienen, je stärker die Kälte auf sie einbringt und je länger dieser Zustand anhält, desto mehr zehren und desto stärker respiriren und arbeiten müssen, wodurch sie ihre Kräfte absorbiren und ihren Körper wasserleer machen.

Wie überhaupt im Winter, so sind besonders nach recht langen und grimmen Wintern von 6 Bienenleichen gewiß 5 Folge des Wassermangels und nicht, wie man gewöhnlich glaubt, Folge der übermäßigen Kothanhäufung in ihren Leibern. Denn wenn auch in langen Wintern sich viel Unrath in den Leibern der Bienen anhäuft und zwar desto mehr, je mehr Kälte zu stärkerer Zehrung zwingt, so ist dieß doch im Vergleich zum Wassermangel weit weniger gefährlich und schädlich. Denn Stöcke, die sich bis zum ersten Reinigungsausflug ruhig und trocken halten, haben erfahrungsmäßig sehr wenig Leichen und sind, selbst nach den längsten Wintern, wie 1844/45, wo die Bienen ein hundert und sieben und vierzig Tage (vom 29. October bis 25. März) innesaßen, munter und wohl. Namentlich ist die Ruhr unmittelbar Folge des Wassermangels, weil die wasserbedürftigen Bienen übermäßig zehren, herumlaufen, sich erkälten u. s. w.

Neunte Frage. Warum überwintern die Bienen im Dzierzonstock, selbst im wärmsten vielfächerigen Pavillon, im Durchschnitt schlechter als z. B. im Strohkorbe?

Antwort. Weil der Dzierzonstock die Wärme, die den nässenden Niederschlag bildet, mehr als der Strohkorb aus der Nähe des Wintersitzes entweichen läßt.

11. Die zweckmäßigste Stockform in Bezug auf Ueberwinterung ist, wie aus allem bis jetzt Vorgetragenen erhellt, diejenige, welche die den nassen Niederschlag bildende Wärme am wenigsten entweichen und am gleichmäßigsten vom Herzen des Bienenklumpens aus nach allen Richtungen des Innenraumes strömen läßt. Mithin dürfte in dieser Hinsicht der gewöhnliche Strohstülper die zweckmäßigste, die unzweckmäßigste die Originaldzierzonbeute oder die Berlepschbeute sein. Denn a. läßt die längliche Form dieser Beuten die Wärme vom Herzen des Bienenklumpens aus nicht gleichmäßig nach allen Richtungen ausströmen, so daß, haben die Bienen, wie gewöhnlich, ihren Wintersitz vorn, sich hinten an den kühleren Stellen der meiste Niederschlag bildet, den die Bienen aber gar nicht, oder nur, wenn sich der Klumpen auflöst, erreichen können. Aus demselben Grunde durchwintern auch gewöhnliche Lagerstöcke schlechter als Ständer. b. Schlägt an der meist kälteren Thüre die Wärme als Wasser ab, entströmt an den Seiten, wo die Thüre nie luftdicht anliegt und anliegen darf, oder geht in den leeren Honigraum und macht dort Deckel und aufgelegte Matten naß, während unten die Bienen verbursten müssen. Je mehr sie nun Durst haben, je benöthigter sie des Wassers sind, desto mehr erzeugen sie durch forcirte Respiration und sonstige Körperthätigkeit Wärme, welche aber immer wieder, statt sich an ihnen erreichbaren Stellen als Wasser niederzuschlagen, entweicht und die durstschmachtenden Bienen im Dzierzonstocke als wahre Danaiden erscheinen läßt. c. Sind die Deckbrettchen, wenn solche nicht fest aufgekittet oder wohl gar bei der Einwinterung absichtlich hohl gelegt sind, schädlich, weil durch die Ritzen die Wärme gleichfalls ununterbrochen entströmt. S. Seite 278 f.

Daß die Biene während des Winters nirgends eine größere Oeffnung an ihrer Wohnung haben will, lehrt sie uns selbst, indem sie gegen Ende des Sommers größere Fluglöcher mit Kitt verkleinert. Noch weniger will sie Lüftung d. h. Abströmenlassen der wärmeren oberen Luft aus ihrem Sitz. Denn jedes gehörig zahlreiche Bienenvolk verkittet gegen Ende des Sommers alle Ritzen, die außer dem Flugloche sich etwa noch am Stocke befinden, auf's sorgfältigste und dichteste, und beim Dzierzonstock stopft die Biene die durchlöcherten hinteren Thürschieber luftdicht zu und harzt die Thüre selbst so fest an, daß man Mühe hat, sie im Herbste loszusprengen. Oft sogar führt sie, um die Gewalt der schneidenden Winde zu mäßigen, am Flugloche einen Kittvorbau auf, und deswegen eben nannten die Alten den Kitt πρόπολις, propolis d. h. Vorstadt, Vorbau. S. J. H. Voß zu Virg. Georg. IV. 440.

Luft, frische Luft, wenn auch nur wenig, will die Biene auch im Winter (durch das Flugloch) haben, nicht aber Abströmung der warmen Luft oben oder hinten, nicht Lüftung, die ihr im Sommer bei heißer Witterung so wohlthuend ist. Auf die Widernatürlichkeit der Winterlüftung verfielen die Imker, weil sie die Durstnoth nicht kannten und nicht wußten, daß im Winter die Nässe in den Stöcken, wenn Kälte auf solche nicht einbringt, Folge von Wassermangel ist. Sie wollten daher durch Lüftung der übermäßigen Nässe abhelfen, gossen aber Oel in's Feuer.

12. Nun glaube aber ja Niemand, nur im Dzierzonstocke, im Stocke mit beweglichen Waben, litten die Bienen an der Durstnoth; nein, sie leiden auch in allen andern Wohnungen, selbst im gewöhnlichen kleinen Strohstülper, nur aus den zur neunten Frage entwickelten Gründen im Ganzen weniger resp. später. Brüten Völker in Stülpern gegen das Frühjahr hin stärker, so bekommen auch sie hin und wieder die Durstnoth, verlieren viel Volk, besudeln den Bau rc. Im Frühjahr 1856, wo ich 104, Eberhardt 30 Völker in Dzierzonbeuten hatte, wurden bis zum 8. Februar, dem ersten Reinigungsausfluge, 13 Völker, also etwa der zehnte Theil aus Wassermangel unruhig. Während derselben Zeit wurden auf einem bäuerlichen Stande von 41 Strohstülpern zwei unruhig, schroteten den Honig herab und starben in Masse. Am 9. b., einem prächtigen Sommertage, traf ich beide Völker entsetzlich herabgekommen an, während unsere 13 wasserbedürftigen Beuten viel weniger gelitten hatten, weil wir fast bei allen rechtzeitig getränkt hatten. Uebrigens hatten noch weit mehr Dzierzonstöcke und Strohkörbe Wassermangel gehabt, denn unter etwa noch 20 Völkern fanden sich Honigkörnchen, und als wir mehrere solche Beuten durch Herausnahme der einzelnen Tafeln im Innern genau untersuchten, fanden wir, daß die Honigzellen an einigen Stellen aufgebissen und ausgesogen und daß das Brutgeschäft aus Wassermangel eingestellt worden war. Denn wir fanden in acht solchen Beuten am 12. Febr. nur bedeckelte Brut und Eier (nach dem 8. abgesetzt), aber auch nicht eine einzige Made. Um sagen zu können, wie sich die gewöhnlichen Strohkörbe in dieser Hinsicht verhielten, kauften wir am 11. Febr. drei Strohkörbe, die herabgeschrotenen Honig zeigten, sonst aber ganz gesund und gut überwintert waren, schnitten sie am 12. aus und verwendeten die Völker zur Curirung von drei weisellos gewordenen Beuten. Die drei Strohkörbe zeigten den Honig stellenweise aufgebissen und ausgesogen und hatten, wie die Dzierzonbeuten, nur bedeckelte Brut und Eier, aber nicht eine Made, wogegen — und das ist sehr wichtig — diejenigen dreizehn Beuten, welche wegen vorgeschrittenen Wassermangels getränkt werden mußten, Brut aller Stadien hatten.

13. Es ist also gewiß, daß Wassermangel den Fortgang der Brut hemmt. Das hätte, blieben nur die alten Bienen gesund, in der Zeit vor dem ersten Rei-

nigungsausfluge wenig oder nichts zu bedeuten. Aber nach dem ersten Reinigungsausfluge, wo alle volkreichen gesunden Stöcke stärker Brut ansetzen, ist der Wassermangel höchst schädlich, indem er die Stöcke nur zu oft entvölkert
(abgesehen von dem weit größeren Honigverbrauche). Doch wie, tritt denn auch
dann noch der Wassermangel, die Durstnoth, ein? Ja, dann erst recht, weil jetzt
die Bienen wegen der vermehrten Brut viel Wasser gebrauchen, oft aber wegen
wochenlang anhaltender kalter Witterung den Stock nicht verlassen können, oder,
wenn sie ihn in höchster Noth doch zu verlassen wagen, oft zu Tausenden durch
die Rauheit der Luft umkommen. Sehen wir nicht die Bienen im März und April
sehr oft bei kaum 6 Grad Reaumur über Null im Schatten, selbst bei Wind, in
den Mittagsstunden eifrigst Wasser tragen? Wie viele kommen wohl dabei um!
Im März und April 1856, wo fast ununterbrochen die scheußlichste Witterung
herrschte, tränkten wir fast alle unsere Beuten, und die Bienen saßen bei
kühler Witterung ruhig, während sie auf Nachbarständen zu ihrem
größten Schaden nach Wasser ausflogen. Anfangs Mai strotzten unsere Beuten von Volk, während die Stöcke unserer Nachbarn sich
meist volkarm zeigten.

14. Im Frühjahr ist der Wasserbedarf der Bienen sehr groß und die Durstnoth tritt sehr bald ein. Denn wenn sich auch die Bienen am ersten schönen warmen Tage Speise- und Brutfutterhonig durch Beimischung von Wasser auf Vorrath bereiten und in die Nähe der Brut stellen, so ist dieß doch niemals viel,
weil einmal die Bienen instinktmäßig Wasser auf Vorrath nicht eintragen, und
reicht, wie ich und Eberhardt in den Frühjahren 1856 und 1857 beobachteten,
bei starken Stöcken kaum auf 5—6 Tage aus. Denn bei einem großen mächtigen
brutvollen Beutenstocke ist z. B. im März und April der Wasserbedarf so groß,
daß eine eilf Zoll breite und acht Zoll lange Tafel, auf beiden Seiten mit Wasser voll gegossen, kaum auf acht Tage reicht. Eimerweise haben wir im Frühjahr 1856 das Wasser in die Tafeln gegossen und berechnet, daß 100 starke Dzierzonbeuten im März und April in acht Tagen etwa
zwölf Berliner Quart Wasser nöthig haben, um das Brutgeschäft gleichmä
ßig fortbetreiben zu können. In manchen Frühjahren freilich, z. B. 1846
und 1848, wo die Bienen niemals länger innesitzen müssen, sondern fast täglich
fliegen können, bemerkt man nichts von Wassermangel.

15. Man sieht also, daß bei uns der Wassermangel im Winter und Frühjahr
am Klima liegt, und daß daher keine Stockform und keine Ueberwinterungsmethode gegen denselben sicher und radical schützt. Die Völker mögen
in ellenlangen Walzen oder thurmhohen Ständern, in Kloß- oder Dzierzonbeuten,
in Busch'schen Riesen- oder Haidezwergstöcken, wild in hohlen Bäumen oder
Mauerlöchern, in Holz, Stroh oder Lehm wohnen, sie mögen auf dem Sommerstande frei ohne Schutz oder nach Ehrenfels'scher Manier mit Nadelstreu, Häcksel ꝛc.
gut umhüllt in Gewölben und ruhigen Kammern stehen — immer ist Wassermangel möglich und wird nach Umständen hier oder da, früher oder später, mehr
oder weniger schädlich auftreten, weil es wider die ursprünglich der Biene
angeschaffene Natur ist, in nördlichen Landen zu leben und monatelang durch die Kälte in den Stöcken gefangen gehalten zu werden,
und weil sie instinctmäßig Wasser auf Vorrath nicht einträgt. Stockform und Winterungsmethode können den Wassermangel hinausschieben und
schwächen, demselben aber nicht unter allen Umständen vorbeugen.

v. Berlepsch, die Biene u. die Bienenzucht.

16. Jedenfalls werden die Schlendrianisten es schadenfreudig vernehmen, daß ich in Bezug auf den Hauptpunct der ganzen Imkerei — denn dieser ist die Durchwinterung widerspruchslos — den Dzierzonstock für den schlechtesten, ihren Strohstülper für den besten erklärt habe. Ihre Freude wird jedoch nicht lange währen; denn wer nur etwas Grütze im Kopfe hat, der wird schon wissen, ohne daß ich es ihm zu sagen brauche, wie der Dzierzonstock sehr leicht auch zur Ueberwinterung so hergerichtet werden kann, daß er auch in dieser Beziehung nichts zu wünschen übrig läßt.

Man lese nach, was auf Seite 446 gesagt und wie dort zur Vorbereitung der Ueberwinterung die Beute bereits hergerichtet ist, und man wird sehen, wie leicht der Beute die im Winter bienenwidernatürliche (im Sommer dagegen höchst vortheilhafte), längliche Form zu benehmen ist. Das hintere Drittel des Brutraumes der Beute ist bereits leer oder wird jetzt geleert d. h. die Waben Nr. 9—12 beider Etagen des Brutraumes werden entfernt und man schiebt an den vorderen Bau ein 16½ Zoll hohes und 11 Zoll breites, beliebig dickes Brett an, preßt hinter dieses noch eine dicke Strohmatte oder ein Mooskissen ein, wobei man jedoch darauf achten muß, daß oben und an den Seiten des vorgeschobenen Brettes keine Luft entweichen kann, auch daß die Rückwand (Thürselte) den Seitenwänden und der Vorderwand an Warmhaltigkeit gleichkommt. Denn kann hinten Luft entweichen, so entweicht Wärme und in Folge dessen bildet sich im Wachsbau weniger nasser Niederschlag. Und ist die Rückwand kühler, so schlägt sich die meiste Nässe hier ab und vertheilt sich nicht gleichmäßig im Baue. S. Seite 278 f. Man thut daher wohl, bei der Einwinterung die Ritzen des vorgeschobenen Brettes oben und an den Seiten mit flüssigem, im Frühjahr leicht wieder abzuschabenden Wachse zu verpichen.

17. Ist eine Berlepsch'sche Normal- oder eine sonstige Dzierzonbeute auf diese Weise eingewintert, so steht sie im Innern jedem viereckigen Stocke mit unherausnehmbarem Baue gleich. Dem kleinen runden Strohstülper, so wie überhaupt jeder kreisrunden Wohnung, steht sie freilich nach, denn in jedem kreisrunden Stock vertheilt sich die Wärme vom Klumpen der Bienen aus ganz gleichmäßig nach allen Richtungen des Stockes hin (s. Seite 223), wogegen bei viereckiger Form die Winkel (Ecken) immer kühler bleiben und deshalb sich dort mehr Niederschlag bilden muß. Dieser Vortheil der ganz gleichmäßigen Wärmevertheilung ist beim Dzierzonstocke, der nun einmal ein runder nicht sein kann, unerreichbar, aber die Sache ist auch kaum erwähnungswerther Art. Ich sage, bei dieser Art der Einwinterung ist das Bienenwidernatürliche am Dzierzonstocke, das ich oben zur neunten Frage exponirte, beseitigt und dem Eintreten des Wassermangels thunlichst, keineswegs aber unbedingt vorgebeugt, weil der Wassermangel unter Umständen in allen Stockformen auftreten muß, indem die Biene, wie erwiesen, bei uns in einem ihr naturwidrigen Klima lebt, ein importirtes Culturthier ist. Die Cultur, der denkende, schaffende Menschengeist muß daher, weiß er einmal, daß Wassermangel bei uns unter Umständen eintreten wird, auf Mittel sinnen, dieses Uebel gar nicht aufkommen oder wenigstens nicht schaden zu lassen — weder im Dzierzon-, noch in irgend einem andern Stocke. Und das geht, wenn man den Bienen von Mitte Januar an (es müßte denn besonders milde flugbare Witterung sein, wo es zwecklos wäre) Wasser im Stocke reicht. Man könnte dasselbe, wie ich 1856 that, in Tafeln gießen und solche in die Nähe des Brutnestes stellen. Aber diese Procedur ist theils sehr zeitraubend, theils schädlich, weil die Bienen,

§ XLVIII. Die Ein- und Ueberwinterung. 475

die sich meist noch gar nicht gereinigt haben werden, bei rauher unflugbarer Witterung im höchsten Grade beunruhigt werden müssen. Ich verfuhr deshalb später also, daß ich aus der Mitte meiner dicken Moosfissen (in Leinwand gestopftes Waldmoos), welche ich im Winter bis in den Mai auf den Deckbrettchen des Brutraumes liegen habe, ein fünf Zoll im Quadrat großes Stück herausschneiden und in diese Lücke ein dünnes Brettkästchen mit Boden und abnehmbarem Deckel arbeiten ließ. In den Boden des Kästchens ließ ich in der Mitte (längs von der Thüre nach dem Flugloche zu) einen einen halben Zoll breiten, durch das ganze Kästchen gehenden Ausschnitt machen, so daß die Bienen, war das obenerwähnte fünfzöllige Stück des sogenannten mittelsten Deckbrettchens abgenommen, von mehreren Gassen aus in das Kästchen, in welches ich einen mit Wasser vollgesogenen Kinderschwamm legte, gelangen konnten. Schaarenweise kamen sie herauf, sobald sie Wasser bedurften, belegten den Schwamm und in höchstens 48 Stunden war er völlig ausgesogen. War aber kein Wasserbedürfniß da, so ließ sich entweder keine Biene oben sehen, oder es saßen etliche ruhig neben dem Schwamm.

Wie leicht kann man auf diese Weise hundert und mehr Stöcke mit Wasser versorgen! Und wie bequem ist zugleich dieses Kästchen zur Fütterung! Neben den Schwamm braucht man nur ein Stück Raubis zu legen und von Zeit zu Zeit nachzusehen! Der etwaige Einwand, die Wärme entströme in und durch dieses Kästchen, wäre an sich nicht weit her, ist aber beseitigt, wenn ich sage, daß ich ein zweites Moosfissen oben auflege. Aber bei großer Kälte, bei strengen Nachwintern, werden da die Bienen in das Kästchen gehen? In meinen und Eberhardts Pavillons wenigstens thaten sie es bei 16 Grad unter Null und sogen Wasser nach Herzenslust.

An allen rauhen Tagen des Februar und März 1857 (und schöne gab es nicht viele) saßen die Bienen ruhig und am 19. März 1857, einem rauhen, aber mit warmen Sonnenblicken unterbrochenen Tage, trugen die Bienen auf einem fremden Stande stark Wasser und wurden zu Hunderten noch in der Nähe des Standes vom Winde niedergeworfen, um zu erstarren. Aus meinen Beuten kam nur höchst selten eine Biene hervor. S. von Berlepsch und Eberhardt Bztg. 1857 S. 97—104.

www.ingramcontent.com/pod-product-compliance
Lightning Source LLC
Chambersburg PA
CBHW020835020526
44114CB00040B/788